LANDSCHAFTSVERBAND RHEINLAND
RHEINISCHES LANDESMUSEUM BONN
UND
VEREIN VON ALTERTUMSFREUNDEN
IM RHEINLANDE

BEIHEFTE DER BONNER JAHRBÜCHER

Band 35

Teil I

Landschaft und Siedlung im Bonner Raum zu Beginn des 19. Jahrhunderts.
(Ausschnitt aus der Tranchot-Karte, Neue Ausgabe, Blatt 93 Bonn).

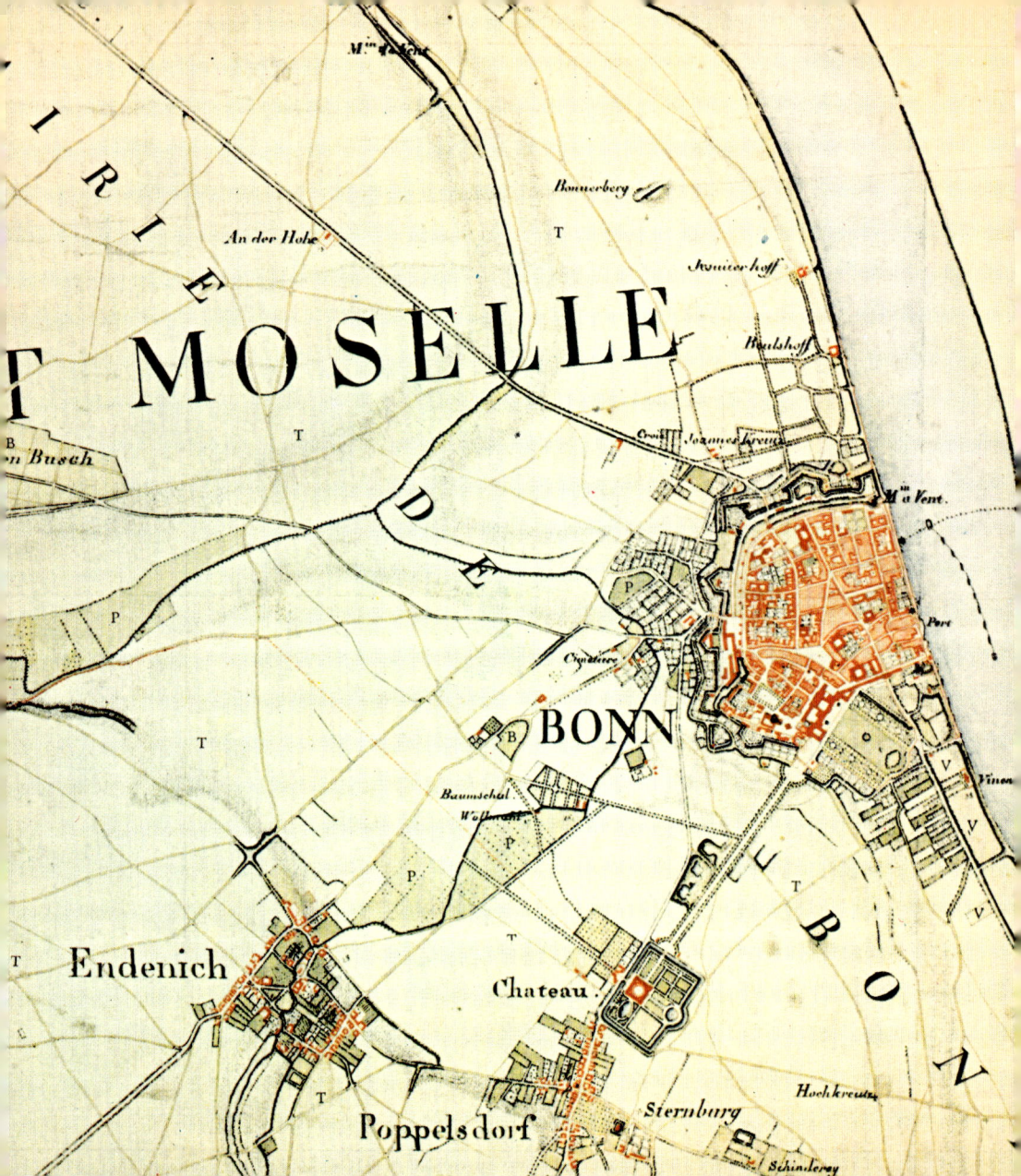

WALTER JANSSEN

STUDIEN ZUR WÜSTUNGSFRAGE IM FRÄNKISCHEN ALTSIEDELLAND ZWISCHEN RHEIN, MOSEL UND EIFELNORDRAND

Teil I: Text

1975

RHEINLAND-VERLAG GMBH · KÖLN

in Kommission

RUDOLF HABELT VERLAG GMBH · BONN

Veröffentlicht mit Mitteln der Deutschen Forschungsgemeinschaft
und des Landschaftsverbandes Rheinland

Alle Rechte vorbehalten
Copyright © 1975 by Rheinland-Verlag · Köln
Gesamtherstellung: Butzon & Bercker, Kevelaer
ISBN 3 7927 0207 X

MEINER FRAU BRIGITTE

INHALT

Vorwort XI

1. Einleitung 1
   1.1 Die Fragestellung und ihre Abgrenzung 1
   1.2 Die Arbeitsmethoden 29
       1.2.1 Schriftquellen 30
       1.2.2 Historische Karten 30
       1.2.3 Volksüberlieferung 31
       1.2.4 Historisch-geographische Geländeaufnahme 31
       1.2.5 Archäologische Landesaufnahme 32

2. Die Ortswüstungen der Eifel 41
   2.1. Die Verbreitung der Ortswüstungen 41
       2.1.1 Der Kreis Monschau 41
       2.1.2 Der Kreis Düren 43
       2.1.3 Der Kreis Schleiden 44
       2.1.4 Der Kreis Euskirchen 46
       2.1.5 Der Kreis Bonn 48
       2.1.6 Der Kreis Prüm 51
       2.1.7 Der Kreis Daun 52
       2.1.8 Der Kreis Ahrweiler 53
       2.1.9 Der Kreis Bitburg 55
       2.1.10 Der Kreis Wittlich 57
       2.1.11 Der Kreis Cochem 58
       2.1.12 Der Kreis Trier 58
       2.1.13 Beobachtungen für die gesamte Eifel 62

   2.2 Die Wüstungsarten und ihre Anteile 63
       2.2.1 Der Kreis Monschau 63
       2.2.2 Der Kreis Düren 64
       2.2.3 Der Kreis Schleiden 64
       2.2.4 Der Kreis Euskirchen 65
       2.2.5 Der Kreis Bonn 68

2.2.6	Der Kreis Prüm	69
2.2.7	Der Kreis Daun	69
2.2.8	Der Kreis Ahrweiler	70
2.2.9	Der Kreis Bitburg	71
2.2.10	Der Kreis Wittlich	71
2.2.11	Der Kreis Cochem	72
2.2.12	Der Kreis Trier	72
2.2.13	Zusammenfassende Bemerkungen	73
2.3	Tendenzen der Wüstungshäufigkeit	77
2.3.1	Grundlagen der Berechnung	77
2.3.2	Die Dorfwüstungen	80
2.3.3	Die Hofwüstungen	83
2.3.4	Zusammenfassende Bemerkungen	87
2.4	Die Ortsnamen der Dorfwüstungen	88
2.4.1	Grundsätzliches zum Problem	88
2.4.2	Die Anteile der Ortsnamentypen an den Dorfwüstungen in absoluten Zahlen	90
2.4.3	Analyse in Prozentwerten	95
2.4.4	Siedlungsgeschichtliche Analyse	97
2.5	Wüstungen und Gemarkungsgrenzen	99
2.5.1	Allgemeines	99
2.5.2	Typische Beispiele gut erhaltener Wüstungsgemarkungen	105
2.5.3	Ergebnisse	126
2.6	Archäologische und technisch-naturwissenschaftliche Prospektion	136
2.6.1	Allgemeines	136
2.6.2	Archäologische Prospektion	137
2.6.3	Allgemeine archäologische Ergebnisse	157
2.6.4	Luftbildforschung	160
2.6.5	Die magnetischen Meßmethoden. Mit einem Beitrag von I. Scollar	162
2.7	Wüstungen und merowingerzeitliche Reihengräberfelder	166
2.7.1	Allgemeines	166
2.7.2	Die Befunde	170
2.7.3	Ergebnisse	188
2.8	Die zeitliche Schichtung der Wüstungen	189
2.8.1	Allgemeines	189
2.8.2	Die Dorfwüstungen	192
2.8.3	Die Hofwüstungen	197
2.8.4	Vergleichende Betrachtung von Dorf- und Hofwüstungen	200
2.8.5	Korrekturhinweise	204
2.8.6	Wüste Mühlen	206
2.8.7	Wüste Wehranlagen	208
2.8.8	Wüste gewerbliche Anlagen	212
2.8.9	Wüste kirchliche Einrichtungen	215

      2.8.10 Die Gesamtentwicklung der Wüstungstendenz im Laufe der Zeit   216

2.9 Wüstungsursachen 219
    2.9.1   Allgemeines 219
    2.9.2   Bevölkerungsverschiebung innerhalb eines Siedlungsgebietes .. 221
    2.9.3   Agrarwirtschaftliche Krisen 226
    2.9.4   Krieg und Kriegsfolgen 234
    2.9.5   Epidemische Seuchen 239
    2.9.6   Säkularisation 241
    2.9.7   Wirtschaftskrisen im gewerblichen Bereich 243
    2.9.8   Offene Fragen 247

3. Fossile Fluren der Eifel 251

3.1 Allgemeines 251
3.2 Vorgeschichtliche Flurrelikte im Rheinland? 255
3.3 Römische Fluren 260
    3.3.1   Marmagen, Weilertal (A 1) 260
    3.3.2   Nettersheim, Weller-Berg (A 4) 261
    3.3.3   Nettersheim, Görresburg (A 5) 261
    3.3.4   Arloff, Zwergberg (A 13) 262
    3.3.5   Nöthen, Quartbachtal (A 13) 263
    3.3.6   Bettingen, Wüstung Alt-Bettingen (A 22) 264
    3.3.7   Landscheid, Staatsforst Wittlich (A 23) 264

3.4 Fossile Fluren des Mittelalters und der frühen Neuzeit 268
    3.4.1   Die Wölbäcker 269
    3.4.2   Die Terrassenäcker 272

Anhang 1:   Aufgliederung der Wüstungen nach Wüstungsarten 276
Anhang 2:   Die Dorfwüstungen nach Ortsnamentypen 277
Anhang 3:   Chronologie der Ortswüstungen 284

Abkürzungen und Siglen 294
Legende für die Karten 296
Bildnachweise 297
Literaturverzeichnis 298
Ortsregister 305
Tafeln und Falttafeln 1–81 331
Faltpläne in der Tasche

Vorwort

Die vorliegenden Studien sind aus einem von der Deutschen Forschungsgemeinschaft und dem Rheinischen Landesmuseum Bonn getragenen Forschungsauftrag zum Thema 'Wüstungen und fossile Fluren im Rheinland' hervorgegangen. Am Beginn der Arbeiten standen die katalogmäßige Erfassung und Kartierung von Ortswüstungen und fossilen Fluren, die noch im Gelände erhalten, aber von baldiger Zerstörung bedroht waren. Erst nachdem diese Inventarisierungsarbeiten weit fortgeschritten waren, ergaben sich Zusammenhänge und Einsichten, die eine Behandlung des aufgenommenen Materials unter bestimmten Fragestellungen erlaubten. Dieser Trennung von Materialvorlage und Auswertung entspricht die Gliederung der Arbeit in einen Katalog- und einen Textband. Von 1962 bis 1964 führte K. A. Seel die Inventarisierungsarbeiten durch, von 1964 bis 1970 der Verfasser. In der Fassung von 1970 wurden die Ergebnisse der Philosophischen Fakultät der Rheinischen Friedrich-Wilhelms-Universität Bonn als Habilitationsschrift vorgelegt und angenommen.

Es ist mir ein Bedürfnis, allen jenen meinen Dank abzustatten, die zur Entstehung dieser Arbeit beigetragen haben. Ständige Förderung und vielfältige Anregungen verdanke ich vor allem dem früheren Direktor des Rheinischen Landesmuseums Bonn, Herrn Prof. Dr. H. v. Petrikovits. Er stellte die technischen Einrichtungen seines Hauses für die Untersuchungen bereitwillig zur Verfügung und verlieh ihnen zahlreiche weiterführende Denkanstöße. Die Kosten für die wissenschaftlichen Bearbeiter des Projektes wurden aus Mitteln der Deutschen Forschungsgemeinschaft bereitgestellt. Ihr gebührt daher besonderer Dank. Als Ergebnis dieser Aufwendungen lege ich diese Studien vor.

Die ersten Überlegungen zum Thema entstanden in Gesprächen und Diskussionen zwischen H. v. Petrikovits, F. Steinbach (†) und K. Scharlau (†). Sie sahen vor, die Untersuchungen als interdisziplinäre Forschungen von Geographie, geschichtlicher Landeskunde und Archäologie durchzuführen. Mit K. A. Seel konnte ein Schüler K. Scharlaus als Bearbeiter gewonnen werden. Die von ihm begonnene Wüstungskartei stellte mir K. A. Seel nach seinem Ausscheiden aus dem Projekt im Jahre 1964 bereitwillig zur Verfügung, so daß das von ihm gesammelte Material mit verarbeitet werden konnte. Dafür danke ich ihm aufrichtig. In dieser Kartei war auch Material aus damals noch unveröffentlichen Arbeiten von W. Jungandreas (Trier) und H. Dittmaier (†) (Bonn) aufgenommen worden. Beiden Herren möchte ich meinen Dank dafür abstatten.

Zahlreiche Anregungen, Hinweise und Ergänzungen verdanke ich ferner den Professoren Edith Ennen, P. E. Hübinger, H. v. Petrikovits, M. Zender, O. Kleemann (alle Bonn), H. Jankuhn (Göttingen), H. Quirin (Berlin), F. Petri (Münster) und H. Jäger (Würzburg). Auf Informationen von Frau Dr. Ursula Lewald und Herrn Dr. K. Flink vom Institut für geschichtliche Landeskunde der Rheinlande in Bonn gehen zahlreiche Sachangaben und Hinweise zu Wüstungen zurück. Eine erhebliche Bereicherung erfuhr die vorliegende Arbeit auch durch eine Fülle von Geländebeobachtungen, die der technische Mitarbeiter des Rheinischen Landesmuseums Bonn, Herr M. Groß, beisteuerte. Schließlich verdanke ich weiteres umfangreiches Material einer großen Zahl von ortskundigen Heimatforschern, ohne deren Beitrag diese Studien mit großen Lücken behaftet wären.

Dankbar verbunden weiß ich mich weiterhin meinen Kollegen vom Rheinischen Landesmuseum in Trier, besonders dem Direktor dieses Instituts, Herrn Dr. R. Schindler, sowie den Herren Dr. W. Binsfeld und Dr. H. Cüppers. Sie förderten meine Arbeit, indem sie alle nötigen Informationen aus Unterlagen ihres Hauses oder aus ihrer eigenen Erfahrung beisteuerten. Studien zur Siedlungsgeschichte und zur Siedlungsarchäologie hängen erfahrungsgemäß in ihrer Wirkung ganz besonders von Umfang und Qualität der kartographischen Darstellungen ab. Daß diese Frage gelöst werden konnte, muß als Verdienst der Landesvermessungsämter der Bundesländer Rheinland-Pfalz (Koblenz) und Nordrhein-Westfalen (Bad Godesberg) gelten. Ohne das Entgegenkommen und die fachliche Beratung durch Herrn Vermessungsdirektor Ottweiler vom Landesvermessungsamt Nordrhein-Westfalen hätte auch die Übersichtskarte am Schluß des Katalogbandes nicht gedruckt werden können.

Für die graphische Gestaltung zahlreicher Abbildungen bin ich meinen Kollegen vom Zeichenbüro des Rheinischen Landesmuseums Bonn, Herrn P. J. Tholen und Herrn F. Zack, dankbar. Die Verwendung von Luftbildern und Magnetometer-Messungen ermöglichte Herr Dr. I. Scollar. Der Vermessungsingenieur des Rheinischen Landesmuseums Bonn, Herr Ing. grad. K. Grewe, steuerte eine ganze Reihe von topographischen Aufnahmen bei. Besonders danke ich auch allen Kollegen und Freunden, die sich den Mühen der Drucklegungsarbeiten unterzogen haben. Meine Kollegin, Frau Dr. M. Ludwig, führte nicht nur den größten Teil der Redaktionsarbeiten durch, sondern sie unterzog darüber hinaus die Manuskripte einer kritischen Durchsicht. Frau Dr. Windemuth (Bonn) und meiner Frau Brigitte verdanke ich die Durchführung weiterer Korrekturarbeiten. Besonders dankbar bin ich Frau Dr. I. Kiekebusch-Mertins, die die Drucklegung des Buches mit Rat und Tat förderte. Herrn Dr. Chr. Andree bin ich für seine Hilfe bei technischen Fragen der Drucklegung dankbar.

Den Druck dieser Studien finanzierten dankenswerterweise die Deutsche Forschungsgemeinschaft (Textband) und das Rheinische Landesmuseum Bonn (Katalogband). Diese Institutionen boten mir überhaupt erst die Möglichkeit, die Ergebnisse in größerem Umfang vorzulegen. Dem Direktor des Rheinischen Landesmuseums Bonn, Herrn Dr. Ch. B. Rüger, bin ich für die Aufnahme der Studien in die Beihefte der Bonner Jahrbücher dankbar.

Allen Mitarbeitern, Kollegen und Freunden, die in irgendeiner Weise Anteil am Entstehen dieser Veröffentlichung haben, weiß ich mich stets zu großem Dank verpflichtet.

Bonn, Juli 1974
Walter Janssen

1. Einleitung

1.1 Die Fragestellung und ihre Abgrenzung

Mit den 'Studien zur Wüstungsfrage im fränkischen Altsiedelland zwischen Rhein, Mosel und Eifelnordrand' wird der Versuch unternommen, das Problem der mittelalterlichen Wüstungen und eine Reihe damit zusammenhängender Fragen für den linksrheinischen, nordwestlichen Teil des Rheinischen Schiefergebirges, die Eifel, zu untersuchen. Im Gegensatz zu anderen Teilen Deutschlands und zu vielen europäischen Nachbarländern[1] gibt es bis heute für das Mittel- und Niederrheingebiet noch keine zusammenfassende Darstellung des Wüstungsproblems. Es wurde zwar von der

---

[1] *Allgemein:* B. Huppertz, Zur Wüstungsforschung im Rheinlande. Zu L. Prinz, Die Wüstungen des Saarlandes, 1. Teil. Rhein. Vjbll. 7, 1937, 373–377. – *Für den Hunsrück:* B. Schemann, Die Wüstungen des vorderen Hunsrücks. Diss. Rer. Nat. (Köln 1968). – *Ahrtal:* H. Neu, Wüstungen im oberen Ahrtal. In: Zwischen Eifel und Ville. Heimatbll. f. d. Kreise Euskirchen u. Schleiden 9, 1955. – *Kreis Bergheim/Erft:* H. Hinz, Über Wüstungen im Kreis Bergheim. Rhein. Vjbll. 21, 1956, 341–356. – *Bergisches Land:* E. Hundhausen, Im Banne der Heimat. Festschr. 500 Jahre Schladern (Eitorf 1961). – *Raum Euskirchen:* Von H. Schäfer erschienen zwischen 1936 und 1944 verschiedene Artikel im Westdeutschen Beobachter über Wüstungen in der Gegend von Euskirchen. – *Für einen Teil des Kreises Kempen-Krefeld:* G. Krikker, Geschichte der Gemeinde Anrath. Schriftenreihe des Kreises Kempen-Krefeld, Bd. 7 (Kempen 1959), darin auch über Wüstungen um Anrath. – *Für einen Teil des Westerwaldes:* H. G. Gewehr, Wüstungen in der Umgegend von Flammersfeld. Ein Beitrag zum Historischen Ortslexikon der Rheinlande. Rhein. Vjbll. 11, 1941, 278–287. – *Trierer Land:* G. Kentenich, Untergegangene Ortschaften in der Umgegend Triers. Trierische Chronik 6, 1910 und 9, 1913. – *Kreis Wittlich:* Brückmann, Untergegangene Siedlungen im Kreise Wittlich. In: Der Kreis Wittlich, hrsg. v. P. Blum (Düsseldorf 1927) 128 ff. – *Umgebung v. Rheinbach, Lkr. Bonn:* H. Schwarz, Der Himmeroder Hof zu Rheinbachweiler und Rheinbach. AHVN 138, 1941, 117–122. – *Für das Gebiet um Doveren, Kr. Erkelenz:* J. H. Terboven, Haus Grittern, seine Einwohner und sein Schicksal. Heimatkal. der Erkelenzer Lande, 1969, 85–94. – *Breberen, Kr. Geilenkirchen-Heinsberg:* P. A. Tholen, Verschwundene und vergessene Höfe in der Breberner Gemarkung. Heinsberger Volkszeitung, Beilagen v. 31. 12. 1927 u. 28. 1. 1928. – *Siebengebirge/Siegkreis:* W. Harless, Zur Geschichte des Siebengebirges und der Burgsitze desselben. AHVN 46, 1887, 1–20.
Fast alle Nachbargebiete des Rheinlandes weisen einen intensiveren Stand der Forschung auf: *Westfalen:* J. Lappe, Die Wüstungen der Provinz Westfalen. Veröff. d. Histor. Kommiss. f. Westfalen (Münster i. W. 1916). Besprochen v. Wopfner, in: Zeitschr. d. Savigny-Stiftg., Germ. Abt. 37, 1916, 590. – *Hessen:* G. Landau, Historisch-topographische Beschreibung der wüsten Ortschaften in Hessen. Zeitschr. d. Ver. f. hess. Gesch. u. Landeskde. 2, 1859, 1–37 und 342–347. – *Pfalz:* E. Christmann, Dörferuntergang und -wiederaufbau im Oberamt Lautern während des 17. Jahrh. Schriften zur Gesch. v. Stadt- und Landkreis Kaiserslautern 1, 1961. – *Rheinpfalz:* D. Häberle, Die Wüstungen der Rheinpfalz auf der Grundlage Besiedlungsgeschichte. Mitteil. d. Histor. Ver. d. Pfalz 39/42, 1919/22, 1–245. – *Luxemburg:* J. Meyers, Studien zur Siedlungsgeschichte Luxemburgs (1932), darin ein Abschnitt zur Wüstungsforschung in Luxemburg mit einer Karte. – *Saarland:* L. Prinz, Die Wüstungen des Saarlandes, 1. Teil: Die Kreise Saarbrücken, Ottweiler und St. Wendel. In: Volkstum u. Heimat. Veröff. d. Ver. f. Naturschutz u. Heimatpfl. im Kreis Ottweiler, Heft 3 (1935). – *Belgien:* L. Génicot, A. Verhulst (Hrsg.), L'archéologie du village médiéval. Centre Belge d'histoire rurale, Publ. 5 (Gent 1967).

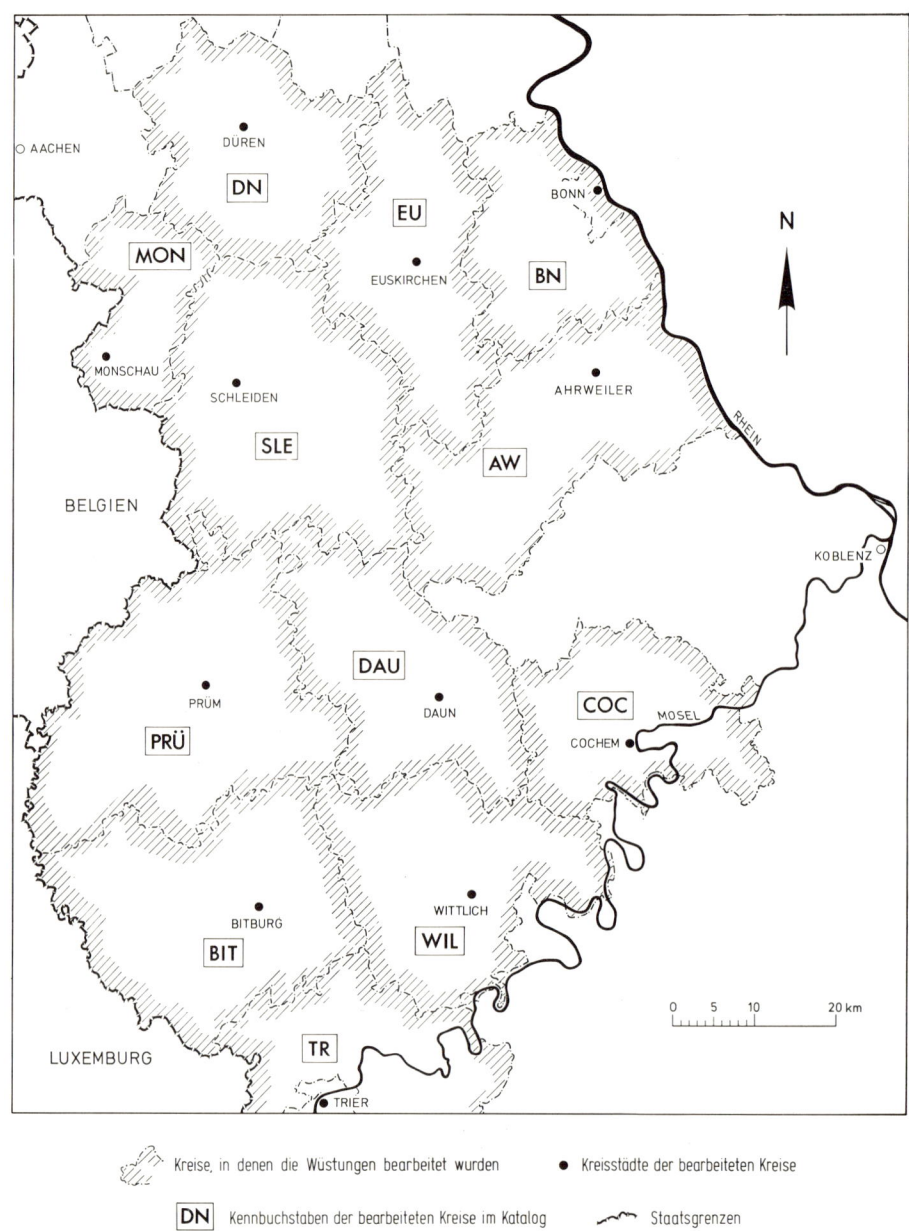

1 Übersichtskarte des bearbeiteten Gebietes.

rheinischen Landesgeschichte als dringende Aufgabe erkannt, doch blieben Untersuchungen in größerem geographischen Rahmen aus. Lediglich einige regionale Arbeiten sind bisher erschienen, deren Ergebnisse hinsichtlich des Umfangs und der zeitlichen Schichtung der Wüstungsbildung im Rheinland nicht verallgemeinert werden dürfen. Landeshistorikern, Geographen, Archivaren und Archäologen blieb jedoch bei ihren Studien nicht verborgen, daß auch das Mittel- und das Niederrheingebiet am allgemeinen Wüstungsprozeß teilnehmen, wie er in den Nachbarlandschaften zu beobachten ist. Im Gelände oder in den Schriftquellen wurden zahlreiche Wüstungen verschiedener Art entdeckt. Damit ergab sich, daß Wilhelm Abels Einstufung des Mittel- und Niederrheingebietes als 'wüstungsarm' nicht ganz zutreffen kann und daß sich hinter dieser noch 1967 in einer Karte der Wüstungshäufigkeit dargestellten Klassifizierung[2] eine Forschungslücke verbirgt.

Die Aufgabe der vorliegenden Studien bestand also von Anfang an darin, ein Verzeichnis der Orts- und Flurwüstungen zusammenzustellen, das die Grundlage weiterer Untersuchungen bilden kann. Die Planungen für ein solches Wüstungsverzeichnis reichen bis in das Jahr 1958 zurück. Kurt Scharlau hatte 1957 einen Aufsatz zur Frage der Kammerfluren und Streifenfluren in den hessischen Mittelgebirgen veröffentlicht[3], in dem die Probleme für Hessen formuliert und Wege zu ihrer Lösung gezeigt wurden. Scharlaus Methoden und Ergebnisse beeinflußten auch außerhalb Hessens die Flur- und Wüstungsforschung, so daß diese Frage im Rheinland nicht zuletzt unter dem Eindruck seiner Resultate aufgegriffen wurde. Hier versuchten vor allem das Rheinische Landesmuseum Bonn und das Institut für geschichtliche Landeskunde der Rheinlande an der Universität Bonn, ein gemeinsames Forschungsprogramm mit dem Thema 'Wüstungen und fossile Fluren im Rheinland' zu verwirklichen. Auf mehreren Exkursionen und Tagungen, an denen anfangs auch noch Franz Steinbach und Kurt Scharlau teilgenommen hatten, waren die grundsätzlichen Probleme des Programms bereits erarbeitet worden. Den Direktoren des Landesmuseums und des Instituts für geschichtliche Landeskunde, H. v. Petrikovits und F. Petri, gelang es 1961, die finanzielle Unterstützung der Deutschen Forschungsgemeinschaft für die Forschungsaufgabe zu gewinnen. Am 1. 10. 1961 begann der Marburger Geograph Karl August Seel, ein Schüler Kurt Scharlaus, am Rheinischen Landesmuseum Bonn mit der Bearbeitung des Forschungsprogramms 'Wüstungen und fossile Fluren im Rheinland'. In der verhältnismäßig kurzen Zeit seiner Tätigkeit bis zum 15. 2. 1963 arbeitete Seel, entsprechend der Formulierung seiner Aufgabe, parallel in zwei Richtungen: Er begann mit der Aufnahme einzelner Komplexe fossiler Fluren, die im Gelände gut erhalten waren und deren Datierung auf Grund archäologischer Befunde möglich erschien. Die erzielten Ergebnisse legte er in einem Aufsatz vor[4]. Zum anderen begann er eine Kartei der mittelalterlichen Wüstungen des Rheinlandes, die bis heute weitergeführt wurde

---

[2] So bereits bei H. Pohlendt, Die Verbreitung der mittelalterlichen Wüstungen in Deutschland. Göttinger Geogr. Abhandl. 3, 1950, Karte. – Abels Karte der Wüstungsdichte ist erschienen in: W. Abel, Désertions rurales: bilan de la recherche allemande. In: Villages Désertées, Histoire Économique XIe–XVIIIe siècle, hrsg. v. d. École Pratique des Hautes Études, VIe Section. Centre de Recherches Historiques (Paris 1965) 515–530, bes. Karte S. 520. – Ders., Wüstungen in historischer Sicht. In: Wüstungen in Deutschland. Sonderheft 2 der Zeitschr. f. Agrargesch. u. Agrarsoziol. (Frankfurt/Main 1967) Karte S. 4. – Ders., Geschichte der deutschen Landwirtschaft vom frühen Mittelalter bis zum 19. Jahrh. In: Deutsche Agrargeschichte, hrsg. v. G. Franz, Bd. 2 (2. Aufl. Stuttgart 1967) 111 Bild 14.
[3] K. Scharlau, Kammerfluren (celtic fields, Oldtidsagre) und Streifenfluren im westdeutschen Mittelgebirge. ZAA 5, 1957, 13–20.
[4] K. A. Seel, Römerzeitliche Fluren im Mayener Stadtwald. Bonner Jahrb. 163, 1963, 317–341.

und die die Anfänge des hier vorgelegten Katalogs darstellt. Das von ihm zusammengetragene Material an Wüstungen veröffentlichte Seel nur auszugsweise[5], und zwar aus der Überlegung heraus, daß er zu jener Zeit nur einen kleinen Teil der wirklich vorhandenen Wüstungen erfaßt hatte. Tatsächlich ließ sich die Wüstungskartei noch stark erweitern, nachdem seit November 1964 der Verfasser mit der Fortführung des Programms beauftragt worden war. Aber selbst heute muß man sich fragen, ob wirklich alle Wüstungen des Untersuchungsgebietes erfaßt worden sind.

Bereits im Anfangsstadium des Materialsammelns zeigte sich, daß eine unerwartete Fülle von Wüstungen im Rheinland festzustellen war. Die große Menge des Materials verbot es, das Rheinland als ganzes zu bearbeiten. Das hätte eine Verzögerung der beabsichtigten Veröffentlichung auf unbestimmte Zeit zur Folge gehabt. Eine Beschränkung der Untersuchung auf ein Teilgebiet erwies sich als unumgänglich. Sie empfahl sich auch aus anderen Gründen. Denn es deutete sich bald an, daß sich die verschiedenen Teilgebiete des Mittel- und Niederrheins wegen ihrer unterschiedlichen naturräumlichen Prägung im Hinblick auf die Wüstungsbildung nicht gleich verhalten würden. Westerwald und Bergisches Land weisen beispielsweise eine ganz andere Wüstungsbildung auf als die Kölner Bucht oder die Sanderflächen des unteren Niederrheins.

Die Eifel bot sich aus mehreren Gründen als kleines Untersuchungsgebiet an. Sie bildet als ganze eine naturräumliche Einheit, die sich durch ihren besonderen Charakter von den anderen Landschaften des Mittel- und Niederrheins deutlich abhebt und die zugleich klar definierbare Grenzen – Rhein, Mosel, Our, Sauer und Ardennen sowie die Köln-Düren-Jülicher Lößbörde – aufweist. Im Gegensatz zu den rheinischen Lößgebieten findet aber bis heute in der Eifel eine vergleichsweise extensive Agrarnutzung statt. Lediglich in den Kalkmulden mit besseren Bodenqualitäten spielt die Landwirtschaft eine gewisse Rolle. Andererseits läßt die Tranchot-Müfflingsche Landesaufnahme aus dem Beginn des 19. Jahrhunderts[6] deutlich erkennen, daß zu jener Zeit in der Eifel große Heide- und Ödlandflächen vorhanden waren, die nicht agrarisch genutzt wurden. Addiert man zu diesen Ödlandflächen noch die damals bewaldeten Gebiete, so bleibt nur ein Bruchteil der Gesamtfläche als Ackerland übrig. Je geringer aber die ackerbauliche Nutzung eines Gebietes ist, desto größer wird die Chance, Siedlungsplätze und Fluren vergangener Epochen im Gelände noch einigermaßen unversehrt vorzufinden. Insofern erhielt die Eifel für die Wüstungs- und Altfelderforschung den Vorzug vor den ackerbaulich intensiv genutzten Gebieten der rheinischen Lößzone. Die Möglichkeit, Orts- und Flurwüstungen in den Lößgebieten zu erforschen, wo sie ohne Zweifel auch vorhanden gewesen sind, besteht andererseits kaum noch, seit während des 19. Jahrhunderts große Wälder auf Lößböden zugunsten des Rübenanbaus vollständig gerodet oder die bis heute fortbestehenden Wälder wie der Kottenforst durch Rodung der Randzonen verkleinert wurden.

Noch eine weitere Voraussetzung bestimmte die Auswahl der Eifel als Untersu-

---

[5] K. A. Seel, Orts- und Flurwüstungen der Eifel. Bonner Jahrb. 162, 1962, 455–479. – Ders., Bonner Jahrb. 164, 1964, Jahresbericht für 1962, 546 ff.

[6] Ältere Ausgabe (ÄA): E. Kuphal, Wald- und Siedlungskarte der Rheinprovinz 1801–1820, Mst. 1 : 50 000. Publ. d. Gesellsch. f. Rhein. Geschichtskde. 12,2. Abt. (Köln 1930). – Neue Ausgabe (NA): Wald- und Siedlungskarte der Rheinprovinz 1801–1820, Mst. 1 : 25 000. Publ. d. Gesellsch. f. Rhein. Geschichtskde. 12,2. Abt., hrsg. v. Landesvermessungsamt Nordrhein-Westfalen (1966 ff.).

chungsgebiet. Weite Teile der Eifel nehmen, im Unterschied etwa zum Westerwald oder zum Bergischen Land, an allen Phasen der vor- und frühgeschichtlichen Siedlungsentwicklung teil. Vor allem fehlt hier nicht, wie rechts des Rheins, die fast fünfhundertjährige römische Siedlungsphase, die links des Stromes die direkte Voraussetzung für den Gang der frühmittelalterlichen Neubesiedlung darstellt. Angesichts dieser Tatsache läßt es sich in der Eifel gar nicht umgehen, zu erwägen, in welcher Weise die römerzeitliche Siedlungs- und Agrarlandschaft auf die frühmittelalterlichen Verhältnisse Auswirkungen besaß. Um das Problem der römisch-fränkischen Kontinuität auszuschließen, hätte sich in der Tat die Wahl eines rechtsrheinischen Untersuchungsgebietes empfohlen. Statt dessen wurde mit voller Absicht ein Raum gewählt, in dem die landnehmenden Franken des 4./5. Jahrhunderts direkt auf die Hinterlassenschaft der römischen Zeit stießen und sich mit ihr auseinandersetzen mußten. Mit Vorbedacht werden die Probleme eines Raumes untersucht, der ein Altsiedelland der Franken war und den sie nicht, wie östlich des Rheins, erst im Zuge späterer Landausbauphasen kolonisierten. In dieser Begründung der getroffenen Auswahl schwingt – das sei nicht verschwiegen – die Erwartung mit, daß möglicherweise die Entstehung von Wüstungen und fossilen Fluren links des Rheins durch das Fortwirken römerzeitlicher Zustände einen anderen Verlauf nehmen könne als in Gebieten, die einer römerzeitlichen Siedlungsphase entbehren. Wie die Entwicklung in den fränkischen Kolonisationsgebieten Hessens, Niedersachsens, Frankens oder in Teilen des alemannischen Siedlungsbereichs sowie in den deutschen Kolonisationsgebieten östlich der Elbe verlief, wissen wir aus entsprechenden Untersuchungen. Im Gegensatz dazu besitzt die Frage, wie Wüstungen und fossile Fluren im ehemaligen römischen Siedlungsbereich entstanden, nach wie vor ihren besonderen Reiz.

So sehr die Eifel im Verhältnis zur Kölner Bucht, zum Niederrhein, zum Bergischen oder zum Westerwald als naturräumliche Einheit hervortritt, so deutlich erscheinen dem aufmerksamen Beobachter innerhalb dieses so einheitlich wirkenden Raumes verschiedene Kleinlandschaften, die sich in ihrem naturräumlichen Gepräge klar voneinander abheben. Man unterscheidet etwa die Ahreifel von der Pellenz, der vulkanischen Voreifel, das Bitburger Gutland von der Wittlicher Senke, das Monschauer und Schleidener Land von der nördlichen Voreifel oder aber die Westeifel vom Trierer Land. Die besonderen Bedingungen eines jeden Teilgebietes, wie sie Morphologie, Gewässernetz, Bodengüte, Bewaldung oder andere natürliche Faktoren darstellen, hatten in der Frühzeit verschiedenartige Siedlungsabläufe zur Folge. Römerzeitliche Erschließung und merowingerzeitliche Neubesiedlung verliefen in den einzelnen Teillandschaften der Eifel keineswegs konkordant, sondern unterschieden sich, je nach den Gegebenheiten des Naturraumes, voneinander. Dieser Sachverhalt eröffnet siedlungskundlichen Studien ein weites Feld für vergleichende Untersuchungen. Denn wie die Besiedlung der Teilgebiete nicht gleichsinnig verlief, so braucht auch ihre Entsiedlung, also die Bildung von Wüstungen, nicht im gleichen Rhythmus vor sich gegangen zu sein. Mithin bietet die Eifel vor anderen Landschaften des Mittel- und Niederrheins auch den Vorzug, daß sie in sich verschiedene, naturräumlich besonders gebildete Kleinlandschaften vereinigt, die im Hinblick auf die Wüstungsfrage vergleichende Studien erlauben.

In der praktischen Gliederung der Studien führte diese Erkenntnis zu dem Entschluß, die Wüstungen der Eifel getrennt nach den Kreisen zu behandeln, die bis 1970 die Verwaltungsgliederung der Eifel ausmachten. Im Bundesland Nordrhein-Westfalen sind dies die Kreise Monschau (MON), Düren (DN), Schleiden (SLE), Euskirchen (EU), Bonn (BN) und das Stadtgebiet von Bonn; im Bundesland Rheinland-Pfalz die Kreise Prüm (PRÜ), Daun (DAU), Ahrweiler (AW), Bitburg (BIT), Wittlich (WIL), Cochem (COC), Trier (TR) sowie das Stadtgebiet von Trier. Diese Gliederung wurde auch trotz der inzwischen erfolgten Verwaltungsreform in den beiden Bundesländern beibehalten, die teils zum Verschwinden früherer Kreise, teils zur Entstehung neuer, größerer Kreise geführt hat. Damit wird die äußere Gliederung der Untersuchung von einem Prinzip der neuzeitlichen Verwaltungsgliederung abhängig gemacht. Denkbar wäre andererseits auch eine Einteilung nach naturräumlichen Einheiten innerhalb der Eifel gewesen, die allerdings die Frage nach der klaren Abgrenzung solcher Naturräume aufgeworfen hätte. Auch kann nicht behauptet werden, daß die genannten Kreise sich mit naturräumlichen Einheiten der Eifel decken. Wohl aber weisen alle genannten Kreise besondere naturräumliche Faktoren auf, die es erlauben, sie voneinander zu unterscheiden und die auch erwarten lassen, daß die mittelalterliche Siedlungsentwicklung in jedem Kreisgebiet einen anderen Verlauf genommen hat. Auf diese Unterschiede kam es bei der Wahl der Untersuchungs-Teilgebiete an. Die Ergebnisse der Studien beweisen, daß die Verschiedenheit der naturräumlichen Voraussetzungen in den Kreisen so ausgeprägt war, daß die Siedlungsentwicklung jeweils von verschiedenartigen Bedingungen ausging und dementsprechend auch sehr differenziert verlief. Der Abschnitt über die geographische Verbreitung der Wüstungen läßt erkennen, daß die Eifelkreise tatsächlich genügend Kategorien zu differenzierender Betrachtungsweise enthalten, ohne daß sie deswegen etwa mit naturräumlichen Einheiten gleichgesetzt zu werden brauchten.

Im einzelnen waren noch folgende Besonderheiten zu berücksichtigen. Einige rheinland-pfälzische Kreise erstrecken sich beiderseits der Mosel, so die Kreise Trier (TR), Wittlich (WIL) und Cochem (COC). Hier wurden die südlich des Flusses gelegenen Kreisteile mit bearbeitet, weil die siedlungsmäßige Verflechtung der jeweiligen Kreisteile sich als sehr eng erwies. Das Laacher See-Gebiet, der heutige Kreis Mayen, wurde nicht nochmals behandelt, nachdem es 1952 bereits Gegenstand einer volkskundlichen Wüstungsstudie gewesen ist[7].

Im Katalog finden sich die Wüstungen nach den jeweiligen Kreisen geordnet vor. Dieser Einteilung entspricht auch die Katalognummer, unter der jede einzelne Wüstung geführt wird. Der erste Teil der Katalognummer (Kat. Nr.) gibt in Großbuchstaben die Kreiszugehörigkeit an. Altfelderkomplexe werden an dieser Stelle mit dem Buchstaben A gekennzeichnet. Der zweite Teil der Kat. Nr. besteht aus laufenden Ziffern, die innerhalb jedes Kreises mit 1 neu beginnen. Innerhalb jedes Kreisgebietes finden sich die Wüstungen alphabetisch geordnet unter der jeweiligen Gemeinde, in deren Bereich sie nach der bis 1970 gültigen Verwaltungseinteilung lagen. Auch hier wurden infolge der Verwaltungsreform inzwischen eingetretene Veränderungen nicht mehr berücksichtigt, weil erfahrungsgemäß die Wüstungen nach der alten Verwaltungsgliederung in der Nähe jener Orte aufgeführt werden, die in irgendeiner Beziehung ihre

---

[7] H. Müller, Die Wüstungen des Kreises Mayen. Volkskundliche Beiträge zur Wüstungsforschung. Diss. Phil. (Bonn 1952). – Ders., Volkskundliche Wüstungsforschung im Kreise Mayen/Rheinland. Rhein. Jahrb. f. Volkskde. 3, 1952, 41–80.

Nachfolge angetreten haben, sei es durch Übersiedlung der Bevölkerung, durch Übernahme der Gemarkung oder durch Teilhabe an einer Wüstung.
Aber nicht nur Lage, Größe und Beschaffenheit des Untersuchungsgebietes stellen Faktoren dar, in denen sich diese Studien von anderen wüstungskundlichen Arbeiten unterscheiden. Größere Bedeutung kommt der Frage zu, was im folgenden unter 'Wüstung' verstanden werden soll. Um hier zu einer Klärung zu gelangen, muß vorausgreifend wenigstens kurz über die Ansatzpunkte gesprochen werden, von denen die Wüstungsstudien in der Eifel ihren Ausgang genommen haben. Sie wurden weder von Geographen noch von Historikern in Angriff genommen. Vielmehr stellten sich Fragen der Wüstungsforschung zunächst einmal im Zuge der praktischen archäologischen Arbeit des Rheinischen Landesmuseums Bonn, zu dessen Aufgaben unter anderem die archäologische Landeskunde gehört und das dieses Arbeitsgebiet mit seinen speziellen Methoden analog zur historischen Landeskunde wahrnimmt. Die wichtigsten Methoden, deren sich die Archäologie im Rahmen einer archäologischen Landeskunde bedient, sind Ausgrabungen auf einzelnen, besonders ausgewählten Fundplätzen, ferner die Bodendenkmalpflege[8] und schließlich die archäologische Landesaufnahme[9]. Dabei geht es um eine möglichst lückenlose Auffindung von Fundplätzen früherer Epochen, ihre wissenschaftliche Untersuchung mit Hilfe von Ausgrabungen und nicht zuletzt um ihre Erhaltung als oberirdisch sichtbare Bodendenkmäler. Diese Methoden werden seit einiger Zeit im Rahmen einer Archäologie des Mittelalters[10] nicht allein auf die traditionellen vor- und frühgeschichtlichen Epochen, sondern in zunehmendem Maße auch auf das Mittelalter, in Teilbereichen sogar auf die frühe Neuzeit, angewandt. Ziel solcher Bemühungen war es von jeher unter anderem, auf Grund der archäologischen Funde und Befunde eine möglichst vollständige und ganz-

---

[8] A. Herrnbrodt, Organisation und Gesetzesgrundlagen der archäologischen Bodendenkmalpflege im Rheinland. Rhein. Heimatpfl. NF 1966, 182–190. – H. v. Petrikovits, Bodendenkmalpflege. Rhein. Heimatpfl. NF 1966, 178–181. – W. Janssen, Probleme der Bodendenkmalpflege in einer sich wandelnden Umwelt. In: Das Rhein. Landesmuseum Bonn 3, 1971, 33–36. – Ders., Aufgaben der Bodendenkmalpflege im Rheinland. Rhein.-Berg. Kalender 1974, 40–49.

[9] Zur Methode der archäologischen Landesaufnahme: A. Tode, Organisation und praktische Durchführung einer allgemeinen archäologischen Landesaufnahme. Vorgeschichtl. Jahrb. 3, 1926, 10–21. – In jüngerer Zeit: H. Schirnig, Einige Bemerkungen zur archäologischen Landesaufnahme. Nachr. aus Niedersachsens Urgesch. 35, 1966, 3 ff. – Man vgl. auch: H. Jankuhn, Methoden und Probleme siedlungsarchäologischer Forschung. Archaeologia Geographica 4, 1955. – Ders., Siedlungsarchäologie als Forschungsaufgabe. In: Probleme der Küstenforschung im südlichen Nordseegebiet, Bd. 8 (Hildesheim 1965) 1–8.

[10] Zur Methode der Archäologie des Mittelalters. P. Grimm, Möglichkeiten der Unterbauung siedlungsgeographischer Fragen durch vorgeschichtliche Methoden. Mitteldeutsche Volkheit 5, 1938. – Ders., Der Beitrag der Archäologie für die Erforschung des Mittelalters. In: Probleme des frühen Mittelalters in archäologischer und historischer Sicht (Berlin 1966). – Am Rheinischen Landesmuseum Bonn gehört die archäologische Erforschung mittelalterlicher Objekte seit Jahrzehnten zur geläufigen Museumsarbeit, ohne daß zunächst ein eigenständiger Forschungszweig für Mittelalter-Archäologie bestand. Erst in jüngster Zeit hat sich eine organisatorische Betonung dieses Arbeitszweiges als notwendig erwiesen. – Vgl. H. v. Petrikovits, Vorwort zu: Kirche und Burg in der Archäologie des Rheinlandes. In: Kunst und Altertum am Rhein, Führer des Rhein. Landesmus. Bonn Nr. 8 (Düsseldorf 1962). – W. Bader, Zu einer Archäologie des Mittelalters (am gleichen Ort). – Neuerdings: H. Borger, Möglichkeiten und Grenzen einer Archäologie des Mittelalters, dargelegt an dem Beispiel Xanten. Frühmittelalterl. Studien, hrsg. v. K. Hauck, Bd. 2 (Berlin 1968) 251–277. – W. Janssen, B. Janssen, Stand und Aufgaben der Archäologie des Mittelalters im Rheinland. Mit einer Bibliographie 1945–1972. In: Zeitschr. f. Archäologie des Mittelalters 1, 1973, 141 ff. – R. L. S. Bruce-Mitford, Medieval Archaeology. In: Archaeological News Letter I Nr. 6 (1948). – M. Beresford, J. G. Hurst, Deserted Medieval Villages (London 1971), darin bes.

heitliche Vorstellung von der Landschafts- und Siedlungsentwicklung einer bestimmten vor- oder frühgeschichtlichen Epoche zu gewinnen. Diese komplexe Aufgabe, der sich die Archäologie für vor- und frühgeschichtliche Zeit verschrieben hat, gilt uneingeschränkt auch für jene Bereiche im Mittelalter und in der frühen Neuzeit, zu denen die Archäologie eigene Beiträge leisten kann. Dementsprechend richtet sich eine siedlungsarchäologische Untersuchung für das Mittelalter darauf, eine möglichst vollständige und ganzheitliche Darstellung der Landschafts- und Siedlungsgeschichte eines Raumes zu erarbeiten. Dabei laufen Landschafts- und Siedlungsgeschichte in engster Verbindung miteinander ab: Sie stellen gleichsam zwei Seiten der gleichen Sache dar, und zwar insofern, als der siedelnde und wirtschaftende Mensch stets und überall auch das Aussehen der Landschaft beeinflußte und veränderte.

Angesichts dieser Aufgabe richtet der Siedlungsarchäologe seinen Blick auf alle Siedlungsplätze, die er für eine bestimmte Epoche ermitteln kann; denn sie haben für seine weitgefaßte Fragestellung unterschiedslos Bedeutung, wenn auch nicht immer gleich großen Stellenwert innerhalb einer bestimmten Fragestellung. Für das Mittelalter heißt dies, daß alle Niederlassungen und Siedlungsplätze, die sich im Gelände oder auf Grund der Schriftquellen oder mit Hilfe anderer Überlieferungsformen nachweisen lassen, in die Untersuchung einzubeziehen sind. Wenn nach dem Verlauf der Siedlungsgeschichte und der Landschaftsentwicklung gefragt wird, können nicht einzelne Arten oder Typen von Siedlungen von der Betrachtung ausgeschlossen werden, sondern alle Formen menschlicher Niederlassung müssen, entsprechend ihrem Anteil an der gesamten Siedlungsentwicklung, Berücksichtigung finden.

Zur vollständigen und ganzheitlichen Erforschung der Siedlungsgeschichte gehört aber auch, daß die historische Tiefe des Siedlungsablaufs erkannt und sichtbar gemacht wird. Das Bestreben, einzelne Perioden der mittelalterlichen und frühzeitlichen Siedlungsentwicklung auszusondern und sie durch besondere Charakteristika unverwechselbar zu definieren, etwa durch Bestimmungen wie 'hochmittelalterliche Rodungsphase' oder 'spätmittelalterliche Wüstungsperiode', täuscht innerhalb eines zusammenhängenden Entwicklungsprozesses Grenzen und Abschnitte vor, die in Wirklichkeit gar nicht so scharf hervortreten und von den Zeitgenossen auch nicht als solche empfunden wurden. Rodung, Kolonisation, Landnahme, Siedlungsgründung, aber auch Entsiedlung, Abwanderung, Auswanderung, Wüstungsbildung erscheinen innerhalb der Siedlungsgeschichte immer wieder. Sie sind, obgleich zu verschiedenen Zeiten jeweils in eigentümlicher Form auftretend, Bestandteile eines einzigen, unaufhörlichen Siedlungsablaufs, bei dem sich die einander folgenden Zustände organisch auseinander entwickeln und der nur selten von tiefen Brüchen gekennzeichnet ist. Die erwähnten Elemente der Siedlungsentwicklung wiederholen sich zu verschiedenen Zeiten immer wieder. Aus ihrem Wechselspiel entsteht das, was die Forschung Sied-

Kapitel 4 von M. Beresford: An Historian's Appraisal of Archaeological Research, S. 169–181. – Ferner zur Methode: E. Cinthio, Medieval Archaeology as a research subject. Meddelanden fran Lunds Universitets Historiska Museum 1962/63. – H. Ammann, Möglichkeiten des Spatens in der mittelalterlichen Städteforschung der Schweiz. Zeitschr. f. Schweizerische Gesch. 23, 1943. – W. U. Guyan, Die mittelalterlichen Wüstlegungen als archäologisches und geographisches Problem. Zeitschr. f. Schweizerische Gesch. 26, 1946. – G. Stachel, Die Arbeitsweise der Archäologie des Mittelalters, dargestellt am Beispiel Unterregenbach. Württembergisch-Franken 50, 1966. – W. Janssen, Mittelalterliche Dorfsiedlungen als archäologisches Problem. Frühmittelalterl. Studien, hrsg. v. K. Hauck, Bd. 2 (Berlin 1968) 305–367. – Ders., Methodische Probleme archäologischer Wüstungsforschung. Nachr. d. Akad. d. Wissensch. in Göttingen, Phil.-Hist. Kl. Nr. 2 (1968).

lungsgeschichte nennt. Dem Archäologen ist diese Vorstellung nicht neu, gewinnt er doch seine siedlungsarchäologischen Erkenntnisse ausschließlich aus aufgegebenen Siedlungen vor- und frühgeschichtlicher Perioden. Er sieht auch keine Veranlassung, das Phänomen einer aufgegebenen Siedlung, der man nach einer weitverbreiteten Konvention wissenschaftlichen Sprachgebrauchs im späten Mittelalter die Bezeichnung 'Wüstung' beilegt, als Charakteristikum einer bestimmten Periode aufzufassen, denn seine eigene Erfahrung belehrt ihn täglich, daß es aufgegebene Siedlungsplätze zu jeder Zeit gegeben hat. 'Wüstungen sind Begleiterscheinungen jeglicher menschlicher Siedlung', so formuliert eine neuere wüstungskundliche Untersuchung[11] diese Grunderfahrung der Siedlungsarchäologie, und man kann ergänzen, daß dies selbst da zutrifft, wo das Phänomen nicht mit dem Terminus 'Wüstung' beschrieben wird. Die archäologische Mittelalter-Forschung ist inzwischen so weit fortgeschritten, daß ihre Ergebnisse zur Beantwortung der Frage nach den Enddaten ausgegrabener Siedlungen herangezogen werden können. Stellt man die hinreichend ausgegrabenen Siedlungen tabellarisch zusammen[12], so entsteht ein ganz neues Bild vom zeitlichen Ablauf

---

[11] So zuletzt: C. Goehrke, Die Wüstungen in der Moskauer Rus'. Studien zur Siedlungs-, Bevölkerungs- und Sozialgeschichte. Quellen und Studien zur Geschichte des östlichen Europa, hrsg. v. M. Hellmann, Bd. 1 (Wiesbaden 1968) 3. – Vgl. dazu die Besprechung von W. Janssen, Bonner Jahrb. 172, 1972, 674–680.

[12] Die Tabelle 1 auf S. 12/13 stellt eine erweiterte und um die seitdem veröffentlichten neuen Grabungsergebnisse ergänzte Fassung der 1968 vorgelegten Übersicht dar (vgl. W. Janssen, Methodische Probleme archäologischer Wüstungsforschung. Nachr. d. Akad. d. Wissensch. in Göttingen, Phil.-Hist. Kl. Nr. 2 [1968] 39). – Die unlängst von G. P. Fehring, Zur archäologischen Erforschung mittelalterlicher Dorfsiedlungen in Südwestdeutschland. ZAA 21, 1973, 31 ff., vorgetragenen Überlegungen zu diesem Problemkreis bestätigen vollauf meine schon 1968 dargelegte Auffassung, daß es bereits früh- und hochmittelalterliche Wüstungsvorgänge gibt, die sich auch gerade durch das von Fehring behandelte archäologische Material Südwestdeutschlands nachweisen lassen. Wenn Fehring (a. a. O. 33 ff.) vor einer Überinterpretation des teilweise noch fragmentarischen archäologischen Materials aus methodischen Gründen warnt, so greift er auch hierin einen bereits 1968 geäußerten Gedanken auf, wonach 'punktuell' gültige Grabungsergebnisse, die auf einzelnen Grabungsplätzen erarbeitet wurden, nicht ohne weiteres verallgemeinert werden dürfen. Ob und in welchem Umfange allgemeine Schlüsse auf Grund von Grabungsbefunden möglich sind, hängt letzthin davon ab, in welchem Maße sich innerhalb eines Kulturgebietes archäologische Einzeluntersuchungen zahlenmäßig verdichten, so daß dann doch allgemeine Züge der Siedlungsentwicklung sichtbar werden (vgl. W. Janssen, Mittelalterliche Dorfsiedlungen als archäologisches Problem. In: Frühmittelalterl. Studien, hrsg. v. K. Hauck, Bd. 2 [Berlin 1968] bes. 312).
Das von Fehring zusammengetragene südwestdeutsche Material bestärkt mich zudem in der Auffassung, daß auch beim gegenwärtigen Forschungsstand der Archäologie sich bereits Wüstungsperioden abzuzeichnen beginnen, die der großen spätmittelalterlichen vorausgehen. Das zeigen die zu Gruppen zusammentretenden Enddaten der Siedlungen in dem hier vorgelegten Schema. Wenn Fehring (a. a. O. 34) es seltsam findet, daß lediglich das 7. Jahrhundert in meiner Aufstellung der Wüstungsperioden von 1968 (Frühmittelalterl. Studien 351; zitiert bei Fehring a. a. O. 34 Anm. 89) fehlt, so übersieht er offenkundig, daß sich meine Aufstellung nicht mit der Bildung von Wüstungen schlechthin befaßt, sondern ihre *zahlenmäßige Häufung* angibt. Das 7. Jahrhundert war, wie übrigens auch der größte Teil des 8. und des 10. Jahrhunderts, kein Zeitabschnitt, in dem Wüstungen *gehäuft* auftreten, soweit wir das bisher mit archäologischen Mitteln beurteilen können.
Fehrings Vorschlag, von Wüstungsperioden solle man erst dann sprechen, 'wenn die Kulmination der Wüstungsvorgänge durch eine gemeinsame Ursache bewirkt ist' (a. a. O. 34), führt m. E. hinter die durch die archäologische Forschung ermöglichten Neuansätze in der Wüstungsforschung zurück. Sie entspricht aber auch schon nicht mehr dem Stand der gegenwärtigen historischen, geographischen und wirtschaftshistorischen Erforschung der Wüstungen. Die an Zahl ständig zunehmenden Siedlungs- und Wüstungsgrabungen lassen übereinstimmend erkennen, daß der Beitrag der Archäologie zum Problem der Wüstungsursachen gering ist. So wünschenswert ein Beitrag der Archäologie zu diesem Problemkreis auch wäre, so unbedeutend sind ihre tatsächlichen Ergebnisse bisher geblieben. Die Ursachenfrage stellt also innerhalb der *archäologischen Forschung* ein Randproblem dar, zu dem aus grundsätzlichen

der Wüstungsbildung. Ihren Anfang muß eine solche Tabelle zwangsläufig am Ende der römischen Kaiserzeit nehmen. Für das freie Germanien deuten deshalb die Enddaten wichtiger spätkaiserzeitlicher Siedlungsplätze den Siedlungsverlust im 3., 4. und 5. Jahrhundert an. Links des Rheins, auf ehemaligem römischen Reichsboden, ist das Bild noch einheitlicher: Die Enddaten der ländlichen Siedlungen reichen meist nicht über die Mitte des 4. Jahrhunderts hinaus. Valentinianische Zeit erleben, soweit sich das bisher überblicksweise sagen läßt, so gut wie keine ländlichen Siedlungen. Allgemein ist im 4. Jahrhundert ein starkes Ausdünnen der Besiedlung zu beobachten, und sichere Funde des 5. Jahrhunderts aus ländlichen Siedlungszusammenhängen lassen sich vorerst nicht erkennen. Dazu muß allerdings bemerkt werden, daß eine zusammenfassende Aufnahme der spätantiken Funde vom Niederrhein bisher fehlt, so daß ein abschließendes Urteil zu dieser Frage noch nicht möglich ist.

Zeitlich umfaßt die Tabelle 1 einen Abschnitt von der römischen Kaiserzeit bis zum späten Mittelalter. Allein auf Grund der archäologischen Ergebnisse schälen sich innerhalb dieses Zeitabschnitts nicht weniger als fünf Wüstungsperioden heraus, und zwar die folgenden:

(1) Ende des 2. und während des 3. Jahrhunderts in der Germania Libera; Mitte des 3. Jahrhunderts und um 276 in der niedergermanischen Provinz des römischen Reiches.

und methodischen Erwägungen von ihr vorerst kein wesentlicher Beitrag geleistet worden ist. Außerdem nahm die Neubewertung der Wüstungsfrage durch die Archäologie gerade von der Überlegung ihren Ausgang, daß das Wüstungsphänomen als solches vom Ursachenkomplex grundsätzlich zu trennen sei, weil die Archäologie eben nur das effektive Ende einer Siedlung feststellt, gleichgültig, aus welchen Gründen es dazu kam. Diese Trennung bildete auch die Voraussetzung dafür, daß die Überschätzung der spätmittelalterlichen Wüstungsperiode überwunden werden und sich der Blick auf andere Wüstungsprozesse richten konnte.

Daß eine Kulmination von Wüstungsvorgängen erst dann als Wüstungsperiode anzuerkennen sei, wenn sie durch eine gemeinsame Ursache bewirkt werde, dürfte zudem eine unerfüllte Erwartung Fehrings bleiben. War man sich schon für die durch Schriftquellen gut beleuchtete spätmittelalterliche Wüstungsperiode nicht über die Ursachen dafür einig – W. Abel sprach von Agrarkrisen, Mortensen und Scharlau machten Ballungsvorgänge dafür verantwortlich –, so hat sich bei den meisten Wüstungsforschern heute die Ansicht durchgesetzt, daß eine monokausale Erklärung von vornherein nicht in Betracht zu ziehen ist. Vielmehr erweisen sich die Wüstungsvorgänge, je besser man sie kennenlernt, als Erscheinungen, die durch das kombinierte Auftreten verschiedener Ursachen und Faktoren zustande kommen. Es werden komplizierte Wirkungsmechanismen sichtbar, die von Fall zu Fall, von Region zu Region, immer wieder neu untersucht werden müssen.

Aus dem Gesagten ergibt sich, daß eine Bindung des Wüstungsbegriffs oder einer Wüstungsperiodisierung, wie hier von Fehring vorgeschlagen, an die Ursachenfrage nicht möglich ist, wenn man nicht längst überwunden geglaubte Vorstellungen wiederbeleben will. Dem archäologischen Ansatz entspricht eine solche Verbindung aus methodischen Gründen nicht. Aus historischer und geographischer Sicht erneuert sie den längst als falsch erkannten Monokausalismus, der im Hinblick auf die Wüstungsursachen nicht weitergeführt hat. Zu diesem Problemkreis vgl. auch unten S. 219 ff.

Es kann keine Rede davon sein, daß die vorstehenden Überlegungen auf eine Eliminierung der Ursachenfrage hinauslaufen, wie vielleicht angenommen werden könnte. Sie soll lediglich aus der Definition der Grundkategorien des Wüstungsphänomens, wie des Wüstungsbegriffs, der Periodisierung der Wüstungen, herausgenommen werden, weil sie erwiesenermaßen den Blick verengt hat. Gleichwohl muß die archäologische Forschung auch weiter bestrebt sein, an der Aufhellung der Wüstungsursachen mitzuwirken. In Einzelfällen ist ihr das sogar gelungen, etwa, wenn sie große Brandhorizonte auf Siedlungen feststellen konnte oder wenn sie Hinweise auf tiefgreifende Wandlungen der wirtschaftlichen oder sozialen Strukturen wahrscheinlich machen konnte. Die Erfahrung, daß sich Anzahl, Art und Wirkungsgrad der verschiedenen denkbaren Wüstungsursachen im Laufe der Zeit und je nach der betroffenen Region ständig ändern, sollte aber gerade den Archäologen Anlaß werden, ihre Möglichkeiten hier nicht zu überschätzen.

(2) Ende des 4. und während des 5. Jahrhunderts in der Germania Libera; in der zweiten Hälfte des 4. Jahrhunderts in der niedergermanischen Provinz des römischen Reiches.

(3) Ende des 8., während des 9. und zu Beginn des 10. Jahrhunderts im fränkisch-karolingischen Reich.

(4) Ende des 11., während des 12. und zu Beginn des 13. Jahrhunderts.

(5) Während des 14. und des 15. Jahrhunderts. Es handelt sich hier um die wohlbekannte spätmittelalterliche Wüstungsperiode.

Vor allem zwei Ergebnisse dieser tabellarischen Zusammenstellung sind für die Wüstungsfrage von Bedeutung. Zuallererst zeigt sie sehr deutlich, daß es Wüstungsbildung bereits vor der spätmittelalterlichen Wüstungsperiode des 14./15. Jahrhunderts gegeben hat. Wüstungen entstehen offensichtlich seit der Völkerwanderung und im Zusammenhang mit dem Verfall des römischen Reiches. Wüstungen gibt es aber auch in Zeiten, die als Kolonisations- und Ausbauperioden erwiesen sind, z. B. im 9./10. und im 12. Jahrhundert. An der Existenz von Wüstungen, die teilweise erheblich vor dem späten Mittelalter entstanden sind, ist also heute kaum noch zu zweifeln, zumal sie inzwischen auch anderweitig, z. B. in Hessen, oder in England[13], nachgewiesen wurden. Zum anderen erweist sich der Wüstungsprozeß, wie er auf Grund archäologischer Befunde gegenwärtig greifbar wird, als ein langfristig wirkender Faktor der gesamten Siedlungsentwicklung. Er ist nicht nur das spätmittelalterliche negative Abbild einer positiven, durch Kolonisation und Landausbau charakterisierten Siedlungsentwicklung des hohen Mittelalters, sondern er läuft gleichzeitig mit Kolonisation und Siedlung ab, er ist ein integrierter Bestandteil der Siedlungsentwicklung selbst. Nicht länger lassen sich Landausbau und Kolonisation einerseits und Wüstungsbildung andererseits chronologisch und sachlich säuberlich auseinanderhalten. Beide gegenläufigen Entwicklungen finden gleichzeitig und eng miteinander verschränkt statt. Es darf wohl auch vermutet werden, daß sie einander stark beeinflußt haben, obgleich nähere Kenntnisse über eine solche Wechselwirkung vorerst noch fehlen.

Es ist in diesem Zusammenhang müßig, darüber zu streiten, ob das archäologische Material die Erschließung regelrechter Wüstungsperioden gestattet. Fest steht, daß sich die in der Tabelle zusammengestellten Enddaten zu mehreren Gruppen zusammenfassen lassen, wie das oben geschehen ist. Damit ist auch gesichert, daß die Bildung von Wüstungen während der rund tausend Jahre, die das Schema umfaßt, quantitativ nicht gleichmäßig verlief, sondern daß Zeiten mit vielen Wüstungen von solchen mit wenigen unterschieden werden können. Es gibt keinen Grund, weshalb solche Zeiten der Wüstungshäufung nicht als Wüstungsperioden angesprochen werden sollten, wobei ihre chronologische Fixierung mit fortschreitender archäologischer Forschung ebenfalls präziser werden dürfte (vgl. hierzu Anm. 12).

---

[13] H. Kern, Siedlungsgeographische Geländeforschungen im Amöneburger Becken und seinen Randgebieten. Ein Beitrag zur Erforschung der mittelalterlichen Kulturlandschaftsentwicklung in Nordhessen. Marburger Geogr. Schriften 27, 1966, 245 ff. – G. Eisel, Siedlungsgeographische Geländeforschungen im südlichen Burgwald. Marburger Geogr. Schriften 24, 1965, 130 ff. – Die von H. Quirin, Hess. Jahrb. 15, 1965, 219 ff., von R.-H. Behrends, Hess. Jahrb. 16, 1966, 297 ff., G. Mildenberger, Hess. Jahrb. 19, 1969, 488 f., zu diesen Arbeiten vorgetragenen kritischen Anmerkungen berühren nicht die Tatsache der von Eisel und Kern ermittelten frühen Wüstungen.

12 Einleitung

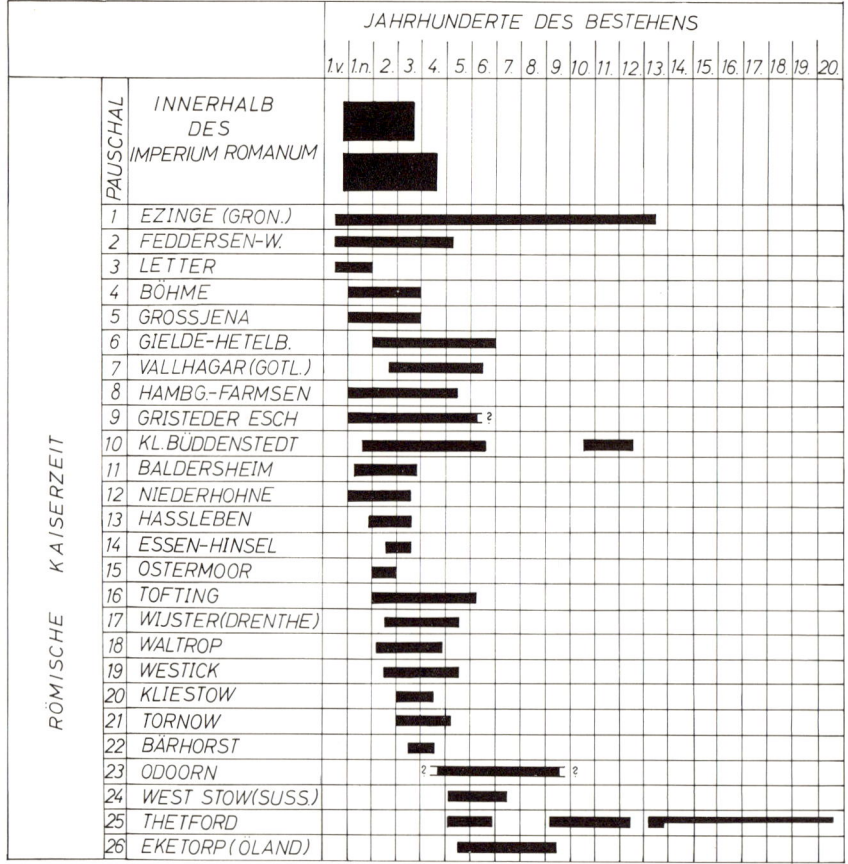

Tabelle 1a: Archäologisch untersuchte Siedlungen der römischen Kaiserzeit nach ihrer Besiedlungsdauer.

Tabelle 1b: Archäologisch untersuchte Siedlungen der Merowinger- und Karolingerzeit, des Mittelalters und der Neuzeit. ▶

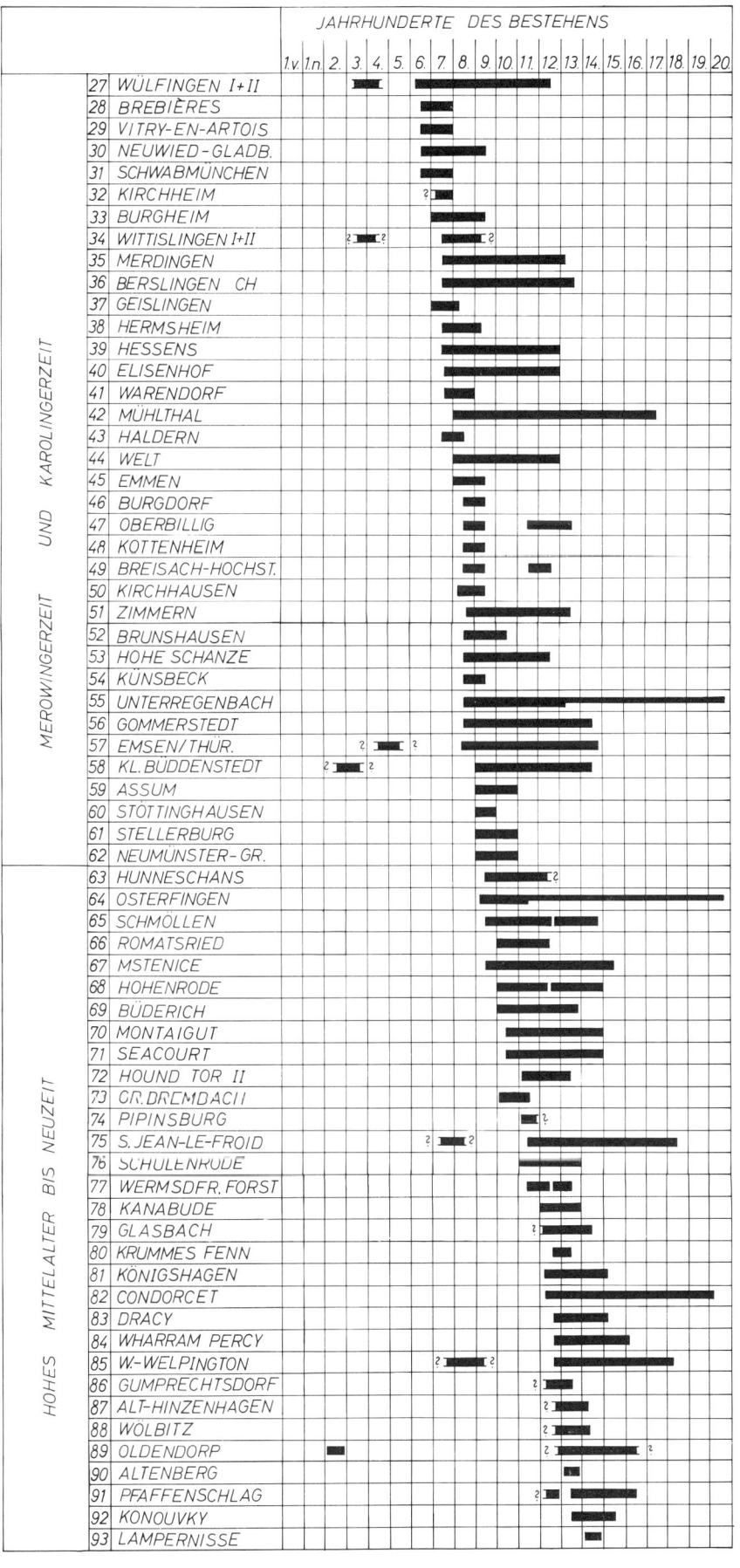

Angesichts dieser Resultate verbietet sich jede zeitliche Einschränkung des Wüstungsbegriffs auf eine einzige Periode. Dabei wird keineswegs bestritten, daß die spätmittelalterliche Wüstungsperiode ihrem Umfang nach alle anderen übertroffen hat, wenn man von der Völkerwanderungszeit einmal absieht. Insofern behält sie nach wie vor ihre herausgehobene Stellung innerhalb des spätmittelalterlichen Siedlungs- und Wirtschaftsgefüges. Es bedarf sicher noch jahrelanger Forschungen, bis numerische Angaben über die Intensität der neuerkannten Wüstungsperioden möglich sein werden. Auch in einem anderen Punkt werfen die neuentdeckten Wüstungsperioden zunächst mehr Fragen auf, als sie beantworten: hinsichtlich der Ursachenfrage. Die Gründe für die spätmittelalterliche Wüstungsbildung sind nach W. Abels Untersuchungen[14] hinreichend bekannt. Unter ihnen nehmen die Agrarkrisen des späten Mittelalters ihren besonderen Rang ein. Die von Abel herausgestellten spätmittelalterlichen Wüstungsursachen wurden in der Folgezeit geradezu in den Wüstungsbegriff mit hineingenommen: Wenn man von Wüstungen sprach, so implizierte das einerseits spätmittelalterliche Wüstungen, andererseits aber jene Phänomene, die im Zuge der spätmittelalterlichen Agrarkrisen auftraten.

Die vorgelegte Tabelle mahnt auch hier zur Vorsicht, denn sie weist mit den Wüstungsperioden (3) und (4) Erscheinungen auf, die in agrarwirtschaftlichen Konjunkturperioden auftreten; nicht anders wird man die zur gleichen Zeit ablaufenden großen Rodungsperioden in Mitteleuropa wohl interpretieren dürfen. Schon deutet sich an, daß noch andere Ursachen als die spezifisch spätmittelalterlichen in Betracht zu ziehen sind. Allerdings ist es noch verfrüht, die Ursachenfrage für die neuen Wüstungsperioden zu stellen, bevor diese selbst ausreichend erforscht und beschrieben sind (vgl. hierzu wiederum Anm. 12).

Aus dem Gesagten ergibt sich, daß eine von der Methodik der archäologischen Siedlungsforschung ausgehende Untersuchung notwendig einen anderen Wüstungsbegriff voraussetzen muß, als er in einigen Zweigen der Siedlungsgeographie üblich ist. Insofern wählt die Siedlungsarchäologie eben doch einen anderen und eigenständigen Ansatz in der Wüstungsforschung, auch wenn dies gelegentlich einmal übersehen wird[15].

---

[14] W. Abel, Die Wüstungen des ausgehenden Mittelalters (2. Aufl. Stuttgart 1955). – Ders., Wüstungen und Preisfall im spätmittelalterlichen Europa. Jahrb. f. Nationalökonomie u. Statistik 165, 1953, 380–427.

[15] Bestritten wird der besondere methodische Ansatz der archäologischen Wüstungsforschung von D. Denecke, Die historisch-geographische Landesaufnahme. Aufgaben, Methoden und Ergebnisse, dargestellt am Beispiel des mittleren und südlichen Leineberglandes. In: Hans Poser-Festschr. (Göttingen 1972) 405 Anm. 3. – Einem abgewogeneren Urteil in dieser Sache neigt H. Quirin, Ista Villa Iacet Totaliter Desolata. Zum Wüstungsproblem in Forschung und Kartenbild. In: Festschr. für W. Schlesinger, Bd. 1 (Köln, Wien 1973) 221 ff., zu. Quirin sieht die Siedlungsarchäologie, ganz im Sinne der vorliegenden Studien, als Bestandteil der Geschichtswissenschaft an und unterstreicht, daß sie sich kraft ihrer Eigenart durchaus von der Arbeitsweise der Geographie und ihrer Argumentation absetzt.

Die Kontroverse läßt sich nicht allein mit methodischen Unterschieden zwischen Geschichtswissenschaft und Mittelalter-Archäologie einerseits und Geographie andererseits erklären. Diese sind vorhanden und werden auch nicht bestritten. Vielmehr reichen hier Gegensätze bis in die wissenschaftliche Fragestellung hinein. Die durch die archäologischen Forschungen erkannten und erstmals auch in größerem geographischen Rahmen nachgewiesenen früh- und hochmittelalterlichen Wüstungsperioden konnten nur deshalb eindeutig gefaßt werden, weil die Archäologen unbelastet von der Verengung der Wüstungsproblematik auf das späte Mittelalter, wie sie einige Vertreter der Geographie lange Zeit über betrieben haben, ans Werk gingen. Der Neuansatz, den die Archäologie des Mittelalters ermöglicht hat, läßt sich also nicht mit dem Hinweis auf eine neue Forschungsmethode bagatellisieren. Er wird auch in der grundsätzlichen Fragestellung und in den inzwischen erreichten Resultaten sichtbar. Es kann deshalb nicht

Ein Blick auf die Wort- und Sachgeschichte erweist sich für die Bestimmung dessen, was als Wüstung anzusehen ist, als hilfreich. Das Phänomen 'Wüstung' kannte bereits die Antike. Bezogen auf Örtlichkeiten verwendete sie das Wort 'desertus' in der Bedeutung 'unbewohnt', 'unbesetzt', 'unbebaut', 'öde', 'einsam', 'leer'[16]. Dabei enthielt der Ausdruck von Anfang an zwei Bedeutungen nebeneinander. Er deckte zunächst solche Örtlichkeiten, die auf Grund ihrer Naturbedingungen unbewohnbar waren und blieben, die nie von Menschen aufgesucht wurden, also Wüsten, Urwälder, Steppen, allgemein die Wildnis, die 'terra inculta'. In dieser Färbung verwandten römische Autoren vor allem das Nomen 'deserta'. Gleichzeitig aber diente das Partizip auch zur Kennzeichnung solcher Gebiete, die einst vom Menschen bewohnt, dann aber wieder verlassen worden waren. Cicero kennt beispielsweise Flurwüstungen, wenn er von einem 'vastus ac desertus ager' spricht; ihm sind Ortswüstungen geläufig, wenn er sich der Wendung 'vici castellaque fuga cultorum deserta' bedient[16]. 'Deserti agri' bereiteten der spätantiken Agrarwirtschaft offenbar nicht geringe Sorgen[17]. Sie nahmen einen solchen Umfang an, daß die staatliche Verwaltung und schließlich die Gesetzgebung mehrerer Kaiser auf eine Wiederbesetzung solcher Fluren hinwirken mußten, damit ein weiteres Absinken der Grundsteuererträge verhindert und die landwirtschaftliche Produktion gesichert wurde. Über das mittelalterliche Latein fand der Ausdruck in unveränderter Bedeutung Eingang ins Mittelhochdeutsche. In der Lex Bajuwajorum und im ersten Kapitulare Karls des Großen von 802 meint 'desertare' die gewaltsame Zerstörung eines Besitzes durch Krieg, Mord, Brand und ähnliches[18]. Ein anderes Kapitular des Kaisers von 805 handelt von 'propriis servis vel ancillis, ut non supra modum in monasteria sumantur, ne desertentur villae'[19]. Wir haben hier eines der frühesten Zeugnisse des Mittelalters für die Befürchtung einer Wüstungsbildung durch Bevölkerungsverlagerung vor uns. Im Deutschen erscheint der Begriff 'Wüstung' als ahd. 'wuosti', mhd. 'wuoste', 'wueste'. Er entspricht der Doppelbedeutung des lateinischen 'desertus' im Sinne von 'terra inculta' und vom Menschen verlassenen Stätten vollauf. Das Adjektiv wurde nicht nur bei Siedlungen verwendet, sondern ebenso auch bei Ländereien aller Art, so für Äcker, Weinberge, Wiesen und Weiden. Eine Fülle li-

---

übersehen werden, daß gerade die von der Archäologie des Mittelalters vermittelten Anstöße zu einer Erweiterung der Wüstungsproblematik geführt haben.
Andererseits registrieren die Archäologen gern, daß sich inzwischen auch die Geographen selbst archäologischer Methoden bedienen. Außer den in Anm. 13 bereits zitierten Arbeiten von Kern und Eisel wäre hier beispielsweise auf Untersuchungen von E. Plümer (Nachr. aus Nieders. Urgesch. 41, 1972, 141–157) und D. Denecke (Einbecker Jahrb. 29, 1970, 15–36) in der südniedersächsischen Wüstung Oldendorp bei Einbeck zu verweisen, zu denen archäologische Forschungen in größerem Umfange gehören.
Die in Sache und Methodik der Wüstungsforschung bei Geographen, Historikern und Archäologen vorhandenen Unterschiede erweisen sich aber letzthin doch als unbedeutend, seit die Wüstungsforschung nicht als Domäne eines dieser Fächer, sondern als Gegenstand interdisziplinärer Forschung erkannt worden ist (vgl. dazu Quirin a.a.O. 198 f. und 231 f.).

[16] Vgl. K. E. Georges, Lateinisch-Deutsches Handwörterbuch (Hannover–Leipzig 1913) unter 'desertus'; dort zahlreiche literarische Belege aus der frühen Prinzipatszeit.

[17] Pauly-Wissowa, RE V, Sp. 249, Stichwort 'Deserti agri' mit Hinweisen auf die diesbezügliche Gesetzgebung der Kaiser Valentinian I., Theodosius d. Gr. und Anastasius.

[18] Du Cange, Glossarium Mediae et Infimae Latinitatis, Bd. 3 (1884) unter den Stichworten 'desertare', 'desertitudo', 'desertum'.

[19] Du Cange (wie Anm. 18).

terarischer und urkundlicher Belege beleuchtet alle Spielarten von Wort und Sache[20].
In weiten Teilen der antiken Welt lebten die Menschen in intensiv erschlossenen Siedlungs- und Agrarlandschaften oder innerhalb der städtischen Zivilisation. Für sie bestand viel weniger Grund, die Wildnis zu fürchten, als für den mittelalterlichen Menschen. Der geringere Grad seiner Naturbeherrschung verhinderte, daß er in kurzer Zeit die Naturlandschaft in eine Kulturlandschaft verwandeln konnte. Er benötigte dazu in immer neuen Rodungsperioden Jahrhunderte. Die Wildnis aber blieb nach wie vor gegenwärtig, gefahrvoll, unheimlich und unberechenbar. Sie zu durchqueren, war nur auf einigen wenigen Heerwegen, Handelsrouten oder Pilgerstraßen möglich. In seinem Parzival schildert Wolfram von Eschenbach einen Menschen, dessen Lebensweg in der unzivilisierten Wildnis beginnt und der einen langen Weg zurücklegen muß, bis er dem Idealbild der höfischen Kultur entspricht. Literarische Zeugnisse und Urkunden belegen übereinstimmend, daß der Mensch des Mittelalters den Gegensatz zwischen seinem zivilisierten Lebensbereich und der Wildnis schärfer empfunden haben muß, als dies in der Antike und heute der Fall ist.

Dieser Begriffsinhalt der 'terra inculta' umfaßt auch die aus der menschlichen Kultur entlassenen Siedlungen und Räume. Auch sie wurden, sobald die Menschen sie aufgegeben hatten, zur Wildnis, zur Wüstenei, der zu Recht der gleiche Ausdruck 'wueste' zukam. Offensichtlich dauerte es auch nur kurze Zeit, bis verlassene Siedlungen, Ruinen, Trümmerstätten so verfallen waren, daß sie der natürlichen Wildnis entsprachen. Bald verbanden sie sich in der Phantasie der Menschen mit Sagen, mit Wunder- und Geistergeschichten, mit Spuk und Zauber. Aus der Westeifel kennt man eine große Zahl sagenhafter Überlieferungen, die sich auf römische und mittelalterliche Trümmerstätten beziehen[21].

Andererseits bewahrten die Menschen mit bemerkenswerter Zähigkeit das Wissen von untergegangenen Siedlungen. Bis in die Namengebung von Orten und Fluren drang diese Erinnerung vor, wie die bei vielen europäischen Völkern bekannten 'Wüstungsnamen' beweisen[22]. So berichten z. B. römische Autoren über Wüstungsprozesse großen Stils, wenn sie den Abzug der Helvetier oder der Boier beschreiben. Aufgelassene frühere Siedlungsräume erscheinen dann unter Bezeichnungen wie 'deserta Boiorum' oder 'ἡ Βοίων ἐρημία' oder aber als 'ἡ τῶν Ἐλουητίων ἔρημος'[23]. Von Länderbezeichnungen dieser Art führt der Weg leicht zur Aufrechterhaltung des Rechtsanspruches auf diese Gebiete. Die einfachste Form eines Wüstungsnamens besteht in der Verwendung des Begriffs 'wüst' im Orts- oder Flurnamen selbst, für die Beispiele aus dem gesamten deutschen Sprachraum vorliegen[24]. Aus der Eifel seien folgende Beispiele ge-

---

[20] M. Lexer, Mittelhochdeutsches Handwörterbuch, Bd. 3 (Leipzig 1878) Sp. 981 f. mit literarischen Belegen. – Zu Wort und Begriff vgl. auch zahlreiche Belege und Hinweise bei H. Quirin (wie Anm. 15) 201 f. – In diesem Zusammenhang auch wichtig: W. Berges, Land und Unland in der mittelalterlichen Welt. In: Festschr. f. H. Heimpel, Bd. 3. Veröff. d. Max-Planck-Instituts f. Gesch. zu Göttingen, Bd. 36 (1973).

[21] M. Zender, Sagen und Geschichten aus der Westeifel. 2. Aufl. (Bonn 1966) 78 ff. – Ähnlich auch: J. Dietz, Aus der Sagenwelt des Bonner Landes (Bonn 1965) 19 ff., 22 ff.

[22] H. Kuhn, Wüstungsnamen. Beitr. zur Namenforschung 15, 1964, 156 ff.

[23] Belege und weitere Hinweise bei: W. Janssen, Mittelalterliche Dorfsiedlungen als archäologisches Problem. In: Frühmittelalterl. Studien, hrsg. v. K. Hauck, Bd. 2 (Berlin 1968) 305–367, bes. 314.

[24] E. Förstemann, Altdeutsches Namenbuch (Bonn 1916) unter 'wuosti'. – Ferner: A. Bach, Deutsche Namenkunde, Bd. 2,1 (Heidelberg 1953) § 372 mit zahlreichen Ortsnamen, in denen der Bestandteil 'wüst' enthalten ist.

nannt: Wüstenleimbach, heute Hohenleimbach (MY); Wüstkirche bei St. Alban zu Trier; Wüstedelle südöstlich von Trier[25]; Wustene für wüste Weinberge und Äcker im Trierer Land; Wüstweiler für eine Wüstung in Niederzier[26], Wüste bei Koblenz und Wüstegasse in Köln[27].

Übereinstimmend fassen römischer und mittelalterlicher Sprachgebrauch unter dem Begriff 'Wüstung' eine ganze Reihe verschiedener Erscheinungen zusammen: wüste Siedlungen, Fluren, Burgen und anderes.

Mit den bisherigen grundsätzlichen Erörterungen wurde die Grundlage skizziert, von der aus eine Diskussion des Wüstungsbegriffs beginnen kann. Schon jetzt steht fest, daß der hier verwendete Begriff inhaltlich und chronologisch weit gefaßt werden muß, wenn er seine Funktion innerhalb einer siedlungs- und landschaftsgeschichtlichen Darstellung erfüllen soll. Es läßt sich nicht vermeiden, wenigstens kurz auf die Grundlagen des geographischen Wüstungsbegriffs einzugehen. Er wird, wie einer neueren Veröffentlichung von M. Born[28] zu entnehmen ist, auch heute noch von den Bestimmungen geprägt, die K. Scharlau in seinen Arbeiten seit 1933[29] vertreten hat. Es besteht für die geographische Wüstungsforschung auch heute noch keine Veranlassung zur vollständigen Neufassung des Scharlauschen Wüstungsbegriffes, doch wird mit Recht nach Möglichkeiten zu seiner Erweiterung und Ergänzung gefragt. Nach Scharlau unterscheidet man grundsätzlich Orts- und Flurwüstungen voneinander. Beide können entweder ganz wüst sein oder aber nur teilweise, woraus sich die Termini der 'totalen' und der 'partiellen' Wüstung herleiten. Mit dieser Unterscheidung überschneidet sich eine andere, die von der Dauer des Wüstliegens ausgeht. Lag eine Orts- oder Flurwüstung nur eine gewisse Zeit lang wüst, so spricht man von einer 'temporären' Wüstung. Blieb sie aber für immer wüst, so kommt ihr die Bezeichnung 'permanente' oder 'ständige' Wüstung zu. Die Handhabung dieser Begriffe bereitet, soweit nur wüste Dörfer und Höfe in Betracht gezogen werden, keine Schwierigkeiten. Sie setzten sich innerhalb der Geographie auch schnell durch und fanden allgemeine Anerkennung.

Aber auch den Geographen fiel schon frühzeitig auf, daß eine Erforschung der Landschafts- und Siedlungsgeschichte im Sinne ganzheitlicher Darstellung und unter Einbeziehung historischer Tiefe einen erweiterten Wüstungsbegriff erfordere. Mit einem inhaltlich auf die agrarischen Siedlungen oder zeitlich auf das späte Mittelalter beschränkten Wüstungsbegriff war angesichts der beschriebenen, komplexen Fragestellung der modernen Siedlungsforschung nicht mehr auszukommen. Nachdem noch J. Lappe[30], L. Prinz[31] und selbst B. Huppertz[32] nur vollständig untergegangene Siedlun-

---

[25] Belege bei W. Jungandreas, Historisches Lexikon der Siedlungs- und Flurnamen des Mosellandes (Trier 1962) 1149.
[26] Zu Wüstweiler vgl. im Katalog dieser Arbeit unter DN 70.
[27] Beleg bei M. Gysseling, Toponymisch Woordenboek van Belgie, Nederland, Luxemburg, Noord-Frankrijk en West-Duitsland (vóór 1226), 2 Bde. (1960); hier: Bd. 2, 1094.
[28] M. Born, Wüstungsschema und Wüstungsquotient. In: Erdkunde 26, 1972, 208–218.
[29] K. Scharlau, Beiträge zur geographischen Betrachtung der Wüstungen. Badische Geogr. Abhandl. 10, 1933. – Ders., Zur Frage des Begriffs Wüstung. Geogr. Anzeiger 39, 1938, 247–252.
[30] J. Lappe, Die Wüstungen der Provinz Westfalen (Münster 1916).
[31] L. Prinz, Die Wüstungen des Saarlandes (Ottweiler 1935).
[32] B. Huppertz, Zum gegenwärtigen Stand der westdeutschen Flurnamenforschung. Rhein. Vjbll. 6, 1936. – Ders., Zur Wüstungsforschung im Rheinlande. Rhein. Vjbll. 7, 1937, 373–377.

gen als Wüstungen hatten gelten lassen wollen, bedeuteten die von K. Scharlau[33] und
A. Becker[34] gemachten Beobachtungen von partiellen Wüstungen schon einen Schritt
in Richtung auf eine Erweiterung des Wüstungsbegriffs. Dem auf bäuerliche Siedlungsformen festgelegten und zeitlich auf das späte Mittelalter begrenzten Wüstungsbegriff W. Abels[35] stellten vor allem archäologisch arbeitende Forscher Möglichkeiten einer chronologisch und inhaltlich erweiterten Sicht des Wüstungsproblemes gegenüber[36]. Aber auch Geographen wie H. Beschorner[37] traten bald dafür ein, jede aufgegebene Siedlung als Wüstung zu bezeichnen, gleichgültig, ob es sich um ein Dorf, eine Mühle, einen Hof oder was auch immer handele. Überall, wo einst Menschen längere Zeit gewohnt und gewirtschaftet hatten und später abgezogen waren, seien Wüstungen entstanden. Von hier führt ein direkter Weg zu der am weitesten ausgreifenden Definition des Wüstungsbegriffs durch D. Düsterloh[38], der auch aufgegebene Stätten des Bergbaus, des Gewerbes oder der Industrie einbezogen sehen will.

So stehen sich in der Diskussion Verfechter des chronologisch und inhaltlich eng begrenzten Wüstungsbegriffs und Befürworter seiner erweiterten Fassung gegenüber. Zwischen den extremen Auffassungen liegt eine breite Skala vermittelnder Ansichten. Bekanntlich lassen sich dergleichen gegensätzliche Auffassungen, deren jede aus einem besonderen wissenschaftlichen Zusammenhang ihre Berechtigung herleitet, nicht mit dem Hinweis beseitigen, es handele sich lediglich um ein terminologisches Problem, welches durch Übereinkunft der Beteiligten definiert werden könne. Enge und weite Fassung des Wüstungsbegriffs repräsentieren nicht unerhebliche Differenzen in der Sache selbst. Bilden die Wüstungen die Grundlage einer Untersuchung über die Entwicklung der Agrarwirtschaft im Mittelalter, so ist grundsätzlich klargestellt, daß ausschließlich die spätmittelalterlichen und die agrarischen Wüstungen heranzuziehen sind; denn diese allein besitzen für das gestellte Thema Bedeutung. Betrachtet man hingegen die Wüstungen als eine der Möglichkeiten, mit denen Siedlungs- und Landschaftsgeschichte erforscht, sozusagen von der negativen Seite her beleuchtet werden kann, so verbieten sich Einschränkungen der genannten Art. Man tut also in jedem Fall gut daran zu definieren, was unter Wüstung zu verstehen sei; in den hier vorliegenden Studien wird, das mag inzwischen klargeworden sein, ein weitgefaßter Wüstungsbegriff zugrunde gelegt.

Mit Recht erhoben sich in letzter Zeit Stimmen, die vor einer Ausweitung des Wüstungsbegriffs ins Uferlose warnten[39]. Nicht ohne Grund stellten diese Autoren in

---

[33] K. Scharlau (wie Anm. 29).
[34] A. Becker, Die geographische Wertung der Wüstungen. Mitteil. d. Geogr. Gesellsch. in Wien 77, 1934, 151.
[35] W. Abel, Die Wüstungen des ausgehenden Mittelalters (2. Aufl. Stuttgart 1955).
[36] Zu terminologischen Fragen: W. Janssen, Methodische Probleme archäologischer Wüstungsforschung. Nachr. d. Akad. d. Wissensch. in Göttingen, Phil.-Hist. Kl. Nr. 2 (1968). – Vgl. auch die Anm. 12 und 15.
[37] H. Beschorner, Die Wüstungen und ihre Erforschung in Deutschland, besonders in Sachsen. In: Bll. f. deutsche Landesgesch., 1939. – Ders., Wüstungsverzeichnisse. In: Deutsche Geschichtsbll. 6, 1905, 1–15.
[38] D. Düsterloh, Beiträge zur Kulturgeographie des Niederbergisch-Märkischen Hügellandes. Bergbau und Verhüttung vor 1850 als Elemente der Kulturlandschaft. Göttinger Geogr. Abhandl. 38, 1967.
[39] D. Denecke, Methodische Untersuchungen zur historisch-geographischen Wegeforschung im Raum zwischen Solling und Harz. Göttinger Geogr. Abhandl. 54, 1969, 40. – Ähnlich M. Born in der Anm. 28 gen. Arbeit.

Frage, ob denn auch Meilerplätze, aufgelassene Steinbrüche, kleine Schlackenhalden oder bäuerliche Rennfeuer als Wüstungen zu bezeichnen seien. M. Born machte gegenüber einer zu weit gefaßten Definition von Wüstung geltend, daß nur solche Objekte Wüstung genannt werden sollten, die für längere oder kürzere Zeit 'deutlich raumparzellierend oder -differenzierend wirkten'[40]. Er hat damit einen Weg gewiesen, auf dem eine Präzisierung des weitgefaßten Wüstungsbegriffs möglich erscheint. In dem von Born gemeinten Sinn wirkt beispielsweise ein Bauerndorf mit seiner Gemarkung für die Zeit seines Bestehens raumparzellierend und, wie hinzugefügt werden könnte, raumgliedernd. Hört es auf zu bestehen, so tritt ein grundlegender Wandel der bis dahin ausgebildeten Raumgliederung ein. Im gleichen Sinne aber stellt ein ausgedehnter Bergbaubezirk mit Siedlungsplätzen, Gruben, Pingen, Halden, Verhüttungsplätzen und ähnlichem einen Faktor der Raumgliederung dar. Dem Wirtschaftsraum des Landmannes, der Gemarkung, entspricht beim Bergbau der Bereich der Lagerstätten und der Verhüttung. In beiden Fällen ist der Wirtschaftsraum den eigentlichen Siedlungsplätzen zugeordnet, und zwar in möglichster Nähe. Damit ist klargeworden, daß über längere oder kürzere Zeit reichende raumparzellierende Wirkung nicht nur von bäuerlichen, sondern auch von gewerblichen Ansiedlungen ausgehen kann. Folgerichtig läßt Born gewerbliche Wohnplätze auch als Wüstungen zu. Da solche Entwicklungen in jedem Abschnitt der historischen Zeit stattfinden, befürwortet er auch die zeitliche Ausweitung des Wüstungsbegriffs.
Ob ein landwirtschaftlicher, gewerblicher oder industrieller Siedlungsplatz raumparzellierend, raumgliedernd wirkt, entscheidet sich an der Intensität, mit der eine solche Siedlung lebte. Raumgliedernde Wirkungen in der Umgebung des Siedlungsplatzes werden sich erst dann einstellen, wenn die Besiedlung zahlenmäßig eine gewisse Stärke nicht unterschritt und wenn sie über längere Zeit andauerte. Größe und Dauer der Besiedlung bestimmen also den Einfluß, den eine Siedlung auf ihre Umgebung ausübte. Das von Born herausgestellte Kriterium, daß solche Siedlungen sich bestimmend im Parzellengefüge einer Gemarkung abzeichnen – nichts anderes versteht er unter raumparzellierender Wirkung –, scheint allerdings noch einer Ergänzung bedürftig. Bedeutende Auswirkungen können auch von einer großen Bauern- oder Gewerbesiedlung ausgehen, ohne daß sie sich im Parzellengefüge der Gemarkung niedergeschlagen haben müßte. Denn nicht alle Formen der Land- und Siedlungserschließung müssen diese kartographisch darstellbare Folge erreicht haben. Darin liegt auch der Grund, weshalb dem speziellen Terminus 'raumparzellierend' der allgemeine 'raumgliedernd' vorzuziehen ist.
Die Raumgliederung, die von einem Siedlungsplatz auf sein Umland ausgeübt wird, läßt sich an folgenden charakteristischen Elementen konkret fassen:
a) die Veränderung des Verhältnisses von Wald und Offenland, die durch die Siedlungsgründung bewirkt wurde;
b) die Veränderung der Morphologie, die sich durch anthropogene Einwirkung im Umland der Siedlung ergab; sie kann durch eine Fülle verschiedener Maßnahmen bewirkt werden, die von der Anlage von Ackerflächen über Bachregulierungen, Deich- und Dammbau bis zur Anlage von Pingen und Stollen reichen;

---

[40] M. Born (wie Anm. 28) 214.

c) die Einbindung einer Siedlung in das überörtliche Wegenetz durch Schaffung eines neuen örtlichen Verkehrsnetzes.

Siedlungen, die in diesen drei Bereichen ihr Umland dauernd und tiefgreifend gestalteten und prägten, sollten, wenn sie aufgegeben werden, als Wüstungen (Ortswüstungen) in der hier vorgeschlagenen erweiterten Begriffsfassung bezeichnet werden. Aus dieser Sicht versteht sich von selbst, daß der Wohnplatz eines Köhlers samt seiner Meilerplätze oder aber ein einzelnes Bauern-Rennfeuer keine Wüstungen darstellen, wenn sie verlassen aufgefunden werden. Wohl aber rechnet ein ausgedehnter Bergbau- oder Verhüttungsbezirk, ein Töpfereibezirk oder ein Komplex von Waldglashütten zu den Wüstungen im dargestellten Sinne.

Damit ist der in dieser Untersuchung verwendete Wüstungsbegriff charakterisiert: Zeitlich umfaßt er die gesamte historische Zeit im mitteleuropäischen Raum von der Völkerwanderungszeit bis in den Beginn des industriellen Zeitalters unter Ausschluß der prähistorischen Perioden, für die der von der Fachforschung verwendete Terminus 'Siedlung' nach wie vor zweckmäßig bleibt[41]. Inhaltlich schließt er neben agrarisch wirtschaftenden Siedlungen auch Gewerbe- und Industriebezirke und, so muß konsequenterweise ergänzt werden, wüste Wehranlagen, kirchliche Einrichtungen sowie spezielle Wirtschaftsbetriebe wie etwa die Mühlen ein, sofern diese Niederlassungen nur eine intensive und lang andauernde Raumgliederung ihres Umlandes hervorgebracht haben.

Bislang war fast ausschließlich von Ortswüstungen die Rede. Die seit Scharlaus Arbeiten allgemein üblich gewordene Unterscheidung von Orts- und Flurwüstungen wird für diese Untersuchung beibehalten. In viel größerem Maße stellen die Flurwüstungen in der Eifel oberirdisch sichtbare Denkmäler früherer Wirtschaftstätigkeit dar, als dies bei den Ortswüstungen der Fall ist. Dementsprechend fielen sie geländekundigen Archäologen in erster Linie als Bodendenkmäler auf, die grundsätzlich den gleichen Rang und den gleichen Anspruch auf Erhaltung erheben konnten, wie etwa Grabhügel, Ringwälle und ähnliches. Es dauerte allerdings lange, bis die Notwendigkeit der Erhaltung fossiler Fluren in der Wissenschaft als dringende Aufgabe erkannt und akzeptiert wurde. Marksteine auf diesem Wege bilden z. B. die Entdeckung der sog. 'celtic fields' und der 'strip lynchets' als vorzeitlicher Fluren in England[42], die Ausgrabungen H. Jankuhns auf eisenzeitlichen Fluren der Landschaft Angeln in Schleswig-Holstein[43], die Aufnahme fossiler Fluren des Altertums in den Mittelmeerländern[44] und

---

[41] In diesem Sinne äußerte sich z. B. zuletzt G. Mildenberger, Hess. Jahrb. f. Landesgesch. 22, 1972, 386 f.

[42] Dazu zusammenfassend zuletzt: M. Müller-Wille, Stichwort 'Acker- und Flurformen'. In: Reallexikon der Germanischen Altertumskunde, begr. v. J. Hoops, Bd. 1 (2. Aufl. Berlin 1968/69) 42 ff.

[43] H. Jankuhn, Ausgrabungen auf eisenzeitlichen Äckern im Gehege Ausselbek, Gem. Ülsby, Kr. Schleswig. Jahrb. d. Angler Heimatver. 19, 1955. – Ders., Ackerfluren der Eisenzeit und ihre Bedeutung für die frühe Wirtschaftsgeschichte. 37/38. Bericht der Römisch-Germanischen Kommiss. 1956/57. – Ders., Vorgeschichtliche Landwirtschaft in Schleswig-Holstein. ZAA 9, 1961.

[44] Für *Gallien:* A. Grenier, Manuel d'archéologie gallo-romaine, Bd. 2 (1954) 897 und 914 ff. – A. Piganiol, Les documents cadastraux de la colonie romaine d'Orange. 16. Supplement der Gallia (Paris 1962). – Für die *Schweiz:* R. Laur-Belart, Reste römischer Landvermessung in den Kantonen Basel-Land und Solothurn. Festschr. f. E. Tatarinoff (Solothurn 1938) 41–60. – G. Grosjean, Die römische Limitation um Aventicum und das Problem der römischen Limitation in der Schweiz. Jahrb. d. Schweizerischen Gesellsch. f. Urgesch. 50, 1963. – Für *Oberitalien:* J. Bradford, Ancient Landscapes. Studies in field archaeology (London 1957) 146, 191, 204. – R. Chevalier, Bibliographie des applications archéologiques

die Kartierung wüst gewordener mittelalterlicher Fluren durch Geographen wie K. Scharlau, H. Mortensen, H. Jäger und ihre Schüler[45]. Ein Überblick über die eisenzeitlichen Fluren des Nordseeküstengebietes[46] zeigt, daß die Flurforschung inzwischen zu einem festen Bestandteil auch der archäologischen Forschung geworden ist. Daß man in neolithischen Siedlungen, unter bronzezeitlichen Grabhügeln oder unter den Wurtensiedlungen der Nordseeküste nach Feldfluren aus vorgeschichtlicher Zeit forscht, ist heute eine Selbstverständlichkeit.

Im Rheinland stieß die Erforschung fossiler Fluren von jeher auf besondere Schwierigkeiten. Denn in den landwirtschaftlich intensiv genutzten Landesteilen tilgte spätere Bewirtschaftung alle alten Spuren frühen Ackerbaus aus. Erfolgversprechende Untersuchungen konnten nur in Gebieten mit relativ extensiver, moderner Agrarwirtschaft erwartet werden, z. B. am Niederrhein oder im Rheinischen Schiefergebirge. Im Hinblick auf die fossilen Fluren erhielt wiederum die Eifel den Vorzug vor anderen möglichen Untersuchungsgebieten, denn wie bei den Ortswüstungen bildet auch bei den Flurwüstungen die dem frühen Mittelalter vorausgegangene römische Siedlungsperiode eine wichtige Voraussetzung für die spätere Entwicklung.

Der praktische Ansatz, von dem die archäologische Feldforschung bei der Untersuchung fossiler Fluren im Rheinland ausgegangen ist, schlägt sich auch in der hier vorliegenden Arbeit nieder. Sie will in erster Linie einige Komplexe fossiler Fluren der Eifel kartographisch erfassen und beschreiben. Auf diesem Wege ergeben sich Kriterien für die Differenzierung solcher Flurkomplexe nach verschiedenen Formen, Lagetypen

---

de la photographie aerienne. Fondazione Lerici 1957. – W. Barthel, Bonner Jahrb. 120, 1911, 39 f. – Für *Nordafrika:* A. Piganiol, Atlas de centuriations romaines de Tunesie (Paris 1954). A. Caillemer, R. Chevalier, Die römische Limitation in Tunesien. Germania 35, 1957. – R. Chevalier, J. Soyer, Cadastres romains d'Algerie. Bull. de la Soc. Française de Photogrammetrie 5, 1962.

[45] Hier kann nur eine kleine Auswahl der wichtigsten Literatur geboten werden: K. Scharlau (wie Anm. 3 und 29). – Ders., Siedlung und Landschaft im Knüllgebiet. Forschungen zur deutschen Landeskde. 37, 1941. – Ders., Ergebnisse und Ausblicke der heutigen Wüstungsforschung. Bll. f. deutsche Landesgesch. 93, 1957, 43–101. – H. Mortensen, Zur deutschen Wüstungsforschung. Göttinger Gelehrte Anzeigen 206, 1944, 193–215. – Ders., Die mittelalterliche deutsche Kulturlandschaft und ihr Verhältnis zur Gegenwart. Vjschr. f. Sozial- und Wirtschaftsgesch. 45, 1958, 17–36. – Ders. und K. Scharlau, Der siedlungskundliche Wert der Kartierung von Wüstungsfluren. Nachr. d. Akad. d. Wissensch. Göttingen, Phil.-Hist. Kl., 1949, 303–331. – H. Jäger, Entwicklungsperioden agrarer Siedlungsgebiete im mittleren Westdeutschland seit dem frühen 13. Jahrh. Würzburger Geogr. Arbeiten 6, 1958. – Ders., Zur Methodik der genetischen Kulturlandschaftsforschung. Zugleich ein Bericht über die Exkursion zur Wüstung Leisenberg. In: Berichte z. deutschen Landeskde. 30, 1963, 158–196. – K. A. Seel, Wüstungskartierungen und Flurformengenese im Riedesellland des nordöstlichen Vogelsberges. Diss. (Marburg 1961), Marburger Geogr. Schriften, Heft 17 (Marburg 1963). – Ders., Zellenfluren – vorgeschichtliche Fluranlagen im nordöstlichen Vogelsberg; ihre Zeitstellung und Bebauungstechnik. ZAA, 1962, 158–173. – M. Born, Die Siedlungsentwicklung am Osthang des Westerwaldes. Marburger Geogr. Schriften, Heft 8 (Marburg/Lahn 1957). – G. Eisel, Siedlungsgeographische Geländeforschungen im südlichen Burgwald. Marburger Geogr. Schriften, Heft 24 (Marburg/Lahn 1965) 131 f. und 147 f. – H. Kern, Siedlungsgeographische Geländeforschung im Amöneburger Becken und seinen Randgebieten. Ein Beitrag zur Erforschung der mittelalterlichen Kulturlandschaftsentwicklung in Nordhessen. Marburger Geogr. Schriften, Heft 27, (Marburg/Lahn 1966) 245 und 275 ff. – M. Born, Siedlungsgang und Siedlungsformen in Hessen. In: Hess. Jahrb. f. Landesgesch. 22, 1972, 1–89.

[46] M. Müller-Wille, Eisenzeitliche Fluren in den festländischen Nordseegebieten (Münster/Westf. 1965). – Ders. (wie Anm. 42).

und Größenordnungen, aus denen sich dann chronologische und kulturgeschichtliche Interpretationen entwickeln lassen.

Für eine kartographische Aufnahme kamen nur solche fossilen Fluren in Betracht, die im Gelände morphologisch eindeutig hervortraten und bei denen auszuschließen war, daß spätere Bewirtschaftung zu einer Veränderung ihrer ursprünglichen Formen geführt hatte. In der Eifel erfüllen zwei Arten von Altfeldern diese Voraussetzungen. Da sind einmal fossile Fluren, die sich unter Wald erhalten haben und die, besonders unter sehr alten Waldbeständen, mit Sicherheit Feldeinteilungen vergangener Epochen darstellen. Solche Fluren in Form langstreifiger Ackerterrassen beobachtete H. v. Petrikovits[47] bereits im Zusammenhang mit seinen Forschungen zum römerzeitlichen Erzbergbau im Gebiet von Nideggen (DN). Er machte zu Recht darauf aufmerksam, daß solche Altfluren einmal näher untersucht werden müßten. Zum anderen kennt man in der Eifel große Wiesen- und Weideareale, teilweise auch unbewirtschaftete Grasländereien, in denen sich alte Feldeinteilungen erhalten haben, die von früherer ackerbaulicher Nutzung des Geländes herrühren. Auch diese Altfluren stellen Flurwüstungen dar, und zwar insofern, als sie in großem Maßstab einen Wechsel in der Bewirtschaftungsart andeuten. Unter anderem führt man solche Veränderungen auf die Bildung von Ortswüstungen zurück, in deren Verlauf die Fluren der Wüstungen nicht immer vollständig wiederverwaldeten, sondern in extensivere Formen der Bewirtschaftung überführt wurden. Angesichts der Fülle solcher Befunde, wie sie in der Eifel noch heute beobachtet werden kann, muß sich die Darstellung der fossilen Fluren auf einige ausgewählte und, im Hinblick auf die hier verfolgten Probleme, besonders aussagekräftige Beispiele beschränken.

Als geeignete Grundlage für die Kartierung fossiler Fluren bietet sich vor allen anderen Kartenwerken die Deutsche Grundkarte im Maßstab 1 : 5 000 an. Sie gestattet die Aufnahme auch von Einzelheiten wie der Anwände, Lesesteinhaufen, Ackerraine, Gräben und so fort. Soweit die Blätter der Grundkarte bereits die Topographie enthielten, stellte sich bei der Geländeaufnahme alsbald heraus, daß nur ein Bruchteil der sichtbaren fossilen Fluren in die Karte aufgenommen war. Auch bei morphologisch gut ausgebildeten Feldkomplexen ließ sich daher eine Neukartierung nicht umgehen. Ortswüstungen und Flurwüstungen werden in der vorliegenden Darstellung getrennt voneinander, in gesonderten Abschnitten, behandelt. Daß dies mit gutem Grund geschieht, mögen folgende Überlegungen zeigen. Im Unterschied zu einer untergegangenen Siedlung, die im Gelände lokalisiert und auf Grund der aufgelesenen Fundobjekte wenigstens grob datiert wird, treten fossile Feldfluren dem Bearbeiter im Gelände zunächst ohne jeden Hinweis auf ihre zeitliche Stellung und kulturgeschichtliche Zugehörigkeit entgegen. Man sieht es ihnen nicht an, wie sie zu datieren sind, und die Fluren liefern auch keine datierenden Oberflächenfunde. Im Gegenteil: Fundstücke von alten Fluren stehen in dem Verdacht, sekundär, etwa mit dem Dung, an ihren Platz gelangt zu sein. Als Entstehungszeit kommt in der Eifel grundsätzlich jede vor- und frühgeschichtliche, mittelalterliche oder neuzeitliche Epoche in Frage, und dies

---

[47] H. v. Petrikovits, Das römische Rheinland. Archäologische Forschungen seit 1945 (Köln–Opladen 1960) bes. 109 ff., 112 ff. – Bereits 1956 hatte H. v. Petrikovits in einem richtungsweisenden Aufsatz die Probleme der Nordeifel behandelt: H. v. Petrikovits, Neue Forschungen zur römerzeitlichen Besiedlung der Nordeifel. Germania 34, 1956, 99–125.

um so mehr, als vollständige Fluren von Wüstungen, wie sie beispielsweise im Leinebergland des südlichen Niedersachsen häufig anzutreffen sind[48], in der Eifel so gut wie gar nicht vorkommen. Die andernorts problemlose Zuordnung von geschlossener Feldflur und mittelalterlicher Ortswüstung erweist sich im Untersuchungsgebiet als schwierig, weil in den meisten Fällen nur Teile von Fluren mittelalterlicher Wüstungen im Gelände erhalten sind.

Dazu tritt ein weiterer Sachverhalt, der die Flurforschung links des Rheins vor besondere Schwierigkeiten stellt: die römerzeitliche Geschichte, die linksrheinisch der frühmittelalterlichen vorausgeht. Damit sind Aspekte des Kontinuitätsproblems[49] angesprochen, auf die, soweit sie Siedlung und Landerschließung im frühen Mittelalter berühren, wenigstens kurz eingegangen werden muß.

Nach Meinung der überwiegenden Zahl der Sachkenner bestand auf dem flachen Land außerhalb der römischen Städte der Rheinzone keine Kontinuität der Besiedlung von spätrömischer zu fränkischer Zeit. Es mag sie vielleicht in einigen wenigen Ausnahmefällen gegeben haben, wie z. B. bei der zum römisch-fränkischen Gräberfeld von Krefeld-Gellep anzunehmenden Siedlung. Einen Bruch der Besiedlung zwischen spätrömischer und fränkischer Zeit zeigen nicht zuletzt die abbrechenden Grabplätze der Spätantike und die neu einsetzenden der Merowingerzeit an, wobei die Verhältnisse in Mischzonen romanischer und germanischer Bevölkerung, wie etwa im Trierer Land, Sonderfälle darstellen. Ohne hier Einzelheiten zu diskutieren, ist klar, daß an der Realität eines solchen Siedlungsabbruchs im ländlichen Bereich nicht gezweifelt werden kann. Ein bruchloses Fortdauern der ländlichen Siedlungen gab es, nach allem, was wir bisher wissen, nicht, denn bislang konnte noch nirgends nachgewiesen werden, daß landnehmende Franken eine römische Villa rustica aufgesucht und kontinuierlich weiterbewohnt hätten. Noch heute gelten auch im Rheinland H. Stolls Erkenntnisse uneingeschränkt, daß im Oberen Gäu, einer württembergischen Kleinbördenlandschaft, römische und fränkische Siedlungsplätze einander räumlich und zeitlich ausschließen[50].

Anders hingegen könnte es sich mit dem Schicksal der in römischer Zeit intensiv erschlossenen Agrar- und Kulturlandschaft außerhalb der Siedlungen verhalten. Je nachdem, wie lange der Bruch bei den Siedlungen andauerte – denkbar sind Zeitspannen zwischen wenigen Jahren oder Jahrzehnten bis zu mehreren Generationen –, könnte doch ein Fortbestehen der römischen Kulturlandschaft oder von Teilen derselben in Betracht gezogen werden. Franken, die schon frühzeitig, also noch im 5. Jahrhundert, linksrheinisch seßhaft wurden, müßten wohl noch Reste der römerzeitlichen

---

[48] Ein gutes Beispiel dafür ist die von H. Jäger kartierte vollständige Wüstungsflur von Leisenberg am Ostrand des südlichen Leinetals; vgl. H. Jäger, Zur Methodik der genetischen Kulturlandschaftsforschung. Zugleich ein Bericht über die Exkursion zur Wüstung Leisenberg. In: Berichte zur deutschen Landeskde. 30, 1963, 158–196.

[49] H. Aubin, Vom Altertum zum Mittelalter. Absterben, Fortleben und Erneuerung (München 1949). – Ders., Maß und Bedeutung der römisch-germanischen Kulturzusammenhänge im Rheinland. In: Grundlagen und Perspektiven geschichtlicher Kulturraumforschung und Kulturmorphologie, hrsg. v. F. Petri (Bonn 1965) 195–222. – Ders., Vom Absterben antiken Lebens im Frühmittelalter. In: Grundlagen und Perspektiven (wie oben). – K. Böhner, Die Frage der Kontinuität zwischen Altertum und Mittelalter im Spiegel der fränkischen Funde des Rheinlandes. Trierer Zeitschr. 19, 1950, 82–106.

[50] H. Stoll, Urgeschichte des Oberen Gäus (Oehringen 1933).

Kulturlandschaft vorgefunden und mit verhältnismäßig geringem Aufwand wiedergenutzt haben. In solchen Fällen darf auch damit gerechnet werden, daß dauerhaft im Gelände ausgeprägte, römische Feldeinteilungen von den fränkischen Neusiedlern vorgefunden und weiterbenutzt wurden. Zusammenhänge sind hier sogar dann möglich, wenn man grundsätzlich die direkte Weiterbenutzung römerzeitlicher Feldfluren durch die Franken bestreitet; denn auch nach jahrzehntelangem Bruch zwischen römischer und merowingerzeitlicher Agrarwirtschaft können römerzeitliche Feldformen bei der Neurodung von den Franken wiederentdeckt, wiederbenutzt oder imitiert worden sein. Ob dies für die römerzeitliche Limitation gilt, läßt sich vorerst schwer entscheiden; denn alle Versuche, Systeme der römischen Landvermessung im Rheinland nachzuweisen, schlugen bislang fehl[51], so daß noch keine Vorstellung vom Aussehen und der Funktionsweise solcher Systeme besteht. Dagegen nahmen verschiedene Fachleute an, daß in morphologisch bewegten Gebieten, etwa in Bergregionen wie der Eifel, der terrassierte Acker in isohypsenparalleler Anordnung bereits in römischer Zeit vorhanden war[52]. Solche Vermutungen fanden Stützen dadurch, daß im Rheinland[53] und neuerdings auch im Saargebiet[54] römerzeitliche Fluren dieser Art wahrscheinlich gemacht werden konnten. In Nordafrika, Griechenland, auf dem Balkan und in Italien beobachtete man darüberhinaus, daß die regelmäßigen Feldeinteilungen der römischen Centuriation, die die Flachlandgebiete beherrschen, im Gebirge von unregelmäßigen Feldformen durchbrochen und durch terrassierte streifige Fluren ersetzt wurden[55]. Kurz: In der Eifel bot sich die Chance, die mögliche Herkunft des Terrassenackers aus der römischen Agrarwirtschaft zu untersuchen, sofern damit gerechnet werden konnte, daß die römerzeitliche Kulturlandschaft bis zur Ankunft der fränkischen Siedler nicht total untergegangen war. Es wäre dann kaum noch eine Überraschung, wenn der langstreifige, isohypsenparallele Terrassenacker, der einen guten Teil der mittelalterlichen Agrarlandschaft bestimmt, sich letzthin als Erbschaft der römischen Agrarwirtschaft erwiese. Sicher erleichtern diese Zusammenhänge nicht die Unterscheidungen römischer und mittelalterlicher Terrassenäcker im Gelände, und doch muß nach dem Ausgeführten auch das Problem der römerzeitlichen Fluren in diese Untersuchung einbezogen werden. Insofern ist bei den Fluren im Gegensatz zu den Siedlungen ein Rückgriff in römische Zeit unerläßlich.

Die Frage eines Bruchs zwischen spätrömischer und merowingerzeitlicher Landschaftsentwicklung gewinnt, wie wir sehen, entscheidende Bedeutung für die Erforschung der fossilen Fluren und ihrer Geschichte links des Rheins. Wie lange ein solcher Bruch gedauert haben könnte, wird seit jüngster Zeit erneut in der Forschung er-

---

[51] Ältere Arbeiten zur römischen Limitation im Rheinland: A. Schulten, Flureinteilung und Territorien in den römischen Rheinlanden. Bonner Jahrb. 103, 1898, 12–41. – A. Oxé, Die römische Vermessung steuerpflichtigen Bodens. Bonner Jahrb. 128, 1923, 20–27. – J. Klinkenberg, Die Stadtanlage des römischen Köln und die Limitation des Ubierlandes. Bonner Jahrb. 140/141, 1936, 259 ff. – Dazu kritisch und vorerst abschließend: H. Hinz, Der Kreis Bergheim. Archäologische Funde und Denkmäler des Rheinlandes, Bd. 2 (Düsseldorf 1969) 60–65.

[52] So beispielsweise schon 1958 R. v. Uslar in einem Schreiben an K. Scharlau (eingesehen in den Akten des Rhein. Landesmus. Bonn).

[53] K. A. Seel, Römerzeitliche Fluren im Mayener Stadtwald. Bonner Jahrb. 163, 1963, 317–341.

[54] M. Born, Römerzeitliche Flurrelikte im Saarkohlenwald. 19. Bericht d. Staatl. Denkmalpfl. im Saarland, 1972, 73–88.

[55] Dies läßt sich besonders gut an den römischen Centuriationen in Tunesien beobachten. Literatur vgl. Anm. 44; dazu ferner unten S. 260 ff.

örtert. Sprachwissenschaftliche Studien[56] geben zu Zweifeln daran Anlaß, daß die fränkische Besiedlung der Rheinzone die römischen Siedlungsräume frühzeitig und in großer Dichte auffüllte, wie dies bisher immer angenommen worden ist. Statt dessen scheint sich anzudeuten, daß im 5. und 6. Jahrhundert die Anzahl der fränkischen Siedlungen recht begrenzt war und daß erst spätere Siedlerschübe des 7. und 8. Jahrhunderts eine dichte Aufsiedlung bewirkten. Für das rechte Rheinufer trifft diese Beobachtung zweifellos zu, wie eine Überprüfung des Einsetzens der fränkischen Gräberfelder ergibt[57]. Historiker und Archäologen widersprechen aber für das linksrheinische Rheinland solchen Auffassungen, die dieses Gebiet zugleich auch seines Charakters als eines ursprünglichen Kernsiedlungsraumes der Franken entkleiden würden[58]. Die Frage bleibt nach wie vor offen. Eine Lösung kann nur dadurch erreicht werden, daß die bisher bekannten fränkischen Reihengräberfelder für die Siedlungsdichte in den einzelnen Perioden der Merowingerzeit numerisch ausgewertet werden. Die methodischen Probleme, die ein solches Beginnen mit sich bringt, liegen auf der Hand.

Im Hinblick auf die dargestellten Probleme der linksrheinischen Flurforschung gewinnt noch eine andere Methode, die Dauer des Bruches zwischen römischer und fränkischer Landschaftsentwicklung zu bestimmen, Bedeutung. Mit Hilfe großangelegter pollenanalytischer Forschungen auf geeigneten Siedlungsplätzen beider Epochen müßte es möglich sein, die Dauer und die Bedeutung des Siedlungsabbruchs näher zu bestimmen.

Die Dringlichkeit eines solchen systematischen Forschungsvorhabens, in das auch andere naturwissenschaftliche Disziplinen einzubeziehen wären, kann gar nicht überschätzt werden. Schon die auf ein kleines Teilgebiet der Eifel beschränkten vegetationskundlichen Untersuchungen von M. Schwickerath[59], H. Straka[60] und W. Traut-

---

[56] H. Kuhn, Das Rheinland in den germanischen Wanderungen. In: Siedlung, Sprache und Bevölkerungsstruktur im Frankenreich, hrsg. v. F. Petri. Wege der Forschung, Bd. 59 (Darmstadt 1973) 447–483. – Ders. ferner in: Rhein. Vjbll. 37, 1973.

[57] Eine diesbezügliche Studie des Verf. befindet sich in Arbeit.

[58] Die politische Bedeutung des Rheinlandes im fränkischen Reich wird von den Historikern nicht einheitlich beurteilt. Als Randzone des fränkischen Reiches sehen es F. Steinbach, Katalog Werdendes Abendland an Rhein und Ruhr (1956) 78, und F. Petri, Das Erste Jahrtausend, Bd. 2 (1964) 582, sowie in der Einleitung zum Bd. 3: Nordrhein-Westfalen des Handbuches der historischen Stätten Deutschlands (2. Aufl. Stuttgart 1970) S. XXXVI ff., an. Ihre Ansichten lassen sich durch die sprachwissenschaftlich begründeten Auffassungen von H. Kuhn (wie Anm. 56) stützen. – Der These von der ausgesprochenen Randlage des Rheinlandes im Frankenreich widersprechen unter anderem O. Doppelfeld, R. Pirling, Fränkische Fürsten im Rheinland (Düsseldorf 1966) 9 ff. – Ders., Das Fortleben der Stadt Köln vom 5. bis 8. Jahrh. In: Early Medieval Studies 1 = Antikvarisk Arkiv 38 (Stockholm 1970) 35 ff.; – Ders., Köln von der Spätantike bis zur Karolingerzeit. In: Vor- und Frühformen der europäischen Stadt im Mittelalter, Teil I, hrsg. v. H. Jankuhn, W. Schlesinger und H. Steuer (Göttingen 1973) 116 ff., und E. Ewig, Nochmals die Francia Rinensis und das Land Ribuarien. In: Siedlung, Sprache und Bevölkerungsstruktur im Frankenreich, hrsg. v. F. Petri. Wege der Forschung, Bd. 59 (Darmstadt 1973) 484. – Ob sich die Erwartung E. Ewigs erfüllen wird, die sprachwissenschaftlichen Thesen H. Kuhns und die daraus sich ergebenden Schlüsse würden auch bei den Archäologen auf Widerspruch stoßen, muß erst noch abgewartet werden.

[59] M. Schwickerath, Die nacheiszeitliche Waldgeschichte des Hohen Venns und ihre Beziehung zur heutigen Vennvegetation. Abhandl. d. Preuß. Geolog. Landesanstalt NF 184, 1937. – Ders., Das Hohe Venn und seine Randgebiete. Pflanzensoziologie 6, 1944. – Ders., Die Landschaft und ihre Wandlung auf geobotanischer und geographischer Grundlage entwickelt und erläutert im Bereich des Meßtischblattes Stolberg (Aachen 1954).

[60] H. Straka, Zur spätquartären Vegetationsgeschichte der Vulkaneifel. Arbeiten zur rhein. Landeskde. 1

mann[61] zeigen, in welcher Weise dieser Forschungsansatz sich auch zur Untersuchung der römisch-fränkischen Siedlungszusammenhänge auf dem flachen Lande eignet. Hier liegen für die Zukunft noch Möglichkeiten, die im Rahmen dieser Arbeit nur angedeutet werden können.

Die bisherigen Erörterungen mögen gezeigt haben, daß die römische Vergangenheit der Gebiete links des Rheins die Wüstungsproblematik komplizierter als in anderen deutschen Landschaften gestaltet. In Hessen beispielsweise kann die Erforschung von Orts- und Flurwüstungen von einem Siedlungsbestand ausgehen, der nur in einigen Gebieten bis auf die späte Merowingerzeit und die Karolingerzeit zurückgeht[62], der hingegen in der Masse erst dem hohen Mittelalter entstammt. Deutlich tritt hier der Siedlungsabbruch zwischen der späten Kaiserzeit und der Völkerwanderungszeit in Erscheinung. Links des Rheins hingegen liegen die entsprechenden Siedlungsschichten, die römerzeitliche und die frühvölkerwanderungszeitliche, viel näher beieinander; sie sind viel enger miteinander verzahnt. Am stärksten fällt hier offensichtlich ins Gewicht, daß die römische Siedlungserschließung links des Rheins nach Menge und Qualität diejenige im freien Germanien bei weitem übertraf. Das in römischer Zeit bestehende Kulturgefälle zwischen Germania Romana und Germania Libera verschaffte dann der fränkischen Neusiedlung links des Rheins automatisch einen zeitlichen und qualitativen Vorsprung gegenüber den rechtsrheinischen Gebieten. Dieser Vorsprung der fränkischen Landnahme auf ehemaligem römischen Reichsboden müßte sich, so könnte man erwarten, auch im Verlauf der weiteren Siedlungsentwicklung ausgewirkt haben, sei es, daß etwa bestimmte Rodungsperioden hier früher als anderswo einsetzten, sei es, daß die Entwicklung des Städtewesens, nicht zuletzt unter nordwesteuropäischen Anstößen, hier früher begann und ihre Folgen auf dem Land spürbar werden ließ, oder sei es, daß die Bildung von Wüstungen zeitiger anfing als in anderen Gebieten. Aus dieser Überlegung heraus entwickelten sich eine Reihe von konkreten Fragen, die den Gang der vorliegenden Untersuchung bestimmen. Das im Katalog der Orts- und Flurwüstungen zusammengetragene Material kann auf sehr verschiedene Problemstellungen hin befragt werden. Je nach Interessenlage der verschiedenen, an der Wüstungsforschung beteiligten Disziplinen sind unterschiedliche Forderungen im Hinblick auf die Auswertung des Materials denkbar. Die hier gewählten Aspekte traten in erster Linie auf dem Hintergrund der oben besprochenen römisch-fränkischen Kulturzusammenhänge in den Vordergrund. So verband sich mit der Frage, wie sich die Wüstungen innerhalb der Eifel regional verteilen, zugleich die Absicht, ihr Vorkommen im Verhältnis zu den römerzeitlichen Siedlungszentren zu erfassen (Ab-

---

(Bonn 1952). – Ders., Pollenanalytische Datierung zweier Vulkanausbrüche bei Strohn (Eifel). In: Planta 43, 1954. – Ders., Zwei postglaziale Pollendiagramme aus dem Hinkelsmaar bei Manderscheid (Vulkaneifel). In: Decheniana 112, 1960. – Ders., Spät- und postglaziale Vegetationsgeschichte des Rheinlandes auf Grund pollenanalytischer Untersuchungen. Berichte d. Deutschen Botan. Gesellsch. 73, 1960.

[61] W. Trautmann, Natürliche Waldgesellschaften und nacheiszeitliche Waldgeschichte des Eggegebirges. Mitteil. d. Florist.–soziol. Arbeitsgem. NF 6/7 (Stolzenau/Weser 1957). – Ders., Natürliche Waldgesellschaften und nachwärmezeitliche Waldgeschichte am Nordwestrand der Eifel. Veröff. d. Geobotan. Inst. d. Eidgenöss. Hochschule, Stiftung Rübel, in Zürich 37, 1962.

[62] Hierzu zuletzt: W. Schlesinger, Die Franken im Gebiet östlich des mittleren Rheins. Skizze eines Forschungsprogramms. Hess. Jahrb. f. Landesgesch. 15, 1965, bes. 7 ff. mit weiterer Literatur.

schnitt 2.1). Es war wichtig, zu erfahren, ob Wüstungen ausschließlich in den hochmittelalterlichen Kolonisationsgebieten oder aber auch in den altfränkischen, einst römischen Siedlungsgebieten nachzuweisen waren. Die verschiedenen Wüstungsarten einander quantitativ gegenüberzustellen, bedeutete zugleich, Hinweise auf die Wirtschaftsstruktur der Eifel zu erarbeiten. Hier war zu fragen, ob der in römischer Zeit stark ausgebildete gewerbliche Bereich im Mittelalter Entsprechungen gefunden hat, seit wann die Erschließung der Eifel durch gewerblich-industrielle Produktionszweige einsetzte und wann sie wieder aufhörte (Abschnitt 2.2).
Noch immer stehen dem Bestreben, objektive Maßstäbe für die Wüstungsdichte zu gewinnen, methodische Schwierigkeiten entgegen. Trotzdem wurde versucht, wenigstens grobe Werte für die Eifel zu erarbeiten und diese mit solchen anderer Landschaften zu vergleichen (Abschnitt 2.3). Daß sich in den errechneten Zahlen und Prozentwerten nur Tendenzen spiegeln, versteht sich für den Fachkundigen wohl von selbst. Die unerwartete Fülle an Ortswüstungen in der Eifel gestattete es, mögliche Zusammenhänge zwischen Ortsnamengebung und Ortswüstungen zu untersuchen (Abschnitt 2.4). Was hier zunächst nur als Versuch mit ungewissem Ausgang begonnen hatte, erwies sich im weiteren Verlauf der Untersuchung als interessantes Ergebnis, in dem sich die Eifel grundsätzlich von anderen Wüstungsgebieten Deutschlands unterscheidet. Die Ortsnamenstudien an Wüstungen warfen zugleich ein neues Licht auf die Frage nach der Zeitstellung und den Ursachen der Wüstungsbildung. Daß Wüstungen sich im Umriß der mittelalterlichen Gemarkungen spiegeln, weiß man auch aus anderen Landschaften. Gelegentlich gestattet diese Tatsache aber auch Rückschlüsse auf das Alter mittelalterlicher Gemarkungen. Die für die Eifel angestellten Beobachtungen (Abschnitt 2.5) brauchen jedoch nicht für andere Gebiete gültig zu sein. Jedenfalls erörtert die Fachwissenschaft auch heute noch die Frage, inwiefern die mittelalterlichen Gemarkungen auf römerzeitliche Leitlinien im Gelände zurückgingen.
In anderen Ländern gehört die Erforschung der Wüstungen mit archäologischen Mitteln längst zu den alltäglichen Arbeitsweisen. Deshalb wurde diese Möglichkeit auch hier mit einbezogen (Abschnitt 2.6). Zwar fanden im Rheinland in jüngster Zeit kaum Grabungen auf Ortswüstungen statt[63], doch erlaubt das im Rahmen der normalen archäologischen Arbeit zusammengetragene Material schon gute, methodisch aufschlußreiche Ansätze. Auch heute noch begibt sich manche wüstungskundliche Untersuchung ohne Grund der hier bestehenden, neuen methodischen Möglichkeiten. Zu den archäologischen Methoden gehören im weiteren Sinne auch technische Hilfswissenschaften, deren sich die Archäologie in zunehmendem Maße bedient. Daß Magnetometer-Messungen und Luftbildforschung fruchtbringend im Dienste der wüstungskundlichen Feldforschung eingesetzt werden können, soll wenigstens an einigen Beispielen veranschaulicht werden.
Ein zentrales Problem jeder wüstungskundlichen Untersuchung besteht in der Frage, wie sich die Wüstungen zeitlich gliedern (Abschnitt 2.8). Hier verlangen die verschie-

---

[63] Die wenigen Grabungen auf frühmittelalterlichen Siedlungen im Rheinland sind schnell zusammengestellt:
Gladbach bei Neuwied: K. H. Wagner, L. Hussong, H. Mylius, Fränkische Siedlung bei Gladbach,

denen Wüstungsarten eine spezielle Behandlung. Besondere Aufschlüsse und für die Eifel charakteristische Ergebnisse durften nach den Resultaten der Ortsnamenstudien für die Dorf- und Hofwüstungen erwartet werden. Wer diese beiden Wüstungsarten nach wie vor für das wichtigste Problem der Wüstungsforschung hält, wird bemerken, daß sie in den gesamten Studien von den übrigen Wüstungsarten so abgehoben werden, daß ein Überblick über ihre spezielle Entwicklung leicht möglich ist. Die zeitliche Schichtung der Wüstungsbildung vom Mittelalter bis in die Neuzeit verlangt eine übersichtliche graphische Darstellungsform. Wie auch immer sie aussehen mag, sie enthält nur die durch Forschungsstand und methodische Einschränkungen, z. B. die Überlieferungsdichte, bedingten Kenntnisse. Jede quantitative Darstellung der Wüstungsmenge im Verhältnis zur Zeitkomponente gestattet eine Interpretation nur auf dem Hintergrund der erwähnten Fehlerquellen. Deshalb hat der Vorschlag, auf eine solche Auswertung des Materials überhaupt zu verzichten, seine Berechtigung. Andererseits müßte einer wüstungskundlichen Untersuchung, die nicht wenigstens Entwicklungstrends der Wüstungshäufigkeit im untersuchten Zeitabschnitt zu erfassen versucht, der Vorwurf der Unterschlagung eines ganzen wichtigen Problemkreises gemacht werden. Die Abwägung dieser beiden Möglichkeiten führte zu dem Entschluß, doch die Wüstungshäufigkeit in den verschiedenen Zeitstufen zu untersuchen und auch graphisch darzustellen. Daß in eine solche Darstellung Fehler eingehen, die auch durch sorgfältigste und vollständige Materialsammlung nicht zu eliminieren sind, wird dabei nicht übersehen. Andererseits hat das hier gesammelte Material an Wüstungen eine solche Dichte erreicht, daß die quantitative Analyse auf jeden Fall Rückschlüsse auf Entwicklungstendenzen der Wüstungshäufigkeit zuläßt. Nicht mehr und nicht weniger wird hier versucht, das sei bereits an dieser Stelle deutlich hervorgehoben. Schließlich muß auch die Frage nach den Wüstungsursachen gestellt werden (Abschnitt 2.9). Hier zeigen sich einerseits spezifische, nur für die Eifel gültige Gründe, aber auch die andernorts wirkenden Ursachenzusammenhänge sind nicht zu vermissen. Manche Aussage zu diesem Problem wird sich durch Spezialstudien am Material erhärten oder modifizieren lassen. Manches Ergebnis könnte auch von anderer Seite her eine Gegenkontrolle erfahren. So muß z. B. die Abwanderung ländlicher Bevölkerung in die Städte, wie sie auf Grund des Wüstungsmaterials nachzuweisen ist, auch in

---

Kreis Neuwied. Germania 22, 1938, 180 ff. – R. v. Uslar, Das Frankendorf bei Gladbach, Kr. Neuwied. Rhein. Vorzeit in Wort u. Bild 2, 1939, 27–32. – W. Sage, Frühmittelalterlicher Holzbau. In: Karl der Große, Bd. 3 (Düsseldorf 1965) 573 ff. – Ders., Die fränkische Siedlung bei Gladbach, Kreis Neuwied. Kleine Museumshefte des Rhein. Landesmus. Bonn 7 (Düsseldorf 1969).

Aus karolingischer Zeit stammen Siedlungsreste bei *Oberbillig bei Trier*: Trierer Zeitschr. 14, 1939, 273 f. – In der Gemarkung *Kottenheim, Kr. Mayen*, wurde eine frühmittelalterliche Siedlung angeschnitten: W. Haberey, W. Rest, Vorgeschichtliche und frühmittelalterliche Siedlungsreste in Kottenheim, Kr. Mayen. Bonner Jahrb. 146, 1941, 398 ff.

In *Haldern* wurde ein kleiner Teil einer fränkischen Siedlung untersucht: H. Hinz, Die Ausgrabungen auf der Wittenhorst in Haldern, Kr. Rees. Bonner Jahrb. 163, 1963, 378 ff.

Mittelalterliche Gebäude in Vorgängerschichten der Burg und des Stiftes *Elten* fanden sich auf dem Eltenberg, Kr. Rees; vgl. G. Binding, W. Janssen, F. K. Junklaaß, Burg und Stift Elten am Niederrhein. Rhein. Ausgrab. 8 (Düsseldorf 1970), bes. 61 ff. und 243 ff. – Mittelalterliche Siedlungsspuren auf dem Kirchberg von *Morken*, Kr. Bergheim/Erft, beschreibt H. Hinz, Die Ausgrabungen auf dem Kirchberg in Morken, Kreis Bergheim/Erft. Von der Steinzeit bis ins Mittelalter. Rhein. Ausgrab. Bd. 7 (Düsseldorf 1969) 76 ff.

Eine in der Karolingerzeit beginnende und bis ins hohe Mittelalter durchgehende ländliche Siedlung gräbt seit einiger Zeit H. Amendt bei *Polch* (MY) aus.

der Überlieferung der Städte ihre Spuren hinterlassen haben, etwa in Neubürger-Verzeichnissen, Steuerlisten, Häuserregistern oder aber im Bestand der frühen stadtgeschichtlichen Quellen an Personennamen, die nach ländlichen Ortsnamen gebildet sind und die die Herkunft der Zuzügler verraten. Oder aber: Das neuzeitliche Maximum an Hofwüstungen findet seine Erklärung in bestimmten Entwicklungen der rheinischen Agrarwirtschaft während des 18. und 19. Jahrhunderts. Hier wie bei der Stadtwanderung der Landbevölkerung im Mittelalter dürften spezielle Studien korrespondierende Ergebnisse erbringen, die die Ursachenfrage weiter klären. Solche Untersuchungen sprengen aber den Rahmen dieser Arbeit. Sie hätten lediglich als Exkurse Berücksichtigung finden können. In diesem Sinne will die vorgelegte Arbeit Anregungen und Hinweise zu weiteren Forschungen bieten. So sollte z. B. die Frage der Flurformen, die im Zusammenhang mit Wüstungen auf Grund alter Kataster und Karten untersucht werden könnte, Gegenstand einer gesonderten Arbeit werden. Ihre Berücksichtigung im Rahmen dieser Studien scheiterte allein schon an der Fülle des vorhandenen Quellenmaterials, dessen sachgerechte, kartographische Aufarbeitung mit den gegebenen technischen Mitteln nicht zu bewältigen war.

So mag, dem sachkundigen Leser sogleich ersichtlich, manches Problem offen oder einer Vertiefung bedürftig geblieben sein. Die Fragen, die hier behandelt wurden, stellen eine Auswahl aus einer größeren Anzahl denkbarer Aufgaben dar, eine Auswahl, die sicher teilweise subjektiv, andererseits aber, wie oben dargelegt, auch sachlich begründet ist. Es schien aus diesen Gründen angemessen, die Untersuchung in einzelne, voneinander relativ unabhängige Studien zu den erwähnten Problemkreisen zu gliedern. Es wäre nunmehr darzustellen, mit welchen Arbeitsmethoden die gesetzten Ziele angegangen wurden.

1.2 Die Arbeitsmethoden

Im vorangegangenen Abschnitt ist dargelegt worden, daß die Wüstungsproblematik in der Eifel komplexer Natur ist und daß sie verschiedene Disziplinen berührt. Es sind dies im wesentlichen Geographie, Landesgeschichte, Vor- und Frühgeschichte und provinzialrömische Archäologie, in geringerem Maße auch Volkskunde und Agrargeschichte. Diesen verschiedenen Fachrichtungen und ihren speziellen Anforderungen vermag kaum ein Bearbeiter gleichmäßig gerecht zu werden, so sehr er sich auch um fachübergreifende Arbeitsweise bemühen mag. Wohl aber sollte er die besonderen Fragestellungen der einzelnen beteiligten Fächer genau kennen und im Auge behalten, um eine einseitige Ausrichtung der Untersuchungen auf einen bestimmten Problemkreis zu vermeiden. Dementsprechend muß die Materialaufnahme zu einem Wüstungsverzeichnis[64] sich aller Erkenntnismöglichkeiten bedienen, deren sie habhaft werden kann, unabhängig in welches Fach sie fallen.

---

[64] Über die Anforderungen, die an Wüstungsverzeichnisse zu stellen sind, ist wiederholt gearbeitet worden. Hier werden nur einige Hinweise gegeben: H. Beschorner, Wüstungsverzeichnisse. In: Deutsche Geschichtsbll. 6, 1905, 1–15. – Ders., Die Wüstungen und ihre Erforschung in Deutschland, besonders in Sachsen. Bll. f. deutsche Landesgesch., 1939. – In jeder Hinsicht vorbildlich sind die von der Medieval

Das im Katalog vorgelegte Material wurde mit folgenden Arbeitsmethoden gewonnen und zusammengestellt:

1.2.1 Schriftquellen

Nach wie vor liefern sie den größten Teil der Informationen zur Wüstungsfrage. Zunächst wurden die gedruckten Quellen durchgesehen. Sie enthielten in großer Zahl Siedlungen, die aus dem neuzeitlichen Siedlungsbild verschwunden sind. Oft teilten sie lediglich Siedlungsnamen mit, ohne daß darüber hinaus eine Vorstellung möglich wäre, um welche Art von Siedlung es sich handelt oder wo sie zu suchen sei. Manchmal bieten ganz andere Quellengruppen dann erweiternde Kenntnisse zu einem solchen Siedlungsnamen.
Für die Eifel wurden fast ausschließlich gedruckt vorliegende Schriftquellen herangezogen. Dadurch macht sich die Darstellung vom Editionsstand dieser Quellen abhängig, ein Mangel, der sich nur durch langjährige Forschungen hätte beheben lassen. Insbesondere wären unedierte, erzählende Quellen sowie Inschriften heranzuziehen gewesen, die erfahrungsgemäß neben den urkundlichen Quellen für die Kenntnis der Siedlungsnamen eine Rolle spielen[65]. Die Aufarbeitung der unediert in den Archiven ruhenden Quellen für unser Thema war mit den gegebenen Möglichkeiten überhaupt nicht zu verwirklichen. Sie hätte bedeutet, in kurzer Zeit das durchzuführen, was nach jahrzehntelanger Planung für ein historisches Ortslexikon noch immer nicht über Anfänge hinausgekommen ist[66]. Archivalien des 14. – 16. Jahrhunderts besitzen aber auch, das lehrt die Erfahrung, ihren besonderen Wert für die Frage nach der Dauer der mittelalterlichen Siedlungen. Sie enthalten viele Nachrichten, die über den Zustand solcher Plätze im späten Mittelalter Auskunft geben. Insofern wären sie für das Problem der Periodisierung der Wüstungen besonders aufschlußreich gewesen. Daß diesbezügliche Aussagen dieser Studien durch den Verzicht auf die Archivalien relativiert werden, mußte in Kauf genommen werden. Vielleicht bietet die vorliegende Arbeit aber einem jüngeren Forscher den Anreiz, das Problem im Lichte der spätmittelalterlichen Schriftquellen eingehender zu untersuchen.

1.2.2 Historische Karten

Sie können in besonderem Maße zur Identifikation von Wüstungen aller Art herangezogen werden, vermitteln sie doch über den Siedlungsnamen hinaus im allgemeinen

---

Village Research Group (London) herausgegebenen Reports über alle mit mittelalterlichen Wüstungen Englands verbundenen Probleme; erschienen: Report 1, 1953 bis 19, 1971; darin auch Wüstungsverzeichnisse.

[65] Dazu neuerdings: H. v. Gadow, Die Quellen zu den Siedlungsnamen der Rheinlande vor dem Jahre 1100. Beiträge zur Namenforschung NF, hrsg. v. R. Schützeichel, Beiheft 3 (Heidelberg 1969). – Vgl. die Besprechung von W. Janssen, Bonner Jahrb. 170, 1970, 572 f.

[66] Zum historischen Ortslexikon: K. Flink, Zur Anlage eines historischen Ortslexikons. Bericht über das Colloquium für die Bearbeitung Historischer Ortslexiken. Bll. f. deutsche Landesgesch. 102, 1966, 69–82. – Ders., Das historische Ortslexikon der Rheinlande. Rhein. Vjbll. 31, 1966/67, 401–439.

Hinweise auf die geographische Lage und die Umgebung der abgegangenen Siedlungen. Die Menge und die Qualität der Angaben alter Kartenwerke schwanken. Aus recht bescheidenen Anfängen der Kartographie entwickeln sich im Rheinland während des 18. und 19. Jahrhunderts vorzügliche historisch-topographische Kartenwerke, von denen unter anderem die Preußischen Katasterkarten von 1820–1840, die Klevischen Katasterkarten von 1732–1738[67] und die Tranchot-Müfflingsche Landesaufnahme linksrheinischer Gebiete von 1801–1814[68] zu nennen sind. Das zuletzt genannte Kartenwerk lieferte für das hier bearbeitete Untersuchungsgebiet eine Fülle von Kenntnissen, die den Besiedlungsstand der Eifel im späten 18. und frühen 19. Jahrhundert beleuchten. Zu dieser immer wieder herangezogenen Karte traten alte Flurkarten, Urkataster, ferner die Uraufnahmen der Topographischen Karte 1 : 25 000 aus der Zeit um 1860. Diese Kartenwerke enthielten teilweise die Namen von Siedlungen, die schon hunderte von Jahren wüst waren, die sich aber in der Gestalt von Flurnamen tradiert hatten.

1.2.3 Volksüberlieferung

Von den Flurnamen führt ein direkter Weg zur oft nur mündlich tradierten Volksüberlieferung, der ja auch viele Flurnamen ihre ungewöhnlich lange Lebensdauer verdanken. In der Eifel bewahrte die Volksüberlieferung Wüstungsnamen aber auch direkt. Im Sagengut des Trierer Landes spiegeln sich viele Wüstungen[69], wenngleich nicht übersehen werden darf, daß auch die im Mittelalter noch sehr gut sichtbaren römerzeitlichen Baureste vielfach eine falsche Neuinterpretation als 'Altes Kloster', 'Alte Burg' oder ähnlich, also als mittelalterliche Wüstung, erfuhren[70]. Hier fällt es manchmal schwer, Wahres und Phantasie voneinander zu scheiden, aber es wäre falsch, die gesamte Volksüberlieferung deshalb als unverläßlich abzutun. Sie bedarf lediglich besonders sorgfältiger Überprüfung.

1.2.4 Historisch-geographische Geländeaufnahme

Historisch-geographische Aufnahmen der Überreste von Orts- und Flurwüstungen im Gelände bilden für archäologische Forschungen oft einen günstigen Ausgangspunkt. Die Geländeaufnahme solcher Reste stellt, wie D. Denecke mit Recht bemerkt hat[71], zunächst noch keine spezifisch archäologische Arbeitsweise dar. Sie ist der Geographie seit langem geläufig. Dennoch besteht hier enge Berührung mit der archäologischen Forschung, wie die Darlegungen des folgenden Abschnitts erweisen werden. Daß in der Eifel wegen der vergleichsweise extensiven neuzeitlichen Agrarnutzung

---

[67] Die Preußischen Katasterkarten von 1820–1840 lagern bei den staatlichen und kommunalen Katasterämtern. Die Klevischen Katasterkarten 1732–1738 befinden sich im Hauptstaatsarchiv Düsseldorf unter VII b Nr. 38.
[68] Vgl. oben Anm. 6.
[69] M. Zender, H. Müller und J. Dietz (wie Anm. 7 und 21).
[70] N. Kyll, Trierer Volksglaube und römerzeitliche Überreste. Trierer Zeitschr. 32, 1969, 333–340.
[71] D. Denecke (wie Anm. 15) 405 Anm. 3.

gute Voraussetzungen für die topographische Geländeaufnahme bestanden, führte, wie wir sahen, zur Wahl gerade dieser Landschaft als Untersuchungsgebiet.
Bei der Begehung größerer Teilgebiete fielen zunächst die Ortswüstungen als topographisch und morphologisch erkennbare Plätze ins Auge. Viele von ihnen verraten sich auch heute noch durch unruhige Geländeformen, durch besonderen Bewuchs, durch Auffälligkeiten in der Parzellierung und ähnliches. Unter Wald traten alte Ortsstellen häufig gut in Erscheinung. Erhalten gebliebene Kirchen bildeten oft Hinweise auf das Zentrum einer Ortswüstung, von dem aus die weitere Erforschung des Geländes im Umkreis ausgehen konnte.
Auch die Kartierung fossiler Fluren auf Grund des Geländebefundes gehört zu den schon lange angewandten Methoden historisch-geographischer Landesaufnahme[72]. Erfahrungsgemäß hängen ihre Resultate nicht zuletzt auch von der Beobachtungsgabe des Aufnehmenden im Gelände ab. Man kann beispielsweise sehr schwach ausgebildete Terrassenäcker unter Umständen nur noch an Besonderheiten des Bewuchses, etwa in Form einer Häufung bestimmter Blumen am Terrassenfuß entlang, erkennen. Die jeweilige Beleuchtung trägt ebenfalls zur Erkennung alter Fluren bei. Modern ausplanierte terrassierte Äcker bleiben erfahrungsgemäß in Weideland noch Jahre danach durch ihren schütteren und anders zusammengesetzten Bewuchs sichtbar. Die nötige Nachprüfbarkeit solcher Ergebnisse setzt voraus, daß sie in der Kartierung kenntlich gemacht werden als Beobachtungen minderen Sicherheitsgrades. Diese teilweise subtilen Beobachtungen lassen es geraten erscheinen, die Geländeaufnahme solcher Relikte nicht durch einen Topographen oder Kartographen auftragsweise durchführen zu lassen, sondern der Bearbeiter eines Programmes muß die Kartierungsarbeit selbst durchführen. Die in dieser Arbeit vorgelegten fossilen Fluren wurden sämtlich vom Bearbeiter selbst im Gelände aufgemessen und kartiert. Der Zeitaufwand, den allein diese Tätigkeit erforderte, zwang zur Auswahl einiger weniger Flurkomplexe aus dem sehr reichhaltigen Bestand. Von der Luftbildforschung des Rheinischen Landesmuseums Bonn konnte für die vermessungstechnischen Probleme nur geringe Hilfestellung geleistet werden, da die hierbei angefertigten Photos fast ausschließlich Schrägaufnahmen sind.

1.2.5 Archäologische Landesaufnahme

Mit dieser Arbeitsweise bedienen sich die Archäologen einer Methode, die in vielem analog zur historisch-geographischen Landesaufnahme wirkt und die hinsichtlich der einzubeziehenden Objekte, zumindest für das Mittelalter, zahlreiche Berührungspunkte zu jener aufweist. Ihre Aufgabe im Hinblick auf die Wüstungsfrage läßt sich wie folgt beschreiben: Die archäologische Landesaufnahme soll möglichst zahlreiche archäologische Grabungsbefunde und Fundobjekte bereitstellen, die Kenntnisse über Größe, Aussehen, wirtschaftliche Grundlagen und Besiedlungsdauer einer Wüstung

---

[72] Außer der Anm. 39 angegebenen Arbeiten ist nochmals auf die Anm. 15 zit. Arbeit von D. Denecke zu verweisen, in der die Methoden der historisch-geographischen Landesaufnahme übersichtlich dargestellt werden. Als Ergebnis einer solchen historisch-geographischen Landesaufnahme ist z. B. die Historisch-Landeskundliche Exkursionskarte von Niedersachsen, Mst. 1 : 50 000, zu nennen. Sie ist als Veröff. d. Inst. f. Historische Landesforsch. d. Universität Göttingen erschienen. Es liegen die Blätter Duderstadt (1964) und Osterode (1970) mit zugehörigem Erläuterungsheft vor.

vermitteln. Ausgrabungen in mittelalterlichen Siedlungsplätzen des Rheinlandes fanden, wie wir sahen[73], bisher nur in geringem Umfang statt. Hier besteht ein deutlicher Rückstand gegenüber anderen deutschen Landschaften[74] und gegenüber dem Ausland[75]. Andererseits eignen sich zahlreiche im vorliegenden Katalog zusammengestellte Ortswüstungen für Grabungen, die nunmehr auch von aussichtsreichen Objek-

[73] Vgl. Anm. 63.
[74] Wüstungsgrabungen begannen in Deutschland mit den Untersuchungen P. Grimms auf der Wüstung Hohenrode am Harz: P. Grimm, Hohenrode, eine mittelalterliche Siedlung im Südharz. Veröff. d. Landesanstalt f. Volksheitskde. zu Halle 11, 1939. – Ders., Phosphatuntersuchungen in der Wüstung Hohenrode bei Grillenberg, Kr. Sangerhausen. In: Ausgrabungen und Funde 16, 1971, 43–49. – K. Baumgarten, Ethnographische Bemerkungen zum Grabungsbefund Hohenrode. Das. 49 ff.
Die wichtigsten Ausgrabungen auf mittelalterlichen Wüstungen mit der zugehörigen Literatur finden sich bei W. Janssen, Mittelalterliche Dorfsiedlungen als archäologisches Problem. In: Frühmittelalterl. Studien, Bd. 2 (Berlin 1968) 305–367. – Von der nach 1968 erschienenen Literatur seien folgende Arbeiten nachgetragen: G. P. Fehring und zahlr. Mitarb., Unterregenbach. Kirchen, Herrensitz, Siedlungsbereiche. Forsch. u. Berichte d. Archäologie d. Mittelalters in Baden-Württemberg. Text-, Tafel- und Beilagenband (Stuttgart 1972). – G. P. Fehring, Zur archäologischen Erforschung mittelalterlicher Dorfsiedlungen in Südwestdeutschland. ZAA 21, 1973, 1–35. – W. Jordan, Ergebnisse von Grabungsuntersuchungen in der Wüstung 'Swafern' bei Haaren, Kreis Büren. In: Westfalen 48, 1970, 177–187. – H. Engemann, Alt-Blankenrode. Topographie, Quellen, Grabungsuntersuchungen. In: Westfalen 48, 1970, 188–201. – D. Denecke, Die Ortswüstung Oldendorf bei Einbeck und die 'Alten Dörfer' im Leineberg-land. Einbecker Jahrb. 29, 1970, 15–36. – E. Plümer, Die Wüstung Oldendorf bei Einbeck. Bericht über die erste Grabung. Nachr. aus Nieders. Urgesch. 41, 1972, 141–157. – F. Niquet, Archäologische Bemerkungen zur Frage nach Alter und Entstehung von Orten im südostniedersächsischen Lößgebiet. In: Braunschweiger Geogr. Studien, Heft 3 (Wiesbaden 1971) 89–99. – D. Zoller, Vorbericht zur Grabung Gristede 1971. Nachr. aus Nieders. Urgesch. 41, 1972, 264–267. – D. Lutz, Archäologische Grabungen im Bereich der Dorfwüstung Zimmern auf Gemarkung Stebbach, Kreis Sinsheim. Zeitschr. f. d. Gesch. d. Oberrheins 118, 1970, 57–65. – Altenberg, Geschichte und Archäologie einer mittelalterlichen Bergbausiedlung im Siegerland, hrsg. v. Heimat- und Verkehrsver. Münsen (1971) mit Beiträgen von U. Lobbedey und anderen. – W. Janssen, K. H. Knörzer, Die frühmittelalterliche Niederungsburg bei Haus Meer. Schriftenreihe des Kreises Grevenbroich Nr. 8 (Grevenbroich 1970), dort über die Siedlung der älteren beiden Perioden. – H. Flohr, Debberode, Eddingerode, Brunirode und Hohenrode. Eine Untersuchung der Fluren und Siedlungsplätze der wüsten Dörfer und Höfe am südlichen Kronsberg. Hannoversche Geschichtsbll. NF 26, 1973. – A. v. Müller, Neue Forschungsergebnisse der mittelalterlichen Archäologie im Berliner Raum. Mitteil. d. Berliner Gesellsch. f. Anthropologie, Ethnologie u. Urgesch. 1 (Berlin 1966) 46 ff. – Ders., Hochmittelalterliche Siedlungsvorgänge östlich der Elbe. Jahrb. Preußischer Kulturbesitz 5, 1968, 213–224. – H. Dannheimer, Die frühmittelalterliche Siedlung bei Kirchheim (Lkr. München, Oberbayern). Germania 51, 1973, 152–169.
Deutsche Demokratische Republik:
G. Mangelsdorf, Die mittelalterliche Wüstung Schmöllen bei Wilhelmsdorf, Ortsteil von Brandenburg/Havel. Brandenburger Kulturspiegel 1, 1974, 17–21 und 2, 1974, 23–27. – W. Timpel, Beobachtungen zum Siedlungsablauf in der Wüstung Emsen, Gem. Buttstedt, Kr. Sömmerda. Ausgrabungen und Funde 16, 1971, 263–272. – Ders., Ausgrabungen auf dem Burghügel und in der mittelalterlichen Siedlung Gommerstedt. Ausgrabungen und Funde 16, 1971, 273–278. – Ders., Methoden und Ergebnisse der Wüstungsforschung. In: Urgesch. u. Heimatforschung, hrsg. v. Museum f. Ur- und Frühgesch. Thüringens zu Weimar (Weimar 1970/71) 3–10.
[75] Wüstungsgrabungen im Ausland können hier nur auswahlweise angegeben werden.
Britische Inseln:
England genießt in der Wüstungsforschung den Vorzug eines einheitlichen, mittelalterlichen Registers der Siedlungen: Anhand des Doomsday-Book vom Ende des 11. Jahrh. läßt sich der Anteil der Wüstungen leicht ermitteln. – Vgl. dazu M. Beresford, The Lost Villages of England (5. Aufl. London 1965). – Von den zahlreichen Wüstungsgrabungen in England können hier nur einige wichtige erwähnt werden: R. H. Hilton, P. A. Rahtz, Upton, Gloucestershire. Transact. Bristol and Gloucestersh. Arch. Soc. 85, 1966, 70–146. – E. W. Holden, Excavations at the deserted medieval village of Hangleton. Sussex Arch. Coll. 101, 1963. – D. G. Hurst, J. G. Hurst, Excavations at the deserted medieval village of Hangleton, Part 2. Sussex Arch. Coll. 102, 1964. – J. S. Wacher, Excavations at Martinshorpe, Rutland, 1960. Transact. Leicestersh. Arch. and Hist. Soc. 39, 1963/64. – M. Biddle, The deserted medieval village of Sea-

ten ausgehen können. Zu den Aufgaben dieses Katalogs gehörte nicht zuletzt, aus dem umfangreichen Wüstungsmaterial jene Plätze zu ermitteln, die systematischen Ausgrabungen ein Maximum an Erkenntnissen zu bieten versprechen.

Aber die archäologische Methode beginnt schon viel früher als mit der eigentlichen Ausgrabung. Heute wird kaum noch ein Fundplatz ausgegraben, ohne daß nicht schon vorher Einzel- und Lesefunde Kenntnisse über seinen Charakter vermittelt hätten. Das intensive und wiederholte Absuchen von Fundplätzen auf Fundobjekte hin geht stets der Grabung voraus. Es bildet einen Teil der archäologischen Prospektion. Damit stellt sich aber zugleich die Frage, was aus Oberflächenfunden geschlossen werden darf und wo die Grenzen dieser Arbeitsweise liegen. Aus gegebener Veranlassung sollen zu dieser Frage hier einige grundsätzliche Bemerkungen angeführt werden. Die Einzelheiten bleiben dem diesbezüglichen Sachkapitel (Abschnitt 2.6) vorbehalten.

Zunächst einmal zeigen Oberflächenfunde, hier mittelalterliche Siedlungsfunde, die Existenz eines Siedlungsplatzes im Gelände an, der durch anderweitige Hilfsmittel, etwa die Morphologie des Geländes, Schriftquellen, Flurnamen und ähnliches, nicht mehr kenntlich war. Insofern schafft die archäologische Landesaufnahme völlig neues

court, Berkshire. Oxoniensia 26/27, 1961/62, 70–201. – M. G. Jarrett, The deserted village of West Welpington, North Humberland. Archaeologia Aeliniana, 4th series, vol. 48, 1970.
Neuerdings grundlegend: M. Beresford, J. G. Hurst, Deserted Medieval Villages (London 1971), mit einem Überblick über die historische und archäologische Wüstungsforschung. Über die Forschungen zur Wüstungsfrage in England berichten laufend die Zeitschrift Medieval Archaeology sowie die Jahresberichte der Deserted Medieval Village Research Group London. In beiden auch Berichte über die mehrjährigen Grabungen von J. G. Hurst auf der Wüstung Wharram Percy, Yorkshire, die besonders erfolgreich waren.

Frankreich:
Außer dem Anm. 2 genannten Sammelband von 1965 neuerdings: Archéologie du village déserté, hrsg. v. d. École Pratique des Hautes Études, VIe Section (Paris 1970) Text- u. Tafelband. – P. Demolon, Le village mérovingien de Brebières, VIe – VIIe siècles (Arras 1972).

Belgien:
L'Archéologie du village médiéval, hrsg. v. L. Genicot u. A. Verhulst. Centre belge d'histoire rurale, publication nr. 5 (Löwen–Gent 1967). – I. Scollar, F. Verhaege, A. Gautier, A medieval site (14th century) at Lampernisse. Dissertat. Archaeol. Gandenses 13 (Brügge 1970). – J. Mertens, A. Matthys, Tavigny Saint Martin. Archaeologia Belgica 126 (Brüssel 1971).

Tschechoslowakei:
Ausstellungskatalog 'Versunkenes Leben', hrsg. v. V. Nekuda (Brünn 1967). – Ders., Zum Stand der Wüstungsforschung in Mähren (ČSSR). In: Zeitschr. f. Archäologie des Mittelalters 1, 1973, 31–57. – Ders., Zur Problematik der Wüstungsforschung in der Tschechoslowakei. Časopis Moravského Musea 55, 1970, 7–20. – J. Unger, Zur Lokalisierung einiger mittelalterlicher Ortswüstungen in Südmähren. In: Časopis Moravského Musea 55, 1970, 111–119. – Zd. Smetánka, Zur Methodik von Feldforschungen an mittelalterlichen Ortswüstungen. Das. 63–70. – Ders., Archäologische Untersuchungen mittelalterlicher Ortswüstungen in Böhmen im Jahre 1969. Das. 71–80. – E. Černy, Die Feldfluren mittelalterlicher Ortswüstungen und die Entstehung der gegenwärtigen Kataster. Das. 21–36. – Zd. Smetánka, Die archäologische Untersuchung böhmischer mittelalterlicher Wüstungen in den Jahren 1965–1971. Archeologické Rozhledy 24, 1972, 417–427. – Ders., Das mittelalterliche Dorf im Licht der archäologischen Forschung. Englische Ergebnisse und die Probleme in Böhmen. Das. 25, 1973, 655–666.

Niederlande:
H. T. Waterbolk, Odoorn im frühen Mittelalter. Bericht der Grabung 1966. In: Neue Ausgrabungen und Forschungen in Niedersachsen, Bd. 8 (Hildesheim 1973) 25–89. – H. H. van Regteren-Altena, H. Sarfatij, A late medieval site at Diemen, Prov. North Holland. BROB 19, 1969, 215–232. – A. Bruijn, W. A. van Es, Early medieval settlement near Sleen (Drenthe). BROB 17, 1967, 129–140. – C. Hoek, A. M. Meyerman, Een eiland in de delta. Ausstellungskatalog zur gleichnamigen Ausstellung im Historischen Museum Rotterdam März–April 1973 (1973).

Quellenmaterial, das seiner Natur nach einer neuentdeckten Urkunde vergleichbar ist. Die archäologischen Funde stellen in solchem Fall nicht nur eine Ergänzung oder Kontrolle von Tatbeständen dar, die anderweitig bekannt sind, sondern sie bilden selbst neuartige Tatsachen, die mit anderen Mitteln bisher nicht erkannt werden konnten. In dieser Funktion der Erweiterung der Quellenbasis liegt die größte Bedeutung der archäologischen Funde.

Die Gefahr, zu der sie, vor allem von Nichtfachleuten herangezogen, verleiten, besteht in ihrer Überinterpretation. Sie kann, wie einige Arbeiten zur Wüstungsfrage erkennen lassen, in mehreren Richtungen erfolgen. Zunächst einmal erscheint sie oft in Form einer übermäßig genauen Datierung der Fundobjekte, unter denen besonders die Keramik sich vielfach einer präzisen chronologischen Bestimmung entzieht, weil viele keramische Typen langlebig sind[76]. Übersehen wird weiterhin allzu leicht, daß eine von der Oberfläche eines Fundplatzes geborgene Fundkombination keineswegs immer seine gesamte Besiedlungsdauer zu repräsentieren braucht. Ein schiefes Bild entsteht einerseits durch das Verwittern bestimmter 'primitiver', 'vorgeschichtlich wirkender' Keramikarten, die im Übergangsbereich zwischen frühgeschichtlicher und mittelalterlicher Keramik einzuordnen sind. Diese Keramikarten, das ist inzwischen auch durch Versuche erhärtet worden, fallen der Verwitterung besonders schnell anheim. Sind sie erst einmal vergangen, so entfällt unter Umständen eine ganze Periode im Fundmaterial eines Platzes. Zum anderen können noch intakte, übereinander liegende Fundhorizonte eines Platzes durch die neuzeitliche Bewirtschaftung nur im oberen Teil an die Oberfläche gefördert worden sein. Das aufgelesene Material spiegelt dann nur den jüngsten Teil der Gesamtbesiedlung wider.

Auch aus der horizontalen Fundverbreitung (Chorologie) werden oft zu weit gehende Schlüsse gezogen. Wenn die Größe einer Siedlung allein durch die oberflächige Fundverbreitung ermittelt werden soll, so müssen unter anderem, besonders in beackerten Arealen, die durch den Ackerbau oder im Boden lebende Tiere verursachte Streuung und Verschleppung von Funden sowie ihre zufällige Konzentration in Vertiefungen des Geländes berücksichtigt werden. Zur selektiven Vernichtung von Oberflächenfunden infolge klimatischer Einflüsse tritt somit eine zweite wesentliche Beeinträchtigung der Auswertungsmöglichkeiten von Oberflächenfunden. Wenn gelegentlich angenommen wurde, auf Grund der Streuung von Keramik an der Erdoberfläche lasse sich die Form wüster Dörfer, die Anordnung von Gehöften oder aber die Bauweise eines Einzelhofes ermitteln[77], so leuchtet es ein, daß solche Interpretationsversuche die methodischen Möglichkeiten der Auswertung von Oberflächenfunden überziehen. Sie wurden deshalb auch von der Fachforschung kritisiert[78].

---

[76] Um diese Frage geht es bei der Kontroverse zwischen E. Kühlhorn und K. Raddatz um die Keramik von der südniedersächsischen Wüstung Rode; vgl. E. Kühlhorn, Die Wüstung Rode bei Geismar, Göttingen. Göttinger Jahrb. 11, 1963, 87–104. – K. Raddatz, H. Tütken, Zur Wüstung Rode bei Geismar, Kreis Göttingen. Göttinger Jahrb. 12, 1964. – E. Kühlhorn, Noch ein Wort zur Wüstung Rode. Göttinger Jahrb. 13, 1965, 123 ff.

[77] Die schon bei der Wüstung Rode (vgl. Anm. 76) gemachten Fehler wurden bedauerlicherweise in größerem Rahmen wiederholt: E. Kühlhorn, Untersuchungen zur Topographie mittelalterlicher Dörfer in Südniedersachsen. Forschungen z. deutschen Landeskde. 148 (Bad Godesberg 1964).

[78] Vgl. Besprechung der Anm. 77 genannten Arbeit durch W. Janssen, in: Berichte z. deutschen Landeskde. 37, 1966, 152 ff.

Andererseits wohnt der Auswertung sorgfältig geborgener und reichhaltiger Oberflächenfunde von mittelalterlichen Siedlungsplätzen etwas Verlockendes inne, scheinen sie doch die Aussicht zu eröffnen, ohne den bei Siedlungsgrabungen erheblichen Aufwand an Kosten, Grabungen und Zeit verhältnismäßig schnell zu siedlungskundlichen Resultaten zu gelangen. Je nach den örtlichen Bedingungen eines Fundplatzes wird deshalb neu zu bestimmen sein, bis zu welchem Grad Oberflächen- und Gelegenheitsfunde für siedlungsarchäologische Fragen ausgewertet werden können.

Eine andere Unsicherheit bringt die Keramik des Mittelalters mit sich. Sie stellt meist den größten Anteil bei den Oberflächenfunden. Um so bedauerlicher ist es, daß sie sich nur schwer zeitlich gliedern läßt. Vielfach wird sie von Nichtfachleuten zu präzis datiert, wobei ihre Langlebigkeit unterschätzt und als unbedeutend vernachlässigt wird. Dieser Nachteil läßt sich auch nicht dadurch umgehen, daß die Keramik von vielen, durch Schriftquellen einigermaßen datierten Siedlungsplätzen verglichen und statistisch ausgewertet wird[79]. Erfahrungsgemäß spiegeln sich in der Keramik eines Platzes nicht nur chronologische Faktoren wider. Nähe oder Ferne eines Herstellungszentrums, die jeweilige Versorgung mit Gebrauchskeramik, lokale Moden von Herstellung und Verbrauch, die soziale Stellung der Bewohner eines Platzes spielen eine Rolle. Aus den genannten Gründen sind der Auswertung von keramischen Oberflächenfunden weit engere Grenzen gesetzt, als dies bei gut stratifizierten Fundkomplexen der Fall ist, die aus großflächigen Grabungen stammen. Der umstrittene Wert von Oberflächenfunden für die Siedlungsarchäologie ist allen, die sich einmal mit archäologischer Landesaufnahme beschäftigt haben, geläufig. Er zeigt sich unter anderem auch in den Besprechungen, die die sonst verdienstvollen Arbeiten von H. Kern[80] und G. Eisel[81] im Hinblick auf die Interpretation von Oberflächenfunden durch Vertreter der Vor- und Frühgeschichte erhielten[82].

Grundsätzlich muß daran festgehalten werden, daß auch die unter bestmöglichen Umständen und zahlreich aufgenommenen Oberflächenfunde eines mittelalterlichen Fundplatzes nicht die Ergebnisse systematischer Grabungen ersetzen können. Die Ausgrabung ist in jedem Falle allen anderen Methoden vorzuziehen. Diese von der Methode her gegebene Rangfolge archäologischer Verfahren wird bei der Beurteilung von Oberflächenfunden durch Dritte leider zu oft übersehen.

Hilfestellung darf die Wüstungsforschung von zwei technischen Prospektionsmethoden erwarten: Von der Luftbildforschung und vom Einsatz des Protonenresonanzmagnetometers. Erste Versuche haben gezeigt, daß auch in der Eifel Wüstungen auf Luftbildern erfaßt werden können (vgl. Luftbilder, Tafel 7; 8; 14–19). Ihr Erhaltungszustand im Untersuchungsgebiet läßt sich aber keinesfalls mit dem der englischen Wü-

---

[79] Ein solches Verfahren meint offenbar E. Kühlhorn, Untersuchungen und Betrachtungen zur mittelalterlichen Keramik aus Südniedersachsen. Göttinger Jahrb. 20, 1972, 51–74 mit Bezug auf W. Janssen, Zur Typologie und Chronologie mittelalterlicher Keramik aus Südniedersachsen (Neumünster 1966). Der von Kühlhorn gemachte Vorschlag ist solange hypothetisch, als er nicht eine detaillierte Vorlage der von ihm selbst gesammelten mittelalterlichen Keramik nach differenzierenden Kriterien umfaßt. Das Auszählen von Keramikkomplexen lediglich nach der Farbe (a.a.O. S. 61) sagt nichts aus. Auch die übrigen Thesen dieses Autors harren noch ihrer Bestätigung an dem noch nicht vorgelegten Fundmaterial.
[80] H. Kern (wie Anm. 45).
[81] G. Eisel (wie Anm. 45).
[82] G. Mildenberger, Hess. Jahrb. f. Landesgesch. 19, 1969, 488. – R.-H. Behrends, Hess. Jahrb. f. Landesgesch. 16, 1966, 297 ff.

stungen vergleichen, deren Morphologie in den in Weideland verwandelten einstigen Ackerbaugebieten vorzüglich erhalten geblieben ist[83]. Luftbilder von gut erhaltenen englischen Ortsstellen machen vielfach die Analyse des Dorfgrundrisses mit Hilfe alter Kataster oder durch Ausgrabungen überflüssig. Im Rheinland steht die Luftbildforschung hinsichtlich der Wüstungen vergleichsweise noch in den Anfängen.

Daß Magnetometer-Messungen in Ortswüstungen erfolgreich eingesetzt werden können, bewiesen entsprechende Arbeiten von I. Scollar auf den beiden Wüstungen Givekoven (BN 105) und Rheinbachweiler (BN 142). In Rheinbachweiler entsprach das EDV-hergestellte Meßbild weitgehend obertägig noch sichtbaren Resten der Wüstung: Hauspodeste und eine Wegemulde hoben sich unverwechselbar im Plott ab (vgl. Plan auf Tafel 55). Die Verifizierung der Meßergebnisse durch Grabungen steht allerdings noch aus, soll jedoch in Angriff genommen werden. Auch in diesem Bereich wäre eine Intensivierung der Arbeit noch möglich.

Zu den archäologischen Aspekten des Wüstungsproblems wäre noch manches zu bemerken. Es kann an dieser Stelle nicht ausgeführt werden. Seine Möglichkeiten fallen aber auch im Bereich der Altfelderforschung wieder ins Gewicht. Hier entsteht das Material der Untersuchung durch Kartierung der im Gelände sichtbaren fossilen Fluren. Seine chronologische und kulturgeschichtliche Zugehörigkeit bleibt dabei zunächst dunkel. Das methodische Problem ergibt sich hier aus der Frage, wie die fossilen Fluren datiert werden können.

Der von H. Jankuhn auf eisenzeitlichen Fluren Schleswig-Holsteins beschrittene Weg von Ausgrabungen ist im Rheingebiet noch nicht begangen worden. Die Materialaufnahme erwies sich bald als vordringlich, weil immer größere Flächen mit fossilen Fluren im Zuge der rasch voranschreitenden Flurbereinigung ausplaniert werden. Für eine chronologische Einordnung und kulturgeschichtliche Interpretation der aufgenommenen Befunde bestand nur eine Möglichkeit: die Zuordnung zu Siedlungen. Dies Verfahren birgt seine besonderen Schwierigkeiten, wenn man sich vergegenwärtigt, wie eng römerzeitliche und frühmittelalterliche Kulturlandschaft miteinander zusammenhängen. Mit hinreichender Sicherheit ist eine solche Zuordnung von Flur und Siedlung lediglich im Mittelalter möglich, für das Schriftquellen und Flurnamen die Identifizierung einer wüsten Flur gestatten. Für alle anderen Perioden sind wir auf einen Beweisgang angewiesen, der in vielem Ähnlichkeit mit dem Indizienbeweis hat: die Zuordnung von kartierter Flur und archäologisch nachgewiesener Siedlung. Der günstigste Fall, der dabei eintreten kann, besteht in der Überlagerung von fossiler Flur und Siedlungsplatz oder umgekehrt von Fundplatz und Flurrelikt. Das Verfahren der Zuordnung besitzt zwei Seiten, eine positive und eine negative. Die positive ist mit der räumlichen Bezogenheit von Flur und Siedlung aufeinander gegeben, wie sie bei vielen mittelalterlichen Siedlungen zu beobachten ist. Diese Anordnung ist als Koordinierung anzusprechen. Die negative Möglichkeit besteht darin, daß kartierte fossile Flur und mittelalterliche Siedlung, gleichgültig ob wüst oder bestehend, völlig unabhängig und räumlich weit entfernt voneinander liegen. Man könnte das Verhältnis von Siedlung und Flur in solchem Fall als Dislozierung bezeichnen. In einem solchen Fall ist zu prüfen, ob die aufgenommene fossile Flur nicht einem anderen als dem direkt über-

---

[83] Vgl. M. Beresford, J. G. Hurst, Deserted Medieval Villages (London 1971) Taf. 10–16.

prüfbaren Siedlungszusammenhang, etwa einem römerzeitlichen oder einem vorgeschichtlichen, zugehört haben könnte. Es wäre dann nach Siedlungsplätzen dieser Perioden in unmittelbarer Nachbarschaft des Flurkomplexes zu suchen, denen er zugehört haben könnte. Sowohl K. A. Seel[84] als auch M. Born[85] beschreiben diesen bereits 1959 von K. Scharlau[86] skizzierten Weg bei ihrem Versuch, römerzeitliche Fluren nachzuweisen.

In der praktischen Durchführung erweist sich dies so einfach anmutende Verfahren als schwierig, weil sich, anders als in vielen Gebieten östlich des Rheins, römerzeitliche und mittelalterliche Kultur- und Siedlungslandschaften überlagern und oft innig miteinander verzahnen. Selbst dort, wo das Zuordnungsverfahren von Siedlung und Flur eindeutige Resultate zu versprechen scheint, kann auf eine spätere Verifizierung durch Grabungen nicht verzichtet werden. Insofern beanspruchen die hier vorgelegten Ergebnisse über römische Fluren der Eifel lediglich den Rang hoher Wahrscheinlichkeit.

Mit den dargestellten Arbeitsmethoden konnten Kenntnisse zu jeder einzelnen Wüstung gewonnen werden, die nach einem einheitlichen Schema im Katalog angeordnet wurden. Das Schema entspricht dem von H. Jäger entwickelten Gliederungsmodell für Ortswüstungen[87]. Es enthält folgende Kategorien:

I. Name der Wüstung, bei mehrfach überlieferten Namen auch die verschiedenen Versionen des Namens in den Quellen;

II. Lage der Wüstung. Hier erscheinen die nach der Topographischen Karte 1 : 25 000 ermittelten Gauß-Krüger-Koordinaten. Ergänzt wird diese Angabe durch zusätzliche Hinweise auf die Lage der Wüstung, die sich aus der Topographie ergeben oder die Lagebezeichnungen zu noch bestehenden Orten und ihren Gemarkungen angeben. Wüstungen, deren Lage innerhalb eines Kreisgebietes unsicher oder unbekannt sind, finden sich am Ende eines jeden Kreiskatalogs.

III. Wichtige Erwähnungen der Wüstung in den Schriftquellen. Nach Möglichkeit sollten unter diesem Punkt die für die Geschichte des Ortes bedeutsamen Daten, etwa Angaben über die dort begüterten Grundherren, über Abgaben und Einkünfte, über Lehen, über die kirchliche Zugehörigkeit und anderes mehr, erscheinen. Die Ausführlichkeit dieser Angaben bemißt sich nach dem Überlieferungs- und dem Bearbeitungsstand.

IV. Mündliche Traditionen. Hier finden sich alle Hinweise, die außerhalb der schriftlichen Überlieferung die Existenz von Wüstungen bezeugen: Geschichten und Sagen des Volksmundes, Legenden, Wundergeschichten, die sich an die noch vorhandenen Kirchen der Wüstungen knüpfen.

---

[84] K. A. Seel (wie Anm. 45 und 53).

[85] M. Born (wie Anm. 54).

[86] K. Scharlau äußerte diese Gedanken bei der Sitzung am 27. 10. 1959, auf der die Aufstellung des Forschungsauftrages 'Wüstungen und Altfelder der Eifel' beschlossen wurde. Zit. nach dem Sitzungsprotokoll.
Für die ländliche Besiedlung Dorsets und Wiltshires in römischer Zeit führten H. C. Bowen und P. J. Fowler das Verfahren des Ausschlusses der mittelalterlichen Besiedlung: vgl. Ch. Thomas (Hrsg.), Rural Settlement in Roman Britain. CBA Research Report 7, 1966, 43 ff.

[87] H. Jäger, Entwicklungsperioden agrarer Siedlungsgebiete im mittleren Westdeutschland seit dem frühen 13. Jahrhundert. Würzburger Geogr. Arbeiten, Heft 6 (Würzburg 1958) 114 ff.

V. Kirchen und Kapellen auf Wüstungen. Sie geben in vielen Fällen über die Bedeutung einer Siedlung im Rahmen der Pfarrorganisation Auskunft. Wo die Kirchen noch als Reste der früheren Siedlung vorhanden sind, gestattet ihre Bausubstanz oder aber das Alter der oft mit ihnen verbundenen Wallfahrt-Traditionen wichtige Hinweise auf die Siedlungen. Für diesen Punkt erwiesen sich auch Visitationsprotokolle des 16. und 17. Jahrhunderts als ergiebig.

VI. Flurnamen, die auf Wüstungen deuten. Ihre Zahl ist auch in der Eifel beträchtlich. Die große Arbeit von W. Jungandreas[87a] erschließt die Flurnamen des Trierer Landes für unsere Zwecke. H. Dittmaiers Flurnamensammlung für die Nordeifel bildete dazu das notwendige, wertvolle Äquivalent. Aus Urkunden und alten Karten konnten diese Bestände erweitert werden.

VII. Überreste der Wüstung im Gelände. Sie werden erfahrungsgemäß nur vom geländekundigen Bearbeiter erkannt. Zwar weisen die Wüstungen der Eifel nicht den für England typischen hervorragenden Erhaltungszustand auf, doch auch in der Eifel verraten sich zahlreiche Wüstungen noch heute an morphologischen Besonderheiten im Gelände. Ehemalige Hausplätze erscheinen als Podeste und Erhöhungen. Mühlen bleiben an künstlichen Stauwerken, Kanälen, Dämmen kenntlich. Verhüttungs- und Bergbaubezirke hinterließen Pingen- und Grubenfelder sowie Schlacken- und Abraumhalden, deren äußere Form dem Kundigen verrät, was er vor sich hat.

VIII. Flurrelikte der Wüstung. In diesem Abschnitt finden sich in der Regel allgemeine Angaben über die noch im Gelände sichtbaren Reste der zur Wüstung gehörenden Flur. Wenn eine Kartierung auf großmaßstäblichen Karten durchgeführt wurde, so fand sie im Tafelteil des Katalogbandes Aufnahme.

Die näher untersuchten wüsten Fluren wurden in der Darstellung nach einem gegenüber den Ortswüstungen etwas abgewandelten Schema vorgelegt. Es umfaßt folgende Kategorien:

I. Angabe der Gemarkung und des Kreises, in denen die betreffende wüste Flur liegt.

II. Lagebezeichnung des Vorkommens nach den Koordinaten der Topographischen Karte 1 : 25 000 mit ergänzenden topographischen Hinweisen auf die Lage im Gelände.

III. Angaben über eine etwaige Kartierung des Vorkommens.

IV. Beschreibung der wüsten Flur.

V. Hinweise zu ihrer Datierung.

Innerhalb beider Gliederungen wurden im Katalog jeweils nur diejenigen Kategorien aufgeführt, zu denen Ergebnisse und Kenntnisse vorlagen. Kenner der Heimatgeschichte einzelner Orte und Teilgebiete der Eifel werden mit Sicherheit noch weitere Einzelangaben beisteuern können, die einem überörtlich orientierten Bearbeiter entgangen sind. Korrekturen und Ergänzungen zu dem aus vielen Einzelangaben bestehenden Katalog werden sich also mit Sicherheit einstellen. Möge die hier vorgelegte Arbeit in dieser Weise ihre Früchte noch in der Zukunft tragen.

[87a] W. Jungandreas (wie Anm. 25).

2. Die Ortswüstungen der Eifel

2.1 Die Verbreitung der Ortswüstungen

Ein Blick auf die Übersichtskarte der Wüstungen (Faltplan 1) zeigt, daß sich die in diesem Raum lokalisierten Wüstungen recht ungleichmäßig verteilen. Ballungsgebiete wechseln mit Leerzonen oder mit Gebieten lockerer Streuung. Die regionalen Unterschiede der Verteilung erweisen sich als so auffällig, daß nach den Ursachen dafür gefragt werden muß. Die Eifel gliedert sich in eine Reihe von Einzellandschaften, die sich ihrer naturräumlichen Struktur und ihrem Besiedlungsstand nach deutlich voneinander unterscheiden[88]. Die Bedingungen des Naturraumes sind in diesen Teillandschaften so verschieden, daß sie in jedem Gebiet einen eigenen und unverwechselbaren Ablauf der Siedlungsgeschichte nach sich zogen. Sie spiegeln sich auch in der ungleichmäßigen Verteilung der Wüstungen wider. Deshalb soll diese zunächst für die Teillandschaften des Untersuchungsgebietes erörtert werden.

2.1.1 Der Kreis Monschau

Er stellt ein langgestrecktes Gebilde dar, das im Norden durch den nordöstlichen Ausläufer des Hohen Venns und im Süden durch die großen Waldflächen des Monschauer Forstes begrenzt wird. Von Südwesten nach Nordosten und Norden sucht sich die Rur in einem tiefeingeschnittenen Tal ihren Weg durch die Hochflächen des Monschauer Landes, die zwischen fast 600 m über NN im Süden und 360 m über NN im Norden des Kreises liegen[89]. Noch das heutige Siedlungsbild besteht aus einer einzigen Siedlungskammer, die sich beiderseits der oberen Rur mit Orten wie Monschau, Kalterherberg, Mützenich, Imgenbroich, Konzen, Simmerath, Lammersdorf, Stekkenborn erstreckt. Roetgen, Rott und Zweifall sind dieser Siedlungskammer nicht an-

---

[88] In der Gliederung der Eifel und ihrer Nachbarräume gehe ich aus von J. Birkenhauer, Die Eifel in ihrer Individualität und Gliederung. Kölner Geogr. Arbeiten 14, 1960.
[89] Zur Landschaftsgliederung des Monschauer Landes vgl. Birkenhauer (wie Anm. 88) 127 ff. – Ferner die Kreisbeschreibung des Kreises Monschau: Der Landkreis Monschau. In: Die Landkreise in Nordrhein-Westfalen, Reihe A: Nordrhein, Bd. 3 (Bonn 1958) 15–42, bearb. v. H. Pilgram unter Mitwirk. d. Bundesanstalt f. Landeskde., Leitung Prof. E. Meynen. – Zur territorialen Geschichte vgl. Das Monschauer Land – historisch und geographisch gesehen, hrsg. v. Geschichtsver. des Kreises Monschau (Monschau 1955) 15–100. – E. Quadflieg, Monschaus Stadtwerdung 1352 und der Monschau-Valkenburger Erbfolgestreit. Eremit 5, 1956, 47 ff. – Handbuch der Histor. Stätten Deutschlands, Bd. 3: Nordrhein-Westfalen (Stuttgart 1963) 451–454.

geschlossen. Sie liegen noch heute als kleine Inseln in den Wäldern und Hochmooren des Hohen Venns. Die Lage der Siedlungen sowie die vorherrschenden Ortsnamen auf -rath, -scheid, -broich und -born erweisen, daß sie frühestens in die Zeit der hochmittelalterlichen Rodungen des 9./10. Jahrhunderts gehören. Das gilt auch für Lammersdorf, das sicher keine fränkische Gründung, sondern eine spätere Analogiebildung zum fränkischen Grundwort -dorf ist. Der wahrscheinlich älteste Siedlungskern in diesem Gebiet ist die 888 als Villa Compendium genannte königliche Jagdpfalz mit dem 'iudicium nemoris' im Ardennenwald zu Konzen[90]. Die anderswo reich ausgeprägte Schicht der fränkischen Altsiedlungen fehlt völlig. Rodesiedlungen bestimmen das Bild. Römerzeitliche Fundplätze sind im Vergleich zu Nachbarlandschaften selten zu verzeichnen. An ein Anknüpfen der mittelalterlichen Siedlung an Reste der römerzeitlichen Kulturlandschaft ist nicht zu denken. Die Kolonisten, die in das Monschauer Land vordrangen, fanden große, geschlossene Wälder und Moore vor, die sie ganz neu kultivieren mußten; denn die für Ackerbau oder Weidewirtschaft brauchbaren Böden sind im Monschauer Land flächenmäßig begrenzt. Landausbau und Siedlung widersprachen zunächst den königlichen Jagdinteressen im Gebiet von Konzen, wurden später aber teilweise durch die Klöster dieses Gebietes unterstützt, so durch das am Nordrand des Hohen Venns gelegene Kloster Kornelimünster (geweiht 817), das Kloster Reichenstein am Westrand des Venns im Tal der oberen Rur (begr. zwischen 1131 und 1137) und durch das Kloster Mariawald (geweiht 1486) im Kermeter. Noch im 16. Jahrhundert entstanden im Monschauer Land Rodungssiedlungen.

In diesem waldreichen und bergigen Land gibt es nur wenige Ortswüstungen[91]. Dorfwüstungen spielen so gut wie gar keine Rolle. Sie erscheinen nur zweimal (MON 20,25). Einzelhöfe hingegen gingen relativ häufig ab. Sie prägen neben den wenigen geschlossenen Ortschaften auch heute noch häufig das Siedlungsbild. Als Jagdhöfe drangen sie im Mittelalter offensichtlich auch in die Randzonen der großen Wälder vor, deren Kerngebiete aber durchweg unangetastet blieben. Das an Flüssen und Bächen reiche Monschauer Land verfügte zu allen Zeiten über viele Mühlen, die dementsprechend häufig unter den Ortswüstungen erscheinen. Sie reihen sich an die Flüsse und Bäche (MON 7, 13, 16–19, 26, 27, 29, 36).

Hütten- und Hammerwerke an den Eifelflüssen Rur, Kall und Urft bedurften der Wasserkraft dringend. Seit dem 15. Jahrhundert läßt sich im Monschauer Land der Abbau von Bodenschätzen, vor allem von Eisen, Kupfer, Blei und Silber auf Grund der Schriftquellen verfolgen. Das Monschauer Land umfaßt den Westen eines großen Bergbau- und Verhüttungsbezirks, der auch noch in die Kreise Aachen-Land, Düren und Schleiden hineinreicht. Neben wüsten Eisengruben und großen Pingenfeldern erscheinen unter den Wüstungen des Monschauer Landes zahlreich die aufgegebenen Hütten- und Hammerwerke, die im allgemeinen in den Flußtälern lagen (MON 2, 24; SLE 2, 21, 28, 36, 37, 43, 47–51, 63–67, 75, 76, 79–83, 88, 103, 106–108, 117–119, 126, 135). Zusammen mit den Mühlenwüstungen machen diese Hütten- und Hammerwerke eine auf die Flußtäler konzentrierte Wüstungslandschaft aus.

---

[90] Zu Konzen: MGH D. Karol. III Nr. 31 von 888 = Lac. UB I Nr. 75: Abschrift des 12. Jahrh. – Ferner: Helga Müller-Kehlen, Die Ardennen im Frühmittelalter. Untersuchungen zum Königsgut in einem karolingischen Kernland. Veröff. d. Max-Planck-Instituts f. Gesch. 38 (Göttingen 1973) 163 ff.

[91] So auch K. G. Faber, in: Der Landkreis Monschau (wie Anm. 89).

Häufiger als in anderen Kreisen findet im Monschauer Land die räumliche Verlagerung von Siedlungen oder aber das Zusammenwachsen mehrerer kleiner Siedlungskerne zu größeren Siedlungen statt. Dadurch kommt es zur Verlagerung von Siedlungsschwerpunkten und oft auch zu Änderungen der Ortsnamen, wenn eine Siedlung in ihrer Bedeutung zurücktritt und eine andere sich dafür entwickelt. So lag in der Nähe des heutigen Ortes Schmidt bis zur Mitte des 17. Jahrhunderts ein Siedlungsplatz Dierscheid (MON 30). Aus bisher nicht erklärlichen Ursachen erscheint vom 17. Jahrhundert an aber nur noch der Name Schmidt eines sich daneben entwickelnden Siedlungskernes, während das alte Dierscheid außer Gebrauch kommt. Der Name Scheffenborn für einen Ortsteil von Steckenborn (MON 36) bezeichnete einst ein selbständiges Dorf, das, mit Steckenborn räumlich zusammengewachsen, dann seinen Namen verlor. Noch zwei weitere Fälle von Ortsnamenwechsel (MON 37, 38) sind um Monschau belegbar. Sie zeigen, daß noch bis in die frühe Neuzeit im Monschauer Raum ein dynamisches Siedlungsgeschehen ablief, bei dem alte Siedlungskerne zurücktraten und neue sich entwickelten.

Die Armut an echten Ortswüstungen teilt das Monschauer Land mit anderen Teilen der Westeifel, z. B. mit dem Kreis Prüm oder mit dem Westen des Kreises Bitburg. Die waldreichen Berggebiete zeigen übereinstimmend nur geringe Tendenz zur Wüstungsbildung. Wo hier Wüstungen vorkommen, da handelt es sich um Einzelhöfe, welche die typische Form der Kolonisation im Randbereich der Wälder darstellen. Die räumliche Verteilung der wenigen, im Monschauer Land nachweisbaren Wüstungen hängt vielfach von der Standortgebundenheit der jeweiligen Produktionszweige ab. Einzelhöfe erschlossen geringwertige Böden an den Rändern der Siedlungskammern und der großen Wälder, wo sie sicher als Ausdruck einer Kolonisationsbewegung zu werten sind. Mühlen, Hütten- und Hammerwerke als Energieverbraucher konzentrieren sich, ob wüst oder noch bestehend, in den Flußtälern.

Es liegen keine Hinweise darauf vor, daß die umfangreichen Waldgebiete des Hohen Venns, des Kermeter und des Forstes Monschau im Mittelalter einmal erschlossen und besiedelt waren. Sie waren von der Frühzeit bis heute unverändert Wald.

2.1.2 Der Kreis Düren

Mit seinem südwestlichen Drittel umfaßt dieser Kreis noch den wald- und bergreichen Eifelnordrand, während sein größerer Teil bereits zu den weitläufigen Lößplatten des nördlichen Eifelvorlandes zählt[92]. Leitlinien der Siedlungsentwicklung stellen in der Bergregion des westlichen Kreises die Rur und innerhalb der Lößplatte der Neffel-Bach dar. Das Lößgebiet war bereits in römischer Zeit weitgehend entwaldet und akkerbaulich intensiv genutzt. Es zeigt auch in fränkischer Zeit dichte Besiedlung, wie die Verbreitung der fränkischen Reihengräberfelder[93] und der Ortsnamen auf -heim

---

[92] Die naturräumlichen Grundlagen und den Gang der Besiedlung im Kreis Düren werden in der Kreisbeschreibung behandelt: Der Landkreis Düren. In: Die Landkreise in Nordrhein-Westfalen, Reihe A: Nordrhein, Bd. 7 (Bonn 1967) 1–85, hrsg. v. K. Münster und anderen.
[93] Vgl. H. Stoll, Die fränkische Besiedlung der Dürener Bucht und der Nordeifel. Rhein. Vorzeit in Wort u. Bild 4, 1941, 71 ff. Die dort S. 73 beigegebene Karte hat sich durch Neufunde stark geändert.

erkennen läßt. Dorf- und Hofwüstungen liegen vor allem im Bereich der Lößflächen. Unter den Dorfwüstungen gibt es zahlreiche mit Ortsnamen auf -heim. Auch partielle Dorfwüstungen fehlen nicht (DN 12, 34, 43, 85). Mehrere Gehöftgruppen erwiesen sich als Restsiedlung einstiger Dörfer. In Tallage fallen häufig Einzelhöfe mit Umwehrungen durch Wassergräben auf. Unter ihnen befinden sich auch Wüstungen. Ihre regelmäßig-rechteckige und quadratische Form verrät solche Höfe oft als Ergebnis später Kolonisationsarbeit in den Flußtälern von Rur und Neffel-Bach, die ins späte Mittelalter oder in die frühe Neuzeit gehört.

Die Erwartung, daß die im Dürener Gebiet besonders häufigen Niederungsburgen vom Motten-Typ ebenfalls in diesen Flußtälern zu suchen seien, trog. Sie liegen im Bereich der Lößplatten zwischen Rur und Neffel-Bach, und dort in oder bei altbesiedelten Orten wie Froitzheim, Soller, Stockheim, Drove. Im Rurtal sind nur zwei Niederungsburgen, im Neffelbachtal ist nur eine Motte bekannt.

Der Bergbau und seine Einrichtungen beschränken sich auf den südwestlichen Kreisteil, also auf die Eifelberge selbst. Zentren des Bergbaus erstrecken sich hier um Nideggen und Berg-Thuir, wo bereits römerzeitlicher Abbau von Eisenerzen in Tagebauen nachzuweisen ist[94]; Gey-Kufferath-Straß bilden Mittelpunkte eines weiteren Bergbaugebietes. In beiden Zentren erscheinen ausgedehnte Pingen- und Grubenfelder, die, aus verschiedenen Zeiten stammend, einander teilweise überlagern. Niederungsburgen in diesem Gebiet (z. B. DN 80) scheinen auf Zusammenhänge zwischen lokaler Adelsherrschaft und Metallgewinnung hinzudeuten. Ein drittes Bergbauzentrum läßt sich im äußersten Nordosten des Venns am Wehe-Bach um Gressenich-Wenau-Schevenhütte-Heistern nachweisen. Die Tranchot-Karte enthält in diesem Raum zahlreiche Erzgruben mit zugehörigen Gebäudekomplexen, die heute nicht mehr bestehen (DN 90–94). Hier liegt auch die Heimat des römerzeitlichen Erzbergbaus auf Bleierze. Mit der Überlagerung verschieden alter Bergbaulandschaften muß gerechnet werden. Zeitliche Differenzierungen sich überlagernder Bergbauphasen ermöglicht ausschließlich die detaillierte Kartierung der Kleinformen im Gelände. Auch im Dürener Land zeigen die Mühlen Standortgebundenheit an die Flußtäler, d. h. an die Nachbarschaft der Hütten- und Hammerwerke. Mühlenwüstungen sind zahlreich vertreten.

Verglichen mit der übrigen Westeifel ist der Kreis Düren reich an Wüstungen aller Art. Sie verteilen sich unausgewogen: Der Westen und Norden sind wüstungsarm. Die Lößplatte zwischen Rur und Neffel-Bach hebt sich als Konzentration heraus. Die Wüstungen im Kreis Düren sind an die guten Ackerböden gebunden, während die weniger günstigen Siedlungslagen ausgesprochen wüstungsarm sind.

2.1.3 Der Kreis Schleiden

Nur ein kleiner Teil im Nordosten dieses Kreises findet noch Anschluß an die Lößbörde der Voreifel: der Raum Vlatten-Floisdorf-Eicks-Hergarten-Bleibuir. Der gesamte übrige Kreis umfaßt ausschließlich die Bergregionen der nördlichen Eifel. Die

---

[94] Dies konnte H. v. Petrikovits durch seine Forschungen um Berg vor Nideggen nachweisen; vgl. Anm. 47.

landschaftliche Gliederung des Kreises zeigt mehrfachen Wechsel großer Waldgebiete wie Kermeter, Zitterwald, Ahreifel mit zu früher Besiedlung einladenden Kalkmulden um Mechernich, Blankenheim und Dollendorf[95]. Bestimmend für waldbedeckte Bergzüge und siedlungsfreundliche Kalkmulden erweist sich die geomorphologische Geländegliederung in Südwest-Nordost-Richtung. Urft, obere Erft, Prether-Bach, Rot-Bach, Blei-Bach, Vey-Bach und Eschweiler Bach verlassen das Kreisgebiet nach Norden, während die obere Ahr im Südteil des Kreises die Südwest-Nordost-Richtung der Landschaftsgliederung wiederaufnimmt. Römische Besiedlung erfaßte vor allem die fruchtbaren Kalkmulden des Kreises. Darüber hinaus ist noch nicht geklärt, ob sie nicht gelegentlich einmal auf devonische Böden, wo heute Wald steht, vordrang. In den geschlossenen Wäldern wurden bislang Funde nur zufallsweise erfaßt. Fränkische Besiedlung, kenntlich an Ortsnamen[96] und Reihengräberfeldern[97], drang von Norden her in den Kreis vor. Sie erreichte bei Zingsheim-Nettersheim-Dahlem nicht nur die obere Urft, sondern in Freilingen auch das Quellgebiet der Ahr. Im Schleidener Land schob sich die intensive fränkische Besiedlung des nördlichen Eifelvorlandes ungewöhnlich weit und zahlreich nach Süden vor. Es darf vermutet werden, daß bereits in fränkischer Zeit Bodenschätze Anreize für die Besiedlung auch bergiger Regionen des Schleidener Landes boten.

Die Ortswüstungen häufen sich in den fränkischen Altsiedelgebieten, vorwiegend in den Kalkmulden um Freilingen-Lommersdorf, um Blankenheim, Schmidtheim und um Mechernich-Kallmuth-Weyer. Selten hingegen erscheinen sie in ausgesprochenen Rodelandschaften. Wüstungsleer erwiesen sich die großen Wälder, die nicht etwa neuzeitlich wiederbewaldete, einstige Siedlungsgebiete darstellen. Sie blieben bis in die Neuzeit, was sie seit dem frühen Mittelalter gewesen waren: siedlungsleere Großwälder, die lediglich der Holzgewinnung und der Jagd dienten.

Das gilt in besonderem Maße auch vom Kermeter, einem sehr alten geschlossenen Waldbezirk, der 973 zum Forstbann der Kölner Kirche gehörte[98]. Die devonischen Böden, die fast ausschließlich Wälder bedecken, luden wohl zu keiner Zeit zur Besiedlung ein. Deshalb muß auf Grund des Fehlens von Wüstungen in den Wäldern und in den Rodungsgebieten im großen und ganzen eine Konstanz des Wald-Offenland-Verhältnisses angenommen werden. Bergbau, Hüttenwesen und Mühlenwirtschaft spielten auch im Schleidener Raum eine große Rolle. Die auf den Höhen gewonnenen Eisenerze wanderten in die Hütten- und Hammerwerke der Flußtäler, die zugleich die Energieversorgung sicherstellten. Im oberen Tal der Olef häufen sich Wüstungen, die mit der Metallgewinnung und -verarbeitung zu tun haben (SLE 63–67, 106–108). Nicht anders liegen die Verhältnisse im Tal der Urft (SLE 47, 48, 79, 80–83, 126).

---

[95] Zur naturräumlichen Gliederung des Kreises Schleiden vgl. Birkenhauer (wie Anmerkung 88) 131 ff. – Ferner K. H. Paffen, in: E. Meynen, J. Schmithüsen, Handbuch der naturräumlichen Gliederung Deutschlands (Remagen 1953 ff.) Bd. 4 (1957) 412–414. – A. Schüttler, Kulturgeographie der mitteldevonischen Eifelkalkgebiete (Bonn 1939) 155 ff.

[96] K. Guthausen, Die Siedlungsnamen des Kreises Schleiden. Rhein. Archiv 63 (Bonn 1967). – Ders., Unsere Ortsnamen. Heimatkal. des Landkreises Schleiden 1969, 44–56.

[97] H. Stoll (wie Anm. 93).

[98] H. Dittmaier, Zur Geographie der Wildbannbestätigung für die Kölner Kirche von 973. Rhein. Vjbll. 24/25, 1959/60, 210–216. – Allgemein zur Waldgeschichte: H. Kaspers, Comitatus Nemoris. Die Waldgrafschaft zwischen Maas und Rhein (Düren, Aachen 1957).

Ausgedehnte Pingenfelder als Überreste obertägigen Bergbaus auf Eisenerz wurden um Blankenheim-Schmidtheim-Dahlem (SLE 13, 14, 119–122) sowie im Raum Ripsdorf-Hüngersdorf (SLE 25, 92, 96) nachgewiesen. In einigen dieser Bezirke muß bereits römerzeitlicher Bergbau auf Eisenerz angenommen werden. Im Mittelalter befaßte sich auch das sogenannte 'Bergmannskloster' Steinfeld mit Erzbergbau und -verhüttung, wie der klostereigene Hof Reytpach (SLE 116) belegt.

Blei und Eisen bestimmen in Mechernich-Kallmuth-Eiserfey-Weyer auch den Gang der mittelalterlichen Siedlung (SLE 84, 101, 135). Im Schleidener Land gingen klar erkennbare Antriebe für die Besiedlung vom Abbau und der Verhüttung der Erze aus. Inwieweit auch der vorgeschichtliche[99] und der römerzeitliche Siedlungsgang[100] durch die Metallgewinnung bestimmt wurden, läßt sich vorerst schwer entscheiden, weil oft ältere Bergbau- und Verhüttungsspuren durch jüngere überlagert oder ausgetilgt wurden. Geländeaufnahmen und Grabungen könnten in dieser Frage wahrscheinlich weiterführen.

Niederungsburgen des Mottentyps kennt das Schleidener Land nur in begrenzter Zahl (SLE 68, 109, 122). Dem bergreichen Gelände entsprach hier schon eher die Höhenburg, die als Wüstung zahlreich vertreten ist (SLE 9, 24, 56, 58, 60, 61, 87, 102, 104, 105, 134).

Die Hofwüstung dürfte auch im Schleidener Land der Wüstungstyp hochmittelalterlicher Rodungsgebiete sein. Sie erscheint einige Male in den Randzonen der großen Wälder, wie dies bereits im Kreis Monschau zu beobachten war. In den Kalkmulden und den fränkisch besiedelten nördlichen Kreisteilen, die noch zur Lößbörde gehören, ist die Hofwüstung aber selten anzutreffen.

2.1.4 Der Kreis Euskirchen

Er enthielt in seiner bis 1970 gültigen Form naturräumlich recht unterschiedlich gestaltete Teilgebiete. Die nördlichen zwei Drittel gehören zu den großen Lößplatten der

---

[99] Mit den wirtschafts- und sozialgeschichtlichen Aspekten der Eisengewinnung in der älteren Eisenzeit in Hunsrück und Eifel hat sich in letzter Zeit besonders J. Driehaus befaßt: J. Driehaus, 'Fürstengräber' und Eisenerze zwischen Mittelrhein, Mosel und Saar. Germania 43, 1965, 32 ff. – Ders., Zur Verbreitung der eisenzeitlichen Situlen im mittelrheinischen Bergland. Bonner Jahrb. 166, 1966, 26–47. – Neuerdings: R. Schindler, Studien zum vorgeschichtlichen Siedlungs- und Befestigungswesen des Saarlandes (Trier 1968) bes. 89 ff.
Offensichtlich sind sich die Vertreter der Urgeschichtsforschung in der Beurteilung der vorgeschichtlichen Eisengewinnung in Hunsrück und Eifel nicht einig. Als nicht erwiesen sieht O. Kleemann, Der Bronzeeimer von Eitelborn und die anderen halslosen Situlen. Bonner Hefte zur Vorgeschichte 7 (Bonn 1973) 5–52, bes. 25 ff., die von J. Driehaus angenommene Existenz von Herstellungszentren für Eisen bereits in der älteren Eisenzeit an. In der Frage einer vorgeschichtlichen, d. h. älter-eisenzeitlichen Eisengewinnung im Bereich des Rheinischen Schiefergebirges ist also das letzte Wort sicher noch nicht gesprochen.
[100] Zur Frage des frühen Mechernicher Bergbaues gibt es im Rhein. Landesmus. Bonn ein Gutachten von Prof. Preuschen, Salzburg; vgl. Bonner Jahrb. 159, 1959, 450–455. – Aus Mechernich stammt ein römischer Bleibarren mit einem Stempel der XVI. Legion, der römerzeitlichen Bleibergbau in Metternich bezeugt; vgl. dazu H. v. Petrikovits, Das römische Rheinland 68 f. und 112 ff. – Ferner Chr. B. Rüger, Germania Inferior. Untersuchungen zur Territorial- und Verwaltungsgeschichte Niedergermaniens in der Prinzipatszeit. Beihefte d. Bonner Jahrb. 30 (1968) 42.

Kölner Bucht. Das südliche Drittel umfaßt die Berge der Nordeifel mit tiefeingeschnittenen Bach- und Flußtälern und zur Siedlung wenig einladenden Höhen[101]. Leitlinien für die Besiedlung waren die hochwasserfreien Geländestreifen entlang der Flüsse und Bäche Erft, Swist, Blei-Bach, Vey-Bach und Rot-Bach. Hier reihten sich bereits die vorgeschichtlichen Siedlungen. Hier lagen auch die Dichtezentren der römischen Landsiedlung, und im gleichen Gebiet finden sich die fränkischen Siedlungen[102]. Man kann davon ausgehen, daß die nördlichen Kreisteile engen Anschluß an die fränkische Siedlung der Kölner Bucht gefunden haben. Im Süden aber setzten die Eifelberge dem Vordringen merowingerzeitlicher Siedlung deutliche Grenzen. In Münstereifel reichen die ältesten Siedlungsspuren des Mittelalters nur wenig vor etwa 800 zurück. Rodenamen wie Hohn, Eicherscheid, Bouderath, Roderath, Bergrath, Schönau spiegeln das Ende des merowingischen Landausbaus an der oberen Erft wider.

Auch im Euskirchener Raum konzentrieren sich die Ortswüstungen vornehmlich in den altfränkisch besiedelten Gebieten. Hier dominieren vor allem Dorfwüstungen, während im südlichen, bergreichen Kreisteil Hofwüstungen vorherrschen. Die in den Kreisen Monschau und Düren charakteristische Verbreitung von Dorf- und Hofwüstungen, die sich räumlich gegenseitig ausschließen, wiederholt sich im Euskirchener Land, wobei die Hofwüstungen wiederum den Wüstungstyp der Rodegebiete darstellen. Wo sich das Land wegen seiner bewegten Morphologie nicht mehr zur Anlage großer Dörfer eignete, vollzog sich die mittelalterliche Rodung in der Form des Einzelhofes, der wohl die späteste Siedlungsform der Nordeifeler Rodungsgebiete darstellt. Einzelhöfe, auch wüst gewordene, treten vor allem in den Randzonen des Flamersheimer Waldes auf, eines geschlossenen Forstbezirks, der in karolingischer Zeit durch einen bedeutenden Wirtschaftshof in Königsbesitz[103] und eine Anzahl weiterer Wildhöfe[104] erschlossen war. Die Grundzüge der Siedlung erinnern im südlichen Kreis Euskirchen bereits stark an die Verhältnisse der südlich benachbarten Ahreifel. Zusammenhänge zwischen Stadtwerdung und Wüstungsbildung treten im Euskirchener Land deutlich hervor. Um Euskirchen und Lechenich legt sich jeweils ein Ring von Wüstungen herum (Euskirchen: EU 22–26, 30, 31; Lechenich: EU 10, 50, 56, 57). Am Beginn der Stadtwerdung Euskirchens steht ein einmaliger Akt geplanter Zusammen-

---

[101] Vgl. R. Keller, Das Euskirchener Land. Landschaften zwischen Börde und Eifel. In: 650 Jahre Stadt Euskirchen, Bd. 1 (Euskirchen 1952).

[102] An der großräumigen Verteilung der fränkischen Reihengräberfelder, wie sie Stoll, Rhein. Vorzeit in Wort u. Bild 4, 1941, 73, kartiert hat, änderte sich auch durch die Nachkriegsfunde nichts wesentliches.

[103] Eine *villa regia* Flamersheim wird von Regino v. Prüm erwähnt. Der mit ihr verbundene königliche Wald gelangte 762 in den Besitz der Prümer Grundherrschaft zu Rheinbach und wurde schließlich 1246/47 an den EB v. Köln gegeben; vll. MGH DD Karol. I. Nr. 16 von 762 = MRUB I Nr. 16 = MRR I Nr. 177. – Zum Fronhofsverband Rheinbach vgl. K. Flink, Geschichte der Burg, der Stadt und des Amtes Rheinbach (Bonn 1965) 41 ff. – Ders. (Bearb.), Edith Ennen (Hrsg.), Rheinischer Städteatlas, Liefer. I Nr. 4 (Bonn 1972): Rheinbach.

[104] Zu den sog. Tomberger Wildhöfen vgl. K. Flink, Geschichte der Burg, der Stadt und des Amtes Rheinbach (Bonn 1965) 94–96 mit Anm. 145, 147, 148, 151–156. – Die 1967 in Bonn vorgelegte Diss. Phil. von H. P. Müller unternimmt den Versuch, die Entstehung der Herrschaft Tomberg aus einem alten Wildbannbezirk nachzuweisen; vgl. H. P. Müller, Die Herrschaft Tomburg und ihre Herren bis zum Ausgang des Mittelalters (Bonn 1970).

legung ländlicher Siedlungen zu einer Stadt[105]. Im Falle von Lechenich kann zwar ein solcher Synoikismus nicht nachgewiesen werden, doch steht außer Zweifel, daß auch diese Stadt, besonders seit ihrem auf die Zerstörung von 1301 folgenden Wiederaufbau, für den Zuzug von Bewohnern anziehend blieb und die Entstehung von Wüstungen in ihrer Umgebung begünstigte[106].

Wasserumwehrte Höfe und Niederungsburgen vom Motten-Typ spielen in den Flußniederungen des nördlichen Kreises eine erhebliche Rolle. Sie sind auch unter den Wüstungen vertreten. Die Zahl der Motten im Kreis Euskirchen ist insgesamt etwas geringer als im Nachbarkreis Düren. Das mag daran liegen, daß im Euskirchener Land etliche Motten später zu Wasserburgen ausgebaut wurden, von denen viele heute noch bestehen und nur wenige wüst wurden (EU 62, 63, 95, 111). Über Ursprünge und Erscheinungsformen der Wasserburg im Euskirchener Land sind wir gut unterrichtet, so daß hier keine Einzelheiten erörtert zu werden brauchen[107].

Wüste Mühlen zeigt vor allem der Oberlauf der Erft zwischen Schönau und Münstereifel, wo die Mühlenwirtschaft offenbar besonders ausgeprägt war.

Für den Süden des Kreises sind Förderung und Verarbeitung von Erzen wichtig: Blei, Zinn, Kupfer und Eisen wurden hier gewonnen. Die in diesem Raum festgestellten wüsten Gruben gehören aber vor allem der frühen Neuzeit an, und es ist noch offen, wie weit sie ins Mittelalter zurückgehen.

Die wüstungsleeren Gebiete beiderseits des Rot-Baches und seiner Zuflüsse zwischen Schwerfen und Obergartzem im Süden und Friesheim im Norden spiegeln sicher noch Forschungslücken wider, die durch eine archäologische Landesaufnahme geschlossen werden könnten. Erfahrungsgemäß lassen sich allerdings in Lößgebieten mittelalterliche Siedlungsrelikte sehr viel schwerer feststellen als in den Bergzonen; denn in den intensiv beackerten Lößböden erhielten sich so gut wie keine obertägig sichtbaren Spuren von Ortswüstungen.

2.1.5 Der Kreis Bonn

Er ist in drei landschaftliche Regionen gegliedert, die für die Siedlungsgeschichte Bedeutung erlangten: Im Osten, am Rhein entlang, erstreckt sich das 5 – 10 km breite Rheintal, welches, bereits römerzeitlich stark besiedelt, seit dem frühen Mittelalter dicht mit fränkischen Altsiedlungen besetzt war[108].

Landschafts- und siedlungsgeschichtlich gehört das Gebiet der Stadt Bonn mit zu dieser frühen Siedlungsschicht im Rheintal. Nach Westen schließt sich das Vorgebirge (Ville) mit dem Kottenforst an. Es bildet, geologisch gesehen, die alte Hauptterrasse des Rheins und tritt morphologisch als etwa 100 m nach Westen ansteigende Geländestufe deutlich in Erscheinung. Zwischen Bonn im Süden und Bedburg, Kreis Berg-

---

[105] Fr. Steinbach, Ursprungsbedingungen der Stadt Euskirchen. In: 650 Jahre Stadt Euskirchen, Bd. 1 (Euskirchen 1952) 33 ff.
[106] K. Flink (Bearb.), Edith Ennen (Hrsg.), Rheinischer Städteatlas, Liefer. I Nr. 1 (Bonn 1972): Lechenich unter I 6 und II 2.
[107] H. Welters, Die Wasserburg im Siedlungsbild der Oberen Erftlandschaft (Bonn 1940).
[108] H. Stoll, Rhein. Vorzeit in Wort u. Bild 2, 1939, 19.

heim, im Norden stellt das Vorgebirge eine so klare landschaftliche Scheidelinie dar,
daß mit Sicherheit durch sie bedingte Einflüsse auf den Gang der Besiedlung erwartet
werden dürfen.
Nach Westen geht das Vorgebirge in flachem Abfall in die siedlungsfreundlichen Lößgebiete der Düren-Jülich-Euskirchener Lößbörde über. Seit dem frühen Mittelalter
lagen die Hauptsiedlungsgebiete beiderseits des Vorgebirges. Die Verbreitung der
fränkischen Reihengräberfelder und der fränkischen Ortsnamen unterstreicht diese
Feststellung. Als geschlossenes, im wesentlichen unbesiedeltes Waldgebiet stellte der
Kottenforst durch das ganze Mittelalter hindurch bis in die Neuzeit hinein einen kon-
stanten Faktor für die Siedlungsentwicklung dar. Dies Ergebnis wird auch nicht dadurch eingeschränkt, daß entlang der den Kottenforst vom Rheintal nach Westen
durchquerenden Wege einige merowingerzeitliche Siedlungen in den Wald hinein vordrangen und daß während der hochmittelalterlichen Rodungen einzelne Rodeorte,
wie etwa Röttgen bei Bonn, Siedlungsinseln im Forst bildeten[109]. Es handelt sich dabei
nur um Einzelfälle. Für römische Zeit liegen Hinweise darauf vor, daß der Kottenforst
stärker aufgesiedelt war, als im frühen Mittelalter. Römerzeitliche Fundstellen, darunter auch solche, auf denen Eisenerz gewonnen wurde, lassen Zweifel an der Existenz
dieses Forstes in römischer Zeit aufkommen. Er dürfte wohl frühmittelalterlich entstanden sein.
Die Ortswüstungen des Kreises Bonn verteilen sich ziemlich gleichmäßig gestreut
über die waldfreien Gebiete. Nur an einer Stelle, östlich von Heimerzheim, schob sich
eine Siedlung in den Kottenforst vor, die später wieder wüst wurde: Essinghofen (BN
81). Sonst sind keine untergegangenen Siedlungen in Kottenforst und Vorgebirge
nachzuweisen. Konzentriert gibt es sie im sogenannten Drachenfelser Ländchen, besonders um Niederbachem, das aus vielen verschiedenen Siedlungskernen zusammen-
wuchs (BN 121–130). Einige davon wurden wüst. Gehäuft kommen Wüstungen auch
um Villip, Adendorf und Fritzdorf vor. Hier fallen vor allem mehrere Motten ins Gewicht, die auf engem Raum nebeneinanderliegen. Dazu kommen noch befestigte Höfe
und regelrechte Wasserburgen an Swist und Arzdorfer Bach.
Südwestlich Meckenheim und südlich Rheinbach liegt ein weiteres Gebiet mit vielen
Wüstungen. In den allmählich gegen die Eifel ansteigenden Lagen des Eifelvorlandes
bei Meckenheim und Rheinbach finden sich auch Dorfwüstungen. Südwestlich des
Flamersheimer Waldes bei Neukirchen-Queckenberg hingegen sind Einzelhöfe wiederum die vorherrschende Siedlungsform (BN 111–120).
Im Kreis Bonn wiederholt sich der Gegensatz von Dorf- und Hofwüstungen, wie er
im Süden der Kreise Euskirchen und Düren zu beobachten war. Die beiden Wüstungsarten schließen einander in der Verbreitung aus. Die Hofwüstung erweist sich
erneut als der Wüstungstyp der hoheren Lagen am Rand der Nordeifel, während die
Dorfwüstung im Bereich der fränkischen Altsiedlung vorherrscht. Wechselwirkungen
zwischen Wüstungsbildung und Stadtwerdung sind um Bonn, Rheinbach und Mek-
kenheim nachzuweisen, wo Wüstungen durch Abzug der Bewohner in die Stadt entstanden.

---

[109] Vgl. dazu W. Janssen, Zur Differenzierung des früh- und hochmittelalterlichen Siedlungsbildes im
Rheinland. In: Festschr. Edith Ennen (Bonn 1972) 283. – D. Höroldt, 1 000 Jahre Kottenforst. Godes-
berger Heimatbll. 11, 1973, 125–145.

Einen Sonderfall, der das rheinische Vorgebirge vor allen anderen Landschaften des Untersuchungsgebietes auszeichnet, stellen die wüst gewordenen Töpferbetriebe der Karolingerzeit und des 10. – 15. Jahrhunderts dar, die sich in vier Bezirken häufen[110]:
(1) im Bezirk von Walberberg mit Dutzenden von Öfen (BN 160);
(2) in Sechtem mit mehreren karolingerzeitlichen Öfen (BN 159);
(3) in Witterschlick mit blaugrauer Ware (BN 172);
(4) in Meckenheim mit Keramikerzeugung der Badorfer Art, der Pingsdorfer Art und der blaugrauen Ware (BN 103).

In spätmerowingischer Zeit vollzog sich der Siedlungsprozeß offenkundig unter Einwirkung dieser frühen Gewerbezentren, deren Produktion schon in dieser Zeit überregionalen Rang erreicht hatte, wie die Exporte spätmerowingischer und karolingischer Töpfererzeugnisse in weit entfernte Länder bezeugen[111]. Die am Osthang des Vorgebirges abgelagerten tertiären Tone[112] führten, wie neue archäologische Befunde zeigen, keineswegs zur Beschränkung der frühen Töpferei auf die Ostseite des Vorgebirges und die anschließende Rheinaue. Vielmehr standen zeitgleiche Töpfereien um Meckenheim in enger Beziehung zu jenen. Verkehrs- und wirtschaftsgeschichtlich stellte der dazwischen liegende Kottenforst keine Barriere dar.

---

[110] Zur Keramik des Vorgebirges: C. Koenen, Gefäßkunde der vorrömischen, römischen und fränkischen Zeit (Bonn 1895). – Ders., Zur karolingischen Keramik. Westdeutsche Zeitschr. 6, 1887. – Ders., Karolingisch-fränkische Töpfereien bei Pingsdorf. Bonner Jahrb. 103, 1898, 115–122. – K. Böhner, Karolingische Keramik aus dem Bonner Münster. Bonner Jahrb. 151, 1951, 118–121. – Ders., Frühmittelalterliche Töpferöfen in Walberberg und Pingsdorf. Bonner Jahrb. 155/156, 1955/56, 372–387. – F. Tischler, Frühmittelalterliche Keramik aus Duisburg. Germania 28, 1944/50, 75–85. – Ders., Zur Datierung der frühmittelalterlichen Tonware von Badorf, Lkr. Köln. Germania 30, 1952, 194–200. – W. Lung, Töpferöfen der frühmittelalterlichen Badorfware aus Badorf und Pingsdorf, Lkr. Köln. Kölner Jahrb. f. Vor- und Frühgesch. 1, 1955, 56–66. – W. Janssen, Ein karolingischer Töpferbezirk in Brühl-Badorf. Brühler Heimatbll. 26, 1969. – Ders., Der karolingische Töpferbezirk von Brühl-Eckdorf, Kreis Köln. In: Neue Ausgrabungen und Forschungen in Niedersachsen, Bd. 6 (Hildesheim 1970). – Ders., Artikel 'Badorf'. In: Reallexikon der germanischen Altertumskunde, begr. v. J. Hoops, 2. Aufl. hrsg. v. H. Jankuhn und anderen (Berlin 1973) 593 ff. – Ders., A.-B. Follmann, Zweitausend Jahre Keramik im Rheinland (Grevenbroich 1972). – Einen Überblick über die Probleme der Keramikforschung im Rheinland bietet: H. Hinz, Die karolingische Keramik in Mitteleuropa. In: Karl der Große, Bd. 3: Karolingische Kunst (Düsseldorf 1965) 262–287. – Eine gute Übersicht über Probleme der mittelalterlichen Keramik bietet neuerdings: U. Lobbedey, Untersuchungen mittelalterlicher Keramik, vornehmlich aus Südwestdeutschland. Arbeiten zur Frühmittelalterforschung, hrsg. v. K. Hauck, 3. Bd. (Berlin 1968).

[111] H. Jankuhn, Haithabu. Ein Handelsplatz der Wikingerzeit (3. Aufl. Neumünster 1956). – Ders., Probleme des rheinischen Handels nach Skandinavien im frühen Mittelalter. Rhein. Vjbll. 15/16, 1950, 495–499. – Ders., Sechs Karten zum Handel des 10. Jahrh. im westlichen Ostseebecken. Archäologia Geographica 1, 1950. – Ders., Der fränkische und friesische Handel zur Ostsee im frühen Mittelalter. Vjschr. f. Sozial- u. Wirtschaftsgesch. 40, 1953. – Das Problem des Keramikimportes aus dem Rheinland nach Skandinavien behandeln ferner: Dagmar Selling, Wikingerzeitliche und frühmittelalterliche Keramik in Schweden (Stockholm 1955). – W. Hübener, Zur Ausbreitung einiger fränkischer Keramikgruppen nach Nord- und Mitteleuropa im 9.–12. Jahrh. Archäologia Geographica 2, 1951. – Ders., Die Keramik von Haithabu (Neumünster 1959). – W. Janssen, Mittelalterliche deutsche Keramik in Norwegen und ihre Bedeutung für die Handelsgeschichte. In: Studien zur europäischen Vor- und Frühgeschichte (Neumünster 1968).

[112] Tonvorkommen im Rheinland: J. Lohr, Die tertiären Ablagerungen bei Siegburg als Grundlage des Töpferwesens. Heimatbll. d. Siegkreises 21, 1953, 18–20. – R. Wolters, Die geologische Bedeutung, Entstehung und Verbreitung der Tone im Raume Niederkrüchten-Bracht. Heimatkal. d. Erkelenzer Lande 1955, 17–28. – K. Göbels, Rheinisches Töpferhandwerk (Frechen 1971) bes. 15 ff.

Im ganzen gesehen, zeigt der Kreis Bonn eine ausgewogene Verteilung der Dorfwüstungen auf die alterschlossenen Siedlungslandschaften. Die Hofwüstungen hingegen häufen sich in den hochmittelalterlichen Rodungsgebieten.

2.1.6 Der Kreis Prüm

Mit diesem Kreis treten wieder die Verhältnisse der Westeifel, wie sie bereits beim Kreis Monschau beschrieben wurden, ins Blickfeld. Bis heute bestimmt hier der Wald die Landschaft. Der Kyll-Wald erstreckt sich im Südosten des Kreises, und weiter nördlich bedeckt die Schnee-Eifel ein geschlossenes Waldgebiet von fast 25 km Länge. Die Schnee-Eifel scheidet zwei Siedlungslandschaften voneinander: Nordwestlich davon liegt das im Hochmittelalter erschlossene Rodungsgebiet mit Orten wie Heckhuscheid-Winterscheid-Oberlascheid-Auw-Roth-Manderfeld (Belgien), das nur am Nordostende Anschluß an fränkische Siedlungen der Blankenheimer Kalkmulde findet. Südöstlich davon bildet seit dem frühen 8. Jahrhundert Prüm den bestimmenden Faktor der Siedlungsentwicklung, obgleich eine noch ältere fränkische Siedlungskammer um Wallersheim-Fleringen-Büdesheim nicht übersehen werden darf[113].

Die Oberläufe der Flüsse Alf, Prüm, Kyll und Enz, die den Kreis von Norden nach Süden durchfließen, übten auf merowingerzeitliche Siedlungen offensichtlich nicht den geringsten Anreiz aus. Hier verblieb der hochmittelalterlichen Rodung ein weites Aktionsfeld. Wie der Kreis Monschau ist auch der Kreis Prüm arm an Ortswüstungen. Das hängt aber sicher nur zu einem geringen Teil mit Forschungslücken zusammen, die hier noch bestehen mögen. Das geringe Vorkommen bestätigt wiederum, daß die hochmittelalterlichen Rodungsgebiete verhältnismäßig wenige Ortswüstungen hervorgebracht haben. Abgesehen von der räumlich recht begrenzten merowingerzeitlichen Siedlungsinsel um Wallersheim, wurde der Prümer Raum in der Tat erst durch Rodungen des 9./10. Jahrhunderts erschlossen. Das Prümer Güterverzeichnis von 893 mit den Kommentaren des Caesarius von 1222 weist den größten Teil des Prümer Abteibesitzes in fränkischen Altsiedlungen des Bitburger Landes aus, nicht aber in den Rodungsgebieten westlich des Klosters, die zur Gründungszeit Prüms noch nicht aufgesiedelt waren[114]. Der Kreis Prüm muß somit als ausgeprägtes Beispiel für die Armut der Rodungsgebiete an Ortswüstungen gelten. Diese Erkenntnis, die sich bereits in anderen Kreisen der Nordeifel anzudeuten schien, muß nunmehr als gesichert gelten,

---

[113] Zur Verbreitung der fränkischen Reihengräberfelder: K. Böhner, Die fränkischen Altertümer des Trierer Landes. Germanische Denkmäler der Völkerwanderungszeit Serie B, Text- und Tafelband (Berlin 1958) Karte 1.

[114] So bereits Lamprecht, DWL II 59 ff. 125 ff. und Karte. – Dazu neuerdings W. Janssen (wie Anm. 109) 310 ff. mit Anm. 103. – Zur Grenzlage des Klosters Prüm bereits H. Forst, Westdeutsche Zeitschr. 20, 1901, 262. – Ferner E. Ewig, Trier im Merowingerreich. Civitas, Stadt, Bistum. Trierer Zeitschr. 21, 1952, 257 mit Anm. 121. – P. Neu, Die Abtei Prüm im Kräftespiel zwischen Rhein, Mosel und Maas vom 13. Jahrh. bis 1576. Rhein. Vjbll. 26, 1961, 255–285. – Ch. E. Perrin, Une étape de la seigneurie: la exploitation de la réserve à Prüm au IXe siècle. In: Annales d'histoire économique et sociale 6, 1934. – Ders., Le manse dans le polyptyque de l'abbaye de Prüm à fin du IXe siècle. In: Études à la mémoire de Noël Didier (Paris 1960).

selbst wenn im Prümer Raum heimatgeschichtliche Studien noch einige weitere Wüstungen zutage fördern sollten oder wenn dort die Lokalisierung einiger bisher noch nicht räumlich bestimmbarer Wüstungen (PRÜ 59–75) gelingen sollte. Nur ein einziges Beispiel für Hofwüstungen konnte hier ermittelt werden (PRÜ 27). Die Hofsiedlung als besondere Form der Rodung und Kolonisation besaß im Prümer Gebiet offenbar nur geringe Bedeutung, oder aber sie wird durch spätere Entwicklungen verdeckt, in deren Verlauf aus vielen Einzelhöfen Dörfer hervorgegangen sein können.

Eine gewisse Unsicherheit belastet die Wüstungsforschung im Kreis Prüm, weil hier zahlreiche Landschaftsnamen auf -scheid üblich sind, hinter denen sich nicht unbedingt Ortswüstungen verbergen müssen (PRÜ 5, 13, 23, 32, 49, 50). Selbst wenn sich von diesen Landschafts- und Stellenbezeichnungen einige noch als Namen von Siedlungen erweisen sollten, ändert sich an dem Ergebnis nichts: Das Prümer Land ist als hochmittelalterlich erschlossenes Siedlungsgebiet ausgesprochen wüstungsarm.

2.1.7 Der Kreis Daun

Dieser Kreis bildet die eigentliche Zentraleifel, die nicht weniger als der Kreis Prüm von waldbedeckten Höhen bestimmt wird. Im Südosten umfaßt er Teile der zentralen Vulkaneifel, für die die Maare, ehemalige Vulkankrater, landschaftlich prägend sind. Kyll, Salm, Lieser, Alf-Bach und Üß-Bach stellen mit ihren meist tief in die Hochflächen eingeschnittenen Tälern das nach Süden, zur Mosel, orientierte Gewässernetz dar. Die Flußtäler eigneten sich nur begrenzt für Siedlungen und Verkehrswege, die deshalb eher auf den Hochflächen des Dauner Landes zu finden sind.

Im Südwesten begrenzt den Kreis noch heute ein geschlossener Wald östlich der Kyll. Im übrigen Kreis lockern kleine Siedlungskammern die Wälder auf[115]. Im Norden des Kreises, nördlich der oberen Kyll, schließt sich fränkische Besiedlung in einst römisch besiedelten Gebieten um den Vicus Icorigium-Jünkerath[116] an merowingerzeitliche Siedlungen der Blankenheim-Dahlemer Kalkmulde an. Die frühmittelalterliche Besiedlung des Kylltales zwischen Jünkerath und Gerolstein erfolgte – das läßt sich deutlich an den Ortsnamen ablesen – nicht von Süden oder Südwesten aus. Hier gab es bis ins 8./9. Jahrhundert nur große Wälder, die erst viel später aufgesiedelt wurden, als die kyllnahen Landstriche. Die Landschaft der -heim- und -dorf-Ortsnamen orientiert sich vielmehr nach Norden, in Richtung auf das obere Ahrtal. Ein durchgehender Zug Offenlandes erstreckt sich von der Kyll bis an die Ahr. Von Gönnersdorf, Lissendorf, Oberbettingen (alle Kr. Daun) über Alendorf, Ripsdorf, Dollendorf, Freilingen, Lommersdorf bis Tondorf, Frongau (alle Kr. Schleiden) zieht sich ein breiter Streifen fränkischer Altsiedlungen – viele davon mit fränkischen Reihengräberfeldern – bis an den Nordrand der Eifel. Er entspricht der großräumigen Verteilung der fränkischen Reihengräberfelder, wie sie von H. Stoll[117] und K. Böhner behandelt worden ist[118].

---

[115] Zur naturräumlichen Gliederung der Dauner Hocheifel vgl. J. Birkenhauer (wie Anm. 88) 103 ff.
[116] H. Koethe, Straßendorf und Kastell bei Jünkerath. Trierer Zeitschr. 11, 1936, 50–106.
[117] H. Stoll, Die Aufnahme der fränkischen Funde aus der Rheinprovinz. Rhein. Vorzeit in Wort u. Bild 1, 1938, 55–58, bes. zugehörige Karte.
[118] Böhner, Trierer Land Karte 1.

Eine zweite Gruppe von fränkischen Gräberfeldern befindet sich im oberen Kylltal und im Tal des Ah-Baches, der oberhalb von Gerolstein in die Kyll mündet. Es sind die Gräberfelder Sarresdorf, Pelm, Hohenfels, Hinterweiler, Dockweiler und Dreis. Eine dritte Gruppe von Gräberfeldern schließlich liegt nordöstlich des Kylltales auf der Höhe, beginnend mit Hillesheim, Kerpen I und Kerpen II.

Das eigentliche Dauner Gebiet und die südöstlich daran anschließende Vulkaneifel weisen keine fränkischen Reihengräberfriedhöfe auf. Die Wüstungen des Kreises Daun verteilen sich ungefähr gleichmäßig auf den gesamten Kreis. Ausgenommen bleibt der Südwesten des Kreises, wo sich gar keine Wüstungen finden. Bei den wüsten Einzelhöfen ist festzustellen, daß sie fast immer innerhalb oder in der Nähe von größeren Waldungen vorkommen (typisch dafür DAU 9, 55, 63, 81, 92, 93, 95).

Im Unterschied zu den Kreisen Euskirchen und Bonn ist es im Kreis Daun nicht überall möglich, Gebiete mit Hofwüstungen von solchen mit Dorfwüstungen klar zu unterscheiden. Im Kreis Daun mischen sich beide Arten von Wüstungen, ohne daß sich eine spezielle Verteilung erkennen ließe.

Es gibt in der ganzen Eifel kein anderes Gebiet, in welchem sich auf engem Raum so viele Höhenburgen finden. Weder die kurkölnische noch die kurtrierische Territorialbildung erfaßten diesen Landstrich völlig, so daß hier ein Reservat adeliger Kleinherrschaft verblieb. Die einzige hier vorhandene Motte (DAU 67) kann im Verhältnis zu den zahlreichen Höhenburgen kaum Bedeutung beanspruchen. Mittelpunkte der mittelalterlichen Herrschaft, auch der des niederen Adels und der Grundherrschaft waren im Dauner Gebiet Höhenburgen.

Die absolute Anzahl der Wüstungen im Kreis Daun läßt sich nicht mit der des nördlichen Nachbarkreises Schleiden vergleichen. Bis zu einem gewissen Grad mag darin auch ein nicht hinreichender Forschungsstand zum Ausdruck kommen. Lokalforschungen mögen noch einige Wüstungen zutage fördern. Im ganzen gesehen bildet der Kreis Daun ein Gebiet mit mittlerer Wüstungshäufigkeit. Verglichen mit der Westeifel ist im Kreis Daun ein deutlicher Anstieg der Wüstungshäufigkeit zu verzeichnen. Das mag auf einer besseren siedlungsmäßigen Erschließung des Dauner Gebietes beruhen. Der Anteil der Dorfwüstung liegt im Kreis Daun verhältnismäßig hoch.

Im Unterschied zu den Kreisen Monschau, Schleiden, Bonn und Euskirchen spielen gewerbliche Produktionszweige im Dauner Gebiet kaum eine Rolle. Weder sind bedeutende Töpferbezirke bekannt, noch kennt man mittelalterlichen Eisenerz-Bergbau.

2.1.8 Der Kreis Ahrweiler

Mehr als in anderen Eifelkreisen kennzeichnet in diesem Kreis der Wechsel von siedlungsfreundlichen Tallandschaften und abweisenden, steilen Bergen die Landschaft[119]. Auf weite Strecken widersetzte sich in der Frühzeit das enge, hochwassergefährdete obere Ahrtal einer Besiedlung. Lediglich sein Quellgebiet um Blankenheim-

---

[119] Zur Ahreifel: Birkenhauer (wie Anm. 88) 100 ff.

Freilingen gehört zur fränkischen Altsiedlung. Von Ahrdorf im Westen bis Ahrweiler im Osten kommen nur ganz wenige Punkte als fränkisch besiedelt in Betracht, z. B. vielleicht Hönningen an der Ahr. Nur das Mündungsgebiet der Ahr war bereits merowingerzeitlich erschlossen. Hier, in der 'Goldenen Meile', verbinden sich zwei fränkische Siedlungskammern miteinander: eine von Nordwesten aus dem Raum Meckenheim nach Südosten vorstoßende und eine von Osten, von Sinzig her, angelegte. Nur in diesem Teil gewinnt das Ahrtal eine Breite, die sich auch für die Führung früher Verkehrswege eignete. Im Mittelalter passierte hier die Aachen-Frankfurter Heerstraße die Ahr[120]. Im Schnittpunkt beider Siedlungsrichtungen liegen große fränkische Altsiedlungen mit zugehörigen Reihengräberfeldern, z. B. Heimersheim, Heppingen, Bodendorf. Alle übrigen Teile des Kreises sind von Rodungssiedlungen der hochmittelalterlichen Ausbauphase erschlossen.

Die beiden wichtigsten Bergzüge sind nördlich der Ahr das Ahrgebirge, südlich des Flusses die sogenannte Hohe Eifel mit dem höchsten Berg der Eifel, der Hohen Acht (717 m ü. NN). Aus diesen beiden Gebirgen fließen der Ahr von Norden und Süden zahlreiche Bäche zu. Jeder von ihnen erschließt im Talgrund Raum für späte Rodungssiedlungen, die oft nur aus wenigen Gehöften bestehen.

Den Kreis Ahrweiler kennzeichnet eine ungleichmäßige Verteilung der Wüstungen. Zwischen Altenahr und Mayschoß finden sich auf engem Raum zahlreiche Hof- und Burgwüstungen, die meist nördlich der Ahr liegen. Hier ergibt sich die höchste Wüstungsdichte im gesamten Kreisgebiet. Wüste Höfe befinden sich vor allem in den neuzeitlichen Höhenwäldern beiderseits von Sahr- und Vischel-Bach. Ahrabwärts gibt es auch im Ahrtal selbst etliche Wüstungen. Nicht als Wüstungsbildung im eigentlichen Sinn kann dabei die Stadtwerdung von Bad Neuenahr gelten, das durch preußische Kabinettsorder aus mehreren benachbarten Siedlungen gebildet wurde (AW 33, 35, 38).

Das Bergland zwischen der Ahr und den Offenlandschaften um den Laacher See kennt nur wenige Wüstungen, meist aufgegebene Höfe, die einzeln in den großen Forsten südlich der unteren Ahr lagen. Ausgesprochen wüstungsleer ist auch das Gebiet zwischen dem Herschbacher und dem Weidenbacher Tal im Osten und der Ahr bzw. dem Adenauer Bach im Westen. Während im Kesselinger Tal einige wüste Mühlen zu verzeichnen sind, fehlt von da nach Westen zu jeder Hinweis auf abgegangene Siedlungen. Dieser Raum war im Mittelalter offenbar nur gering besiedelt, und so können hier kaum Wüstungen erwartet werden.

Im Westen des Kreises Ahrweiler, beiderseits der Ahr oberhalb von Fuchshoven, am Tier-Bach und am Wirft-Bach, gibt es wieder Wüstungen. Nordwestlich der Ahr zwischen Fuchshoven und Dorsel handelt es sich ausschließlich um Einzelhöfe. Östlich und südöstlich der Ahr kommen in diesem Abschnitt auch Dorfwüstungen vor. Im ganzen gesehen herrschen die Hofwüstungen im Kreis Ahrweiler gegenüber allen an-

---

[120] Verkehrserschließung der Eifel: H. Nottebrock, Die Aachen–Frankfurter Heerstraße in ihrem Verlauf von Aachen bis Sinzig. Bonner Jahrb. 131, 1927, 245–284. – Ders., Alte Straßen im Gebiet von Hunsrück und Eifel. Rhein. Geschichtsbll. 1925, 299 ff. – F. Petri, Zur Stellung der Eifel und ihrer Nachbarräume im europäischen Nord-Süd-Verkehr bis zur Wende von Mittelalter und Neuzeit. Festschr. f. H. Ammann (Wiesbaden 1965) 270–285; Neudruck in: F. Petri, Aufsätze und Vorträge aus vier Jahrzehnten (Bonn 1973) 840–851.

deren Arten von Ortswüstungen so eindeutig vor, wie das in keinem anderen Teilgebiet der Eifel festzustellen war. Die Ahreifel bildet ein klassisches Beispiel dafür, daß in schwer zugänglichen Landschaften mit dichter Bewaldung und steilen Berglagen der Einzelhof die geeignete Siedlungsform der Rodezeit gewesen ist, und daß, entsprechend der erhöhten Anzahl an Einzelhöfen, dieser Typus auch stärker an der Bildung von Ortswüstungen teilnimmt.

Höhenburgen gibt es im Ahrtal zwar auch zahlreich, aber nicht so häufig wie etwa im Dauner Gebiet. Es sind in der Ahreifel im Grunde nur einige wenige, historisch allerdings besonders wichtige Burgen, die noch Spuren hinterlassen haben.

Vergleicht man Menge und Verteilung der Wüstungen in den rheinischen Gebieten des Kreises Ahrweiler mit den Verhältnissen in der Westeifel, so fällt sogleich die große Anzahl der Wüstungen in der Osteifel auf. Das gilt übrigens auch für den Kreis Mayen, der von H. Müller an anderer Stelle behandelt wurde[121]. Die Wüstungshäufigkeit spiegelt sicher eine entsprechend große Besiedlungsdichte wider, während in der Westeifel die wenigen Wüstungen einem nicht so starken Besiedlungsstand entsprechen. Die Bildung von Wüstungen erweist sich somit immer wieder als getreues Abbild der allgemeinen Siedlungsverhältnisse, und dies sowohl in bezug auf die räumliche Verteilung als auch auf die Dichte.

2.1.9 Der Kreis Bitburg

Landeskundliche Untersuchungen heben hervor, daß das Bitburger Land nicht zur Eifel gehöre, sondern eine Randlandschaft darstelle, die von gänzlich andersartigen geologischen und morphologischen Verhältnissen geprägt sei[122]. Auch ohne tiefere Kenntnisse fällt dem Besucher des Bitburger Landes, wenn er von Norden oder Nordosten aus dem Ahrtal anreist, sofort die flächenhafte Weite des teilweise ganz ebenen Landes auf. Am deutlichsten gelangt dieser Eindruck im Hauptort Bitburg selbst ins Bewußtsein, und man kann sich die beherrschende Rolle des spätrömischen Kastells Bitburg sehr wohl vorstellen[123]. Abgesehen vom landschaftlich stark gegliederten Nordwesten besteht der gesamte übrige Kreis fast ausschließlich aus großen, ebenen Riedeln, die zum Teil beste Böden aufweisen. Tief gruben sich die Flüsse Enz, Nims, Prüm und Kyll, die alle nach Süden zur Mosel entwässern, in die Hochflächen ein. Zahlreiche Siedlungen der fränkischen Landnahmezeit liegen auf den guten Böden des Bitburger Landes und beweisen die große Anziehungskraft, die dieses Gebiet schon früh auf die Franken ausübte. Der Kreis Bitburg kann nächst dem Landkreis Trier als das Gebiet mit den meisten fränkischen Reihengräberfeldern bezeichnet werden. Sie verteilen sich nicht etwa, wie im Kreisgebiet Daun, ungleichmäßig, sondern sind mehr oder weniger gleichmäßig über das Bitburger Gutland gestreut. Schwerpunkte ergab

---

[121] H. Müller (wie Anm. 7).
[122] Birkenhauer (wie Anm. 88) 161. – E. Meynen, Das Bitburger Land. Forsch. z. deutschen Landeskde. 26, 3 (Stuttgart 1928). – E. Barnes, Das Bitburger Land. Geogr. Rundschau 6, 1954, 206 ff. – J. Hainz (Bearb.), Das Bitburger Land. Landschaft, Geschichte und Kultur des Kreises Bitburg (Bitburg 1967).
[123] Zu Bitburg in römischer Zeit: J. Steinhausen, Ortskunde Trier-Mettendorf (Bonn 1932) 26–43.

die Kartierung nördlich und westlich von Bitburg, in den Tälern von Nims und Prüm und nördlich des Bedhard. Konzentrationen von Gräberfeldern heben sich ferner südwestlich von Bitburg am Nimsunterlauf sowie östlich der Stadt in der großen fruchtbaren Siedlungskammer um Badem-Dudeldorf-Spangdahlem ab, die bis in den Kreis Wittlich hineinreicht[124]. Schließlich besaß Bitburg selbst auch in fränkischer Zeit die Bedeutung einer geschlossenen und befestigten Ansiedlung, deren Umwehrung und wichtigste Kirchen in spätrömische Zeit zurückreichen[125].

Insgesamt ist festzustellen, daß der östliche Kreis Bitburg wie kaum ein anderes Gebiet Mittelpunkt starker fränkischer Landnahme war, die sich in einer Vielzahl von merowingerzeitlichen Siedlungen und Gräberfeldern widerspiegelt.

Ortsnamen von Rodungssiedlungen auf -rath und -scheid beherrschen dagegen den Nordwesten des Kreises. Es kann kaum als Zufall gewertet werden, daß hier so gut wie keine Wüstungen vorhanden sind. Die einzige, hier feststellbare Dorfwüstung (BIT 58) trägt einen Ortsnamen der späten Rodungsperiode: Greverath. Innerhalb des nordwestlichen Kreises Bitburg war die Burg Neuerburg der wichtigste Herrschaftsmittelpunkt. Zu ihren Füßen erstreckten sich aber nur spät erschlossene Siedlungslandschaften der hochmittelalterlichen Rodungsperioden. So erklärt sich, daß im Nordwestdrittel des Kreises Wüstungen fehlen. Wüstungsarm sind ferner der äußerste Norden und Nordosten des Kreises. Um Bitburg selbst gruppieren sich etliche Wüstungen. Sie erfassen auch einen breiten Geländestreifen westlich des Bedhard, der von Rittersdorf über Oberweis bis Wallendorf und Echternacherbrück an der Sauer reicht. Ein weiterer Schwerpunkt von Wüstungen ergibt sich südöstlich von Bitburg jenseits der Kyll. Das Gebiet um Speicher-Herforst ist besonders in wirtschaftsgeschichtlicher Hinsicht wichtig, denn hier sind die bekannten Töpferbetriebe des hohen und späten Mittelalters beheimatet, die nach über tausendjähriger Unterbrechung die römische Töpfertradition wieder aufzugreifen scheinen. Die Töpfereibezirke im Speicherer Wald setzen sich noch weiter nach Osten, in das Gebiet des Kreises Wittlich fort. Aber auch Eisenerze wurden im Bitburger Gebiet geschürft.

Vier Zentren der Eisengewinnung und -verarbeitung zeichnen sich ab:
(1) die Eisenhütten am Westrande des Ferschweiler Plateaus, auf den Höhen östlich der Sauer (BIT 14–16);
(2) das Gebiet ostsüdöstlich der Kreisstadt, nördlich von Mötsch, wo auch Anzeichen römerzeitlicher Eisenverarbeitung vorliegen (BIT 47, 48);
(3) das Gebiet südwestlich von Preist auf dem Ostufer der Kyll (BIT 61);
(4) der Speicherer Wald, in dem nicht nur mittelalterliche Töpfereien, sondern auch Eisengruben und Schmelzöfen gefunden wurden (BIT 25, 73).

Die Wüstungen verteilen sich locker gestreut und gleichmäßig über die zuletzt genannten Teile des Kreises Bitburg. Der Westen bleibt wüstungsleer. Ausgesprochene Ballungen, wie im Gebiet um Altenahr, kommen im Bitburger Land nicht vor. Nirgends erreicht die Bildung von Wüstungen die Dichte, wie sie für das Ahrgebiet kennzeichnend war.

---

[124] Böhner, Trierer Land Karte 1.
[125] Böhner, Trierer Land 296. – Steinhausen, Ortskunde 26 ff. und Plan S. 34.

An der Wüstungsbildung sind im Bitburger Land nur Dörfer, Burgen und Gewerbebezirke beteiligt; Hofwüstungen fallen dagegen kaum ins Gewicht. Offenbar weist das Überwiegen der Dorfwüstungen darauf hin, daß das Bitburger Gutland vom frühen Mittelalter an eine durch Dörfer erschlossene Landschaft darstellt, in der die Einzelhofsiedlung keine Blüte erreichte. Eine archäologische Landesaufnahme, die im Bitburger Land sicher ein lohnendes Arbeitsgebiet vorfände, liegt für den Kreis Bitburg noch nicht vor. Sicher aber könnten die bisherigen Ergebnisse, in denen sich die Tendenzen der Wüstungsbildung schon deutlich abzeichnen, durch neues Material noch erweitert und vertieft werden.

2.1.10 Der Kreis Wittlich

Die Wittlicher Senke, eine deutlich ausgeprägte, eigenständige Landschaft, öffnet sich nach Süden, zur Mosel[126]. Vom Moseltal gingen ohne Zweifel die entscheidenden Anstöße zu ihrer frühmittelalterlichen Siedlungsentwicklung aus. Aber zum Kreis Wittlich gehören noch einige weitere Landschaften außerhalb der eigentlichen Wittlicher Senke: Im Westen gewinnt er Anteil am fränkisch besiedelten Bitburger Land[124], das durch die breiten Waldsäume beiderseits der Salm von der Wittlicher Senke geschieden ist. Im Norden gehört, jenseits von Grünewald und Kondelwald, ein Teil der Vulkaneifel dazu. Der Kreis umfaßt somit naturräumlich verschieden strukturierte Gebiete und stellt in geringerem Maße als andere Kreise eine Einheit dar.

Trotzdem verteilen sich die Ortswüstungen im Kreis Wittlich annähernd gleichmäßig. Eine Häufung zeichnet sich lediglich im Westen ab, wo der Anschluß zum fränkisch besiedelten Bitburger Gutland besteht. Westlich des Salmwaldes kennzeichnen vor allem Dorfwüstungen, vereinzelte Hofwüstungen und gewerbliche Bezirke der Töpferei die Entwicklung. Hofwüstungen befinden sich auch nördlich des Zisterzienserklosters Himmerod in Waldnähe. Ob alle Stellenbezeichnungen auf -scheid im Raume Bettenfeld Wüstungen darstellen (WIL 11, 12, 13), läßt sich noch nicht sicher entscheiden. In diesem Gebiet bestand einst auch die Zisterziensergrangie Rodenbusch (WIL 14) und das Gut Neuhof (WIL 29).

Die eigentliche Wittlicher Senke bleibt wüstungsarm. Südlich der Kreisstadt bis zur Mosel ließen sich nur zwei Hofwüstungen (WIL 79, 92) ermitteln. Vielleicht liegen aber einige noch nicht lokalisierte Wüstungen (WIL 105–129) in der Wittlicher Senke. Die Armut an Ortswüstungen ändert daran trotzdem nichts. Sie dürfte damit zusammenhängen, daß die Wittlicher Senke eine fränkische Siedlungslandschaft darstellt, wie das etwa für das Bitburger Gutland gilt. Abgesehen von jenen Orten, bei denen der Ortsname ein Fortbestehen gallo-römischer Vorbesiedlung andeutet, fehlt die merowingerzeitliche Besiedlung in der Wittlicher Senke fast vollständig. Und mit ihr fehlt auch die Schicht der Dorfwüstungen, wie sie im fränkisch besiedelten Westteil des Kreises zu beobachten ist.

---

[126] Birkenhauer (wie Anm. 88) 158 ff. mit weiterer Literatur.

2.1.11 Der Kreis Cochem

Er erstreckt sich beiderseits der Mosel und gehört nicht mehr zur Eifel im engeren Sinne, sondern zur mosselländisch orientierten Vordereifel. Endert-Bach und Elz, von Norden der Mosel zufließend, gliedern mit ihren tief eingeschnittenen Tälern die Hochflächen des Kreisteiles nördlich der Mosel. Südlich des Flusses entsprechen ihnen am Nordrand des Hunsrücks Flaum- und Dün-Bach. Im Westen schließt der Kreis mit den beiden Ulmener Maaren einen Teil der Vulkaneifel ein. Gallo-römische und fränkische Altsiedlung konzentrieren sich im Moseltal selbst, während die Höhen von der hochmittelalterlichen Rodung beherrscht werden, die sich mit Grundwörtern auf -rath, -berg und -born in den Ortsnamen zu erkennen gibt. Nördlich der Mosel häufen sich um Düngenheim–Kaifenheim–Zettingen–Binningen Anzeichen für fränkische Besiedlung.

Die Verteilung der Wüstungen in diesem reich gegliederten Siedlungsraum ist ungleichmäßig: Wüstungsarme Gebiete wechseln mit wüstungsreichen. Es kann – angesichts der Verhältnisse in anderen Eifelkreisen – nicht mehr überraschen, wenn im Gebiet des Hochpochten-Waldes im Nordwesten des Kreises zahlreiche Hofwüstungen zu verzeichnen sind. Sie verteilen sich auf die peripheren Zonen des Waldes und waren ursprünglich nichts anderes als kleine Siedlungskammern am Waldrand. Im übrigen läßt sich nicht verkennen, daß der Kreis Cochem arm an Dorfwüstungen ist. Ähnlich wie im Hochpochten-Wald dominieren auch südlich der Mosel in den großen Wäldern des nördlichen Hunsrücks Einzelhöfe.

Wie kaum irgendwo sonst häufen sich im Kreis Cochem Mühlenwüstungen. Sie reihen sich an den Bächen, so am Pommer-Bach, am Endert-Bach, am Elz-Bach und am Dün-Bach, und deuten auf eine intensiv entwickelte Mühlenwirtschaft hin, die erst im 19. Jahrhundert von einem starken Wüstungsprozeß erfaßt wird. Wüste Wehranlagen vertreten vor allem die Höhenburgen des Moseltales, deren Geschichte weitgehend von der territorialen Entwicklung des Erzstifts Trier bestimmt ist.

2.1.12 Der Kreis Trier

Das Trierer Land und sein Mittelpunkt, die Stadt Trier, bilden naturräumlich und historisch einen eigenen Raum, der in vielerlei Hinsicht andere Entwicklungen aufweist, als seine Nachbargebiete. Wir setzen dieses besondere geschichtliche Schicksal des Trierer Raumes als bekannt voraus[127] und gehen sogleich zur Erörterung der Wüstungen über[128].

Im Kreis Trier verteilen sich die Wüstungen ungleichmäßig. Der größere Teil von ihnen liegt im Gebiet nördlich der Mosel. Hier zeigen sich Dorfwüstungen vor allem auf dem Ostufer der Sauer, an der Mosel westlich von Trier sowie im Gebiet der unteren Kyll und am Quint-Bach. Zu berücksichtigen ist, daß der Unterlauf der Kyll und des Quint-Baches als gewerbliche Produktionsgebiete des frühen und hohen Mittelalters hervorragende Bedeutung besaßen. An der Kyll waren seit alters das Glasgewerbe und die Gewinnung von Kupfererzen beheimatet. Obgleich das Kylltal hier eng ist und größeren Siedlungen wenig Raum bietet, ist mit frühmittelalterlicher Besiedlung zu rechnen, nachdem bereits in römischer Zeit intensive Besiedlung nachweisbar ist. Am Quint-Bach entwickelte sich, möglicherweise aus römischen Anfängen, eine blühende eisengewinnende und eisenverarbeitende Industrie. Die Erze dafür wurden aus dem Nordteil des heutigen Kreisgebietes von Trier bezogen, wo die Relikte der Schürfungen nach Eisenerzen große Flächen bedecken. Diese Pingenfelder setzten sich auch noch jenseits der Kreisgrenze im Landkreis Bitburg fort. Es handelt sich also um einen großen Bergbaubezirk, der der nordeifeler Eisenindustrie ebenbürtig zur Seite treten kann.

Südlich der Mosel kommen wenige Wüstungen vor. Einzelne ausgegangene Siedlungen und Burgen liegen im Tal der Ruwer oder auf den westlich daran anschließenden Höhen. Der Osburger Hochwald, ein großes geschlossenes Waldgebiet, ist fast wüstungsleer, wenn man einmal von vereinzelten Glasproduktionsstätten absieht, die hier arbeiteten. Zwischen Osburger Hochwald und Schwarzwälder Hochwald erstreckt sich noch eine weitere Offenlandschaft, in der noch einzelne Wüstungen festgestellt wurden (TR 20, 57). Im ganzen aber sind sie zu vereinzelt, um Rückschlüsse allgemeiner Art zu erlauben.

Wichtiger ist in diesem Zusammenhang wiederum die Eisenproduktion, die zahlreiche Pingenfelder hinterlassen hat. Auf ihre möglichen vorgeschichtlichen Grundlagen hat

---

[127] Eine gute Einführung in die Geschichte des Trierer Landes mit zahlreichen Literaturverweisen zu Einzelproblemen landeskundlicher Art bietet: R. Laufner (Hrsg.), Geschichte des Trierer Landes, Bd. 1 (Trier 1964), mit Beiträgen von L. Petry, B. Schiel, W. Dehn, J. Steinhausen, E. Ewig und K. Böhner. – Zur Geschichte des Trierer Landes ferner: J. Steinhausen, Archäologische Siedlungskunde des Trierer Landes (Trier 1936). – Ders., Ortskunde Trier-Mettendorf (Bonn 1932). – K. Böhner, Die fränkischen Altertümer des Trierer Landes, 2 Bde. (Berlin 1958). – F. Pauly, Siedlung und Pfarrorganisation im alten Erzbistum Trier. Veröff. d. Bistumsarchivs Trier (Trier 1961 ff.). – N. Kyll, Siedlung, Christianisierung und kirchliche Organisation der Westeifel. Rhein. Vjbll. 26/27, 1961/62, 159–241. – H. Koethe, Zur frühgeschichtlichen Besiedlung des Reg.-Bez. Trier. Germania 21, 1937. – E. Ewig, Trier im Merowingerreich. Civitas, Stadt, Bistum. Trierer Zeitschr. 21, 1952, 5–367. – Zu Trier in merowingischer Zeit neuerdings: R. Schindler, Trier in merowingischer Zeit. In: Vor- und Frühformen der europäischen Stadt im Mittelalter, Teil 1. Abhandl. d. Akad. d. Wissensch. zu Göttingen, Phil.-Hist. Kl. Nr. 83 (Göttingen 1973) 130–151.

[128] Zur Verbreitung der fränkischen Reihengräberfelder im engeren Trierer Gebiet vgl. Böhner, Trierer Land Karte I. – Danach zeichnet sich das Trierer Land durch besondere Dichte der fränkischen Reihengräberfriedhöfe aus. Sie konzentrieren sich besonders im Nordwesten des Kreisgebietes und beiderseits des Unterlaufes der Sauer sowie moselaufwärts zwischen oberer Mosel und Saar im Kreis Saarburg. Damit ist bereits angedeutet, wo die eigentlichen siedlungsgünstigsten Lagen des Kreisgebietes Trier-Land zu suchen sind. Dazu kommt noch, daß am Unterlauf des Quint-Baches, in Ehrang und Schweich, ganz bedeutende fränkische Reihengräberfriedhöfe liegen.
Die Erforschung der fränkischen Reihengräberfelder des Trierer Landes ist in jüngster Zeit durch eine Reihe von Grabungen, die S. Gollub vom Rhein. Landesmus. Trier durchgeführt hat, in ein neues Stadium getreten; vgl. dazu z. B. S. Gollub, Ein fränkischer Friedhof bei Schankweiler, Kreis Bitburg. Landeskundliche Vjbll. 15, 1969, 3–15. – Ders., Ein neuer fränkischer Friedhof bei Newel (Krs. Trier). Trierer Zeitschr. 33, 1970, 57–124. – Ders., Der fränkische Friedhof in Olk, Kreis Trier-Saarburg. Trierer Zeitschr. 36, 1973, 223–275. – Gollubs Untersuchungen scheinen zu ergeben, daß die Mehrzahl der fränkischen Reihengräberfriedhöfe des Trierer Landes und auch des Bitburger Landes erst im 7. Jahrh. einsetzt. Das würde bedeuten, daß auch das Umland von Trier zu großen Teilen erst verhältnismäßig spät von fränkischer Besiedlung erfaßt worden ist. Analoge Verhältnisse dazu scheinen sich für die fränkische Besiedlung des Niederrheins nördlich der Mittelgebirgszone anzudeuten. Eine diesbezügliche Studie des Verf. zu diesem Problem befindet sich in Arbeit (vgl. auch oben S. 24 f. mit Anm. 56–58). Ähnlich für das Moselland R. Schindler (wie Anm. 127) 136 f.

neuerdings R. Schindler im Zusammenhang mit der Behandlung des spätlatènezeitlichen Ringwalles Otzenhausen hingewiesen[129]. Die mittelalterlichen und frühneuzeitlichen Eisenhütten bestimmten, wie die Ortsnamen Neuhütten, Schmelz, Eisen (Kr. St. Wendel) beweisen, auch den Siedlungsprozeß in diesem Raum. Spezielle Studien in diesem Gebiet dürften sicher noch weiteres Material über Dorf-, Hof- und Industriewüstungen ergeben, wobei auch die archäologisch-topographische Arbeit ausgebaut werden müßte.

Besondere Verhältnisse liegen in der Stadt Trier vor. Die mittelalterliche Stadt gewinnt erst zwischen 1150 und 1250 ihre für die folgenden Jahrhunderte gültige äußere Gestalt, als nämlich der mittelalterliche Mauerring errichtet wurde[130]. Sie nimmt zu jener Zeit nur etwa die Hälfte des Gebietes der antiken Civitas, und zwar ihren nordwestlichen Teil, ein. Ein Vergleich der Flächengrößen von antiker Civitas und mittelalterlicher Stadt könnte also leicht dazu verführen, den äußeren Schrumpfungsprozeß mit einem Wüstungsprozeß gleichzusetzen.

Doch so einfach liegen die Verhältnisse nicht. Die Entstehung des hochmittelalterlichen, mauerumwehrten Trier stellt den Endpunkt der viele Jahrhunderte umfassenden nachrömischen Siedlungsgeschichte im Gebiet der ehemaligen Civitas Treverorum dar. Diese gliedert sich in zwei Abschnitte, deren erster die Zeit von etwa 450, dem Ende der römischen Civitas, bis zur Zerstörung Triers durch die Normannen im Jahre 882 umfaßt. Den zweiten Abschnitt bildet die Zeit von 882 bis um die Mitte des 12. Jahrhunderts. Für den ersten Abschnitt ist die Frage zu stellen, in welchem Umfang und in welcher Weise die antike Topographie und die noch bestehenden oder nutzbaren antiken Bauten für die merowingisch-karolingische Besiedlung bestimmend blieben. Während des zweiten Abschnitts kommt es offensichtlich zur Neuformierung der mittelalterlichen Stadt, wobei die antike Topographie nicht unerhebliche Änderungen und eine tiefgreifende Umgestaltung erfuhr.

Maß und Bedeutung merowingerzeitlicher Siedlung auf dem Gelände der antiken Civitas lassen sich nur schwer abschätzen. Auch die Zusammenstellung der merowingerzeitlichen Funde durch R. Schindler vermochte hier keine Klarheit zu bringen[130a], weil im Kerngebiet der einstigen römischen Stadt fränkische Funde wegen der baulichen Neugestaltung im Mittelalter weitgehend fehlen. Die in den Randgebieten der Civitas auftretenden merowingerzeitlichen Bodenfunde konnten sich nur erhalten, weil dort später weniger gebaut worden ist. Sie lassen sich darüber hinaus nicht eindeutig mit jenen vielen Siedlungskernen verbinden, die in den Schriftquellen des 11. und 12. Jahrhunderts im Gebiet der ehemaligen Civitas bezeugt sind und deren Entstehung von vielen Historikern bereits für die Merowingerzeit angenommen wird. Allerdings erscheint es noch verfrüht, die fehlende räumliche Deckung von merowingerzeitlichen Bodenfunden und diesen frühen Siedlungsnamen dahingehend zu interpretieren, daß diese historisch bezeugten Siedlungen nicht bis in die Merowingerzeit zu-

---

[129] Neben den Anm. 99 genannten Arbeiten ist besonders heranzuziehen: R. Schindler, Studien zum vorgeschichtlichen Siedlungs- und Befestigungswesen des Saarlandes (Trier 1968) 112 ff.
[130] K. Flink, Zur Topographie der Stadt Trier im Mittelalter. In: Festschr. f. F. Petri (Bonn 1970) 222–236 mit weiterer Literatur.
[130a] Hierzu und zum folgenden: R. Schindler (wie Anm. 127).

rückreichen. Denn etwaige merowingerzeitliche Fundobjekte könnten nicht nur im Kerngebiet der einstigen römischen Stadt, sondern ebenso auch in diesen Siedlungskernen durch spätere Bebauung vernichtet worden sein, so daß sie heute auch dort zu vermissen sind. Unabhängig von der Frage nach ihrer Entstehungszeit – in Betracht zu ziehen sind Merowingerzeit, Karolingerzeit oder die Zeit nach dem Normannensturm –, ist an der Existenz zahlreicher kleiner, dorfähnlicher Siedlungskerne vor Errichtung der mittelalterlichen Stadtmauer festzuhalten. Sie bildeten sich entweder innerhalb der römischen Stadtumwehrung (Siedlungskerne Musil, Castel, Bergentheim, Biez, Brükken) oder aber außerhalb derselben um die frühesten Kirchen herum (Siedlungskerne um St. Maximin, St. Paulin, St. Maria ad Martyres, St. Symphorian, St. Martin, St. Euchar-Matthias). Selbst innerhalb der mittelalterlichen Stadtumwehrung von 1150/1250 kann nicht von einer gleichmäßig dichten Bebauung gesprochen werden. Unterbrochen von Freiflächen blieben bis ins 13. Jahrhundert verschiedene alte Siedlungskerne sichtbar: Domburg, Marktsiedlung (vetus forum), das fränkische Dorf Beheim südlich der Domburg, schließlich Kloster und Siedlung St. Irminen mit der zugehörigen Pfarrkirche St. Paul.

Auf lange Sicht betrachtet, besteht die mittelalterliche und neuzeitliche Entwicklung der Stadt Trier in einem Zusammenwachsen der erwähnten, einst selbständigen Siedlungskerne, die fast alle ihre früheren Namen einbüßten, die in der Mehrzahl jedoch bestehen blieben und nicht Wüstungen im eigentlichen Sinne wurden. Voraussetzung für das Zusammenwachsen der älteren Siedlungskerne bildet, im großen gesehen, ein anhaltender Bevölkerungszuwachs, der die Verdichtung der Bebauung und das Ausfüllen der Leergebiete zur Folge hatte. So kann auf dem Hintergrund der geschilderten Entwicklung, die sicher periodisch auch von Stillstand und Rückschritten gekennzeichnet war, keine bedeutende Wüstungsbildung auf dem Gebiet der Stadt Trier erwartet werden. Die älteren Siedlungskerne auf dem Gebiet der antiken Civitas stellen daher keinen Gegenstand der Wüstungsforschung dar, auch wenn einmal einer von ihnen temporär wüst gelegen hat (vgl. auch die Vorbemerkung zu Trier im Katalog S. 424 f).

Eine andere Sicht ergibt sich für das Umland der mittelalterlichen Stadt Trier. Wie andere Städte auch, stellte sie für die umwohnende Landbevölkerung einen Anziehungspunkt dar, so daß ein Teil der Wüstungen des Trierer Landes sicher auch der Bevölkerungsballung in der Stadt zuzuschreiben ist. Eine echte Wüstung in diesem Sinne haben wir sicherlich in der frühmittelalterlichen Siedlung im Altbachtal[130b] vor uns. Hier wurden auch ausgedehnte Töpferbezirke, die in der Nachfolge der spätantiken Keramikproduktion in der Merowingerzeit entstanden waren, sowie merowingisch-karolingische Bauten wieder wüst.

[130b] E. Gose, Der römische Tempelbezirk im Altbachtal bei Trier, 2 Bde. (Mainz 1972). – R. Schindler (wie Anm. 127) 140 ff. mit Anm. 27.

2.1.13 Beobachtungen für die gesamte Eifel (vgl. Übersichtskarte Faltplan 1)

Folgende allgemeine Ergebnisse zeichnen sich auf Grund der Einzelbeobachtungen in den Eifelkreisen ab:

a) Westeifel, Hohes Venn, Schnee-Eifel und die Berggebiete an den Oberläufen von Our und Sauer sind arm an Wüstungen oder wüstungsleer. Die nach Ausweis der Ortsnamen erst im Zuge der Rodungsperioden des 9./10. Jahrhunderts aufgesiedelten oder noch später durch Siedlungen erschlossenen Gebiete zeigen übereinstimmend nur mäßige Wüstungstendenz.

b) Gebiete mit fränkischer Altbesiedlung, z. B. das Vorland der Nordeifel, das Ahrmündungsgebiet, das Bitburger Gutland, das Trierer Land sowie die Eifeler Kalkmulden, brachten vorwiegend Dorfwüstungen hervor. In diesen Gebieten spielt die Hofwüstung nur eine geringe Rolle. Die Dorfwüstungen erfassen, das wird ganz deutlich, auch Siedlungen der fränkischen Altbesiedlung. Tendenzen zur Wüstungsbildung wegen Fehlsiedlung werden nicht erkennbar.

c) Hofwüstungen erscheinen in größerer Anzahl in Waldnähe und dort auch in Berggebieten und schlechten Siedlungslagen. Diese weniger günstigen Böden fanden vielfach im Zuge später Rodungen durch Einzelhöfe noch eine Erschließung. Daß hier ein gewisser Anteil der Wüstungen auf dem Hintergrund einer Fehlsiedlung entstand, kann nicht ausgeschlossen werden. Gute Beispiele für diese Entwicklung bieten die Bergregionen der Kreise Euskirchen, Düren, Schleiden und Ahrweiler.

d) Wüstungen im gewerblichen Bereich sind, wie die fortbestehenden Siedlungen und Einrichtungen, an die Vorkommen der jeweils benötigten Rohstoffe gebunden. Ihre Verbreitung umschreibt geradezu die wichtigsten Lagerstätten von Erzen, Töpfertonen oder Rohstoffen für die Glasproduktion.

e) Beziehungen zwischen Stadtbildung und Wüstungsprozeß sind in der Eifel bei fast allen Städten nachzuweisen.

f) Wüste Wehranlagen werden durch drei verschiedene Formen repräsentiert. In der Nordeifel und im Eifelvorland stellen Niederungsburgen vom Motten-Typ einen guten Teil der Wüstungen. Von hier geht eine direkte Entwicklungslinie zu den wüsten Wasserburgen und wasserumwehrten Höfen des Eifelvorlandes. Die Eifel selbst kennzeichnet aber die Höhenburg, die unter den Wüstungen zahlreich vertreten ist. Sie spielt im politischen und siedlungsmäßigen Gefüge der Eifel verhältnismäßig lange Zeit eine wichtige Rolle, weil viele Eifelterritorien ihre Selbständigkeit bis in die Neuzeit hinein bewahren konnten. Als dritte Gruppe verdienen schließlich vereinzelt auftretende frühmittelalterliche Ringwälle Erwähnung, die einen aus der Vorzeit kommenden, im Mittelalter aussterbenden Typus darstellen.

Lößbörden mit fränkischer Altbesiedlung, magere Gesteinsböden mit hochmittelalterlicher Rodungssiedlung und geschlossene Wald- und Bergregionen ohne mittelalterliche Siedlung – diese drei Möglichkeiten für Zusammenhänge zwischen Naturlandschaft und Siedlung erscheinen immer wieder, wenn es um die Verbreitung der Wüstungen in der Eifel geht. Diese Lößbörden sind dicht mit Dorfwüstungen besetzt, darunter auch solchen, die der fränkischen Altsiedlung selbst angehören. In den Rodungsgebieten entfällt ein Teil der Ortswüstungen auf Dörfer mit typischen Rodenamen, ein anderer Teil hingegen auf Hofwüstungen, die in peripheren Zonen der Rodungsgebiete und an den Rändern der geschlossenen Wälder erscheinen. Natürliche Gunst und Ungunst der Siedlungslandschaften beeinflußten in der Eifel nicht nur den Gang der Aufsiedlung, sondern ebenso auch sein negatives Abbild, die Wüstungsbildung. Dies auf Grund der Gesamtheit der Wüstungen in der Eifel gewonnene Resultat bedarf selbstverständlich noch der chronologischen Differenzierung[131], wie sie z. B. in der Übersichtskarte vorgenommen und unten beschrieben wird.

2.2 Die Wüstungsarten und ihre Anteile

Auf Grund des nunmehr definierten Wüstungsbegriffs[132] werden in dieser Arbeit sechs verschiedene Arten von Ortswüstungen unterschieden:

(1) Dorfwüstungen
(2) Hofwüstungen
(3) Mühlenwüstungen
(4) Wüste Wehranlagen
(5) Wüste Gewerbebezirke
(6) Wüste kirchliche Einrichtungen

Bei einigen Wüstungen bleibt die Zuweisung zu einer dieser sechs Gruppen unsicher, oder aber sie fallen unter keine dieser Wüstungsarten. Sie wurden einer siebenten Gruppe 'Nicht klassifizierbar oder Zuweisung unsicher' zugerechnet.
Der Anteil jeder Wüstungsart ist in den Teilgebieten der Eifel nicht gleich hoch. Diese Unterschiede stellen die nachfolgenden Diagramme in den Abbildungen 2 und 3 für jeden Kreis dar. Sie enthalten, jeweils in Prozenten ausgedrückt, den Anteil jeder Wüstungsart an der Gesamtzahl der Wüstungen eines Kreises. Die Berechnung ging davon aus, daß alle Wüstungen der Arten (1) bis (7) zusammengenommen gleich 100 % zu setzen seien. Im Anhang 1 finden sich, kreisweise geordnet und in Katalognummern angegeben, die zu jeder Art gehörenden Wüstungen[133], so daß die in den Diagrammen vorgelegten Werte überprüft werden können.
Die Diagramme der Abbildungen 2 und 3 sprechen für sich, so daß für jeden Kreis nur wenige Erläuterungen gegeben werden müssen.

2.2.1 Der Kreis Monschau

Hier liegen die Anteile der einzelnen Wüstungsarten weit auseinander. Kennzeichnend ist der hohe Anteil der Hofwüstungen, die genau doppelt so häufig anfallen wie die Dorfwüstungen. Gemessen an der Gesamtzahl der Ortswüstungen, machen allein die Hofwüstungen fast ein Viertel aus. Ein zweites Viertel nehmen die wüsten Mühlen ein. Das eisengewinnende und -verarbeitende Gewerbe der Westeifel partizipiert an der Wüstungsbildung in noch höherem Maße als die Dörfer. Wehranlagen und wüste kirchliche Einrichtungen sind unbedeutend vertreten.

---

[131] Vgl. unten S. 189 ff.
[132] Vgl. oben S. 7 ff.
[133] Vgl. unten S. 276 ff.

2.2.2 Der Kreis Düren

Im Vergleich zum Nachbarkreis Monschau hat sich das Verhältnis von Dorf- zu Hofwüstungen in gegensätzlicher Richtung verändert. Die Dorfwüstungen nehmen ein gutes Fünftel aller Ortswüstungen ein, die Hofwüstungen hingegen nur noch etwa ein Sechstel. Eindeutig übersteigt der Anteil der Dorfwüstungen den der Hofwüstungen. Ungewöhnlich hoch liegt der Anteil der wüsten Wehranlagen, der sich, abgesehen von Burg Nideggen (DN 66), ausschließlich aus Niederungsburgen vom Motten-Typ und aus Wasserburgen zusammensetzt. Das Dürener Land stellt das bei weitem am stärksten befestigte ländliche Gebiet der Nordeifel dar. In einigen Fällen läßt sich der grundsätzliche Unterschied zwischen einer Wasserburg und einem stark befestigten Hof nicht festlegen. Größe und Art der Befestigung unterscheiden sich dann nur graduell voneinander. Das skizzierte Gesamtbild erfährt durch solche Unsicherheiten aber keine wesentlichen Veränderungen.

Der Größenordnung nach entspricht der Anteil der gewerblichen Anlagen im Kreis Düren etwa dem des Nachbarkreises Monschau. Im Westen und Südwesten des Kreises Düren setzt sich die Eisenindustrie der Westeifel, wie sie im Monschauer Land anzutreffen war, fort. Unter den gewerblichen Anlagen nimmt lediglich der mittelalterliche Töpferbezirk von Langerwehe eine Sonderstellung ein (DN 52). Er ist der einzige Töpferbezirk des Dürener Landes im Mittelalter, der überregionale Bedeutung erlangt hat. Daß im Dürener Raum brauchbare Töpfertone vorkommen, beweist schon die in römischer Zeit hier arbeitende Töpferei von Soller-Froitzheim[134]. Den größten Teil der wüsten gewerblichen Anlagen im Kreis Düren stellen aber – und das wird auch durch die Töpferei von Langerwehe nicht eingeschränkt – die eisenverhüttenden und -verarbeitenden Betriebe.

Wüste Mühlen und kirchliche Einrichtungen nehmen jeweils knapp ein Zehntel der Ortswüstungen ein. Die Mühlen sind dabei gegenüber dem Monschauer Raum stark zurückgegangen, was auf fehlende günstige Standorte im Dürener Raum hindeutet.

2.2.3 Der Kreis Schleiden

Fast ein Viertel aller Ortswüstungen entfällt hier allein auf Hofwüstungen. Sie übertreffen mit ihrem Anteil den der Dorfwüstungen und beanspruchen im Siedlungsgebiet des Schleidener Landes offenbar ähnliche Bedeutung wie im Monschauer Gebiet. Gleichwohl ist das Verhältnis von Hof- und Dorfwüstungen hier nicht so unausgewogen wie dort. Mit fast 29% Anteil erreichen die wüsten gewerblichen Anlagen das Maximum aller Eifelkreise überhaupt. Hier schlägt sich deutlich die herausragende Bedeutung von Eisengewinnung und -verhüttung nieder, die Wüstungen in großem Umfang hinterlassen haben. Daß dieser Gewerbezweig, der bis ins 19. Jahrhundert lebendig blieb, im Mittelalter den Gang und den Umfang der Besiedlung mitbestimmte, läßt

---

[134] Die Funde des römischen Töpferbezirks von Soller werden zur Zeit von Frau Dr. D. Haupt im Rhein. Landesmus. Bonn bearbeitet. – Vgl. auch H. v. Petrikovits, Neue Forschungen zur römerzeitlichen Besiedlung der Nordeifel. Germania 23, 1956, 124, mit Anm. 57; dort weitere Literatur.

sich an vielen Einzelbeispielen nachweisen (vgl. SLE 11, 13, 18, 116–122). Im Schleidener Land würde eine siedlungskundliche Arbeit die wichtigsten Entwicklungen außer Acht lassen, wenn sie sich lediglich auf die Wüstungen des agrarischen Produktionssektors stützte und die Wüstungen des gewerblichen Bereichs unberücksichtigt ließe. Auf dem Hintergrund des ungewöhnlich hohen Anteils gewerblicher Wüstungen kann für das Schleidener Land Siedlungsgeschichte nur sachgerecht geschrieben werden, wenn die gewerblichen Niederlassungen als integrierter Bestandteil der Siedlungsentwicklung einbezogen werden. Daß das Schleidener Land schon in merowingischer Zeit von fränkischer Siedlung durchdrungen wurde, geht nur zu geringem Teil auf seine Eignung zur Landwirtschaft zurück, die ohnehin nur auf Böden der Eifeler Kalkmulden hinreichend gegeben war. Vielmehr spielt, wie die Anteile der Wüstungsarten deutlich erkennen lassen, die gewerbliche Produktion eine wichtige Rolle für den Gang der Besiedlung (vgl. SLE 42, 43, 119).

Mit 18 % erscheinen auch die wüsten Wehranlagen vergleichsweise häufig unter den Ortswüstungen. Auch hier fällt gelegentlich das Eisen als Antrieb der Entwicklung ins Gewicht, denn viele Burgen des Schleidener Landes erweisen sich als Sitze adeliger Unternehmerfamilien, die im Eisengeschäft an führender Stelle tätig waren. Als Standorte neu zu gründender Hütten wählten diese Unternehmer vielfach die nächste Umgebung ihrer eigenen Adelssitze (SLE 46, 47, 79, 80, 102). Für das frühe und hohe Mittelalter mögen analoge Verhältnisse dort vorgelegen haben, wo sich Burgen inmitten von Erzlagerstätten und Verhüttungsgebieten nachweisen lassen (SLE 24, 44, 68, 90, 122). Daß die politische Geltung und die wirtschaftliche Kraft mancher Territorialherren der Eifel nicht zuletzt auf der Eisengewinnung basierten, ist jüngst für die Grafen von Manderscheid gezeigt worden[135]. Selbst Klöster, wie etwa Steinfeld[136], versäumten nicht, sich an diesem gewinnbringenden Geschäft zu beteiligen (SLE 126).

2.2.4 Der Kreis Euskirchen

Hier herrscht, grob gerechnet, ein ausgewogenes Verhältnis zwischen Dorf- und Hofwüstungen: Beide liegen in der Nähe von 30 % Anteil. Die Hofwüstungen erlangen ein geringfügiges Übergewicht von 3 %. Diese Verhältnisse entsprechen ungefähr den ausgewogenen Anteilen des Kreises Euskirchen an der Lößzone des Eifelvorlandes und an der bergreichen Nordeifel, für die die beiden Siedlungsformen jeweils kennzeichnend sind. Die übrigen Wüstungsarten zeigen keine auffälligen Entwicklungen. Der Anteil der wüsten Mühlen entwickelt sich analog zum Dürener Land. Die wüsten Wehranlagen sind nur mäßig vertreten, obgleich gerade das obere Erfttal mit seinen Nebenflüssen viele Niederungsburgen und Wasserburgen erwarten ließe[137]. Hier mö-

---

[135] P. Neu, Geschichte und Struktur der Eifelterritorien des Hauses Manderscheid, vornehmlich im 15. und 16. Jahrhundert. Rhein. Archiv 80 (Bonn 1972).
[136] Nicola Reinartz, Steinfeld, das 'Bergmannskloster' der Eifel und die wallonische Einwanderung. Heimatkal. d. Kr. Schleiden 1956. – Dies., Zwei Eifeler Bergweistümer des Jülicher Wildbanns Kall und der Grafschaft Schleiden. AHVN 151/152, 1952.
[137] Welters (wie Anm. 107).

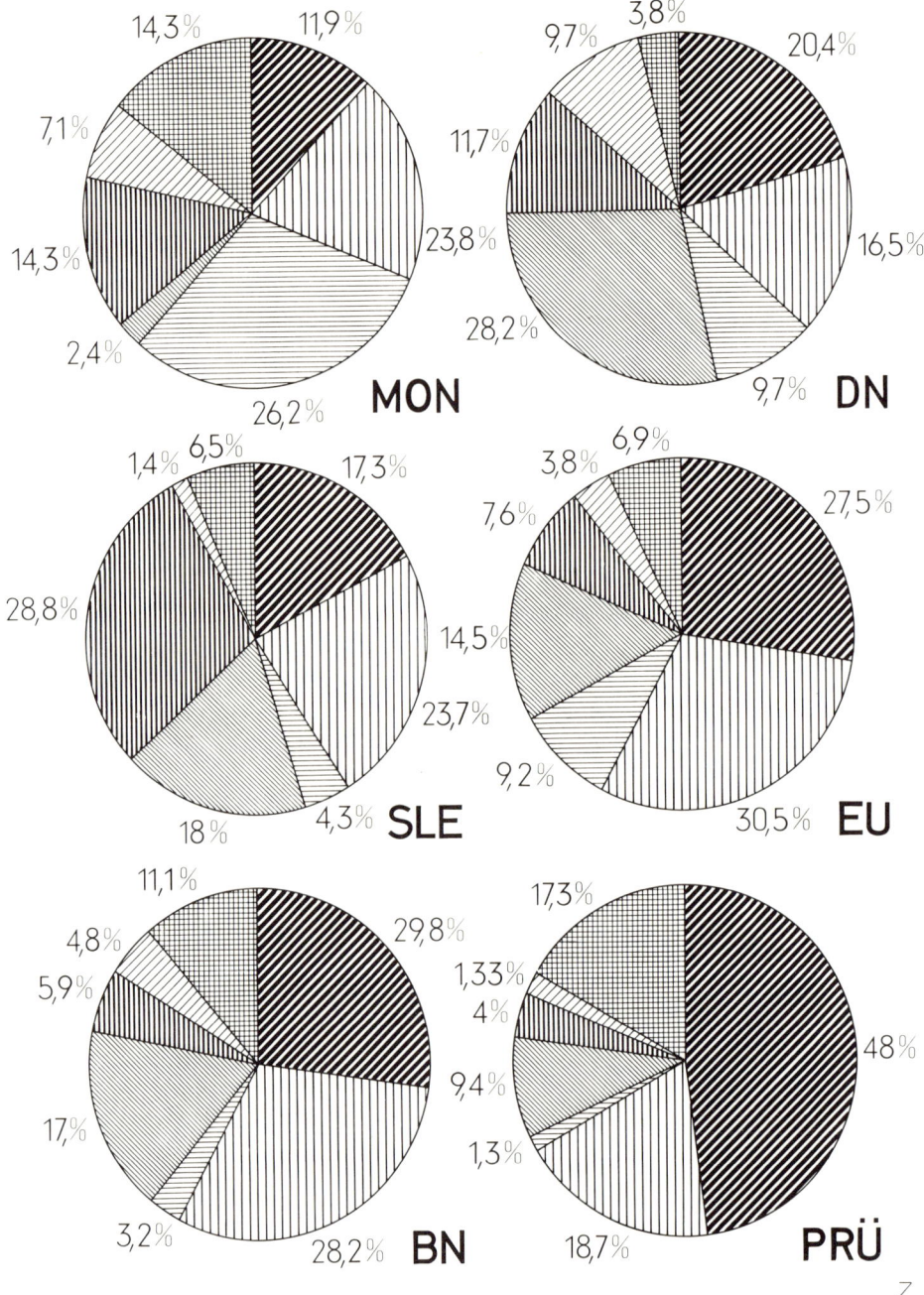

2 Die Anteile der verschiedenen Wüstungsarten in den Kreisen Monschau, Düren, Schleiden, Euskirchen, Bonn und Prüm.

3 Die Anteile der verschiedenen Wüstungsarten in den Kreisen Daun, Ahrweiler, Bitburg, Wittlich, Cochem und Trier.

Die Wüstungsarten und ihre Anteile

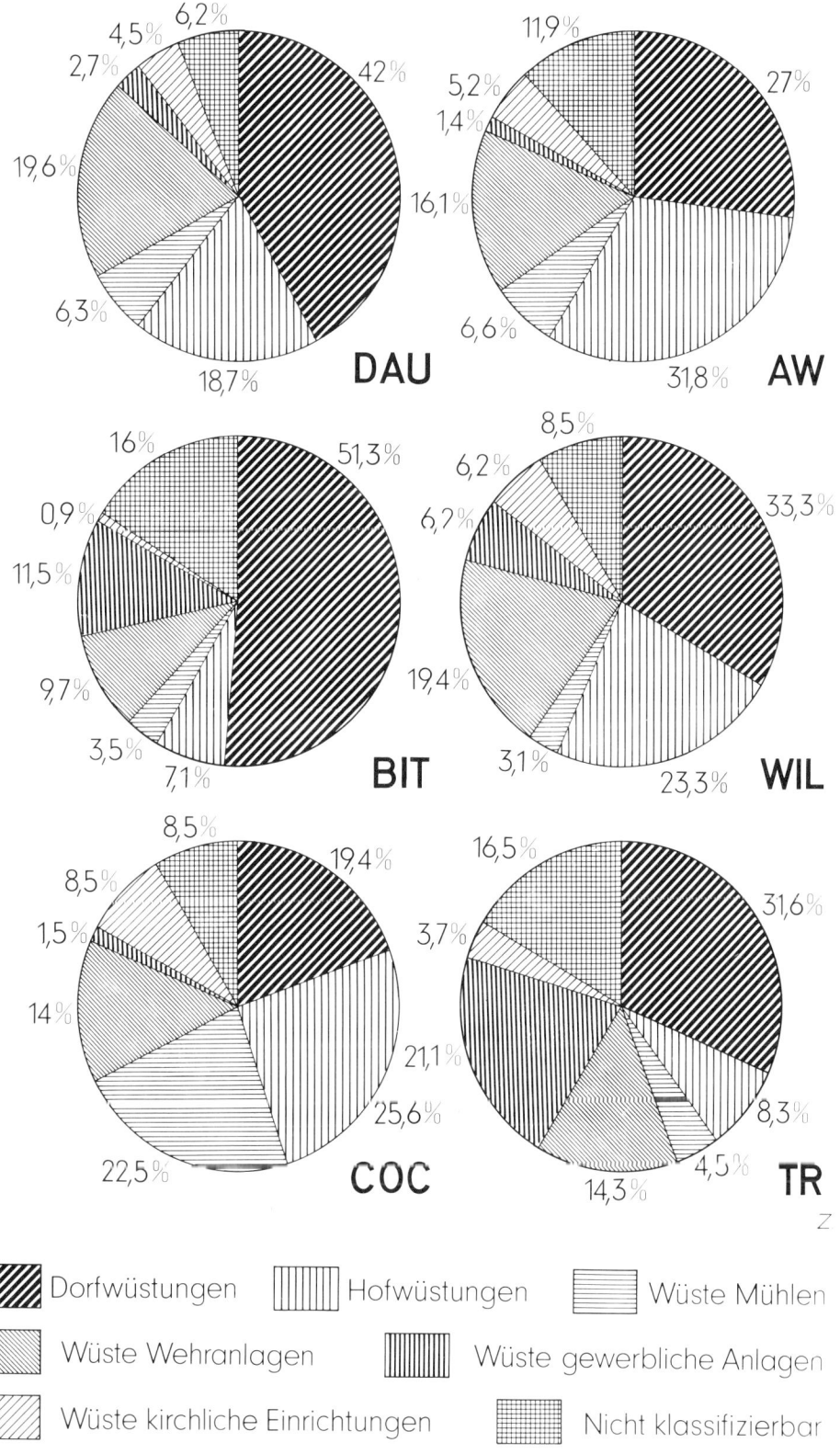

gen noch Forschungslücken bestehen. Die Gewinnung von Metallen erreicht im Kreis Euskirchen nur Werte von untergeordneter Bedeutung.

2.2.5 Der Kreis Bonn

Die Ausgewogenheit von Dorf- und Hofwüstungen, wie sie den Kreis Euskirchen kennzeichnete, wiederholt sich im Bonner Raum: Mit knapp 30% Anteil liegen die beiden Wüstungsarten hier fast gleichauf. Sicher geht dieser übereinstimmende Trend in den beiden Kreisen auf die Ähnlichkeit der naturräumlichen und wirtschaftlichen Voraussetzungen zurück. Der Anteil der wüsten Wehranlagen bewegt sich mit 17% zwischen den entsprechenden Werten der Kreise Euskirchen (14,5%) und Düren (28,6%). Er umfaßt unter anderem einige frühmittelalterliche Ringwälle, die auf den Höhen am Ostrand des Vorgebirges, hart am Rande des Rheintales liegen (BN 9, 18, 158). In dieser Lage spiegelt sich zugleich ihre Aufgabe innerhalb des Siedlungsprozesses wider: Sie waren dazu bestimmt, den Bewohnern der blühenden Dörfer am Osthang des Vorgebirges in Zeiten der Not Schutz und Zuflucht zu gewähren, eine Aufgabe, die auch die Bergischen Ringwälle am Ostrand des Rheintals zu erfüllen hatten[138]. Die übrigen wüsten Wehranlagen stellen im Kreis Bonn die Niederungsburgen vom Typ der Motten und die Wasserburgen, die, wie in den westlich anschließenden Nachbarkreisen, auch hier zahlenmäßig gut vertreten sind.

Der relativ geringe Anteil gewerblicher Anlagen entfällt im Kreis Bonn fast ausschließlich auf die frühmittelalterlichen Töpferbezirke am Vorgebirge. Zwar ist auch mittelalterliche Eisengewinnung im Vorgebirge bei Waldorf nachweisbar (BN 50, 58), doch tritt sie völlig hinter die Töpfereibezirke von Walberberg (BN 120), Sechtem (BN 159), Witterschlick (BN 172), Lengsdorf (BN 94, 95) und Meckenheim (BN 103) zurück. Diese Töpfereibezirke erlangten zum Teil bereits in der Karolingerzeit überregionale Bedeutung, weil sie ihre Erzeugnisse bis in ferne Länder exportierten[139]. Die Töpferbezirke in Walberberg, Brühl-Pingsdorf (Kr. Köln), Brühl-Badorf (Kr. Köln) und Brühl-Eckdorf (Kr. Köln) entfalteten in der Karolingerzeit solche wirtschaftliche Kraft, daß davon auch der Gang der frühmittelalterlichen Siedlungsentwicklung beeinflußt wurde. Während sie in der Frühzeit sicher die Struktur der karolingerzeitlichen Hofesverbände am Vorgebirge bestimmten[140], hing im hohen und späten Mittel-

---

[138] Zu den Bergischen Ringwällen: R. v. Uslar, Romerike Berge 1, 1950, 9–18. – Ders., Ein Verzeichnis der Bergischen Ringwälle. In: Romerike Berge 2, 1951, 145–156. – Ders., Verzeichnis der Ringwälle in der ehemaligen Rheinprovinz. Bonner Jahrb. 153, 1953, 128–140. – Ders., Studien zu frühgeschichtlichen Befestigungsanlagen zwischen Nordsee und Alpen. Beihefte der Bonner Jahrb. 12 (Köln, Graz 1964). – A. Herrnbrodt, Neue Ausgrabungen in Bergischen Ringwällen. In: Forscher und Erforschtes (Bergisch Gladbach 1962). – W. Janssen, Die Eifgenburg bei Burscheid, Rhein-Wupper-Kreis. Ein Beitrag zur Entwicklung der frühgeschichtlichen Befestigungsanlagen. In: Burgen und Schlösser, Heft 1, 1967, 1–14. – W. Janssen, K. Grewe, Vor- und frühgeschichtliche Wehranlagen im Rheinisch-Bergischen Kreis. Rheinisch-Bergischer Kalender 1974, 113–121. – W. Janssen, K. Grewe, A. Herrnbrodt, Mittelalterliche Wehranlagen im Rhein-Wupper-Kreis. In: Land an Wupper und Rhein. Heimatkalender 1973, 104–132.
[139] Vgl. oben Anm. 111 zum Handel mit rheinischer Keramik.
[140] K. Böhner, Bonner Jahrb. 155/156, 1955/56, 372 ff. – Vgl. auch Anm. 110.

alter die Entwicklung der Dörfer und Flecken von ihrer wirtschaftlichen Macht ab; ja die rheinischen Töpfererzeugnisse machten im späten Mittelalter und in der frühen Neuzeit sogar einen nicht unerheblichen Teil des Reichtums und des wirtschaftlichen Erfolges der Kölner Kaufleute aus. Insofern kann der Einfluß, der auf Siedlung und Wirtschaft des Vorgebirgsraums von der Töpferei als nichtagrarischer Produktion ausging, gar nicht überschätzt werden.

2.2.6 Der Kreis Prüm

Ein ungewöhnlich hoher Anteil von fast 50% Dorfwüstungen ist für den Prümer Raum kennzeichnend. Die wüsten Höfe spielen demgegenüber mit knapp 19% kaum eine Rolle. Nach den im Kreis Monschau gemachten Erfahrungen müßten in dem naturräumlich ähnlich strukturierten Kreis Prüm analoge Verhältnisse erwartet werden. Man hätte also mehr Hof- als Dorfwüstungen vermuten dürfen. Statt dessen zeigt sich ein starkes Überwiegen der Dorfwüstungen. Für dieses Ergebnis bieten sich keine befriedigenden Erklärungen an. Forschungslücken und die Weiterentwicklung einstiger Höfe zu Dörfern mögen hier mit ins Gewicht fallen, aber das auffällige Mißverhältnis von zahlreichen Dorfwüstungen und wenigen Hofwüstungen erklärt sich auch dadurch nicht vollständig. Wenn aber, wie es sich in allen anderen Teilgebieten der Eifel anzudeuten erscheint, die Wüstungsarten einen getreuen Spiegel der bestehengebliebenen Besiedlung darstellen, dann müßte im Prümer Gebiet der hohen Rate an Dorfwüstungen eine auch sonst überwiegend aus Dörfern bestehende Besiedlung entsprechen. Dies zu beurteilen, erlaubt ein Glücksfall der frühmittelalterlichen Überlieferung, das Güterverzeichnis der 721 begründeten Abtei Prüm von 893 mit seinen Ergänzungen durch den Exabt Caesarius von 1222[141]. In diesem Güterverzeichnis finden sich vornehmlich Siedlungsnamen, die auf Dörfer und nicht auf Einzelhöfe hindeuten. In vielen Fällen gestattet auch die Menge der an einem Ort nachweisbaren Prümischen Güter und Rechte den Schluß, daß es sich bei den erwähnten Orten um geschlossene Dörfer handeln muß. Unbeschadet der Tatsache, daß nicht alle Prümer Besitzungen und Rechte im Verzeichnis von 893 genannt werden[142], repräsentiert dieses doch eine Siedlungsstruktur, die überwiegend von der Dorfsiedlung geprägt wird.
Die übrigen Wüstungsarten des Kreises Prüm zeigen keine auffälligen Anteile.

2.2.7 Der Kreis Daun

Dörfern eröffneten die zahlreichen Riedel des reich gegliederten Kreises Daun gute Existenzmöglichkeiten, so daß der hohe Anteil der Dorfwüstungen (42%) in diesem Gebiet sicher die vorherrschende Siedlungsform widerspiegelt. Die Hofwüstungen

---

[141] Zur siedlungsgeschichtlichen Bedeutung des Prümer Güterverzeichnisses vgl. W. Janssen (wie Anm. 109) 310 ff. sowie die übrigen oben Anm. 114 genannten Arbeiten.
[142] W. Forst, Westdeutsche Zeitschr. 23, 1904, 194 ff.

zeigen dagegen nur einen recht begrenzten Anteil. Damit setzt sich die im Kreis Prüm bereits festgestellte Tendenz zur Verstärkung des Anteils der Dorfwüstungen auch im Gebiet von Daun fort.

Nahezu ein Fünftel aller Ortswüstungen stellen die wüsten Wehranlagen, die damit einen Wert erreichen, der dem Kreis Schleiden vergleichbar ist. Er entspricht der Vielgestaltigkeit in der politischen Gliederung, die die Zentraleifel im Vergleich zu den großen geistlichen Territorien im Norden und Süden kennzeichnet. Die hier beheimateten Territorialfürsten und Dynasten waren die Träger dieser Burgenkultur, die sich deutlich auch im Bereich der Wüstungen niedergeschlagen hat. Die Burgentradition der Zentraleifel reicht bis in vorgeschichtliche Zeit zurück. Aus der älteren Eisenzeit stammen hier etliche Ringwälle, deren Wiederbenutzung im frühen und hohen Mittelalter vermutet und in einigen Fällen sogar nachgewiesen werden kann, wie im Falle von Kerpen (DAU 41–43). Mit 6,3 % besitzen die Mühlenwüstungen im Dauner Gebiet eine gewisse Bedeutung. Den gewerblichen Anlagen kommt hier kein wesentlicher Anteil zu.

2.2.8 Der Kreis Ahrweiler

Mit fast 32 % nehmen die Hofwüstungen den größten Anteil an den Ortswüstungen ein. Fast jede dritte Ortswüstung im Gebiet von Ahrweiler ist eine Hofwüstung. Nur jede vierte Wüstung hingegen stellt eine Dorfwüstung dar. Hof- und Dorfwüstungen entsprechen in ihrem Verhältnis zueinander etwa den Anteilen, wie sie im Kreis Schleiden zu verzeichnen waren. Der Einzelhof erweist sich erneut als wichtigster Typus der Siedlung in bergreichen Waldgebieten, wie der Ahreifel. Das zeigt der hohe Anteil der Hofwüstungen deutlich an. Daß das Verhältnis von Dorf- und Hofwüstungen nicht noch mehr zu Ungunsten der Dorfwüstungen ausfiel, bewirken in erster Linie die im Ahrmündungsgebiet vorhandenen fränkischen Altsiedlungen, die ein Siedlungsbild repräsentieren, das den fränkischen Altsiedelgebieten der rheinischen Lößplatten vergleichbar ist.

Der beträchtliche Anteil an wüsten Burgen im Ahrgebiet beweist unter anderem auch die Bedeutung dieses Raumes als eines strategischen Drehpunktes für die politische Entwicklung. Kurkölnische und jülichsche Territorialinteressen stießen hier aufeinander und bewirkten, daß hier viele Burgen entstanden. Jülich versuchte, von der Ahr zum Rhein vorzustoßen und neue Gebiete zu gewinnen. Nicht nur die großen Höhenburgen beiderseits des Flusses bezeugen die politischen und militärischen Verwicklungen in diesem Raum. Auch die große Zahl befestigter Höfe des Ahrgebietes erklärt sich auf diese Weise. Am Zusammenfluß von Vischel-Bach und Eitgenbach, Gemarkung Berg, lebt sogar der sonst nur noch im Flachland verbreitete Typus der Burghügel (Motte) wieder auf (AW 47). Mit Wassergräben, Mauern und Wällen versehene Adelshöfe repräsentieren im Gebiet von Ahrweiler jüngere Burgenformen. Sie treten auch unter den Wüstungen auf.

Daß auch die Mühlen mit 6,6 % verhältnismäßig häufig im Ahrgebiet wüst wurden, erscheint angesichts zahlreicher für die Anlage von Mühlen geeigneter Gewässer normal. Gewerbliche Produktion erlangte im Ahrweiler Gebiet keine Bedeutung für Ausmaß und Gang der Besiedlung.

2.2.9 Der Kreis Bitburg

Seit fränkischer Zeit bildete das Bitburger Gutland ein klassisches Gebiet der Dorfsiedlung in einer fruchtbaren, ackerbaufreundlichen Bördenlandschaft. Deshalb bestätigt der Anteil von mehr als 50% Dorfwüstungen in jeder Weise die Erwartungen, die an ein solches Gebiet zu stellen sind. Dem entspricht auf der anderen Seite der geringe Anteil der wüsten Höfe (nur 7,1%) an den Ortswüstungen. Dorf- und Hofwüstungen verhalten sich im Bitburger Gebiet wie 7 : 1. Ausgeprägter als hier bei den Wüstungen kann die bestimmende Siedlungsform des Bitburger Gutlandes, das Dorf, kaum hervortreten. Dabei ist allerdings zu berücksichtigen, daß im Bitburger Land im Gegensatz zu allen anderen Eifellandschaften das Anerbenrecht und nicht die Realteilung herrschte. Die völlig andersartige Siedlungsstruktur im Bitburger Land erklärt sich also möglicherweise durch diese Besonderheit im Erbrecht. Eine kurze Erläuterung des relativ hohen Anteils von 9,7% bei den Wehranlagen ist notwendig. Es handelt sich bei diesen Wüstungen zunächst um eine Reihe von Höhenburgen auf den Randbergen der größeren Flüsse des Bitburger Landes (BIT 6, 7, 13, 44, 56, 63, 64). Als vereinzelte Erscheinung gibt es im oberen Nimstal auch noch einen Burghügel (BIT 52). Im ganzen gesehen verteilen sich die Burgen des Bitburger Landes aber auf die wenigen, tief eingeschnittenen Flußtäler und die waldreichen Randgebiete des Kreises.
Im Gegensatz dazu fehlen Wehranlagen in den altbesiedelten Offenlandschaften um die Kreisstadt herum. Die luxemburgische Herrschaft in diesem Gebiet bedurfte offensichtlich keiner bedeutenden Wehranlagen, um es zu beherrschen.
Anders als im Kreis Daun erreichen gewerbliche Anlagen mit 11,5% im Bitburger Land einen beträchtlichen Anteil. Zwei Arten gewerblicher Produktion sind hier zu unterscheiden: die Gewinnung von Eisen und die Herstellung von Keramik. Die Eisengewinnung schließt sich an die weiter südlich liegenden Grubenbezirke des Trierer Landes an. Die Töpferei entwickelt sich, wahrscheinlich nach römischem Vorbild, im späten Mittelalter ganz neu im Raume Speicher-Herforst.

2.2.10 Der Kreis Wittlich

Dorfwüstungen sind im Kreis Wittlich um genau 10% häufiger vertreten als Hofwüstungen. Sie machen ein Drittel aller Ortswüstungen des Kreisgebietes aus. Der Kreis Wittlich ist also ausgesprochen reich an Dorfwüstungen. Besonders die Wittlicher Senke und der östliche Teil des Bitburger Gutlandes, das zum Kreis Wittlich gehört, dürfen für den hohen Anteil der Dorfwüstungen verantwortlich gemacht werden. Andererseits eröffneten Kondelwald und Meulenwald der Hofsiedlung ein weites Feld, so daß ein guter Teil der Hofwüstungen, die im Diagramm erscheinen, aus diesen Gebieten stammt.
Der beträchtliche Anteil an wüsten Wehranlagen deutet darauf hin, daß der Kreis Wittlich im Norden Anschluß an die von Kleinterritorien beherrschte Zentraleifel des Dauner Gebietes besitzt, wo ein recht hoher Anteil wüster Burgen zu verzeichnen

war. Die beiden Burgen von Manderscheid (WIL 53, 54) vertreten den Typus der territorialen Burg im Kreis Wittlich. Andererseits reicht der Kreis im Süden an die Mosel, die Leitlinie, an der sich kurtrierischer Einfluß, nicht zuletzt auf Grund der Burgenpolitik, nach Osten ausdehnte. Insofern liegt auch der Kreis Wittlich im Kraftfeld der Auseinandersetzungen zwischen den Kleinterritorien der Zentraleifel und dem Trierer Kurstaat.

In dem relativ kleinen Anteil der gewerblichen Anlagen sind zwei Komponenten enthalten: die mittelalterliche Töpferei um Herforst-Speicher-Binsfeld (WIL 17 und BIT 73) sowie die Eisenindustrie des Wittlicher Raumes im Gebiet von Gransdorf-Eisenschmitt (WIL 24, 25; BIT 73) und um Minderlittgen westlich der Lieser (WIL 57). Unter den wüst gewordenen kirchlichen Einrichtungen findet sich unter anderem das Kloster Himmerod (WIL 19)[143], mit dem sich auch einige Hofwüstungen verbinden.

2.2.11 Der Kreis Cochem

Dorf- und Hofwüstungen zeigen hier ein annähernd ausgewogenes Verhältnis: Die Dorfwüstung umfaßt ein Fünftel, die Hofwüstung ein Viertel aller Ortswüstungen. Ungewöhnlich stark aber partizipieren hier die wüsten Mühlen, die mit 22,5 % noch den Anteil der Dorfwüstungen übertreffen und damit ein Maximum unter allen Teilgebieten der Eifel erreichen. Diese stark ausgebildete Mühlenwirtschaft gründete sich auf die guten Standortbedingungen, welche die von Norden und Süden in die Mosel mündenden Bäche des Kreises Cochem mitbrachten.

Der nicht geringe Anteil der wüsten Wehranlagen geht im Kreis Cochem auf die zahlreichen kurtrierischen Burgen zurück, die die Höhen des Moseltales beherrschen.

2.2.12 Der Kreis Trier

Aus dem Diagramm ergibt sich ein ausgeprägtes Überwiegen der Dorfwüstungen. Die Hofwüstungen nehmen nur einen sehr geringen Anteil ein. Diese Verhältnisse gehen sicher auf den Charakter des Trierer Landes als eines altbesiedelten, fränkischen Gebietes zurück, in dem sich darüber hinaus noch ältere gallo-römische Bevölkerung erhalten hatte. Da die Materialaufnahme im Kreis Trier noch Lücken aufweist, – besonders in dem südlich der Mosel gelegenen Teil sind noch Zugänge zu erwarten –, können die errechneten Anteile nur mit Vorbehalt aufgenommen werden.

Mit 21,1 % partizipieren die gewerblichen Wüstungen im Trierer Raum stark an der Wüstungsbildung. Sie unterstreichen, daß auch in diesem Gebiet die wirtschaftliche Entwicklung des Mittelalters nicht allein von den ackerbaulich arbeitenden Siedlungen vorangetrieben wurde, sondern daß daran ebenso die gewerblichen Bezirke beteiligt waren. Drei Gewerbezweige sind zu unterscheiden. Zunächst sind die eisengewinnen-

---

[143] Zu Himmerod neuerdings: P. Augustinus Thiele O.S.B., Echternach und Himmerod. Beispiele benediktinischer und zisterziensischer Wirtschaftsführung im 12. und 13. Jahrh. (Stuttgart 1964) mit der gesamten älteren Literatur.

den und -verarbeitenden Plätze wichtig, wie sie im Raum Zemmer–Orenhofen–-Schleidweiler (TR 50, 51, 59–66), um Quint (TR 7, 8) und im Süden des Kreises am Schwarzwälder Hochwald, um Hermeskeil–Otzenhausen (TR 109–113) bekannt sind. In der Spätlatènezeit beginnt die Eisengewinnung um den Otzenhausener Ringwall[144]. Römische Ausbeutung dieser Lagerstätten ist anzunehmen, obgleich noch nicht archäologisch gesichert. Im Mittelalter bezeugen Ortsnamen, daß hier manche Siedlung ihre Entstehung der Suche nach Eisenerzen verdankt.

Der zweite gewerbliche Zweig ist die Kupfergewinnung. Sie ist für das Gebiet um Butzweiler westlich der unteren Kyll für römische Zeit nachgewiesen[145] (TR 33). Nachrömische Ausbeutung dieser Lagerstätte deuten bergmännische Bearbeitungsspuren im roten Sandstein an, die den typisch römischen nicht entsprechen; auch in napoleonischer Zeit wurden die Butzweiler Gruben nochmals aufgesucht. Auf mittelalterliche Gewinnung von kupferhaltigem Erz, die nur im gleichen Gebiet an der unteren Kyll zu suchen ist, könnte man schließen, weil im frühmittelalterlichen Glashüttenbezirk der Hochmark östlich der Kyll Kupfer zum Färben von Glas verwendet worden ist.

Damit ist der dritte Gewerbezweig des Trierer Landes genannt: die Glasherstellung. Im frühen Mittelalter gab es an der Kyll bei Kordel Glashütten[146], die unter anderem spitzbodige spätfränkische Gläser erzeugten (TR 27–32). Spätere Glaserzeugung ist auch am Osburger Hochwald bezeugt (TR 1, 17, 24).

Ein Fünftel aller Ortswüstungen im Trierer Land sind wüste Wehranlagen. Einigen von ihnen kam sicher die Aufgabe des Schutzes der gewerblichen Bezirke zu, z. B. der Motte von Orenhofen (TR 50), die den Eisenbezirk von Schleidweiler-Rodt beherrschte. Auch die Burgen von Kordel (TR 34–38) mögen einem solchen Zweck gedient haben. In Kordel fand der Burgenbau mit der Anfang des 14. Jahrhunderts errichteten Burg Ramstein, einer Gründung des Erzbischofs Dietrich, ihren Abschluß. Sie ist ein deutliches Zeichen dafür, welche Bedeutung der Kurfürst diesem Gebiet als Gewerbebezirk zumaß.

2.2.13 Zusammenfassende Bemerkungen

Zu Beginn eines Überblicks über die Ergebnisse dieses Abschnitts empfiehlt sich eine tabellarische Zusammenstellung der Einzelergebnisse, wie sie in den Diagrammen der Abbildungen 2 und 3 erscheinen.

Zunächst stellt sich die Frage, wie hoch der Anteil der Wüstungen aus dem Bereich der Agrarwirtschaft in den Teilgebieten ist. Als seine Exponenten müssen die Dorf- und die Hofwüstungen angesehen werden. Die Mühlen bleiben unberücksichtigt, weil sie nicht unmittelbar an der Produktion landwirtschaftlicher Güter beteiligt sind. Im gleichen Arbeitsgang stellt man zweckmäßigerweise auch die Wüstungen des gewerblichen Bereichs zusammen, um sie mit denen des agrarischen Bereichs zu vergleichen:

---

[144] R. Schindler (wie Anm. 129) 112 ff. – J. Driehaus (wie Anm. 99).
[145] R. Schindler, Römischer Kupferbergbau im unteren Kylltal. Kurtrierisches Jahrb. 7, 1967, 5–11.
[146] J. Steinhausen, Frühmittelalterliche Glashütten im Trierer Land. Trierer Zeitschr. 14, 1939. – Ders., Mittelalterliche Glashütten im Kyllwald bei Kordel. Eifelkal. 1940, 126–130.

	Dörfer	Höfe	Mühlen	Wehran-lagen	Gewerbl. Anlagen	Kirchl. Ein-richtg.	Nicht klassif.
MON	11,9%	23,8%	26,2%	2,4%	14,3%	7,1%	14,3%
DN	20,4%	16,5%	9,7%	28,2%	11,7%	9,7%	3,8%
SLE	17,3%	23,7%	4,3%	18,0%	28,8%	1,4%	6,5%
EU	27,5%	30,5%	9,2%	14,5%	7,6%	3,8%	6,9%
BN	29,8%	28,2%	3,2%	17,0%	5,9%	4,8%	11,1%
PRÜ	48,0%	18,7%	1,3%	9,4%	4,0%	1,3%	17,3%
DAU	42,0%	18,7%	6,3%	19,6%	2,7%	4,5%	6,2%
AW	27,0%	31,8%	6,6%	16,1%	1,4%	5,2%	11,9%
BIT	51,3%	7,1%	3,5%	9,7%	11,5%	0,9%	16,0%
WIL	33,3%	23,3%	3,1%	19,4%	6,2%	6,2%	8,5%
COC	19,4%	25,6%	22,5%	14,0%	1,5%	8,5%	8,5%
TR	31,6%	8,3%	4,5%	14,3%	21,1%	3,7%	16,5%

Tabelle 2: Prozentanteile der Wüstungsarten in den Eifelkreisen
(Zahlenangaben für die Berechnung vgl. Anhang 1)

Aus der Gegenüberstellung ergibt sich, daß in allen Kreisen ein erheblicher Teil der Wüstungen Siedlungen aus dem Bereich der Agrarwirtschaft umfaßt. Sie stellen selbst in solchen Gebieten hohe Anteile, in denen auf Grund der überwiegend schlechten Bodenverhältnisse keine intensive Agrarwirtschaft erwartet werden kann, wie z. B. in den Kreisen Monschau, Prüm oder Cochem. Als gesichertes Ergebnis kann festgestellt werden, daß im größten Teil der Eifel die Bildung von Wüstungen an erster Stelle diejenigen Siedlungsplätze erfaßt, die sich überwiegend oder ausschließlich mit der Erzeugung landwirtschaftlicher Produkte befassen. Die Wüstungsfrage erweist sich damit in hohem Grad als Problem der Agrarwirtschaft und erst danach als eine Frage der gewerblichen Produktion. Aber auch diese spielt eine vergleichsweise große Rolle: In den Kreisen Monschau, Düren, Schleiden, Bitburg und Trier ergeben sich hohe Anteile der gewerblichen Wüstungen. Sie deuten darauf hin, daß Siedlung und Wirtschaft in diesen Gebieten zwar überwiegend, aber nicht ausschließlich von der Agrarwirtschaft geprägt werden. Gewerbliche Produktion, sei es Metallgewinnung und -verarbeitung, sei es Glasherstellung, sei es Töpferei, prägten das wirtschaftliche Geschehen

	MON	DN	SLE	EU	BN	PRÜ	DAU	AW	BIT	WIL	COC	TR
Agrarische Wüstungen	35,7	36,9	41,0	58,0	58,0	66,7	60,7	58,8	58,4	56,6	45,0	39,9
Gewerbliche Wüstungen	14,3	11,7	28,8	7,6	5,9	4,0	2,7	1,4	11,5	6,2	1,5	21,1

Tabelle 3: Vergleich der Prozentanteile agrarischer und gewerblicher Wüstungen in den Eifelkreisen

in diesen Gebieten entscheidend mit. Als Ergebnis einer Gegenüberstellung von agrarischen und gewerblichen Wüstungen ergibt sich folgendes: In sieben von zwölf Kreisen der Eifel nehmen die agrarischen Wüstungen mehr als 50% aller Ortswüstungen ein; in zwei weiteren Kreisen liegt ihr Anteil über 40%, und in den restlichen drei Kreisen nehmen sie mehr als 35% aller Ortswüstungen in Anspruch. Bei den gewerblichen Wüstungen liegen die Anteile in zwei Kreisen über 20%, in drei Kreisen über 10% und in den verbleibenden sieben Kreisen unter 10%.

Alle übrigen Wüstungsarten besitzen, verglichen mit den agrarischen und den gewerblichen, untergeordnete Bedeutung. Es versteht sich von selbst, daß für jede Wüstungsart, besonders aber für die agrarischen und die gewerblichen Wüstungen, die Frage der Wüstungsursachen und des zeitlichen Verlaufs der Wüstungsbildung gesondert untersucht werden muß. Es kann nicht erwartet werden, daß die Entwicklung der Wüstungsbildung bei den verschiedenen Wüstungsarten über Jahrhunderte hinweg synchron verlaufen ist. Ebensowenig dürfte sie auf die gleichen Ursachen zurückzuführen sein.

Interessante Resultate zeigt auch die Gegenüberstellung von Dorf- und Hofwüstungen, wie sie die obige Tabelle bietet. Nach dem Verhältnis der Anteile beider Wüstungsarten lassen sich drei Gruppen unterscheiden:

Gruppe a: Ausgewogenes Verhältnis von Dorf- und Hofwüstungen; es ist gegeben in den Kreisen Euskirchen, Bonn und Ahrweiler. Die Differenz der Anteile liegt hier unter 4%.

Gruppe b: Starkes Überwiegen der Dorfwüstungen gegenüber den Hofwüstungen; es liegt vor in den Kreisen Düren, Prüm, Daun, Bitburg, Wittlich und Trier. Abgesehen von Düren (Differenz rund 4%) und Wittlich (Differenz 10%) betragen bei allen anderen Kreisen die Differenzen mehr als 20%.

Gruppe c: Überwiegen der Hofwüstungen gegenüber den Dorfwüstungen; es besteht in den Kreisen Monschau, Schleiden und Cochem. Die Differenzen der Anteile erreichen hier aber nicht die Größenordnung wie bei der Gruppe b. In einem Fall beträgt der Unterschied 12% (MON), in den beiden anderen Kreisen jeweils 6%.

Überprüft man die in den drei Gruppen erscheinenden Kreise auf ihre naturräumlichen Verhältnisse, so zeigt sich, daß der Wüstungsprozeß, wie er sich im Mengenverhältnis von Dorf- und Hofwüstungen niederschlägt, in hohem Maße von Gunst und Ungunst der natürlichen Voraussetzungen abhängig ist. Diese Abhängigkeit aber stellt sich nun keineswegs, wie angenommen werden könnte, in Form einer simplen Fehlsiedlung dar. Vielmehr bildet jeder Naturraum sozusagen seinen eigenen Wüstungstypus aus, der in den jeweiligen Unterschieden im Verhältnis von Dorf- und Hofwüstungen besteht. Die waldreichen Bergzonen kennzeichnet der wüste Einzelhof, die waldfreien Börden das wüste Dorf. Bezogen auf die beschriebenen drei Gruppen stellt sich dieser Zusammenhang wie folgt dar:

Gruppen a und b: Fränkische Altbesiedlung auf weiten Lößflächen des nördlichen Eifelvorlandes oder in kleinen Bördenlandschaften (Gutländern, Riedeln, Kalkmulden) innerhalb der Eifel. Daneben besteht in diesen Gebieten die Rodungssiedlung der Karolingerzeit und des hohen Mittelalters, die sich vor allem in den Randgebieten der alten Siedlungslandschaften entfaltet. Die einzige Ausnahme bildet hier der Kreis Prüm.

Gruppe c: Große Wald- und Berggebiete, die erstmalig überhaupt erst von der hochmittelalterlichen Rodung erschlossen werden. Keine (MON) oder nur geringe fränkische Altsiedlung, die nur auf begrenzte Flächen mit guten oder besten Böden zurückgreifen kann (COC, SLE).

Allgemein zeigen die unterschiedlichen Anteile von Dorf- und Hofwüstungen, daß sich im Wüstungsprozeß letzthin der jeweils vorherrschende Besiedlungsstand eines Gebietes niederschlägt. Ein vorwiegend mit Dörfern besetzes Gebiet bringt in der Regel überwiegend Dorfwüstungen hervor; ein stark von der Hofsiedlung erfaßter Raum weist fast immer auch erhebliche Anteile von Hofwüstungen auf. Die Siedlungsstruktur der einzelnen Gebiete bildet sich im großen und ganzen auch in der Zusammensetzung der Wüstungsarten ab. Für eine Wüstungsart gewinnt diese Erkenntnis besondere Bedeutung: für die Hofwüstungen. 450 Dorfwüstungen stehen im Untersuchungsgebiet 337 Hofwüstungen gegenüber. Angesichts eines so hohen Gesamtanteils der abgegangenen Höfe wird man sich fragen müssen, ob die Einstufung der Eifel als reines Dorfsiedlungsgebiet noch zu recht besteht oder ob für diese Charakterisierung nicht vielleicht der moderne Befund maßgebend gewesen sein könnte.

Die wüsten Mühlen nehmen bei den meisten Kreisen Anteile von 1,5 % bis 10 % ein. Nur zwei Kreise zeichnen sich durch sehr hohe Mühlenanteile aus: Monschau mit 26,2 % und Cochem mit 22,5 %. Sie erklären sich aus den besonderen Bedingungen des Standortes, die für eine Blüte der Mühlenwirtschaft erfüllt sein müssen und die in diesen beiden Kreisen optimal gegeben waren.

Gewerbliche Anlagen aller Art hängen von den Lagerstätten der Rohstoffe ab. Danach bestimmen sich ihre Standorte. Im Untersuchungsgebiet ballen sich die gewerblichen Wüstungen in bestimmten geographischen Gebieten, so in den Kreisen Monschau, Düren, Schleiden, Bitburg, Wittlich, Trier die eisenschaffenden Gewerbe, in den Kreisen Bonn, Wittlich, Bitburg und Trier die früh- und hochmittelalterliche Töpferei und im Kreis Trier die Glasmacherkunst. Im Gegensatz zu den Wüstungen des agrarwirtschaftlichen Bereichs, die sich über weite Flächen ackerbaulich gut nutzbaren Landes verteilen, konzentrieren sich die gewerblichen Wüstungen in wenigen Zentren, die im beschriebenen Sinn standortgebunden sind.

Unterschiedliche Anteile erreichen die Wehranlagen in den verschiedenen Kreisen. Unter diesem Sammelbegriff verbergen sich vielfältige Formen von Burgen, die vom siedlungsfernen, frühgeschichtlichen Ringwall bis zu den Wasserburgen und befestigten Höfen reichen. Eine einheitliche Wertung der Anteile fällt deshalb schwer. Immerhin sind Kreise mit wenigen wüsten Wehranlagen (MON, PRÜ, BIT) von solchen mit zahlreichen (DN, SLE, DAU, WIL, COC, TR) zu unterscheiden. Soweit landesherrliche Burgen erfaßt sind, spiegeln sie die politisch-historische Bedeutung ihrer Verbreitungsgebiete wider. Um hinsichtlich dieser Wüstungsart zu einem Ergebnis zu gelangen, müßte man nach den verschiedenen Arten von Burgen differenzieren. Sicher zeigt die Häufung der Burgen im Dauner Raum als Niederschlag der Selbständigkeitsbestrebungen eines kleinen Eifelterritoriums zwischen zwei geistlichen Großterritorien andere Verhältnisse an, als die Vielzahl kleinadeliger Burgen und befestigter Höfe, wie sie am Nordrand der Eifel zu beobachten ist.

2.3 Tendenzen der Wüstungshäufigkeit

2.3.1 Grundlagen der Berechnung

Die Erfahrung langjähriger Wüstungsforschung hat gezeigt, daß die Häufigkeit, in der die verschiedenen Gebiete von der Wüstungsbildung betroffen werden, sehr schwankt. Neben ausgesprochen wüstungsarmen Gebieten, z. B. in Norddeutschland, stehen die stark mit Wüstungen besetzten, z. B. im Bereich der Mittelgebirge. W. Abel hat diese Unterschiede der Wüstungshäufigkeit in seiner bekannten Karte veranschaulicht[147]. Vergleiche der Wüstungshäufigkeit verschiedener Gebiete setzen voraus, daß ein einheitlicher Berechnungsmodus entwickelt wird, nach dem sich die Wüstungserscheinungen möglichst vollzählig erfassen und zu den bestehengebliebenen Siedlungen ins Verhältnis setzen lassen. Dieser Berechnungsmodus muß in gleicher Weise auf alle Untersuchungsgebiete angewendet werden, deren Wüstungshäufigkeit verglichen werden soll. Auf diesem Wege erhält die Wüstungsforschung einen Maßstab 'zur Beurteilung des prozentualen Wohnplatzverlustes als Folge einer Wüstungsperiode'[148]. Den ersten umfassenden Ansatz in dieser Richtung verdankt die Forschung der Arbeit von H. Pohlendt über 'Die Verbreitung der mittelalterlichen Wüstungen in Deutschland' aus dem Jahre 1950. Seitdem ist der sogenannte Wüstungsquotient die Meßzahl, in der die Wüstungshäufigkeit ausgedrückt wird. Als Wüstungsquotient wird hier der 'Anteil der Wüstungen an der Gesamtzahl der resistenten plus der abgegangenen Orte in einer Periode'[149] definiert. Bezeichnet man die Gesamtzahl der resistenten Orte mit A und die der abgegangenen mit B, so stellen A und B zusammen den gesamten Siedlungsbestand dar. Setzt man diese Summe gleich 100 %, so errechnet man auf diese Weise einen Prozentwert – Q genannt –, der den Anteil der Wüstungen an der Gesamtzahl aller jemals vorhanden gewesenen Siedlungsplätze eines Gebietes angibt:

$$Q = \frac{100 \cdot B}{A + B} \%$$

An diesem Wüstungsquotienten wurde seit der Arbeit Pohlendts wiederholt Kritik geübt, die hier nicht in allen Phasen nachgezeichnet werden kann[150]. Sie führte zu der

---

[147] W. Abel (wie Anm. 2).
[148] K. Scharlau, Ergebnisse und Ausblicke der heutigen Wüstungsforschung. Bll. f. deutsche Landesgesch. 93, 1957, 47.
[149] H. Pohlendt (wie Anm. 2) bes. Abb. 5.
[150] Hierzu und zu folgenden: M. Born (wie Anm. 28) 215 ff.

Erkenntnis, daß ein so ermittelter Wüstungsquotient die tatsächlichen Wüstungserscheinungen eines Gebietes nur recht unvollkommen wiedergibt, z. B. weil die partiellen und temporären Ortswüstungen nicht mit berücksichtigt werden, weil die Flurwüstungen fehlen oder weil die zweite wichtige Komponente, die in den Wüstungsquotienten eingeht, die 'resistenten Orte', nicht methodisch einwandfrei für jede Epoche erfaßt werden konnte. Heute ist man sich darüber im klaren, daß die Wüstungshäufigkeit eines Gebietes zu einer bestimmten Zeit nur dadurch ermittelt werden kann, daß die Zahl der Wüstungen aus dieser Zeit zur Zahl der in dieser Zeit bestehenden Siedlungen in Beziehung gesetzt wird. Der Anteil der Ortswüstungen einer früheren Periode darf aber keinesfalls auf die Zahl der heutigen Wohnplätze bezogen werden. Es ergibt sich also kein allgemein gültiger Wüstungsquotient, sondern aus verschiedenen zeitlichen Querschnitten, die an geeigneten Stellen der Siedlungsentwicklung, z. B. an den verschiedenen Wüstungsperioden, zu legen sind, lassen sich mehrere Wüstungsquotienten ermitteln, die zeitbezogen oder epochenspezifisch sind, z. B. für die Merowingerzeit:

$$Q_{6./7.\,Jh.} = \frac{100 \cdot B_{6./7.\,Jh.}}{A_{6./7.\,Jh.} + B_{6./7.\,Jh.}} \%$$

oder für das späte Mittelalter:

$$Q_{14./15.\,Jh.} = \frac{100 \cdot B_{14./15.\,Jh.}}{A_{14./15.\,Jh.} + B_{14./15.\,Jh.}} \%$$

In der gleichen Weise wäre, entsprechend dem hier zugrunde gelegten, zeitlich ausgeweiteten Wüstungsbegriff – z. B. auch bei den Wüstungsperioden des 16. und 19. Jahrhunderts – zu verfahren. Für einen beliebigen Zeitabschnitt n ergibt sich also der allgemeine Satz:

$$Q_n = \frac{100 \cdot B_n}{A_n + B_n} \%$$

Bedauerlicherweise enthält diese Gleichung für weite Strecken der Siedlungsentwicklung zwei Unbekannte: den Wüstungsquotienten Q, der berechnet werden soll, und die Größe A für die resistenten Orte einer bestimmten Periode. Denn A läßt sich für viele historische Perioden nicht annähernd, geschweige denn exakt berechnen. Es dürfte z. B. keineswegs einfach sein, bei n = 13. Jahrhundert die zu jener Zeit bestehenden Siedlungen eines größeren Gebietes exakt zu erfassen, ganz abgesehen davon, daß auch die Wüstungen dieser Zeit teilweise nur mit Hilfe subtiler Methoden der Feldarchäologie auffindbar und datierbar sind. Für das 6.–10. Jahrhundert, in denen, nach den Grabungsergebnissen zu urteilen[151], auch schon Wüstungen entstanden, erscheint eine Erfassung des damaligen Siedlungsbestandes ausgeschlossen, und zwar um so mehr, wenn man bedenkt, daß mancher Wohnplatz vom 7. Jahrhundert bis zum

---

[151] S. oben S. 8 ff. und die Tabelle 1 S. 12/13

13. Jahrhundert vom Einzelhof oder Weiler zum Großdorf anwuchs. Allein von der Wüstungsart her würden in einem solchen Falle $Q_{7. Jh.}$ und $Q_{13. Jh.}$ nicht miteinander vergleichbar sein.

Aus einem weiteren Grund muß der Wert eines auf bestimmte Perioden bezogenen Wüstungsquotienten angezweifelt werden. Die zeitlichen Schnitte, in denen die Wüstungsquotienten ermittelt werden, können in den verschiedenen Landschaften nicht gleichzeitig gelegt werden, weil der Wüstungsvorgang hinsichtlich seines Beginns und seines Endes gebietsweise erhebliche Phasenverschiebungen aufweist[152]. So wäre z. B. denkbar, daß in einem Gebiet das Wüstungsmaximum bereits im 13., in einem zweiten im 14. und in einem dritten Gebiet erst im 15. Jahrhundert liegt. Die entsprechenden Werte $Q_{13. Jh.}$, $Q_{14. Jh.}$ und $Q_{15. Jh.}$ sind nur sehr bedingt miteinander vergleichbar. Daß bisher ausschließlich der Wüstungsquotient für den Horizont des 14./15. Jahrhunderts berechnet wurde, liegt im Gang der Forschung begründet, die sich zuerst dem auffälligsten und umfangreichsten Wüstungsprozeß, dem spätmittelalterlichen, zuwandte. Für die Zukunft müßte auch die Möglichkeit berücksichtigt werden, zeitliche Schnitte an anderen Punkten der Entwicklung zu legen und analoge Karten zu Abels spätmittelalterlicher Wüstungskarte für andere Perioden zu erarbeiten.

Diese grundsätzlichen Bedenken zwingen dazu, auf eine Berechnung des Wüstungsquotienten nach den beschriebenen Grundsätzen zu verzichten. Verzichtet wird damit zugleich auf die Möglichkeit, die Wüstungshäufigkeit in der Eifel in einem Wert auszudrücken, der den Resultaten aus anderen Landschaften, wie sie etwa in W. Abels Karte Eingang gefunden haben, entspricht. Selbst wenn diese Berechnung für die Wüstungen der Eifel durchgeführt worden wäre, so hätte sie einen Vergleich lediglich für das Spätmittelalter, nicht aber für die anderen wichtigen Wüstungsperioden ermöglicht.

Statt dessen soll der Versuch unternommen werden, die Wüstungshäufigkeit wenigstens für die einzelnen Teilräume der Eifel in vergleichbaren Werten auszudrücken. Die dazu notwendigen Überlegungen nehmen wiederum ihren Ausgang von der Tatsache, daß naturräumlich verschieden strukturierte Räume vorhanden sind, in denen Gunst oder Ungunst der natürlichen Verhältnisse regionale Unterschiede der Siedlungsentwicklung zur Folge hatten. Es soll also versucht werden, die Wüstungshäufigkeit in den einzelnen Kreisen unabhängig von den verschiedenen Wüstungsperioden für den gesamten untersuchten Zeitraum vom 7. bis 19. Jahrhundert zu berechnen, und zwar wie folgt: Wenn es sich zu Recht verbietet, etwa die Wüstungen des 14./15. Jahrhunderts am heutigen Wohnplatzbestand zu messen, so erscheint es andererseits doch nur als konsequent, die oben besprochene Gleichung statt für eine kurze Periode von nur einem Jahrhundert für den gesamten, hier behandelten Zeitraum durchzurechnen, indem n = 7.–19. Jahrhundert gesetzt wird. Das bedeutet, daß alle jemals bekannten Wüstungen mit allen noch bestehenden Wohnplätzen verglichen werden. Eine solche Rechnung müßte annäherungsweise das gleiche Ergebnis erbringen, wie es hypothetisch eine nach der gleichen Formel für jedes Jahr zwischen etwa 600 und 1900 durchgeführte Berechnung im Mittel zeigen würde. Man erhält auf diese Weise errech-

---

[152] D. Staerk, Einige Bemerkungen zu den Begriffen 'Wüstungsquotient' und 'Wüstungsdichte'. In: Libellus ad magistram. Frau Prof. Ennen zum 60. Geburtstag dargebracht von ihren Schülern (Saarbrücken 1967) 1–19.

nete Vergleichswerte über die Tendenz zur Wüstungsbildung in den Teilräumen der Eifel für den Gesamtzeitraum vom 7.–19. Jahrhundert. Diese Werte enthalten keine zeitliche Differenzierung nach Perioden starker und schwacher oder gar fehlender Wüstungsbildung, sondern sie geben lediglich langfristig wirkende Tendenzen zur Wüstungsbildung an. Ihre zeitliche Differenzierung hat das Kapitel über die Periodisierung der Wüstungen zum Inhalt (S. 189 ff.). Aus diesen Gründen kann der errechnete Wert auch nicht als Wüstungsquotient Q bezeichnet werden, sondern nur relativiert als Wüstungstendenz T. Es ist also zu berechnen:

$$T_{7.-19.\ Jh.} = \frac{100 \cdot B_{7.-19.\ Jh.}}{A_{7.-19.\ Jh.} + B_{7.-19.\ Jh.}} \%$$

Kreisweise ermittelt, stellen diese Werte vergleichbare Größen für die langfristige Wüstungstendenz in jedem Kreis dar. Ihre Unterschiede repräsentieren diejenigen Faktoren, in denen sich die einzelnen Eifelkreise grundlegend unterscheiden, z. B. die naturräumlichen Voraussetzungen, territoriale Zugehörigkeit, Verkehrserschließung und ähnliches. Sie lassen andererseits solche Faktoren unberücksichtigt, die auf die Eifel als ganze einwirkten, z. B. Agrarkrisen und Agrarkonjunktur oder Klimawandel.

Sinnvoll ist die Berechnung nur für jene Wüstungsarten, bei denen ein hinreichender Forschungsstand vorausgesetzt werden kann, also für die Dorfwüstungen und die Hofwüstungen. Bei den Hofwüstungen bestehen zwar in einigen kleineren Gebieten sicher noch Lücken in der Kenntnis, doch fallen sie gegenüber den besser erfaßten Gebieten nicht sehr ins Gewicht. Die Dorf- und die Hofwüstungen vermitteln zusammengenommen einen guten Überblick über die Wüstungstendenzen, die im agrarwirtschaftlichen Bereich herrschten.

2.3.2 Die Dorfwüstungen

Die folgende Tabelle zeigt, nach Kreisen geordnet, die zur Berechnung erforderlichen Zahlen. Im Anhang 1 ist das zu ihrer Ermittlung notwendige Material nach Katalognummern zusammengestellt.

Kreise	MON	DN	SLE	EU	BN	PRÜ	DAU	AW	BIT	WIL	COC	TR
A	40	104	135	122	106	155	102	137	161	84	74	123
B	5	21	23	35	56	36	47	57	59	44	25	43
Summe A+B	45	125	158	157	162	191	149	194	220	128	99	166
T in %	11,1	16,8	14,6	22,3	34,6	18,8	31,5	29,4	26,8	34,4	25,3	25,9

Tabelle 4: Die Wüstungstendenz in den Eifelkreisen bei den Dorfwüstungen vom 7. bis zum 19. Jahrh.
A = Anzahl der Ende des 19. Jahrh. bestehenden Dörfer aus nachrömischen Besiedlungsphasen.
B = Anzahl der Dorfwüstungen aus nachrömischen Besiedlungsphasen bis zum Ende des 19. Jahrh.
T = Wüstungstendenz in %.

Auf den ersten Blick zeigt die Spalte T der Tabelle, daß die Wüstungstendenzen in den verschiedenen Kreisen stark voneinander abweichen. Sie schwanken zwischen 11,1 % als niedrigstem und 34,6 % als höchstem Wert. Nach der Größe geordnet, weisen die Werte der Wüstungstendenz die nachstehende Abfolge auf:

1. Kreis Bonn	34,6 %	7. Kreis Cochem	25,3 %
2. Kreis Wittlich	34,4 %	8. Kreis Euskirchen	22,3 %
3. Kreis Daun	31,5 %	9. Kreis Prüm	18,8 %
4. Kreis Ahrweiler	29,4 %	10. Kreis Düren	16,8 %
5. Kreis Bitburg	26,8 %	11. Kreis Schleiden	14,6 %
6. Kreis Trier	25,9 %	12. Kreis Monschau	11,1 %

Die Reihe wird angeführt vom Kreis Bonn. Das mag auf der intensiven archäologischen Erforschung dieses Kreises beruhen; denn die archäologische Landesaufnahme erbrachte auch für den Kreis Bonn unerwartet viele neue Befunde an Dorfwüstungen. Sieht man vom archäologischen Ergebnis einmal ab, müßte man diesen Kreis wegen seiner ähnlichen naturräumlichen Voraussetzungen in die Nähe des Kreises Euskirchen einrücken. Auf den beiden folgenden Rängen sind die Kreise der inneren Eifel zu finden: Wittlich und Daun. Zu ihnen gehört auch noch der Kreis Ahrweiler, der nur in seinem östlichen, rheinnahen Teil Altbesiedlung der fränkischen Zeit aufweist. Eine Tendenz der Wüstungsbildung ist durchlaufend zu erkennen: In den Kreisen der östlichen und der südlichen Eifel (BN, WIL, DAU, AW, BIT, TR, COC, EU) errechnet sich eine Wüstungstendenz von mehr als 20 %. In den Kreisen der westlichen Eifel und ihres Vorlandes (DN, SLE, MON) wurden weniger als 20 % der jemals angelegten Siedlungen wieder wüst. An letzter Stelle erscheint der Kreis Monschau, der im Vergleich zu den anderen Kreisen am spätesten durch Siedlungen erschlossen wurde und in dem fränkische Altsiedlung fehlt. Hier blieben die Wüstungstendenzen insbesondere im Bereich der Dörfer über Jahrhunderte hinweg gering. Umgekehrt finden sich nicht etwa die Kreise mit der häufigsten fränkischen Altbesiedlung (BIT, TR) an der Spitze der Wüstungstendenzen. Sie bleiben im Mittelfeld. Statt dessen steigt die Wüstungstendenz in den Kreisen an, die verhältnismäßig begrenzte fränkische Altsiedlung, dafür aber nicht geringe Erschließung durch Dörfer der hochmittelalterlichen Rodungsperiode zeigen (WIL, DAU, AW, COC, in einem südlichen Teil auch EU). Es spricht einiges dafür, daß in den altfränkisch besiedelten Kreisen wie Trier, Bitburg, Bonn, Euskirchen auch eine gewisse Überbesiedlung der besten Siedlungslagen durch recht alte Siedlungen der Merowinger- oder Karolingerzeit stattgefunden hat, auf deren Hintergrund die verhältnismäßig starke Tendenz zur Bildung von Dorfwüstungen zu sehen ist.

Die errechneten Quotienten spiegeln, das sei nochmals hervorgehoben, die Wüstungstendenz in den Eifelkreisen während fast 1300 Jahren wider. Bei aller Verschiedenheit der Einzelgebiete ist man versucht, einen Durchschnittswert für die gesamte Eifel zu errechnen, der sich als arithmetisches Mittel der Einzelquotienten ergibt. Er beträgt rund 24 % und gilt, wie die Teilwerte, für den gesamten Zeitraum vom 7. bis 19. Jahrhundert. Deshalb kann auch dieser Wert nicht zum Vergleich mit den in W. Abels Karte erscheinenden Wüstungsquotienten herangezogen werden.

In die hier errechneten Werte geht, wie in anderen Gebieten Mitteleuropas auch, das Maximum der Wüstungsbildung im 13./14. Jahrhundert ein. Alle anderen Wüstungsperioden besitzen demgegenüber auch in der Eifel geringeres Ausmaß[153]. Auf die langfristige Wüstungstendenz in den Kreisen und in der gesamten Eifel wirkten wüstungsarme Perioden senkend. Für die spätmittelalterliche Wüstungsbildung sind demnach höhere Werte als für den Gesamtzeitraum vorauszusetzen. Die Perioden geringer Bildung von Dorfwüstungen hingegen, z. B. die Zeit um 1700 und die Mitte des 19. Jahrhunderts, liegen mit Sicherheit unter den Gesamtwerten. Sowohl die Prozentwerte der ersten sechs Plätze (BN, WIL, DAU, AW, BIT, TR) als auch der Durchschnittswert der Eifel mit 24 % bewegen sich, selbst wenn man für die Dorfwüstungen des Spätmittelalters keinen Zuschlag ansetzt, im Rahmen dessen, was auf Abels Wüstungskarte als 'mittelmäßiges' Ausmaß der Wüstungen (20–29 %) verzeichnet wird[154]. Wenn man den Spitzenwerten der Kreise Bonn und Wittlich nur noch 6 % für das Spätmittelalter zulegt, so geraten diese Kreise bereits in Abels Gruppe 'starkes' Ausmaß der Wüstungen (über 40 %). Die Eifel befindet sich mit den Werten des Gesamtzeitraumes in der Nachbarschaft von Westerwald und Teilen des Sauerlandes, die nach Abel ebenfalls als 'mittelmäßig' klassifiziert sind. Mit den für das Spätmittelalter erforderlichen Zuschlägen geraten große Teile der Eifel, namentlich die östlichen Gebiete, bereits in die Nähe starken Wüstungsausmaßes, wie es für Hessen, Niedersachsen, Sachsen und andere Teile Deutschlands kennzeichnend ist.

Im Zusammenhang mit der Diskussion des Wüstungsquotienten ist auch darauf hingewiesen worden, daß die Flächengröße der Untersuchungsgebiete mit in den Wüstungsquotienten einbezogen werden müsse. Es sei schließlich nicht gleichgültig, ob die Berechnung des Wüstungsquotienten in einem dünn besiedelten oder in einem stark besiedelten Gebiet durchgeführt werde. Für die Eifel fällt diese Überlegung in der Tat ins Gewicht, denn es lassen sich sehr dünn und sehr dicht besiedelte Gebiete unterscheiden. Einem Vorschlag von D. Staerk[152] folgend, werden nunmehr die Werte für die Wüstungstendenz kreisweise auf je 100 qkm Kreisfläche umgerechnet. Ist T die Wüstungstendenz, F die Flächengröße des jeweiligen Kreises[155], so entsteht die vergleichbare Verhältniszahl Z für 100 qkm Fläche wie folgt:

$$Z = \frac{T \cdot 100}{F}$$

Diese Rechnung ergibt für die einzelnen Kreise folgende Resultate:

1. Kreis Bonn	Z = 7,84	7. Kreis Euskirchen	Z = 3,80
2. Kreis Wittlich	Z = 5,36	8. Kreis Bitburg	Z = 3,46
3. Kreis Daun	Z = 5,15	9. Kreis Düren	Z = 3,06
4. Kreis Cochem	Z = 5,04	10. Kreis Trier	Z = 2,94
5. Kreis Ahrweiler	Z = 4,16	11. Kreis Prüm	Z = 2,05
6. Kreis Monschau	Z = 3,82	12. Kreis Schleiden	Z = 1,74

---

[153] Vgl. unten S. 189 ff. die Ausführungen zur Periodisierung der Dorfwüstungen.
[154] Vgl. die Anm. 2 zitierte Karte Abels.
[155] Die Flächengrößen der Eifelkreise werden amtlich wie folgt angegeben:

Der Überblick zeigt: Auch die flächenbezogenen Werte für die Wüstungstendenz in Form von Verhältniszahlen unterliegen starken Schwankungen, die vom Maximum im Kreis Bonn mit 7,84 bis zum Minimum von nurmehr 1,74 im Kreis Schleiden reichen. Gegenüber den Prozentwerten für die Rangfolge der Wüstungstendenz bei den Dorfwüstungen sind nur geringfügige Abweichungen zu verzeichnen. Die ersten drei Plätze werden von den gleichen Kreisen belegt. Im Gegensatz zur Prozentberechnung steht der Kreis Monschau bei flächenbezogener Betrachtung nicht mehr am letzten Platz, sondern auf Platz 6. Hier fällt sicher ins Gewicht, daß die im Monschauer Land festgestellten Wüstungen sich auf einer relativ kleinen Fläche konzentrieren. Die unterschiedliche Plazierung des Kreises Monschau läßt erkennen, daß einer flächenbezogenen Betrachtungsweise doch ein höheres Maß an Aussagekraft beizumessen ist als der reinen Prozentberechnung.

Flächenbezogene Berechnung der Wüstungstendenz unterstreicht aber auch, daß die Kreise der Ost- und der Zentraleifel stärker von Dorfwüstungen betroffen sind als diejenigen der westlichen Eifel, welche die letzten vier Plätze der Rangfolge einnehmen. Unverkennbar schlägt sich hier die auch in anderem Zusammenhang erkannte verschiedenartige Siedlungsstruktur der östlichen und zentralen Eifel auf der einen Seite und der westlichen Eifel auf der anderen nieder.

2.3.3 Die Hofwüstungen

Bei den Hofwüstungen bereitet es grundsätzlich größere Schwierigkeiten, einen Wert für die Wüstungstendenz zu ermitteln, als bei den Dorfwüstungen. Denn im Gegensatz zu den Dörfern unterlagen die Einzelhöfe in den vielen Jahrhunderten einer starken Fluktuation, die zu allen Zeiten den Abgang und die Neugründung von Höfen mit sich brachte. Es läßt sich nachweisen, daß z. B. im Gebiet von Ahrweiler einige Höfe mehrmals wüst und bis zu dreimal neu besetzt wurden, ehe sie endgültig aufgegeben werden mußten. Bei den Hofwüstungen verlangt eine saubere methodische Arbeit in der von den Geographen geforderten Weise, daß die Querschnitte durch die zeitliche Entwicklung viel enger als bei den Dorfwüstungen gelegt werden. Daß dabei wiederum das Problem einer Ermittlung der bestehenden Einzelhöfe in den verschiedenen Zeiten kaum zu lösen ist, bedarf keiner weiteren Erörterung.

weiter Anm. 155

  1. Kr. Monschau   290,30 qkm
  2. Kr. Düren   548,83 qkm
  3. Kr. Schleiden   841,26 qkm
  4. Kr. Euskirchen   586,79 qkm
  5. Lkr. Bonn u. Stadt Bonn 441,27 qkm
  6. Kr. Prüm   916,88 qkm
  7. Kr. Daun   611,31 qkm
  8. Kr. Ahrweiler   706,28 qkm
  9. Kr. Bitburg   775,20 qkm
 10. Kr. Wittlich   642,00 qkm
 11. Kr. Cochem   502,13 qkm
 12. Lkr. Trier u. Stadt Trier 879,98 qkm

1–5 nach Gemeindeverzeichnis Nordrhein-Westfalen, Stand 1961; 6–12 nach Gemeindeverzeichnis Rheinland-Pfalz, Stand 1965.

Aus diesem Grund bleibt auch bei den Einzelhöfen keine andere Wahl, als den bei den Dörfern beschrittenen Weg zu gehen. Dabei ist die Verläßlichkeit der angegebenen Werte der Wüstungstendenz bei den Höfen nicht so groß wie bei den Dörfern, weil sicher nicht alle Hofwüstungen des Untersuchungsgebietes erfaßt worden sind. Der Forschungsstand fällt hier also stärker ins Gewicht. Und trotzdem können die errechneten Werte als Hinweise auf sich verstärkende oder abnehmende Tendenzen der Bildung von Hofwüstungen verstanden werden, ohne daß dabei die absolute Höhe eines Wertes überbewertet werden sollte.

Die erforderlichen Zahlen für die Berechnung enthält die nachfolgende Tabelle, wiederum kreisweise geordnet. Im Anhang 1 findet sich das zugrunde liegende Material nach den Katalognummern zusammengestellt.

Kreise	MON	DN	SLE	EU	BN	PRÜ	DAU	AW	BIT	WIL	COC	TR
A	21	46	61	41	32	114	26	50	121	32	42	71
B	10	17	33	39	53	14	21	67	8	30	33	11
Summe A+B	31	63	94	80	85	128	47	117	129	62	75	82
T in %	32,3	27,0	35,1	48,8	62,4	11,0	44,7	57,3	6,2	48,4	44,0	13,4

Tabelle 5: Die Wüstungstendenz in den Eifelkreisen bei den Hofwüstungen vom 12. bis zum 19. Jahrh.
A = Anzahl der Ende des 19. Jahrhunderts bestehenden Höfe aus nachrömischen Besiedlungsphasen.
B = Anzahl der Hofwüstungen aus nachrömischen Besiedlungsphasen bis zum Ende des 19. Jahrh.
T = Wüstungstendenz in %.

Der Größe nach folgen die Werte für die langfristige Wüstungstendenz so aufeinander:

1. Kreis Bonn	62,4%	7. Kreis Schleiden	35,1%
2. Kreis Ahrweiler	57,3%	8. Kreis Monschau	32,3%
3. Kreis Euskirchen	48,8%	9. Kreis Düren	27,0%
4. Kreis Wittlich	48,4%	10. Kreis Trier	13,4%
5. Kreis Daun	44,7%	11. Kreis Prüm	11,0%
6. Kreis Cochem	44,0%	12. Kreis Bitburg	6,2%

Ein Vergleich dieser Prozentwerte mit denen der Dorfwüstungen zeigt, daß bei den Kreisen 1.–7. die Wüstungsraten bei den Hofwüstungen überall höher liegen als bei den Dorfwüstungen.

Es ist also bewiesen, daß Einzelhöfe offensichtlich sehr viel leichter wüst wurden als Dörfer. Auch der für die ganze Eifel errechnete Durchschnittswert von rund 36% fügt sich diesem Bild ein. Er liegt 12% höher als der entsprechende Wert bei den Dorfwüstungen.

Daraus folgt die Frage, ob vielleicht bestimmte Wüstungsursachen lediglich die Dörfer betrafen, während andere Ursachen zum Wüstwerden vorwiegend der Höfe führten. Beide Ursachengruppen brauchen nicht gleichzeitig und auch nicht in gleicher Stärke eingewirkt zu haben. Nach der zeitlichen Verteilung von Dorf- und Hofwüstungen[156] zu urteilen, ist dies sogar sicher, so daß man in gewissem Sinne die Dorfwüstungen als typische Form der Wüstungsbildung in ihrem frühen Stadium, die Hofwüstungen hingegen als deren Spätform ansprechen kann. Es handelt sich um zwei verschiedene Erscheinungsformen des gleichen großen Wüstungsprozesses, nur daß die in den Höfen ausgeprägte Form offensichtlich numerisch stärker ist.

Nur in den Kreisen Trier, Prüm und Bitburg wurden weniger Einzelhöfe wüst als Dörfer. Den Grund dafür mag man darin suchen, daß – wie schon früher beobachtet – die Besiedlung dieser Gebiete im Mittelalter und auch in der Neuzeit beinahe ausschließlich aus geschlossenen Ortschaften bestand. Selbst dort, wo größere Waldgebiete erst während des späten Mittelalters durch Orte auf -rath, -rott und ähnliche Grundwörter erschlossen wurden, siedelte man lieber in Dörfern, im Unterschied etwa zum Kreis Ahrweiler. Allerdings muß man einschränkend hinzufügen, daß das Fehlen von Einzelhofsiedlungen in den genannten Kreisen in dieser allgemeinen Form nur für die Zeit vom 12. bis zum 19. Jahrhundert gelten kann.

Ob der Einzelhof zur Zeit der fränkischen Landnahme eine typische Siedlungsform war und ob die Mehrzahl der fränkischen Dörfer aus einem oder wenigen Einzelhöfen hervorgegangen ist, wie dies z. B. von K. Böhner[157] angenommen wird, muß offengelassen werden, da selbst bei der Materialerfassung im Rahmen dieser Studien kein einziger Hof aus der Merowingerzeit gefunden wurde. Das spricht keineswegs gegen Böhners Ansicht, denn solche fränkischen Ur-Höfe wären ja vorwiegend in den alten Kernen der jetzigen Dörfer zu suchen, wo sie wegen der andauernden Bebauung nur durch Zufall ans Licht kommen können. Es muß aber auch berücksichtigt werden, daß viele fränkische Siedlungen von Anfang an als Dörfer begründet worden sind. Die hohen Belegungszahlen der zugehörigen Reihengräberfriedhöfe lassen darauf schließen. Doch ist diese Frage mangels siedlungsarchäologischer Untersuchungen vorerst nicht zu beantworten. Näher untersucht wurden bisher nur die beiden Dörfer Gladbach bei

---

[156] Vgl. unten S. 189 ff.
[157] Böhner, Trierer Land Bd. 1, 329 ff. – Sieht man das oben in den Tabellen 1a und 1b zusammengestellte archäologische Material an Siedlungsgrabungen einmal durch, so kann es gar keinen Zweifel daran geben, daß der größte Teil der in den Tabellen zusammengestellten Siedlungen von Anfang an als Dörfer begründet wurde. Jedenfalls möchte ich die archäologischen Befunde für die Beantwortung der Frage 'Einzelhof oder Dorf in der Merowingerzeit?' eher heranziehen, als die doch recht riskante Analyse von heutigen Dorfgrundrissen, aus denen sich zu ergeben scheint, daß der Beginn eines Dorfes in einem fränkischen Einzelhof zu sehen sei. – Nur am Rande sei angemerkt, daß die Frage 'Einzelhof oder Dorf in der Merowingerzeit?' falsch formuliert ist. Geht man einmal von der Größe der Reihengräberfelder aus, so zeigt sich, daß es in fränkischer Zeit beide Siedlungsformen nebeneinander gegeben haben muß. Zu regelrechten Dörfern dürften die oft viele hunderte von Bestattungen umfassenden großen Gräberfelder gehört haben, selbst wenn sich die Vielzahl der Gräber noch auf verschiedene Perioden aufschlüsseln läßt. Daneben gibt es aber auch die kleinen Gräberfelder, die mit vollem Recht als Sippenfriedhöfe von Familien angesehen werden, die einen benachbarten Einzelhof bewohnten.

Neuwied und Brebières. Aber nicht nur für die Merowingerzeit fehlen konkrete Hinweise auf Menge und Bedeutung der Einzelhofsiedlung. Bis an den Beginn des 12. Jahrhunderts ändert sich diese Situation kaum, so daß die Periodisierung der Hofwüstungen[158] frühestens um 1100 beginnen kann.

Die Spitzenwerte der Hofwüstung in den Kreisen Bonn, Ahrweiler, Euskirchen, Wittlich, Daun, Cochem geben zu denken. Denn von diesen besitzen Bonn, Euskirchen, Wittlich, Daun und Cochem, wie bereits gezeigt wurde, erhebliche Gebiete mit altfränkischer Besiedlung. Dieser entsprachen hohe Werte für die Dorfwüstungen. Trotzdem nehmen diese Kreise aber auch stark an der Hofwüstung teil, was wiederum auf eine ausgeprägte Schicht von Einzelhöfen schließen läßt. Hierin verhalten sich die Kreise völlig anders, als die ebenfalls altfränkisch besiedelten Kreise Trier, Prüm und Bitburg. Der Widerspruch dürfte wie folgt aufzuklären sein: In den Kreisen Bonn, Ahrweiler, Euskirchen, Cochem, Wittlich, Daun, Schleiden und Düren hatten die fränkische Altsiedlung und die hochmittelalterliche Rodung der Einzelhofsiedlung noch größere Gebiete offengelassen, die sie in Anspruch nehmen konnte. In den drei Kreisen Trier, Prüm und Bitburg, die in der West- und Südeifel liegen, hatten fränkische Altsiedlung und hochmittelalterliche Rodung bereits alles nutzbare Land erfaßt, so daß einer nennenswerten Hofsiedlung kein Platz zur Entfaltung mehr verblieben war. An diesen grundverschiedenen Voraussetzungen der Besiedlung setzt dann die Wüstungsbildung an und führt zu den beschriebenen Tendenzen im Bereich der Dorf- und Hofwüstungen.

Die flächenbezogene Umrechnung der Hofwüstungen auf 100 qkm Kreisfläche ergibt folgendes Bild:

1. Kreis Bonn $Z = 14{,}14$ 7. Kreis Daun $Z = 7{,}31$
2. Kreis Monschau $Z = 11{,}09$ 8. Kreis Düren $Z = 4{,}92$
3. Kreis Cochem $Z = 8{,}76$ 9. Kreis Schleiden $Z = 4{,}17$
4. Kreis Euskirchen $Z = 8{,}32$ 10. Kreis Trier $Z = 1{,}52$
5. Kreis Ahrweiler $Z = 8{,}11$ 11. Kreis Prüm $Z = 1{,}20$
6. Kreis Wittlich $Z = 7{,}54$ 12. Kreis Bitburg $Z = 0{,}80$

Nicht die absolute Höhe dieser Verhältniszahlen, die sich ja bei der Entdeckung neuer Hofwüstungen ändert, verdient besondere Beachtung. Vielmehr ist wiederum die Rangfolge der einzelnen Kreise und ihr Verhältnis zueinander entscheidend. Zwischen dem Maximum im Kreis Bonn und dem Minimum im Kreis Bitburg klafft eine gewaltige Lücke. Sie drückt ein diametral entgegengesetztes Verhalten der beiden Kreise in bezug auf die Hofwüstungen aus, wie es sich auch schon aus den Prozentwerten ergab. Die geringe Fläche des Kreises Monschau hat auch bei den Hofwüstungen zur Folge, daß der Kreis bei flächenbezogener Berechnung auf Platz 2 der Rangfolge aufrückt. Auf den Rängen 3 bis 9 sind noch einige weitere Veränderungen gegenüber den Prozentwerten festzustellen, doch stimmen Prozenttabelle und flächenbezogene Berechnung auf den Rängen 10 bis 12 wieder überein. Die Umrechnung auf je 100 qkm Kreisfläche gleicht somit auch bei den Hofwüstungen einige Verzerrungen aus, die die Umrechnung auf Prozentwerte notwendigerweise mit sich bringt.

---

[158] Vgl. unten S. 192 ff.

2.3.4 Zusammenfassende Bemerkungen

Eine wüstungskundliche Untersuchung, die auf ein größeres Material zurückgreifen kann, würde ihren Zweck verfehlen, wenn sie nicht den Versuch enthielte, die Wüstungshäufigkeit in irgendeiner Form als Zahlenwert zu ermitteln. Die von der geographischen Wüstungsforschung entwickelte Methode, einen Wüstungsquotienten bezogen auf eine bestimmte Periode zu berechnen, ließ sich nicht für Wüstungsprozesse anwenden, die, wie in der Eifel, einen Zeitabschnitt von fast 1300 Jahren umfassen. Selbst wenn unterstellt wird, daß im Katalog die Mehrzahl aller Wüstungen erfaßt wurde, stellen sich der Ermittlung der zweiten zur Berechnung erforderlichen Bezugsgröße, des überlebenden Siedlungsbestandes für den jeweiligen Berechnungszeitraum, unüberwindliche Schwierigkeiten entgegen. Besonders gilt dies für die Zeit vom 7. bis 10. Jahrhundert. Diese und andere im Berechnungsverfahren begründeten methodischen Probleme zwangen dazu, im Rahmen dieser Studien die Wüstungshäufigkeit für den gesamten Zeitabschnitt, in dem Wüstungen nachzuweisen sind, zu berechnen. Ziel solcher Berechnungen war es nicht mehr, für die Eifel Wüstungsquotienten zu ermitteln, die den spätmittelalterlichen Quotienten aus anderen Landschaften vergleichbar wären, sondern die Teilgebiete der Eifel auf Grund der langfristigen Wüstungstendenz zu differenzieren. Die errechneten Werte stellen also nicht mehr Wüstungsquotienten kurzer Zeitperioden im strengen Sinne dar, sondern drücken für jeden Eifelkreis die Tendenz zur Wüstungsbildung während eines langen Zeitraumes aus. Dorf- und Hofwüstungen boten sich wegen der intensiven Materialaufnahme als Objekte solcher Berechnungen an. Der für diese beiden Wüstungsarten vorliegende Kenntnisstand erlaubte es darüber hinaus, die Wüstungshäufigkeit in jedem Kreis auf je 100 qkm Fläche umzurechnen. Die auf diese Weise erzielten Ergebnisse rechtfertigen den eingeschlagenen Weg vollauf. Bei den Dorfwüstungen erweisen sich die Kreise der Ost- und der Zentraleifel als stark, dagegen diejenigen der West- und der Südeifel als gering betroffen. Bei den Hofwüstungen fallen lediglich die Kreise der Südeifel durch sehr geringe Wüstungstendenzen auf, während alle übrigen Kreise erhebliche Anteile erkennen lassen. Für Dorf- und Hofwüstungen bestätigt die flächenbezogene Umrechnung diese Tendenzen.

Die Berechnungen deuten gleichzeitig eine Modifizierung der simplen Gleichung an, die oben auf Grund der geographischen Verbreitung der Wüstungen aufgestellt worden war und die besagt, Wald- und Berggebiete bedeuten viele Hofwüstungen, Gutländer und Börden als altfränkisch besiedelte Räume bringen viele Dorfwüstungen hervor. Die Abwandlung dieser Gleichsetzung ergibt sich aus der Erkenntnis, daß die Hofsiedlung und damit die Hofwüstung sich nur dort entwickeln konnten, wo die Dörfer, gleichgültig ob altfränkisch oder hochmittelalterlich entstanden, ihnen genügend Raum zur Entfaltung gelassen hatten. Dies war, wie sich zeigte, in der Süd- und Westeifel nicht gegeben, wohl aber in der Nord- und Osteifel.

Obgleich keine zeitbezogenen Wüstungsquotienten, sondern nur langfristig wirkende Wüstungstendenzen berechnet wurden, sind Vergleiche der Wüstungshäufigkeit in der Eifel mit den von W. Abel dargestellten Wüstungsquotienten möglich. Da das spätmittelalterliche Wüstungsmaximum mit Sicherheit einen höheren Quotienten ergibt als die auf 1300 Jahre bezogenen Durchschnittswerte für die gesamte Eifel von

24 % Dorfwüstungen und 36 % Hofwüstungen, gehört die Eifel mindestens in die Kategorie 'mittelmäßiges Ausmaß an Wüstungen', wenn nicht gar bei Berücksichtigung der für das Spätmittelalter erforderlichen Zuschläge sowie der stark erhöhten Werte für die Hofwüstungen in die Kategorie 'starkes Ausmaß an Wüstungen'.

2.4 Die Ortsnamen[159] der Dorfwüstungen

2.4.1 Grundsätzliches zum Problem

Im Untersuchungsgebiet wurden rund 450 Dorfwüstungen ermittelt, unter denen ganz verschiedene ON-Typen vertreten sind. Schon eine oberflächliche Betrachtung zeigt zwei Tendenzen, die eine nähere Untersuchung des ON-Problems geraten erscheinen lassen. Zunächst ist festzustellen, daß die einzelnen ON-Typen unter den Dorfwüstungen verschieden stark vertreten sind. ON auf -ingen erscheinen beispielsweise seltener unter den Wüstungen als solche auf -heim; ON auf -hagen machen bei den Dorfwüstungen nur einen Bruchteil der Wüstungsnamen auf -rode/-rath aus. Weiterhin zeigt sich, daß keiner der wichtigen früh- und hochmittelalterlichen ON-Typen unter den Dorfwüstungen fehlt. Positiv ausgedrückt bedeutet das, daß sämtliche ON-Typen von der Wüstungsbildung betroffen sind.

Geht man davon aus, daß die einzelnen ON-Typen oder bestimmte Gruppen von ihnen im großen und ganzen Besiedlungsphasen oder Rodungsperioden repräsentieren, so ergibt sich aus den beschriebenen Beobachtungen die grundsätzliche Frage, in welchem Umfang diese Besiedlungsphasen oder Rodungsperioden am Wüstungsprozeß teilhaben. Diese Frage ist um so berechtigter, als in anderen deutschen Landschaften vornehmlich die ON-Typen der hoch- und spätmittelalterlichen Rodungsperiode (-rode, -hagen usw.), nicht hingegen die der frühmittelalterlichen Altsiedlung, vom Wüstwerden erfaßt zu werden scheinen[160]. Dabei muß zweifelhaft bleiben, ob die Na-

---

[159] 'Ortsname' wird im folgenden stets mit ON abgekürzt.
[160] Am südwestlichen Harzrand im Kr. Osterode/Harz liegen z. B. folgende Verhältnisse vor: Es gibt keine Wüstung mit ON auf -heim, -ingen, -dorf, statt dessen aber folgende Namentypen:
 -hausen   7 bestehend   18 wüst = 72 %
 -rode   3 bestehend   16 wüst = 85 %
 -hagen   1 bestehend   15 wüst = 94 %
 -berg   2 bestehend   1 wüst = 33,3 %
 -felde   4 bestehend   1 wüst = 20 %
Vgl. dazu: W. Janssen, Königshagen. Ein archäologisch-historischer Beitrag zur Siedlungsgeschichte des südwestlichen Harzvorlandes (Hildesheim 1965) 82.
Ganz ähnliche Verhältnisse bestehen in den Kreisen Northeim/Leine und Göttingen-Land. Zu Northeim vgl. H. Weigend, Die Ortsnamen des Kreises Northeim i. H. nach ihrer sprach- und kulturgeschichtlichen Bedeutung (Northeim 1929) 21 ff. – Zu Göttingen: O. Fahlbusch, Der Landkreis Göttingen (Göttingen 1960) 231 ff. Im Landkreis Göttingen gibt es keine Wüstungen mit ON auf -heim, -ingen, -dorf.
Auch im Amöneburger Becken sind Wüstungen auf -dorf eine Seltenheit, solche mit ON auf -ingen und -heim fehlen ganz; vgl. H. Kern, Siedlungsgeographische Geländeforschungen im Amöneburger Becken und seinen Randgebieten (Marburg/Lahn 1966) 275 ff. Wüstungsverzeichnis. – Entsprechendes gilt für den nordöstlichen Vogelsberg. Hier gibt es zwar vereinzelt Wüstungen mit ON auf -dorf, hingegen keine auf -heim und -ingen; vgl. K. A. Seel, Wüstungskartierungen und Flurformengenese im Riedeselland des nordöstlichen Vogelsberges (Marburg/Lahn 1963) 259 ff. – Vgl. hierzu auch unten Anm. 386.

men der hochmittelalterlichen Rodung tatsächlich stärker an der Bildung von Wüstungen teilnehmen, oder ob nicht ihr hoher Anteil lediglich auf das Fehlen einer zahlenmäßig starken Altsiedlung zurückzuführen ist. Das hier gewählte Untersuchungsgebiet weist im Hinblick auf diese Probleme nahezu ideale Voraussetzungen auf, weil in ihm sowohl fränkische Altsiedlung als auch hochmittelalterliche Rodungssiedlung als ausgeprägte ON-Schichten vertreten sind.

Die Beantwortung der Frage, in welchem Umfange die einzelnen ON-Typen an der Bildung von Dorfwüstungen teilhaben, erfolgt in drei Stufen. Die erste Stufe besteht darin, die Anzahl der Wüstungen für jeden ON-Typ zu ermitteln. Dies geschieht in Tabelle 6, zu der auch die im Anhang 2 zusammengestellten Materialien heranzuziehen sind. Aber diese absoluten Ziffern besagen noch nicht viel, weil sie lediglich grobe Tendenzen der Wüstungshäufigkeit bei den einzelnen ON-Typen erkennen lassen. Deshalb muß die nächste Stufe dazu führen, für jeden ON-Typ einen Vergleich der Wüstungen mit der Gesamtzahl der Siedlungen zu ermöglichen. Zu diesem Zweck wurden in Tabelle 6 die bestehenden Dörfer des Untersuchungsgebietes nach den ON zusammengestellt. Die prozentuale Angabe über die Wüstungstendenz bei jedem ON-Typ, T_{ON}, ergibt sich analog zu der oben entwickelten Formel[161] wie folgt:

$$T_{ON} = \frac{A_{ON} + B_{ON}}{B_{ON}}$$

wobei A_{ON} die Summe der resistenten Dörfer eines ON-Typs und B_{ON} die Anzahl der Wüstungen des gleichen ON-Typs darstellen.

Die dritte Stufe schließlich faßt die für jeden ON-Typ ermittelten Wüstungstendenzen in Gruppen zusammen, so daß sich z. B. die Wüstungstendenzen von fränkischer Altsiedlung und hochmittelalterlicher Rodungssiedlung miteinander vergleichen lassen.

Es versteht sich von selbst, daß alle vorgeschlagenen Rechnungen unter bestimmten, in der Methode der ON-Forschung begründeten Vorbehalten interpretiert werden müssen. Bei den Dorfwüstungen geht, wie bei allen anderen quantitativen Aussagen, wiederum der Kenntnisstand dieser Studien in die Berechnungen ein. Die Aufschlüsselung nach ON mußte nach Möglichkeit Phänomene wie ON-Ausgleich, Umbenennung und Namenswechsel, Langlebigkeit von bestimmten Grundwörtern, ON-Moden sowie das Nebeneinander verschiedener konkurrierender ON bei einer Siedlung berücksichtigen. Soweit dergleichen Verhältnisse sich ermitteln ließen, wurden sie in den Tabellen 6 und 7 und im Anhang 2 mitverarbeitet, doch gibt es keine Gewähr für ihre vollständige Erfassung. Aus diesem Grund verbietet sich eine zu enge Interpretation der ermittelten Prozentwerte im Sinne des Wüstungsquotienten. Statt dessen müssen sie auch hier als Wüstungstendenzen eines jeden ON-Typs aufgefaßt werden. Diese vorsichtige Beurteilung führt, wie zu zeigen ist, zu recht aufschlußreichen und neuen Ergebnissen.

---

[161] Vgl. das oben zur Berechnung der langfristigen Wüstungstendenz Bemerkte, S. 77 ff.

2.4.2 Die Anteile der Ortsnamentypen an den Dorfwüstungen in absoluten Zahlen

Tabelle 6 enthält die Zahlen, mit denen die einzelnen ON-Typen am Wüstungsprozeß teilnehmen.

	MON	DN	SLE	EU	BN	PRÜ	DAU	AW	BIT	WIL	COC	TR	Summa
-ich			2	2				1	1			5	11
-ingen							1	1	6	2			10
-heim		13	3	12	15	1	5	7	6	3	6	4	75
-dorf		2	6	5	15	6	10	9	8	10	2	2	75
-weiler		4		1	1		3		1	3	1	1	15
-hoven				1	9			8					18
-hausen			2		2	4	3	2	2	5		1	21
-rode/-rath	1		3	2		4	4	5	3	5		2	29
-scheid	2				6	3	6	4	3			2	26
-berg	1	1			1		1	2	1			2	9
-bach					1	1	6	4	3	1		2	18
-feld		1	1		3	3	2	3	1				14
-hagen							3			1			4
Sonstige	1		8	9	7	13	9	6	20	12	9	22	116

Tabelle 6: Die Anteile der Ortsnamentypen an den Dorfwüstungen in absoluten Zahlen (vgl. dazu Anhang 2)

Im einzelnen sind folgende Beobachtungen hervorzuheben:

(1) Dorfwüstungen mit Ortsnamen auf -ich

ON auf -ich sind als Namen von Dorfwüstungen selten. In den Kreisen Monschau, Bonn, Prüm, Daun, Wittlich und Cochem fehlen sie überhaupt. Im Trierer Land sind fünf Beispiele vorhanden. Die Kreise Euskirchen und Schleiden weisen je zwei Beispiele, die Kreise Ahrweiler und Bitburg nur je eines auf. Ob alle diese Wüstungsnamen auf den römischen Typus der -acum-Namen zurückgehen, muß einer philologischen Prüfung jedes einzelnen Falles vorbehalten bleiben. Es ist bekannt, daß am Nordrand der Eifel Analogiebildungen zu echten -acum-Namen vorhanden sind, die sich teilweise schwer von den -acum-ON römischer Provenienz unterscheiden lassen. Immerhin wäre es im Trierer Land durchaus möglich, daß ON dieses Typs vorhanden sind, die sich von römischen Toponymen herleiten. In der Nordeifel wurde diese Frage besonders am Beispiel Mechernich untersucht, weil man auf diese Weise dem namenkundlichen Nachweis einer römischen Siedlung im Blei- und Eisenerzbergbaugebiet näherzukommen glaubte. Da einige der Dorfwüstungen mit ON auf -ich lokalisiert sind, steht einer archäologischen Prüfung dieses Problems nichts im Wege.

(2) Dorfwüstungen mit Ortsnamen auf -ingen

Zu den selten bei Dorfwüstungen auftretenden ON gehört auch der Namentypus auf -ingen. Seine Zugehörigkeit zur Siedlungsschicht der fränkischen Landnahme wird heute im Grundsatz nicht mehr bestritten. Die Verteilung dieses ON-Typs auf die einzelnen Kreise ist unterschiedlich: Nur vier Kreise, Daun, Ahrweiler, Bitburg und Wittlich, kennen ihn bei Dorfwüstungen. Dabei steht der Kreis Bitburg mit 6 Beispielen an der Spitze. Dies mag unter anderem auch daran liegen, daß das Bitburger Land eine ungewöhnliche Blüte dieses Grundwortes zeigt. Unter den -ingen-Wüstungen befindet sich auch Alt-Bettingen (BIT 6), ein Ort, der in fränkischer Zeit Mittelpunkt eines großen Pfarrbezirkes war und damit so etwas wie die Rolle eines zentralen Ortes einnahm[162]. Viele dieser Orte sind auch sehr früh urkundlich belegbar, z. B. Badelingen (BIT 28) bereits 690, allerdings in einer gefälschten Urkunde. Andere hingegen werden so spät erwähnt, daß der Verdacht auf eine junge Analogiebildung nicht von der Hand zu weisen ist, z. B. Nüdingen (BIT 46) im Jahre 1270, Petingen (BIT 71) Anf. 17. Jahrhundert, Balkesingin (BIT 83) im Jahre 1193, Haldingen (BIT 93) im Jahre 1472, Gundelingen (DAU 100) im Jahre 1218 und Reiflingen (WIL 86) im Jahre 1346. Die im hohen und späten Mittelalter erwähnten Orte müssen nicht alle erst in dieser Zeit begründet worden sein, doch fehlen vorerst urkundliche Belege für ihr hohes Alter. Ein guter Teil der Dorfwüstungen auf -ingen gehört in der Eifel dennoch zweifelsfrei zur altfränkischen Siedlungsschicht. Um so bemerkenswerter ist es, daß auch unter diesen sehr alten Siedlungen Wüstungen zu finden sind, und daß ein Ort wie Alt-Bettingen, der in bester Siedlungslage begründet worden war, aufgegeben wurde.

(3) Dorfwüstungen mit Ortsnamen auf -heim

Eines der überraschenden Ergebnisse besteht in dem ungewöhnlich hohen Anteil, den ON auf -heim mit 75 Dorfwüstungen einnehmen. Kein ON-Typ der hochmittelalterlichen Rodungsperiode nimmt in diesem Umfang am Wüstungsprozeß teil.
Die geographische Verteilung dieses ON-Typs ist sehr unterschiedlich. Daß im Monschauer Land keine Wüstung mit -heim-ON auftritt, erscheint angesichts seines Charakters als einer spät gerodeten Siedlungslandschaft kaum verwunderlich. Auch unter den resistenten Dörfern ist hier kein ON auf -heim. Die Namen der wenigen nachweisbaren Dorfwüstungen gehören sämtlich zur Gruppe der späten Rodungsnamen.

---

[162] Über Alt-Bettingen (BIT 6) unten S. 119 ff. ausführlich.

Zahlreiche Dorfwüstungen auf -heim finden sich dagegen in den Kreisen Düren (13 Stück), Euskirchen (12 Stück) und Bonn (15 Stück). Große, alte Siedlungen mit ON auf -heim gehören zum typischen Siedlungsbild auf den Lößplatten dieser drei Kreise. In den Randgebieten der Eifel aber nimmt die Zahl der -heim-ON ab. Etliche Dörfer mit ON auf -heim verfügen über fränkische Reihengräberfelder, so daß diese Siedlungsschicht, von wenigen späten Analogiebildungen abgesehen, im großen und ganzen der Merowingerzeit angehört[163]. Das gilt auch für die Wüstungen mit ON auf -heim.

Der Nachweis einer ganzen Wüstungsschicht unter den Siedlungen mit -heim-ON wird für die archäologische Erforschung der Merowingerzeit nicht ohne Folgen bleiben. Siedlungsgrabungen mußten bisher ausschließlich an zufällig entdeckten Fundplätzen dieser Zeit, wie in Neuwied-Gladbach, Kottenheim, Oberbillig und Haldern ansetzen, wobei stets Name und Stellung der Siedlungen im Gesamtzusammenhang des merowingerzeitlichen Siedlungsbildes unklar blieben. Nun aber bietet sich eine ganze Schicht von fränkischen Siedlungen mit ON auf -heim, aber auch auf -ingen und -dorf, zur archäologischen Erforschung an. Man wird auch die bisher wiederholt vorgetragene These modifizieren müssen, nach der sich die fränkische Altsiedlung nur deshalb archäologischem Zugriff entziehe, weil sie mit den heute noch bestehenden Großdörfern identisch sei, in denen spätere Bebauung alle alten Siedlungsspuren ausgetilgt habe. Die Wüstungen der altfränkischen ON-Typen bieten archäologischen Forschungen genügend Ansatzpunkte.

Wüstungen mit -heim-ON besitzen auch die Kreise Ahrweiler, Bitburg und Cochem in bedeutender Zahl. Beim Kreis Bitburg leuchtet das wegen seines großen altfränkischen Siedlungsbestandes ein. In den Kreisen Ahrweiler und Cochem kommen -heim-ON in waldfreien, mit guten Böden ausgestatteten Offenlandschaften vor, nicht hingegen in den Wald- und Berggebieten. Analog verhalten sich die -heim-Wüstungen. Im Trierer Land spielen Dorfwüstungen auf -heim nur eine geringe Rolle, obgleich die Arbeit K. Böhners[164] auf Grund der Bodenfunde hier intensive fränkische Besiedlung nachweist. Sie ist aber nicht allein an die altfränkischen ON gebunden, sondern sie erscheint immer wieder auch in Orten mit vorgermanischen, gallo-römischen ON. Dem entspricht, daß im Trierer Land allein 22 ON von Dorfwüstungen der gallo-römischen ON-Schicht angehören. Ähnlich verhält sich der Kreis Wittlich, wo 12 Wüstungsnamen dem vorgermanischen Altbestand zuzuordnen sind.

Ungewöhnlich gering ist der Kreis Prüm an Dorfwüstungen auf -heim beteiligt. Hier gibt es nur eine Wüstung mit diesem Grundwort, was dem sehr geringen Gesamtbestand an -heim-ON entspricht. Die Altnamen werden hier durch die ON auf -dorf repräsentiert, unter denen auch 6 Wüstungen zu verzeichnen sind.

---

[163] Daß die Verbreitung fränkischer Reihengräberfelder und von Ortsnamen mit dem Bestandteil -heim am mittleren und niederen Rhein im wesentlichen die gleichen Gebiete als Schwerpunkte aufweist, ist seit langem bekannt; vgl. N. Kyll, Siedlung, Christianisierung und kirchliche Organisation der Westeifel. Rhein. Vjbll. 26, 1961, 1–241. – Ferner: W. Janssen (wie Anm. 109) 310 ff. mit Karte 11.

[164] K. Böhner, Trierer Land Karte 1.

(4) Dorfwüstungen mit Ortsnamen auf -dorf

Mit 75 Stück ist die Schicht der -dorf-Wüstungen ebenso stark vertreten, wie die der Wüstungen auf -heim. Diese Feststellung betrifft die Verhältnisse im Untersuchungsgebiet als Ganzem.

In den einzelnen Kreisen unterscheiden sich die Zahlen teilweise erheblich. Einige Kreise haben mehr Wüstungen mit -dorf-Namen als solche mit -heim-Namen, so Schleiden, Prüm, Daun, Ahrweiler, Bitburg, Wittlich. Nur in den Kreisen Düren, Euskirchen, Cochem und Trier übersteigt die Anzahl der ON auf -heim die auf -dorf. Verstehen wir das Auseinanderklaffen der Zahlen bei diesen beiden ON-Typen recht, so spiegelt sich in ihnen ein gewisser zeitlicher Unterschied in der siedlungsmäßigen Erschließung. Am Kreisgebiet von Daun ging die Rodungsperiode mit den -heim-ON offenbar ziemlich spurlos vorüber. Es wurde später aber um so stärker von den Gründungen auf -dorf erfaßt. Entsprechendes gilt für die Kreise Schleiden, Prüm, Bitburg, Ahrweiler und Wittlich. Umgekehrt prägten die Siedlungen auf -heim die Kreise Düren, Euskirchen und Cochem entscheidend. Der Siedlungsbestand erfuhr danach nur eine begrenzte Ergänzung durch Gründungen auf -dorf.

(5) Dorfwüstungen mit Ortsnamen auf -hausen

Anders als in Hessen oder Niedersachsen ist der Ursprung der -hausen-ON in Eifel und Hunsrück als Bezeichnung für Einzelhöfe noch kenntlich geblieben. Während im rechtsrheinischen Mittelgebirge das Grundwort -hausen auch bei Siedlungen erscheint, die von Anfang an als Dörfer gegründet wurden, bezeichnete es im Rheinland ursprünglich Einzelhöfe, aus denen sich dann im Zuge eines inneren Siedlungsausbaus kleine weilerähnliche Siedlungen entwickelten. Derartige Fälle häufen sich in den Kreisen Daun und Cochem. Im übrigen aber bleibt die Schicht der -hausen-Wüstungen im Untersuchungsgebiet dünn, z. B. in den Kreisen Euskirchen, Prüm, Daun, Ahrweiler, Bitburg, Wittlich, Trier, oder aber sie fehlt ganz, wie in den Kreisen Monschau, Schleiden, Bonn und Düren.

(6) Dorfwüstungen mit Ortsnamen auf -weiler

Die -weiler-ON geben im Rahmen siedlungskundlicher Studien stets besondere Probleme auf. Denn das Grundwort -weiler erscheint nicht nur als Siedlungsname, sondern mindestens ebenso häufig auch als Flurname[165]. Eine Entscheidung für die eine oder die andere Möglichkeit läßt sich vielfach nicht herbeiführen. Die 15 nachweisbaren Dorfwüstungen mit ON auf -weiler sind als Siedlungsnamen absolut gesichert; -weiler-Namen, bei denen auch nur ein geringer Verdacht auf Flurnamen vorlag, wurden eliminiert.

Die 15 -weiler-Dorfwüstungen bilden mithin eine Mindestzahl. Ihre tatsächliche Gesamtzahl kann noch höher gelegen haben.

Daß -weiler-ON und -Flurnamen keineswegs in jedem Fall eine Siedlungskontinuität zwischen römischer Villa rustica und frühmittelalterlicher Siedlung anzeigen, wie dies früher angenommen wurde[166], ist inzwischen allgemein anerkannte Auffassung. Den-

---

[165] Vgl. H. Dittmaier, Rheinische Flurnamen (Bonn 1963) unter 'Weiler'.
[166] Ein Teil der älteren Literatur zum -weiler-Problem verzeichnet H. Dittmaier (wie Anm. 165) 338.

noch sollte eine solche Möglichkeit in Gebieten mit starker römisch-fränkischer Kulturkontinuität nicht gänzlich ausgeschlossen werden. Die Wüstungen mit -weiler-ON gestatten es, solche möglichen Zusammenhänge auch archäologisch nachzuprüfen. Da -weiler-ON sich links- und rechtsrheinisch im Mittelalter reich entfalteten, dürfte in der Mehrzahl aller Fälle aber keine römisch-fränkische Siedlungskontinuität zu erwarten sein.

(7) Dorfwüstungen mit Ortsnamen auf -hoven

Mit 18 Beispielen sind die Dorfwüstungen auf -hoven etwa gleich stark vorhanden wie die auf -hausen. Dabei stellt sich heraus, daß die Kreise Bonn und Ahrweiler allein 17 der 18 Beispiele beherbergen. Sie bilden ein Zentrum der Siedlungen auf -hoven, und daher erreichen auch die Wüstungen dieser Siedlungsgruppe hier einen hohen Anteil. In diesen beiden Kreisen liegen deutliche Hinweise darauf vor, daß die Siedlungen auf -hoven in karolingischer Zeit als Einzelhöfe begannen und erst später zu kleinen Weilern heranwuchsen, wie im Falle von Givvekoven (BN 105).

(8) Dorfwüstungen mit Ortsnamen auf -rode/-rath

Mit 29 Beispielen erscheint dieser ON-Typ unter den Grundwörtern der jüngeren Rodungsnamen am häufigsten. Die einzelnen Kreise folgen in der nachstehenden Ordnung aufeinander: Ahrweiler und Wittlich je 5 Beispiele, Prüm und Daun je 3 Beispiele, Schleiden und Bitburg je 3, Euskirchen und Trier je 2 und schließlich Monschau 1 Exemplar. In den Kreisen Düren, Bonn und Cochem sind überhaupt keine Wüstungen mit diesem Grundwort nachzuweisen. Die Verbreitung der ON auf -rode/-rath darf ohne weiteres als Charakteristikum für eine spätererschlossene Siedlungsstruktur gelten. Insofern spiegeln die Wüstungen mit ON auf -rode/-rath durchaus die Gesamtsituation der Besiedlung eines Kreises wider.

(9) Dorfwüstungen mit Ortsnamen auf -scheid

Von den späten ON-Typen verdienen auch die auf -scheid eingehende Betrachtung, weil sie mit 26 Beispielen fast ebenso häufig wie die Wüstungsnamen auf -rode/-rath vertreten sind. Die Kreise Prüm und Ahrweiler erbringen die größten Zahlen an Dorfwüstungen mit -scheid-ON. Es folgt dann der Kreis Bitburg. In den Kreisen Düren, Schleiden, Euskirchen, Bonn und Cochem fehlen Wüstungen auf -scheid. Bei den Namen auf -scheid dürfte eine gewisse Ungenauigkeit der Erhebungen eingetreten sein, weil in einigen Fällen nicht zu entscheiden war, ob es sich um eine Wüstung oder nur um einen Flurnamen auf -scheid handelt[167]. Zweifelhafte Fälle wurden in den Statistiken nicht berücksichtigt, doch könnten einige der weggelassenen Namen durchaus noch Wüstungen bezeichnen.

(10) Dorfwüstungen mit Ortsnamen auf -hagen/-hahn

Von den ON-Typen der späten Rodungsperioden verlangen nur noch die auf -hagen einige Erläuterungen; die Anteile der übrigen Rodungsnamen gehen aus Tabelle 6 her-

---

[167] Zu den -scheid-Namen als Stellenbezeichnungen vgl. H. Dittmaier, Siedlungsnamen und Siedlungsgeschichte des Bergischen Landes. Zeitschr. d. Berg. Geschichtsver. 74, 1956, 258 f. – Ders., Rheinische Flurnamen (wie Anm. 165) unter 'Scheid'. – W. Jungandreas, Das Problem der Namen auf -scheid. Kurtrierisches Jahrb. 1962, 96–103.

vor. Die ON auf -hagen spielen links des Rheins bei weitem nicht die Rolle, die sie z. B. im Westerwald und im Bergischen Land innehaben. Die Anzahl der ON auf -hagen oder der Simplices dieses Typs ist sehr gering. Dieser ON tritt linksrheinisch gar nicht als eigene Siedlungsperiode in Erscheinung, wie dies etwa in Hessen oder Südniedersachsen der Fall ist. Bei den resistenten Orten sind in der gesamten Eifel nur drei Beispiele zu verzeichnen (Tabelle 7). Ihnen stehen vier Wüstungen auf -hagen gegenüber.
Die in Tabelle 6 zusammengestellten Zahlen, mit denen die einzelnen ON-Typen an den Dorfwüstungen partizipieren, lassen folgende Tendenzen erkennen: Kein ON-Typ fehlt unter den Dorfwüstungen. Die jeweiligen ON-Typen sind aber verschieden häufig.
Die vier häufigsten ON-Typen sind die ON auf -heim mit 75 Dorfwüstungen, die ON auf -dorf mit 75 Dorfwüstungen, die ON auf -rode/-rath mit 29 Dorfwüstungen und die ON auf -scheid mit 26 Dorfwüstungen.
Die vier am wenigsten vertretenen ON-Typen sind die auf -hagen (4 Dorfwüstungen), -berg (9), -ingen (10) und -ich (11). Die geographische Verbreitung der Wüstungen jedes ON-Typs zeigt dort Wüstungsschwerpunkte, wo auch die resistenten Siedlungen des gleichen ON-Typs konzentriert auftreten.

2.4.3 Analyse in Prozentwerten

Tabelle 7 (S. 96) enthält die resistenten Siedlungen nach den ON-Typen.
Die in der rechten Seite für jeden ON-Typ ausgeworfenen Summen müssen nach der oben angegebenen Formel für die Wüstungstendenz mit den entsprechenden Werten bei den Dorfwüstungen (Tabelle 6, rechte Spalte) verglichen werden. Daraus ergeben sich Prozentwerte, welche die Wüstungstendenz für jeden ON-Typ repräsentieren. Diese Werte lauten wie folgt:

1. ON auf -hagen	57,1%	8. ON auf -feld	24,1%
2. ON auf -hausen	44,7%	9. ON auf -scheid	21,3%
3. ON auf -heim	35,9%	10. ON auf -berg	19,2%
4. ON auf -hoven	34,6%	11. ON auf -bach	18,6%
5. ON auf -dorf	31,2%	12. ON auf -ingen	15,6%
6. ON auf -rode/-rath	27,4%	13. ON auf -ich	11,8%
7. ON auf -weiler	24,2%		

Bei den unter 'Sonstige' zusammengefaßten Dorfwüstungen wurden von 616 Orten 116 wieder wüst. Das sind 18,8%.

Diese Werte sprechen für sich. Sie entwerfen ein Gesamtbild, das in mancher Hinsicht bisherige Vorstellungen verändert. Die auf Platz 1 liegenden ON auf -hagen bleiben im folgenden außer Betracht, weil ihr Anteil nur auf Grund sehr weniger Siedlungen errechnet wurde. Bereits eine Wüstung auf -hagen mehr würde den Prozentsatz stark verändern. Auf Platz 2 steht mit den -hausen-ON ein Typ der Rodezeit des 9./10. Jahrhunderts an führender Stelle der Wüstungsbildung. Die folgenden Plätze 3–5 belegen ON-Typen der fränkischen Altsiedlung, deren Wüstungsraten stets höher als 30% liegen. Zu ihnen gehören auch noch die -weiler-ON auf Platz 7. Auf den Plätzen

	MON	DN	SLE	EU	BN	PRÜ	DAU	AW	BIT	WIL	COC	TR	Summa
-ich	3	13	2	26	5	5		2	6	3	7	10	82
-ingen			1	3	1		3	7	8	18	4	3	6	54
-heim			21	17	31	15	10	2	5	19	6	4	4	134
-dorf	1	7	13	5	35	7	11	14	25	3	3	6	130
-weiler			6	1	6		2	3	7	6	6	1	9	47
-hoven	1	3	1	3	18			7				1	34
-hausen			2	2	1		5	4		9		3		26
-rode/rath	5	6	9	7	3	11	8	6	4	6	4	8	77
-scheid	5		14	5		37	6	9	7	7		6	96
-berg	2	2	10	5	6	2	4	4	1		1	1	38
-bach	3	4	8	1	3	12	6	18	10	7	4	3	79
-feld			1	4	1	2	17	4	4	2	7		2	44
-hagen			2		1								3
Sonstige	20	39	49	30	18	44	47	53	54	35	44	67	500

Tabelle 7: Die bestehenden Dörfer nach den Ortsnamentypen
(Auszählung nach Kartengrundlage der Übersichtskarte)

6, 8, 9–11 folgen dann ON-Typen der Rodungsperiode, von denen keiner die 30%-Wüstungsrate überschreitet. Am Schluß finden sich schließlich zwei ON-Typen der ältesten nachrömischen Siedlungsschicht, die ON auf -ingen und die auf -ich. Beide wurden nur unwesentlich von Wüstungen betroffen.

Damit zeichnet sich in der Eifel folgendes allgemeines Ergebnis ab: An der Wüstungsbildung nehmen sowohl die ON der fränkischen Altsiedlung als auch solche der hochmittelalterlichen Rodung führend teil. Eine einseitige und verstärkte Wüstungsbildung im Bereich der Rodungssiedlung ist nirgends zu beobachten. Dorfwüstungen bilden sich sowohl innerhalb der merowingisch-karolingischen Altsiedlung als auch innerhalb der hochmittelalterlichen Rodung. Das anderswo beobachtete Vorherrschen der Wüstungsbildung unter den Rodungssiedlungen[168] bestätigt sich in der Eifel nicht.

[168] Vgl. Anm. 160.

Damit aber ist zugleich der Nachweis erbracht, daß die Fehlsiedlung als Wüstungsursache[169] in der Eifel kaum eine Rolle gespielt haben kann; denn die Wüstungsbildung erfaßt nicht primär die 'schwachen' Siedlungen der Rodungsperioden, sondern gerade auch die 'starken' Niederlassungen der Altsiedlung. Auch in modifizierter Form kommt die Fehlsiedlung als Wüstungsursache nicht in Betracht: Es liegen im Untersuchungsgebiet nicht die geringsten Hinweise darauf vor, daß Krisen der spätmittelalterlichen Agrarwirtschaft etwa zu besonders häufigem Wüstwerden von Siedlungen der Rodungsperioden geführt hätten.

Der Nachweis, daß offensichtlich auch die merowingisch-karolingische Altsiedlung an der Wüstungsbildung partizipiert, steht in klarem Gegensatz zu älteren Auffassungen, wie sie z. B. von G. Schlüter[170] und anderen vertreten wurden. Demzufolge sollte ein ON-Typ um so jünger sein, je größer die Zahl der zu diesem Typ gehörenden Wüstungen sei. Den hier vorgetragenen rheinischen Befund bestätigen auch die Ergebnisse von J. Meyers[171], der in Luxemburg, das in mancher Hinsicht dem Bitburger Gutland ähnelt, die meisten Wüstungen in den altbesiedelten Lößbörden und Gutländern, nicht aber im bewaldeten Ösling nachweisen konnte. Wahrscheinlich hat A. Bach[172] recht, wenn er in dieser Frage landschaftlich differenzieren will. Für weite Teile des altfränkisch besiedelten, linksrheinischen Rheinlandes dürfte indessen das oben festgestellte Ergebnis, daß Altsiedlung und Rodungssiedlung etwa in gleicher Stärke an der Wüstungsbildung teilhaben, unbestritten sein, zumal es unabhängig von den hier vorgelegten Studien für das benachbarte und von ähnlichen landschaftlichen Bedingungen geprägte Luxemburg in gleicher Weise zutrifft.

2.4.4 Siedlungsgeschichtliche Analyse

Eine siedlungsgeschichtliche Interpretation der dargelegten Ergebnisse ergibt sich erst dann, wenn die einzelnen ON-Typen als Repräsentanten von Siedlungs- und Ausbauperioden aufgefaßt werden. Daß sie im großen und ganzen tatsächlich Siedlungsperioden widerspiegeln, lassen H. Dittmaiers Studien zur Siedlungsgeschichte des Bergischen Landes erkennen. Dittmaier unterscheidet unter anderem folgende, durch ON-Schichten definierte Siedlungsperioden des Bergischen Landes[173]:

Periode IIa: Fränkische Landnahme (im Bergischen 6. Jahrhundert):
    ON auf -heim, -ingen, -dorf.
Periode IIb: Frühfränkischer Ausbau (im Bergischen 7. Jahrhundert):
    ON auf -hoven, zweite -heim-Namenschicht, zweite -ingen-Namenschicht, zweite -dorf-Namenschicht.

---

[169] Zur Fehlsiedlung und zur sog. 'Zuchtwahl der Ortschaften' vgl. W. Abel (wie Anm. 35) 91 f.
[170] G. Schlüter, Die Siedlungen im nordöstlichen Thüringen (Berlin 1903) 150 ff. – Ähnlich bereits früher: W. Arnold, Ansiedlungen und Wanderungen deutscher Stämme, zumeist nach den Ortsnamen (Marburg/Lahn 1875, 2. Aufl. 1881) 14. – Zur Vorsicht gegenüber dem Standpunkt von W. Arnold mahnte bereits O. Behagel, Die deutschen Weiler-Orte. In: Wörter und Sachen 2, 1910, 48 f.
[171] J. Meyers, Studien zur Siedlungsgeschichte Luxemburgs. Beiträge zur luxemburgischen Sprach- und Volkskunde 5 (Berlin o. J.). – Ders., Beiträge zur luxemburgischen Flurnamenforschung. In: Vjbll. f. luxemburg. Sprachwissensch. NF 2, 1936, 23–33. – Ders., Rhein. Vjbll. 2, 1932, 231.
[172] A. Bach, Deutsche Namenkunde, Bd. 2,2: Die deutschen Ortsnamen (Heidelberg 1954) § 466 S. 116 ff.
[173] H. Dittmaier (wie Anm. 167) 293 ff.

Periode III: Karolingerzeitlicher Ausbau (im Bergischen 7./8. Jahrhundert):
ON auf -inghoven, -inghausen.
Periode IV: Innerer Landausbau (im Bergischen 9.–13. Jahrhundert):
ON auf -hausen (im Bergischen 9./10. Jahrhundert),
ON auf -rod, -scheid, -bach, -berg, usf. (im Bergischen 11. Jahrhundert und später).

Analog dazu sollen für die Eifel zwei Gruppen von ON-Typen herausgestellt werden, die wie folgt abzugrenzen sind:

Gruppe I: Merowingisch-karolingische Altsiedlung; entspricht den Perioden II und III nach Dittmaier für das Bergische Land; umfaßt die ON auf -ich, -ingen, -heim, -dorf, -weiler und -hoven.
Gruppe II: Hochmittelalterliche Rodung des 9.–13. Jahrhunderts; entspricht der Periode IV nach Dittmaier für das Bergische Land; umfaßt die ON auf -hausen, -rode/-rath, -scheid, -berg, -bach, -feld, -hagen.

Die Verteilung der Dorfwüstungen auf diese beiden Gruppen veranschaulicht die folgende Abbildung 4, welche die absoluten Zahlen wiedergibt. Von 685 Dörfern der Gruppe I (ON auf -ich, -ingen, -heim, -dorf, -weiler, -hoven) wurden 204 wüst (linke Säule). Von 484 Dörfern der Gruppe II (ON auf -hausen, -rode/-rath, -scheid, -berg, -bach, -feld, -hagen) wurden 121 wieder wüst.

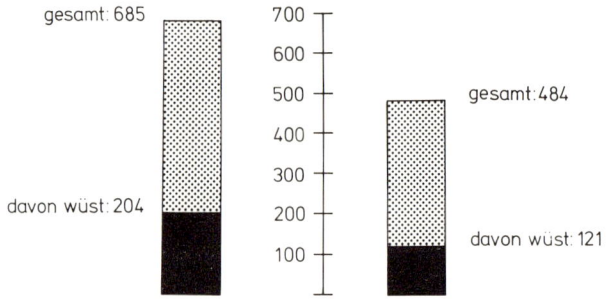

4 Die Verteilung der Dorfwüstungen auf die Ortsnamen der merowingisch-karolingischen Altsiedlung und der hochmittelalterlichen Rodungssiedlung in absoluten Zahlen.

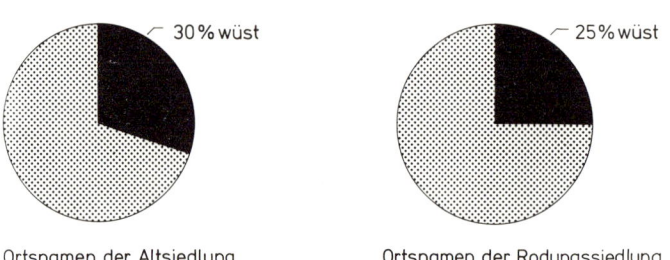

5 Die Verteilung der Dorfwüstungen auf die Ortsnamen der merowingisch-karolingischen Altsiedlung und der hochmittelalterlichen Rodungssiedlung in Prozenten.

In Prozentwerten ausgedrückt, zeigt das Diagramm in Abbildung 5 diese Verhältnisse. Danach wurden 30% aller Dörfer der merowingisch-karolingischen Altsiedlung (Gruppe I) wüst; jedoch erfuhren nur 25% aller Dörfer der hochmittelalterlichen Rodung dieses Schicksal. Die merowingisch-karolingische Altsiedlung ist nach dieser Rechnung um 5% stärker als die hochmittelalterliche Rodungssiedlung vom Wüstungsprozeß betroffen. Stellt man dabei die erwähnten methodischen Schwierigkeiten bei der Ermittlung der Altsiedlung in Rechnung, so ändert sich selbst bei sehr vorsichtiger Interpretation dieses Resultats im Sinne der Wüstungstendenz nichts an der Tatsache, daß merowingisch-karolingische Altsiedlung und hochmittelalterliche Rodungen etwa in gleicher Größenordnung am Wüstungsprozeß teilnehmen. Dieses Ergebnis zeigt etwas ganz Neues. Es besagt zunächst wenig für die Gliederung des zeitlichen Ablaufs der Wüstungsbildung. Es beleuchtet aber schlagartig das Problem der Wüstungsursachen. Denn nach dem Gesagten können im Untersuchungsgebiet nur solche Wüstungsursachen wirksam geworden sein, die nicht selektiv auf einzelne, sondern gleichmäßig auf alle Siedlungsschichten eingewirkt haben. Durch dieses Ergebnis wird die Suche nach den Wüstungsursachen von den partiellen, lediglich auf Teile der mittelalterlichen Besiedlung einwirkenden Ursachen, wie Fehlsiedlung oder Kriegen, weggeführt und auf die allgemeinen, alle Siedlungen gleichermaßen betreffenden Ursachen hingelenkt.

2.5 Wüstungen und Gemarkungsgrenzen

2.5.1 Allgemeines

Beim Durchsehen historischer Kartenwerke und alter Katasterunterlagen nach Ortswüstungen fiel gelegentlich auf, daß sich die Umrisse von Gemarkungen wüstgewordener Orte im Kartenbild noch abzeichneten. Sie erscheinen oft als Anhänge oder Erweiterungen von Gemarkungen heute noch bestehender Dörfer, denen sie offenkundig früher einmal zugeschlagen worden waren. Mit dieser Beobachtung eröffnete sich eine weitere Möglichkeit, den Ortswüstungen auf die Spur zu kommen, die mit anderen Methoden nicht aufzufinden waren. In vielen Fällen zeigten sich im Gelände überhaupt keine Spuren der Ortswüstung mehr, die sich aber auf Grund der Karten noch recht gut fassen ließen. Je mehr dieser Weg zur Auffindung von Ortswüstungen jedoch beschritten wurde, um so deutlicher traten seine Mängel und Grenzen hervor. Zunächst ergab sich, daß von den vielen hundert Ortswüstungen der Eifel nur ein verschwindend kleiner Teil im Kartenbild ablesbare Gemarkungsumrisse besaß. Die weitaus größere Zahl der Ortswüstungen hatte solche Grenzen nicht mehr bewahren können. Das Erkennen von Ortswüstungen auf diesem Wege gelingt demnach im Bereich des hier gewählten Untersuchungsgebietes nur selten, und es darf schon als Besonderheit gelten, wenn sich eine Wüstungsgemarkung bis in die neuzeitlichen Kartenwerke hinein als klar abgegrenztes Gebiet erhielt.

Dieser Befund spricht, daran kann es keinen Zweifel geben, dafür, daß die Ortsgemarkungen, zumindest im Untersuchungsgebiet, im Laufe der vielen Jahrhunderte erheblichen Wandlungen unterlagen, in deren Verlauf Größe und Form der Gemarkungen sich wiederholt änderten. Eine Überraschung könnte dieses Ergebnis an sich nicht be-

deuten, wenn es nicht Autoren gäbe, die im Gegensatz dazu eine über viele Jahrhunderte währende Konstanz der Gemarkungsgrenzen und -größen vertreten[174].
Die Entstehung und das geschichtliche Schicksal der Ortsgemarkungen und ihrer Grenzen können hier nicht im einzelnen untersucht werden. Gleichwohl sind einige grundsätzliche Bemerkungen zu diesem Problemkreis erforderlich, ehe der Sonderfall der Wüstungsgemarkungen zur Sprache kommt. Unter einer Gemarkung wird in der Literatur die Gesamtheit der zu einem Dorf gehörenden Ländereien unter Einschluß der Gemeinheiten (Allmende, Gemeindewald) verstanden. In diesem Sinne bilden die mittelalterlichen Gemarkungen den äußeren Rahmen, in dem sich die individuelle Besitzgliederung des innerhalb der Gemarkung verfügbaren Wirtschaftslandes vollzieht. Gleichzeitig regeln die Dorfbewohner innerhalb der Gemarkung die Bewirtschaftung ihres Landes. Aufteilung und Nutzung einer Gemarkung ergeben sich im wesentlichen aus dem Wechselspiel von individuellen Besitzrechten und gemeinschaftlich organisierten Nutzungsverfahren, wie etwa Dreifelder-, Dreizelgen-Wirtschaft, Flurzwang usw. Daher bildet die Gemarkung nicht nur ein äußeres, raumparzellierendes Gefüge, sondern sie setzt zugleich auch bestimmte rechtliche Organisationsformen unter den Beteiligten, den Markgenossen, voraus. R. Kötzschke hat mit Recht darauf hingewiesen, daß die Gemarkung, die er Ortsflur nennt, nur ein Abgrenzungsprinzip unter zahlreichen anderen Organisationsformen der Landgemeinde, wie etwa der Gemeinde als politischem Bezirk, als Selbstverwaltungseinheit, als Steuerbezirk, als Gerichtsbezirk, als Kirchspiel usw., darstellt[175]. Daraus ergibt sich von selbst, daß die verschiedenen Organisationsformen, die die Landgemeinde im Laufe der Zeit ausgebildet hat, einander beeinflussen und durchdringen können. Auch die Gemarkung (Ortsflur) wurde davon betroffen. R. Kötzschke nimmt angesichts so vielfältiger gestaltender Kräfte, die das Schicksal der Gemarkungen mitbestimmten, eine kritische Haltung zur Frage der Stabilität von Gemarkungsgrenzen und -größen ein. Dieser Standpunkt findet durch die Befunde aus der Eifel vielfältige Unterstützung.
Sieht man nun die Gemarkungsformen und -grenzen des Untersuchungsgebietes durch, so fallen immer wieder zwei Prinzipien ins Auge, die Gestalt und Größe von Gemarkungen bestimmen:
(1) Die Bedingungen der Landschaft, des Naturraumes, an dessen natürliche Leitlinien – Flüsse, Gebirgskämme, Seeufer, Schluchten, Wasserscheiden, Täler und ähnliches – sich die Gemarkungsgrenzen anlehnen. Diese naturräumlichen Faktoren wirkten bei Bildung und Erhaltung von Gemarkungsgrenzen über lange Zeit hinweg stets in der gleichen Weise. Sie stellen ein Element der Beständigkeit dar, welches auf die Dauer eine Stabilität von Gemarkungsgrenzen hervorbrachte. Dementsprechend läßt sich zeigen, daß Gemarkungsgrenzen, die naturgegebene Leitlinien aufgreifen, ungewöhnlich konstant waren[176]. Wenn allein die Faktoren des Naturraumes die Gestalt

---

[174] So beispielsweise F. v. Thudichum, Über ein neues Verfahren zur Herstellung historischer Karten. Korrespondenzbl. d. Gesamtver. d. deutschen Altertumsver. 39, 1891, 137 ff. – Skeptisch äußert sich zur Stabilität von Gemarkungsgrenzen W. Fabricius, Über die Stabilität der Gemarkungsgrenzen. Korrespondenzbl. d. Westdeutschen Zeitschr. f. Gesch. u. Kunst 19, 1900, Sp. 183–189.

[175] R. Kötzschke, Ortsflur, politischer Gemeindebezirk und Kirchspiel. Ein Beitrag zur Gemarkungsgrenzfrage. Deutsche Geschichtsbll. 3, 1902, 273–295.

[176] W. Hartke, Gliederung und Grenzen im Kleinen. In: Erdkunde 2, 1948, 174 ff. – H. Jäger, Zur Geschichte der deutschen Kulturlandschaften. Geogr. Zeitschr. 51, 1963, 106 ff., 120 ff.

der Gemarkungen bestimmt hätten, so wäre grundsätzlich mit großer Stabilität derselben zu rechnen. Aber das ist nicht der Fall.
(2) Zu den naturgegebenen Faktoren kommen die vom siedelnden und wirtschaftenden Menschen während vieler Jahrhunderte geschaffenen Voraussetzungen und Bedingungen, die auf die Veränderung älterer Gemarkungsformen und -größen gerichtet waren. Die Wandelbarkeit wurde dadurch zum Schicksal der Gemarkungen. Nur der planende Wille der Kolonisatoren war z. B. in der Lage, die Gemarkungen der Altsiedlungen so zu verändern, daß aus ihnen auch für die später gegründeten Rodungssiedlungen noch eigene Gemarkungen geschneidert werden konnten. Wo die Gemarkung einer Rodungssiedlung nicht vollständig auf neugerodetem, ehemaligem Waldland ausgelegt werden konnte, mußte sie, wie beim inneren Landausbau vielfach nachzuweisen, aus den Altgemarkungen herausgetrennt werden. Aber auch das Schicksal von Gemarkungen wüstgewordener Siedlungen wurde immer wieder durch den bewußt planenden Menschen bestimmt. Ob eine Wüstungsgemarkung unter den Anliegern aufgeteilt oder als ganze einer einzigen Nachbargemarkung zugeschlagen wurde, mußte in jedem Falle neu entschieden werden.
Stellt man die Frage, welches der beiden skizzierten Gestaltungsprinzipien in der Eifel auf die Dauer stärker war, so deutet die geringe Zahl an alten Gemarkungen, die hier erhalten geblieben sind, auf das Vorherrschen der verändernden Bedingungen hin. Sowohl bei den Wüstungsgemarkungen als auch bei den Gemarkungen noch bestehender Dörfer überwiegen die auf Änderung und Wandlung gerichteten Entwicklungen, die fast überall ältere Gemarkungsformen und -grenzen ausgelöscht haben. Dies mag um so erstaunlicher erscheinen, als die Eifel ja von ihrer morphologischen Gestalt her zahlreiche natürliche Leitlinien, an die sich die Gemarkungsgrenzen hätten anlehnen können, bereithält. Aber sie vermochten offensichtlich nur wenig im Sinne einer Stabilität der Gemarkungsgrenzen zu bewirken.
Auf der Suche nach den Anfängen der Gemarkungen mittelalterlicher Dörfer im linksrheinischen Rheinland griff K. Schumacher auf die römische Zeit zurück, wenn er Dorfgemarkungen um Worms und Bingen in ihrer Grenzführung an römische Straßen und an das System der römischen Landvermessung anzuschließen versuchte[177]. Er setzte damit voraus, daß die Elemente der römerzeitlichen Landerschließung bis in die Zeit der fränkisch-alamannischen Landnahme auf ehemaligem Reichsboden fortdauerten und dann in die Gestaltung der Gemarkungen der germanischen Dörfer einflossen. Auch W. U. Guyan hält, wenn auch nur in einigen wenigen Fällen, für gesichert, daß römische Landlose die Bildung frühmittelalterlicher Gemarkungen bestimmten[178]. Damit scheint sich die Entstehung der Gemarkungen im frühen Mittelalter mit sehr frühen Elementen anthropogener Landschaftsplanung und Landschaftsgliederung – eben mit der römischen Landvermessung – zu verbinden. Da das hier gewählte Untersuchungsgebiet ebenfalls von bedeutenden römischen Fernstraßen durchschnitten wird, deren Verlauf zudem durch die Arbeiten von J. Hagen[179] und seiner Vorläu-

---

[177] K. Schumacher, Die Dorfgemarkung als frühgeschichtliche Bodenurkunde. Germania 5, 1921, 2–6. – Ders., Beiträge zur Siedlungs- und Kulturgeschichte Rheinhessens. Mainzer Zeitschr. 15/16, 1920/21, 7 f.
[178] W. U. Guyan, Die mittelalterlichen Wüstlegungen als archäologisches und geographisches Problem. Zeitschr. f. Schweizerische Gesch. 26, 1946, 465 ff. Einzelbeispiele; 473 Ergebnis.
[179] J. Hagen, Die Römerstraßen der Rheinprovinz (2. Aufl. Bonn 1931).

fer verhältnismäßig gut bekannt ist, läßt sich das Problem auch in der Eifel überprüfen, was allerdings in einer eigenen Untersuchung außerhalb dieser Studien zu geschehen hätte. Das Ergebnis kann hier nur summarisch vorgetragen werden. Überprüft man die an den römischen Straßen Köln-Bonn-Koblenz, Köln-Aachen, Köln-Trier, Köln-Neuss und Köln-Zülpich-St. Vith-Reims liegenden altfränkischen Orte und ihre Gemarkungen, so zeigt sich, daß diese römischen Fernstraßen nur selten die Gemarkungen begrenzen. In den meisten Fällen jedoch durchschneiden sie diese fast in der Mitte. Dann liegen, – das ist wegen der Weiterbenutzung der römischen Kunststraßen im frühen Mittelalter gar nicht anders zu erwarten –, die fränkischen Dörfer selbst an den alten Straßen. Die alten Ortslagen reihen sich geradezu wie die Perlen einer Kette an den römischen Straßen auf. Sie erhielten offenkundig ihre Verkehrserschließung durch die römischen Straßen, deren fortdauernde Benutzbarkeit im frühen Mittelalter die Voraussetzung für das Wachstum zahlreicher fränkischer Siedlungen darstellte. Wo einmal römischer Weg und Gemarkungsgrenze in einem gewissen Abschnitt zusammenfallen, wie bei der Westgrenze von Kallmuth (SLE) oder zwischen Merzenich und Sinzenich unweit Zülpich (EU), handelt es sich um bisher noch ungeklärte Ausnahmen, bei denen zu untersuchen wäre, wie weit die Identität der Linienführung historisch zurückreicht. Auch aus dem Trierer Land wären hierzu noch einige Beispiele beizutragen.

Allgemein aber ist festzustellen, daß im Untersuchungsgebiet nur sehr selten römische Fernstraßen als Gemarkungsgrenzen des Mittelalters nachzuweisen sind. Meistens stellen sie geradezu Leitlinien für die Anlage der fränkischen Ortslagen selbst dar und durchschneiden die zugehörigen Gemarkungen. Zu diesem Ergebnis gelangte auch H. Stoll, als er vor mehr als 40 Jahren die alamannische Landnahme und ihr Verhältnis zur römerzeitlichen Besiedlung im Oberen Gäu Württembergs untersuchte[180]. Die Vorstellung, die frühmittelalterlichen Gemarkungen seien in ihrer Mehrheit römerzeitlichen Ursprungs oder doch wenigstens nachhaltig von der römischen Landvermessung beeinflußt, bedarf, zumindest für das Rheinland nördlich der Mittelgebirgszone, einer grundsätzlichen Korrektur. Alle Versuche, Elemente der römerzeitlichen Landvermessung am Niederrhein in der frühmittelalterlichen Besiedlungsstruktur wiederzuerkennen, müssen heute als gescheitert gelten, weil es offenkundig dergleichen Zusammenhänge nicht gibt[181].

Die frühmittelalterlichen Gemarkungen im Rheingebiet nördlich des Schiefergebirges dürften also überwiegend nachrömisch entstanden sein. Dabei ist davon auszugehen, daß der Begriff 'marca' bereits in der frühen Karolingerzeit für unser Gebiet in Urkunden vorkommt. Er findet sich unter anderem 720 in der ersten Schenkung der Betrada für Prüm[182]. Für das ganze 9. Jahrhundert gibt es immer wieder Belege[183]. Da sie auch für das 10. Jahrhundert nachzuweisen sind[184], scheint die kontinuierliche Verwen-

---

[180] H. Stoll (wie Anm. 50) 68 ff.
[181] Zur römischen Landvermessung vgl. oben S. 20 ff. mit Anm. 44 und 51.
[182] MRUB I Nr. 8 S. 11. – Vgl. Katalog unter PRÜ 36.
[183] Für Rommersheim bei Prüm: Urkunde Kaiser Ludwigs des Frommen für das Kloster Prüm von 816 Nov. 8; vgl. Katalog unter PRÜ 74. – Für Bickendorf bei Bitburg: Schenkung der Ava für Echternach von 832/838; vgl. Katalog unter BIT 85. – Für Meckenheim bei Bonn: vgl. Katalog unter BN 186 zum Jahre 853.
[184] Anf. des 10. Jahrh.: Landerwerb eines gewissen Wolmar im Gebiet von Butzweiler zum Zwecke des Burgenbaus; vgl. TR 37.

dung des Terminus von der Karolingerzeit bis ins hohe Mittelalter hinein gesichert. Gleichwohl ist zu fragen, ob während dieses Zeitabschnitts die mit dem Begriff 'marca' bezeichnete Rechtssache die gleiche geblieben ist. Denn die karolingerzeitlichen Belege beleuchten eine Zeit, die vor den Rodungen des 9./10. Jahrhunderts liegt und in der das Netz der Siedlungen, verglichen mit dem hohen Mittelalter, noch verhältnismäßig weitmaschig war. Erst die hochmittelalterlichen Rodungen führten zu einer erheblichen Verdichtung der Siedlungen und damit auch zu einer Veränderung des bis dahin gültigen Gefüges der Gemarkungen. Ins einzelne gehende Untersuchungen, die hier nicht in ganzer Breite vorgetragen werden können, zeigen, daß aus sehr alten Gemarkungen merowingerzeitlicher Siedlungen später kleinere Marken von jüngeren Rodungssiedlungen herausgetrennt oder daß alte Gemarkungen später aufgeteilt wurden oder daß in den Leergebieten, die teilweise zwischen den verstreut liegenden merowingerzeitlichen und karolingischen Siedlungen bestehen geblieben waren, später die Marken jüngerer Rodungssiedlungen Gestalt gewannen. Größe und Form der Gemarkungen von Rodungssiedlungen des 10.–12. Jahrhunderts beweisen aber auch, daß die jüngeren Siedlungen auf ein älteres Gefüge von Gemarkungen Rücksicht nehmen mußten. Für die hochmittelalterliche Kolonisation, vor allem für die Binnenkolonisation in altbesiedelten Räumen, stellten nicht nur die älteren Siedlungen selbst, sondern auch ihre Gemarkungen vorgegebene Zwänge dar, mit denen man sich abzufinden hatte. Auf diese Weise entstanden die vielen deformierten Gemarkungen jüngerer Siedlungen, die lediglich als noch nicht genutzte Reste des einst im Überfluß vorhandenen Siedlungslandes aufzufassen sind. Es ist bekannt, daß in diesem Zusammenhang auch die Lage einer Siedlung innerhalb ihrer Gemarkung deutliche Hinweise auf ihr Alter bieten kann. Bei den altfränkischen Siedlungen überwiegt zahlenmäßig die zentrale Lage des Ortes innerhalb seiner Gemarkung; jüngere Siedlungen hingegen fallen häufig durch die exzentrische Lage des Ortes innerhalb der Gemarkung auf. Diese erst jüngst für Südengland modellhaft untersuchten Lageverhältnisse von Siedlungen innerhalb ihrer Kirchspiele oder Marken[185] lassen sich auch in dem hier behandelten Gebiet nachweisen.

Für das Untersuchungsgebiet scheint demnach festzustehen, daß die alten merowingerzeitlichen Siedlungen, die in der karolingischen Überlieferung als 'marca' gekennzeichnet sind, tatsächlich über einen topographisch und wohl auch rechtlich abgegrenzten Bezirk verfügten, der die Gesamtheit aller von den Bewohnern dieser Siedlung land- und forstwirtschaftlich genutzten Flächen umfaßte. Der früher bereits angeführte Beleg für Butzweiler (TR)[186] gestattet auch den Schluß, daß innerhalb einer solchen Gemarkung mehrere Wohnplätze liegen konnten. In dieser Fassung bildet die karolingische 'marca' ohne Zweifel den Vorläufer der hochmittelalterlichen Gemarkungen. Unbeschadet ihrer inneren Struktur, die durch gemeinschaftlich genutzte Stücke (Allmenden) oder Einzelbesitz, durch Besitz verschiedener Grundherrschaften und ähnliches bestimmt werden kann, verkörpert diese karolingerzeitliche Gemarkung bereits die Gesamtheit des kultivierten Landes einer Siedlung in deutlichem Gegensatz zu den Waldungen, die eine Siedlung von der Nachbarsiedlung trennen und

---

[185] A. Ellison, J. Harris, Settlement and land use in the prehistory and early history of southern England: a study based on locational models. In: Models in Archaeology, hrsg. v. D. L. Clarke (London 1972) bes. 941 ff.
[186] Vgl. Anm. 184.

die, abgesehen von den Rändern, noch ungenutzt daliegen. Insofern kann also für das hier behandelte Gebiet bereits für die spätmerowingisch-karolingische Zeit von der Existenz von Gemarkungen ausgegangen werden.

Größe und Form dieser Altgemarkungen unterlagen in der Folgezeit Veränderungen, die hauptsächlich durch drei Faktoren bewirkt wurden:

a) Durch das Anwachsen der Bevölkerung in den Altsiedlungen, das für die Merowingerzeit durch den Anstieg der Belegungsziffern auf den Reihengräberfeldern während des 7. Jahrhunderts nachgewiesen wurde und das sich auch in karolingischer Zeit unverändert fortsetzte. Höhere Bevölkerungszahl in den Altsiedlungen bedingte zugleich ein Anwachsen der Höfezahl und damit eine Ausweitung der Wirtschaftsflächen, also eine Vergrößerung der alten Marken.

b) Durch die Binnenkolonisation, die die noch siedlungsfrei gebliebenen Gebiete zwischen den Altsiedlungen in Anspruch nahm. Sie führte dazu, daß sich zwischen die Marken der Altsiedlungen die der neubegründeten Rodungssiedlungen schoben, daß sich also die Gesamtzahl der Marken eines Gebietes erhöhte.

c) Durch frühe Wüstungsvorgänge, wie sie sich auf Grund der archäologischen Siedlungsforschung bereits für das erste Jahrtausend abzeichnen[187]. Die Wirtschaftsgebiete dieser frühen Wüstungen müssen ja entweder von den benachbarten Altsiedlungen oder aber von neuentstehenden Siedlungen der Rodungsperioden übernommen worden sein, sofern sie nicht verwaldeten.

Von langfristiger Wirkung auf Größe und Form mittelalterlicher Gemarkungen waren vor allem der Bevölkerungsanstieg und die Binnenkolonisation. Sie erzwangen spätestens im 12. Jahrhundert, wahrscheinlich aber schon während des 10. und 11. Jahrhunderts, die lineare Abgrenzung von Gemarkungen, die nunmehr erforderlich wurde, weil sich die Ansprüche der zahlenmäßig stark angewachsenen Siedlungen in dem gleich groß gebliebenen Siedlungsraum zu überschneiden begannen. Bei geistlichen Besitzungen oder Fiskalbesitz bestehen Tendenzen zu linearer Abgrenzung bereits seit dem 9./10. Jahrhundert, wie die Hammelburger[188] und die Würzburger Markbeschreibungen[189] und verwandte Dokumente[190] deutlich werden lassen. Die Herausbildung linearer Gemarkungsgrenzen muß im übrigen als Teilprozeß der zwischen dem 10. und 12. Jahrhundert verlaufenden Entwicklung linearer politischer oder kirchlicher Grenzen gesehen werden, wie sie in allen Teilen des mittelalterlichen Reiches zu beobachten ist[191]. Aufschlüsse über den Entwicklungsgang, den hochmit-

---

[187] Vgl. oben S. 8 ff.

[188] W. Braune (Hrsg.), K. Helm (Bearb.), Althochdeutsches Lesebuch (12. Aufl. Tübingen 1952) 6 und Nachweisungen 138.

[189] Braune, Helm (wie Anm. 188) 7 f., 139.

[190] Hier ist z. B. an die frühen Marken des 8./9. Jahrhunderts zu denken, wie sie etwa im Codex Laureshamensis überliefert werden; vgl. K. Glöckner, Codex Laureshamensis (1933 ff.).

[191] H. Helmold, Die Entwicklung der Grenzlinien aus dem Grenzsaum im alten Deutschland. Histor. Jahrb. d. Görres-Gesellschaft 17, 1896, 235–264. – Im Zusammenhang mit dem Limes Saxoniae in Schleswig-Holstein: C. Matthiessen, Der Limes Saxoniae. Zeitschr. d. Ver. f. Schleswig-Holsteinische Gesch. 68, 1940. – Fr. Engel, Die mittelalterlichen 'Mannhagen' und das Problem des Limes Saxoniae. Bll. f. deutsche Landesgesch. 88, 1951. – K. W. Struwe, Die slawischen Burgen in Wagrien. Offa 17/18, 1961, 57–108. – A. Timm, Siedlungs- und Agrargeschichte Mitteldeutschlands (1956) 70 f. – Ders., Thüringisch-sächsische Grenz- und Siedlungsverhältnisse im Südostharz (1939) 3 ff. – E. Rubow, Die Beständigkeit der Gemarkungsgrenzen und die Bedingungen für ihre Veränderung. Pommersches Jahrb. 25, 1929, 8 ff. – W. Hartke (wie Anm. 176) 174 ff. – H. Jäger (wie Anm. 176).

telalterliche Gemarkungen durchlaufen, ergeben sich unter anderem auch dort, wo ältere Gemarkungsumrisse sich in Form von Wüstungsgemarkungen über lange Zeit hinweg unverändert erhalten konnten. Da bei Wüstungen vielfach Veränderungen der Gemarkung nach dem Wüstungszeitpunkt auszuschließen sind, stellen Gemarkungen wüster Orte oft verfestigte Altformen von Gemarkungen dar.

2.5.2 Typische Beispiele gut erhaltener Wüstungsgemarkungen

Ältere Gemarkungsformen sollen für die folgenden Wüstungen des Untersuchungsgebietes behandelt werden:
 1. Wüstweiler (DN 70), Gemarkung Niederzier (DN).
 2. Königsfeld (SLE 77), Gemarkung Kallmuth (SLE).
 3. Swist (EU 109), Gemarkung Weilerswist (EU).
 4. Krechelheim (AW 176), Gemarkung Westum (AW).
 5. Even (BIT 45), Gemarkung Matzen (BIT).
 6. Alt-Bettingen (BIT 6), Gemarkung Bettingen (BIT).
 7. Heinzerath (WIL 69), Gemarkung Olkenbach (WIL).
 8. Weinfeld (DAU 72), Gemarkung Schalkenmehren (DAU).
 9. Givvekoven (BN 105), Gemarkung Miel (BN).
10. Pleitsdorf (MY), Gemarkung Kell (MY).

Die Reihe der Beispiele ließe sich verlängern, doch genügen die hier angeführten Fälle, um allgemeine Hinweise über die Entstehung und Veränderungen von Gemarkungen im hohen Mittelalter zu gewinnen.

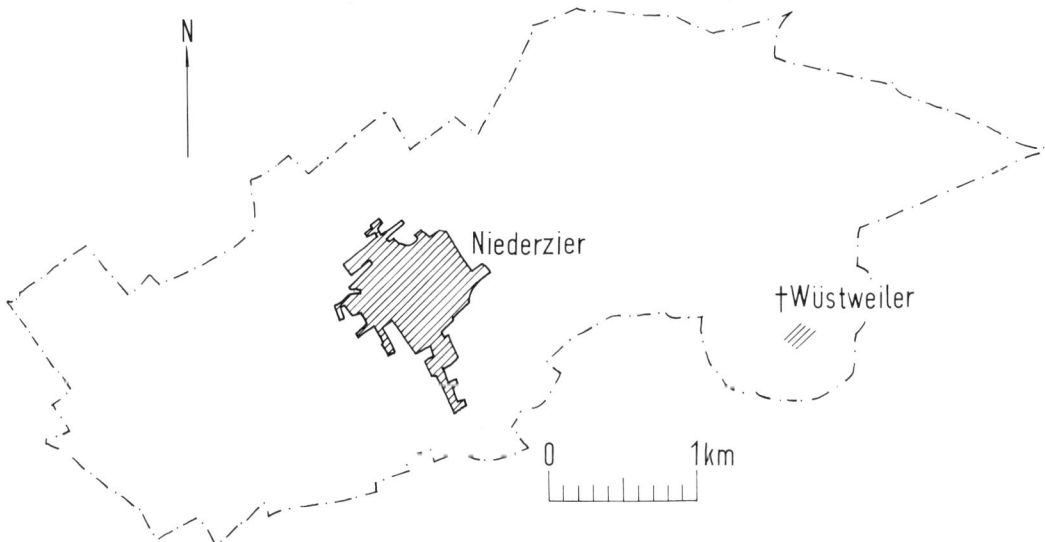

6 Die Gemarkung Niederzier mit der Wüstung Wüstweiler (DN 70).

1. Wüstweiler (DN 70)

Zeichnet man die Gemarkungsgrenze von Niederzier (DN) aus der TK 1 : 25 000, Blatt 5105 Buir, aus, so fällt sogleich im Südosten der Gemarkung eine halbkreisförmige Ausbuchtung auf, die einen Durchmesser von rund 1000 m hat (Abb. 6). Im Gegensatz zur geradlinigen und daher als neuzeitlich anzusprechenden Führung der übrigen Gemarkungsgrenze von Niederzier ist die Ausbuchtung durch rundlichen bis unregelmäßigen Verlauf charakterisiert. Hier handelt es sich offensichtlich um den Rest einer zu einer Wüstung gehörenden Gemarkung. Und in der Tat: In dem fraglichen Gebiet hat sich in den Jagen 19 und 20 des Hambacher Staatsforstes bis in die modernen Kartenwerke hinein der Name der Wüstung erhalten. Sie heißt Wüstweiler (DN 70). Neben dem kartographischen Nachweis der Wüstung deuten auch zwei von Wassergräben umschlossene Plateaus auf die ehemalige Siedlung hin, die entweder aus einem großen oder aus zwei kleinen Höfen bestanden haben dürfte[192]. Probeschürfungen förderten außer wiederverwendeten römischen Ziegeln mittelalterliche Funde zutage, unter denen sich auch eine bemalte Kachel und eine weitmündige Schüssel befanden[193]. J. Gerhards trug keine Bedenken, diese im Gelände aufgefundenen Reste als Bestandteile der Wüstung Wüstweiler zu interpretieren. Dagegen hat W. Sieper geltend gemacht, die beiden mit Gräben umwehrten Anlagen seien als die Reste eines repräsentativen Jagdhofes der Herzöge von Jülich aufzufassen, auf den sich drei Urkunden von 1355, 1392 und 1394 bezögen[194]. Der größere grabenumschlossene Bereich sei als der Jagdhof selbst anzusprechen; der ihm vorgelagerte kleinere Bereich stelle den Versorgungshof für die herzogliche Hofhaltung dar. Aber vom Geländebefund her lassen sich dergleichen Funktionen der Anlage bestenfalls vermuten, nicht beweisen. Dazu wären Grabungen erforderlich. Darüber hinaus fällt auf, daß die von Sieper herangezogenen Urkunden die herzoglich-jülichsche Jagdanlage stets in Oberzier, nie aber in Niederzier lokalisieren. Von Wüstweiler ist in diesem Zusammenhang gar nicht die Rede, obgleich der Name dieser Wüstung ebenfalls im 14. Jahrhundert gut belegt ist. Was sich hinter den grabenumwehrten Podesten im Gebiet von Wüstweiler wirklich verbirgt, dürfte nach wie vor unklar sein.

Die urkundlichen Belege zu Wüstweiler sind im Katalog unter DN 70 zusammengestellt. Sie beschreiben einen Hof des Klosters Steinfeld, der mindestens bis 1435 noch bestanden hat. Das genaue Datum seines Wüstwerdens ist nicht bekannt, doch kann ein Beleg von 1531 nicht unbedingt als Beweis für sein Bestehen noch zu dieser Zeit aufgefaßt werden. Wenn die Tranchot-Karte zu Beginn des 19. Jahrhunderts den Namen 'Wutzweiler' in Waldgebiet verzeichnet, so dokumentiert sie damit sinnfällig die Umwandlung einer einstigen Offenlandschaft in Wald. Sie beleuchtet zugleich die Veränderungen, die das Verhältnis von Wald und Offenland seit der römischen Zeit in diesem Raum erfahren hat. In der näheren Umgebung von Wüstweiler sind nämlich zahlreiche römische Fundplätze bekanntgeworden[195], die diesen später verwaldeten Raum als eine gut erschlossene römische Offenlandschaft charakterisieren. Die mittelalterliche Siedlung Wüstweiler setzte diese römische Tradition offensichtlich fort, bis sie in der zweiten Hälfte des 15. oder während des 16. Jahrhunderts wüst wurde. Ursprünglich dürfte dieser Ort zudem einfach 'Weiler' geheißen haben. Die Bezeichnung

---

[192] Vgl. Katalog unter DN 70. –
[193] In den Ortsakten des Rhein. Landesmus. Bonn wird diese Fundstelle unter Niederzier Nr. 16 geführt. – Dazu: J. Gerhards, Bonner Jahrb. 146, 1941, 409.
[194] W. Sieper, Probleme des Bürgewaldes. Dürener Geschichtsbll. 26, 1961, 531 ff.
[195] Römische Fundstellen um Niederzier und Wüstweiler: Bonner Jahrb. 142, 1937, 323; 146, 1941, 352 f.; 160, 1960, 486; 159, 1959, 373; 162, 1962, 568.

'Wüstweiler', die erstmals 1301 urkundlich belegt ist, deutet wahrscheinlich auf einen bereits vor diesem Datum liegenden, älteren, temporären Wüstungsvorgang hin, in dessen Verlauf das zeitweise wüstliegende 'Weiler' wiederaufgesiedelt wurde, gleichwohl aber den Namen 'Wüstweiler' als Andenken an die temporäre Wüstungsphase beigelegt bekam.

Um die Größe der einstigen Siedlung Wüstweiler wenigstens ungefähr zu ermitteln, ist es nicht uninteressant, der Umfang ihrer einstigen Gemarkung zu bestimmen. Er läßt sich ermitteln, indem man zu der nach Süden ausgreifenden Ausbuchtung der Gemarkung Niederzier nochmals eine ebenso große Fläche nach Norden annimmt. Beide Teile zusammen dürften ungefähr die Gesamtgemarkung von Wüstweiler, wie es im 14./15. Jahrhundert bestanden hat, ausmachen. Das Ausplanimetrieren der so erschlossenen Gemarkung erbringt eine Größe von rund 1,06 qkm = 106 ha. Diese Fläche ist nicht annähernd mit der der Großdörfer im Dürener und Jülicher Land vergleichbar. Bereits der Bildvergleich der Gemarkungen von Niederzier und Wüstweiler veranschaulicht, daß die Altgemarkung Niederzier ein Vielfaches der von Wüstweiler umfaßt. Im Jahre 1962 betrug die Flächengröße der Gemarkung Niederzier der amtlichen Statistik zufolge 11,97 qkm[196]. Die Fläche von Wüstweiler macht demnach lediglich ein Zwölftel derjenigen von Niederzier aus. Wegen dieser relativ geringen Gemarkungsgröße von Wüstweiler ist anzunehmen, daß die zugehörige Siedlung kein geschlossenes Dorf, sondern eher eine Gruppierung von zwei bis höchstens drei Höfen gewesen sein muß. In den Urkunden des Klosters Steinfeld ist nur von einem Hof die Rede, der allerdings nicht der einzige am Platze gewesen zu sein braucht. In jedem Falle repräsentiert Wüstweiler einen auch im späten Mittelalter noch lebendigen Siedlungstypus, der in klarem Gegensatz zu den großen Altdörfern steht: den aus nur sehr wenigen Höfen bestehenden Weiler. Der spätmittelalterliche Wüstungsprozeß forderte wahrscheinlich gerade unter diesen kleinen Ansiedlungen zahlreiche Opfer, wie das Beispiel Wüstweiler belegt. Zugleich schlagen sich im Gemarkungsumriß von Niederzier typische Entwicklungen der Gemarkungsgrenzen seit dem späten Mittelalter nieder. Die Gemarkung des wüstgewordenen Weilers wurde als ganze in die benachbarte Gemarkung eines großen und alten Dorfes einbezogen. Sie erhielt sich bis in die Neuzeit fast unverändert in ihrer alten Form. Im Gegensatz dazu unterlag die Gemarkungsgrenze der Altsiedlung Niederzier zahlreichen modernen Überformungen, wie die langen, geradlinigen Züge der Gemarkungsgrenze zeigen. Nicht die Form und der Umfang der Wüstungsgemarkung wurden verändert, sondern die der bestehengebliebenen Altsiedlung Niederzier, die in nachmittelalterlicher Zeit vielfältigen Zwängen zur Veränderung ausgesetzt war.

2. Königsfeld (SLE 77).

Im Südzipfel der Gemarkung Kallmuth (SLE) enthält die Tranchot-Karte 'Königsfeld – ferme ruinée'[197]. In zwei gegeneinander abgegrenzten Wiesenarealen zeigt sie einen Hakenhof und einen östlich daneben liegenden Weiher. Auch moderne topographische Karten enthalten noch den Namen dieser spät entstandenen Wüstung.

---

[196] Amtliches Verzeichnis der Gemeinden und Wohnplätze in Nordrhein-Westfalen, hrsg. v. Statistischen Landesamt Nordrhein-Westfalen (Düsseldorf 1962).
[197] Tranchot-K. NA Blatt 117 Nettersheim.

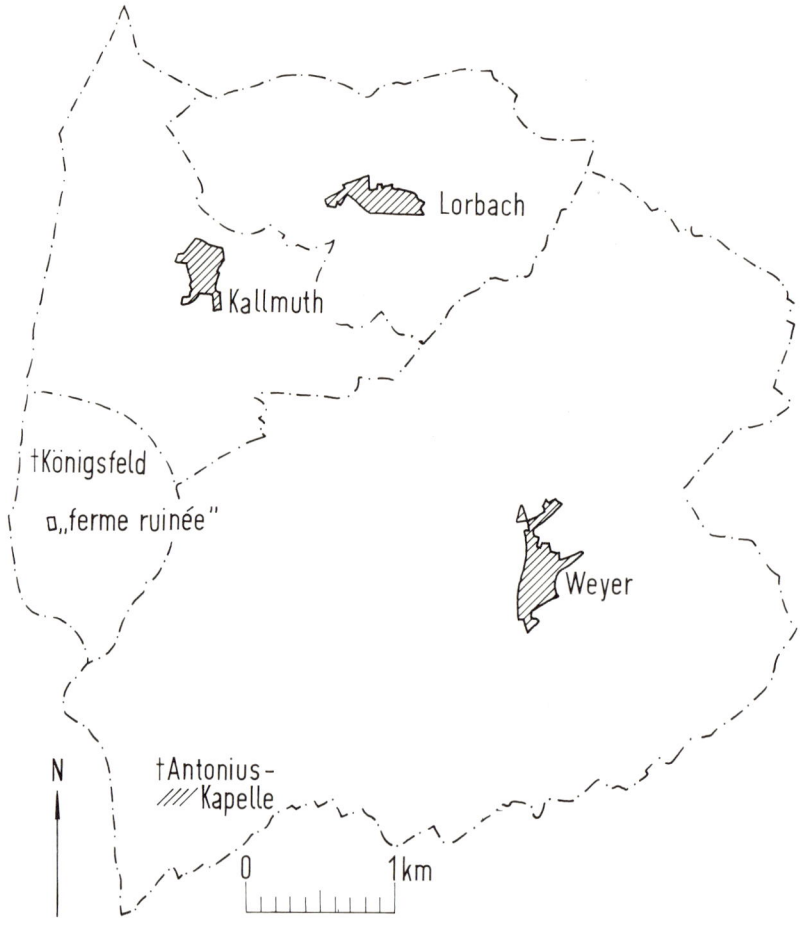

7 Die Gemarkung Weyer mit der Wüstung Königsfeld (SLE 77).

Eine spitzovale Ausbuchtung im Westen der Gemarkung Kallmuth gibt den einstigen Umfang der Wüstungsgemarkung an (Abb. 7). In der Größenordnung läßt sie sich mit der Gemarkung von Wüstweiler (DN 70) vergleichen. Die moderne Gemarkung Kallmuth umfaßt eine Fläche von rund 4,95 qkm[198]. Der davon auf die Wüstung Königsfeld entfallende Anteil beträgt, wie das Ausplanimetrieren des alten Gemarkungsumrisses ergab, ungefähr 1,3 qkm = 130 ha. Diese im Vergleich zu den Gemarkungen von Altsiedlungen bescheidene Gemarkungsfläche von Königsfeld läßt die Vermutung zu, daß es sich bei der Wüstung um eine recht kleine Siedlung handeln muß, die vielleicht nur aus einem, höchstens aber aus zwei bis drei Höfen bestanden haben kann. Aus der Eintragung in der Tranchot-Karte kann man die Höfezahl nicht eindeutig entnehmen, denn Königsfeld wurde, wie die Beschriftung in der Karte zeigt, als zerstörte Siedlung eingetragen. Es sind zwar Trümmer eines einzigen Hofes sichtbar, doch können

[198] Quelle wie Anm. 196.

Überreste weiterer Höfe zur Zeit der Kartenaufnahme bereits verschwunden gewesen sein. Gleichwohl gestatten die am Platz noch erkennbaren Reste von Königsfeld den Schluß, daß die Zerstörung des Ortes zu Beginn des 19. Jahrhunderts noch nicht lange zurücklag. Es ist deshalb am ehesten an die Revolutionskriege zu denken, so daß der Untergang von Königsfeld ins Ende des 18. Jahrhunderts fällt. Dieser verhältnismäßig späte Wüstungszeitpunkt von Königsfeld trug sicher dazu bei, daß die einstige Gemarkung des Ortes sich noch gut in ihrer ursprünglichen Form erhalten hat.

In der urkundlichen Überlieferung erscheint Königsfeld erstmalig um die Mitte des 13. Jahrhunderts, und zwar als Besitz der Abtei Steinfeld. Nachdem der Besitz des Hofes 'Cuningesfeld' durch Steinfeld längere Zeit über umstritten gewesen war, gelangte er im Jahre 1247 während der Regierungszeit des Steinfeldischen Abtes Gerhard (gest. 1248) wieder fest in die Hand des Klosters[199]. Gleichwohl wurde er während des 14. Jahrhunderts zeitweise wüst; denn unter der Regierung des Abtes Conrad (1366–1369) machte die Abtei Steinfeld eine schwere Wirtschaftskrise durch, in deren Verlauf zahlreiche Güter entweder verkauft werden mußten oder unbebaut liegenblieben, weil es keine Landleute gab, die sie bewirtschaften konnten. Zur zweiten Gruppe gehörte auch Königsfeld[200]. Es ist nicht auszuschließen, daß das Wüten der Pest, von dem uns die Series praepositorum et abbatum Steinfeldensium für jene Zeit berichtet, für die Verödung der klösterlichen Höfe verantwortlich zu machen ist[201]. Später wurde Königsfeld dann wiederbesetzt, und der Ort bestand bis zum Ende des 18. Jahrhunderts, wie nicht zuletzt die auf der Ortsstelle vorgefundene Bauernkeramik des 18./19. Jahrhunderts zeigt.

Königsfeld und seine beiden bis heute bestehengebliebenen Nachbarorte Kallmuth und Lorbach liegen am westlichen Rand einer Siedlungskammer, deren Mittelpunkt und ältester Kern Weyer darstellt. Dieser Ort geht in seinem Bestand bereits bis in die Merowingerzeit zurück, wie die um die hochgelegene Kirche aufgefundenen Steinplattengräber mit Grabbeigaben beweisen[202]. Die besondere Bedeutung des Ortes unterstreicht unter anderem auch seine Zugehörigkeit zum Prümer Besitz, die für 893 im Prümer Urbar belegt ist[203]. Im Verhältnis zu dem 893 als 'Wiere' bezeugten Weyer erscheinen die Ortsnamen der westlich benachbarten Siedlungen als wesentlich jünger. Deutlichere Hinweise auf die zentrale Funktion von Weyer in diesem Siedlungsraum bieten sich, wenn man die Größe und die Form der Gemarkungen in Betracht zieht. Die größte Fläche umfaßt mit 13,36 qkm Weyer. Es folgen dann Kallmuth mit 4,95 qkm und Lorbach mit 3,2 qkm[204]. Das wüstgewordene Königsfeld beschließt die Reihe mit nur etwa 1,3 qkm. Weyer gibt sich damit allein auf Grund seiner Gemarkungsgröße als der wichtigste und älteste Siedlungskern zu erkennen. Diese Feststellung unterstreichen auch die Lageverhältnisse der Siedlungen innerhalb ihrer Gemarkungen. Weyer liegt, wie bei der frankischen Altsiedlung in der Nachbarschaft, z. B.

---

[199] Hierzu und zum folgenden: G. Bärsch, Das Prämonstratenserkloster Steinfeld in der Eifel (Schleiden 1857) 11. – L. Ennen, Die ältere Geschichte des Klosters Steinfeld. AHVN 23, 1871, 164 f. – Th. Paas, Die Prämonstratenserabtei Steinfeld im 14. Jahrh. AHVN 96, 1914, 78 und 92 f. – F. W. Oediger, Steinfeld. Zur Gründung des ersten Klosters und zur Verwandtschaft der Grafen von Are und Limburg. In: Festschr. f. F. Steinbach (Bonn 1960) 37 ff.
[200] Paas (wie Anm. 199) 78.
[201] Befindet sich im HStA Düsseldorf.
[202] Bonner Jahrb. 145, 1940, 353; 151, 1951, 207.
[203] W. Haberey, Bonner Jahrb. 145, 1940, 353.
[204] Quelle wie Anm. 196.

bei Nettersheim, Zingsheim, Harzheim, Engelgau, Tondorf, immer wieder zu beobachten, zentral inmitten seiner Gemarkung. Ob der nordwestlich der Ortslage sich auf den Höhen hinziehende Weyerer Wald bereits in der Merowingerzeit zum Gebiet von Weyer gehörte, muß als fraglich gelten, so daß Weyer tatsächlich die typische zentrale Lage der merowingerzeitlichen Siedlungen aufweist. Auch Lorbach ist innerhalb seiner kleinen Gemarkung zentral gelegen. Kallmuth hingegen nimmt mit seiner Ortslage den äußersten Nordosten seiner Gemarkung ein. Es bildet den typischen Fall für eine exzentrische Siedlungslage innerhalb einer Gemarkung. Betrachtet man die drei Gemarkungen Lorbach, Kallmuth und Königsfeld zusammen, so machen sie den nordwestlichen Teil einer in nachmerowingischer Zeit bis über den Weyerer Wald hinaus nach Nordwesten ausgedehnten Gemarkung Weyer aus. In diesem Gebiet entstanden Lorbach, Kallmuth und Königsfeld als Rodungssiedlungen des 9.–12. Jahrhunderts. Ihre fortdauernde Verbindung mit dem alten Zentrum Weyer zeigt sich unter anderem daran, daß in Kallmuth bis 1804 eine zur Pfarrei Weyer gehörende Kapelle bestand, die erst nach diesem Zeitpunkt zur eigenen Pfarrei erhoben wurde. Im Laufe der Zeit beanspruchten die Rodungsorte nordwestlich von Weyer eigene Gemarkungen. Sie entstanden, indem das gesamte nordwestliche Drittel der Altgemarkung Weyer separiert und verselbständigt wurde. Diese Abtrennung der Gemarkungsfläche für die Rodeorte im Nordwesten ist bis heute im Gemarkungsbild von Weyer sichtbar geblieben (Abb. 7).

Aus der ersten Teilung der Altgemarkung Weyer ging primär die Gemarkung des nächstjüngeren Ausbauortes Kallmuth hervor, dem das abgelöste nordwestliche Drittel zunächst für einige Zeit allein zugehört haben muß, und zwar solange, bis der Siedlungsausbau mit der Gründung der Ausbauorte Lorbach und Königsfeld eine Stufe weiter voranschritt. Leider ist es nicht möglich, aus dem Ortsnamen Kallmuth Hinweise auf die Gründungszeit dieses Ortes zu gewinnen, die zur Datierung der hier beschriebenen Vorgänge wünschenswert wären[205].

Im weiteren Verlauf forderten dann auch diese beiden Ausbausiedlungen eigene Gemarkungen. Sie wurden durch eine zweite Gemarkungsteilung geschaffen, die nunmehr nur die Gemarkung von Kallmuth betraf: Aus ihr wurden östlich und südlich von Kallmuth zwei kleine neue Gemarkungen ausgegliedert, und zwischen ihnen verblieb als unbedeutender Rest jene Reliktgemarkung, die heute diejenige von Kallmuth darstellt und in der die Ortslage Kallmuth so exzentrisch erscheint. Erst die Entstehung der selbständigen Gemarkung Lorbach hatte die Randlage des Ortes Kallmuth in seiner Gemarkung zur Folge.

Die Größe und die Form von Ortsgemarkungen, verbunden mit Hinweisen der Ortsnamenkunde und der kirchlichen Organisation, gestatten es, im Gebiet von Weyer eine mindestens vierstufige Siedlungsentwicklung von der Merowingerzeit bis zum 18. Jahrhundert nachzuzeichnen:

1. Stufe: Gründung von Weyer im Verlaufe der Merowingerzeit. Die Kirche des Ortes entsteht innerhalb eines römischen Ruinenfeldes auf dem höchsten Punkt in der Nähe der Siedlung, in welchem die Franken ein Gräberfeld angelegt hatten. Die merowingerzeitliche Altsiedlung Weyer besitzt die bei weitem größte Gemarkung und liegt innerhalb derselben zentral.

---

[205] Zur Problematik des Namens vgl. H. Dittmaier, Rheinische Flurnamen (Bonn 1963) unter 'Kalmund'.

2. Stufe: Begründung von Kallmuth. Der Entstehungszeitpunkt von Kallmuth läßt sich zwar nicht angeben, doch ist der Ort in jedem Fall jünger als Weyer. Fränkische Gräber sind von hier nicht bekannt geworden. Kirchlich gehört die Kapelle von Kallmuth bis in die Neuzeit zu Weyer. Eine eigene Gemarkung erhält Kallmuth durch Abtrennen des nordwestlichen Drittels der Altgemarkung Weyer.

3. Stufe: Entstehung der Orte Lorbach im Osten und Königsfeld im Süden von Kallmuth. Beide sind jünger als Kallmuth. Beide werden mit eigenen Gemarkungen auf Kosten von Kallmuth ausgestattet. Kallmuth verbleibt lediglich eine kleine Restgemarkung, innerhalb deren die Ortschaft exzentrisch liegt.

4. Stufe: Wüstwerden von Königsfeld gegen Ende des 18. Jahrhunderts. Seine Gemarkung wird als ganze Kallmuth zugeschlagen, wo sie bis in die Neuzeit hinein noch kenntlich ist.

Die vier Stufen der Siedlungsentwicklung im Gebiet von Weyer veranschaulichen die folgenden Diagramme (Abb. 8) in modellhafter Vereinfachung.

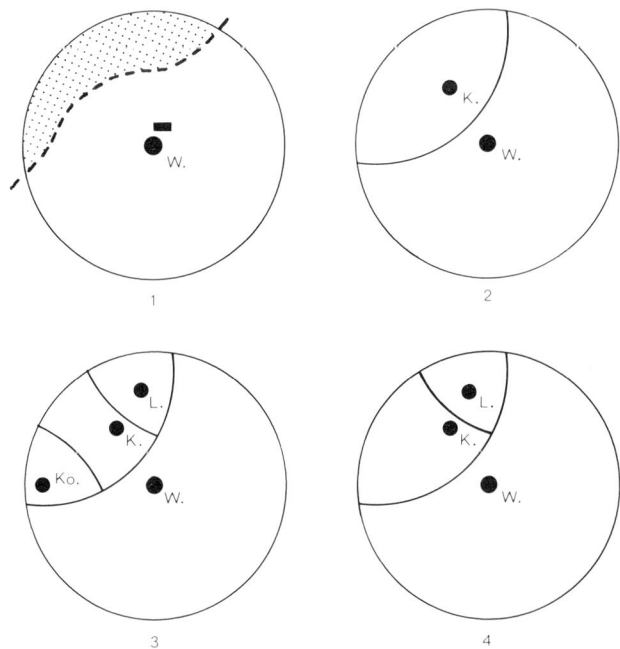

8 Schematische Darstellung der vier Stufen in der Entwicklung der Gemarkung Weyer. Es bedeuten: W. = Weyer, K. = Kallmuth, L. = Lorbach, Kö. = Königsfeld. Die vier Stufen sind: 1 = Merowinger- und Karolingerzeit, 2 = 10./11. Jahrhundert, 3 = 12./13. Jahrhundert, 4 = spätes Mittelalter und Neuzeit. Gepunktet: Wald.

3. Swist (EU 109)

Im Mündungswinkel zwischen Erft und Swist-Bach liegt das heutige Dorf Weilerswist. Seine Gemarkung zeigt nach Norden, Westen und Osten Ausbuchtungen und Erweiterungen. Nach Süden ist der Verlauf der Gemarkungsgrenze schon im Zustand von 1893 (Abb. 9) künstlich: Es finden sich lange, geradlinige Abschnitte sowie modern entstandene Winkel und Ecken. Insgesamt stellt die Gemarkung Weilerswist das

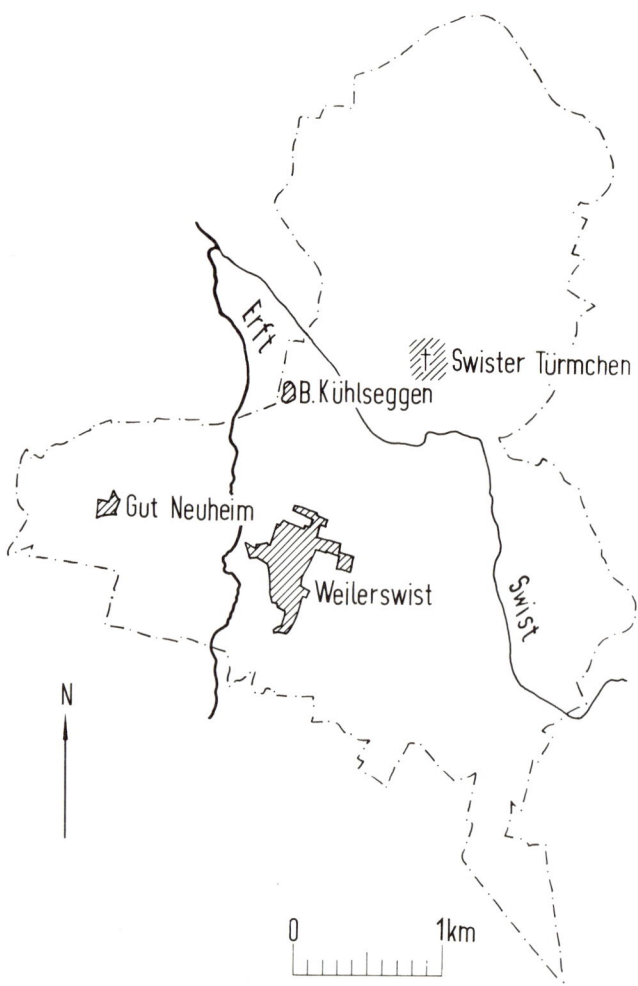

9   Die Gemarkung Weilerswist mit der Wüstung Swist (EU 109) im Zustand von 1843.

Endergebnis einer langfristigen Siedlungsentwicklung im Mündungsgebiet der Swist in die Erft dar, in deren Verlauf zeitweise vier bis fünf Siedlungskerne nebeneinander bestanden: die Wüstung Swist, der Hof Oberswist oder Swisterhof, das im Tal gelegene Weiler, vielleicht auch ein besonderer Siedlungskern Weilerswist in der Nähe von Weiler, der mit jenem zum heutigen Weilerswist zusammengewachsen ist, und schließlich die Wasserburg Kühlseggen[206]. Dazu kommt dann noch das Gut Neuheim im Westen der Gemarkung Weilerswist. Letztere bildet also eine Ansammlung von

---

[206] Dazu K. Flink, Handbuch der Historischen Stätten Deutschlands Bd. 3: Nordrhein-Westfalen (2. Aufl. Stuttgart 1970) unter 'Weilerswist'. – Entgegen der Auffassung von Flink deutet m. E. wenig auf das Bestehen von zwei Siedlungen im Mündungsgebiet von Erft und Swist hin. Statt der beiden von Flink angenommenen Siedlungen Weiler und Weilerswist hat wohl doch nur eine Siedlung, nämlich Weiler, im Tal bestanden. Nach dem Wüstwerden des auf der Höhe gelegenen Swist im Truchsessischen Krieg mögen von dort ins Tal gezogene ehemalige Bewohner von Swist den Namen ihres aufgegebenen Dorfes mitgebracht haben, so daß allmählich aus dem Simplex Weiler der zusammengesetzte Name Weilerswist hervorging.

einst selbständigen Gemarkungen, die zu den erwähnten Siedlungskernen gehörten. Eine besondere Rolle spielte in der Gemarkungsentwicklung von Weilerswist die Wüstung Swist. Im Gegensatz zum heutigen Weilerswist lag sie hoch über der Swistniederung am westlichen Rand der Hauptterrasse, die in diesem Teil des rheinischen Vorgebirges als fast 30 m hohe Geländeterrasse ausgebildet ist. Den früheren Standort von Swist bezeichnet noch heute der romanische Kirchturm der früheren Pfarrkirche, das sogenannte Swister Türmchen, das hart an der Geländeterrasse gegen das Swisttal steht. Die urkundliche Überlieferung zu Swist, die im Katalog unter EU 109 zusammengestellt ist, beginnt Ende des 12. Jahrhunderts, doch dürfte Swist schon eher begründet worden sein. Die zu Swist gehörende Gemarkung erstreckt sich unmittelbar nördlich der einstigen Ortslage als weitausgreifende Ausbuchtung der Gemarkung Weilerswist. Sie umfaßt vornehmlich Gebiete der lößfreien Hauptterrasse des Vorgebirges, die heute mit Wald bestanden sind. Dem Ackerbau vermochten in früheren Zeiten die hier vorhandenen mageren, kiesdurchsetzten Böden kaum Anreize zu bieten. Außerdem darf auch vermutet werden, daß ein Teil der zu Swist gehörenden Fluren am Westhang des Vorgebirges und im Tal gelegen hat, wo Lößböden anstanden. Als südliche Begrenzung der ehemaligen Gemarkung Swist muß wohl der Swist-Bach selbst angenommen werden, denn spitzwinklige Einzüge der Gemarkungsgrenze im Osten und Westen lassen sich hier leicht mit dem Lauf dieses Gewässers zu einer abgerundeten Gemarkungsform verbinden. Die Ortslage Swist befand sich mithin im südlichen Viertel der Gemarkung, so daß von einer zentralen Lage der einstigen Siedlung Swist im Verhältnis zu ihrer Gemarkung nicht gesprochen werden kann. Der Zwang, die Siedlung in möglichster Nähe zu den fruchtbaren Talböden und gleichwohl hochwasserfrei zu errichten sowie der Wunsch nach Teilhabe an größeren Waldgebieten auf der Hauptterrasse führten zu dieser bemerkenswerten Platzwahl von Swist.

Die Entstehung der Gemarkung Weilerswist verlief, verglichen mit der Entwicklung um Weyer, ganz andersartig. Im Falle von Weyer wurden im Laufe der Zeit drei kleinere Gemarkungen, diejenigen jüngerer Rodungssiedlungen, aus der Großgemarkung ausgegliedert. Im Gebiet von Weilerswist bestanden im Mittelalter mindestens vier Gemarkungen parallel nebeneinander. Sie waren verschieden groß und gehörten zu den Siedlungskernen Swist, Weiler, Swisterhof und Neuheim. Durch Zusammenlegung dieser Einzelgemarkungen entstand die neuzeitliche Gemarkung Weilerswist, wie sie aus dem Ende des 19. Jahrhunderts überliefert ist. Die Berechnung der vier Einzelgemarkungen ergibt folgende ungefähre Größen: Swist war etwa 4,37 qkm = 437 ha groß; Weiler, dessen Gemarkung im Osten durch die Swist begrenzt wurde, im Westen aber um einiges über die Erft hinausging, umfaßte etwa 4,93 qkm = 493 ha; zum Swisterhof gehörte eine Wirtschaftsfläche von 0,93 qkm = 93,65 ha; zu Neuheim rechneten 0,5 qkm = 50 ha. Ein Größenvergleich mit den Verhältnissen um Weyer ist aufschlußreich. Zusammengenommen ergeben die ausgemessenen vier Gemarkungen nur etwa 11 qkm und damit weniger Fläche, als sie Weyer allein mit 13,36 qkm aufwies. Swist und Weiler bewegen sich etwa in der Größenordnung der Ausbauorte Kallmuth und Lorbach. Sie liegen auch untereinander in der gleichen Größenordnung.

Deshalb dürften die zugehörigen Siedlungen Swist und Weiler, also die Höhensiedlung am Westrand der Hauptterrasse und die Talsiedlung im Mündungswinkel von Erft und Swist, annähernd gleich groß gewesen sein. Die Trennungslinie zwischen den beiden über lange Zeit hinweg gleichzeitig nebeneinander bestehenden Gemarkungen war als natürliche Leitlinie der Swistbogen unmittelbar südlich des Swister Türmchens. Verglichen mit den Gemarkungen einiger durch Reihengräberfriedhöfe als fränkische Gründungen gekennzeichneter Altdörfer des Euskirchener Lößgebietes, wie etwa Erp (14,23 qkm), Friesheim (16,58 qkm), Wichterich (16,14 qkm) oder Lommersum (18,02 qkm)[207], weisen Swist und Weiler nur kleine Gemarkungen auf. Es erscheint deshalb auch fraglich, ob sie bereits der Schicht der fränkischen Altsiedlungen angehören. Ihre Entfaltungsmöglichkeiten waren durch die kargen Böden der Hauptterrasse einerseits und durch die Überschwemmungsgebiete in den Tälern von Swist und Erft andererseits eingeschränkt. Fränkische Reihengräberfunde fehlen sowohl im heutigen Weilerswist als auch im Bereich des ehemaligen Dorfes Swist. In beiden Fällen deutet alles auf eine Entstehung der beiden Siedlungen in nachmerowingischer Zeit hin.

Swist wurde um 1580 im Truchsessischen Krieg für immer zerstört. Seine Gemarkung kam als ganze zu der des im Tal gelegenen Weiler. Modellhaft vereinfacht schälen sich zwei Entwicklungsstufen der Gemarkung Weilerswist heraus, die das Wüstwerden von Swist um 1580 zeitlich voneinander trennt. Sie lassen sich im nachfolgenden Diagramm etwa so veranschaulichen:

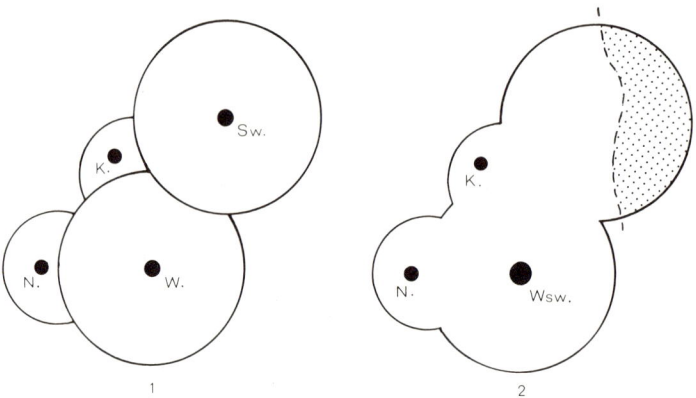

10 Schematische Darstellung der zwei Stufen in der Entwicklung der Gemarkung Weilerswist. Es bedeuten: W. = Weiler, Sw. = Swist, K. = Burg Kühlseggen, N. = Gut Neuheim. Die zwei Stufen sind: 1 = spätes Mittelalter, 2 = Neuzeit. Gepunktet: Waldanteil am westlichen Kottenforst.

4. Krechelheim (AW 176)

Die heutige Gemarkungsgrenze von Westum (AW) zeigt einen fast durchweg modern geformten Verlauf (Abb. 11). Lange, geradlinige, das heißt bereinigte Abschnitte der Grenze machen das deutlich. Ältere Formen erhielten sich nur im Osten der Gemarkung, wo gelegentlich kleine Rundungen zu finden sind. Aber selbst eine so stark durch neuzeitliche Einwirkungen geformte und veränderte Gemarkung wie die von Westum bietet noch Hinweise auf ältere Siedlungsverhältnisse. Neben der langgestreckten, gewinkelten Form der Gemarkung weist auch die exzentrische Lage der

---

[207] Quelle wie Anm. 196.

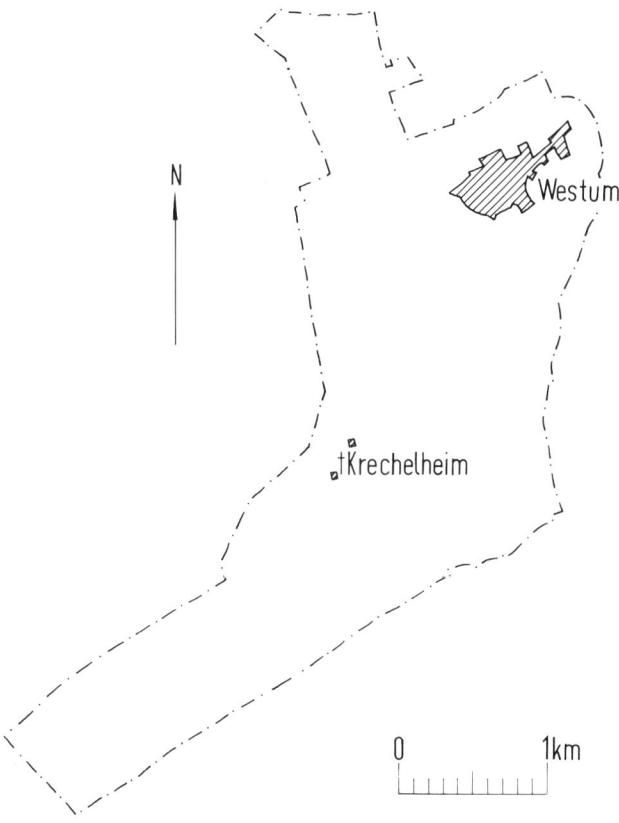

11 Die Gemarkung Westum mit der Wüstung Krechelheim (AW 176).

Ortsstelle Westum im äußersten Nordosten ihrer Mark auf ungewöhnliche Veränderungen hin. Der südwestliche Fortsatz der Gemarkung bedeutet für Westum eine Beteiligung am Waldgebiet Harterscheid. Zwischen diesem geschlossenen Waldgebiet und Westum selbst lag, wie die Flurnamen bezeugen, das wüstgewordene Dorf Krechelheim (AW 176). Die einstige Dorflage dieser Wüstung erstreckte sich dort, wo heute die Wege von Löhndorf zum Beueler Hof und von Westum nach Königsfeld einander kreuzen. Ihr Gelände wird jetzt als Ackerland genutzt.
Die urkundliche Überlieferung zu Krechelheim ist im Katalog unter AW 176 zusammengestellt. Sie beginnt mit einer Erwähnung von 880, die lange Zeit fälschlich auf Krählingen (AW) bezogen wurde[208]. Um die Wende vom 16. zum 17. Jahrhundert gab es in Krechelheim nur noch einige wenige Familien; der Ort muß um diese Zeit schon partiell wüst gewesen sein. 1682 wird er in einer Quelle als Wüstung bezeichnet. Die Einwohner von Krechelheim waren nach Westum eingepfarrt. Nach dem Wüst-

---

[208] Die Verwechslung von Krechelheim mit Krählingen (AW) scheint unausrottbar zu sein. Nachdem bereits 1890 Graf v. Mirbach, Beiträge zur Geschichte der Grafen von Jülich. ZAGV 12, 1890, 204 und Ders., Urkunden und Regesten zur Geschichte der Burggrafen und Freiherren von Hammerstein (Hannover 1891) Nr. 308, den richtigen Sachverhalt hervorgehoben hatte, stellt neuerdings H. Dittmaier, Rhein. Vjbll. 26, 1961, 138, den gleichen Fehler bei M. Gysseling (wie Anm. 27) 577 richtig.

werden von Krechelheim ging die Gemarkung der Wüstung in der von Westum auf: sie wurde jener zugeschlagen. So erst erklärt sich der ungewöhnlich weite Fortsatz der Gemarkung Westum nach Südwesten. Nach Osten, zum Rheintal hin, versperrte das bereits in fränkischer Zeit blühende Sinzig Westum den Weg zu einer Erweiterung seiner Gemarkung. Solange Krechelheim als eigenständiger Siedlungskern, wenngleich auch in kirchlicher Abhängigkeit zu Westum, bestanden hatte, waren auch nach Westen einer Erweiterung der Westumer Mark Grenzen gesetzt.

Als Krechelheim aber wüst geworden war, fielen diese Widerstände weg: Die Gemarkung von Westum verdoppelte ihren Umfang. Im Gegensatz zu den bisher behandelten Wüstungsgemarkungen lassen sich hier Umfang und Größe der Gemarkung von Krechelheim nicht mehr ermitteln. Die inzwischen eingetretenen Veränderungen der Gesamtgemarkung Westum gestatten das nicht mehr. Das Beispiel Westum-Krechelheim verdeutlicht jedoch, daß selbst bei stark veränderten Gemarkungsumrissen und -größen im Untersuchungsgebiet Wüstungen noch vielfach an ihren einstigen Gemarkungen kenntlich und identifizierbar geblieben sind.

5. Even (BIT 45)

Kaum eine Landschaft bot nach dem Ende der römischen Zeit der merowingerzeitlichen Neusiedlung so günstige Voraussetzungen wie das Bitburger Gutland. Weite, von fruchtbarem Löß bedeckte Böden standen hier dem frühgeschichtlichen Bauern zur Verfügung. Die Dichte der Reihengräberfriedhöfe zeigt, daß die fränkischen Siedler von den gegebenen Möglichkeiten ausgibig Gebrauch machten. Und so entstanden die großen Altdörfer der Merowingerzeit, die sich entweder in den Flußtälern oder aber auf den Höhenrücken zwischen den Südeifelflüssen ansiedelten. In beiden Fällen bilden die Ortslagen meist den Mittelpunkt der zugehörigen Gemarkungen, wie es sich beispielsweise an Rittersdorf im Nimstal oder an Nattenheim und Fließem auf der Höhe zwischen Nims und Kyll zeigen läßt. Mag der Verlauf der Gemarkungsgrenzen solcher altfränkischen Dörfer im einzelnen auch manchmal neuzeitlich verändert worden sein, so behielten diese Gemarkungen als ganze doch durch das gesamte Mittelalter hindurch die Form und Größe, die sie ursprünglich besessen hatten. Das gilt auch für Wüstungen, die in diesem Raum nachzuweisen sind. Eine von ihnen ist Even (BIT 45) ostnordöstlich von Bitburg. Die Gemarkung dieses wüstgewordenen Ortes bildet einen deutlich abgrenzbaren, südlichen und südöstlichen Fortsatz der Gemarkung Matzen (BIT). Sie umschließt zugleich die Gemarkung von Irsch im Westen und Süden (Abb. 12). Als Begrenzung der einstigen Gemarkung von Even nach Norden kommt eine Linie in Frage, die vom weitesten Vorsprung der Gemarkung Irsch nach Südwesten verläuft. Sie deckt sich fast mit dem heutigen Verlauf der Bundesstraße 257. Das Ausplanimetrieren von Even ergibt eine Gemarkungsgröße von rund 1,63 qkm = 163,15 ha. Even liegt damit in der Größenordnung von Wüstweiler (DN 70) oder Königsfeld (SLE 77) und ist somit als kleine, aus nur wenigen Höfen bestehende Siedlung aufzufassen. Ein Beleg von 962 in einer verfälschten St. Maximiner Urkunde bezeugt die Existenz des Ortes zumindest um die Mitte des 10. Jahrhunderts[209]. Die 1230 erstmalig erwähnte Kapelle von Even gehörte als Filia zur Mutter-

---

[209] Hierzu und zum folgenden vgl. die im Katalog unter BIT 45 zusammengestellten Belege.

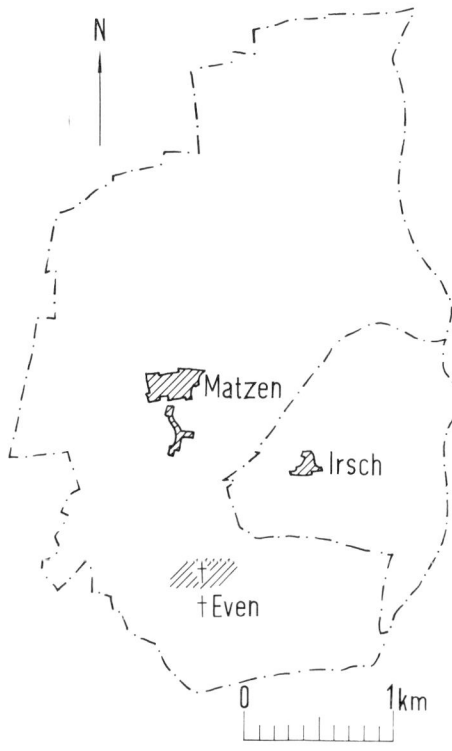

12   Die Gemarkung Matzen mit der Wüstung Even (BIT 45).

kirche St. Maximin zu Bitburg, der außerdem noch die Filialkirchen zu Matzen, Fließem und Neidenbach unterstanden. Die Gemarkung des bestehengebliebenen Ortes Irsch übertrifft mit 1,736 qkm diejenige der Wüstung Even nur unwesentlich. Beide Orte gehören damit etwa der gleichen Größenordnung an.

Form und Größe der Gemarkungen beleuchten im Gebiet nordöstlich von Bitburg den Verlauf der siedlungsgeschichtlichen Entwicklung. Im unmittelbaren Vorgelände des römischen und merowingerzeitlichen Zentrums Bitburg boten sich, wie oben bereits ausgeführt, vor allem die lößbedeckten Hochflächen zwischen den tiefeingeschnittenen Flußtälern der Südeifel zur Besiedlung an. Nordöstlich von Bitburg mußte sich eine nachrömische Siedlung fast zwangsläufig an vorgegebene Leitlinien anlehnen. Im Osten bildete das tiefeingeschnittene Tal der Kyll bei Erdorf eine natürliche Grenzlinie. Oben, auf der Höhe, konnte lediglich die auch in fränkischer Zeit noch benutzte römische Straße als Markierung herangezogen werden. Den Verlauf ost-westlicher Gemarkungsgrenzen bestimmten schließlich die ost-westlichen Erosionstäler, welche die zu Kyll und Nims entwässernden Bäche in die Hochfläche eingegraben hatten. Diese vorgegebenen Leitlinien finden sich sämtlich als Gemarkungsgrenzen von Matzen wieder, das zu den wenigen Orten gehört, deren Gemarkungsgrenze zumindest teilweise identisch mit einer römischen Straße verläuft. Matzen war ursprünglich der einzige Siedlungskern nordöstlich von Bitburg. Sein merowingerzeitliches Bestehen ist sogar urkundlich belegbar, denn der Ort erscheint

697/698 als Mathulfovillare unter den Schenkungen, die die Äbtissin Irmina dem Willibrordt zukommen ließ und die zur Villa Echternach gehörten[210]. 832/833 tritt der Ort als Machconvillare nochmals recht früh in der urkundlichen Überlieferung auf[211]. Er bildete also mit Sicherheit den wichtigsten Siedlungskern nordöstlich von Bitburg. Nimmt man die Kleingemarkungen von Irsch und Even hinzu, so entsteht eine allseits abgerundete Großgemarkung, in deren Zentrum ursprünglich nur Matzen lag. In ihrer hochmittelalterlichen Form umfaßte die Gemarkung Matzen, wie das Ausmessen ergibt, rund 9,06 qkm = 906,25 ha. Sie nähert sich damit bereits der Größenordnung, wie sie mit 13,36 qkm für die merowingerzeitliche Gründung Weyer festzustellen war. Aus dieser abgerundeten Altgemarkung des merowingerzeitlichen und karolingischen Matzen wurden später für die jüngeren Siedlungen Irsch und Even kleine Gemarkungen herausgetrennt. Es ist sicher kein Zufall, daß, ähnlich wie für Even, auch für Irsch die frühesten Belege nicht vor das 10. Jahrhundert zurückreichen. Der früheste Beleg für Irsch ist in der Form von 'Erche' für 975 überliefert[212]. Es folgen 1097 'Irsch Uilla', das nicht unbedingt auf Irsch bei Beurich im Kreis Saarburg bezogen werden muß, wie es das Register des MRUB I will[213]. 1168 heißt der Ort 'Ersche'[214]. Sowohl Irsch als auch Even bestanden demnach um die Mitte des 10. Jahrhunderts. Für die Gründung von Irsch und Even verbleibt nur der Zeitabschnitt von der Karolingerzeit bis zur Mitte des 10. Jahrhunderts. In beiden Orten wurden bis heute keine merowingerzeitlichen Funde gemacht, so daß auch aus archäologischer Sicht merowingerzeitlicher Ursprung ausscheidet.

Die Siedlungsentwicklung im Gebiet von Matzen läßt sich somit in drei Stufen gliedern:

1. Stufe: Gründung der Siedlung Matzen als Hof eines fränkischen Adeligen namens Mathulf. Die Kirche dieser Gründung, vielleicht zunächst eine Eigenkirche des fränkischen Hofes, wird Filiale von St. Maximin zu Bitburg. Zu Matzen gehört in merowingisch-karolingischer Zeit bereits eine durch vorgegebene natürliche oder künstliche Leitlinien grob abgegrenzte Gemarkung.

2. Stufe: Gründung der neuen Siedlungskerne Irsch und Even südöstlich und südlich von Matzen, vielleicht als Ausbausiedlungen von Matzen aus. Ausstattung dieser jüngeren Siedlungen mit eigenen Gemarkungen, die aus der Altgemarkung Matzen herausgetrennt werden. Matzen verliert dadurch im Südosten etwa ein Drittel seiner Gemarkung.

3. Stufe: Wüstwerden von Even zwischen 1567 und 1640: Heimfall seiner Gemarkung an Matzen. Als letzter Rest des einst von Matzen abgetrennten Drittels bleibt nur noch die kleine Gemarkung von Irsch selbständig, deren fast dreieckige Form ihren Ausschnittscharakter verdeutlicht.

Die Siedlungsentwicklung im Gebiet von Matzen läßt sich demnach am besten mit der im Gebiet von Weyer vergleichen. Hier wie dort entstehen die Gemarkungen jüngerer Ansiedlungen durch Abtrennen eines großen Teils einer Altgemarkung, die zu einer

---

[210] Vgl. Jungandreas, Historisches Lexikon unter 'Mathulfovillare'. – Steinhausen, Ortskunde 179.
[211] Steinhausen, Ortskunde 179.
[212] MRUB I Nachtrag Nr. 1 von 975.
[213] MRUB I Nr. 391 von 1097 Febr. 8.
[214] MRUB I Nr. 653 von 1168.

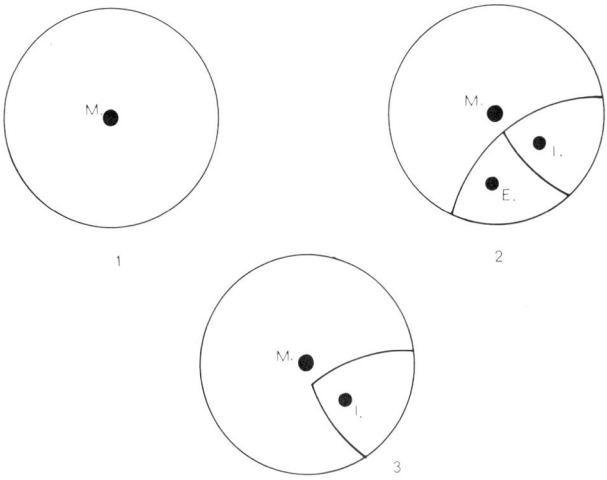

13 Schematische Darstellung der drei Stufen in der Entwicklung der Gemarkungen Matzen und Irsch. Es bedeuten: M. = Matzen, I. = Irsch, E. = Even. Die drei Stufen sind: 1 = Merowingerzeit, 2 = Karolingerzeit, 3 = ab 13. Jahrhundert bis in die Neuzeit.

merowingerzeitlichen Siedlung gehört. In den Diagrammen (Abb. 13), die die dreistufige Entwicklung um Matzen veranschaulichen, tritt der Modellcharakter dieser Entwicklung klar hervor.

6. Alt-Bettingen (BIT 6)

Etwa 8 km südwestlich von Bitburg erstreckt sich an den Ausläufern des Bedhard und beiderseits des Flusses Prüm die Gemarkung Bettingen. Der zugehörige Ort liegt westlich des Flusses und steigt aus dem Prümtal in terrassenförmiger Bauweise den Hang bis auf das Hochplateau hinan. Auf einem Bergsporn, den ein von Westen in die Prüm mündender Seitenbach mit dem Prümtal bildet, erheben sich die Ruinen der Burg Bettingen, die den mittelalterlichen Kern dieses Ortes darstellt. Sie ist nach dem Prinzip einer Abschnittsbefestigung angelegt worden und diente lange Zeit einem nach Bettingen benannten Adelsgeschlecht als Stammsitz. Die Burg schützte zugleich die außerhalb ihrer Mauern gelegene Siedlung im Tal und auf der Höhe, die schließlich auch mit einer eigenen Umwehrung, die mit der Burgbefestigung verbunden war, gesichert wurde.

Die Gemarkung von Bettingen überschreitet, wie Abbildung 14 zeigt, die Prüm nach Osten ganz erheblich. Darin ist zunächst nichts besonderes zu erblicken, weil auch andere Dörfer in diesem Teil des Prümtales, so z. B. Oberweis, Brecht, Hermesdorf, Wettlingen und Pfeffingen, Gemarkungsteile beiderseits des Flusses aufweisen. Bei Bettingen besteht die Besonderheit allerdings darin, daß nur etwa zwei Fünftel seiner Gemarkung westlich der Prüm und damit auf dem gleichen Ufer wie die Siedlung selbst liegen, während die übrigen drei Fünftel östlich des Flusses zu suchen sind. Am Kartenbild fällt weiterhin auf, daß Bettingen exzentrisch, und zwar im äußersten Westen seiner Gemarkung angesiedelt ist. Der östlich des Prümflusses liegende, weitaus-

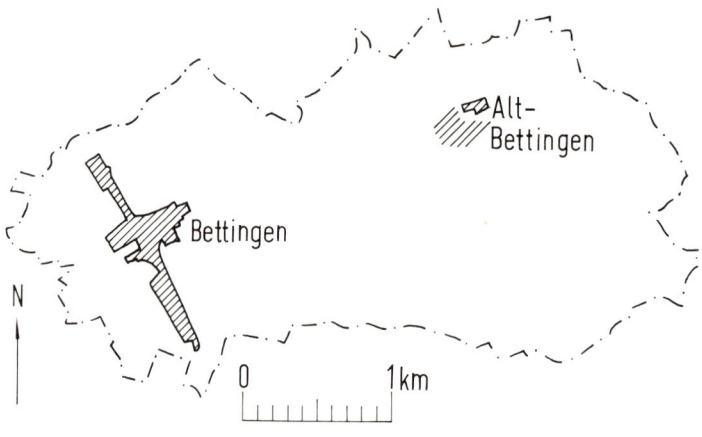

14 Die Gemarkung Bettingen mit der Wüstung Alt-Bettingen (BIT 6).

greifende Gemarkungsteil besitzt keinen eigenen Siedlungskern und wirkt heute wie ein später angefügter Annex zur ursprünglich viel kleineren und hauptsächlich westlich der Prüm gelegenen Gemarkung von Bettingen. Auch wenn östlich der Prüm keine Wüstung bekannt wäre, müßte eine solche allein auf Grund des unausgewogenen Gemarkungsumrisses von Bettingen angenommen werden.

In der Tat gehörte der größte Teil des östlich der Prüm gelegenen Gemarkungsteils im Mittelalter zum Wirtschaftsgebiet einer später wüst gewordenen Siedlung, die heute mit dem Namen Alt-Bettingen bezeichnet wird. Die Grenze zwischen den Gemarkungen Bettingen und Alt-Bettingen dürfte auf weite Strecken die Prüm gebildet haben, abgesehen von dem Gebiet, das im westlich ausgreifenden Prümbogen bei Bettingen selbst gelegen hat. Hier erscheint ein Übergreifen der Gemarkung Bettingen auf das östliche Prümufer durchaus wahrscheinlich, zumal in diesem Raum seit alter Zeit eine Brücke die beiden Flußufer verbindet. Das im Prümbogen liegende Gebiet muß man also wohl der Bettinger Mark zuschreiben.

Heute umfaßt die Gesamtgemarkung Bettingen rund 7,29 qkm Fläche[215]. Davon entfallen, die Richtigkeit der Abgrenzung zwischen Bettingen und Alt-Bettingen vorausgesetzt, etwa zwei Fünftel oder 3,0 qkm auf Bettingen und drei Fünftel oder rund 4,29 qkm auf Alt-Bettingen. In diesen Zahlen deutet sich bereits an, daß die Gemarkung Alt-Bettingen ursprünglich größer als die von Bettingen war und daß auch die zugehörige Siedlung Alt-Bettingen vor ihrem Wüstwerden bedeutender gewesen sein muß als Bettingen. Mit dem Entstehen dieser Wüstung aber verlagerte sich das Schwergewicht der Besiedlung auf das westliche Prümufer, wo die zukünftige Siedlungsentwicklung an dem dort vorhandenen, heute Bettingen genannten Siedlungskern ansetzen konnte.

Die einstige Gemarkung Alt-Bettingen besaß im Osten Anschluß an die Waldgebiete des Bedhard. Ihre Ackerflächen aber erstreckten sich in den hochwasserfreien Teilen des Prümtales, wo man auch größere Wiesenareale vermuten darf, ferner an den Hän-

---

[215] Quelle: Amtliches Gemeindeverzeichnis von Rheinland-Pfalz (Bad Ems 1957) 45.

gen des Prümtales, an denen sich zahlreiche fossile Ackerterrassen höhenlinienparallel entlangziehen, und schließlich auf der Hochfläche östlich des Prümtales, wo in durchschnittlich 300 m Höhe gute, lößbedeckte Ackerböden zur Verfügung standen. Eine analoge Situation ergibt sich auch für Bettingen, dessen Nutzflächen ebenfalls teilweise im Prümtal selbst oder aber in Terrassenform an den Hängen[216] oder auf der Hochfläche westlich des Flußtales zu suchen sind.

Rechnet man die Flächen im Prümbogen zu Bettingen, so besitzt dieser Ort eine zentrale Lage innerhalb seiner Gemarkung. Von Alt-Bettingen läßt sich Entsprechendes nicht behaupten. Die Ortslage Alt-Bettingen ist topographisch zu lokalisieren. Als letzter Überrest von ihr hat sich bis heute die Ruine der Burg Alt-Bettingen, 'Hölle' genannt, erhalten[217]. Damit liegt zumindest der alte Herrschaftsmittelpunkt von Alt-Bettingen räumlich fest. In Alt-Bettingen gab es eine Pfarrkirche mit dem Patrozinium St. Petrus[218]. Von ihr sind im Gegensatz zur Darstellung in den KDM Kr. Bitburg keine Überreste mehr vorhanden; denn die Turmruine innerhalb der Burg Alt-Bettingen war nicht der Kirchturm der Peterskirche, sondern die 1319 urkundlich bezeugte 'turris quadrata' der Burg Alt-Bettingen[219]. Es handelt sich um einen mindestens dreigeschossigen romanischen Donjon, der im Erdgeschoß keinen Zugang besaß. Die bauliche und architektonische Gestalt dieses Turms entspricht derjenigen, die bei vielen Donjons auf rheinischen Niederungsburgen zu beobachten sind.

Nicht allein die Gemarkungsgröße spricht dafür, daß Alt-Bettingen bereits während des frühen Mittelalters im Vergleich zu Bettingen der wichtigere Ort war. Alt-Bettingen war schon in der Frühzeit Mittelpunkt eines ausgedehnten Taufkirchenbezirks, aus dem später eine ganze Reihe benachbarter Pfarreien hervorging[220]. Außerdem erscheint Alt-Bettingen bereits in der karolingischen Überlieferung[221]. Den heute Bettingen genannten Ort sucht man in den Registern der einschlägigen Urkundenbücher vergeblich unter diesem Namen. Im Mittelalter hieß er Frenkingen. Dieser Name tritt unter dem Datum 993 erstmalig in einer Urkunde auf, die zum Komplex der sogenannten St. Maximiner Fälschungen gehört und die wahrscheinlich überhaupt erst auf die Zeit zwischen 1042 und 1047 zu datieren ist[222].

Es erhebt sich die Frage, wann Alt-Bettingen wüst wurde. De Lorenzi folgend[223] rechnen die meisten Autoren mit der endgültigen Aufgabe von Alt-Bettingen um die Mitte des 17. Jahrhunderts. Einige Belege aber deuten darauf hin, daß schon früher eine Tendenz zum Wüstwerden von Alt-Bettingen bestand und daß auch der Name Bettingen schon zeitig für das benachbarte Frenkingen gebräuchlich geworden war. Im Jahre 1319 bereits wird eine zur Burg Alt-Bettingen gehörende 'turris quadrata sitam in veteri Bettingen' genannt[224]. Diese genaue Ortsbezeichnung enthält die Ur-

---

[216] Vgl. Katalog unter A 22, S. 498 ff.
[217] Vgl. Katalog unter BIT 6.
[218] Clemen, KDM Kr. Bitburg 30 ff. mit Fig. 9.
[219] Beleg zu 1319 in den KDM Kr. Bitburg 33.
[220] Hierzu weiter unten S. 122 ff.
[221] Belege im Katalog unter BIT 6.
[222] Belege im Katalog unter BIT 6. – Zu den St. Maximiner Fälschungen neuerdings: Wisplinghoff, St. Maximin 126 ff., 143 ff.
[223] Ph. de Lorenzi, Beiträge zur Geschichte sämtlicher Pfarreien der Diözese Trier. I. Regierungsbezirk Trier (Trier 1887) 147.
[224] Vgl. KDM Kr. Bitburg 33.

kunde offenbar nur deshalb, weil eine Verwechslung mit der Burg von Frenkingen ausgeschlossen werden sollte. Der Ort Frenkingen muß schon damals gelegentlich den Namen Bettingen getragen haben. Andererseits reichen die Belege 'Frenkingen' mindestens bis 1570[225], so daß die beiden Dörfer bis dahin gut zu unterscheiden waren. Der Widerspruch dieser Überlieferung löst sich, wenn man nur die beiden Burgen von Alt-Bettingen und Bettingen (einst Frenkingen) ins Auge faßt. Offensichtlich wurde die Burg des heutigen Bettingen (einst Frenkingen) durch das gleiche Adelsgeschlecht errichtet, das auch die Burg Alt-Bettingen besaß. Diese Familie ist 1346 mit Johannes, dominus de Bettingen et Valkinstein, bekannt. Daher erhielt auch die Burg des heutigen Bettingen (einst Frenkingen) diesen Namen nach den Erbauern und Besitzern. Es gab mithin zwei Burgen des Namens 'von Bettingen', die man schlicht durch den Zusatz 'vetus Bettingen' bei der älteren von beiden unterschied. Aus Gründen, die wir nicht kennen, nahm dann die Siedlung mit der jüngeren Burg, Frenkingen, einen schnellen Aufschwung, in dessen Verlauf es bereits im 13. Jahrhundert zur Einbeziehung von Frenkingen in das Befestigungssystem der Burg oberhalb der Siedlung kam[226].

Den bisherigen Erwägungen fügen sich die Ergebnisse der Studien von N. Kyll zur kirchlichen Organisation der Westeifel widerspruchslos ein[227]. Die Kirche von Alt-Bettingen mit dem Patrozinium Petrus war, wie wir bereits sahen, Mittelpunkt eines ausgedehnten Taufkirchenbezirkes, der um 600 entstand. Nach 700 gliederte sich dieser auf dem Wege über Eigenkirchen in eine Reihe von eigenständigen Pfarreien auf, so Pfeffingen, Frenkingen, Stockem, Baustert und Oberweis. Offensichtlich parallel zur Siedlungsentwicklung von Alt-Bettingen, die rückläufige Tendenz aufwies, verlor auch die alte Taufkirche von Bettingen immer mehr an Bedeutung. Statt dessen entwickelte sich auch in kirchlicher Hinsicht Frenkingen immer besser. Nachdem die Peterskirche zu Alt-Bettingen 1688 interdiziert war, verfiel sie langsam zur Ruine.

Von besonderem Interesse im Hinblick auf die Methode ist schließlich Kylls Gegenüberstellung der frühen Patrozinien und der fränkischen Reihengräberfelder. Alt-Bettingen hat bislang kein fränkisches Gräberfeld ergeben[227a], und es ist wohl auch kaum anzunehmen, daß es sich dabei um eine Forschungslücke handelt. Ein fränkischer Friedhof ist hier gar nicht zu erwarten. Das zur älteren, typisch merowingischen Gruppe gehörende Petrus-Patrozinium von Alt-Bettingen bezeugt die Existenz einer frühen Taufkirche ohne voraufgegangenen fränkischen Friedhof. Alt-Bettingen liegt aber in einem Kreis fränkischer Gräberfelder in der Nachbarschaft: Rittersdorf mit drei Friedhöfen, Oberweis, Wettlingen, Halsdorf, Birmingen. Von ihnen gehörte Wettlingen zur Pfarrei Alt-Bettingen. Man kann Kyll zustimmen, wenn er annimmt, der bis ins 7. Jahrhundert belegte fränkische Friedhof sei in dem Augenblick aufgege-

---

[225] Vgl. Jungandreas, Historisches Lexikon unter 'Bettingen'. – Einzelheiten im Katalog unter BIT 6–8. – Ferner MRUB I, Register, unter 'Bettingen' und 'Frenkingen'. – Steinhausen, Ortskunde 17 mit der älteren Literatur.

[226] Vgl. den Lageplan von Bettingen (Frenkingen) in den KDM Kr. Bitburg 35. – Dort auch Ausführungen zur Urkunde von 1346 für das 'oppidum Bettingen'.

[227] N. Kyll, Siedlung, Christianisierung und kirchliche Organisation der Westeifel. Rhein. Vjbll. 26/27, 1961/62, 216 ff., 221.

[227a] Über in Alt-Bettingen gefundene mittelalterliche Keramik: Trierer Zeitschr. 16/17, 1941/42, 237 ff. – K. Böhner, Trierer Land Bd. 2 S. 8, hält entgegen dem Urteil von L. Hussong und Steinhausen, Ortskunde 17, die in Alt-Bettingen gefundene Keramik nicht für fränkisch, sondern für mittelalterlich. Sie dürfte dem 9./10. Jahrh. angehören.

ben worden, als im Ort der zuständigen Taufkirche Alt-Bettingen ein Kirchhof eingerichtet wurde[228]. Ein analoges Verhältnis besteht zwischen Rittersdorf und seiner Taufkirche St. Maximin Bitburg, zwischen Halsdorf und Mettendorf und schließlich zwischen Birmingen und Baustert. Lediglich in Oberweis geht der fränkische Friedhof direkt in den Kirchhof der Pfarrkirche über.

Die Bedeutung von Alt-Bettingen innerhalb der kirchlichen Organisation des frühen Mittelalters läßt also erkennen, daß dieser Ort bereits in merowingischer Zeit ein wichtiges Siedlungszentrum in diesem Teil des Prümtales war. Er gehörte wahrscheinlich nicht zur fränkischen Besiedlung der Landnahmezeit, die in der Umgebung durchweg die Reihengräberfriedhöfe aufweist. Vielmehr dürfte es sich um eine etwas jüngere, aber immer noch merowingerzeitliche Neugründung, gewissermaßen um einen fränkischen Ausbauort, handeln. Um so erstaunlicher ist es, daß dieser nach seinen verschiedenen Funktionen als zentraler Ort des unteren Prümtales anzusprechende Siedlungsschwerpunkt im späten Mittelalter vollständig verschwand. Die Ursachen für diesen allmählichen Rückgang von Alt-Bettingen können wir auf Grund der vorliegenden Zeugnisse nicht erkennen. Lediglich in der Übernahme des Ortsnamens Bettingen durch die nächstbenachbarte Siedlung, das alte Frenkingen, deutet sich an, daß die siedlungsmäßigen, kirchlichen und politischen Funktionen, die das alte Bettingen einst erfüllt hatte, nunmehr auf Frenkingen übergegangen waren.

Der Gemarkungsumriß von Bettingen trägt auch heute noch die Spuren des Wüstungsprozesses, der hier stattgefunden hat. Die Gemarkung von Alt-Bettingen zeichnet sich klar ab. Sie wurde als ganze und ohne erkennbare Verluste an andere Siedlungen Bettingen zugeschlagen. Die neuzeitliche Gemarkung von Bettingen, in welcher die Siedlung so exzentrisch liegt, erklärt sich mithin durch die vorausgegangene Addition einer ganzen Wüstungsgemarkung. Diese Zusammenlegung einer Wüstungsgemarkung mit einer Nachbargemarkung entspricht im Prinzip der Entstehung der Gemarkung Weilerswist, die bereits oben behandelt wurde.

7. Heinzerath (WIL 69)

Die Vereinigung von Gemarkungen wüstgewordener Dörfer mit solchen weiterbestehender beschränkt sich nicht nur auf die Siedlungen, deren Entstehung bis in die Merowingerzeit oder in karolingische Zeit zurückzuverfolgen ist und von denen bisher vorwiegend die Rede war. Sie wiederholt sich auch in viel jüngeren Siedlungsperioden, z. B. bei Orten, deren Entstehung mit dem hochmittelalterlichen Landausbau zusammenhängt. Ein grundsätzlicher Unterschied in bezug auf das Schicksal von Wüstungsgemarkungen ist also zwischen merowingisch-karolingischer Altsiedlung und hochmittelalterlicher Ausbausiedlung nicht erkennbar. Das gilt auch für die beiden am nordöstlichen Rande der altbesiedelten Wittlicher Senke gelegenen Ausbauorte Olkenbach und Heinzerath, von denen der zuletzt genannte wüst wurde. Beide repräsentieren den hochmittelalterlichen Landausbau, der sich in diesem Raum am Alf-Bach entlang nach Norden gegen den Kondelwald vorschob. Der Umriß der neuzeitlichen Gemarkung Olkenbach (Abb. 15) läßt erkennen, daß die Alf mitten durch die jetzige Gemarkung Olkenbach fließt. Östlich der Alf liegen etwa zwei Drittel, westlich

---

[228] Kyll (wie Anm. 227) 202 ff.

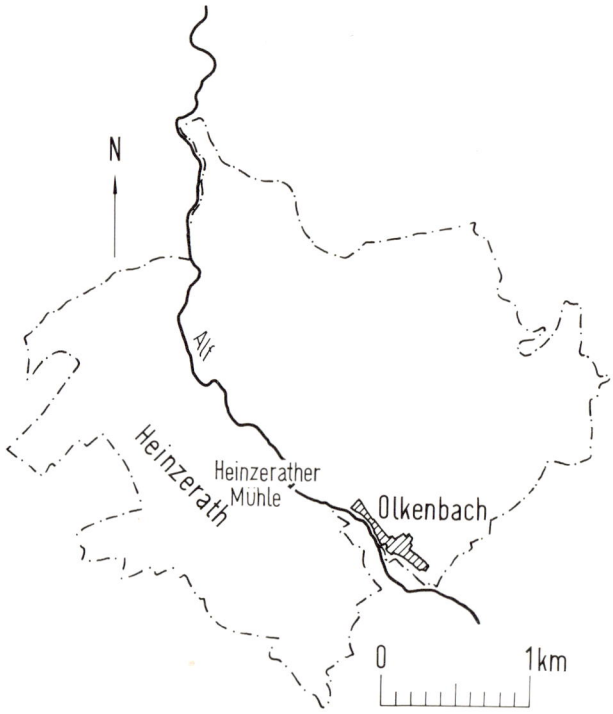

15 Die Gemarkung Olkenbach mit der Wüstung Heinzerath (WIL 69).

davon erstreckt sich ein Drittel der Gemarkung. Innerhalb dieses neuzeitlichen Gemarkungsumrisses fällt die exzentrische Lage der überlebenden Siedlung Olkenbach auf: Sie befindet sich am äußersten Südostrand ihrer Gemarkung, und es stellt sich deshalb die Frage nach den Ursachen für diese ungewöhnliche Lage.
Es wäre zu oberflächlich geurteilt, wenn man den westlich der Alf gelegenen Gemarkungsteil einfach der Wüstung Heinzerath, den östlichen hingegen Olkenbach zuweisen wollte. Zu berücksichtigen ist nämlich, daß die heute noch erhaltene Kirche von Heinzerath nicht etwa westlich der Alf, sondern unmittelbar östlich des Flusses steht. Im Gelände gestatten in schwachen Resten nachweisbare Überbleibsel der einstigen Siedlung[229] den Schluß, daß außer der Kirche noch weitere Gebäude von Heinzerath auf dem linken Ufer gestanden haben müssen. Nur die heute noch existierende Heinzerather Mühle nutzt das rechte Flußufer aus. Das bedeutet: Die Alf nahm zur Zeit des Bestehens von Heinzerath ihren Weg mitten durch die Ortslage. Olkenbach und Heinzerath nahmen also zu keiner Zeit verschiedene Ufer der Alf ein; der wichtigste Teil von Heinzerath lag vielmehr auf dem gleichen Ufer, auf dem heute Olkenbach angesiedelt ist. Deshalb ist zu fragen, ob Olkenbach und Heinzerath überhaupt längere Zeit hindurch nebeneinander bestanden haben und ob nicht vielmehr Olkenbach eine jüngere Nachfolgesiedlung des ausgegangenen Heinzerath darstellt. Falls das zuträfe, wäre die heutige Gemarkung Olkenbach beiderseits der Alf mehr oder weniger zugleich auch die ehemalige Gemarkung des ausgegangenen Heinzerath. Zu diesem Pro-

---

[229] Katalog unter WIL 69, Beschreibung der Überreste im Gelände unter VII und VIII.

blem sei vorweg bemerkt, daß es sich auf Grund der erhaltenen urkundlichen Zeugnisse nicht abschließend klären läßt, obgleich die Urkunden auch gewisse Hinweise zum historischen Verhältnis von Olkenbach und Heinzerath bieten.
Olkenbach erscheint erstmalig 1075 in einer Urkunde[230]. Für Heinzerath liegt der früheste Beleg erst aus dem Jahre 1315 vor[231]. Die Kapelle zu 'Hentzeraidt' mit dem Patrozinium des Apostels Bartholomäus ist auf Grund von Visitationsprotokollen seit 1475 bezeugt[232]. Für das zeitliche Verhältnis der Orte sagen diese Belege aber wenig aus. Ein Maximiner Güterverzeichnis von 1691 enthält in diesem Punkte bessere Hinweise. Es heißt dort[233]:
'Hinzerath das Dorf ist verlängst ganz vergangen und nahe under Olkenbach gestanden, nunmehr aber dessen Inwohner und Erben ahn und in Olkenbach gebauwet und ein Dorf gemacht ...'
Wie hoch die Glaubwürdigkeit dieser Überlieferung zu veranschlagen ist, läßt sich schwer entscheiden, doch gibt es keine triftigen Gründe, die grundsätzliche Zweifel hervorrufen. Sie besagt, daß ehemalige Bewohner von Heinzerath in Olkenbach siedelten, also ihr altes Dorf verließen. Aus dieser Neusiedlung entstand, so unsere Quelle, das Dorf Olkenbach. Unausgesprochen bleibt dabei die zwangsläufige Konsequenz dieses Vorgangs: In dem Maße, wie in Olkenbach ehemalige Einwohner aus Heinzerath bauten, wurde Heinzerath allmählich verlassen und schließlich aufgegeben. Damit wird hier ein Prozeß einer allmählichen Siedlungsverlagerung sichtbar, in dessen Verlauf die Wohnstätten der gleichen Bewohner nur um 500 bis 700 m nach Südosten verlegt wurden. Was also zunächst unter der allgemeinen Terminologie als 'Wüstungsbildung' erklärbar schien, ist in Wahrheit eine Siedlungsverlagerung. Grabungen in frühgeschichtlichen Siedlungen, wie etwa die in Gielde[234] oder auf dem Gristeder Esch[235], förderten in den letzten Jahren für frühgeschichtliche Zeit analoge Ergebnisse zutage: Der Archäologie gelang damit der Nachweis mehrfacher Ortsverlagerungen innerhalb eines eng umgrenzten Gebietes, ohne daß sie die Ursachen für dergleichen Vorgänge angeben konnte.
Die Siedlungsverlagerung von Heinzerath nach Olkenbach vollzieht sich unter ganz bestimmten Bedingungen. Es wurde bereits erwähnt, daß eine zumindest teilweise Konstanz der Bevölkerung in beiden Orten anzunehmen ist. Das schließt nicht aus, daß auch ein Bevölkerungsverlust in gewissen Grenzen die Siedlungsverlagerung begleitete. Die neue Siedlung erhielt einen neuen Namen, und zwar den des Olken-Bachs, der hier in die Alf mündet. Eine neue Kirche zu errichten, war nicht nötig. Wegen der Nähe zur aufgegebenen Siedlung Heinzerath konnte die dortige Kirche wei-

---

[230] MRUB I Nr. 375: 'in uilla olkebach'. – Weitere Belege bei Jungandreas, Historisches Lexikon.
[231] Vgl. Katalog unter WIL 69. – Jungandreas, Historisches Lexikon unter 'Heinzerath'.
[232] Clemen, KDM Kr. Wittlich 141 ff. zur Kapelle Heinzerath.
[233] Wortlaut der Quelle wiedergegeben bei Brückmann, Untergegangene Siedlungen im Kreise Wittlich. In: Altes und Neues von Eifel und Mosel, hrsg. v. P. Blum (Düsseldorf 1927) 131.
[234] Zu Gielde zuletzt: F. Niquet, Archäologische Bemerkungen zur Frage nach Alter und Entstehung von Orten im südostniedersächsischen Lößgebiet. In: Braunschweiger Geogr. Studien, Heft 3 (Wiesbaden 1971) 89 ff. mit älterer Literatur. – Weitere Titel bei H. Steuer, Bibliographie zur Archäologie des Mittelalters in Niedersachsen. Zeitschr. f. Archäologie des Mittelalters 2, 1974 (im Druck).
[235] Zu den Grabungen auf dem Gristeder Esch zuletzt: D. Zoller, Die Ergebnisse der Grabung Gristede, Kr. Ammerland, im Jahre 1966. In: Neue Ausgrabungen und Forschungen in Niedersachsen, hrsg. v. H. Jankuhn, Bd. 4 (Hildesheim 1969). – Ders., Das Forschungsprogramm 'Ammerland'. Die Kunde NF 23, 1972, 196 ff., bes. Anm. 6 und 7. – Ders., Vorbericht zur Grabung Gristede 1971. Nachr. aus Nieders. Urgesch. 41, 1972, 264–267. – H. Steuer (wie Anm. 234).

terbenutzt und leicht zu Fuß erreicht werden, zumal ihr Fortbestehen zusätzlich durch die seit alters hierher stattfindenden Wallfahrten gesichert war. Den Abzug der Bewohner von Heinzerath nach Olkenbach darf man sich wahrscheinlich nicht als abrupten Exodus aller Einwohner vorstellen. Er dürfte sich vielmehr allmählich, vielleicht sogar über viele Jahrhunderte hinweg, vollzogen haben. Die Ersterwähnung von Olkenbach bedeutet ja, daß zwischen Heinzerath und Olkenbach schon verhältnismäßig früh eine Wettbewerbssituation entstanden war, die sich im Laufe der Zeit, aus welchen Gründen auch immer, zugunsten des letzteren entschied. Das oben bereits zitierte Maximiner Güterverzeichnis[236] zwingt auch zu der Annahme, daß, zumindest im 17. Jahrhundert, partielle Flurwüstungen um Heinzerath bestanden:
'Nachgehends, weil die darum gelegenen Weingärten als in Grünburg und anderen Pflegen gantz zumahl in Abgang kommen, ist auf vielfältiges inständiges Anhalten der Lehnleuten die Weinzinsen in Fruchtzins verändert worden ...'
Die Quelle beleuchtet einen wirtschaftlichen Umstrukturierungsprozeß, in dessen Verlauf der Weinbau zurückging und andere Formen des Ackerbaus zunahmen. Möglicherweise hat die Siedlungsverlagerung in diesem Raum etwas mit diesen wirtschaftlichen Veränderungen zu tun. Unter den möglichen Wüstungsursachen möchte man jedenfalls Umwälzungen im Bereich der Agrarwirtschaft in diesem Falle den Vorzug vor der Kriegstheorie geben, nach der Heinzerath dem Dreißigjährigen Krieg zum Opfer gefallen sein soll[237].

Im Gegensatz zu den vielen sich ändernden Bedingungen, die im Zusammenhang mit der Siedlungsverlagerung von Heinzerath nach Olkenbach festzustellen waren, bildet die Gemarkung ein Element der Beständigkeit, ja der Kontinuität. Mit ihren rund 7 qkm Fläche dürfte die heutige Gemarkung Olkenbach auch zur Zeit des Bestehens von Heinzerath nicht wesentlich anders ausgesehen haben. Für die Verlagerung eines Siedlungsplatzes innerhalb der gleichen, weiterbestehenden Gemarkung bilden Heinzerath und Olkenbach eines der wenigen in der Eifel nachweisbaren Beispiele.

2.5.3 Ergebnisse

Die hier in Auswahl besprochenen Gemarkungen wüstgewordener Dörfer lassen sich leicht vermehren. Charakteristisch für die bei Weilerswist festgestellte Addition von ursprünglich selbständigen Gemarkungen sind unter anderem auch noch die Wüstungsgemarkungen von Pleitsdorf bei Kell (MY), Weinfeld (DAU 72) oder Givvekoven (BN 105). Die Abbildungen 6 bis 23 veranschaulichen die Entwicklung, die sich in diesen Fällen im Laufe der Zeit vollzog.

Drei Grundmodelle, nach denen sich Gemarkungen im Zusammenhang mit der Wüstungsbildung verändern, lassen sich unterscheiden:

(1) Hochmittelalterliche Gemarkungen können durch Aufteilung von großen Gemarkungen, die zu merowingerzeitlichen Altsiedlungen gehören, entstehen. Typische Beispiele: Weyer (SLE), aus dessen Gebiet die Orte Kallmuth, Lorbach und Königsfeld (SLE 77) im Zuge einer mehrstufigen Entwicklung herausgetrennt wurden; ferner Matzen (BIT), auf dessen Kosten die Gemarkungen der jüngeren Ausbausiedlungen Irsch und Even (BIT 45) geschaffen wurden.

[236] Vgl. oben Anm. 233.
[237] Brückmann (wie Anm. 233).

(2) Entstehung von Gemarkungen durch Addition einst selbständiger, fremder Gemarkungen. Typische Beispiele: Niederzier, vergrößert um die Hofgemarkung Wüstweiler (DN 70); Westum, erweitert durch die Gemarkung von Krechelheim (AW 176); Bettingen, dessen Gemarkung sich durch den Zuschlag von Alt-Bettingen mehr als verdoppelte; Weilerswist, dessen Gemarkung sich aus zahlreichen, ursprünglich selbständigen fremden Gemarkungen zusammensetzt, unter denen sich auch eine Wüstungsgemarkung befindet (Swist, EU 109). Zu dieser Gruppe gehören aber auch jene Fälle, bei denen Gemarkungen wüst gewordener Dörfer unter mehreren benachbarten Dörfern aufgeteilt wurden. Eine solche Aufteilung bedeutet die Zerstörung einer organisch gewachsenen Einheit. Gemarkungen, die diesen Prozeß durchliefen, lassen sich nach Form und Größe in neuzeitlichen Kartenwerken meist nicht mehr auffinden.
(3) Siedlungsverlagerung innerhalb eines gleichbleibenden Wirtschaftsraumes, innerhalb der gleichen Gemarkung. Typisches Beispiel: Siedlungsverlagerung von Heinzerath nach Olkenbach.

Aus den vorgetragenen Überlegungen ergibt sich, daß der Erhaltungszustand von Wüstungsgemarkungen nicht davon abhängt, zu welcher Siedlungsschicht oder Ausbauperiode die zugehörige Siedlung ihrer Entstehung nach gehört. Maßgebend ist vielmehr der Zeitpunkt, wann die Ortswüstung entstand, und zwar als totale Ortswüstung. Von da an wird die zugehörige Gemarkung frei verfügbar, und es eröffnen sich die oben skizzierten Möglichkeiten der weiteren Verwendung solcher Marken. Gut erhaltene Gemarkungen besitzen meist Wüstungen, die erst spät, entweder am Ausgang des Mittelalters oder in der frühen Neuzeit, entstanden. Für die hier behandelten Wüstungen sind folgende Wüstungsdaten zu ermitteln: Wüstweiler (DN 70): zwischen 1500 und 1550; Königsfeld (SLE 77): zwischen 1750 und 1800; Swist (EU 109): um 1580; Krechelheim (AW 176): zwischen 1650 und 1700; Alt-Bettingen (BIT 6): um 1600; Heinzerath (WIL 69): zwischen 1650 und 1700; Weinfeld (DAU 72): zwischen 1500 und 1550; Givvekoven (BN 105): unsicher, aber wohl erst im 16. oder 17. Jahrhundert.

Die als erkennbare Einheiten im ursprünglichen Zustand bis heute erhaltenen Wüstungsgemarkungen spiegeln mithin in der Mehrzahl die Verhältnisse des späten Mittelalters und der frühen Neuzeit wider. Sie müssen als Endergebnis der mittelalterlichen Entwicklung angesprochen werden, die mit den frühesten und sicher noch recht grob abgegrenzten Wirtschaftsgebieten der merowingerzeitlichen Dörfer beginnt, die in der Karolingerzeit dann zur Ausbildung eines topographisch und rechtlich festliegenden Begriffs der 'marca' fortschreitet und schließlich während des hohen Mittelalters zu der durch klar umrissene, lineare Grenzen abgesteckten Gemarkung führt. Diese letzte Stufe der Entwicklung hat sich in den Gemarkungen der spätmittelalterlichen und frühneuzeitlichen Wüstungen, zumindest in einigen Fällen, konserviert. Gemessen an der Gesamtzahl der Wüstungen ist die Zahl der konservierten Gemarkungen sehr gering. Der weitaus häufigere Fall war die Aufteilung der Wüstungsgemarkungen unter die benachbarten Orte, was zum völligen Verschwinden der meisten von ihnen geführt hat. Die hier durchgeführten Analysen zeigen aber auch, daß die auf Veränderung der Gemarkungsgrenzen zielenden Kräfte der historischen Entwicklung letzthin schon im Mittelalter die im Sinne einer Konstanz wirkenden Gegebenheiten des Naturraumes ausschalten. Der Wandel gewann hier auf die Dauer gegenüber der Beharrung die Oberhand.

Andere Verhältnisse ergeben sich, wenn man die Struktur der Gemarkungen in einem größeren Gebiet untersucht. Obgleich jede einzelne Gemarkung mannigfachen Veränderungen ausgesetzt war, konnte sich vielfach doch ein regionales Gefüge der Gemarkungen erhalten, das immer noch in klarer Abhängigkeit von den großräumigen Voraussetzungen des Natur- und Siedlungsraumes steht. Dies bezieht sich – um es nochmals zu betonen – nicht auf Form und Größe jeder einzelnen Gemarkung, sondern auf die Anordnung vieler Gemarkungen zueinander und in bezug auf die natürlichen oder historischen Leitlinien der Besiedlung innerhalb einer Region. Hier sind für das Untersuchungsgebiet mindestens acht verschiedene Modelle der Landerschließung zu unterscheiden, von denen fünf der merowingisch-karolingischen Altsiedlung und drei der hochmittelalterlichen Ausbausiedlung angehören. Die verschiedenen Modelle der Landerschließung sollen in Analogie zu den für Südengland durchgeführten Untersuchungen[238] kurz beschrieben werden.

(1) Merowingisch-karolingische Altsiedlung

Modell 1: Erschließung des Rheintales in der Köln-Bonner Bucht. Die Anordnung der Siedlungen und der zugehörigen Gemarkungen zeigt stark schematisiert die Abbildung 16. Charakteristisch sind die großen Gemarkungen von merowingerzeitlichen Orten wie Sechtem, Bornheim, Roisdorf. Sie weisen abgerundete Formen bei zentra-

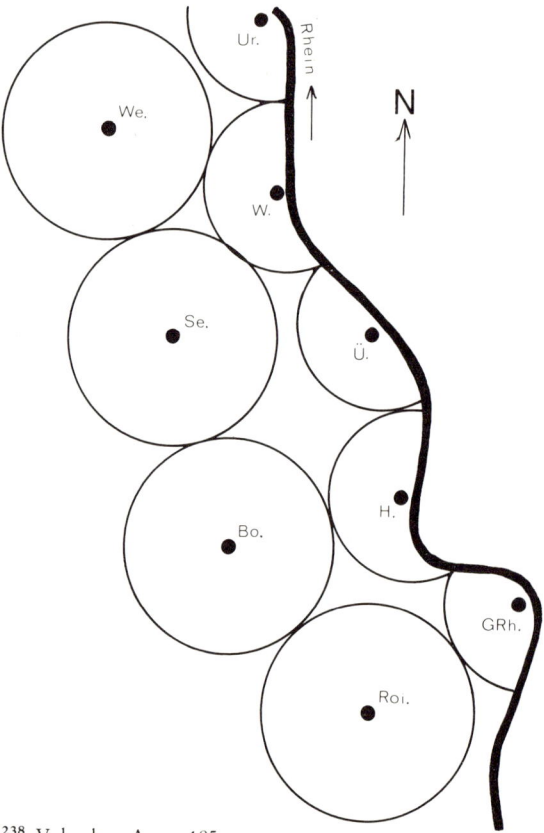

16 Modell 1: Merowingerzeitliche Landerschließung in der Rheinebene zwischen Köln und Bonn.
Es bedeuten: Ur. = Urfeld, We. = Wesseling, W. = Widdig, Se. = Sechtem, Ü. = Üdorf, Bo. = Bornheim, H. = Hersel, Roi. = Roisdorf, GRh. = Grau-Rheindorf.

[238] Vgl. oben Anm. 185.

ler Lage der Siedlung innerhalb der Gemarkung auf. Rheinseitig treten zu diesen in ihrer Ausdehnung offenbar nicht behinderten Gemarkungen kleinere Marken hinzu, die teilweise einer jüngeren Schicht von Siedlungen zuzurechnen sind. Der Strom bildet hier die rheinseitige Begrenzung der Gemarkungen. Im Westen schieben sie sich zwischen die Gemarkungen der Altsiedlung und füllen hier noch bestehende Lücken aus. Im Gegensatz zu den Altsiedlungen liegen die Orte der Rheinseite relativ eng beieinander, und zwar stets direkt am linken Rheinufer. Ihre Anordnung wirkt gedrängt, während die in einiger Entfernung vom Rhein gelegenen Orte weiträumig gestreut erscheinen. Im ganzen charakterisiert das Erschließungsmodell 1 die merowingerzeitliche Altsiedlung auf zur Genüge vorhandenen guten bis besten Ackerböden und bei weitgehender Entwaldung.

Modell 2: Erschließung der Lößplatten zwischen Erft, Rot-Bach und Neffel-Bach im Raum Euskirchen, entlang der Römerstraße Köln–Zülpich–Trier. Typische Beispiele der Gemarkungen veranschaulicht Abbildung 17. Charakteristisch ist, daß die Römerstraße zahlreiche der genannten Gemarkungen durchschneidet, und zwar jeweils die größten von ihnen. Andere, vorzugsweise kleinere Gemarkungen werden zumin-

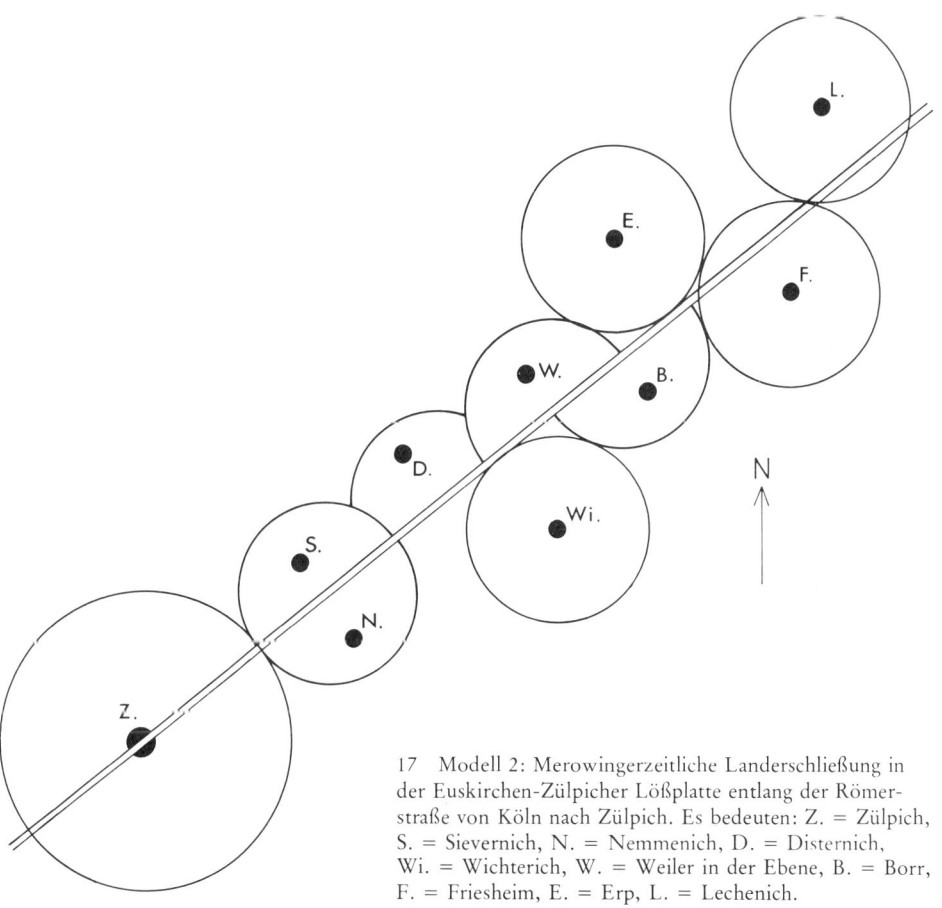

17 Modell 2: Merowingerzeitliche Landerschließung in der Euskirchen-Zülpicher Lößplatte entlang der Römerstraße von Köln nach Zülpich. Es bedeuten: Z. = Zülpich, S. = Sievernich, N. = Nemmenich, D. = Disternich, Wi. = Wichterich, W. = Weiler in der Ebene, B. = Borr, F. = Friesheim, E. = Erp, L. = Lechenich.

dest teilweise durch die Römerstraße begrenzt. Abgesehen von Zülpich wird keine der Ortslagen von der Römerstraße durchlaufen. Die meisten der genannten Orte liegen jedoch sehr nahe an der Römerstraße, mit der sie durch kurze Stichstraßen verbunden sind. Insofern bedeutet das Erschließungsmodell 2 eine Bekräftigung der oben erwähnten Beobachtung, daß die fränkischen Orte selbst, nicht aber ihre Gemarkungen, häufig an die Römerstraßen angebunden sind.

Eine Ausnahme bildet Zülpich, dessen bereits in der römischen Antike gegebene Funktion als zentraler Ort auch in der Merowingerzeit fortdauert. Konkreten Ausdruck findet diese funktionale Kontinuität durch das Weiterbestehen der römischen Straßenkreuzung im Ortskern von Zülpich bis ins frühe und hohe Mittelalter.

Modell 3: Erschließung des Bitburger Gutlandes beiderseits der römischen Straße Trier–Köln nördlich von Bitburg. Im Gegensatz zum Modell 2 bestehen hier keine Zweifel daran, daß sich die Gemarkungen der merowingerzeitlichen Gründungen an die Römerstraße anlehnen. Wenn sie damit eine ältere anthropogene Leitlinie aufgreifen, bedeutet das noch lange keine römerzeitliche Entstehung dieser Marken. Sie stellen regelrechte Gemarkungsblöcke dar, deren östliche oder westliche Flanke jeweils

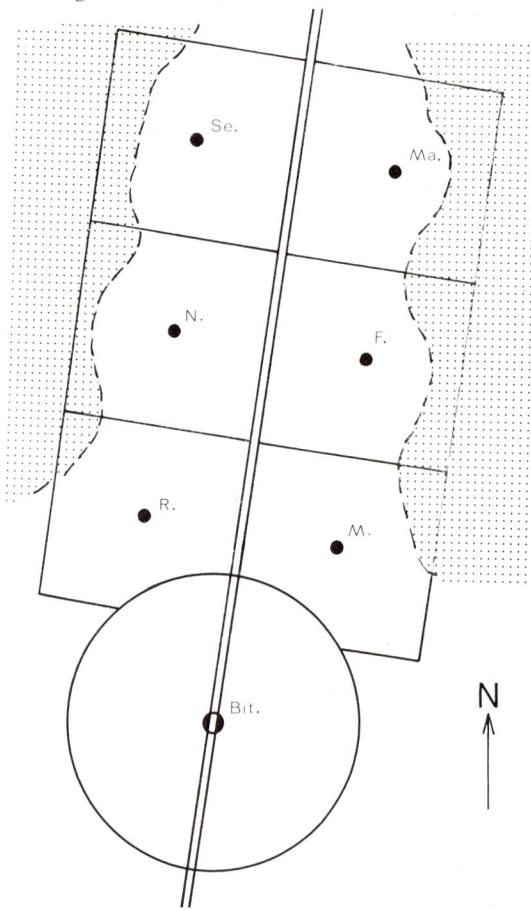

18 Modell 3: Merowingerzeitliche Landerschließung im Bitburger Gutland beiderseits der Römerstraße nördlich von Bitburg. Es bedeuten: Bit. = Bitburg, R. = Rittersdorf, M. = Matzen, N. = Nattenheim, F. = Fließem, Se. = Sefferweich, Ma. = Malbergweich. Gepunktet: periphere Waldanteile der Gemarkungen.

von der Römerstraße gebildet wurde (Abb. 18). Selbst neuzeitliche Änderungen der Gemarkungsgrenzen vermochten nicht, diese ursprüngliche Grenzführung zu verwischen. Analog zu Zülpich liegt Bitburg als zentraler Ort sowohl der römischen Zeit als auch des frühen Mittelalters direkt auf der Römerstraße, die durch die spätantike und die fränkische Umwehrung eingefangen wurde. Die Kontinuität der Funktion dieses Ortes ist unverkennbar.

Modell 4: Erschließung des stark gewundenen Moseltales im Gebiet von Wittlich. Abbildung 19 erläutert, daß die Mosel stets die flußseitige Begrenzung der Gemarkungen bildet, die auch im Mittelalter grundsätzlich nicht den Fluß überschritten haben dürften. Die Gemarkungsformen hängen hier stark vom Geländerelief und von den Windungen des Flusses ab. Sie erstrecken sich in der Regel auf den Plateaus zwischen den Flüssen und Bächen, die von Norden in die Mosel münden, wobei die Ortslagen stets am Moselufer selbst, an der Mündung solcher Seitenbäche zu finden sind. Auf den Hochplateaus nördlich der Mosel – entsprechendes gilt auch für diejenigen südlich des Flusses – gewinnen die Gemarkungen der Moselorte Anschluß an die geschlossenen Waldungen der Hochfläche. Die ackerbaulich nutzbaren Flächen dieser Orte breiten sich meist in Form von Weinbauterrassen an den Hängen des Moseltales aus. In vielen Fällen ließ das enge Moseltal den frühmittelalterlichen Siedlern keine große Auswahl in der Plazierung ihrer Siedlungen. Sie stehen oft auch auf römischen Ruinen. Zahlreiche frühmittelalterliche Übernahmen aus der römischen Toponymie weisen hier wie im Trierer Land darauf hin, daß Zusammenhänge zwischen spätantiker und merowingischer Besiedlung in diesem Gebiet nicht auszuschließen sind.

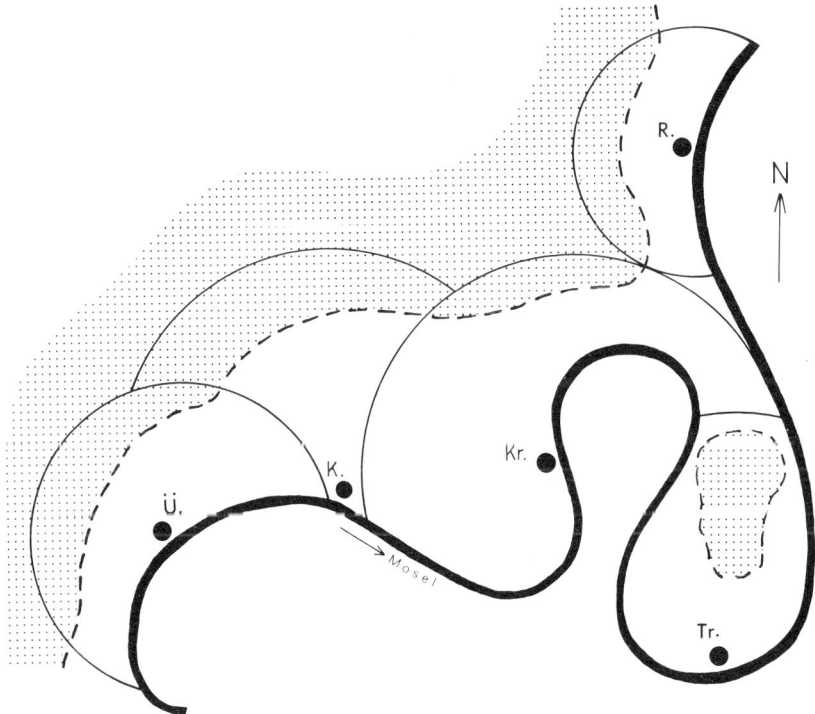

19 Modell 4: Spätrömisch-fränkische Landerschließung auf dem Nordufer der Mosel. Es bedeuten: Ü. = Ürzig, K. = Kinheim, Kr. = Kröv, Tr. = Traben, R. = Reil. Gepunktet: Waldanteile der Gemarkungen auf den Höhen des Moseltales.

Modell 5: Erschließung des rheinischen Vorgebirges durch eine Schicht merowingisch-karolingischer Siedlungen. Abbildung 20 gibt die typische Anordnung der Gemarkungen wieder: Sie erstrecken sich rechtwinklig zum Ostrand des Vorgebirges in Südwest-Nordost-Richtung. Bei sämtlichen Gemarkungen läßt sich ein auf der ebenen Hochfläche der Hauptterrasse, also auf dem Vorgebirge selbst liegender Teil, von dem am Osthang gelegenen Stück unterscheiden. Im hangseitigen Teil siedelten sich stets die Orte selbst an, und zwar meist im flach zum Rheintal auslaufenden unteren Teil des Vorgebirgshanges. Die ebene Hochfläche war im Mittelalter nur teilweise entwaldet. Hier gewannen die Gemarkungen nicht unerhebliche Anteile am Wald, der das Vorgebirge bedeckte und der durch das ganze Mittelalter hindurch in seinem Kernbestand unverändert erhalten geblieben war. Die langgestreckte Form der Gemarkungen ergab sich zwangsläufig aus der ungewöhnlichen Siedlungsdichte am Osthang des Vorgebirges. Wollten alle Siedlungskerne, von denen die meisten nach Ausweis der Reihengräberfelder merowingische Gründungen sind, an den fruchtbaren Böden beteiligt werden, so blieb keine andere als die streifenförmige Gliederung der Gemarkungen übrig.

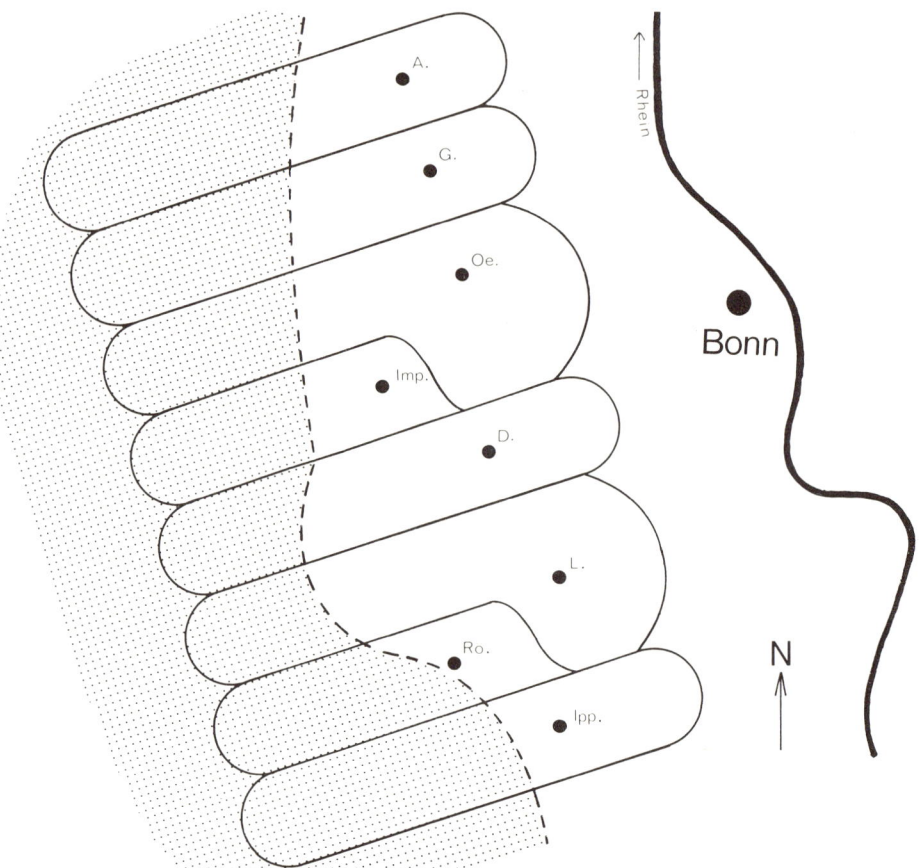

20 Modell 5: Merowingisch-karolingische Landerschließung am Osthang des Vorgebirges zwischen Bonn und Alfter. Es bedeuten: A. = Alfter, G. = Gielsdorf, Oe. = Oedekoven, Imp. = Impekoven, D. = Duisdorf, L. = Lengsdorf, Rö. = Röttgen, Ipp. = Ippendorf. Gepunktet: Waldanteile der Gemarkungen am Kottenforst auf der dem Rheintal abgewandten Westseite.

(2) Hochmittelalterliche Ausbausiedlung des 9.–12. Jahrhunderts

Modell 6: Erschließung der Nordeifel nördlich der Ahr. Abbildung 21 enthält die charakteristischen Züge dieser Ausbausiedlung. In abgerundeten, verhältnismäßig kleinen Gemarkungen liegen die zugehörigen Siedlungsplätze in der Regel zentral. Typisch sind die in den Randbereichen der Gemarkungen erkennbaren Waldstreifen, die, obgleich vielfach nur noch in geringen Resten erhalten, als Grenzsäume gegen die Nachbargemarkungen aufzufassen sind. Die Linienführung der Gemarkungsgrenzen hängt im einzelnen oft von natürlichen Leitlinien wie Bächen, Wasserscheiden usw. ab, die das bewegte Geländerelief in reichem Maße bereithält. An der Ahr übernimmt der Fluß vielfach die Funktion der Gemarkungsgrenze.

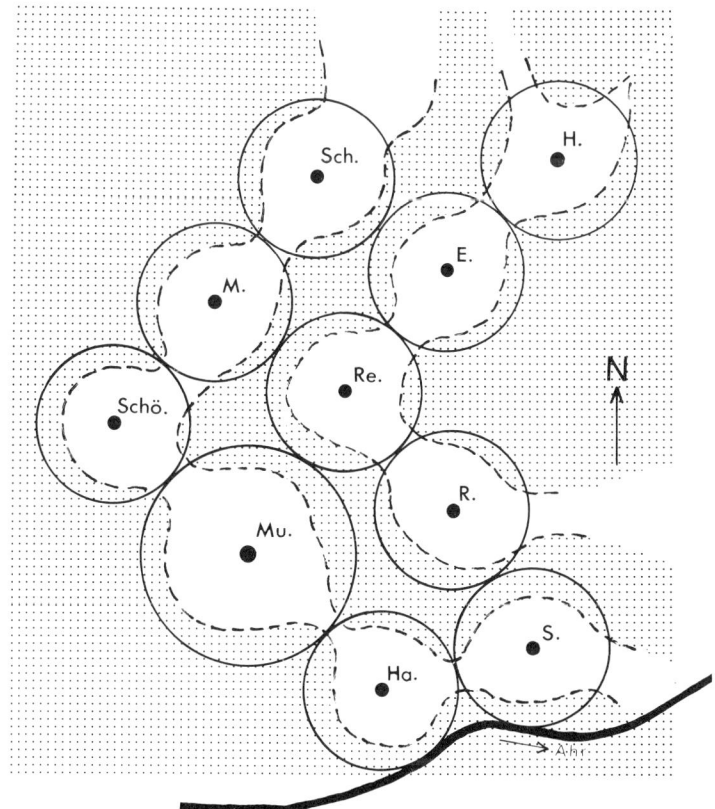

21 Modell 6: Hochmittelalterliche Rodungssiedlung in stark reliefiertem Waldland nördlich der Ahr. Es bedeuten: H. = Houverath, Sch. = Scheuerheck, E. = Effelsberg, M. = Mahlberg, Re. = Reckerscheid, Schö. = Schönau, Mu. = Mutscheid, R. = Rupperath, Ha. = Harscheid, S. = Sierscheid. Gepunktet: Waldsäume zwischen den Rodungsgemarkungen.

Modell 7: Erschließung des Nordwestrandes des Osburger Hochwaldes im südlich der Mosel gelegenen Teil des Kreises Trier. Vorgegeben war hier das geschlossene, bewaldete Berggebiet des Osburger Hochwaldes, dessen Randzonen im 9.–12. Jahrhundert von der Rodung erfaßt wurden. Was hier für den Nordwestrand des Waldes beschrieben wird, gilt analog auch für seinen Südostrand. Abbildung 22 zeigt, wie der Landausbau mit kleinen, aber in der Regel rundlichen Gemarkungen von Nordwesten her gegen den Waldrand vorrückte. Die Siedlungen befinden sich in der Regel in der Mitte der Rodungsgemarkungen, deren südwestliche und nordöstliche Grenzführung im allgemeinen durch die Flüsse und Bäche bestimmt wird, die im Hochwald entspringen und nach Nordwesten fließen. Waldanteile besitzen diese Gemarkungen nicht nach Nordwesten, wo sie mit älterer Besiedlung verbunden sind, sondern nach Südosten, am Osburger Hochwald selbst. Im Gegensatz zu Modell 6, bei dem ein früheres Waldgebiet als ganzes aufgesiedelt wird und wo zwischen allen Gemarkungen noch Waldsäume erhalten bleiben, schiebt sich hier die Rodung vom Offenland her gegen eine geschlossene und in ihrem Bestand auch nie angegriffene Waldbarriere vor.

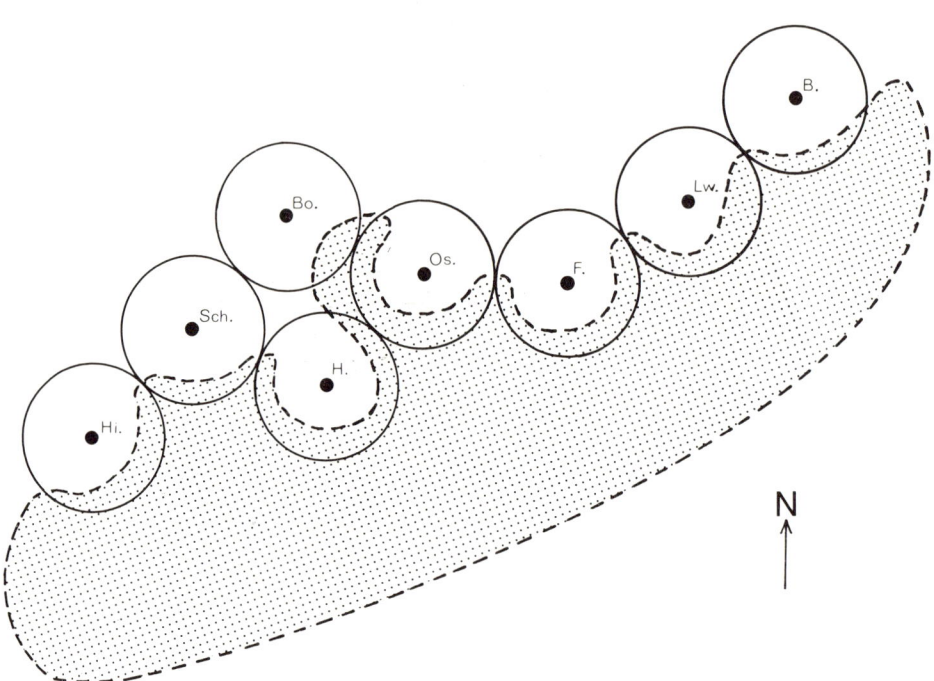

22 Modell 7: Hochmittelalterliche Rodungssiedlung am Nordrand des Osburger Hochwaldes südlich Trier. Es bedeuten: B. = Bescheid, Lw. = Lorscheid-Wellscheid, F. = Farschweiler, Os. = Osburg, Bo. = Bonerath, H. = Holzerath, Sch. = Schöndorf, Hi. = Hinzenburg. Gepunktet: Waldgebiete des Osburger Hochwaldes.

Modell 8: Erschließung von Hochflächen beiderseits des tiefeingeschnittenen Rurtales bei Monschau. Abbildung 23 veranschaulicht die dortigen Verhältnisse. Im Siedlungsbild drücken sich zwei vorgegebene Leitlinien aus: im Norden der Rand des Hohen Venns und im Süden das tiefeingeschnittene Rurtal. Auf der Hochfläche zwischen beiden lag Konzen, in der Karolingerzeit Standort einer kaiserlichen Jagdpfalz. Das gesamte Gebiet nördlich der Rur und südlich des Vennrandes dürfte ursprünglich zu diesem Ort gehört haben. Die Entstehung der jüngeren Siedlungen vollzog sich hier sowohl als Ausgliederungsprozeß von jüngeren Gemarkungen aus der Altgemarkung Konzen, als auch in der Form von Zugewinn neuen Landes durch Rodung auf den Höhen beiderseits der Rur. Das Ergebnis besteht einerseits in relativ abgerundeten Gemarkungen wie Konzen und im Falle des im hohen und späten Mittelalter aufsteigenden Zentralortes Monschau, der sicher ältere zentralörtliche Funktionen von Konzen übernommen hat. Andererseits entstehen im Zuge der Rodung langgestreckte, rechtwinklig auf das Rurtal zulaufende Gemarkungen. Die zu ihnen gehörenden Ortslagen finden sich stets auf den Hochflächen. Südlich der Rur gelegene Gemarkungen besitzen Anteile am Monschauer Forst.

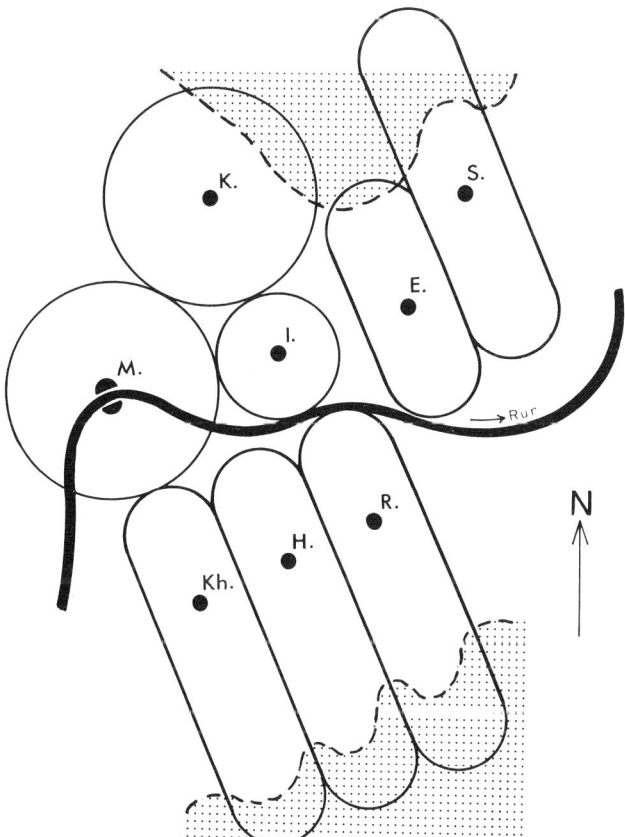

23 Modell 8: Karolingische Altsiedlung und hochmittelalterliche Rodungssiedlung im Gebiet von Monschau. Es bedeuten: K. = Konzen, karolingischer Jagdhof, M. = Monschau, zentraler Ort des Hochmittelalters im oberen Rurtal, I. = Imgenbroich, E. = Eicherscheid, S. = Simmerath, Kh. = Kalterherberg, H. = Höfen, R. = Rohren. Gepunktet: Waldanteile der Gemarkungen auf der dem Rurtal abgewandten Seite.

Die vorgeführten acht Modelle stellen lediglich die auffälligsten Möglichkeiten der Landerschließung in der Eifel dar. Ins einzelne gehende Studien mögen auf die Spuren anderer Formen führen. Auch Übergangsformen zwischen mehreren der vorgelegten Modelle sind vorstellbar. Es kann aber auch keinen Zweifel daran geben, daß die ursprünglichen Reinformen solcher Erschließungsvorgänge durch die Wüstungsbildung verundeutlicht worden sind, und zwar einmal durch Ausfall zahlreicher Siedlungskerne aus dem Siedlungsbild, zum anderen durch die oben erwiesenen starken Veränderungen der Gemarkungen, denen nur eine geringe Anzahl konstanter Wüstungsgemarkungen gegenübersteht. Über die Kenntnis des Schicksals von Wüstungsgemarkungen in Einzelfällen hinaus sollte deshalb die Wüstungsforschung auch dazu beitragen, Formen, Richtung, Umfang und Zeitstellung mittelalterlicher Landausbauvorgänge, wie sie in den beschriebenen Modellen der Landerschließung sichtbar werden, näher zu erforschen.

2.6 Archäologische und technisch-naturwissenschaftliche Prospektion

2.6.1 Allgemeines

Über die verschiedenen Möglichkeiten, Wüstungen aufzufinden, wurde bereits oben im einleitenden Kapitel[239] berichtet. Die Durchsicht des im Katalog zu jeder Wüstung unter III zusammengestellten Materials läßt erkennen, daß in der Regel der größte Teil der Kenntnisse zu einer Wüstung auf die verschiedenen historischen Quellengruppen zurückzuführen ist. Im Vergleich dazu nehmen sich die jeweils unter VII aufgeführten archäologischen Ergebnisse bescheiden aus. Für diese Lage sind die Gründe in erster Linie in der Tatsache zu suchen, daß es dem Verfasser unmöglich war, die rund 1500 Wüstungen seines Untersuchungsgebietes ausnahmslos und mit jeweils gleicher Intensität im Gelände zu untersuchen. Auswahl und Beschränkung auf bestimmte Gebiete und einzelne, besonders gut erhaltene Objekte ließen sich nicht vermeiden. Subjektive Elemente, die eine Auswahl zwangsläufig mit sich bringt, sowie die Gefahr einer schmalen Materialbasis, auf die hier allgemeine Erkenntnisse gegründet werden müssen, können also beim gegenwärtigen Stand der archäologischen Wüstungsforschung im Rheinland nicht völlig ausgeschlossen werden. Aber diese Einschränkungen treffen in ähnlicher Weise auch auf die Ergebnisse technisch-naturwissenschaftlicher Prospektionsmethoden im Dienst der rheinischen Wüstungsforschung zu, wie weiter unten noch gezeigt werden soll. Man wird also der Gefahr, die im folgenden mitgeteilten Ergebnisse zu überschätzen oder in unzulässiger Weise zu verallgemeinern, am ehesten entgehen, wenn die im ungleichmäßigen Forschungsstand begründeten Vorbehalte ständig im Blick behalten werden.

---

[239] Vgl. oben S. 29 ff.

2.6.2 Archäologische Prospektion

Auf zwei Wegen kann die archäologische Forschung Ergebnisse zur Frage der mittelalterlichen Wüstungen beisteuern: durch systematische Ausgrabungen auf wüstgewordenen Plätzen und durch die archäologische Landesaufnahme. Siedlungsgrabungen fanden, wie bereits hervorgehoben wurde[240], im Mittel- und Niederrheingebiet bisher nur sehr vereinzelt statt. Ihre Zahl[241] ist noch zu begrenzt, als daß allgemeine Rückschlüsse auf das früh- und hochmittelalterliche Siedlungswesen auf dem Lande gezogen werden könnten. Es hat deshalb wenig Sinn, hier darüber nachzudenken, in wieweit z. B. die Grabungsergebnisse von Gladbach bei Neuwied oder von Haldern für größere Gebiete repräsentativ sein können. Vor Verallgemeinerungen von Ergebnissen weniger Siedlungsgrabungen hat jüngst auch die historische Forschung wieder gewarnt[242]. Im übrigen soll die hier vorgelegte Arbeit überhaupt erst solche Siedlungsplätze herausstellen, an denen mit einiger Aussicht auf Erfolg gegraben werden kann. Sie versteht sich somit als Vorarbeit für spätere, intensive archäologische Forschungen.

Fällt also die Siedlungsgrabung als Erkenntnisquelle für die Fragestellungen der Wüstungsforschung im Rheinland noch weitgehend aus, so knüpfen sich diesbezügliche Hoffnungen und Erwartungen um so berechtigter an die zweite Möglichkeit archäologischer Prospektion: an die archäologische Landesaufnahme. Methoden und Grenzen dieser systematischen Aufnahme aller archäologischen Funde im Gelände wurden bereits behandelt[243]. Die bisher veröffentlichten archäologischen Landesaufnahmen für die Kreise Geldern[244], Bergheim[245] und Kempen-Krefeld[246] schließen früh- und hochmittelalterliche Fundplätze ein. Das gleiche gilt für den Kreis Grevenbroich, dessen Bearbeitung vor dem Abschluß steht[247]. Intensive Begehung im Gelände wurde auch den mittelalterlichen Fundplätzen im ehemaligen Landkreis Bonn (BN) zuteil. Er liegt als einziger Kreis mit abgeschlossener archäologischer Landesaufnahme innerhalb des hier gewählten Untersuchungsgebietes vor. Die Resultate der Begehungen können deshalb in besonderem Maße für die hier zu behandelnden Fragen herangezogen werden.

Das Material einer archäologischen Landesaufnahme besteht in der Regel überwiegend aus Fundobjekten, die von der Erdoberfläche aufgelesen wurden. Von den zahlenmäßig nicht bedeutsamen und meist zufälligen Bodenaufschlüssen durch Baumaßnahmen, land- und forstwirtschaftliche Nutzung und ähnliches, die gelegentlich auch Funde liefern, wird hier abgesehen. Die Aussagekraft von aufgelesenen Oberflächen-

---

[240] Vgl. oben S. 22 mit Anm. 63.
[241] Die bisherigen Siedlungsgrabungen im Rheinland sind oben in Anm. 63 zusammengestellt.
[242] W. Schlesinger, Archäologie des Mittelalters in der Sicht des Historikers. Zeitschr. f. Archäologie des Mittelalters 2, 1974, 7–31.
[243] Vgl. oben S. 32 ff. mit Anm. 39 und 72.
[244] F. Geschwendt, Kreis Geldern. Archäologische Funde und Denkmäler des Rheinlandes Bd. 1 (Köln, Graz 1960) 52 ff., 54 ff., 56–72.
[245] H. Hinz, Kreis Bergheim. Archäologische Funde und Denkmäler Bd. 2 (Düsseldorf 1969) 121 ff., 148 ff. und Verbreitungskarten Tafel 55–59.
[246] G. Loewe, Kreis Kempen-Krefeld. Archäologische Funde und Denkmäler Bd. 3 (Düsseldorf 1971) 45 ff., 56 ff., 89–120, Tafel 69–72.
[247] Der Kreis Grevenbroich wird von Frau Dr. J. Brandt bearbeitet. Die Geländebegehungen, die eine ungewöhnlich große Zahl an mittelalterlichen Fundplätzen erbracht haben, sind abgeschlossen. Die Funde werden zur Zeit bearbeitet.

funden – daran sei nochmals erinnert – schränken vor allem zwei Umstände ein. Einerseits vermag die archäologische Landesaufnahme nicht sämtliche Fundplätze einer Periode, hier die des Mittelalters, zu erfassen, weil nachträgliche Veränderungen des Geländereliefs infolge von Erosion, Abschwemmung, Aufschwemmung, aber auch durch landwirtschaftliche Nutzung nachweislich selbst die verhältnismäßig jungen Fundplätze des Mittelalters verdeckt oder zerstört haben. In altbewaldeten Gebieten entzieht häufig auch die Bewaldung mittelalterliche Fundplätze dem Blick des Landbegehers, und es wäre falsch, aus dem Fehlen anthropogener Geländeformen unter Wald sogleich Siedlungsleere im Mittelalter erschließen zu wollen. Eine andere Fehlerquelle ergibt sich daraus, daß Oberflächenfunde nur selten Rückschlüsse auf die gesamte Besiedlungsdauer eines Platzes, auf seine ursprüngliche Ausdehnung oder gar die Struktur seiner Bebauung zulassen[248]. Alle diese methodischen Schwierigkeiten bei der Beurteilung von Oberflächenfunden fanden aber bei der Interpretation des im folgenden vorgelegten archäologischen Materials Berücksichtigung. Trotz aller Vorbehalte schien es geraten, eine Reihe von Fundkomplexen vorzuführen, um vor allem die methodischen Grundlagen ihrer Interpretation zu erläutern. Als geeignete Darstellungsform für die Topographie der ausgewählten Fundplätze erwies sich die Deutsche Grundkarte im Maßstab 1 : 5 000[249]. Sie gestattet es, die räumliche Ausdehnung der Fundplätze mit hinreichender Genauigkeit anzugeben und darüber hinaus Beobachtungen zur Topographie des Geländes im Fundgebiet aufzunehmen.

1. Die Burgsiedlung Tomburg (BN 178)

Während der Ausgrabungen, die 1968 in der Tomburg (BN 177) durchgeführt wurden, fand eine intensive Begehung des Geländes zu Füßen des Burgberges statt. Ihr Ziel bestand darin, Aufschlüsse über eine mögliche Besiedlung dieses heute als Ackerland und als Weide genutzten Geländes in früherer Zeit zu gewinnen. Mit Hilfe der Begehungen gelang es, mehrere römerzeitliche und mittelalterliche Fundplätze südlich und östlich der Tomburg zu identifizieren. Ihre Lage und Ausdehnung veranschaulicht Tafel 67. Die Fundstellen (Fdst.) 1, 2, 5 und 6 erbrachten nur mittelalterliche Keramik, die Fdst. 3 und 4 römische und mittelalterliche Scherben. Die größte räumliche Ausdehnung weist Fdst. 3 südöstlich des Tomberges auf, die möglicherweise mit Fdst. 4 zusammenhängt. Auch eine Verbindung der Fdst. 3 mit den Fdst. 5 und 6 ist wahrscheinlich, wegen des Wiesengeländes aber mit Hilfe von Oberflächenfunden nicht schlüssig nachzuweisen. Insgesamt ergibt sich sowohl für römische als auch für mittelalterliche Zeit das Bild einer flächigen Besiedlung des Geländes am südlichen und südöstlichen Fuß des Tomberges. Auf die mittelalterliche Besiedlung, der man wahrscheinlich den Namen einer Burgsiedlung der Tomburg beilegen kann, weist auch eine von Nordosten aus Wormersdorf heranführende Wegemulde hin (Fdst. 7 auf Tafel 67), die in Wiesen und Äckern bis heute deutlich geblieben ist. Sie orientiert sich nicht auf die Tomburg, sondern eindeutig auf den südlich zu ihren Füßen gelegenen Siedlungskomplex. Zentrale Bedeutung kommt der Frage zu, welches chronologische Verhältnis zwischen der Tomburg und der zu ihren Füßen nachweisbaren mittel-

---

[248] Vgl. oben S. 35 f. mit den Anm. 76–79.
[249] Die im Gelände auf der Deutschen Grundkarte 1 : 5000 kartierten Befunde erscheinen auf den für das folgende heranzuziehenden Tafeln 67, 76, 77 und 78 in einer Verkleinerung auf 1 : 2, so daß die auf diesen Tafeln abgebildeten Ausschnitte der Deutschen Grundkarte dort den Maßstab 1 : 10 000 haben.

alterlichen Besiedlung besteht. Darüber geben vor allem die auf Tafel 56 abgebildeten Keramikfunde Auskunft. Die frühesten urkundlichen Zeugnisse für die Tomburg selbst stammen aus dem 11. Jahrhundert (vgl. BN 177). Die Anlage wurde dann bis zu ihrer Zerstörung durch den Herzog von Jülich im Jahre 1473 durchgehend bewohnt. Fdst. 1 auf Tafel 67 stellt eine südwestlich des Tomberges gelegene, durch moderne Steinbrüche fast vollständig zerstörte Basaltkuppe dar, die im Mittelalter Besiedlung getragen haben muß; von ihr zeugt sowohl eine bis 1 m starke schwarzbraun verfärbte Kulturschicht in den randlichen Profilen des zerstörten Berges als auch das hier gefundene keramische Material (Tafel 56,1–5). Bestimmend ist an diesem Fundplatz die blaugraue Ware, die bei den Rändern von Kannen und Krügen (Tafel 56,1), bei den wellig geformten Standböden massiver Vorratsgefäße (Tafel 56,4.5) und bei rollstempelverzierten Wandstücken von Krügen und Kannen (Tafel 56,2.3) vertreten ist. Steinzeug wurde von dieser Fdst. bisher nicht geborgen. Demnach wird man die Besiedlungsdauer des Platzes grob auf das 13. und frühe 14. Jahrhundert eingrenzen dürfen, zumal auch ältere Keramik des Badorfer oder Pingsdorfer Typus nicht gefunden wurde. Rückschlüsse auf die Art dieser mittelalterlichen Bebauung sind nicht mehr möglich, doch muß sie angesichts der Enge der Bergkuppe räumlich sehr begrenzt gewesen sein.

Fdst. 3 auf Tafel 67 repräsentiert den Schwerpunkt mittelalterlicher Siedlungsspuren zu Füßen des Tomberges. Die Grenzen des einst besiedelten Areals sind bisher nach keiner Seite zu festgestellt worden. Die Keramik aus diesem Gebiet bestimmt wiederum die blaugraue Ware des 13./14. Jahrhunderts. Ältere Ware des Badorfer oder des Pingsdorfer Typus fehlt ebenso wie Steinzeugware des 15. Jahrhunderts. Reich vertreten sind Randstücke blaugrauer Kugeltöpfe mit kantigem Abstrich (Tafel 56,6–15). Ebenfalls in blaugrauer Qualität erscheinen Krüge und Kannen, von denen entweder die gewellten Standböden oder aber gerade aufgehende Ränder mit außen umlaufender spitzer Randleiste, sogenannte Dornränder[250], aufgefunden wurden (Tafel 56,17–26). Eine besondere Gruppe bilden weitmündige, flache Schalen mit wuchtigem Rand und dicker Wandung, die ebenfalls in blaugrauer Machart auftreten (Tafel 56,27–29). Flache Schalen und wuchtige Vorratsgefäße dieser Art wurden unter anderem in dem neuentdeckten und hier nur in Ausschnitten behandelten Töpfereibezirk von Meckenheim (BN 103) während des 13. und 14. Jahrhunderts hergestellt. Die Übereinstimmung der Stücke vom Fuß der Tomburg in Machart und Magerung mit der Meckenheimer Ware macht die Herkunft aus diesem Herstellungszentrum wahrscheinlich.

Die Fdst. 4 auf Tafel 67 unmittelbar östlich des Tomberges wird durch die Überlagerung römischer (Tafel 56,37.38) und mittelalterlicher Funde (Tafel 56,39–45) charakterisiert. Die herzförmigen Ränder römischer Kochtöpfe des 3./4. Jahrhunderts vertreten eine spätrömische Besiedlung, wie sie auch auf dem Tomberg selbst (BN 177) nachgewiesen wurde. Für die gesamte Besiedlungsdauer in römischer Zeit können die

---

[250] Die Kategorien für die Beschreibung der mittelalterlichen Keramik sind hier die gleichen, wie ich sie in anderen Keramikstudien verwendet habe. – Vgl. W. Janssen, Zur Typologie und Chronologie mittelalterlicher Keramik aus Südniedersachsen (Neumünster 1966). – Ders., Die mittelalterliche Keramik. In: G. Binding, W. Janssen, F. K. Jungklaaß, Burg und Stift Elten am Niederrhein. Rheinische Ausgrabungen 8 (Düsseldorf 1970) 235 ff.

wenigen Funde von hier allerdings in keiner Weise repräsentativ sein. Das mittelalterliche Material ist reichhaltiger als das von den übrigen Fdst. Neben den kantig abgestrichenen blaugrauen Kugeltopfrändern (Tafel 56,39–41) und einer blaugrauen massiven Schale (Tafel 56,44) gibt es hier auch Ware der Pingsdorfer Art (Tafel 56,42.43), wie sie, wenn auch sehr selten, auf der Tomburg selbst gefunden wurde. Es kann also wohl kaum zweifelhaft sein, daß in diesem Teil der besiedelten Flächen die Siedlungsspuren bis ins 11. Jahrhundert zurückweisen. Gleichwohl stammt die Mehrzahl aller Keramikfunde von dieser Fdst. aus dem 13./14. Jahrhundert.

Die Keramikfunde der Fdst. 6 aus Tafel 67 entsprechen in allen Einzelheiten dem Bild der Fdst. 3. Es dominiert wiederum die blaugraue Ware, innerhalb derer blaugraue Kugeltöpfe, massive Schalen und Schüsseln und gelegentlich gerade Dornränder zu unterscheiden sind (Tafel 56,30–36). Auch dieser Fundplatz ist demnach vor allem im 13./14. Jahrhundert bewohnt worden.

Als Ergebnis der archäologischen Landesaufnahme im Gebiet der Tomburg ist die Entdeckung einer bisher unbekannten Siedlung festzuhalten, die sich in weitem Bogen südlich und südöstlich zu Füßen des Burgberges erstreckte. Ihre Grenzen lassen sich wegen der Bewuchs- und Nutzungsverhältnisse in diesem Gebiet bisher noch nicht festlegen, doch ist es wahrscheinlich, daß die verschiedenen verstreut liegenden Fundplätze miteinander in Verbindung stehen und zu einem einzigen Siedlungskomplex gehören. Die Masse der Keramikfunde von allen Fdst. gehört ins 13. und 14. Jahrhundert, wobei aber einzelne ältere Fundstücke in Form von Scherben der Pingsdorfer Art nicht übersehen werden dürfen. Sie weisen bis ins 11. Jahrhundert zurück. Teile der mittelalterlich besiedelten Flächen waren außerdem bereits in römischer Zeit besiedelt, wie Gefäßscherben des 3./4. Jahrhunderts belegen. Ausdehnung und Art der römerzeitlichen Besiedlung lassen sich aber gegenwärtig noch nicht näher bestimmen. Die mittelalterlichen Siedlungsspuren laufen vom 11. bis zum 14. Jahrhundert mit der Lebensdauer der Tomburg parallel. Es fehlen allerdings die typischen Keramikfunde des späten 14. und des 15. Jahrhunderts, also die Steinzeugscherben, die auf dem Tomberg selbst reich vertreten sind. Möglicherweise wurde die Siedlung zu Füßen des Tomberges also um etwa einhundert Jahre früher wüst als die Burg. So jedenfalls möchte man das Fehlen von Steinzeugscherben am Tombergfuß interpretieren, da wohl kaum damit zu rechnen ist, daß dieses widerstandsfähige Material dort unentdeckt geblieben wäre. Eine andere Frage, die sich in diesem Zusammenhang aufdrängt, läßt sich mit archäologischen Mitteln nicht entscheiden: die Frage nämlich, ob die archäologischen Siedlungsspuren zu Füßen der Tomburg vielleicht mit der in diesem Raum anzunehmenden Siedlung Tormens (BN 185) in Zusammenhang gebracht werden dürfen. Dieses Problem muß vorerst offenbleiben.

2. Rheinbachweiler (BN 142)

In zweifacher Hinsicht bietet die Wüstung Rheinbachweiler gute Voraussetzungen für eine Untersuchung. Erstens gibt es verhältnismäßig viele Schriftquellen zu ihrer Geschichte. Zweitens läßt sie sich im Gelände ziemlich genau lokalisieren, wie Tafel 78 zeigt. Reichliche Keramikfunde sowie Reste anthropogen entstandener Geländeformen im Bereich der Wüstung gestatten es, die einst besiedelten Flächen so genau zu umgrenzen, daß sie sich selbst für die technische Prospektion mit Hilfe des Differential-Magnetometers eignen[251]. Die Wüstung liegt rund 1500 m südöstlich von Rheinbach, am östlichen Rand des heutigen Rheinbacher Stadtwaldes, und zwar in teils beackertem und teils als Weideland genutztem Gelände. Sie hieß ursprünglich schlicht 'Weiler', so im Jahre ihrer Ersterwähnung 1162. Erst um die Mitte des 13. Jahrhunderts begegnet in den Urkunden die Bezeichnung 'Rheinbachweiler', den engen Zusammenhang dieser Siedlung mit der nahen, zur Stadt aufstrebenden Siedlung Rheinbach dokumentierend[252]. Rheinbachweiler stellt den klassischen Fall einer Wüstungsbildung infolge der Bevölkerungsballung in einer nahegelegenen Stadt dar. Man darf annehmen, daß die Anziehungskraft von Rheinbach auf die Umwohner zu Beginn des 14. Jahrhunderts am größten war, weil Rheinbach um diese Zeit mit einer Stadtmauer umgeben wurde und somit größtmögliche Sicherheit zu bieten schien. Gleichwohl bedarf dieser aus der historischen Überlieferung erschließbare Wüstungszeitpunkt nach Möglichkeit der Kontrolle durch archäologische Funde. Ob sie zu einer Präzisierung des Wüstungsdatums führen wird, muß sich noch zeigen.

Aus Rheinbachweiler stammt ein umfangreiches Material von Gefäßscherben, das bei wiederholten Begehungen von der Oberfläche oder aus zufälligen Bodenaufschlüssen geborgen wurde (Tafel 57,1–19). Charakteristisch ist seine große Einheitlichkeit im Typenvorrat und in der technischen Ausführung der Keramik. Beherrschend tritt auch an dieser Fdst. die blaugraue Ware in Erscheinung, die das späte 13. und auch noch einen großen Teil des 14. Jahrhunderts repräsentiert. Vereinzelt nur sind Funde vom Pingsdorfer Typus zu verzeichnen. Sie fallen kaum ins Gewicht, und auf sie allein kann man schwerlich die Annahme einer bis ins 10./11. Jahrhundert zurückreichenden Besiedlung in Rheinbachweiler stützen. Es ist überhaupt die Frage, ob diese wenigen frühen Fundstücke aus Rheinbachweiler selbst stammen oder ob sie nicht von einem fremden Siedlungsplatz nach dorthin verschleppt wurden.

Innerhalb der blaugrauen Keramik schälen sich folgende Komponenten heraus: einfache, lippenförmig verdickte Kugeltopfränder, die auch schon für das 12. Jahrhundert anzusetzen sind (Tafel 57,1), stark verdickte Ränder weitmündiger Kugeltöpfe (Tafel 57,4), stark profilierte, kantig abgestrichene Kugeltopfränder des 13./14. Jahrhunderts (Tafel 57,2.3.5–9). Gemeinsam sind diesen Fundstücken jeweils die blaugraue bis schwarzgraue Farbe, der harte bis klingend harte Brand und die rauhe, teilweise körnige Oberfläche. Eine andere Komponente vertreten Bruchstücke massiver blaugrauer Schüsseln (Tafel 57,10–14), wie sie bereits zu Füßen der Tomburg vorkamen. Sie dürften auch hier in Rheinbachweiler der neuentdeckten Meckenheimer Produktion (BN 103) entstammen. Schließlich fehlen auch nicht Dornränder von enghalsigen Kannen und Krügen, die teilweise mit Rollstempelmustern verziert sind, die aber auch der blaugrauen Machart angehören (Tafel 57,15–19). Standböden mit gewelltem Rand ergänzen das Fundbild.

Insgesamt liegt die Masse der Funde von Rheinbachweiler im 13. und 14. Jahrhundert, wobei die Bedeutung vereinzelter Stücke von Pingsdorfer Art noch nicht klar abzuschätzen ist. Als gesichert hat aber zu gelten, daß sich im keramischen Material nicht die geringsten Hinweise auf karolingerzeitliche Ware finden. Es kann demnach ausgeschlossen werden, daß Weiler bei Rheinbach schon in der Karolingerzeit bestanden

---

[251] Vgl. unten S. 162 ff.
[252] Zur urkundlichen Überlieferung von Rheinbachweiler vgl. Katalog unter BN 142.

hat. Die Ansiedlung war vielmehr eine nachkarolingische Gründung, und die archäologischen Funde deuten darauf hin, daß wohl das 12. Jahrhundert für ihre Gründung in Betracht zu ziehen ist. Dieser Befund mag nicht zuletzt auch auf dem Hintergrund der Diskussion um das Alter der Weiler-Ortsnamen einige Bedeutung erlangen. Wäre Weiler bei Rheinbach bereits in der Karolingerzeit entstanden, so hätte man unter allen Umständen die hart gebrannten Kugeltöpfe mit Wackelboden vom Walberger Typus, aber sicher auch Fragmente der Reliefbandamphoren finden müssen. Das war nicht der Fall, und die große Menge des geborgenen Materials schließt auch eine Fundlücke aus.

Es bleibt also kein anderer Schluß übrig als der, daß das Grundwort -weiler selbst noch im 12. Jahrhundert in der Ortsnamengebung lebendig war.

Hinweise auf das Enddatum von Rheinbachweiler gestattet der Umstand, daß dort kaum Steinzeugscherben des 15. Jahrhunderts gefunden wurden. Der Zeitpunkt des Wüstwerdens muß also, nach den Bodenfunden zu urteilen, noch im 14. oder zu Beginn des 15. Jahrhunderts gesucht werden. Das widerspricht auch in keiner Weise dem, was die Schriftquellen aussagen. Sowohl in bezug auf den Beginn der Besiedlung in Rheinbachweiler als auch im Hinblick auf ihr Ende stimmen die aus den Schriftquellen und aus den archäologischen Funden gewonnenen Ergebnisse überein. Es wäre indessen verfehlt, die in diesem Einzelfall bestehende Übereinstimmung in der Aussage verallgemeinern zu wollen.

3. Rode (BN 144)

Unverkennbar sind die gemeinsamen Züge des historischen Schicksals dieser Wüstung im Vergleich zu Rheinbachweiler. Auch Rode wurde letzthin im Zuge der Bevölkerungsballung in der nahen Stadt Rheinbach allmählich wüst. Im Gegensatz zu Rheinbachweiler fehlen bei Rode alle Schriftzeugnisse, die den Vorgang beleuchten könnten. Rode ist urkundlich schlecht belegt und erscheint erst Ende des 13. Jahrhunderts in Urkunden, wie das im Katalog unter BN 144 zusammengestellte Material erkennen läßt. Hinsichtlich des Gründungsdatums von Rode gestatten die Schriftquellen noch nicht einmal eine Vermutung. Etwaigen archäologischen Befunden kommt deshalb in bezug auf Gründung und Ende von Rode besondere Bedeutung zu. Tafel 77 veranschaulicht die anhand der Scherbenstreuung ermittelte Ausdehnung dieser Wüstung. In verschliffenem Zustand sind alte Hohlwege, die das besiedelte Gelände durchqueren, bis heute kenntlich geblieben. Eintragungen in den Urkatastern der ersten Hälfte des 19. Jahrhunderts bestätigen ihre Linienführung. Die von dieser Fdst. aufgelesene Keramik ist auswahlweise auf Tafel 57 dargestellt. Im großen und ganzen unterscheiden sich diese Funde kaum von dem Fundbild in Rheinbachweiler. Ein Besiedlungsschwerpunkt des 13./14. Jahrhunderts ist auch im Material von Rode klar erkennbar. Dazu kommt aber in Rode ein nicht unerheblicher Anteil an Ware der Pingsdorfer Art. Außer der Randpartie einer weitmündigen Schale aus dem hellen Ton der Pingsdorfer Art (Tafel 57,20) sind Wandscherben mit dunkelbrauner Bemalung auf graugrünem Grund (Tafel 57,21) sowie Stücke mit leuchtend roter Bemalung auf weißlichgelbem Grund (Tafel 57,22) hervorzuheben. Auch diese Ware könnte – und darauf deutet die verbreitete Magerung aus groben, rotbraunen Kristallen hin – aus dem neuentdeckten Töpferbezirk von Meckenheim (BN 103) stammen. Auf jeden Fall repräsentiert diese Ware im Gegensatz zu Rheinbachweiler eine Besiedlung bereits im 11./12. Jahrhundert. Demnach muß der Beginn von Rode, einer Ansiedlung des hochmittelalterlichen Landausbaus, früher angesetzt werden als der von Weiler bei Rheinbach. Als Gründungszeit für Rode kommt das späte 11. Jahrhundert in Betracht. Das Ende von Rode ist im späten 14. oder im frühen 15. Jahrhundert zu suchen. Es fällt mit dem Ende von Rheinbachweiler zeitlich zusammen, wie das weitgehende Fehlen von Steinzeugware beweist.

Bedeutete die Einbeziehung archäologischer Funde für die Geschichte Rheinbachweilers lediglich eine Bestätigung der historischen Daten, so führen die Keramikfunde von Rode im Hinblick auf die Entstehungszeit dieser Siedlung über das aus historischen Quellen Bekannte hinaus: Sie erlauben es, die Entstehung von Rode wenigstens um zwei Jahrhunderte vor das Datum der Ersterwähnung in den Schriftquellen zu verlegen.

4. Givvekoven (BN 105)

Die Methode des Materialvergleichs kann in ihrer Bedeutung für die Interpretation mittelalterlicher Siedlungsfunde eines begrenzten Raumes kaum überschätzt werden. Das zeigt sich, wenn die Funde von der Wüstung Givvekoven bei Miel mit denen der Wüstungen um Rheinbach verglichen werden. Allein im äußeren Erscheinungsbild weichen die jeweiligen Fundkomplexe so stark voneinander ab, daß sie aus verschiedenen Zeitaltern zu stammen scheinen. Die Burgsiedlung Tomburg (BN 178), Rheinbachweiler (BN 142) und Rode (BN 144) lassen in ihrem Fundmaterial übereinstimmend jeden Bezug zur Karolingerzeit vermissen. Im Gegensatz dazu tritt im Fundgut von Givvekoven eindeutig karolingisches Material auf, das sich in seinem Charakter erheblich von demjenigen des 12.–14. Jahrhunderts unterscheidet. Offenkundig werden dergleichen Unterschiede aber allein auf Grund des Materialvergleichs, wie er in bezug auf die hier behandelten Fundplätze durchgeführt wurde. Bevor auf seine Resultate eingegangen werden soll, ist zunächst kurz von den Hinweisen zu sprechen, die sich aus nichtarchäologischen Betrachtungsweisen ergeben.

Givvekoven gehört zu einer Gruppe von insgesamt 9 Wüstungen mit Ortsnamen auf -hoven, die im Bereich des Landkreises Bonn nachgewiesen werden können[253]. Siedlungen auf -hoven, die auch im südlich an den Kreis Bonn anschließenden Kreis Ahrweiler zu finden sind, werden im Bergischen Land der Phase des innerfränkischen Landausbaus des 7. Jahrhunderts zugewiesen[254]. Andererseits fällt auf, daß viele dieser Orte erstmalig in der Karolingerzeit erwähnt werden, so daß man sie mit nicht geringerer Berechtigung auch dieser Zeitstufe zuweisen könnte. Auf jeden Fall sind kaum Zweifel daran erlaubt, daß die Orte auf -hoven in ihrer Mehrzahl bereits in der Karolingerzeit bestanden haben. Dieser Schluß fordert geradezu zu einer Überprüfung mit den Mitteln der Archäologie heraus. Denn es darf wohl nicht davon ausgegangen werden, daß das Datum der Ersterwähnung von Givvekoven, 1148, auch nur annäherungsweise den Zeitpunkt der Gründung dieser Siedlung angibt. Insofern können neue Erkenntnisse von der Untersuchung des archäologischen Materials erwartet werden.

---

[253] Vgl. dazu Anhang 2 S. 279 f.
[254] H. Dittmaier, Bergisches Land (wie Anm. 167) 293 ff.

Die auf der Ortsstelle Givvekoven geborgene Keramik ist auf Tafel 63 abgebildet. Es lassen sich zwei Gruppen deutlich voneinander unterscheiden: die karolingerzeitliche Keramik und die nachkarolingische Ware. Kennzeichnend für die Karolingerzeit sind hart gebrannte Kugeltöpfe mit verdickter Randlippe (Tafel 63,2.3.6.9) und sogenanntem Wackelboden (Tafel 63,7). Diese Scherben zeigen in der Regel dunkel- bis violettgraues Äußeres, im Scherben hingegen schmutzigbraune bis rotbraune Färbung. Mit dem harten Brand verbindet sich meist eine sorgfältige Behandlung der Gefäßoberflächen, bei der Unebenheiten durch die gelegentlich rauh hervortretende Magerung nach Möglichkeit beseitigt wurden. Töpfe dieser Art wurden in den karolingischen Töpferzentren von Walberberg (BN 160) und Badorf hergestellt. Ihre Datierung in die Karolingerzeit ist heute unbestritten[255]. Die Laufzeit dieser Gefäße ist allerdings noch unsicher. Es ist nicht auszuschließen, daß sie bereits gegen Ende des 8. Jahrhunderts üblich waren; mit Sicherheit erscheinen sie aber in Fundzusammenhängen des 9. Jahrhunderts.

In die gleiche Zeit deutet aber auch die mit Rollstempelmustern aus linear angeordneten, kleinen Rechtecken versehene Keramik, die ebenfalls für Givvekoven typisch ist (Tafel 63,4.5). Diese Ware ist blaugrau und dünnwandig. Ihr Brand ist weich. Sie ähnelt darin rollstempelverzierten Scherben aus dem Stiftsbereich von Elten[256], die dort spätfränkischen Grubenhäusern zuzuweisen waren. Die Auffindung dieser Ware verstärkt die Hinweise, die auf ein Bestehen von Givvekoven bereits im späten 8. Jahrhundert hindeuten.

Weniger klar in ihrer chronologischen Aussage sind Fragmente von sogenannten Badorfer Reliefbandamphoren (Tafel 63,1). Zwar wurden in den letzten Jahren in Brühl-Eckdorf drei Öfen mit dieser Ware ausgegraben[257], doch gestatten die Grabungsbefunde von Eckdorf vorerst keine Präzisierung der Lebensdauer der Reliefbandampho-

---

[255] K. Böhner, Karolingische Keramik aus dem Bonner Münster. Bonner Jahrb. 151, 1951, 118–121. – Ders., Frühmittelalterliche Töpferöfen in Walberberg und Pingsdorf. Bonner Jahrb. 155/156, 1955/56, 372–384. – F. Tischler, Zur Datierung der frühmittelalterlichen Tonware von Badorf, Lkr. Köln. Germania 30, 1952, 194–200. – W. Lung, Töpferöfen der frühmittelalterlichen Badorfware in Badorf und Pingsdorf. Kölner Jahrb. 1, 1955. – H. Hinz, Die karolingische Keramik in Mitteleuropa. In: Karl der Große, Bd. 3, hrsg. v. W. Braunfels (Düsseldorf 1965) 262–287. – W. Bader, Datierte Gefäße aus St. Viktor in Xanten. Bonner Jahrb. 162, 1962, 188–230. – W. Janssen, Stichwort 'Badorf'. In: Reallexikon der Germanischen Altertumskunde, begr. v. J. Hoops, 2. Aufl. hrsg. v. H. Jankuhn und anderen, Bd. 1, Lieferung 5 (Göttingen 1972 ff.). – W. Janssen, A.-B. Follmann, Zweitausend Jahre Keramik im Rheinland (Neuss 1972) 14 ff., 26 ff.

[256] W. Janssen, Elten (wie Anm. 250) 245 Abb. 1. – Mit der rollstempelverzierten graublauen Ware, einer in den letzten Jahren neuentdeckten, speziell niederrheinischen Standbodenkeramik hat sich zuletzt zusammenfassend G. Binding, St. Johann Baptist in Hamborn. In: Rheinische Ausgrabungen 9 (Düsseldorf 1971) 106 f., beschäftigt. – Zu dieser in der Niederungsburg bei Haus Meer besonders häufig gefundenen Ware vgl. auch W. Janssen, K.-H. Knörzer, Die frühmittelalterliche Niederungsburg bei Haus Meer, Stadt Meerbusch, Kr. Grevenbroich. Schriftenreihe des Kreises Grevenbroich Nr. 8 (Neuss 1970) 90 ff. – Von der hochmittelalterlichen blaugrauen Ware unterscheidet sich die graue, schwarze, oft auch graubraune oder bräunliche rollstempelverzierte Keramik recht deutlich. Ihre Kennzeichen sind vor allem die verbreiteten ebenen Standböden und die rauhwandige Oberfläche, ferner der mäßig harte Brand. Es handelt sich um Drehscheibenkeramik, die bisher nur im Gebiet nördlich von Köln gefunden wurde.

[257] W. Janssen, Der karolingische Töpferbezirk von Brühl-Eckdorf, Kreis Köln. In: Neue Ausgrabungen und Forschungen in Niedersachsen, Bd. 6 (Hildesheim 1970) 224–239; zu den Reliefbandamphoren bes. 234 ff. – Zu den Datierungsproblemen der Reliefbandamphoren zuletzt zusammenfassend: G. Binding (wie Anm. 256) 103–106.

ren. Daß sie bereits im 9. Jahrhundert hergestellt und benutzt wurden, unterliegt keinem Zweifel, doch ist mit dem Fortdauern dieser Tradition bis ins 10., nach einigen Autoren sogar bis ins 11. Jahrhundert, zu rechnen. Damit sind die karolingischen Keramikgruppen behandelt.

Es wäre nun von der nachkarolingischen Ware zu sprechen. Hier erscheint in Givvekoven zunächst Keramik der Pingsdorfer Art: hellgrundige Scherben mit rotbrauner Bemalung (Tafel 63,10). Dieses Material tritt, verglichen mit dem der karolingischen Periode, verhältnismäßig selten auf, doch lassen sich aus dieser Beobachtung keine Rückschlüsse auf einen Rückgang der Siedlungsintensität während des 11./12. Jahrhunderts ziehen, weil die Seltenheit einer bestimmten Keramikart auch auf deren mangelnde Zufuhr von den Herstellungszentren beruhen kann. Stark vertreten ist dann auch in Givvekoven die blaugraue Keramik. Kantig abgestrichene Ränder blaugrauer Kugeltöpfe finden sich in großer Zahl (Tafel 63,11–16). Traditionen der Rollstempelverzierung erhielten sich auch auf dieser blaugrauen Ware (Tafel 63,18). Mit dem blaugrauen Material ist das 12.–13. Jahrhundert reichlich repräsentiert, und man darf aus der Fülle der Funde auf eine beträchtliche Siedlungsintensität am Platze schließen. Besonderes Gewicht kommt der Beobachtung zu, daß in Givvekoven Steinzeug fehlt. Nur ganz vereinzelt treten seine Vorformen in der Art der sogenannten gerieften Ware auf. Auf mangelnde Beobachtung oder selektive Zerstörung der Steinzeugscherben kann ihr Fehlen kaum zurückgeführt werden; denn wenn schon das viel ältere karolingerzeitliche Material überall aufzulesen ist, müßte erst recht das relativ junge und widerstandsfähige Steinzeug auf der Ortsstelle erscheinen, sofern die Besiedlung bis in diese Zeit durchläuft.

Aus den Keramikfunden lassen sich mithin zwei Schwerpunkte der Besiedlung in Givvekoven ablesen: das 8./9. Jahrhundert und das 12./13. Jahrhundert. Was zwischen diesen beiden Perioden liegt, ist vorerst ohne Zuhilfenahme von Flächengrabungen schwer abzuschätzen. Auch wird deutlich, daß die Besiedlung in Givvekoven noch während des 13. Jahrhunderts abbricht und nicht das 14. Jahrhundert erreicht. Hinweise auf merowingerzeitliche Besiedlung fehlen bislang ganz, wenn man vom spätmerowingischen, rollstempelverzierten Material einmal absieht. Damit erweist sich Givvekoven als Teil der spätmerowingisch-karolingischen Ausbausiedlung. Diese Einstufung der -hoven-Ortsnamen, die von Sprachwissenschaftlern mehrfach vertreten worden ist[258], findet damit durch archäologisches Material für diesen Fall eine Bestätigung. Weiterhin ist festzuhalten, daß die archäologischen Funde ein verhältnismäßig frühes Wüstwerden der Siedlung anzeigen. Sie verschwand noch im 13. Jahrhundert, also vor dem Einsetzen der spätmittelalterlichen Wüstungsperiode des 14./15. Jahrhunderts.

Trotz dieser recht aufschlußreichen Ergebnisse bedeutet die Untersuchung von Oberflächenfunden in Givvekoven erst einen bescheidenen Anfang archäologischer Wüstungsforschung. Die Lösung vieler anderer Probleme muß großflächigen Grabungen vorbehalten bleiben, für die das Gebiet von Givvekoven nahezu ideale Voraussetzungen bietet. Die archäomagnetischen Messungen, die I. Scollar in diesem Gebiet vorgenommen hat[259], bilden denn auch die Vorstufe zu größeren Grabungen, die für die

---

[258] H. Dittmaier wie Anm. 254.
[259] Vgl. unten S. 162 ff.

Zukunft geplant sind. Ihnen wird die Lösung einer Reihe von wichtigen Fragen aufgegeben sein. So wäre beispielsweise zu untersuchen, welche Art von Siedlung – Dorf oder Einzelhof – hier anzunehmen ist, ob sich im Laufe der Zeit stattgehabte Wachstumsstufen innerhalb der Siedlung nachweisen lassen, welche Siedlungsform Givvekoven hatte, welche Wirtschaftsformen betrieben wurden und anderes mehr. Auch die Frage nach einem merowingerzeitlichen Ursprung einiger der Orte mit -hoven-Namen sollte im Auge behalten werden, weil es im Bonner Land -hoven-Orte gibt, bei denen Reihengräberfriedhöfe nachzuweisen sind[260].

5. Spätfränkische Siedlungsreste in Meckenheim (BN 102)

Nördlich vor der mittelalterlichen Stadtbefestigung, auf dem Ostufer der Swist, westlich des heutigen Wiesenpfades und unter der heutigen Bahnlinie Bonn–Euskirchen, wurden 1968 im Zuge der Erschließung des Geländes für Bauzwecke die Reste einer spätmerowingischen Siedlung festgestellt. Sie bestanden aus einer in 2 m Tiefe unter der damaligen Oberfläche liegenden, etwa 60 cm starken, dunkelbraun bis grauschwarz verfärbten Kulturschicht, in deren fettig glänzendem Boden Holzkohlepartikelchen und zahlreiche Keramikfragmente gefunden wurden. Eine flächige Untersuchung des Bodenaufschlusses verbot sich, weil damit eine Gefährdung des Bahnkörpers verbunden gewesen wäre. Die Kulturschicht setzte sich jedoch eindeutig unter dem Bahnkörper nach Süden zu fort, und es besteht die Möglichkeit, daß sie jenseits der Bahnlinie innerhalb von privaten Grundstücken noch anzutreffen ist. Für die Interpretation des Befundes ist es wichtig zu erwähnen, daß die Siedlungsschicht nur wenig südlich eines hoch- und spätmittelalterlichen Töpferbezirks (BN 103) liegt, der ebenfalls 1968 bei Baumaßnahmen angeschnitten und archäologisch untersucht wurde. Die Verschiedenartigkeit der beiden Fundplätze ist nicht zu übersehen, so daß ein Zusammenhang beider nicht ohne weiteres angenommen werden kann. Die mit spätfränkischer Keramik durchsetzte Fdst. am Bahndamm erweist sich als Überrest einer Siedlung, wie die fettige Kulturschicht einerseits und das Fehlen von typischen Töpferfunden (Ofenauskleidung, Fehlbrände) andererseits zeigen. Demgegenüber enthält das nördlich anschließende Gebiet der hoch- und spätmittelalterlichen Töpfereien charakteristische Töpferfunde wie verbrannte Ofenauskleidung, Reste von Töpferöfen, zahlreiche Fehlbrände in Form von Gefäßscherben und heilen Töpfen. Kurz: Es bestehen weder chronologische noch topographische noch stratigraphische Zusammenhänge zwischen diesen beiden nahebenachbarten Fundplätzen.

Das aus der Kulturschicht geborgene keramische Material ist in Auswahl auf Tafel 58 dargestellt. Eine umfassende Veröffentlichung dieser in den Ortsakten des Rheinischen Landesmuseums als Meckenheim Nr. 38 geführten Fdst. ist für spätere Zeit vorgesehen. Die Keramik zeigt auffällige Ähnlichkeit mit Formen und Techniken der karolingischen Töpferei um Walberberg und Badorf. Zahlenmäßig überwiegt die gelbliche, gelblich-bräunliche oder rötliche Keramik (Tafel 58,1.2.6–11.25). Sie ist aus den Öfen von Walberberg gut bekannt (BN 160). Zahlreich kommen vor allem rundlich verdickte Ränder von Kugeltöpfen mit Wackelboden vor. Mit der Walberberger Ku-

---

[260] Zu ihnen gehören beispielsweise die fränkischen Reihengräberfelder von Buschoven, Impekoven und Birrekoven, alle südwestlich von Bonn gelegen. – Vgl. H. Stoll, Rhein. Vorzeit in Wort u. Bild 2, 1939, 19.

geltopfware mit Wackelboden haben viele Meckenheimer Scherben die Rauhwandigkeit und den harten Brand gemeinsam, ferner den im Scherben häufig auftretenden roten bis rotbraunen Kern. Eine weitere Parallelität zwischen den beiden Herstellungszentren besteht in der Rollstempelverzierung. Sie tritt an Meckenheimer Scherben sowohl am Gefäßrand als auch am Gefäßkörper auf (Tafel 58,23). Auch ein in Meckenheim gefundenes großes, helltoniges, glattwandiges Vorratsgefäß mit nach außen umgelegtem Rand (Tafel 58,26) entspricht mit seinen Rillen- und Wellenlinien-Verzierungen bis in Einzelheiten Formen und Zierweisen, wie sie an karolingischer Ware aus dem Töpferbezirk Walberberg-Sechtem-Badorf-Eckdorf[261] bekannt sind. Mit den bisher beschriebenen Fundstücken wird also eine Datierung der Meckenheimer Fundschicht mindestens in spätfränkisch-karolingische Zeit sichergestellt. Es liegen aber auch Hinweise darauf vor, daß der hier angeschnittene Siedlungsbezirk möglicherweise noch weiter in die Merowingerzeit zurückreicht. Maßgebend für solche Vermutungen ist vor allem ein kleines Knickwandtöpfchen (Tafel 58,27). Es zeigt den Wandknick oberhalb der Gefäßmitte, weist gelbliche bis rötliche Farbe auf und ist sehr hart gebrannt. Der Gefäßboden ist flach und mit Hilfe eines Drahtes oder Fadens von der Töpferscheibe abgelöst worden. Die Oberfläche des Töpfchens zeigt infolge feinkörniger Magerung eine rauhwandige Struktur. Innen finden sich Drehspuren. Im Scherben zeigt sich zwischen gelblichen Außenschichten ein hellgrauer Kern. Formal ist das Gefäß an die merowingerzeitliche Knickwandkeramik anzuschließen, wie sie aus dem Inventar der fränkischen Reihengräberfelder des 7. Jahrhunderts geläufig ist. Zum merowingerzeitlichen Formenschatz könnten weiterhin flache, helltonige Teller oder Schalen gehören (Tafel 58,20.21), die auf den ersten Blick mit römischer Ware verwechselt werden könnten, die aber doch wohl frühmittelalterlich anzusetzen sind. Zu ihnen ist auch eine glattwandige, flache Schale mit hochstehendem, verdicktem Rand zu stellen (Tafel 58,22), die eine fein behandelte, glatte, oxydierend rot gebrannte Außenseite aufweist. In der Machart erinnert das Gefäßbruchstück etwas an die glattwandige rötliche Kugeltopfware des 8. Jahrhunderts aus Mayener Produktion.

Ein Andauern der Besiedlung an der Fdst. 38 Meckenheim bis ins 11. oder vielleicht auch 12. Jahrhundert belegen die Randstücke blaugrauer Kugeltöpfe (Tafel 58,5.12.13), auf die hier nicht weiter eingegangen werden soll. Andererseits fehlt in der Fundschicht die rot bemalte Ware der Pingsdorfer Art, die in ihren jüngeren Formen häufig mit blaugrauer Kugeltopfware vergesellschaftet vorkommt.

Die bisherigen Befunde bezeugen – so läßt sich das Ergebnis der archäologischen Untersuchungen zusammenfassen – einen Siedlungsbezirk, dessen Material mit Sicherheit im 8. Jahrhundert, möglicherweise aber auch schon im 7. Jahrhundert, einsetzt, der ununterbrochen durch das 9. Jahrhundert läuft und dann im 10. Jahrhundert ausdünnt. Erst das 11./12. Jahrhundert ist wieder gut vertreten. Der Charakter dieser Siedlung läßt sich angesichts des fragmentarischen Zustandes der Fdst. nicht näher bestimmen, doch bestehen noch Chancen, ihn durch Grabungen in benachbarten Grundstücken zu klären.

Eine historische Interpretation des archäologischen Befundes kann mittlerweile an historischen Fakten anknüpfen, die im Rheinischen Städteatlas, Lieferung Meckenheim, veröffentlicht worden sind[262]. Danach lag im Gebiet einer seit Ende des 14. Jahrhun-

---

[261] Zu den Formtypen der karolingischen Vorgebirgskeramik vgl. die Anm. 255 genannte Literatur.
[262] Rheinischer Städteatlas (wie Anm. 106), Liefer. I Nr. 3: Meckenheim (Bonn 1972).

derts als 'Uhlgasse' bezeugten Siedlung der ehemalige pfalzgräfliche Niederhof, der 1059 dem Kölner Mariengradenstift übertragen wurde[263]. Dieser Hof bildet den ältesten Siedlungskern, der sich historisch im Fundgebiet nachweisen läßt, und wenn überhaupt Zusammenhänge zwischen dem archäologisch erwiesenen Siedlungsbezirk und einer historisch nachweisbaren Siedlungseinheit angenommen werden dürfen, dann können sie nur mit diesem Niederhof bestanden haben. Es wäre also davon auszugehen, daß der ursprünglich pfalzgräfliche Hof möglicherweise auf einen viel älteren Hof der Karolingerzeit und der späten Merowingerzeit zurückgeht. Der archäologische Nachweis derartiger Zusammenhänge ist freilich mit dem bisher vorliegenden Material noch keineswegs erbracht. Er kann nur mit Hilfe von systematischen Grabungen erarbeitet werden, in deren Verlauf dann auch Baureste nachgewiesen werden müßten.

6. Hoch- und spätmittelalterliche Töpferei in Meckenheim (BN 103)

Wie eng ländliche Besiedlung und gewerbliche Tätigkeit miteinander verknüpft sein und wie sehr sie sich räumlich, sozial und wirtschaftlich durchdringen können, beweist die räumliche Nähe des hochmittelalterlichen Töpferbezirks von Meckenheim (BN 103) zu den oben beschriebenen spätmerowingisch-karolingischen Siedlungsresten (BN 102). Eben diese enge Verflechtung von Siedlung und Gewerbe veranlaßte die bereits oben begründete Ausweitung des Wüstungsbegriffs auch auf gewerbliche Niederlassungen.

In den großen abplanierten Flächen des Baugebietes von 1968 wurden insgesamt 21 Fdst. mit hoch- und spätmittelalterlicher Keramik und mit Resten der Töpferei festgestellt, nachdem bereits in früheren Jahren bei Hausbauten ähnliche Funde gemacht worden waren[264]. Der gesamte Töpfereibezirk liegt, – das sei nochmals hervorgehoben –, nördlich vor der mittelalterlichen Stadtumwehrung von Meckenheim, wohl wegen der mit dem Töpferhandwerk verbundenen Brandgefahr. Diese war auch in Siegburg für die Anlage der Töpfersiedlung an der Aulgasse außerhalb der Stadtmauern maßgebend[265]. In Meckenheim wurden die Reste von mindestens drei Töpferöfen festgestellt, doch ist damit zu rechnen, daß weitere Öfen vor Beginn der archäologischen Untersuchungen bereits vernichtet waren. Einer der Öfen besaß eine aus behauenen Steinen aufgemauerte, eingewölbte, aber freitragende Kuppel. Nach Westen war dem Ofen eine weite Arbeitsgrube von 2 m Länge und 1 m Tiefe vorgelagert, die fast ganz mit Holzkohle, fehlgebrannter Keramik und Ofenauskleidung gefüllt war. Auch im umgebenden Gelände fanden sich häufig derartige Abfälle der Töpferei. Man hatte sie offensichtlich in ausgebeutete Tonlagerstätten eingefüllt. Die Fülle des Fundmaterials erfordert eine ausführliche Publikation zu einem späteren Zeitpunkt. Hier können nur seine wichtigsten Komponenten herausgestellt werden.

---

[263] Rheinischer Städteatlas (wie Anm. 106), Sachkommentar unter I 6.
[264] Zu den älteren Funden vgl. W. Piepers, Bonner Jahrb. 164, 1964, 553 f. – Die vom Verf. durchgeführten neuen Beobachtungen des Jahres 1968 sind noch unveröffentlicht. Ein Fundbericht darüber befindet sich bei den Ortsakten des Rhein. Landesmus. Bonn.
[265] B. Beckmann, Die Grabung Scherbenhügel in der Aulgasse. In: Heimatbuch der Stadt Siegburg, Bd. 2 (Siegburg 1967) 547 ff. – Den Vorstadtcharakter der Töpfersiedlung an der Aulgasse veranschaulicht Abb. 37 besonders gut.

In beachtlicher Zahl sind in Meckenheim schwere, weitmündige Schalen und Schüsseln von 30 cm Durchmesser zu verzeichnen. Sie sind in blaugrauer Machart hergestellt, mit grober, bräunlicher oder schwarzgrauer Magerung versehen, nicht sehr hart gebrannt und mit dicken Rändern ausgestattet. Keramik dieser Art wurde zu Füßen der Tomburg im dortigen Siedlungsbezirk sowie auf einigen Fundplätzen im Gebiet von Neukirchen (BN)[266] gefunden. Es liegen Hinweise darauf vor, daß diese Schüsseln bei der Töpferei als Wasserreservoire Verwendung fanden, denn einige von ihnen müssen an ihrem Fundort fest installiert gewesen sein. Die zweite, in Meckenheim hergestellte Keramikform stellen die schlichten, blaugrauen Kugeltöpfe dar (Tafel 58,28.29). Sie besitzen in der Regel stark profilierte, kantig abgestrichene Ränder und entsprechen ihrer Machart nach dem 12. Jahrhundert. In blaugrauer, also reduzierender Brandart wurden in Meckenheim ferner Kannen und Krüge hergestellt (Tafel 59,1–3). Sie greifen Formen von Erzeugnissen aus Siegburg auf[267], doch erscheinen sie in Meckenheim nie in der für Siegburg typischen Steinzeugqualität, sondern stets als relativ weich gebrannte, blaugraue Ware. Deshalb werden sie etwas früher als die älteren Siegburger Kannen und Krüge, also wohl ins 13. Jahrhundert, zu datieren sein. Plastische Zierweisen erfreuten sich in der Meckenheimer Produktion offenbar großer Beliebtheit. Auf große, ovoide Vorratsgefäße und weitmündige Schalen setzte man Tonbänder auf, in welche man Fingereindrücke knetete. Hier wirken offensichtlich Traditionen der Reliefbandamphoren vom Ostrand des Vorgebirges bis ins hohe Mittelalter fort. Auf der Schulter von Kugeltöpfen oder Kannen erscheinen häufig auch Fingereindrücke, einzeln oder in Gruppen (Tafel 59,3). Auch die Rollstempelverzierung blieb auf blaugrauer Ware weiter lebendig, wie das bis zum Boden rollstempelverzierte Drei-Knubben-Gefäß aus Meckenheim (Tafel 59,4) zeigt.

Eine der Überraschungen des Meckenheimer Töpferbezirks bestand in der Entdeckung, daß hier hellgrundige, rot bemalte Ware der Pingsdorfer Art hergestellt worden ist. Flache, weitmündige Schalen mit roter Bemalung auf hellem Grund, weißlichgraue Wölbtöpfe und hohe Vorratsgefäße mit Tülle oder Schneppe als Ausguß (Tafel 59,5–7.60,1–3) dürfen als Hauptformen dieser Keramik von Pingsdorfer Art angesprochen werden. Im Formenschatz und in der Machart entspricht die Meckenheimer Ware in allen Einzelheiten der Pingsdorfer Produktion. Sie ist auch, wie dort, mit blaugrauer Produktion vergesellschaftet und offensichtlich während einer gewissen Periode zeitgleich mit dieser gelaufen.

Die Meckenheimer Neufunde liefern einen erneuten Beweis für die These, daß zahlreiche rheinische Töpfertraditionen nicht nur an einem einzigen Ort gepflegt wurden, sondern daß sie jeweils an vielen, teilweise auch weit auseinanderliegenden Produktionsstätten nachzuweisen sind. Das gilt etwa für die Rotbemalung hellgrundiger Keramik, für die Rollstempelverzierung, für die verschiedenen Formen von Steinzeug, für plastische Dekors wie Bartmannsmasken, Floralapplikationen oder aufgesetzte Medaillons religiösen Gehalts und für vieles andere mehr. In der Forschung allgemein

---

[266] Vgl. unten S. 138 ff., 152 f.
[267] Die Ergebnisse der Grabungen auf dem Scherbenhügel in Siegburg sind noch unveröffentlicht. Eine vorläufige Übersicht über das neue, aus den Grabungen stammende Material bietet die Anm. 265 zitierte Arbeit von B. Beckmann. Sie enthält auch die ältere Literatur zum Siegburger Steinzeug. Kannen und Krüge der Formen, wie sie andernorts auch in blaugrauer Machart, in Siegburg aber entweder als sog. geriefte Ware oder als Steinzeug hergestellt wurden, bildet Beckmann a.a.O. Bild 50 und 52 ab.

üblich gewordene Begriffe, wie 'Badorfer Ware' oder 'Pingsdorfer Ware', bezeichneten ursprünglich nur die in diesen Orten selbst hergestellten Keramikarten. Inzwischen ist bekannt, daß Keramik der Badorfer Art nicht nur in Badorf selbst, sondern auch in Walberberg, Eckdorf, Sechtem, Meckenheim, im Raum Duisburg und vielleicht an noch anderen Orten erzeugt wurde. Der traditionsreiche Begriff der 'Badorfer Ware' sollte deshalb nunmehr durch einen Stilbegriff 'Keramik von Badorfer Art', 'Keramik des Badorfer Typs' ersetzt werden, unter dem dann alle in den verschiedenen Zentren gleichzeitig erscheinenden Spielarten dieses karolingischen Materials zu vereinigen wären.

Eine analoge Situation ergibt sich in bezug auf die sogenannte 'Pingsdorfer Keramik'. Sie wurde außer in Pingsdorf selbst[268] in Brühl, Kierberg, Siegburg[269], Paffrath[270], einem Ort im heutigen Stadtgebiet von Bergisch-Gladbach, in Wildenrath, Kr. Heinsberg[271], Liblar (vgl. EU 59)[272], Mutscheid (vgl. EU 93)[273] und schließlich hier in Meckenheim erzeugt. Außerdem stellten die südlimburgischen Töpfereien von Brunssum und Schinvelt[274] sowie im späteren Mittelalter auch niedersächsische[275], hessische[276] und oberrheinische[277] Zentren Keramik dieser Art her. Auch der Begriff der 'Pingsdorfer Keramik', der in der Forschung viele Jahrzehnte lang seinen Dienst getan hat, sollte deshalb durch einen Stilbegriff wie 'Keramik der Pingsdorfer Art', 'Keramik des Pingsdorfer Typs' ersetzt werden.

Daß angesichts dieser neuen Ergebnisse die Geschichte der Keramikproduktion im Rheinland nördlich des Schiefergebirges ganz neu geschrieben werden müßte, liegt auf der Hand. Dabei wäre unter anderem zu untersuchen, wie sich die Produktion aus den verschiedenen Zentren zeitlich zueinander verhält, wie also die 'Filiation' von Formen und Techniken der Töpferei vor sich ging; ferner wäre erneut nach Unterscheidungsmerkmalen äußerlich gleicher oder ähnlicher Ware aus verschiedenen Herstellungszentren zu suchen, wobei mineralogischen Untersuchungen in diesem Zusammen-

---

[268] Literatur zur karolingischen Keramik vgl. oben Anm. 110 und 255.

[269] Außer dem bekannten Töpferbezirk in der Aulgasse zu Siegburg gab es östlich der Stadt am Lendersberg und Galgenberg ausgedehnte pingsdorfzeitliche Töpfereien; unter anderem wurde hier auch hellgrundige, rotbemalte Keramik der Pingsdorfer Art hergestellt. Vgl. dazu: Heimatbll. f. d. Siegkreis, Nr. 3, 1927, 10 ff. – Bonner Jahrb. 131, 1926, 365; 132, 1927, 279. – Beckmann a.a.O. (wie Anm. 265) 557 Anm. 31.

[270] W. Lung, Die Ausgrabungen nachkarolingischer Töpferöfen in Paffrath, Gem. Berg. Gladbach, Rhein.-Berg. Kreis. Bonner Jahrb. 155/156, 1955/56, 355–371. – Ders., Mittelalterliche Töpferei in Paffrath und Katterbach. In: Romerike Berge 7, 1956. – Ders., Mittelalterliche Töpferöfen und Eisenverhüttung in Katterbach. Kölner Jahrb. 3, 1958, 93–106. – Ders., Zur vor- und frühgeschichtlichen Keramik im Kölner Raum. Kölner Jahrb. 4, 1959, 45–65. – Über jüngste Neufunde aus Paffrath hat P. J. Tholen im Bonner Jahrb. 169, 1969 berichtet.

[271] W. Haberey, Bonner Jahrb. 155/156, 1955/56, 533 ff. – Rhein. Heimatpflege 6, 1934, 338.

[272] W. Kersten, Bonner Jahrb. 142, 1937, 260 u. Taf. 64,2.3. – Neuere Berichte bei den Ortsakten des Rhein. Landesmus. Bonn.

[273] T. Hürten, Bonner Jahrb. 159, 1959, 455.

[274] A. Bruijn, De middeleeuwse pottenbakkerijen in Zuid-Limburg (Nederland). Publ. van het provinciaal Gallo-Romeins Museum te Tongern Nr. 9 (Tongern 1965) mit der älteren Literatur.

[275] H. Plath, Mittelalterliche Keramik vom 12. bis zum 15. Jahrhundert in Hannover. Hannoversche Geschichtsbll. NF 12, 1958, bes. 28 ff.

[276] R. Haarberg, Über Pingsdorfer Keramik im ehem. Kurhessen. Zeitschr. d. Ver. f. Hess. Gesch. u. Landeskde. 75/76, 1964/65, 71–81. – Ders., Die mittelalterliche Keramik in Niederhessen. Hess. Jahrb. 23, 1973, 43 ff. mit Tafel XVII.

[277] U. Lobbedey, Untersuchungen mittelalterlicher Keramik vornehmlich aus Südwestdeutschland. Arbeiten zur Frühmittelalter-Forschung Bd. 3 (Berlin 1968) 22 ff. mit weiterer Literatur über oberdeutsche Funde bemalter Ware.

hang mehr denn je großes Gewicht zukommt. Es fragt sich nämlich, ob man mit den vom Archäologen beobachteten äußeren Unterscheidungsmerkmalen, etwa mit der rosa- oder fleischfarbenen Farbgebung und der Beimischung von Ziegelsplit, wie sie für die Meckenheimer Ware vom Pingsdorfer Typ charakteristisch ist, weiterkommt. Wahrscheinlich ist die Zahl solcher äußerer Kriterien viel zu gering, als daß sie hinsichtlich der Herkunftsbestimmung einer Ware mit einiger Sicherheit angewandt werden könnten.

Unter dem Aspekt des Polyzentrismus der früh- und hochmittelalterlichen Keramikherstellung im nördlichen Rheinland wären schließlich auch die aus dem Rheingebiet in andere Länder und Gebiete exportierten Funde erneut auf ihre wahre Herkunft zu untersuchen. Vieles, was von den Archäologen der Nachbarländer als 'Badorfer' oder 'Pingsdorfer Ware' identifiziert worden ist, könnte von ganz anderen Orten herstammen. Neue Erkenntnisse in bezug auf den Verlauf der Handelswege und der Güterströme im frühen und hohen Mittelalter wären denkbar.

Zur historischen Interpretation des Meckenheimer Töpferbezirks bleibt noch nachzutragen, daß die Töpferei von den Bewohnern einer Siedlung namens 'Uhlgasse' ausgeübt wurde, die erstmalig Ende des 14. Jahrhunderts bezeugt ist, die 1559 nicht weniger als 37 Haus- und Hofstätten zählte und die zu Beginn des 17. Jahrhunderts aus Sicherheitsgründen in das befestigte Meckenheim verlegt wurde[278]. Die archäologischen Funde belegen den Beginn der Töpfertätigkeit bereits im 11./12. Jahrhundert, also mehrere Jahrhunderte vor der Ersterwähnung. Sie machen aber auch deutlich, daß die Töpferei im 15.–17. Jahrhundert kaum noch Bedeutung besaß, weil entsprechende Funde aus dieser Spätzeit der Siedlung 'Uhlgasse' fehlen.

7. Ein karolingischer Hof bei Flerzheim (BN 71)

Den heute noch bestehenden Ort Flerzheim könnte man als partielle Dorfwüstung bezeichnen, denn am Nordrand des Dorfes wurde im Zuge der archäologischen Landesaufnahme zwischen Straße und Swistniederung ein frühmittelalterlicher Hof entdeckt (Flerzheim, Fdst. 23). Die hier geborgene Keramik ist auf Tafel 62,11–19 abgebildet. Zwei Komponenten lassen sich unterscheiden. Eine ältere Gruppe von Scherben besteht aus Bruchstücken von Badorfer Reliefbandamphoren des 9./10. Jahrhunderts (Tafel 62,11), ferner aus Resten von klingend hart gebrannten, rauhwandigen, karolingischen Kugeltöpfen der Walberberger Art (Tafel 62,12–14.16). In der älteren Gruppe wiederholt sich das Fundbild, wie es für die Karolingerzeit auch in Givvekoven festzustellen war. Die jüngere Keramikgruppe nachkarolingischer Zeit ist in Flerzheim durch hellgrundige, rot bemalte Ware der Pingsdorfer Art sowie durch die Ränder von blaugrauer Kugeltopfware des 11./12. Jahrhunderts (Tafel 62,15.17–19) vertreten. Steinzeugware des 14./15. Jahrhunderts fehlt auf dem Fundplatz völlig. Seine Besiedlungsdauer dürfte nach Ausweis der bisherigen Bodenfunde vom 8. bis zum 12. Jahrhundert reichen. Er wurde somit lange vor der spätmittelalterlichen Wüstungsperiode aufgegeben. Die geringe räumliche Ausdehnung des Fundplatzes läßt am ehesten auf einen frühmittelalterlichen Hof schließen, doch bedarf diese Annahme noch des Nachweises durch Grabungen. Über die Wüstungsursachen sind keine Aussagen möglich.

[278] Rheinischer Städteatlas (wie Anm. 106).

8. Wüste Höfe bei Neukirchen (BN 115–120)

Die weiten, fruchtbaren Lößgebiete zwischen dem rheinischen Vorgebirge im Osten und dem Nordrand der Eifel besetzten schon seit der Merowingerzeit alte Dörfer, die in der Mehrzahl bis heute bestehenblieben. Andere Verhältnisse finden sich auf den armen Gesteinsböden des nördlichen Eifelrandes im Raume Neukirchen. Hier liegen auch heute noch neben einzelnen geschlossenen Dörfern viele Einzelhöfe. Ihre Zahl muß im Mittelalter weit größer als heute gewesen sein, denn viele von ihnen wurden wieder wüst. Im Zuge der archäologischen Landesaufnahme sind etliche derartige Einzelhöfe entdeckt worden. Sie geben sich durch die räumlich eng begrenzte Streuung der Siedlungskeramik als solche zu erkennen. Die Namen dieser Siedlungsplätze sind weithin unbekannt. Sie treten lediglich als archäologische Fundstellen in Erscheinung. Im folgenden soll das zutage getretene Material kurz charakterisiert und dann in seiner Bedeutung für die Siedlungsgeschichte ausgewertet werden.

Neukirchen Fdst. 1 (BN 115)

Es dominiert blaugraue Kugeltopfware des 12./13. Jahrhunderts, bei der stark profilierte Randformen mit kantigem Abstrich vorkommen. Vereinzelt treten auch weich gebrannte, rote Wandscherben auf, die rillenverziert sind. Sie lassen sich chronologisch schwer festlegen. Charakteristisch sind weiterhin schwere, weitmündige Schalen mit verdicktem, stark profiliertem Rand (Tafel 62,3). Es fehlen karolingische Funde einerseits und spätmittelalterliche Keramik des 14./15. Jahrhunderts andererseits. Auch Ware der Pingsdorfer Art aus dem 10./11. Jahrhundert ist nicht beobachtet worden. Der Siedlungsplatz war demnach während des 12./13. Jahrhunderts bewohnt.

Neukirchen Fdst. 2 (BN 116)

Dieser Fundplatz lieferte ausschließlich blaugraue Ware des 12./13. Jahrhunderts, und zwar vornehmlich die Reste von Kugeltöpfen. Auch schwere, weitmündige Schalen der Meckenheimer Art waren festzustellen. Die Besiedlungsdauer beschränkt sich auf das 12./13. Jahrhundert.

Neukirchen Fdst. 6 (BN 117)

Auch an diesem Fundplatz dominiert die blaugraue Ware. Blaugraue Kugeltöpfe des 12. Jahrhunderts stehen neben den schweren, weitmündigen Schalen der Meckenheimer Art (Tafel 62,1). Karolingerzeitliche Keramik ist hier nicht festzustellen. Insgesamt unterscheidet sich gerade darin die Keramik dieses Fundplatzes grundsätzlich von der Zusammensetzung der Keramik aus Givvekoven oder Flerzheim[279], wo die karolingischen Komponenten klar hervortraten. An diesem Fundplatz kann karolingerzeitliches Alter mit Sicherheit ausgeschlossen werden, ja selbst die Ware des 10./11. Jahrhunderts ist noch nicht vorhanden. Seine Besiedlungsdauer beschränkt sich, da auch Funde des 14./15. Jahrhunderts fehlen, ausschließlich auf das 12./13. Jahrhundert.

---

[279] Vgl. oben S. 151.

Neukirchen Fdst. 7 (BN 118)

Die hier aufgelesene Keramik setzt mit blaugrauer Kugeltopfware des 12./13. Jahrhunderts ein, läßt Älteres jedoch vermissen. Im Unterschied zu den übrigen bisher behandelten Fundplätzen um Neukirchen sind hier auch Funde des 14. Jahrhunderts festzustellen, z. B. in Form von Steinzeugscherben mit violett-brauner Engobe. Die Besiedlungszeit des Platzes beginnt also im 12. Jahrhundert. Sie reicht bis ins 14. Jahrhundert hinein, so daß seine Aufgabe bereits in den Zusammenhang der spätmittelalterlichen Wüstungsbildung eingeordnet werden muß.

Neukirchen Fdst. 9 (BN 119)

Auf diesem räumlich eng begrenzten Fundplatz findet sich ausschließlich blaugraue Keramik des 12./13. Jahrhunderts. Es fehlen sowohl karolingerzeitliche als auch spätmittelalterliche Funde. Neben den schweren, weitmündigen Schalen des Meckenheimer Typs (Tafel 62,2) gibt es zahlreiche Kugeltopfränder mit kräftiger Profilierung (Tafel 62,5–7). Die Besiedlung setzt hier also im 12. Jahrhundert ein. Sie reicht aber nicht über das 13. Jahrhundert hinaus.

Neukirchen Fdst. 12 (BN 120)

Im Gegensatz zu den bisher behandelten Fundplätzen um Neukirchen erscheint hier ein vielseitigeres Fundinventar. Neben der üblichen blaugrauen Kugeltopfware (Tafel 62,8) gibt es hier das Randstück eines graugrünen, hart gebrannten Töpfchens von Pingsdorfer Art mit linearer Rotbemalung (Tafel 62,10). Dazu kommt ferner ein weißlich-graues Randstück eines Kochtopfes, dessen rundlich verdickte Form stark an karolingerzeitliche Ware erinnert, obgleich das Stück den harten Brand der karolingischen Kugeltöpfe vermissen läßt (Tafel 62,9). Es ist demnach unverkennbar, daß die Besiedlung an diesem Platz etwas früher einsetzt als bei den übrigen Plätzen der Nachbarschaft. Ihr Beginn im 11. Jahrhundert ist nicht auszuschließen. Das 14. Jahrhundert erreichte sie wohl nicht, da charakteristische Funde für diese Zeit fehlen.

Die behandelten Fundplätze im Umkreis von Neukirchen zeigen im Hinblick auf die anhand archäologischer Funde nachgewiesenen Besiedlungsdauer recht einheitliche Züge. Am zahlreichsten ist bei allen die blaugraue Keramik des 12./13. Jahrhunderts vertreten. Nur ein Fundplatz (Fdst. 12) bietet älteres als hochmittelalterliches Material; nur einer auch (Fdst. 7) reicht bis ins 14. Jahrhundert hinein. Alle Fundplätze aber stehen in klarem Gegensatz zur Fundvergesellschaftung karolingisch besiedelter Plätze der Lößebene wie Givvekoven oder Flerzheim; denn das karolingische Material fehlt bei ihnen durchweg. Die Fundplätze um Neukirchen repräsentieren deshalb eine Schicht von Siedlungen, die im Zuge des nachkarolingischen, hochmittelalterlichen Landausbaus am Nordrand der Eifel entstanden sind. Wegen der räumlichen Kleinheit der Fundgebiete ist anzunehmen, daß sich diese hochmittelalterliche Rodung in der Form der Einzelhofsiedlung vollzogen hat. Offenkundig war ihr kein langer Bestand beschieden, denn bis auf einen Fundplatz werden alle übrigen Siedlungsstellen noch im 13. Jahrhundert wieder wüst.

9. Wüste Höfe bei Hilberath (BN 89 und 90)

Hilberath Fdst. 3 (BN 89)

Dieser Fundplatz liegt am nordöstlichen Ortsausgang von Hilberath, nördlich der Straße Hilberath–Altendorf. Von dem eng begrenzten Fundgebiet stammen vorwiegend blaugraue Gefäßscherben des 12./13. Jahrhunderts, zu denen noch einige wenige Scherben der sogenannten gerieften Ware treten (Tafel 62,28–30). Vereinzelt erscheint auch Ware mit violettbrauner Engobe. Karolingerzeitliche Keramik sowie Ware des 14.–16. Jahrhunderts fehlen, so daß die Besiedlungsdauer auf das 12. und 13. Jahrhundert eingeengt ist.

Hilberath Fdst. 4 (BN 90)

Auch hier dominiert die blaugraue Kugeltopfware des 12. und 13. Jahrhunderts (Tafel 62,20–27). In blaugrauer Machart erscheinen hier auch schlanke Kannen und Krüge mit geradem Dornrand (Tafel 62,24.25). Seiner Zeitstellung nach entspricht dieser Fundplatz ganz dem schon bei Fdst. 3 beschriebenen Rahmen.

Die Befunde aus dem Gebiet von Hilberath bestätigen die Siedlungsentwicklung, die im Gebiet von Neukirchen bereits zu verfolgen war. Auch Hilberath liegt am nordöstlichen Eifelrand, der während des 12. und 13. Jahrhunderts noch von Rodungen erfaßt wurde. Sie nahmen hier um Hilberath ebenfalls vorwiegend die Form von Einzelhöfen an, deren Besiedlungsdauer sich auf das 12. und 13. Jahrhundert beschränkt. Hilberath selbst wird man wahrscheinlich einem früheren Abschnitt des nachkarolingischen Landausbaus, vielleicht dem 9. oder 10. Jahrhundert, zuweisen müssen. Es wäre denkbar, daß die Siedler, die die archäologisch nachweisbaren Einzelhöfe begründeten, unter anderem auch aus Hilberath stammten.

10. Ein wüster Hof bei Altendorf (BN 12)

Am südwestlichen Ortsausgang von Altendorf erstreckt sich die im Zuge der archäologischen Landesaufnahme entdeckte Fdst. 7, die einen mittelalterlichen Siedlungsplatz umfaßt. Blaugraue Kugeltopfränder des 12./13. Jahrhunderts bestimmen das Fundbild dieses Platzes (Tafel 62,32–35.38). Nur ein einziger Gefäßrand erinnert formal an karolingerzeitliche Ware (Tafel 62,31). Trotz eifriger Nachsuche konnten zu diesem vorerst noch einzigen Fundstück keine Parallelfunde beigebracht werden. Deshalb ist es zunächst nicht möglich, aus diesem Fundstück allein auf einen karolingerzeitlichen Beginn der Besiedlung dieses Platzes zu schließen. Es könnte sich ja auch um einen aus Altendorf hierher verschleppten Fund handeln. Neben Randstücken blaugrauer Schalen der Meckenheimer Art (Tafel 62,39) stammt von diesem Fundplatz ein Deckel aus Siegburger Steinzeug (Tafel 62,40), der sicher das 14., wenn nicht gar das 15. Jahrhundert vertritt.

Anfang und Ende der Fdst. 7 Altendorf lassen sich angesichts der bisherigen, noch etwas spärlichen Oberflächenfunde nicht mit Sicherheit angeben. Wohl aber machen die Funde eine starke Intensität der Besiedlung während des 12. und 13. Jahrhunderts deutlich. Über den Charakter des Fundplatzes vermögen erst Grabungen nähere Aufschlüsse zu vermitteln.

11. Ein wüster Hof bei Todenfeld (BN 166)

Die bisher beschriebenen Fundplätze um Neukirchen, Hilberath und Altendorf scheinen anzudeuten, daß die Einzelhofsiedlung am nördlichen und nordöstlichen Rand der Eifel generell erst im 12. und 13. Jahrhundert begründet wird. Vor der Verallgemeinerung einer solchen These können die auf der Fdst. 5 Todenfeld im Zuge der archäologischen Landesaufnahme geborgenen Keramikfunde bewahren. Die Begehung im Gelände ergab zunächst, daß sich an dieser Fdst. römische und mittelalterliche Siedlungsreste überlagern. Die römische Besiedlung war an Bruchstücken römischer Reibschüsseln und von Kochtöpfen kenntlich. Das mittelalterliche Material setzte sich aus zwei Gruppen zusammen. Die ältere von ihnen wird durch karolingerzeitliche Kugeltopfkeramik des 8./9. Jahrhunderts charakterisiert (Tafel 62,43.44), auf deren Rändern gelegentlich auch die typische Rollstempelverzierung der Ware des Badorfer Typs erscheint. Harter Brand, Rauhwandigkeit, Wackelböden, Drehscheibenformung, Dünnwandigkeit – das sind die auf die Karolingerzeit hinweisenden Eigenschaften der älteren Ware. Die karolingischen Funde nehmen, verglichen mit dem hochmittelalterlichen Material, nur einen kleinen Anteil ein. Die jüngere Keramikgruppe umfaßt die blaugraue Kugeltopfware des 12./13. Jahrhunderts, die sehr stark vertreten ist (Tafel 62,45). Dazu kommen Ränder schlanker Kannen und Krüge, sogenannte Dornränder, die hier sowohl in blaugrauer Machart (Tafel 62,46.47) als auch in Steinzeugqualität (Tafel 62,48) erscheinen. Damit ist auch das 14. Jahrhundert an diesem Platz noch vertreten. Insgesamt läßt sich hier eine langfristige Besiedlung feststellen, die im 8./9. Jahrhundert einsetzt und bis ins 14. Jahrhundert, also bis in die Zeit des spätmittelalterlichen Wüstungsmaximums, durchläuft.

12. Wüstungen bei Ludendorf (BN 97 und 99)

Ludendorf Fdst. 2 (BN 97)

In der Flur 'Burgacker', rund 1000 m westlich von Ludendorf wurden im Zuge der archäologischen Landesaufnahme mittelalterliche Siedlungsreste entdeckt, die ein etwa 400 x 250 m großes Areal bedecken. Das Fundgebiet liegt innerhalb der fruchtbaren Lößzone des nördlichen Eifelvorlandes. Es ist größer als man es bei einem Einzelhof erwarten würde, und deshalb ist hier auch an eine geschlossene Siedlung, vielleicht eine Dorfwüstung zu denken. Die Besiedlung setzt mit der typischen karolingischen Kugeltopfware ein (Tafel 62,49.50), so daß mindestens das 9. Jahrhundert gesichert ist. Vereinzelt auftretende Scherben der Pingsdorfer Art (Tafel 62,52) bilden ein Bindeglied zwischen der älteren karolingischen Ware und der reichlich vertretenen blaugrauen Keramik des hohen Mittelalters (Tafel 62,53–54). Als spätestes Material sind einzelne Steinzeugscherben anzusprechen (Tafel 62,55). Die Besiedlungsdauer reicht an diesem Fundplatz somit vom 9. bis zum 14., möglicherweise sogar bis ins 15. Jahrhundert.

Ludendorf Fdst. 4 (BN 99)

Dieser räumlich eng begrenzte, nur 400 m nördlich von Ludendorf gelegene Fundplatz repräsentiert vermutlich wiederum einen Einzelhof. Sein keramisches Material (Tafel 62,56–58) spiegelt Besiedlung vom 9.–13. Jahrhundert wider. Er endet damit also rund 200 Jahre früher als die zuvor behandelte Fdst. 2 Ludendorf.

13. Eine Hofwüstung bei Lüftelberg (BN 101)

Etwa 1000 m östlich von Lüftelberg wurde eine Fdst. entdeckt, die ausschließlich hoch- und spätmittelalterliche Keramik ergab: kantig abgestrichene Kugeltopfränder des 12./13. Jahrhunderts (Tafel 62,59–62), weitmündige Schalen der Meckenheimer Art (Tafel 62,63) und Standböden mit gewelltem Ring. Vereinzelt zeigen sich hier auch Steinzeugscherben, teilweise mit violettbrauner Engobe bedeckt. Die Besiedlung umfaßt hier die Zeit vom 12. bis zum 15. Jahrhundert. Die Fdst. liegt nicht weit vom südwestlichen Rand des Kottenforstes entfernt. Sie könnte deshalb gut als hochmittelalterlicher Rodungsort, für dessen Anlage ein Randbezirk des Kottenforstes gerodet wurde, aufgefaßt werden. Nicht völlig auszuschließen ist ferner, daß hier Töpfer ansässig waren (vgl. Katalog unter BN 101).

14. Eine karolingische Siedlung bei Sechtem (BN 163)

Die Fdst. Sechtem 73–75, die rund 1000 m östlich von Sechtem im Bereich einer römischen Ansiedlung entdeckt wurden, spiegeln in ihrem Fundmaterial eine Ansiedlung wider, die in karolingischer Zeit begründet wurde. Karolingische Keramik ist hier reichlich vertreten. Besonders Kugeltöpfe mit Wackelboden, gelegentlich auch mit dem typischen Rollstempeldekor auf dem Rand, sind zu verzeichnen (Tafel 61,6.8.9.12.15), dazu viele Bruchstücke von Reliefbandamphoren (Tafel 61,7.13.16). Auch jüngere Ware fehlt nicht, so z. B. gewellte Standböden der blaugrauen Ware (Tafel 61,17) und schließlich auch Steinzeugware. Der Ausdehnung nach wird man hier eine kleine dorfähnliche Ansiedlung annehmen dürfen, zu der wahrscheinlich auch noch der unter BN 162 behandelte wüste Siedlungsplatz gehört. Die Besiedlung umfaßt die Zeit vom 8./9. Jahrhundert bis zum frühen 14. Jahrhundert. Die Fdst. muß als charakteristisch für jene bereits karolingisch begründeten kleinen Siedlungskerne am Osthang des Vorgebirges gelten, von denen vielfach noch nicht einmal mehr der Name überliefert ist. Lediglich die Siedlungskeramik bezeugt noch ihre einstige Existenz.

15. Ein karolingischer Töpferbezirk in Sechtem (BN 159)

In zufälligen Bodenaufschlüssen in der Ortsmitte von Sechtem wurde ein bisher unbekannter frühmittelalterlicher Töpferbezirk festgestellt, dessen Erzeugnisse weitgehend der karolingischen Produktion von Badorf und Walberberg entspricht. Außer vielen Gefäßscherben hatten sich im Boden auch noch Reste von Töpferöfen erhalten, deren Konstruktionsweise derjenigen der Badorfer, Walberberger und Eckdorfer Öfen gleicht. Bezeichnend für die neue Fdst. sind unter anderem schmutzigbraune, weich gebrannte, schwach gebauchte, kumpfähnliche Gefäße mit ausbiegendem Rand und Wackelboden (Tafel 61,3.4). In der gleichen Machart wurden auch flache Schalen mit ebenem Standboden gefertigt (Tafel 61,5). Außer der graubraunen Ware ist als zweite Gruppe vor allem die ockerfarbene bis gelbliche, jedenfalls hellgrundige, stets hart gebrannte Ware zu erwähnen, bei der flache Schalen und hohe Töpfe zu unterscheiden sind (Schalen: Tafel 61,2. – Töpfe: Tafel 60,14–16). Verbreitet erscheint auf dieser Ware die typische Rollstempelverzierung der Karolingerzeit (Tafel 60,6). Reliefbandamphoren, die man sich bisher allein in Badorf entstanden dachte, wurden offenbar auch hier in Sechtem produziert (Tafel 60,10.11). Wellenverzierte Keramik, vor allem aus Brühl-Eckdorf bekanntgeworden, fehlt auch in Sechtem nicht (Tafel 60,12). Schließlich befaßte man sich hier auch mit der Herstellung der klingend hart gebrannten, violettblauen karolingischen Kugeltopfware. Wie in den bereits bekannten Töpferzentren im Raume Walberberg–Eckdorf–Badorf wurden auch hier in Sechtem viele verschiedene Arten und Formen von Keramik gleichzeitig und wahrscheinlich auch in den gleichen Öfen erzeugt. In Analogie zu den erwähnten benachbarten Zentren ist der Bezirk von Sechtem in das späte 8. und in das 9. Jahrhundert zu datieren.

Für die Frage der frühmittelalterlichen Wirtschaftsentwicklung gewinnt der neue Befund insofern Gewicht, als man bisher annahm, die karolingischen Töpfereien seien ausschließlich unmittelbar am Osthang des Vorgebirges beheimatet gewesen. Hier schienen sich mit reichlich vorhandenem Wasser und Töpferton die besten Voraussetzungen zu bieten. Mit Sechtem aber zeigt sich, daß die karolingische Töpferei auch in der Rheinebene tätig war, wo man eher ein Vorherrschen des Ackerbaus auf guten Lößböden anzunehmen geneigt ist. Es ist also davon auszugehen, daß nicht nur am östlichen Vorgebirgshang selbst, sondern auch im Rheintal jene besondere Verflechtung von agrarischer und gewerblicher Wirtschaft bestand, die für die karolingerzeitliche Wirtschaftsentwicklung in diesem Raum so typisch ist.

2.6.3 Allgemeine archäologische Ergebnisse

Die systematische archäologische Erforschung der Wüstungen im Rheinland nördlich des Rheinischen Schiefergebirges steckt noch im Anfangsstadium. Wüstungsgrabungen fanden bisher nur vereinzelt wie in Neuwied-Gladbach oder Haldern statt. Einer der Gründe dafür muß darin gesucht werden, daß bisher zu wenige Plätze im Gelände bekannt waren, an denen solche Grabungen hätten begonnen werden können. Deshalb kommt der archäologischen Prospektion immer noch ganz entscheidende Bedeutung zu: Sie soll helfen, ausgegangene Siedlungsplätze im Gelände zu identifizieren, und zwar vor allem mit den Methoden der archäologischen Landesaufnahme. Die beschriebenen Beispiele vermitteln einen Eindruck von den Möglichkeiten und Ergebnissen dieser Arbeitsweise. In allgemeiner Form lassen sich ihre Resultate etwa wie folgt charakterisieren:

1. Die archäologische Prospektion vermag wüst gewordene Plätze selbst dort im Gelände zu identifizieren, wo keine anderen Hinweise, vor allem weder Orts- noch Flurnamen, auf eine Wüstung hindeuten. Charakteristische Beispiele dafür stellen z. B. die Siedlung zu Füßen der Tomburg (BN 178), die spätfränkischen Siedlungsreste von Meckenheim (BN 102) oder die wüsten Höfe bei Neukirchen (BN 115–120) und Hilberath (BN 89 und 90) oder die karolingische Siedlung bei Sechtem (BN 163) dar. In dem durch die archäologische Landesaufnahme vollständig bearbeiteten Landkreis Bonn erhöhte sich die Zahl der Wüstungen auf diese Weise um mindestens 100%. Diese Zuwachsrate durch ausschließlich archäologisch identifizierte ehemalige Siedlungsplätze, die natürlich nicht in allen Teilen des Untersuchungsgebietes in solcher Höhe liegen muß, läßt es fast unmöglich erscheinen, künftig noch Siedlungsgeschichte des Mittelalters ohne Einbeziehung der archäologischen Methoden zu betreiben. Leider wurde bisher in keinem anderen Kreis des Untersuchungsgebietes ein mit dem

Landkreis Bonn vergleichbarer archäologischer Forschungsstand erreicht, so daß die Ergebnisse aus dem Bonner Land vorerst isoliert dastehen, ohne daß sich die Möglichkeit einer Kontrolle in anderen Gebieten böte.

2. Die archäologische Prospektion bietet die Möglichkeit, durch andere Überlieferungen grob lokalisierte Wüstungen im Gelände mit ziemlicher Genauigkeit räumlich festzulegen. Dies geschieht mit Hilfe einer Kartierung der auf den ehemaligen Siedlungsplätzen nachweisbaren Siedlungsfunde auf der Deutschen Grundkarte 1 : 5 000, unter denen die Keramik erfahrungsgemäß den weitaus größten Anteil einnimmt. Aus der räumlichen Ausdehnung des Fundgebietes sind darüber hinaus oft auch Schlüsse dahingehend möglich, ob es sich um einen Einzelhof oder aber eine dorfähnliche Siedlung handelt; doch ist bei solchen Schlüssen aus methodischen Gründen – Fundtransport durch ackerbauliche Nutzung der ehemaligen Ortslage, Möglichkeit von Wachstumsstufen ländlicher Siedlungen vom Einzelhof zum Dorf oder umgekehrt, selektive Zerstörung der Keramik an der Oberfläche durch Witterungseinflüsse und anderes mehr – Vorsicht geboten. Als beispielhaft für diese Resultate archäologischer Prospektion dürfen die Wüstungen Rheinbachweiler (BN 142), Rode (BN 144), Givvekoven (BN 105) gelten.

3. Die im Zuge der archäologischen Landesaufnahme geborgenen Siedlungsfunde, vor allem die stets reichlich anfallende Keramik, gestatten eine zumindest grobe Festlegung der Besiedlungsdauer auf den verschiedenen Siedlungsplätzen. Von Fall zu Fall ist dabei jedoch zu überprüfen, ob die geborgenen Funde mit einiger Wahrscheinlichkeit die gesamte Besiedlungsdauer eines Fundplatzes widerspiegeln oder ob sie nicht etwa eine durch bestimmte Faktoren bedingte Auswahl aus einem viel größeren Material darstellen. Außerdem ist darauf zu achten, daß die von jedem Fundplatz geborgene Fundmenge groß genug ist, so daß sie möglichst alle Komponenten enthält. Voraussetzung für die Datierung der Besiedlungsdauer durch Funde, vor allem durch Keramik, ist, daß das zur Datierung herangezogene Material seinerseits chronologisch differenziert ist. Bei der rheinischen Keramik erreichte man einen relativ fortgeschrittenen Forschungsstand, so daß zumindest grobe Kategorien für die chronologische Differenzierung zur Verfügung stehen. Selbst bei nicht sehr umfangreichen Fundkomplexen können demnach folgende großen Kategorien an ihren Leitfossilien unterschieden werden:

a) Merowingerzeit des 6./7. Jahrhunderts: fränkischer Knickwandtopf mit ebenem Boden, Drehscheibenkeramik, blaugraue Ware vorherrschend.

b) Spätfränkisch-karolingische Zeit des 8./9. Jahrhunderts: Keramikarten des Badorfer Typs, klingend hart gebrannte Kugeltöpfe mit Wackelboden, hellgrundige Töpfe und Schalen mit Rollstempelverzierung, Reliefbandamphoren.

c) 10.–12. Jahrhundert, im 13. Jahrhundert vergesellschaftet mit blaugrauer Ware: Keramik der Pingsdorfer Art, hellgrundig, rote Bemalung. Beginnend mit Übergangsformen zwischen Keramik des Badorfer und des Pingsdorfer Typs in Form der sogenannten Hunneschans-Keramik, die Rollstempelverzierung und rote Bemalung auf hellem Grund gleichzeitig aufweist und die in den Übergang vom 9. zum 10. Jahrhundert zu datieren ist. Zum hohen Mittelalter hin erscheinen Übergangsformen zwischen grüngrauer, violettbraun bemalter Ware der Pingsdorfer Art und der blaugrauen Kugeltopfkeramik, die im späten 12. und frühen 13. Jahrhundert anzusetzen sind.

d) 12. und 13. Jahrhundert: Vorherrschen der blaugrauen Keramik mit Kugeltöpfen, großen, eiförmigen Vorratsgefäßen des Elmpter Typs und schweren, weitmündigen Schalen des Meckenheimer oder Xantener Typs.

e) 14./15. Jahrhundert und später: Vorherrschen von Steinzeug aus verschiedenen Herstellungszentren. Verdrängung der älteren Keramikarten durch diese qualitätvolle Ware.

Diese fünf Kategorien bieten ein grobes chronologisches Gerüst, nach dem die Siedlungskeramik der beschriebenen Wüstungen eingeordnet wurde. Überschneidungen zwischen den einzelnen Arten der Keramik und ihrer Laufzeit hat es sicher gegeben. Auch schlugen sich sicher regionale Besonderheiten in der Zusammensetzung von Fundkomplexen nieder. Zusätzliche chronologische Hinweise sind deshalb auf die Dauer nicht zu entbehren. Die Keramikforschung muß sie aber erst noch erarbeiten, und zwar wie folgt: durch fest datierte Keramikfunde, insbesondere durch Berücksichtigung der münzdatierten Keramik; durch die Intensivierung des Materialvergleichs, in den möglichst viele und komponentenreiche Keramikkomplexe einbezogen werden müssen; schließlich durch den Übergang vom quantitativen zum qualitativen Keramikvergleich, in dessen Rahmen auch Verfahren der maschinellen Datenverarbeitung anzuwenden wären.

Bereits der relativ grobe Keramikvergleich, wie er für die beschriebenen Fundplätze angewendet wurde, gestattet es, drei Gruppen von Siedlungen nach der Besiedlungsdauer zu unterscheiden:

a) In karolingischer oder spätfränkischer Zeit begründete Siedlungen, die nicht über das 13. Jahrhundert hinausreichen: Givvekoven (BN 105), die beiden Wüstungen bei Ludendorf (BN 97 und 99), der Hof bei Flerzheim (BN 71), der Hof bei Altendorf (BN 12), eine Hofwüstung bei Todenfeld (BN 166), eine Siedlung bei Sechtem (BN 163) und die spätfränkische Siedlung von Meckenheim (BN 102).

b) Siedlungen, die nicht vor dem 11. Jahrhundert entstanden und deren intensive Besiedlung ins 12./13. Jahrhundert fällt, die aber nicht ins 14. Jahrhundert hineinreichen: wüste Höfe bei Neukirchen (BN 115–120), zwei Höfe bei Hilberath (BN 89 und 90), ein Hof bei Lüftelberg (BN 101).

c) Im 11. oder 12. Jahrhundert beginnende Siedlungen, die bis ins 14. oder 15. Jahrhundert durchlaufen, so Rheinbachweiler (BN 142), Rode (BN 144) und die Siedlung an der Tomburg (BN 178).

Das archäologische Material erlaubt somit bereits jetzt, verschiedene Perioden der Siedlungsgründung – die Karolingerzeit und das hohe Mittelalter – und verschiedene Wüstungsperioden – die des 13. Jahrhunderts und die spätmittelalterliche des 14./15. Jahrhunderts – zu unterscheiden. Umfang und Zeitstellung der so aufgeschlüsselten Keramikkomplexe schaffen zugleich die Grundlage zur Auswahl grabungswürdiger Objekte; denn auf Siedlungsgrabungen kann in Zukunft nicht verzichtet werden, nachdem nunmehr die Grabungsobjekte ermittelt sind und weitergehende Fragen nach der Siedlungsform, nach Hausbau und Wirtschaftsweise gestellt werden müssen.

2.6.4 Luftbildforschung

Nach wie vor erblickt die rheinische Wüstungsforschung in der englischen Luftbildarchäologie das unerreichte Vorbild der Verwendung dieser Prospektionsmethode im Dienst der mittelalterlichen Siedlungsarchäologie. Methoden und Ergebnisse dieser vor allem von J. K. S. St. Joseph getragenen Arbeit[280] wurden inzwischen zum integralen Bestandteil der auch in anderer Hinsicht führenden englischen Wüstungsforschung[281]. Die Erfolge der englischen Wüstungsforschung mit Hilfe der Luftbildprospektion gründen sich vor allem auf zwei Voraussetzungen. Zum einen finden sich in England wegen der systematischen Umwandlung von Ackerland zu Schafweide und der damit verbundenen planmäßigen Wüstlegung vieler mittelalterlicher Siedlungen zahlreiche vorzüglich erhaltene Wüstungen im Gelände. In England entfallen auf die beiden oberen Gruppen einer insgesamt fünfstufigen Rangfolge der Erhaltungsqualität von Wüstungen[282] weit mehr ehemalige Siedlungsplätze des Mittelalters, als dies in Deutschland allgemein und im Rheinland besonders der Fall sein würde. Aus dem hier bearbeiteten Untersuchungsgebiet ist keine einzige Wüstung bekannt, auf die hinsichtlich ihrer Erhaltung im Gelände die beiden höchsten Klassifizierungen mit den Prädikaten 'excellent' und 'very good' zutrifft. Vergeblich war bisher die auch vom Flugzeug aus betriebene Suche nach rheinischen Wüstungen, die einen Erhaltungszustand wie etwa Rand (Lincolnshire)[283] oder South Middleton (Northumberland)[284] – die beiden Beispiele stellen in England keineswegs eine Seltenheit dar – aufweisen. Das Rheinland nördlich des Schiefergebirges hat bisher nichts Vergleichbares zu bieten. Das bedeutet, daß die mittelalterlichen Wüstungen durch nachfolgende intensive Agrarwirtschaft in verstärktem Maße zerstört und unkenntlich gemacht worden sind. Das trifft ganz besonders auf die fruchtbaren Lößgebiete der Köln-Düren-Jülicher Lößbörde zu, wo zwar häufig in Stein errichtete, römerzeitliche Bauten in den Luftbildern kenntlich geblieben sind, wo aber die mittelalterliche Siedlung mit ihrer leichten Holzbauweise kaum dauerhafte Spuren hinterlassen hat.

Zum anderen gelangte die englische Luftbildforschung zu ihren ausgezeichneten Ergebnissen, indem sie eine Suche nach bestimmten Objekten, hier nach den Wüstungen, betrieb. Wüstungsforschung und Luftbildforschung sind dort, nicht zuletzt auch durch die Tätigkeit der Medieval Village Research Group, organisatorisch so eng miteinander verbunden, daß die intensive Befliegung eines mit anderen Mitteln bereits identifizierten Wüstungsareals jederzeit gewährleistet ist. Kurz: Die englische Luftbildforschung betreibt offensichtlich unter anderem auch eine systematische, das heißt objektbezogene Nachsuche. Das schließt nicht aus, daß viele andere Wüstungen nicht auch im Zuge der sonst üblichen routinemäßigen Befliegung entdeckt wurden. Die objektbezogene Befliegung aber, das zeigen die englischen Forschungen deutlich, sichert weit bessere Ergebnisse.

---

[280] J. K. S. St. Joseph (Hrsg.), The Uses of Air Photography (1966).
[281] M. Beresford, J. G. Hurst (Hrsg.), Deserted Medieval Villages (London 1971).
[282] Beresford, Hurst (wie Anm. 281) 56 ff., bes. 64.
[283] Beresford, Hurst (wie Anm. 281) Tafel 11.
[284] Beresford, Hurst (wie Anm. 281) Tafel 15.

Im Rheinland wird die Luftbildforschung für archäologische Zwecke von I. Scollar durchgeführt[285]. Das umfangreiche Luftbildarchiv beim Rheinischen Landesmuseum Bonn enthält selbstverständlich auch zahlreiche Aufnahmen von mittelalterlichen Siedlungsplätzen, von denen einige im Rahmen dieser Studien Verwendung finden konnten (Tafel 7, 8, 10, 14–20, 29–31, 33, 34, 38–42). Sie entstanden aber sämtlich im Rahmen serienmäßiger Befliegungen und nicht auf dem Wege objektbezogener Suche nach Überresten von Wüstungen aus der Luft. Im Hinblick auf das zuletzt genannte Verfahren steht die rheinische Luftbildforschung im Dienste der Wüstungsforschung noch in den Anfängen.

Mit dem im Katalog zusammengestellten Material von Wüstungen sind nunmehr auch die Voraussetzungen für eine Intensivierung der objektbezogenen Wüstungsforschung mit Hilfe von Luftbildern geschaffen. In den jetzt verfügbaren Luftaufnahmen erscheinen vor allem mit Gräben umwehrte, befestigte Einzelhöfe recht deutlich, selbst wenn sie vollständig überpflügt sind und an der Oberfläche keine sichtbaren Spuren im Geländerelief hinterlassen haben[286]. Stets treten die Grabenumwehrungen als kräftige dunkle Verfärbungen in den Luftbildern in Erscheinung (Tafel 29 und 30). Spuren der Innenbebauung heben sich hingegen viel verwaschener und undeutlicher ab und gestatten kaum Aussagen über Einzelheiten der Konstruktionsweise von Gebäuden. Noch schwieriger erweisen sich die Beobachtungsmöglichkeiten bei einigen Dorfwüstungen. Obgleich von Rheinbachweiler (BN 142) eine ganze Reihe von Luftbildern aus verschiedenen Positionen und Richtungen aufgenommen wurde (Tafel 16–18), ließen sich die Spuren dieser Siedlung nur noch äußerst schwach erkennen (z. B. auf Tafel 18), und es ist auch keineswegs klar, was die im Bereich der Siedlungslage festgestellten Strukturen im einzelnen darstellen. Dieser negative Befund muß um so unbefriedigender anmuten, je klarer am Boden noch Überreste von Wüstungen auszumachen sind. Im Fall von Rheinbachweiler läßt sich unter anderem ein stark verpflügter Hohlweg, wohl der durch die Siedlung führende Hauptweg, in Ackerland ausmachen. Rechts und links der Wegemulde häufen sich Bruchsteine und behauene Quader, die von den verpflügten Hausfundamenten stammen dürften. Keramik ist auf der gesamten Ortsstelle reichlich vorhanden. So schränken offenkundig andere als im Erhaltungszustand der Wüstung liegende Ursachen die Möglichkeit der Luftbild-Beobachtung ein. Wahrscheinlich sind die Gründe für die schwierigen Beobachtungsbedingungen, die übrigens auch in Rode bei Rheinbach vorgefunden wurden (BN 144; vgl. Tafel 19), in der Struktur der Böden im nördlichen Eifelrandgebiet zu suchen. Eine völlige Klärung dieser Zusammenhänge ist zur Zeit noch nicht möglich, weil bisher im Vergleich zu Bodendenkmälern vorgeschichtlicher Epochen und der römischen Zeit noch zu wenige mittelalterliche Plätze intensiv durch die Luftbildforschung erfaßt wurden. Die Erfahrungen mit diesen Objekten reichen vorerst nicht aus, um allgemeine Schlüsse auf die Erhaltungsbedingungen von Ortswüstungen und ihre Erfaßbarkeit mit Hilfe von Luftaufnahmen zu erlauben.

---

[285] I. Scollar, Archäologie aus der Luft. Schriften des Rhein. Landesmus. Bonn Bd. 1 (Düsseldorf 1965). – Ders., Einführung in neue Methoden der archäologischen Prospektion. Kunst und Altertum am Rhein. Führer des Rhein. Landesmus. Bonn Nr. 22 (Düsseldorf 1970).
[286] I. Scollar, Archäologie aus der Luft (wie Anm. 285) Tafel 36, 37 a und b.

Gleichwohl stellen die bisherigen Luftaufnahmen mittelalterlicher Ortswüstungen des Rheinlandes einen ermutigenden Anfang dar, dem auf die Dauer auch weiterführende Ergebnisse folgen werden, wenn die objektbezogene Suche nach bekannten Wüstungen aus der Luft intensiviert werden wird. Besonderen Wert besitzen Luftaufnahmen für die Erforschung von fossilen Fluren im Rheinland. I. Scollar hat in seinen Veröffentlichungen selbst auf die Möglichkeit hingewiesen, durch modernes Überpflügen oder durch die Flurbereinigung ausgetilgte ältere Feldsysteme mit Hilfe der Luftbildarchäologie zu erfassen. Unter günstigen Bodenbedingungen fand er solche fossilen Fluren auf seinen Luftbildern wieder[287]. Neuerdings erfaßte W. Sölter vor allem terrassierte fossile Fluren im Nordwesten der Eifel mit Hilfe von Luftaufnahmen (Tafel 38, 39, 42). Mit Erfolg beschritt er diesen Weg auch beim Nachweis älterer Bergbauspuren im Gebiet des Badewaldes (Tafel 40, 41).

Diese Hinweise dürften deutlich gemacht haben, welch große Hilfe die Luftbildforschung für die Untersuchung von Orts- und Flurwüstungen des Rheinlandes besitzt. Die bisherigen Ergebnisse ermutigen zugleich zu den besten Hoffnungen für die Zukunft, und zwar trotz aller durch Erhaltungszustand und Bodenbedingungen verursachten Schwierigkeiten, mit denen die Luftbildforschung in einigen Teilen des Rheinlandes zu kämpfen hat.

2.6.5 Die magnetischen Meßmethoden.

Mit einem Beitrag von I. Scollar

Archäologische Strukturen und Denkmäler vorgeschichtlicher Perioden lassen sich unter anderem dadurch ermitteln, daß Veränderungen der Feldstärke des magnetischen Erdfeldes, die durch Bauwerke des vor- und frühgeschichtlichen Menschen verursacht wurden, gemessen werden. I. Scollar entwickelte sowohl die theoretischen Grundlagen als auch die technischen Einrichtungen dieser Arbeitsmethode. Er hat die ersten Erfahrungen damit bereits beschrieben[288]. Inzwischen sind die technischen Einrichtungen des Verfahrens zu voller Einsatzreife in der Praxis gediehen. Sie wurden mit besten Erfolgen an vorgeschichtlichen und römischen Bodendenkmälern angewandt. Im Jahre 1970 fanden dann erstmalig Magnetometer-Messungen im Bereich mittelalterlicher Wüstungen statt: Es wurden Areale in Givvekoven (BN 105) und Rheinbachweiler (BN 142) untersucht. Die topographische Lage der Meßflächen von Givvekoven und Rheinbachweiler geben die Kartenauszüge auf den Tafeln 52 und 54 an, die entsprechenden Ergebnisse der Messungen in Form von Komputer-Plots die Tafeln 53 und 55. Weitere Magnetometer-Messungen finden seit dem Herbst 1973 in einem mittelalterlichen Siedlungsbezirk unmittelbar westlich des karolingischen Töpferbezirks von Brühl-Eckdorf statt. Ihr Ergebnis zeigt Tafel 81. Die Resultate seiner Messungen in Givvekoven und Rheinbachweiler beschreibt I. Scollar wie folgt[289]:

"An zwei mittelalterlichen Plätzen des Rheinlandes wurden in großem Maßstab Magnetometer-Messungen durchgeführt. Zuerst wurde auf der Wüstung Givvekoven bei Miel ein rechteckiges Gebiet von 100 x 180 m Größe vermessen (Tafel 52 und 53).

---

[287] I. Scollar, Archäologie aus der Luft (wie Anm. 285) Tafel 41 und 62 b.
[288] I. Scollar, Einführung (wie Anm. 285) 19 ff. – Ders., Introduction aux nouvelles méthodes de prospection archéologique. Document Archeologia 1, 1973, 90 ff.
[289] Der von I. Scollar in englischer Sprache gelieferte Text wurde vom Verf. ins Deutsche übertragen.

Rund 19 800 Ablesungen von Differenzwerten des magnetischen Feldes wurden Ende Oktober 1970 durch W. Freund und einen Assistenten vom Labor für Feldarchäologie am Rheinischen Landesmuseum Bonn von Meßpunkten in Meterabständen aufgenommen. In Rheinbachweiler wurden rund 23 600 Quadratmeter in einem unregelmäßig begrenzten, vom Gelände bedingten Terrain vermessen (Tafel 54 und 55). Dreizehn Tage Ende März und Anfang April 1971 wurden dazu benötigt. Etwa 26 000 magnetische Meßwerte wurden in Meterabständen aufgenommen.

Givvekoven liegt in einem flachen Gebiet mit sandigem Lößboden. Messungen der auf 100 Sekunden bezogenen magnetischen Suszeptibilität des Deckbodens ergaben Werte von ungefähr 20×10^{-6} emu pro Gramm Boden, während Proben aus tieferen Niveaus, die mit Hilfe von Bohrungen aus 1 m Tiefe entnommen wurden, Werte in der Größenordnung von 10×10^{-6} emu pro Gramm Boden lieferten[290]. Die Differenz in der magnetischen Suszeptibilität von 10×10^{-6} emu pro Gramm Boden zwischen Deckboden und tiefliegendem Boden ist sehr klein. Im voraus vorgenommene theoretische Kalkulationen magnetischer Abweichungen bei großen Gruben und Gräben, die mit vielen Kubikmetern von Deckboden verfüllt worden waren, ergaben unter Berücksichtigung der langfristigen Viskosität solcher Füllungen[291] Werte, die nicht unmittelbar durch den Differential-Magnetometer erfaßt werden konnten, der zur Zeit dieser Messungen benutzt wurde[292]. Teilweise glich diesen Mangel die Methode der Auswertung und Berechnung wieder aus.

In Rheinbachweiler lagen die Meßwerte, die den Kontrast in der magnetischen Suszeptibilität angeben, zweimal so hoch wie in Givvekoven. Die Oberfläche zeigte 20×10^{-6}, der tieferliegende Boden 1×10^{-6} emu pro Gramm Boden. Schwierigkeiten bei der Lokalisierung großer verfüllter Gruben und Gräben brauchten hier nicht befürchtet zu werden. Das Material, auf dem sich die Bodenbildung vollzog, lag in der Suszeptibilität sehr niedrig, aber die Länge der Besiedlung und ein wahrscheinlich umfangreicher Brand der Siedlung mögen den Anteil magnetischen Materials im Boden erhöht haben[293].

Die Ergebnisse der Messungen nach der Auswertung durch die Datenverarbeitung enthalten die Diagramme der Tafel 53 und 55. Die gemessenen Rohdaten wurden mit Hilfe von Komputer-Programmen ausgewertet, die an anderer Stelle beschrieben sind[294].

Sie sind so ausgelegt, daß sie die magnetischen Anomalien in Relation zu den archäologischen Strukturen hervortreten lassen. Nach einer umfassenden mathematischen Auswertung erscheint, vom Komputer ausgedruckt, ein Bild von Punkten innerhalb eines kleinen begrenzten Bereichs, deren Zahl derjenigen der Zahlenwerte entspricht,

---

[290] I. Scollar, A simple direct reading susceptibility bridge. Journal of Scientific Instruments 1968, 781.
[291] Ch. Mullins, The magnetic properties of the soil and their application to archaeological prospecting. Archaeo-Physika Bd. 5 (im Druck).
[292] I. Scollar, A program for the simulation of magnetic anomalies of archaeological origin in a computer. Prospezione Archeologiche 4, 1969, 59–83. – Ders., A contribution to magnetic prospecting in archaeology. Archaeo-Physika Bd. 1, 1965, 21–92.
[293] E. Le Borgne, Influence du feu sur les propriétés magnétiques du sol et sur celles du schiste et du granite. Annales de Géophysique 16, 1960, 445–494.
[294] I. Scollar, F. Krückeberg, Computer treatment of magnetic measurements from archaeological sites. Archaeometry 9, 1966, 61–71. – I. Scollar, Some techniques for the evaluation of archaeological magnetometer surveys. World Archaeology 1, 1969, 77–89.

die die Auswertung geliefert hat. Archäologische Strukturen sind nicht die einzigen, die in den Diagrammen erscheinen. Tafel 53 enthält die Ergebnisse von Givvekoven. Die Randmarkierungen des Bildes geben 20-Meter-Abstände des bei den Messungen benutzten Meßgitters an. Da ursprünglich, wie oben schon erwähnt, die magnetischen Anomalien sehr schwach waren, mußten sie bedeutend verstärkt werden. Eisenstücke an der Erdoberfläche, die teilweise sicher auf einen im Zentrum der oberen Bildhälfte sichtbaren Bomben- oder Granateinschlag zurückzuführen sind, brachten Störungen mit sich. Ein spezieller nichtlinearer Filter mußte eingesetzt werden, um diese unerwünschten Wirkungen so weit wie möglich zu eliminieren. Anomalien, deren Länge zwischen 2 und 10 m lag, wurden besonders verstärkt, um so die großen Gruben besonders hervorzuheben. Ein Feldweg durchschneidet das Meßfeld in der Bildmitte. An den Gräben beiderseits des Weges entlang konzentrieren sich die magnetischen Partikel in linearer Anordnung. Dies konnte mit den gegenwärtig verfügbaren technischen Mitteln nicht eliminiert werden. In der oberen Bildhälfte sind eine Anzahl kleiner Gruben oder örtliche Störungen des Deckbodens sichtbar. Keine von ihnen scheint für Besiedlung charakteristisch zu sein. Die Siedlung selbst scheint, falls sie überhaupt erfaßt worden ist, in der unteren rechten Ecke des Diagramms zu liegen, wo ungefähr ein halbes Dutzend großer länglicher Gruben konzentriert erscheint. Diese sind 3 bis 4 m breit und 5 bis 8 m lang. Eine Nachmessung mit einem empfindlichen Magnetometer und eine Auswertung der Ergebnisse mit moderneren Verfahren würden hier wahrscheinlich nützlich sein.

In Rheinbachweiler gab es weniger Schwierigkeiten. Eine ziemlich klare Straßenführung ist im oberen Teil des Diagramms sichtbar, an die sich eine ganze Reihe von Gruben anlehnt. Vielleicht sind manche dieser Markierungen Spuren von Gebäuden. Die punktlose Fläche in der Mitte des Bildes Tafel 55 zeigt eine gepflasterte Straße an, an der entlang keine Messungen vorgenommen wurden. Die regelmäßigen Strukturen im oberen Bildteil scheinen kurz vor der modernen Straße aufzuhören. Die Muster der Anomalien im unteren Bildteil scheinen ohne jede Signifikanz zu sein.

Beide Untersuchungsergebnisse zeigen den Nutzen von Magnetometer-Messungen im großen Maßstab auch bei Objekten des Mittelalters. Der Aufwand von 21 Tagen Feldarbeit, von denen einige durch Regen oder schlechtes Wetter noch verkürzt wurden, und von zwei Mitarbeitern erscheint, gemessen an den gewonnenen Ergebnissen, gering.

Im Jahre 1973 wurde ein 4 ha großes Gebiet zwischen Brühl-Eckdorf und Walberberg mit einem neu ausgerüsteten Magnetometer-Meßwagen untersucht. Von dem Gebiet war bekannt, daß es beiderseits der zu vermessenden Zone frühmittelalterliche Töpferöfen enthielt, die teilweise auch schon archäologisch untersucht worden waren[294a]. Der Bau einer neuen Autobahn bedeutete eine unmittelbare Gefährdung des gesamten Fundgebietes, durch welches die neue Straße in der Mitte hindurchgeführt werden soll. Deshalb war es nötig, als Vorbereitung der Rettungsgrabungen, zusätzliche Kenntnisse hinsichtlich der zu erwartenden Befunde zu gewinnen. Fast 40 000 Ablesungen wurden im Verlauf der Meßkampagne, die etwa 17 Tage dauerte, aufgenommen. Die Auswertung dieser Werte wurde mit einem neuen Komputer-Pro-

---

[294a] W. Janssen, Der karolingische Töpferbezirk von Brühl-Eckdorf, Kreis Köln. In: Neue Ausgrabungen und Forschungen in Niedersachsen, Bd. 6 (Hildesheim 1970).

gramm vorgenommen, welches für den IBM-Komputer 370/168 und den Colcomp 1670-Mikrofilm-Plotter der Universität Bonn entwickelt wurde. Zwei ausgedehnte Regionen mit sehr starken Anomalien, wie sie für Anhäufungen von Töpferöfen charakteristisch sind, können im oberen und unteren Teil des vergrößerten Mikrofilmbildes beobachtet werden (Tafel 81). Die Suszeptibilität des Bodens in diesem Gebiet ist ziemlich hoch, und zwar in der Größenordnung von 140×10^{-6} emu pro Gramm Boden. Sie ist typisch für Plätze, an denen eine starke Erhitzung stattgefunden hat. Die Anomalien der Töpferöfen überschneiden einander, und es ist nicht möglich, auf Grund des Meßbildes einzelne Strukturen voneinander zu trennen. Abfallgruben, die mit Fehlbränden und Topfscherben gefüllt waren, können auch zum Erscheinungsbild der Anomalien beigetragen haben. Andere Erscheinungen im Magnetometerbild lassen sich vielleicht Bauresten zuweisen, die sich mit der Töpferei und ihren Werkstätten verbinden. Weiterführende Grabungsergebnisse im vermessenen Gebiet werden dringend erwartet.
Die Kosten der Untersuchung wurden von der Deutschen Forschungsgemeinschaft getragen, und zwar im Rahmen des vom Verfasser geleiteten Projektes 'Datenverarbeitung von geophysikalischen Messungen an archäologischen Fundstellen'[295]. Die technische Ausrüstung wurde im Labor für Feldarchäologie von A. Lander und vom Verfasser konstruiert und gebaut. Ihre Finanzierung übernahmen der Landschaftsverband Rheinland und die Deutsche Forschungsgemeinschaft[296]. Die gesamte Datenverarbeitung wurde von einem IBM-Komputer 7090 der Gesellschaft für Mathematik und Datenverarbeitung in Bonn kostenlos ausgeführt. Die Komputer-Programme sind das Werk vieler Hände. Ihre Herkunft ist vom Verfasser an anderer Stelle[297] gewürdigt worden. Der Verfasser fühlt sich allen jenen zu tiefem Dank verpflichtet, die die Entwicklung und Anwendung moderner Methoden der Feldarchäologie ermöglicht haben, besonders Prof. H. v. Petrikovits vom Rheinischen Landesmuseum Bonn, der in weiser Vorausschau und mit viel Geduld während seines 15jährigen Direktorats Anstöße und materielle Hilfe für das Projekt gewährte."

Soweit der Untersuchungsbericht von I. Scollar, dessen vorsichtige Feststellungen nunmehr der Verifizierung durch Ausgrabungen in den mit dem Magnetometer vermessenen Flächen harren. Es kann demnach keine Zweifel daran geben, daß die Methoden der Magnetometer-Messung, die soeben erneute Bewährungsproben auf vorgeschichtlichen und römerzeitlichen Fundplätzen mit hervorragenden Resultaten bestanden haben, auch an mittelalterlichen Objekten mit Erfolg eingesetzt werden können. Sie dürften dann, wenn ihre Ergebnisse erst einmal durch geeignete archäologische Untersuchungen untermauert worden sind, zum unverzichtbaren Bestandteil einer modernen Wüstungsforschung und Siedlungsarchäologie werden.

---

[295] Az. Sc 6/3–5.
[296] I. Scollar, Automatic recording of magnetometer data in the field. Prospezione Archeologiche 3, 1968, 105–110.
[297] D. Gubbins, I. Scollar, P. Wisskirchen, Two dimensional digital filtering with Haar and Walsh transforms. Annales de Géophysique 27, 1971, 85–104.

2.7 Wüstungen und merowingerzeitliche Reihengräberfelder

2.7.1 Allgemeines

Die im Abschnitt 2.4 durchgeführte Untersuchung der Dorfwüstungen nach den bei ihnen vorkommenden Ortsnamentypen erbrachte zwei überraschende Resultate. Erstens war festzustellen, daß von den 685 Siedlungen mit den Grundwörtern -ingen, -heim, -dorf, -weiler und -hoven im Ortsnamen nicht weniger als 204 wieder wüst geworden waren[298]. Das sind rund 30% aller jemals existierenden Orte mit typischen Namen der merowingerzeitlichen Altsiedlung. Zweitens wurde ermittelt, daß von 484 Dörfern mit den Grundwörtern -rode/-rath, -hausen, -scheid, -berg, -bach, -feld und -hagen im Ortsnamen 121 oder 25% wieder wüst wurden[299]. Die weitverbreitete Annahme, vom Wüstwerden seien vorwiegend Siedlungen der Rode- und Ausbauzeit, weniger aber die der merowingisch-karolingischen Altsiedlung betroffen worden, ist damit ins Gegenteil gewandt; denn die Wüstungsbildung erfaßte somit offenkundig die Altsiedlung in höherem Maße als die Rodungssiedlung.

In die gleiche Richtung wie das Studium der Ortsnamen von Dorfwüstungen weisen auch die Ergebnisse von Wüstungsgrabungen. Die tabellarische Zusammenstellung der in Mitteleuropa bisher ausgegrabenen ländlichen Siedlungen auf den Seiten 12 und 13 dokumentiert eindeutig: Vom Wüstwerden wurden auch zahlreiche Siedlungen erfaßt, deren Gründungsdatum in die Völkerwanderungszeit oder in die Merowingerzeit fällt. In einigen Fällen kennt man sogar die dazu gehörenden Reihengräberfriedhöfe wie in Neuwied-Gladbach oder Merdingen. Die meisten Ausgrabungen auf altbesiedelten Plätzen führten deshalb auch zu einer Fülle von Ergebnissen, die gerade für die Frühzeit ganz neue Erkenntnisse ermöglichen, besonders wenn solche Siedlungen schon früh, also vor dem hohen Mittelalter aufgegeben worden waren.

Wenn es unter den Altsiedlungen der Merowingerzeit tatsächlich so viele Wüstungen gegeben hat, so wäre zu erwarten, daß solche Plätze auch im Gelände in größerer Zahl zu lokalisieren wären. Diese Hoffnung aber hat sich bisher nur teilweise erfüllt. Es ergibt sich also ein ganz neuer Tatbestand: Früher glaubte man, merowingerzeitliche Siedlungen seien nur deshalb nicht im Gelände aufzufinden und auszugraben, weil die meisten von ihnen bis heute fortbestünden und mit den heutigen Dörfern identisch seien. Neuerdings ist der Nachweis einer erheblichen Anzahl von wüst gewordenen Siedlungen der Merowingerzeit gelungen, aber nach wie vor werden diese Siedlungen im Gelände gesucht; nach wie vor ist nur eine recht geringe Zahl von ihnen lokalisiert worden. Von einem nicht unbeträchtlichen Teil dieser Wüstungen kennt man lediglich den oft als Flurnamen tradierten Ortsnamen, nicht aber die genaue Lage. Die Erkenntnis, daß die merowingisch-karolingische Altsiedlung am Wüstungsprozeß teilgenommen hat, bedeutet also noch keineswegs eine Lösung des immer noch schwierigen Lokalisierungsproblems. Sie setzt lediglich die lange Zeit hindurch angeführte Begründung für das Fehlen lokalisierter Altsiedlungen außer Kraft, nach welcher diese Altsiedlung zahlenmäßig gleich und platzkonstant geblieben und daher mit den heute noch bestehenden Altdörfern identisch sei. Mit dieser Begründung wird man in Zu-

---

[298] Vgl. oben im Abschnitt 2.4 über die Ortsnamen der Dorfwüstungen, S. 88 ff.
[299] Vgl. oben S. 88 ff.

kunft nicht mehr arbeiten können. Im Gegenteil: Die vielen wüst gewordenen Altsiedlungen, die es dem Ortsnamenmaterial und den gegrabenen Objekten nach offensichtlich auch bei der Altsiedlung gibt, bedeuten eine Herausforderung, die Suche nach solchen Plätzen verstärkt fortzusetzen. Der gerade auch von der historischen Forschung immer wieder an die Archäologie gerichteten Aufforderung, Siedlungsplätze des frühen Mittelalters auszugraben, kann nur entsprochen werden, wenn sich die archäologische Feldforschung intensiver als bisher der Suche nach einer Gruppe von Fundplätzen zuwendet, deren Existenz als gesichert angesehen werden muß.

Es bieten sich dafür zwei Wege an. Der eine besteht darin, die archäologische Landesaufnahme in solchen Gebieten verstärkt fortzusetzen, in denen wüst gewordene Siedlungen der merowingisch-karolingischen Altsiedlung vermutet werden. Um mit diesen Arbeiten zügig weiterzukommen, ist es ratsam, die Landesaufnahme jeweils *gemarkungsweise* dort voranzutreiben, wo Altsiedlungen wüst geworden sind. Der Wüstungskatalog enthält grobe Angaben und Hinweise zu mindestens 176 solcher Plätze. Zusätzliche Hinweise lassen sich auf einem zweiten Weg gewinnen: mit Hilfe der Zuordnung von Wüstungen zu Reihengräberfeldern. Der Darstellung dieser Methode dienen die folgenden Ausführungen. Zuvor ist jedoch eine kurze grundsätzliche Diskussion dieses Problems notwendig.

Es ist allgemein bekannt, daß in den Gemarkungen der frühmittelalterlichen Dörfer oft mehrere merowingerzeitliche Reihengräberfriedhöfe oder Bestattungsplätze liegen. Für den fränkischen Siedlungsbereich im Rheinland hat z. B. die Arbeit von K. Böhner über die fränkischen Funde des Trierer Landes diese Tatsache vielfach bestätigt[300]. Nicht nur im übrigen fränkisch besiedelten Nordwesteuropa, sondern auch in den Stammesgebieten von Alamannen, Bajuwaren, Friesen, Sachsen und Thüringern ist das Phänomen zu belegen[301]. Es stellt offenbar eine Eigenheit des Bestattungsbrauches vieler germanischer Stämme der Völkerwanderungs- und Merowingerzeit dar,

---

[300] K. Böhner, Die fränkischen Altertümer des Trierer Landes. Germanische Denkmäler der Völkerwanderungszeit, Serie B, Text- und Tafelband (Berlin 1958).

[301] Für *Bayern:* P. Reinecke, Altbajuwarische Siedlungsanlagen nach den zugehörigen Reihengräberfeldern. Germania 20, 1936, 261–269. – H. Dannheimer, Funde der Völkerwanderungs- und Merowingerzeit im bayerischen Alpenvorland zwischen Isar und Salzach. In: Führer zu vor- und frühgeschichtlichen Denkmälern, hrsg. vom Römisch-Germanischen Zentralmus. Mainz, Bd. 18 (Mainz 1971) bes. 106 ff. Dannheimer warnt zur Vorsicht hinsichtlich der Zuweisung von Gräberfeldern an bestehende Ortschaften, wenn nicht bestimmte Bedingungen erfüllt sind: In der Regel liegt in dem von ihm untersuchten Gebiet das Gräberfeld oberhalb der Siedlung. Außerdem trennt stets nur eine geringe Entfernung Gräberfeld und Siedlung voneinander. Wo diese Voraussetzungen nicht bestünden, müsse man eher auf eine Wüstung schließen. Bei Dannheimer a.a.O. 115 f. weitere umfangreiche Literaturangaben. – Für *Württemberg:* Von 526 Orten mit Reihengräberfeldern weisen 152 Orte jeweils mehr als einen Friedhof auf, das sind 29 % aller Siedlungen mit alamannischen Reihengräberfriedhöfen; vgl. W. Veeck, Die Alamannen in Württemberg (Leipzig 1931) Textband 117 f. Veeck unterstreicht auch die Zugehörigkeit von Reihengräberfeldern zu abgegangenen Höfen, wenn in einer Gemarkung mehr als ein Gräberfeld vorhanden ist. – Ferner: H. Stoll, Die Alamannengräber von Hailfingen in Württemberg (Berlin 1939) 42. Er weist hier auf Ausbausiedlungen der alamannischen Zeit hin, denen auch Gräberfelder zuzuordnen seien, die aber später wie die Siedlungen selbst wieder aufgegeben wurden. – H. Stoll, Urgeschichte des Oberen Gäus (Oehringen 1933). Karte IV dieser Arbeit zeigt mehrere Gemarkungen mit jeweils mehreren Gräberfeldern: Im Oberen Gäu haben 35 Orte jeweils mehr als einen Friedhof, also 25 % aller alamannischen Siedlungen überhaupt. – Für *Mittelfranken* berücksichtigt Dannheimer auch frühmittelalterliche Wüstungen als Bezugspunkte für Reihengräberfriedhöfe; vgl. H. Dannheimer, Die germanischen Funde der späten Kaiserzeit und des frühen Mittelalters in Mittelfranken (Berlin 1962) 149.

dessen räumliche Verbreitung sich vorläufig noch nicht präzise umschreiben läßt. Solange sich wüst gewordene Altsiedlungen so gut wie gar nicht fassen ließen, mußten für das Auftreten mehrerer Reihengräberfriedhöfe in einer Gemarkung ausschließlich solche Erklärungen gefunden werden, die nicht die Existenz mehrerer Siedlungsplätze innerhalb einer späteren Gemarkung voraussetzten.

In diesem Sinne könnte das Bestehen mehrerer Bestattungsplätze innerhalb einer Gemarkung wie folgt erklärt werden:

(1) Durch die Annahme, daß die verschiedenen Gräberfelder von einer einzigen Siedlung aus *nacheinander belegt* wurden. Dem widerspricht häufig, daß die Gräberfelder innerhalb einer Gemarkung sich zeitlich nicht ausschließen, sondern im Gegenteil überlappen. Auch kommen oft mehrere zeitgleiche Gräberfelder in einer Gemarkung vor.

(2) Durch die Annahme, mehrere in einer Gemarkung vorhandene Gräberfelder stellten die Bestattungsplätze von Sippen oder Familien dar, die zwar gemeinsam an einem Platz wohnten, die aber, räumlich getrennt voneinander, jede ihren eigenen Familienfriedhof unterhielten. Dieses Erklärungsmodell könnte auf solche Altdörfer zutreffen, deren Entstehung sich aus zwei, drei oder vier merowingerzeitlichen Großhöfen wahrscheinlich machen läßt. K. Böhner hat es auf Orte mit zwei alten Kernen wie Kersch (TR), Wincheringen (Kr. Saarburg), Rittersdorf (BIT), Sirzenich (TR), Wallendorf (BIT) oder auf solche mit drei fränkischen Kernen wie Oberleuken (Kr. Saarburg), Losheim (Kr. Merzig-Wadern) und schließlich auf diejenigen mit vier Kernen wie Mehring (TR) und Nittel (Kr. Saarburg) angewendet[302]. Zwei Einwände stehen ihm entgegen. Zunächst erscheint es wenig wahrscheinlich, daß die Menschen, die ihr ganzes Leben lang räumlich eng benachbart an einem Ort miteinander verbrachten, im Tode getrennt voneinander sein wollten. Im Gegenteil: Gerade während der Landnahme dürfte sich zwischen zwei, drei oder mehr eng benachbarten Höfen bald ein Gefühl der Verbundenheit gebildet haben, welches nicht eine Abgrenzung nach innen, gegeneinander erlaubte, sondern diese vielmehr nach außen, gegen das Nachbardorf, gegen den Nachbarstamm erzwang. Zum anderen stehen einer retrospektiven Erschließung fränkischer 'Urhöfe', selbst wenn sie sich aus Karten des 18./19. Jahrhunderts schlüssig zu ergeben scheint, erhebliche Bedenken entgegen. Nachweisliche Veränderungen von Höfezahl, -größe und -struktur, die im Mittelalter stattfanden, mahnen zur Vorsicht bei Rückschlüssen auf solche 'Urhöfe' der Merowingerzeit, zumal ihre Annahme zugleich auch eine Modellvorstellung über die Entstehung frühmittelalterlicher Dörfer aus Einzelhöfen bedingt, die sicher nicht überall zutrifft.

(3) Durch die Annahme von 'Sonderfriedhöfen', die nach verschiedenen sozialen Gruppen innerhalb einer Siedlung räumlich getrennt angelegt worden sein könnten. So glaubte man lange Zeit, im sächsischen Bereich besondere Männer- und Frauenfriedhöfe ermitteln zu können, auf denen geschlechtsspezifisch bestattet worden sei. Neue Forschungen führten nirgends zur Erhärtung dieser These. Auch getrennte Bestattungen nach der sozialen Geltung, bei denen etwa Freie und Abhängige, Reiche und Arme, Adelige und Nichtadelige auf eigenen Gräberfeldern bestattet worden sein könnten, lassen sich nicht nachweisen. Große Reihengräberfriedhöfe enthalten vielmehr ein sehr differenziertes Bild hinsichtlich der Grabausstattungen, das diesen Auffassungen klar widerspricht.

[302] Böhner, Trierer Land (wie Anm. 113) Bd. 1, 331 ff.

(4) Durch die Annahme, das Abbrechen mehrerer Reihengräberfriedhöfe innerhalb einer Gemarkung spiegele nicht zugleich die Aufgabe der zugehörigen Siedlungen wider, sondern sei lediglich auf das Ende der Reihengräbersitte im späten 7. und im 8. Jahrhundert zurückzuführen. Dieser an sich schwerwiegende Einwand berührt die hier erörterten Zusammenhänge in keiner Weise, denn es gibt zahlreiche Gräberfelder, die wegen ihrer weit entfernten Lage zu den heutigen Siedlungen – gleichgültig ob Dorf oder Einzelhof – als einzigen Bezugspunkt eine Wüstung haben können. Die hier gestellte Aufgabe besteht ja gerade darin, die zu den aufgelassenen Gräberfeldern gehörenden Siedlungsplätze im Gelände aufzufinden, gleichgültig, ob im Fall des Fortbestehens der Siedlung das heidnische Gräberfeld am selben Ort eine christliche Fortsetzung ohne Beigaben fand oder ob die Toten der weiterbestehenden Siedlung auf einem zentralen Friedhof der zuständigen Pfarrei beigesetzt wurden. Die Suche nach den Siedlungen erübrigt sich auch nicht, wenn die Aufgabe der Reihengräberfriedhöfe gleichzeitig mit der der zugehörigen Siedlungen erfolgt sein sollte. Vom Abbrechen der Reihengräbersitte bleibt die Aufgabe, nach den zugehörigen Siedlungen zu suchen, unberührt.

(5) Durch Annahme einer Konzentrationsbewegung der Bestattungsplätze, die parallel zu einer Konzentration der zugehörigen Siedlungen verlaufen sein könnte. Es wäre z. B. daran zu denken, daß noch zur Reihengräberzeit ältere Einzelfriedhöfe zugunsten eines jüngeren Großfriedhofes aufgegeben und zusammengelegt wurden, weil sich bei den Siedlungen Entsprechendes vollzogen hatte. Hierher gehören auch jene im Untersuchungsgebiet mit einiger Wahrscheinlichkeit nachweisbaren Fälle, in denen am Ende der Reihengräberzeit mehrere beigabenführende Gräberfelder zugunsten eines zentralen, beigabenlosen, christlichen Friedhofs aufgelassen wurden, womit nicht unbedingt eine Siedlungskonzentration einhergegangen sein muß. Das Ergebnis war vielmehr die zentrale Pfarrei des 8. Jahrhunderts, zu der durchaus mehrere Siedlungen gehören konnten[303]. Diese Vorgänge lassen sich für die Reihengräberzeit bestenfalls vermuten, nicht aber beweisen. Und selbst für die Ausbildung der Pfarreien des 7./8. Jahrhunderts muß hier mancher Schluß noch als hypothetisch angesehen werden.

Von der Aufzählung noch weiterer Erklärungsmodelle soll jetzt, nachdem die wichtigsten von ihnen zusammengestellt wurden, abgesehen werden. Mit Ausnahme des Modells (5) gehen alle von der Grundvoraussetzung aus, mehrere Reihengräberfelder innerhalb einer Gemarkung seien nicht auf mehrere, ihnen zuzuordnende Siedlungsplätze zurückzuführen. Diese Grundvoraussetzung aber ist m. E. entfallen, seit der Nachweis wüster Altsiedlungen innerhalb noch bestehender Gemarkungen gelungen ist. Die Erklärungsmodelle (1) bis (4) sind im Hinblick auf die Mehrzahl der Fälle stark entwertet und von zweitrangiger Bedeutung. Statt dessen erweist sich die Existenz mehrerer Altsiedlungen im Gebiet einer Gemarkung, von denen eine oder mehrere wüst wurden, als Ansatzpunkt für alle weiteren Überlegungen.

Auch K. Böhner räumt dem hier hervorgehobenen Zusammenhang erhebliche Bedeutung ein, wenn er ausführt, daß sich von den insgesamt 131 Gräberfeldern des Trierer Landes 88 heute noch bestehenden Siedlungen zuordnen lassen. Das verbleibende Drittel der Gräberfelder aber müsse abgegangenen Siedlungen zugewiesen werden[304].

---

[303] N. Kyll (wie Anm. 227) 216 ff.
[304] Böhner, Trierer Land Bd. 1, 331 mit Anm. 28.

Damit kehrt die Diskussion zum grundsätzlichen Problem zurück. Die Aufgabe besteht darin, Siedlungen und Gräberfelder dort einander zuzuordnen, wo in einer Gemarkung mehrere Reihengräberfelder bekannt sind und wo zur gleichen Zeit Hinweise auf das Bestehen mehrerer Altsiedlungen in einer solchen Gemarkung vorliegen. Die gesuchten Siedlungen können dabei sowohl während der Reihengräberzeit oder gleichzeitig mit ihrem Ende oder schließlich auch in einer nachmerowingischen Periode wüst geworden sein.

2.7.2 Die Befunde

Ein verläßlicher Hinweis darauf, daß zu einem fränkischen Gräberfeld eine heute nicht mehr bestehende Siedlung gehört hat, ergibt sich aus der siedlungsfernen, isolierten Lage zahlreicher Gräberfelder im Untersuchungsgebiet. K. Böhner gelangte auf Grund seiner Studien für das Trierer Land zu der Auffassung, daß in den meisten Fällen der fränkische Friedhof nicht mehr als 200 bis 300 m von der zugehörigen Siedlung entfernt liege. Größere Entfernungen seien selten festzustellen. Abstände von 500 bis 1000 m zwischen Siedlung und Gräberfeld seien vereinzelt zwar anzutreffen, könnten aber in keiner Weise als charakteristisch gelten[305]. Wo natürliche Hindernisse wie Flüsse, Berge oder Wälder Siedlung und Gräberfeld voneinander trennen, bestehen zusätzliche Hinweise auf einen anderen Bezugspunkt des Gräberfeldes, als ihn die heute noch bestehende Siedlung darstellt.

Charakteristische Beispiele dafür sollen nun folgen. Ein klarer Bezug zwischen Gräberfeld und Wüstung ergibt sich im Fall von Sarresdorf (DAU 17). Die Gemarkung von Sarresdorf wurde der von Gerolstein zugeschlagen. In Sarresdorf fand man im Bereich einer ehemaligen Villa rustica beigabenlose Gräber, die, nach den Bestattungssitten zu urteilen, einem fränkischen Reihengräberfriedhof angehören[306]. Die Lageverhältnisse von Gräberfeld, Wüstung und fortbestehender Nachbarsiedlung zeigt Abbildung 24. Als sicher kann gelten, daß der seit 762 mehrfach belegte Ort Sarresdorf eine merowingerzeitliche Gründung ist. Im Bereich der ehemaligen Siedlung, besonders um das noch bestehende Pfarrhaus, sind noch Freiflächen für Grabungen übriggeblieben.

Nach K. Böhner liegen in der Gemarkung Nusbaum (BIT) zwei und in der Nachbargemarkung Schankweiler ein fränkisches Reihengräberfeld[307]. Die drei Gräberfelder befinden sich innerhalb einer Entfernung von 2000 m, doch sämtlich weit entfernt von heutigen Ortschaften. Zu den Gräberfeldern Nusbaum I und II vermutet Böhner jeweils nahe in den Bachniederungen gelegene fränkische Einzelfriedhöfe. Neuere Grabungen förderten aus dem Gräberfeld auf dem Wichterberg, 2 km nordwestlich von Schankweiler, 33 Gräber sowie Einzelfunde zutage, die darauf hindeuten, daß der Friedhof erst seit Mitte des 7. Jahrhunderts belegt wurde[308]. Der Ausgräber hält es

---

[305] Böhner, Trierer Land Bd. 1, 329.
[306] Trierer Jahresber. 1, 1908, 20. – Daß es sich tatsächlich um ein fränkisches Gräberfeld handelt, bezweifelt auch K. Böhner nicht; vgl. Trierer Land Bd. 1, 336; Bd. 2, 36.
[307] Böhner, Trierer Land Karte 1, Nr. 32–34.
[308] Trierer Jahresber. 2, 1909, 19. – Steinhausen, Ortskunde 287. – S. Gollub, Schankweiler (wie Anm. 128).

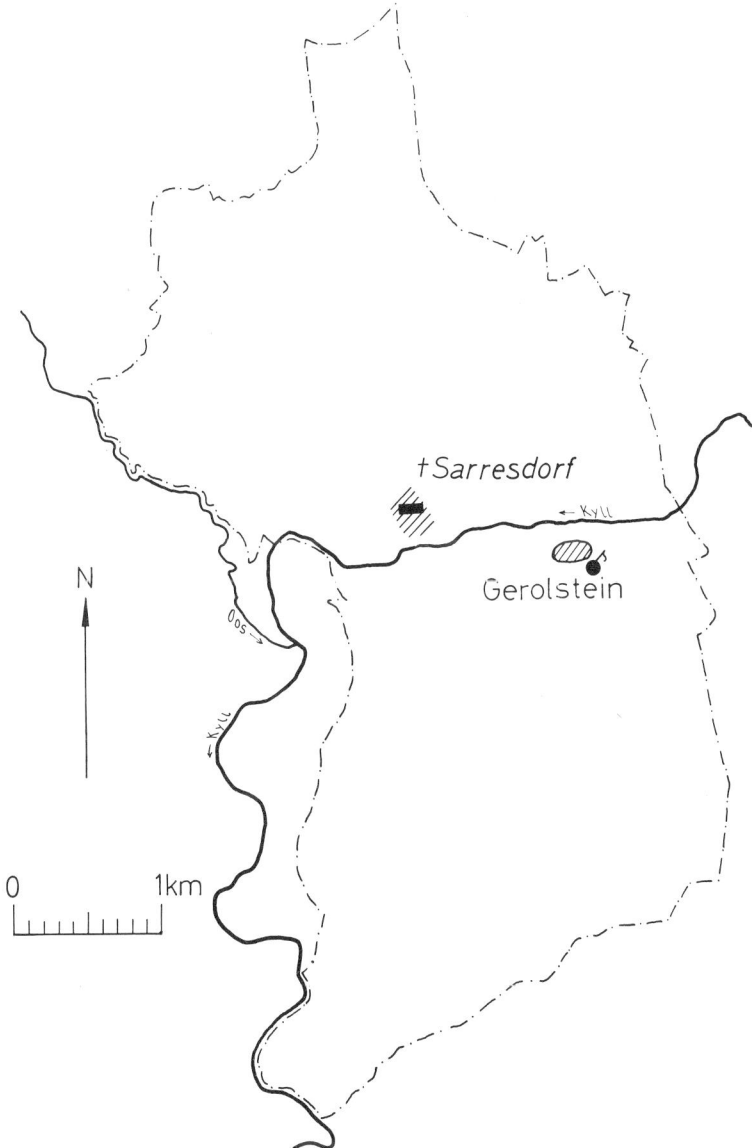

24 Das Verhältnis von fränkischem Gräberfeld und Wüstung am Beispiel der Wüstung Sarresdorf (DAU 17) bei Gerolstein.

nicht für möglich, daß das Gräberfeld zu Schankweiler gehört. Er sucht einen zugehörigen fränkischen Hof nahe beim Gräberfeld im Mündungsgebiet des Rohr-Baches in die Enz (Abb. 25). Eine andere Möglichkeit besteht in der Zuordnung dieses westlich der Enz gelegenen Gräberfeldes zu dem nur 200 m entfernt, auf dem östlichen Enzufer bezeugten Wüstungsnamen Petingen (BIT 71). Über diese Wüstung ist allerdings vorerst noch zu wenig bekannt, so daß die Zuweisung des Gräberfeldes zu ihr noch nicht endgültig vorgenommen werden kann. Es sollte in diesem Falle jedoch nicht stören, daß hier Gräberfeld und Siedlung auf verschiedenen Ufern eines Flusses liegen. Zwar

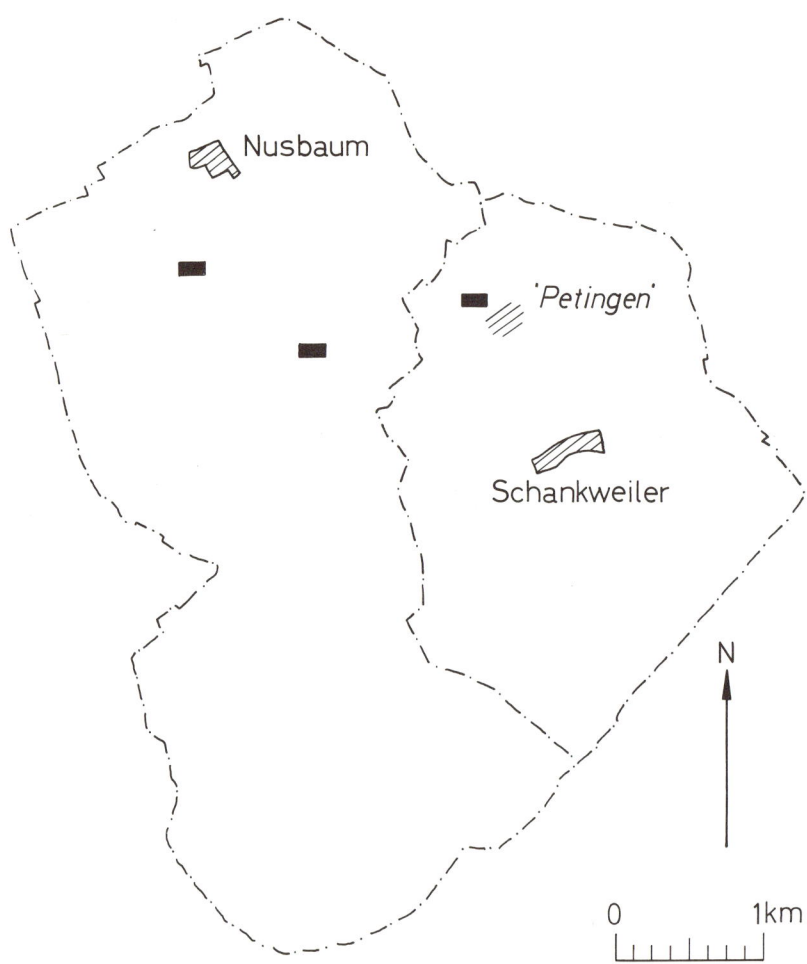

25 Wüstung, bestehende Siedlungen und fränkische Gräberfelder im Gebiet von Nusbaum und Schankweiler (BIT).

ist die Lage beider auf dem gleichen Flußufer normal, doch konnte Böhner auch das Gegenteil nachweisen[309].

Das Gräberfeld von Schankweiler gehört im übrigen zu der zahlenmäßig ungewöhnlich starken Gruppe der spätfränkischen Bestattungsplätze des Trierer Landes. Diese meist erst im 7. Jahrhundert belegten Reihengräberfelder deuten eine Erschließung weiter Teile des Trierer und des Bitburger Landes durch Siedlungen einer spätmerowingischen Landausbauphase an, wie sie auch im Raum nördlich der Eifel zu beobachten ist.

In der Gemarkung Rittersdorf (BIT) verzeichnet Böhner drei fränkische Gräberfelder (Abb. 26)[310]. Zwei befinden sich nahe beim Ort, das dritte trennt eine Entfernung von

---

[309] Böhner, Trierer Land Bd. 1, 330.
[310] Böhner, Trierer Land Karte 1, Nr. 23–25; Bd. 1, 332; Bd. 2, 135 f.

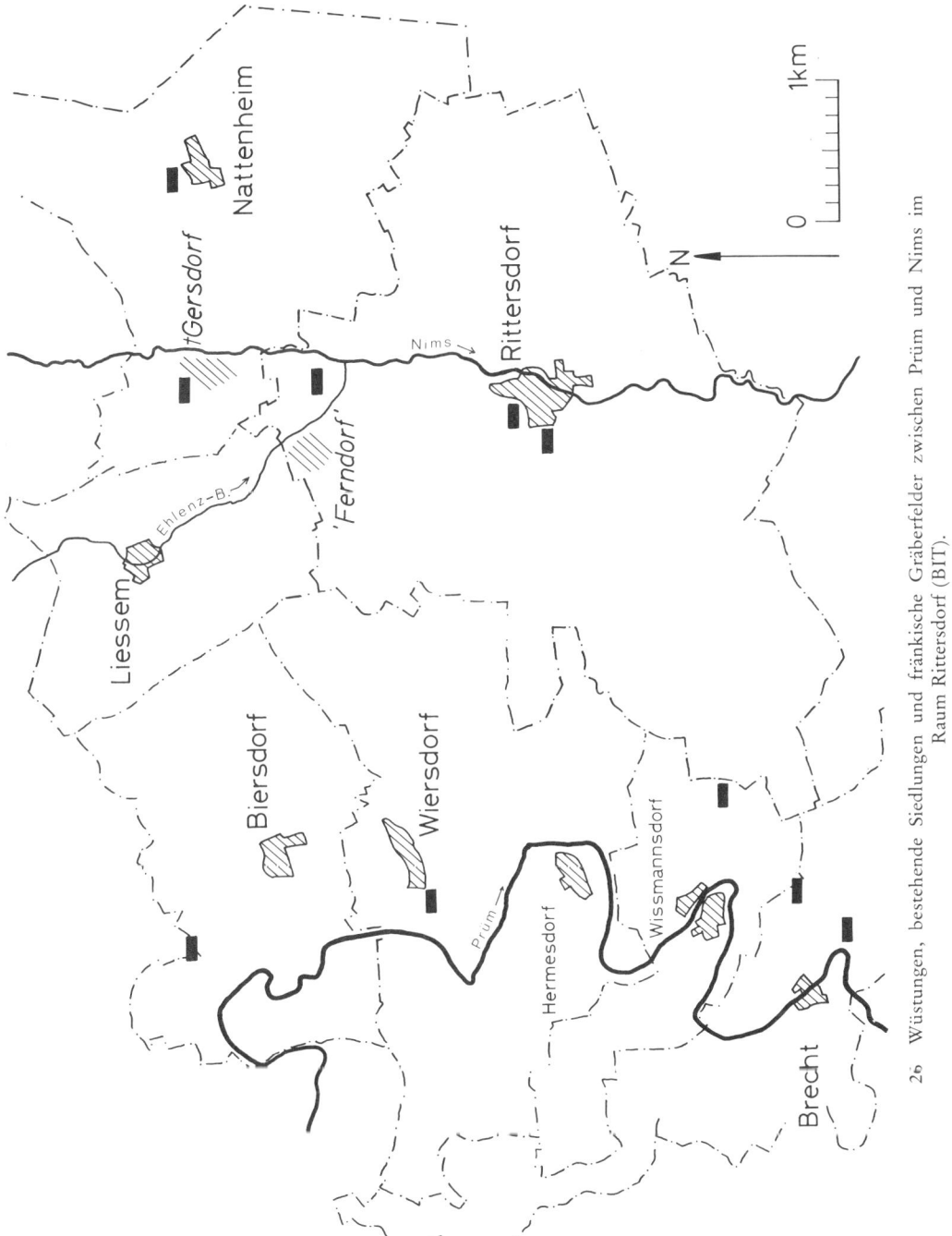

26 Wüstungen, bestehende Siedlungen und fränkische Gräberfelder zwischen Prüm und Nims im Raum Rittersdorf (BIT).

fast 2 km vom Dorf. Es liegt nördlich davon, auf einem von Nims und Ehlenz-Bach gebildeten Bergsporn. Die nahe bei Rittersdorf nachgewiesenen Gräberfelder Rittersdorf II und III führt man auf zwei nahe beieinanderliegende fränkische Höfe zurück. Für Rittersdorf I hingegen fehlt gegenwärtig noch die Siedlung. Seine 164 ausgegrabenen Gräber erlaubten es, die Belegungszeit von der 2. Hälfte des 5. Jahrhunderts bis in die Zeit um 700 zu bestimmen[311]. Bereits J. Steinhausen vermutete, daß innerhalb der Gemarkung Rittersdorf eine zu diesem Gräberfeld gehörende Wüstung zu erwarten sei[312]. Dafür kommt in erster Linie der Flurbezirk Ferndorf (BIT 67) westlich und südlich des Ehlenz-Baches in Betracht, der dem Gräberfeld Rittersdorf I nahe benachbart ist. In dem Ferndorf genannten Gelände wurden auch mittelalterliche Siedlungsreste beobachtet. Außerdem lassen sich in der Gemarkung noch die beiden Siedlungsnamen Burgem (BIT 66) und Mahldorf (BIT 68) als Flurnamen nachweisen, die aber wegen ihrer Entfernung nicht zum Gräberfeld Rittersdorf I gehören können.

In der Gemarkung Nattenheim (BIT) sind zwei Gräberfelder bekannt (Katalog Abb. 21, S. 323). Nattenheim I, erst während des 7. Jahrhunderts belegt, gehört zum Dorf Nattenheim. Nattenheim II hingegen liegt 1,5 km westlich davon, und zwar nicht wie der Ort auf der Hochfläche, sondern unten im Nimstal, nahe der Gersdorfer Mühle[313]. Diese stellt eine Restsiedlung der Wüstung Gersdorf (BIT 52) dar, die erstmalig 759 als Gauriago (BIT 51) in Echternacher Besitz erwähnt wird. J. Steinhausen, M. Zender und K. Böhner stimmen in der Zuweisung des Gräberfeldes Nattenheim II zu Gersdorf überein. Im Hochmittelalter stand in Gersdorf eine der wenigen in der Binneneifel nachweisbaren Burgen vom Motten-Typus. Sie ist heute verschwunden.

Um Spangdahlem-Dudeldorf fällt die Häufung fränkischer Gräberfelder auf (Abb. 27). Keine heute noch bestehende Siedlung läßt sich dem Gräberfeld Spangdahlem II bei der Nikolauskapelle nördlich Dahlem zuordnen. Die zugehörige fränkische Hofstelle vermutet Böhner am Fuße der Kuppe, auf der das Gräberfeld liegt[314]. Nur knapp 400 m nordwestlich des Gräberfeldes Spangdahlem II ist aber auch die Wüstung Reiflingen oder Ruferdingen nachzuweisen (WIL 86), zu der seit dem 14. Jahrhundert urkundliche Belege sowie für das 12.–14. Jahrhundert Siedlungsfunde bekannt sind. Ihr Name kann durchaus auf eine merowingische Gründung hinweisen, so daß Reiflingen zum Gräberfeld gehören könnte.

Auch das 2,5 km nordwestlich von Dahlem und 500 m südlich des bestehenden Hofes Gelsdorf liegende Gräberfeld Spangdahlem I[315] kann weder auf Dahlem noch auf Spang bezogen werden. Der Hof Gelsdorf stellt wahrscheinlich die Restsiedlung eines Dorfes dieses Namens (WIL 35) dar, dessen Gräberfeld sicher in Spangdahlem I vermutet werden muß.

Südlich von Spang verzeichnet Böhner die Gräberfelder Spangdahlem III und IV[316]. Spangdahlem III ist wahrscheinlich einer etwa 1000 m südwestlich von Spang gelegenen Wüstung namens Dundingen (WIL 83) zuzuordnen, auf der bereits Siedlungsfunde gemacht wurden. Für das Gräberfeld Spangdahlem IV, ungefähr mitten zwi-

---

[311] Böhner, Trierer Land Bd. 2, 113–115.
[312] Steinhausen, Ortskunde 269.
[313] Böhner, Trierer Land Bd. 2, 88.
[314] Böhner, Trierer Land Karte 1, Nr. 47; Bd. 2, 146.
[315] Böhner, Trierer Land Karte 1, Nr. 28; Bd. 2, 145.
[316] Böhner, Trierer Land Karte 1, Nr. 48 und 49; Bd. 2, 146.

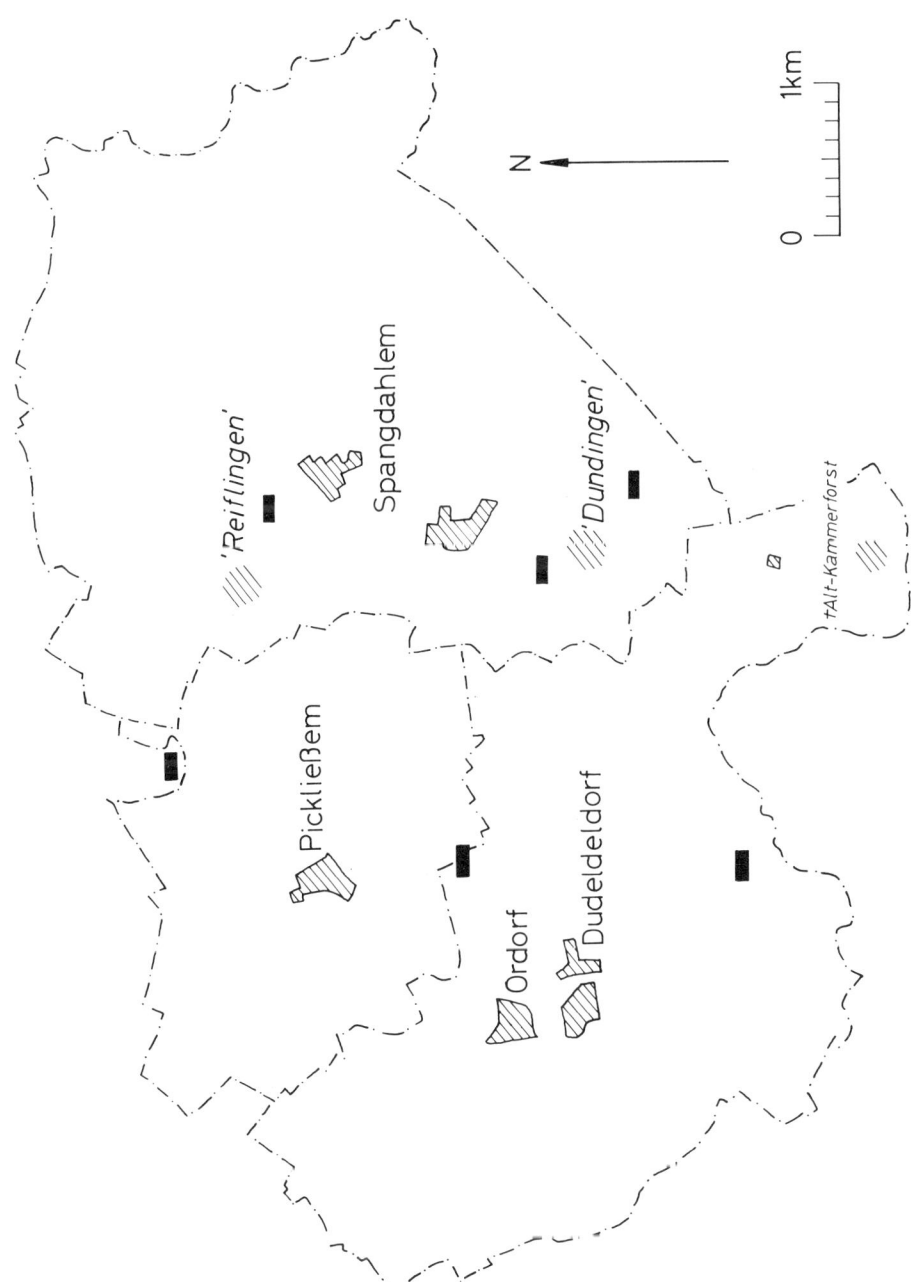

27 Wüstungen, bestehende Siedlungen und fränkische Gräberfelder im Gebiet von Spangdahlem (WIL).

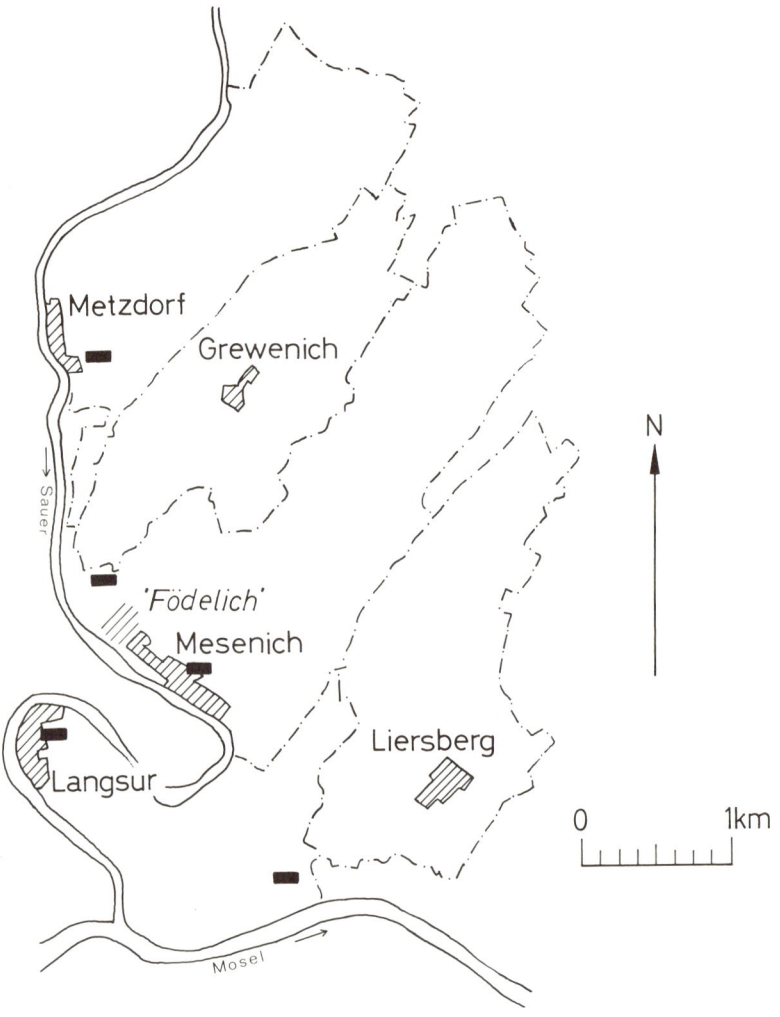

28 Wüstung, bestehende Siedlungen und fränkische Gräberfelder im Raum Mesenich/Sauer (TR).

schen Spang und Binsfeld gelegen, kennt man bis jetzt noch keinen Bezugspunkt in Form einer Siedlung. Weder ein heute noch bestehender Ort noch eine Wüstung bietet sich an.
In Mesenich an der Sauer gibt es zwei Gräberfelder[317]. Das südliche, Mesenich I, soll zu einer fränkischen Hofstätte in der näheren Umgebung der abgerissenen Pfarrkirche St. Remigius (TR 45) gehören. Das nördliche hingegen, Mesenich II, will Böhner einem fränkischen Hof zuordnen, der im Mündungsgebiet des Trierweiler Baches in die Sauer zu suchen sei (Abb. 28). In Betracht zu ziehen ist aber auch die partielle Ortswü-

---

[317] Böhner, Trierer Land Karte 1, Nr. 106 und 107; Bd. 2, 79.

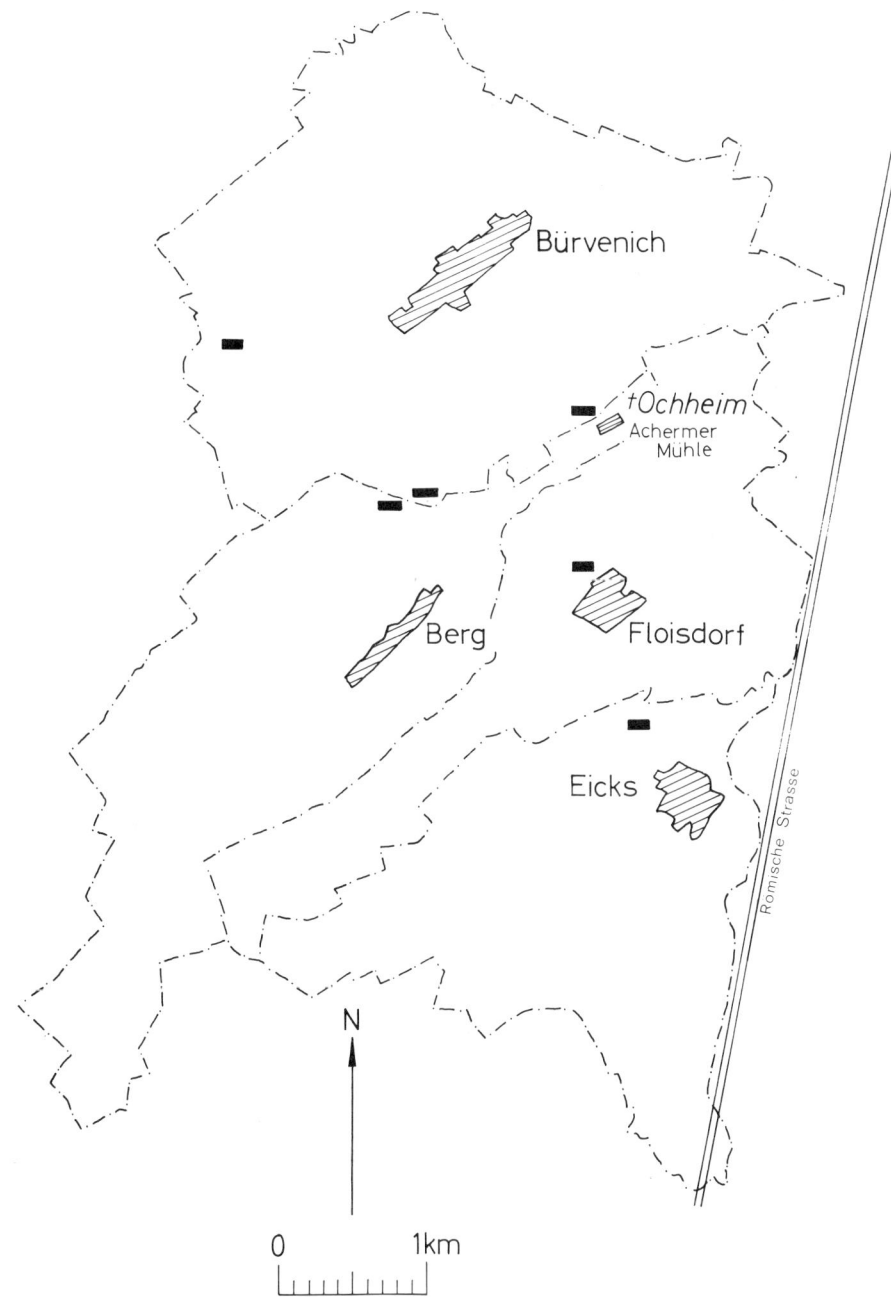

29 Wüstung, bestehende Siedlungen und fränkische Gräberfelder im Raum Floisdorf (SLE).

stung Födelich, die teilweise schon im 16. Jahrhundert in Mesenich aufgegangen war, die zum anderen Teil aber auch wüst wurde (TR 44). Födelich ist auf jeden Fall ein alter Ort, der bereits 809 in einer Schenkung für das Kloster Echternach aufgeführt ist. Auch die alte Namensform Fedrich bietet keinen Grund, den Ort nicht bereits für eine

fränkische Gründung zu halten, wie dies durch das Gräberfeld nahegelegt wird.
In der Nordeifel bestehen im Vergleich zum Bitburger und Trierer Land ganz ähnliche Verhältnisse. Eine der bekanntesten Wüstungen, deren Gründung mit Sicherheit in fränkische Zeit zurückreicht, ist Gödersheim (DN 101; vgl. Katalog Abb. 4, S. 47). Fränkischen Ursprung bezeugt außer dem Ortsnamen auf -heim ein fränkisches Gräberfeld nordwestlich der Burg Gödersheim, von dem bereits 1841 acht Gräber geborgen wurden[318]. Sie bestanden vornehmlich aus Steinplatten, wobei sechs der Gräber Fragmente römischer Matronensteine enthielten. Aus den Fragmenten konnten 11 Matronensteine wieder zusammengesetzt werden[319]. Unter keinen Umständen darf das Gräberfeld von Gödersheim dem benachbarten Wollersheim zugerechnet werden, denn dieses besitzt am Pützberg, südwestlich der Ortslage, ein eigenes Gräberfeld. In Gödersheim bestehen auch heute noch Möglichkeiten, Gräberfeld und Siedlungsreste auszugraben, zumal die alte Ortslage durch die mehr und mehr verfallende Burg Gödersheim noch gut bezeichnet ist.

Eine Konzentration von fränkischen Reihengräberfeldern auf verhältnismäßig engem Raum fällt im Gebiet von Berg-Floisdorf-Eicks auf (Abb. 29). Mindestens eines dieser drei Gräberfelder muß zu einer Wüstung gehören. So fand man bereits im 19. Jahrhundert etwa 130 m westsüdwestlich der Achermer Mühle fränkische Reihengräber. Sie wurden zwar vernichtet, doch ist sicher, daß einige von ihnen Waffenbeigaben enthielten[320]. Ihrer Bauart nach entsprachen diese Gräber der in der Nordeifel allgemein üblichen fränkischen Grabform, wie sie unter anderem auch im benachbarten Wollersheim nachgewiesen wurde: sie waren mit hochkant gestellten, behauenen Sandsteinplatten umgeben. Die Gräber an der Achermer Mühle gehören zu einer nahe benachbarten Wüstung namens Ochheim (SLE 41). Die Mühle stellt, wie die Verwandtschaft der Namensform erkennen läßt, eine Restsiedlung von Ochheim dar. Als Ortslage für die Wüstung kommt ein Gelände etwa 500 m weiter westlich der Achermer Mühle, am Oberlauf des Berg-Baches, in Betracht. Hier liegt eine hochmittelalterliche Niederungsburg vom Motten-Typus, die wahrscheinlich Bestandteil des abgegangenen Dorfes war (SLE 3). In diesem Zusammenhang fällt die ungewöhnliche Lage von Reihengräberfeld und Burghügel auf: beide liegen dicht an der Gemarkungsgrenze zwischen Berg (SLE) und Bürvenich (DN). Die zur Wüstung Ochheim gehörende Gemarkung hat sich also nicht erhalten können. Spätere Gemarkungsgrenzen durchschneiden ihr Gebiet und vielleicht sogar die Ortsstelle Ochheim selbst.

Es könnte eingewandt werden, das Gräberfeld an der Achermer Mühle sei Berg (SLE) zuzuordnen. Dem steht entgegen, daß Berg bereits Ende des 7. Jahrhunderts ein christliches Zentrum war und deshalb wahrscheinlich gar kein heidnisches Gräberfeld besaß. Berg zählt nämlich zu den Schenkungen der Irmina an Echternach vom Jahre 699[321]. Zu dieser verschenkten Villa Berg gehört eine sehr frühe Kirche, die dem hl. Willibrordt geweiht war und die auf die von Echternach ausgehenden Missionsbestrebungen in diesem Raum hinweist. In Berg wird man deshalb mit frühzeitigem Abbrechen der Reihengräbersitte zu rechnen haben.

---

[318] Literatur zum Gräberfeld: Bonner Jahrb. 12, 1848, 42; 25, 1857, 155. – A. Schoop, Die römische Besiedlung des Kreises Düren. ZAGV 27, 1905, 169.
[319] Lehner, Steindenkmäler 515–523, 560.
[320] Böhner, Bonner Jahrb. 149, 1949, 355 unter 'Bürvenich'.
[321] C. Wampach, Geschichte der Grundherrschaft Echternach, Bd. I, 1 (Luxemburg 1929) 119 mit Anm. 2.

Man hat angenommen, das enge Nebeneinander von mittelalterlicher Niederungsburg und fränkischem Gräberfeld könne auf eine Kontinuität von Siedlung und Herrschaft von der Merowingerzeit bis ins hohe Mittelalter hindeuten[322]. Ein solcher Schluß lag besonders dort nahe, wo besser ausgestattete Gräber einer sozial führenden Schicht, sogenannte 'Adels-' oder 'Fürstengräber', neben einer Niederungsburg vom Motten-Typus lagen, wie z. B. in Morken. Hier schien die hochmittelalterliche Adelsfamilie, die die Niederungsburg Husterknupp[323] erbaut hatte, mit der Familie des fränkischen Herren von Morken, dessen gut ausgestattetes Grab man unter der Kirche von Morken gefunden hatte[324], verbunden zu sein.

Andere Beispiele enger Nachbarschaft von fränkischem Reihengräberfriedhof und hochmittelalterlicher Niederungsburg bieten sich als Stütze dieser These an. Nur einige wenige von ihnen seien genannt: Lechenich: fränkisches Gräberfeld und Niederungsburg 'Alte Burg' (EU 48) südwestlich der Stadt nebeneinander liegend; Bodenheim bei Lommersum: fränkisches Gräberfeld neben zweiteiliger Wasserburg gelegen; Groß-Vernich: fränkisches Gräberfeld unmittelbar neben Niederungsburg 'Tomberg' (EU 107); Stockheim: Motte (DN 78) unmittelbar neben Gräberfeld[325]; Froitzheim, Ortsteil Frangenheim: Motte (DN 35) im Zentrum des kleinen, mit fränkischem Gräberfeld versehenen Ortes[326]; Ginnick: Motte 'Alte Burg' (DN 40) im Nordwesten des heutigen Ortes, in einer Niederung gelegen, 300 m weiter nordöstlich fränkisches Gräberfeld[327].

Neuere Untersuchungen an rheinischen Niederungsburgen erweisen diese topographische Nähe von Gräberfeld und Burghügel als zufällig. Sie trifft nur auf relativ wenige der fast 150 Burghügel im Rheinland[328] zu und erlaubt es nicht, eine Platzkonstanz von fränkischem Adelshof und mittelalterlicher Burg oder genealogische Verbindungen zwischen fränkischem und hochmittelalterlichem Adel zu behaupten. Der Regelfall im räumlichen Verhältnis von fränkischem Gräberfeld und mittelalterlichem Burghügel sieht ganz anders aus: beide schließen einander weitgehend aus. So bedeutet z. B. die Errichtung der ersten Flachsiedlung unter der Niederungsburg bei Haus Meer in Büderich Anfang des 10. Jahrhunderts die Siedlungserschließung eines Raumes, der, weitab von altfränkisch besiedelten Gebieten, unbesiedelt und unkultiviert liegengeblieben war[329]. Die Verhältnisse dort bilden geradezu ein Musterbeispiel da-

---

[322] K. Böhner, Fränkische Friedhöfe und mittelalterliche Wasserburgen. In: Niederrhein. Jahrb. 3, 1951 (Steeger Festschr.) 20 ff.
[323] A. Herrnbrodt, Der Husterknupp. Eine niederrheinische Burganlage des frühen Mittelalters (Köln, Graz 1958) 5 f.
[324] K. Böhner, Das Grab eines fränkischen Herren aus Morken im Rheinland. Führer des Rhein. Landesmus. Bonn Nr. 4 (Köln, Graz 1959). – O. Doppelfeld, R. Pirling, Fränkische Fürstengräber im Rheinland. Schriften des Rhein. Landesmus. Bonn Bd. 1 (Düsseldorf 1966) 66 ff. – H. Hinz, Die Ausgrabungen auf dem Kirchberg in Morken, Kreis Bergheim/Erft (Düsseldorf 1969) 63 ff.
[325] H. Stoll, Rhein. Vorzeit in Wort u. Bild 4, 1941, Karte S. 73.
[326] Bonner Jahrb. 143/144, 1938/39, 335 und 442; 146, 1941, 378. – H. Stoll (wie Anm. 325).
[327] Bonner Jahrb. 146, 1941, 378. – H. Stoll (wie Anm. 325).
[328] M. Müller-Wille, Mittelalterliche Burghügel ('Motten') im nördlichen Rheinland (Köln 1966). Die Übersichtskarte zeigt die Verbreitung der Burghügel im Rheinland. Sie schließt sich weitgehend mit den Konzentrationen fränkischer Gräberfelder aus.
[329] W. Janssen, K.-H. Knörzer, Die frühmittelalterliche Niederungsburg bei Haus Meer, Stadt Meerbusch, Kr. Grevenbroich. Schriftenreihe des Kreises Grevenbroich Nr. 8 (Neuss 1970) 83 ff., 123 ff.

für, wie sich die nachkarolingische Neusiedlung bewußt räumlich von der merowingisch-karolingischen Altbesiedlung absetzte. Die manchmal auftretenden engen räumlichen Bezüge zwischen fränkischem Gräberfeld und hochmittelalterlicher Niederungsburg sind also zufälliger Art. Sie bedeuten weder eine merowingisch-karolingisch-hochmittelalterliche Siedlungskonstanz am Platze, noch eine Kontinuität zwischen fränkischem und mittelalterlichem Adel, noch eine Fortdauer frühmittelalterlicher Herrschaftsbezirke bis ins hohe Mittelalter. Ihre kritische Untersuchung anhand gut gelagerter Einzelfälle führt zu entgegengesetzten Ergebnissen: Merowingische oder karolingische Siedlungsreste fanden sich bisher weder in den aufgeschütteten Burghügeln und ihren Vorburgen, noch in den darunterliegenden Vorgängersiedlungen. Eine Rückführung der Erbauer oder Besitzer von Niederungsburgen bis ins frühe Mittelalter ist nirgends möglich. Die Kristallisationspunkte hochmittelalterlicher Herrschaft, die Burgen, entstehen, indem Herrschaft von außen in bereits vorhandene Siedlungen eindringt und sich dort in der Burg manifestiert, oder aber, indem sie außerhalb der bestehenden Siedlung ganz neue Standorte für ihre Sitze auswählt, von denen aus das flache Land beherrscht und verwaltet werden kann.

Nach diesem Exkurs sollen noch einige Beispiele für Wüstungen mit Reihengräberfeld angeführt werden. Innerhalb des heutigen Stadtgebietes Euskirchen fällt am Roitzheimer Weg ein fränkisches Gräberfeld auf, das im Mittelalter weit westlich der Stadtmauer, also außerhalb der Stadt, lag[330]. Hier muß die Wüstung Rüdesheim oder Roitzheim gesucht werden, die zwischen 1164 und 1176 als Hof (curtis) des Erzbischofs von Köln erwähnt wird (EU 31). Archäologischen Untersuchungen steht die von Fabriken völlig überbaute Ortsstelle Rüdesheim heute nicht mehr zur Verfügung. In der unmittelbaren Umgebung der bekannten Doppelkirche von Bonn-Schwarzrheindorf kennt man zwei fränkische Reihengräberfriedhöfe (Abb. 30). Der eine von ihnen wurde südwestlich der Kirche in einer Lehmgrube ausgegraben[331]. Seine Besonderheit besteht darin, daß er nach Ausweis der Grabbeigaben bereits im 5. Jahrhundert belegt wurde. Ein zweiter Reihengräberfriedhof liegt nördlich der Doppelkirche, wo er am Rande einer Kiesgrube entdeckt wurde. Seine Belegungszeit ist auf Grund der bisherigen Einzelfunde nicht genau zu bestimmen[332]. Kein Zweifel besteht daran, daß dieses Gräberfeld zur Wüstung Gensem gehört, die sich durch das Grundwort ihres Namens als fränkische Gründung zu erkennen gibt (BN 35). An das 1784 durch Eisstau des Rheins vernichtete Dorf erinnert heute noch die Gensemer·Straße in Schwarzrheindorf. Während das Dorf zu Füßen der Niederterrasse des Rheins, also in hochwassergefährdetem Gebiet lag, ist das Gräberfeld oberhalb der Siedlung, am Rande der Niederterrasse, angelegt worden. Reste ausgeraubter Gräber wurden hier 1971 bei Bauarbeiten auf einem Grundstück nördlich der Doppelkirche nachgewiesen. Die Zuweisung fränkischer Reihengräber zu alten dörflichen Kernen im Gebiet der Großstädte des 20. Jahrhunderts bereitet besondere Schwierigkeiten. Nach der großen Eingemeindung von Dörfern in die ausgreifenden Städte und der nachfolgenden baulichen Integration dieser alten Kerne in die städtische Bebauung verwischten sich die Spuren der Dörfer meist bis zur Unkenntlichkeit. Man muß schon alte Karten zu

---

[330] Bonner Jahrb. 155/156, 1955/56, 500.
[331] G. Behrens, Merowingerzeit. Katalog 13 des Römisch-Germanischen Zentralmus. Mainz (Mainz 1947).
[332] Bonner Jahrb. 148, 1948, 409.

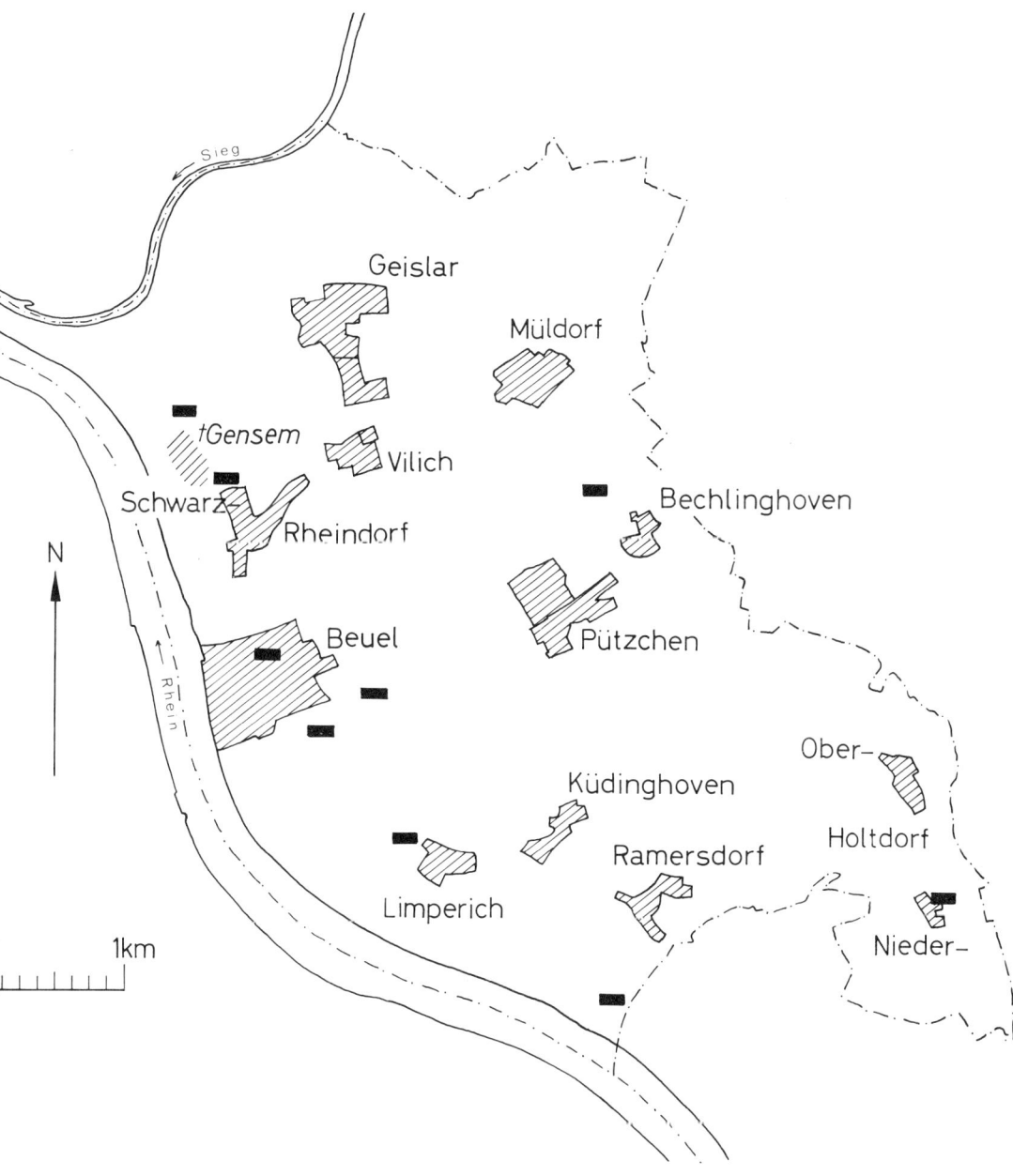

30 Wüstung, bestehende Siedlungen und fränkische Gräberfelder im Gebiet der Stadt Beuel (BN).

Hilfe nehmen, um die topographische Lage der alten Dorfkerne noch festzustellen. Das erschwert auch die Zuordnung der fränkischen Gräberfelder, die in Städten immer wieder angeschnitten werden. Kaum eines von ihnen ist besser als durch gelegentlich gemachte Einzelfunde bekannt. Als Grabungsobjekte eignen sich wegen der fast

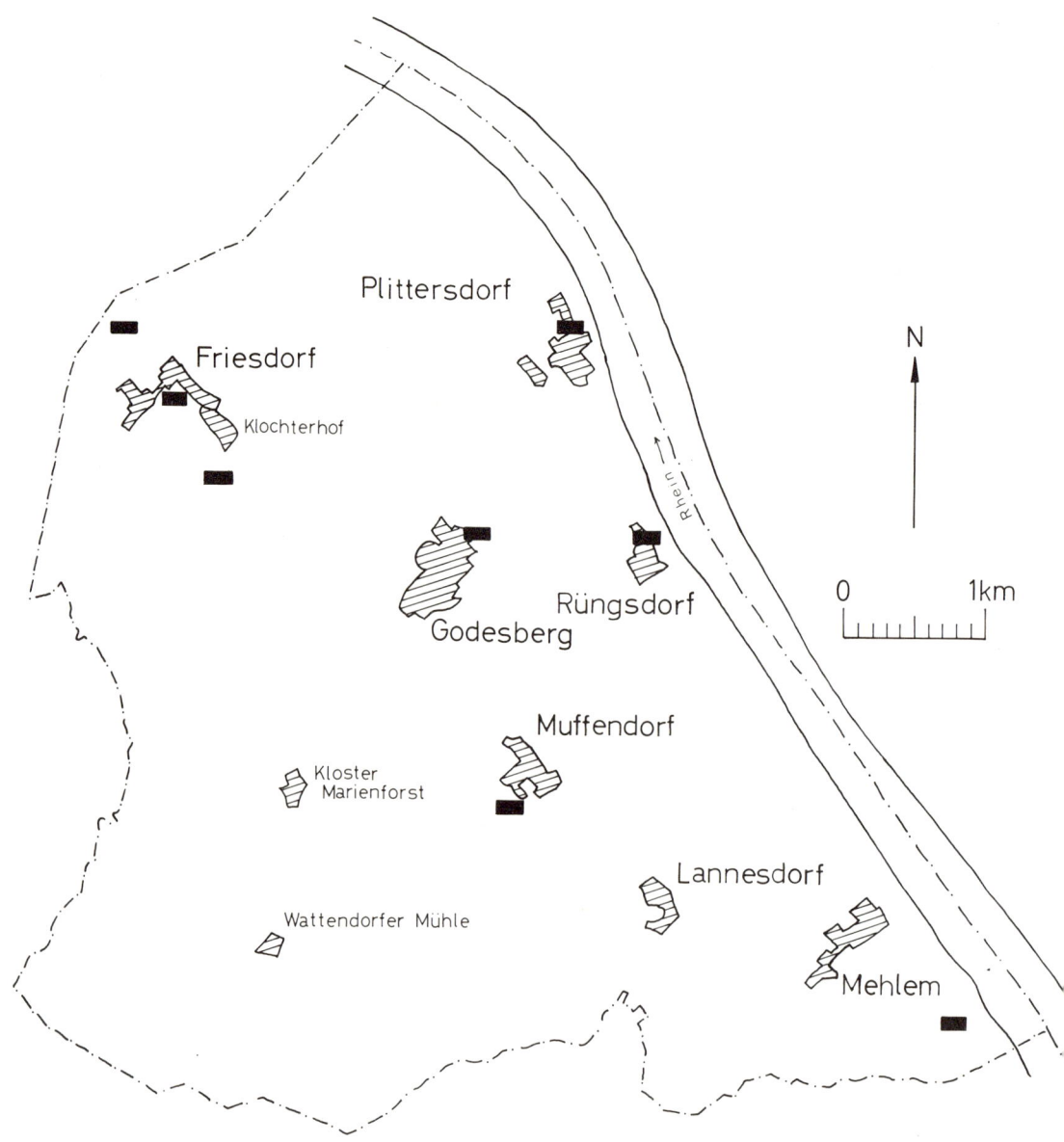

31 Wüstung, bestehende Siedlungen und fränkische Gräberfelder im Gebiet der Stadt Bad Godesberg (BN).

lückenlosen Bebauung in den Städten weder Gräberfelder noch Siedlungsanlagen dieser eingemeindeten Altdörfer. Das läßt sich an den nach Bad Godesberg eingemeindeten Altsiedlungen wie Mehlem, Lannesdorf, Muffendorf, Friesdorf, Rüngsdorf und Plittersdorf zeigen. In Friesdorf liegen auf engem Raum zwei Gräberfelder beieinander (Abb. 31). Das eine von ihnen bestand unmittelbar nordöstlich der Pfarrkirche von Friesdorf und zog sich möglicherweise ununterbrochen bis zu dem 400 m entfernten

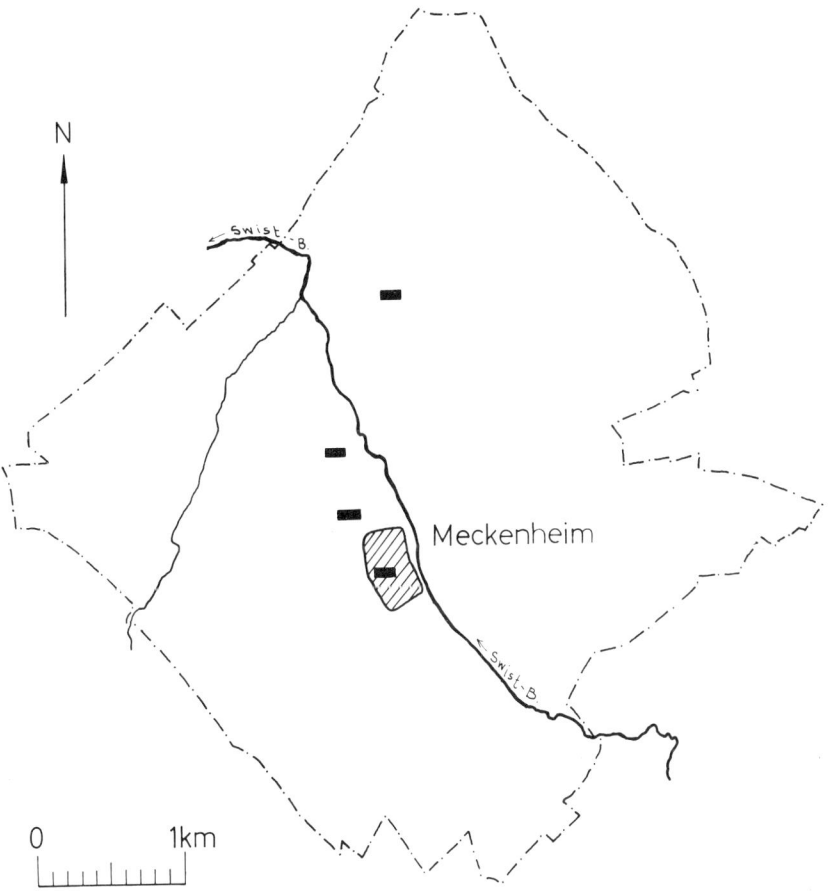

32 Meckenheim (BN) und seine vier fränkischen Gräberfelder.

Kirchhofsgrabenweg hin[333]. Es handelt sich zweifellos um einen zu Friesdorf gehörenden großen Ortsfriedhof. Weiter südlich, nahe des Gasthauses 'Arndtruhe', überschneidet ein bis ins 18. Jahrhundert belegter mittelalterlicher Friedhof das Gelände des zweiten fränkischen Gräberfeldes von Friesdorf. Die Kapelle St. Servatius auf dem mittelalterlichen Friedhof mag vielleicht auf die Eigenkirche eines in diesem Bereich zu vermutenden frühmittelalterlichen Hofes zurückgehen. Sie wurde nicht ausgegraben. 250 m nördlich dieser Stelle liegt der noch heute in Resten bestehende, sehr alte Klochterhof, in den frühmittelalterlichen Quellen als Villa Crucht erwähnt (BN 15). Der Hof wird seiner Entstehung nach für fränkisch gehalten. Er muß wohl auch der zu dem zweiten Gräberfeld gehörende Siedlungskern sein[334]. Größere Freiflächen in der

---

[333] H. Stoll, Rhein. Vorzeit in Wort u. Bild 2, 1939, 24 Nr. 45. – Bonner Jahrb. 162, 1962, 582.
[334] A. Wiedemann, Geschichte Godesbergs und seiner Umgebung (Bad Godesberg 1930) 194 ff., 249 ff. – K. Böhner, Bonner Jahrb. 157, 1957, 444.

Umgebung des Hofes gestatten es, diese Zusammenhänge durch Grabungen zu klären.

Schwer durchschaubar ist die frühe Siedlungsgeschichte von Meckenheim (BN). Hier gibt es vier fränkische Gräberfelder. Da alle nur teilweise ausgegraben oder nur durch Einzelfunde bekannt sind, ist ihre Belegungsdauer unbekannt[335]. Eines dieser Gräberfelder erstreckt sich um die Pfarrkirche St. Martin von Meckenheim. Es wurde von den Bewohnern des merowingischen Siedlungskernes im Zentrum des heutigen Meckenheim belegt. Zwei weitere Gräberfelder liegen draußen in der Gemarkung Meckenheim (Abb. 32). Zugehörige Siedlungsplätze müßten dort gesucht werden. Das vierte Gräberfeld, es lag nördlich der mittelalterlichen Stadt auf dem Westufer der Swist[336], läßt sich wahrscheinlich mit der nur 150 m südöstlich nachgewiesenen spätfränkischen Siedlung (BN 102) in Verbindung bringen, von der bereits oben die Rede war[337]. Die vorgelegten Beispiele mögen zu leicht vergessen lassen, daß die Zuordnung von Wüstung und Reihengräberfeld nur in verhältnismäßig wenigen Fällen gelingt, dort nämlich, wo in einer Gemarkung nicht nur mehrere Gräberfelder, sondern auch mehrere Siedlungsplätze als Wüstungen oder bestehende Siedlungen nachzuweisen sind. In vielen anderen Fällen muß sich die Siedlungsforschung mit der Tatsache abfinden, daß in einer Gemarkung mehrere fränkische Reihengräberfriedhöfe vorliegen, daß aber nicht die geringsten Hinweise auf die zweifellos auch vorhanden gewesenen Siedlungen gegeben sind. Die Zahl dieser Beispiele übersteigt diejenigen, bei denen Zuordnungen möglich sind, beträchtlich. In Biesdorf (BIT), Kruchten (BIT), Wallendorf (BIT)[338], Brecht (BIT)[339] gibt es jeweils zwei Gräberfelder, von denen eines in der Regel einer Wüstung zuzurechnen ist. In Orenhofen (TR) kennt man zwei Gräberfelder[340]: Orenhofen I liegt im Ort selbst nahe der Kirche. Orenhofen II findet sich inmitten eines hochmittelalterlichen Bergbaubezirks auf Eisenerz (TR 51), den eine der wenigen Niederungsburgen der Binneneifel (TR 50) sicherte. Es drängt sich die Frage auf, ob innerhalb dieses Bergbaugebietes nicht bereits eine merowingerzeitliche Ansiedlung gesucht werden muß, deren Bewohner sich mit der Eisengewinnung beschäftigten. Das Gräberfeld Orenhofen II könnte ein Hinweis auf eine solche Siedlung sein.

Je zwei fränkische Gräberfelder besitzen auch Udelfangen[341], Kersch[342] (beide TR)

---

[335] Es handelt sich um folgende Gräberfelder:
Meckenheim I: Zwischen Hauptstraße und unterer Straße sowie Gemeindeweg gelegen. Literatur: Bonner Jahrb. 23, 1856, 184; 25, 1857, 194; 44, 1868, 135; 68, 1880, 181; 92, 1892, 147. – H. Stoll, Rhein. Vorzeit in Wort u. Bild 2, 1939, 24 Nr. 48.
Meckenheim II: An der Tomberger Straße gelegen. Literatur: Bonner Jahrb. 136/137, 1932, 293; 155/156, 1955/56, 506; 165, 1965, 457–463. – H. Stoll (wie Anm. 333) 25 Nr. 49.
Meckenheim III: Flerzheimer Straße. Literatur: Bonner Jahrb. 140/141, 1936, 483. – H. Stoll (wie Anm. 333) 25 Nr. 50. – K. Böhner, 1100 Jahre Dorf und Stadt Meckenheim (Meckenheim 1954) 13 ff.
Meckenheim IV: Am Wege nach Lüftelberg, 1800 m nördlich von Meckenheim in der Sandgrube Wolff. Literatur: Bonner Jahrb. 132, 1927, 277. – H. Stoll (wie Anm. 333) 25 Nr. 51.

[336] Vgl. Anm. 335 unter Meckenheim III.

[337] Vgl. oben S. 146 ff.

[338] Dies haben neuere Forschungen von S. Gollub, Rhein. Landesmus. Trier ergeben (vgl. Anm. 128).

[339] Böhner, Trierer Land Karte 1, Nr. 37 und 38.

[340] Böhner, Trierer Land Karte 1, Nr. 54 und 79.

[341] Böhner, Trierer Land Karte 1, Nr. 111.

[342] Böhner, Trierer Land Bd. 2, 164.

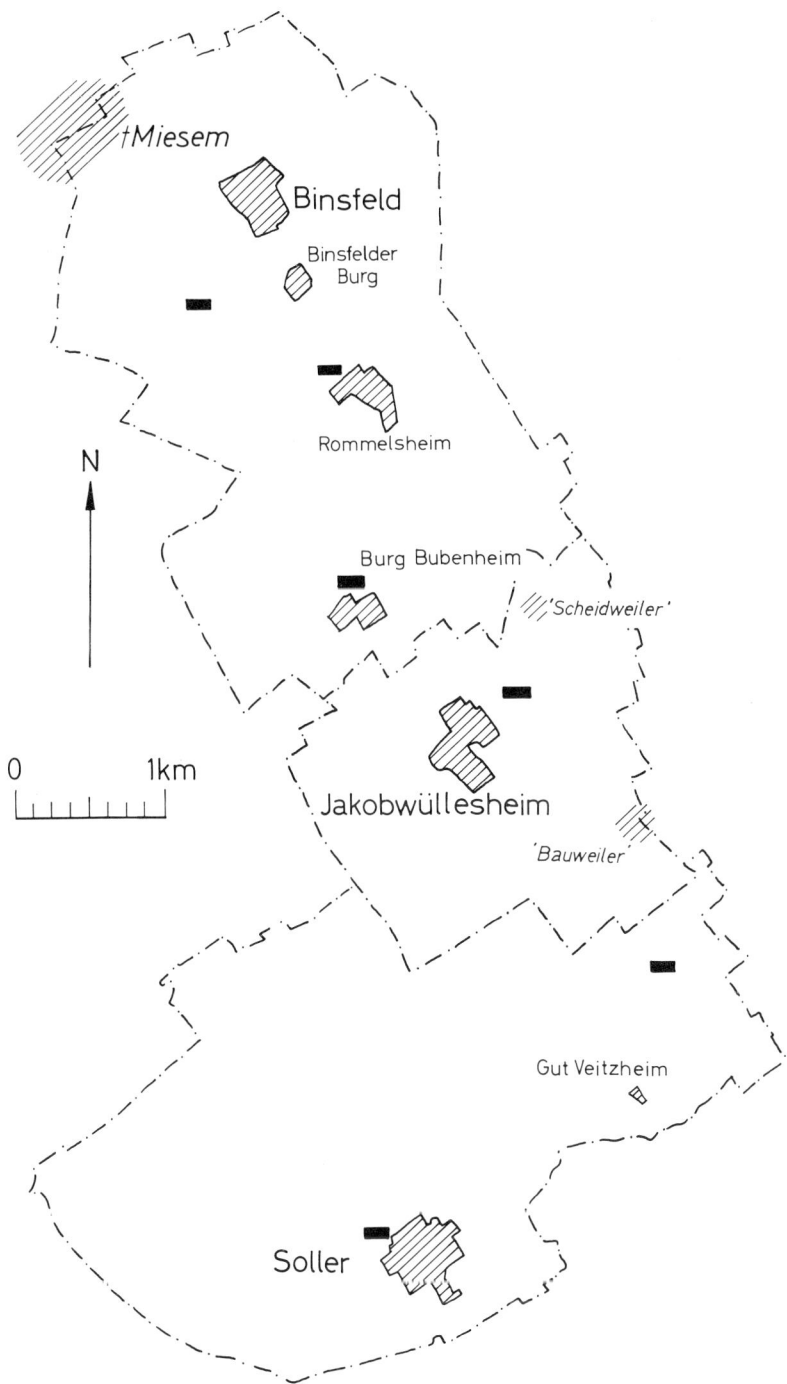

33 Wüstungen, bestehende Siedlungen und fränkische Gräberfelder im Raum Binsfeld-Jakobwüllesheim-Soller (DN).

und Schwirzheim (PRÜ)[343]. Auch hier ist Wüstungsbildung anzunehmen, ebenso wie in Zingsheim (EU), wo vier Gräberfelder erfaßt sind.

In anderen Gemarkungen gibt es zwar nur ein fränkisches Gräberfeld, aber dieses liegt so ungewöhnlich weit von der noch bestehenden Siedlung entfernt, daß es dieser kaum als Bestattungsplatz gedient haben kann. Die Menschen hätten dann ihre Toten mehr als 1000 m in eine ganz andere Landschaft bringen müssen. Solche Verhältnisse bestehen beispielsweise in Butzweiler (TR)[344], Idenheim (BIT)[345], Kerpen (DAU)[346], Binsfeld(DN)[347]. Wegen der ungewöhnlich großen Entfernungen zwischen heute noch bestehenden Siedlungen und diesen Gräberfeldern erscheinen Zusammenhänge hier ausgeschlossen. Es müssen Wüstungen zu diesen Gräberfeldern vermutet werden, die aber noch nicht bekannt sind.

In Verbindung mit der räumlichen Verteilung der fränkischen Gräberfelder gestatten auch ungewöhnliche Gemarkungsformen Rückschlüsse auf ausgegangene Orte der merowingischen Altsiedlung. Als Beispiel ist die Gemarkung Binsfeld (DN) zu nennen (Abb. 33). Sie besteht aus zwei rundlichen, ausgreifenden Teilen im Norden und Süden und aus einem schmaleren, eingeschnürten Mittelabschnitt. Im Süden gibt sich die partielle Ortswüstung Bubenheim (DN 12) durch das fränkische Gräberfeld als fränkische Gründung zu erkennen. Den Mittelteil nimmt das ebenfalls mit einem Gräberfeld versehene Rommelsheim am Elle-Bach ein[348]. Ob das 750 m südwestlich von Binsfeld liegende Gräberfeld zu diesem Ort gehört, muß bezweifelt werden, und zwar nicht nur, weil Binsfeld nicht eigentlich ein merowingerzeitlicher Ortsnamentyp ist, sondern weil auch noch das nordwestlich vom Gräberfeld gelegene, wüstgewordene Miesheim (DN 26) in Betracht zu ziehen ist. Zwar stammt von Miesheim bisher vor allem Keramik des 14.–16. Jahrhunderts, so daß an eine junge Siedlung zu denken ist, aber vor Überraschungen schützt in diesem Fall auch nicht die spät einsetzende schriftliche Überlieferung. Beigabenlose Gräber, die innerhalb eines römischen Bezirks in Miesheim gefunden wurden[349], könnten auch einen weiteren fränkischen Grabplatz anzeigen, womit dann das Gräberfeld südwestlich von Binsfeld diesem angehören müßte.

Ungewöhnliche Verhältnisse liegen auch in Soller (DN) vor (vgl. Katalog Abb. 3, S. 41). Ein fränkisches Gräberfeld in der weit nach Osten ausgreifenden Erweiterung dieser Gemarkung entbehrt jeglichen Bezuges auf eine Siedlung, es sei denn, man wolle es auf die weiter entfernt liegenden Orte Veitsheim (DN 77) oder Kettenheim (partiell wüst; DN 85) beziehen. Eher wäre aber an eine noch nicht aufgefundene Wüstung zu denken. Das gilt schließlich auch für die Gemarkung Miel, deren außergewöhnliche Form Abbildung 34 darstellt. Der Verlauf der Gemarkungsgrenze erweist diese Gemarkung als das Ergebnis eines Zusammenschlusses von Einzelgemarkungen verschiedener Siedlungen wie Miel selbst, Hohn, Schillingskapellen und der Wüstungen Lützermiel (BN 107) und Givvekoven (BN 105). Die weit ausgreifenden, abgerundeten Gemarkungsteile Miel einerseits und Hohn-Schillingskapellen andererseits stoßen

---

[343] Böhner, Trierer Land Karte 1, Nr. 7 und 8.
[344] Böhner, Trierer Land Karte 1, Nr. 109; Bd. 2, 11.
[345] Böhner, Trierer Land Karte 1, Nr. 76; Bd. 2, 56.
[346] Böhner, Trier Land Karte 1, Nr. 4.
[347] Bonner Jahrb. 146, 1946, 376. – H. Stoll, Rhein. Vorzeit in Wort u. Bild 4, 1941, Karte S. 73.
[348] Stoll (wie Anm. 347).
[349] J. Gerhards, Bonner Jahrb. 166, 1966, 585.

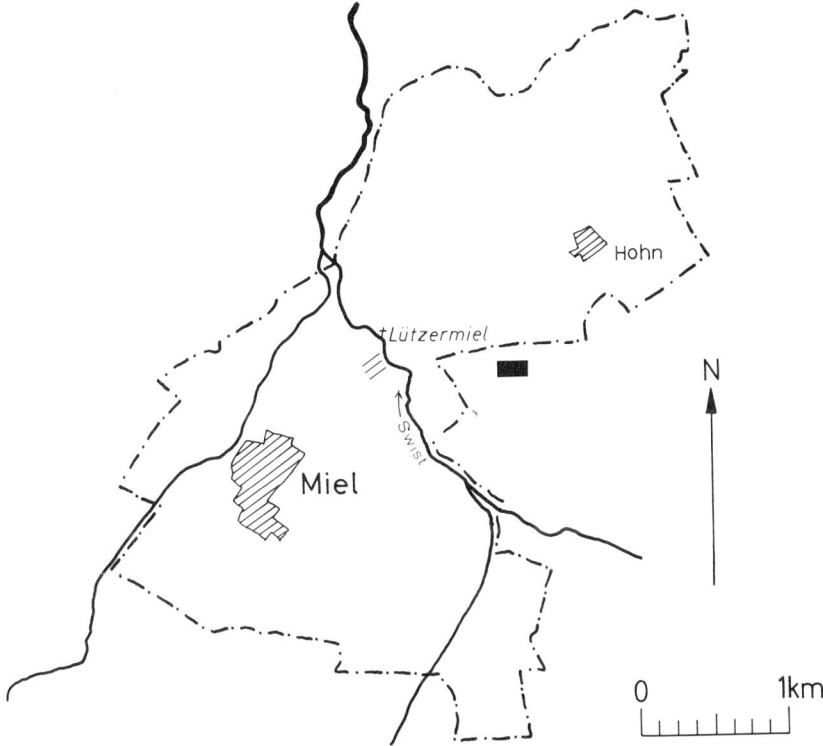

34 Wüstung, bestehende Siedlungen und fränkisches Gräberfeld im Raum Miel (BN).

am Swist-Bach aneinander. Lützermiel liegt unmittelbar an der Swist, wo die Gemarkungsgrenze Miel eng eingeschnürt ist. Dieser Wüstung nahe benachbart, liegt mitten in freiem Feld, am Ostrand der Swistniederung und etwa auf der Gemarkungsgrenze gegen Morenhoven, ein fränkischer Reihengräberfriedhof. Im Bereich des Gräberfeldes ist weiterhin ein alter Übergang über die Swist zu lokalisieren. Die Zuweisung des Gräberfeldes bereitet aber erhebliche Schwierigkeiten; denn von den in Frage kommenden, heute noch bestehenden Siedlungen Miel, Morenhoven, Dünstekoven trennen es jeweils mehr als 2000 m. Auch die Wüstung Givvekoven liegt 2,2 km entfernt. Das einst aus mehreren Höfen bestehende Hohn, eine partielle Ortswüstung (BN 106), ist am Ortsnamen als junge Ausbausiedlung kenntlich. Es bleibt noch das 500 m westlich gelegene ehemalige Lützermiel übrig, das aber ebenfalls eine junge Gründung ist. Nach Ausscheiden aller anderen Möglichkeiten kann nurmehr eine noch unbekannte und nicht lokalisierte Wüstung im näheren Umkreis des Gräberfeldes angenommen werden. Die Überlegungen, die im Falle von Miel nötig waren, um ein isoliert liegendes fränkisches Gräberfeld siedlungsgeschichtlich zu interpretieren, beleuchten die Schwierigkeit der hier vorgeführten Arbeitsweise. Eine voreilige Zuweisung von Siedlung und Gräberfeld verbietet sich überall dort, wo die Siedlungsentwicklung in mehreren zeitlichen Abschnitten verlief und wo in einer Gemarkung ältere und jüngere Siedlungsplätze nebeneinander vorkommen. Hier kann nur eine ins einzelne gehende Analyse der besonderen Verhältnisse in jeder Gemarkung weiterführen.

2.7.3 Ergebnisse

Zu Beginn dieses Abschnitts ist dargelegt und begründet worden, daß das Vorhandensein mehrerer Siedlungskerne die einzig wahrscheinliche Erklärung für das bei vielen germanischen Stämmen verbreitete Vorkommen mehrerer Reihengräberfelder innerhalb einer Gemarkung darstellt. Alle anderen Erklärungsversuche dieses Phänomens erwiesen sich nach einer kritischen Überprüfung als wenig stichhaltig und mit Fehlern und Unsicherheiten behaftet. Aus diesen Erkenntnissen ergibt sich zwangsläufig, daß die Suche nach untergegangenen Altsiedlungen aus merowingisch-karolingischer Zeit verstärkt fortgesetzt werden muß. Eine Hilfe dabei können namentlich bekannte und ungefähr lokalisierbare Wüstungen werden. Der Versuch, sie einem der bezugslosen Gräberfelder zuzuordnen, hatte in folgenden Fällen Erfolg:

Wüstung	Gräberfeld
Sarresdorf (DAU 17)	Gerolstein-Sarresdorf
Petingen (BIT 71)	Schankweiler
Ferndorf (BIT 67)	Rittersdorf I
Gersdorf (BIT 52 und 53)	Nattenheim II
Reiflingen (WIL 86)	Spangdahlem II
Gelsdorf (WIL 35)	Spangdahlem I
Dundingen (WIL 83)	Spangdahlem III
Födelich (TR 44)	Mesenich/Sauer II
Gödersheim (DN 101)	Wollersheim II
Alt-Lechenich (EU 48)	Lechenich
Ochheim (SLE 41)	Berg (SLE)/Bürvenich (DN)
Roitzheim (EU 31)	Euskirchen, Roitzheimer Weg
Gensem (BN 35)	Beuel-Schwarzrheindorf II
Villa Crucht (BN 15)	Bad Godesberg-Friesdorf II
Siedlung Meckenheim-Wiesenweg (BN 102)	Meckenheim III

Die Zusammenstellung beweist, daß es durchaus möglich ist, auch Wüstungen aus der Schicht der Altsiedlung zu finden und sie sogar den Reihengräberfeldern zuzuordnen. Fachgebieten wie Orts- und Heimatgeschichte, Landesgeschichte, Flurforschung, Anthropogeographie und Archäologie fällt damit aber die gemeinsame Aufgabe zu, die einzelnen Wüstungen genauestens zu lokalisieren und den Umfang ihrer einstigen Ortslage zu erfassen. Erst dann werden umfangreiche Grabungen beginnen können, erst dann wird es möglich sein, ähnlich wie die Siedlungsarchäologie im Nordseeküstengebiet, allgemeine Probleme frühgeschichtlicher Siedlung im Binnenland mit den Mitteln der Archäologie und ihrer naturwissenschaftlichen Nachbarfächer zu erforschen.

2.8 Die zeitliche Schichtung der Wüstungen

2.8.1 Allgemeines

Neben der Ursachenfrage bildet die zeitliche Schichtung der Wüstungen eines der Kernprobleme der Wüstungsforschung. Es gilt in diesem Zusammenhang nicht nur, den spätmittelalterlichen Wüstungsprozeß nach Art und Umfang zu erforschen, sondern es geht auch darum, alle ähnlichen Vorgänge, die dem späten Mittelalter vorangehen oder ihm folgen, chronologisch zu fassen. Wüstungen hat es – das dürfte inzwischen klargeworden sein – im frühen Mittelalter ebenso gegeben, wie in der frühen Neuzeit; ja sie entstehen noch heute allenthalben. Diese Tatsache wurde bereits von W. Abel in seinem Buch über die Wüstungen des späten Mittelalters angesprochen[350]. Aber Abel wandte sich, Bezug nehmend auf das Problem der rückläufigen Siedlungsentwicklung im späten Mittelalter, vorwiegend den Wüstungen dieser Umbruchperiode zu. Für ihn lautete die wichtigste These: 'Das ausgehende Mittelalter umschließt das Kernproblem der Wüstungsforschung'[351]. Es wird zu prüfen sein, in welcher Weise dieser Satz auf Grund der hier vorgelegten Ergebnisse zu modifizieren ist. Vorgreifend muß bereits jetzt bemerkt werden, daß die hier gewonnenen Resultate tatsächlich eine Differenzierung des bisherigen Bildes vom Umfang und vom Verlauf der Wüstungsbildung erzwingen. Abel selbst hat den Weg gewiesen, wie eine solche Differenzierung unter Einbeziehung von Wüstungen aus anderen Perioden erfolgen könnte: indem die Wüstungen aus Rodungsperioden von denen der spätmittelalterlichen Entsiedlungsperiode quantitativ und qualitativ unterschieden werden[352]. Dabei wird allerdings vorausgesetzt, daß das frühe und hohe Mittelalter (7.–12. Jahrhundert) eine einzige Rodungsperiode, das späte Mittelalter (14./15. Jahrhundert) hingegen eine einheitliche Entsiedlungsperiode gewesen sei. Es ist aber gerade die Frage, ob nicht das frühe und hohe Mittelalter seinen bisher so stark betonten Charakter als Periode fortgesetzter Rodungen verliert, wenn sich in diesem Zeitabschnitt größere Mengen von Wüstungen nachweisen lassen. K. Scharlau behandelte schon 1954 diesen Fragenkomplex[353]. Er schrieb damals:

> 'Außerdem war nun auch der mittelalterliche Rodungsprozeß im westdeutschen Altland keineswegs eine kontinuierlich verlaufende Arealausweitung der Getreidebauflächen, sondern im Gegensatz zu der planmäßigen kolonisatorischen Erschließung des Ostens eine im wesentlichen von der graduell schwankenden Initiative der zahlreichen Grundherren gelenkte wirtschaftliche Intensivierung der Bodennutzung, die offenbar von allem Anfang an von örtlichen Fehlschlägen begleitet war. Nur so wird es verständlich, wenn unter den ältesten urkundlich überlieferten Ortsnamen bereits solche vorhanden sind, die später nicht mehr auftauchten. Man hat zwar bisher alle diese untergegangenen Siedlungen auf das Konto der spätmittelalterlichen Wüstungsperiode gebucht. Aber es kann heute

---

[350] W. Abel (wie Anm. 35) 9 f., 31 f.
[351] W. Abel (wie Anm. 35) 10.
[352] W. Abel (wie Anm. 35) 10 f.
[353] K. Scharlau, Die Bedeutung der Pollenanalyse für das Freiland-Wald-Problem unter besonderer Berücksichtigung der Altlandschaften im hessischen Bergland. Berichte z. deutschen Landeskde. 13, 1954, 14.

immer weniger zweifelhaft sein, daß es auch Wüstungen aus älteren Zeitabschnitten der geschichtlichen Besiedlung gibt. Das sogenannte Wüstungsphänomen des späten und ausgehenden Mittelalters beruht also möglicherweise zu einem guten Teil in dem quantitativ und qualitativ viel reichhaltigeren Urkundenmaterial jener Zeit und stellt andererseits, bedingt durch das Zusammenwirken einer Reihe von ganz verschiedenartigen, im Endeffekt aber im gleichen Sinne verursachend wirkenden Faktoren, lediglich den Kulminationspunkt einer mit dem gesamten Landausbau verknüpften Begleiterscheinung dar . . .'.

Diese Erwartungen Scharlaus bestätigen sich im hier gewählten Untersuchungsgebiet vollauf, wie die bisherigen quantitativen und qualitativen Analysen des Wüstungsbestandes gezeigt haben. Bezogen auf die fränkischen Altsiedelgebiete kann man deshalb auch nicht der Ansicht zustimmen, die Auswirkung von Überlieferungslücken auf die Chronologie der Wüstungsbildung sei nicht groß gewesen. In diesem Sinne äußert sich z. B. H. Jäger, wenn er feststellt[354]:

'Abgesehen von Ausnahmen erscheinen die Wüstungen des 12. und 13. Jahrhunderts nur als Ortswüstungen ohne Flurwüstungen. Sie erweisen sich als Begleiterscheinungen des hochmittelalterlichen Landesausbaus, der Stadt- und Klostergründungen. Es handelt sich um Verschiebungen der Siedlungssubstanz, nicht aber um ihre Verminderung . . . Daher kann ich für mein Gebiet nicht mit Scharlau von einer hochmittelalterlichen Wüstungsperiode sprechen . . .'[355].

Dabei muß hervorgehoben werden, daß Jäger seine Ergebnisse vorwiegend in niedersächsischen Bördenlandschaften und in den nördlichen mainfränkischen Platten gewann, für die seine Feststellungen nach wie vor gültig bleiben. Eine ganz andere Situation ergibt sich aber für die altfränkisch und altalamannisch besiedelten Räume Westdeutschlands. Allein die Zusammenstellung der archäologisch untersuchten Wüstungen[356] beweist, daß die so einheitlich erscheinende Zeit der früh- und hochmittelalterlichen Rodungen in sich untergliedert werden kann und daß die spätmittelalterliche Entsiedlung nicht der einzige Vorgang dieser Art gewesen ist. Charakteristische Züge der mitteleuropäischen Siedlungsentwicklung bieten sich vielmehr im ständigen Auf und Ab des Siedlungsgeschehens. Wüstungen gehören auch zum Rodungsprozeß selbst. Es ist demnach nicht so, daß nach Abschluß der großen Rodungen ein mehr oder weniger konstanter Siedlungsbestand erreicht und auf Dauer gehalten wird, sondern die Grenze zwischen hochmittelalterlicher Ausbauzeit und spätmittelalterlicher Wüstungsperiode, die Jäger immer wieder zu fassen sucht[357], verwischt sich zusehends, je differenzierter die Einzelzüge der Siedlungsentwicklung hervortreten. Besiedlung und Entsiedlung erweisen sich damit als dynamische Vorgänge, die nicht nacheinander, sondern zeitlich und kausal eng miteinander verbunden, einander durchdringend, ablaufen. Dazu kommen dann noch regionale Sonderentwicklungen im Verhältnis von Besiedlung und Entsiedlung.

---

[354] H. Jäger (wie Anm. 87) 15 ff.
[355] Diese Aussage H. Jägers bezieht sich auf niedersächsische Bördenlandschaften und mainfränkische Platten. Sie nimmt Stellung zu entgegengesetzten Bemerkungen von K. Scharlau, Ergebnisse und Ausblicke der heutigen Wüstungsforschung. Bll. f. deutsche Landesgesch. 93, 1957, 96.
[356] Vgl. oben S. 12 und 13.
[357] H. Jäger (wie Anm. 87) 16.

Dadurch ist der Ansatzpunkt für die folgenden Überlegungen gegeben: Die spätmittelalterliche Entsiedlung stellt zwar die bedeutendste, aber nicht die einzige Erscheinung dieser Art dar. Sie bildet, wie Scharlau sagt, den Kulminationspunkt einer schon lange davor beginnenden Tendenz. Umgekehrt mag das frühe und hohe Mittelalter zwar die umfangreichste geschichtliche Rodungsperiode in Mitteleuropa darstellen; aber es ist nicht die einzige.

Für die Wüstungsforschung besteht somit eine ihrer wichtigsten Aufgaben darin, die Wüstungsbildung in das wechselvolle Geschehen von Neusiedlung und Entsiedlung einzubauen. Funktional und chronologisch müssen die Wüstungen den verschiedenen Rodungs- und Entsiedlungsvorgängen zugewiesen werden. Wüstungen sind demnach nicht allein Elemente des Entsiedlungsprozesses, sondern sie müssen als ständige Bestandteile der gesamten Siedlungsentwicklung, verlaufe sie nun positiv oder negativ, aufgefaßt werden. In Übereinstimmung mit Überlegungen von K. Scharlau und H. Jäger soll deshalb versucht werden, die Wüstungsbildung als geschichtlichen Vorgang, also in größerem zeitlichen Rahmen, zu charakterisieren. Dabei ist auch die Wüstungshäufigkeit, bezogen auf die Zeit, zu ermitteln. Die Lösung dieses Problems hängt entscheidend von der Quellenlage ab, die im Untersuchungsgebiet regional und in den verschiedenen Zeitabschnitten recht unterschiedlich ist. Dazu kommt noch der Editionsstand der Schriftquellen, der ebenfalls in mancher Beziehung nicht befriedigt und die Zuhilfenahme ungedruckter archivalischer Quellenbestände unverzichtbar macht.

Im Hinblick auf die Enddaten von Siedlungsplätzen gliedert sich das Problem der Schriftquellen in einen quantitativen und einen qualitativen Aspekt auf. Bis ins 13. Jahrhundert hinein ist die verfügbare Menge an Schriftquellen gering, so daß allein aus diesem Grund präzise überlieferte Angaben über das Ende von Siedlungen Seltenheitswert erlangen. Die durch den Verlust von Schriftquellen bedingte selektive Überlieferung von Siedlungsnamen verhindert weiterhin, den effektiven Siedlungsbestand des frühen Mittelalters auch nur annähernd zu bestimmen. Um so größeren Wert gewinnen hier archäologische Funde, die die Schriftquellen bis zu einem gewissen Grad zu ersetzen vermögen.

Der qualitative Aspekt ist dadurch gegeben, daß selbst in Zeitabschnitten mit verhältnismäßig reichen Schriftquellen genaue Angaben über Beginn und Ende von Siedlungen nur spärlich vorkommen. Sie erscheinen zumeist als zufällige Erwähnungen in Urkunden, die ganz andere Gegenstände oder Rechtsgeschäfte zum Inhalt haben, oder aber in erzählenden Quellen, deren Intentionen in ganz andere Richtung gehen. Die Dauer von Siedlungen, erst recht die Umstände und Gründe, die zu ihrer Entstehung oder auch zu ihrer Aufgabe geführt haben, stellen im größten Teil der Schriftquellen völlig nebensächliche Faktoren dar, die in den meisten Fällen keiner besonderen Erwähnung für wert befunden wurden. Insofern läßt also auch die materielle Aussage vieler Schriftquellen zum Problem der Wüstungen viele Wünsche offen.

Diese Tatsachen sind nicht zu leugnen, wenn man es unternimmt, die zeitliche Schichtung der Wüstungen zu untersuchen. Sie bedeuten andererseits aber auch nicht, daß jeder Versuch in dieser Richtung zwecklos sein muß. Um Rückschlüsse auf Wüstungsperioden zu ziehen, sollen zunächst alle jene Wüstungen chronologisch geordnet zusammengestellt werden, bei denen überhaupt eine quellenmäßig belegte oder mit einiger Wahrscheinlichkeit erschließbare Angabe des Wüstungszeitpunktes möglich ist.

Dies ist in den Tabellen des Anhangs 3 erfolgt. Unter den dort aufgeführten Wüstungen sind drei Arten zu unterscheiden:
(1) Wüstungen, deren Wüstungsdatum präzise belegt ist;
(2) Wüstungen, von denen lediglich die letzte Erwähnung bekannt ist, die aber nicht zwangsläufig den Wüstungszeitpunkt anzugeben braucht;
(3) Wüstungen, deren Wüstungszeitpunkt auf Grund von Siedlungsfunden oder anderen archäologischen Befunden ermittelt werden kann.

Am häufigsten erscheinen die unter (2) genannten Wüstungen in allen Tabellen. Ihrer Natur nach schließen Letzterwähnungen eine jahrweise Aufzählung der Wüstungen nach ihrem Entstehungsdatum aus. Statt dessen wurde versucht, die Wüstungen in Zeitstufen einzuordnen. Jede Zeitstufe umfaßt dabei 50 Jahre, wobei der Erfahrung Rechnung getragen wird, daß die Differenz zwischen Letzterwähnung und Wüstungszeitpunkt vielfach nicht die Größenordnung eines halben Jahrhunderts übersteigt. Die im Anhang 3 vorgenommene Zusammenstellung der Wüstungen nach Wüstungsdaten im Abstand von 50 Jahren ist in den Abbildungen 35 bis 42 und im Faltplan 2 in graphische Darstellungen umgesetzt worden. In der Amplitude enthalten die Diagramme jeweils die in die einzelnen Zeitabschnitte entfallende Anzahl von Letzterwähnungen oder anderweitig bestimmbaren Wüstungsdaten. Die Abszisse ist die Zeitachse.

Es versteht sich von selbst, daß jede Wüstungsart zunächst gesondert untersucht werden mußte. Als allgemeines Ergebnis zeichnet sich ab, daß bei sämtlichen Wüstungsarten in den einzelnen Zeitstufen sehr verschiedene Mengen von Wüstungen anfallen. Für die Zeit vor etwa 1200 könnte zur Erklärung dieser auffälligen Unterschiede allein die Quellenlage herangezogen werden. Aber für die gleich gut oder gar besser belegten Zeitstufen nach 1200 läßt sich dieser Grund nicht mehr geltend machen. Die Diagramme veranschaulichen ab etwa 1200 ohne Zweifel tatsächliche Differenzen der Wüstungshäufigkeit, die nur noch zu einem geringen Teil durch die Mängel der Quellenlage verzerrt werden. Diese Feststellung gründet sich vor allem auf die Beobachtung, daß sich beispielsweise bei den Dorfwüstungen die Zahlen seit etwa 1400 eindeutig rückläufig entwickeln (Abb. 35), während doch andererseits von diesem Zeitpunkt an die von den Quellen gelieferte Zahl der Informationen bis hin zur Neuzeit ständig steigt.

Das für die Dorfwüstungen ermittelte Häufigkeitsdiagramm (Abb. 35) spiegelt somit etwa von 1200 an nicht primär die durch Überlieferungsmenge und -qualität bedingten Verhältnisse wider, sondern veranschaulicht die tatsächlichen Wüstungsmengen in den einzelnen Zeitstufen. Der durch die Überlieferungsmängel gegebene Verzerrungsfaktor ist nur gering zu veranschlagen. Entsprechendes gilt für alle anderen Wüstungsarten. Für die Zeit vor 1200 fallen umgekehrt die Überlieferungsmängel viel stärker ins Gewicht. Deshalb verlangen die Aussagen in diesem Teil der Häufigkeitsdiagramme bei allen Wüstungsarten eine wesentlich kritischere Interpretation.

2.8.2 Die Dorfwüstungen (Abb. 35)

Von den rund 450 ermittelten Dorfwüstungen des Untersuchungsgebietes gibt es zu 324 hinreichende Belege in den Schriftquellen oder archäologische Befunde, die eine Zuweisung zu den Zeitstufen gestatten. Für die verbleibenden 126, also für rund 28%

Die zeitliche Schichtung der Wüstungen 193

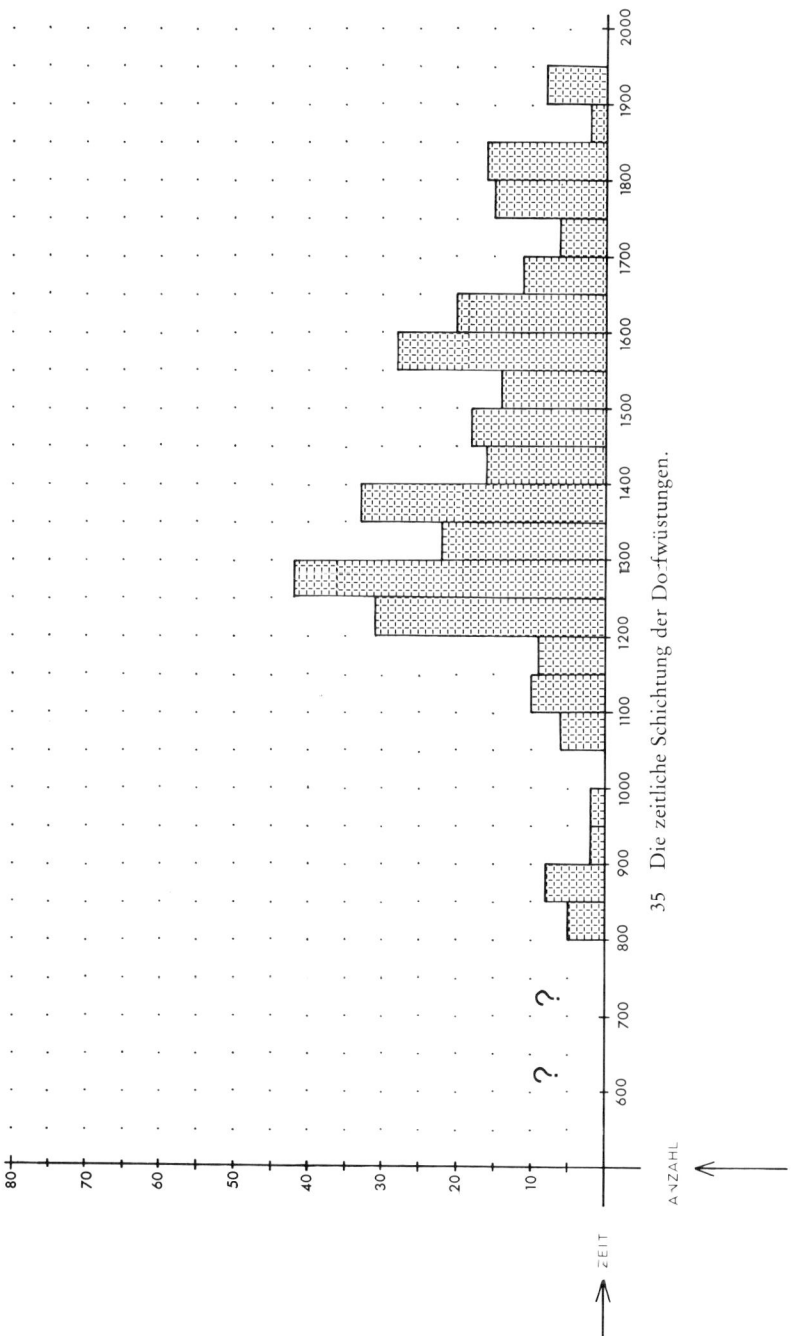

35 Die zeitliche Schichtung der Dorfwüstungen.

aller Dorfwüstungen, ist eine solche Einordnung unmöglich. Das Diagramm der Dorfwüstungen setzt mit der Zeit um etwa 800 ein. In der ersten Hälfte des 9. Jahrhunderts lassen sich bereits fünf Dorfwüstungen wahrscheinlich machen, Orte, die in diesem Zeitabschnitt zum letzten Male als bestehende Dörfer in den Schriftquellen erwähnt werden. Steigende Tendenz zum Wüstwerden ist in der zweiten Hälfte des 9. Jahrhunderts zu vermerken. Für mindestens acht Dörfer liegt die letzte Erwähnung oder aber die Enddatierung durch archäologische Funde innerhalb dieses zeitlichen Rahmens. Von etwa 900 an entwickeln sich die Dorfwüstungen rückläufig, und in der ersten Hälfte des 11. Jahrhunderts ließ sich im Untersuchungsgebiet keine einzige Wüstung nachweisen. Um diese Zeit findet offensichtlich eine erste Phase der Bildung von Dorfwüstungen, die das 9. und 10. Jahrhundert umfaßte, ihren Abschluß. Der Beginn dieser ersten Wüstungsperiode ist nicht leicht zu bestimmen. Die für das 7. und 8. Jahrhundert eingetragenen Fragezeichen im Diagramm drücken nicht etwa aus, daß hier jegliche Aussagen über die Bildung von Wüstungen unmöglich wären. Angesichts der archäologisch nachgewiesenen frühen Enddaten zahlreicher Siedlungen in Mitteleuropa[358] und der Entsprechungen von merowingerzeitlichen Gräberfeldern und Wüstungen[359] ist nicht daran zu zweifeln, daß auch in dem hier gewählten Untersuchungsgebiet Siedlungen vorhanden sind, die bereits während des 7. und 8. Jahrhunderts endeten. In dieser Beziehung verhalten sich die alfränkisch besiedelten Teile der Eifel höchstwahrscheinlich nicht anders als ihre Nachbargebiete. Doch liegt so gut wie keine der hinreichend ausgegrabenen und frühzeitig abgegangenen Siedlungen innerhalb des hier behandelten Raumes. Deshalb muß in einer die Eifel betreffenden Darstellung in diesem Punkte eine Unsicherheit bleiben. Man könnte an dieser Stelle sicher einige der von K. Böhner ermittelten 43 fränkischen Reihengräberfriedhöfe eintragen, denen keine noch bestehenden, sondern frühzeitig wüstgewordenen Siedlungen zuzuweisen sind[360]. Da sich aber der Charakter dieser frühen Wüstungen nicht näher ermitteln läßt, dürfen sie zu keiner bestimmten Wüstungsart gestellt werden. Ihre Bedeutung bleibt also noch zu unklar, als daß sie hier statistisch berücksichtigt werden könnten.

Nach etwa 1050 setzt erneut eine Wüstungsbildung ein. Sie führt während der ersten Hälfte des 12. Jahrhunderts zu einem kleinen Gipfel, sinkt zwischen 1150 und 1200 erneut ab, steigert sich dann aber ab etwa 1200 zu einem Höhepunkt, der zwischen 1250 und 1300 klar in Erscheinung tritt. Kein anderer Zeitabschnitt erbringt, wie das Diagramm zeigt, so viele Dorfwüstungen, wie derjenige zwischen etwa 1250 und 1300. Es überrascht vor allem das frühe Einsetzen der Wüstungen noch im 11. Jahrhundert sowie die Steigerung der Wüstungsrate während der ersten Hälfte des 12. Jahrhunderts. Parallelen dazu lassen sich unter anderem in Württemberg[361] und in Mähren[362]

---

[358] Vgl. oben Tabelle 1b mit den Nrn. 28, 29, 31, 32, 37, 41, 43 für das 7./8. Jarhundert und den Nrn. 30, 34, 38, 45–50, 54 für das 9. Jahrhundert.
[359] Vgl. oben S. 166 ff.
[360] K. Böhner wie Anm. 304.
[361] W. Abel (wie Anm. 35) 9 unter Bezugnahme auf D. Weber, Die Wüstungen in Württemberg. Stuttgarter Geogr. Studien, Heft 4/5 (Stuttgart 1927) 197–199 mit Anm.
[362] V. Nekuda, Zaniklé osady na Moravé v období feudalismu (Brno 1961). – Die dort veröffentlichte Kurve der Wüstungshäufigkeit in Mähren erschien nochmals in dem Ausstellungskatalog 'Versunkenes Leben', Forschungen in mittelalterlichen Siedlungen in der Tschechoslowakei, bearb. v. V. Nekuda (1968/69).

beobachten. Beide Gebiete verzeichnen während der ersten Hälfte des 12. Jahrhunderts einen kräftigen Anstieg der Wüstungsbildung. Sogar unter den archäologisch ermittelten Enddaten mittelalterlicher Siedlungen erscheinen einige in dieser Zeit entstandene Wüstungen[363]. Allerdings ist die Zahl der für die erste Hälfte des 12. Jahrhunderts ermittelten Enddaten gering, so daß auch vom archäologischen Material her der begrenzte Umfang dieser ersten hochmittelalterlichen Wüstungsphase unterstrichen wird.

Das Diagramm für die Dorfwüstungen enthält somit zwei Wüstungsperioden, die eindeutig vor der spätmittelalterlichen Wüstungsphase liegen. Die frühere von ihnen ist zwischen etwa 800 und 1000, die darauf nächstfolgende zwischen 1100 und 1200 anzusetzen. Schon während der ersten Hälfte des 13. Jahrhunderts steigt die Anzahl der Letzterwähnungen und damit auch der Wüstungen stark an. Bereits in der zweiten Hälfte des 13. Jahrhunderts kennzeichnet ein absoluter Höhepunkt die Entwicklung. In solcher Menge wie zu dieser Zeit lassen sich nirgends sonst Letzterwähnungen bzw. Wüstungen nachweisen. Damit erreicht die Bildung von Dorfwüstungen im Untersuchungsgebiet ihren Höhepunkt früher, als das in anderen Teilen Mitteleuropas zu beobachten ist. Auch die Gesamtentwicklung verläuft in der Eifel anders: Nach recht steilem Anstieg der Wüstungsraten vom 12. zum 13. Jahrhundert, bleiben die Werte während des 13. und 14. Jahrhunderts verhältnismäßig hoch. Erst ab 1400 sinken sie stark ab, und während des 15. und 16. Jahrhunderts wiederholen sich die Maximalwerte des 13. Jahrhunderts nicht mehr. Da die Überlieferungsmenge des 15./16. Jahrhunderts viel größer als die des 13./14. Jahrhunderts ist, kann der Rückgang der Wüstungsrate im späten Mittelalter nicht durch Lücken in den Schriftquellen bedingt sein, sondern er muß ein tatsächliches Absinken der Dorfwüstungen anzeigen.

Als Gegenbild der rheinischen Verhältnisse sei die Entwicklung in Mähren erwähnt. Hier zeigt die von V. Nekuda[364] erarbeitete Wüstungskurve von etwa 1100 bis um 1350 sehr langsamen Anstieg, auf weite Strecken sogar nur Konstanz der Wüstungsraten. Ein erster Kulminationspunkt liegt nicht, wie im Rheinland, im 13. Jahrhundert, sondern erst hundert Jahre später, in der zweiten Hälfte des 14. Jahrhunderts. Kurz vor 1500 erlebt die mährische Kurve ihren absoluten Höhepunkt. In Bezug auf dieses Maximum liegt Mähren um hundert Jahre hinter der rheinischen Entwicklung zurück. Dazu kommt weiterhin, daß im Rheinland das Maximum der Dorfwüstungen des Mittelalters sofort im ersten Anlauf erreicht wird, während ihm vorher in Mähren ein kleinerer Kulminationspunkt vorausgeht. Dieser Unterschied drückt eine andersartige Dynamik des Wüstungsprozesses in den hier verglichenen Landschaften aus. In der Eifel vollzieht er sich mit rasch ansteigender Intensität und strebt schon frühzeitig einem Höhepunkt zu, ohne einen davorliegenden ersten Kulminationspunkt erreicht zu haben. Nach dem Maximum vollzieht sich dann eine unregelmäßige, im ganzen aber doch rückläufige Entwicklung der Dorfwüstungen. Ganz anders in Mähren: Hier be-

---

[363] Vgl. oben Tabelle 1b mit den Nrn. 49, 53, 65, 66, 69, 77. Es handelt sich bei einem Teil dieser Siedlungen aber um temporäre Wüstungen.
[364] V. Nekuda (wie Anm. 362: Versunkenes Leben) 5. Es muß in diesem Zusammenhang darauf hingewiesen werden, daß selbstverständlich nicht die Amplitudenwerte der mährischen Kurve mit denjenigen der Eifel verglichen werden können. Vergleiche sind nur für die Zeitstellung der Höhe- und Tiefpunkte der Wüstungsbildung, also auf der Abszisse, möglich.

reitet sich der Anstieg langfristig vor. Dem ersten Kulminationspunkt folgt zunächst ein Rückgang, von dem aus es dann erst steil zum Maximum geht.

In zweierlei Hinsicht weichen die rheinischen Ergebnisse damit von anderen Gebieten ab. Die Dynamik der Wüstungsbildung während des hohen und späten Mittelalters ist anders, weil der Wüstungsprozeß im Rheinland bereits während des hohen Mittelalters starke Intensität erkennen läßt. Dazu kommt die Phasenverschiebung der beiden mittelalterlichen Kulminationspunkte der Wüstungsbildung. Das Rheinland geht darin anderen Gebieten um rund 100 Jahre voraus. Aus diesen neuen Resultaten ergibt sich, daß die Ursachen der verfrühten Wüstungsbildung im Rheinland nicht die gleichen gewesen sein können, wie diejenigen, die in anderen Landschaften die spätmittelalterlichen Wüstungsphasen bewirkten. Bei der Behandlung der Wüstungsursachen wird auf diesen Sachverhalt zurückzukommen sein.

Zwischen etwa 1400 und 1550 bleibt die Rate der Dorfwüstungen im Untersuchungsgebiet auf niedrigem Niveau verhältnismäßig konstant, wenn man von dem geringfügigen Anstieg zwischen 1450 und 1500 absieht. Ein dritter Kulminationspunkt liegt bei den Dorfwüstungen zwischen 1550 und 1600. Während der ersten Hälfte des 17. Jahrhunderts vollzieht sich der Rückgang nur langsam, so daß auch für diesen Zeitabschnitt noch zahlreiche Wüstungen angenommen werden müssen. Ein Tiefstand zwischen etwa 1700 und 1750 ist im Diagramm klar ausgeprägt. Gleichwohl wäre es nicht richtig, einen kontinuierlichen Rückgang der Dorfwüstungen von hier ab bis ins 20. Jahrhundert annehmen zu wollen. Zwischen 1750 und 1850 kommt es zu erneuter Steigerung der Wüstungsrate bei den Dorfwüstungen, die an Intensität der Entwicklung zwischen 1400 und 1550 kaum nachsteht. Einem Niedergang während der zweiten Hälfte des 19. Jahrhunderts folgt in der ersten Hälfte des 20. Jahrhunderts ein neuer Anstieg, der im wesentlichen jene verschwundenen Dörfer repräsentiert, die durch Industriebauten, Energiegewinnungsanlagen und militärische Projekte verlorengingen. Dieser Prozeß dauert bis heute noch an, wobei das Rheinland wegen seiner starken Industrialisierung besonders betroffen ist.

Auch im nachmittelalterlichen Teil unterscheidet sich das Diagramm der rheinischen Dorfwüstungen von der für Mähren gültigen Kurve. In Mähren klingt der starke Wüstungsvorgang, der kurz vor 1500 sein Maximum erreicht, nur sehr allmählich ab. Seine Auswirkungen bleiben bis um 1600 spürbar. Erst kurz nach 1600 erreicht die Kurve einen Tiefpunkt, der sich bei den rheinischen Dorfwüstungen gar nicht ausmachen läßt. Um 1650 ist in Mähren ein neuer Höhepunkt erreicht. Zeitlich fällt er mit der abnehmenden Tendenz der Dorfwüstungen im Rheinland zusammen. Man könnte daran denken, daß der für Mähren bezeichnende Höhepunkt um 1650 dem knapp 100 Jahre früher liegenden rheinischen Kulminationspunkt in der zweiten Hälfte des 16. Jahrhunderts entspricht, so daß die verfrühten Wüstungshöhepunkte des Rheinlandes während des Mittelalters auch in der frühen Neuzeit eine Entsprechung fänden. Aber ganz eindeutig ist das Voranschreiten des Rheinlandes in der Neuzeit nicht, vor allem, wenn man bedenkt, daß ab etwa 1700 überhaupt keine derartigen Zusammenhänge mehr erkennbar sind. Lediglich im Ansteigen der Wüstungsrate während der ersten Hälfte des 20. Jahrhunderts lassen sich zwischen den beiden Vergleichsräumen Beziehungen erkennen: Sie stimmen im erneuten Anstieg der Wüstungsbildung überein, vermutlich, weil die Ursachen dafür in beiden Gebieten die gleichen waren.

Aus dem Auf und Ab der Bildung von Dorfwüstungen in der Eifel schälen sich folgende Höhepunkte heraus: das 9. Jahrhundert mit dem Schwerpunkt in seiner zweiten Hälfte; die erste Hälfte des 12. Jahrhunderts; das 13. Jahrhundert mit dem Maximum in seiner zweiten Hälfte; die zweite Hälfte des 14. Jahrhunderts; die zweite Hälfte des 16. Jahrhunderts; die zweite Hälfte des 18. und die erste Hälfte des 19. Jahrhunderts und schließlich noch die erste Hälfte des 20. Jahrhunderts.

Ausgesprochen wüstungsarme Zeitabschnitte lassen sich wie folgt erkennen: die erste Hälfte des 11. Jahrhunderts; die zweite Hälfte des 17. und die erste Hälfte des 18. Jahrhunderts und die zweite Hälfte des 19. Jahrhunderts. Auch das gesamte 8. Jahrhundert, so ist nachzutragen, muß als wüstungsarme Periode gelten.

Bei den Dorfwüstungen stehen damit den sieben Wüstungshöhepunkten vier wüstungsarme Zeitabschnitte gegenüber.

2.8.3 Die Hofwüstungen (Abb. 36)

Von den insgesamt 336 im Untersuchungsgebiet nachweisbaren Hofwüstungen gestatten 280 Angaben darüber, wann sie zum letzten Male als bestehende Höfe oder wann sie schon als Wüstungen erwähnt werden. Wie die Darstellung der Hofwüstungen nach Zeitabschnitten auf Abbildung 36 zeigt, liegt das Maximum der Hofwüstungen in nachmittelalterlicher Zeit, also dort, wo von einem Mangel an schriftlicher Überlieferung nicht mehr gesprochen werden kann. Das Diagramm enthält also in noch viel größerem Maße als bei den Dorfwüstungen den Zeitpunkt des tatsächlichen Wüstwerdens.

Was für die frühen Dorfwüstungen der Merowingerzeit bereits ausgeführt wurde, gilt auch für die Einzelhöfe: Zu einigen der von K. Böhner in der Eifel zusammengestellten 43 bezugslosen fränkischen Reihengräberfeldern müssen sicher auch wüste Höfe gestellt werden[365]. Böhner hält diese zu fränkischen Gräberfeldern zu erschließenden Wüstungen sogar in der Mehrzahl für Einzelhöfe. Eine Klärung ist in dieser Frage solange nicht zu erwarten, wie noch keine der frühen Wüstungen des Untersuchungsgebietes ausgegraben worden ist. Auch die Zahl der möglicherweise schon in der Merowingerzeit vorhandenen Hofwüstungen läßt sich vorläufig nicht ermitteln. Deshalb muß das Diagramm für die Einzelhöfe notwendigerweise mit Fragezeichen beginnen. Aber schon kurz nach 800 sind die ersten Hofwüstungen nachzuweisen. Doch die in der ersten Hälfte des 9. Jahrhunderts erreichte Zahl ist sehr gering und fällt kaum ins Gewicht. In diesem Abschnitt der Zeittabelle müssen sicher noch die fehlenden Schriftquellen als Unsicherheitsfaktor in Rechnung gestellt werden. Das gilt auch noch für die nachfolgenden 250 Jahre von etwa 850–1100, in denen überhaupt keine Hofwüstungen zu verzeichnen sind. Dieser Befund ist zu einem Teil durch die schlechte Quellenlage bedingt. Erst mit der ersten Hälfte des 12. Jahrhunderts kann wieder von einem erkennbaren Anteil der Hofwüstungen gesprochen werden. Die weitere Entwicklung verläuft dann bis um 1200 negativ: Die Rate der Hofwüstungen nimmt, trotz zunehmender Quellenmenge, ab. Erst die zweite Hälfte des 13. Jahrhunderts bringt einen Anstieg der Hofwüstungen, der während der ersten Hälfte des 14.

---

[365] K. Böhner wie Anm. 304.

Jahrhunderts noch durch weiteren Zuwachs übertroffen wird. Die erste Hälfte des 14. Jahrhunderts erreicht das Maximum der Hofwüstungen während des Mittelalters überhaupt. Danach wird die Entwicklung bei den Hofwüstungen wieder rückläufig. Die erste Hälfte des 15. Jahrhunderts liefert einen neuen Tiefpunkt. Große Sprünge charakterisieren dann das 15.–17. Jahrhundert: hohe Anteile der Hofwüstungen in der zweiten Hälfte des 15. und des 16. Jahrhunderts, Tiefpunkte in der ersten Hälfte des 15., dann wieder in der ersten Hälfte des 16. Jahrhunderts. Nach 1600 fällt der Anteil der Hofwüstungen ab, und zwar kontinuierlich bis zur ersten Hälfte des 18. Jahrhunderts. Dabei ist bemerkenswert, daß der Höhepunkt der zweiten Hälfte des 16. Jahrhunderts zeitlich mit den religiösen Auseinandersetzungen um 1580 zusammenfällt und vielleicht von hierher eine Erklärung finden könnte. Andererseits ist der Dreißigjährige Krieg als eigenständige und signifikante Wüstungsperiode zu vermissen. Letzteres gilt auch für die Dorfwüstungen.

Fast vom Nullstand steigt die Rate der Hofwüstungen während der zweiten Hälfte des 18. Jahrhunderts zu Höhen an, die bis dahin noch nie erreicht worden waren. Unmittelbar auf diese hohe Wüstungsrate folgt während der ersten Hälfte des 19. Jahrhunderts das Maximum der neuzeitlichen Entwicklung bei den Hofwüstungen. Es liegt auf der Hand, hinter dieser enormen Wüstungsrate bei den Hofwüstungen besondere, in der Wirtschaftsentwicklung des 18./19. Jahrhunderts begründete Ursachen zu vermuten. Außerdem veränderten die starken Wüstungserscheinungen bei den Hofwüstungen in diesem Zeitabschnitt das gesamte Siedlungsbild, wie es aus dem Mittelalter überkommen war, von Grund auf.

Aus Mischgebieten von Dorf- und Hofsiedlung gingen auf diese Weise reine Dorfsiedlungsräume hervor, deren heutige Struktur über die früheren Verhältnisse hinwegtäuscht: Man hält sie irrtümlich für ursprüngliche Gebiete reiner Dorfsiedlung, ohne zu erkennen, daß sie erst durch den neuzeitlichen Ausfall der Hofsiedlung dazu geworden sind. Von diesem selektiven Wüstungsprozeß wurden die verschiedenen Teilgebiete der Eifel in unterschiedlichem Maße betroffen.

Während des 18. und des 19. Jahrhunderts kann keine Rede mehr davon sein, daß fehlende Schriftquellen den Kenntnisstand über die Hofwüstungen beeinträchtigen. Im Gegenteil: Die für diese beiden Jahrhunderte in der schriftlichen Überlieferung, insbesondere auch in historisch-topographischen Kartenwerken wie der Tranchot-Karte, greifbaren Wüstungen entsprechen voll und ganz der tatsächlichen Entwicklung der Wüstungsbildung.

Auch für den neuzeitlichen Höhepunkt der Hofwüstungen stellt sich selbstverständlich die Ursachenfrage. Nur soviel sei an dieser Stelle vorweggenommen: Der Abschluß der napoleonischen Kriege und die Einverleibung der linksrheinischen Rheinlande bildeten für die Agrarwirtschaft einen tiefen Einschnitt, mit dem Umstrukturierungen aller Art verbunden waren. Dazu kommen die Wandlungen, die die Angliederung des Rheinlandes an Preußen im Bereich der Agrarwirtschaft und schließlich auch die einsetzende Industrialisierung mit sich gebracht hatten. In diesen komplexen Zusammenhängen sind die Ursachen für die Hofwüstungen des 18./19. Jahrhunderts zu vermuten.

Die Bildung von Hofwüstungen hielt auch während der zweiten Hälfte des 19. Jahrhunderts an. Selbst während der ersten Hälfte des 20. Jahrhunderts setzt sich die einmal begonnene Entwicklung weiter fort.

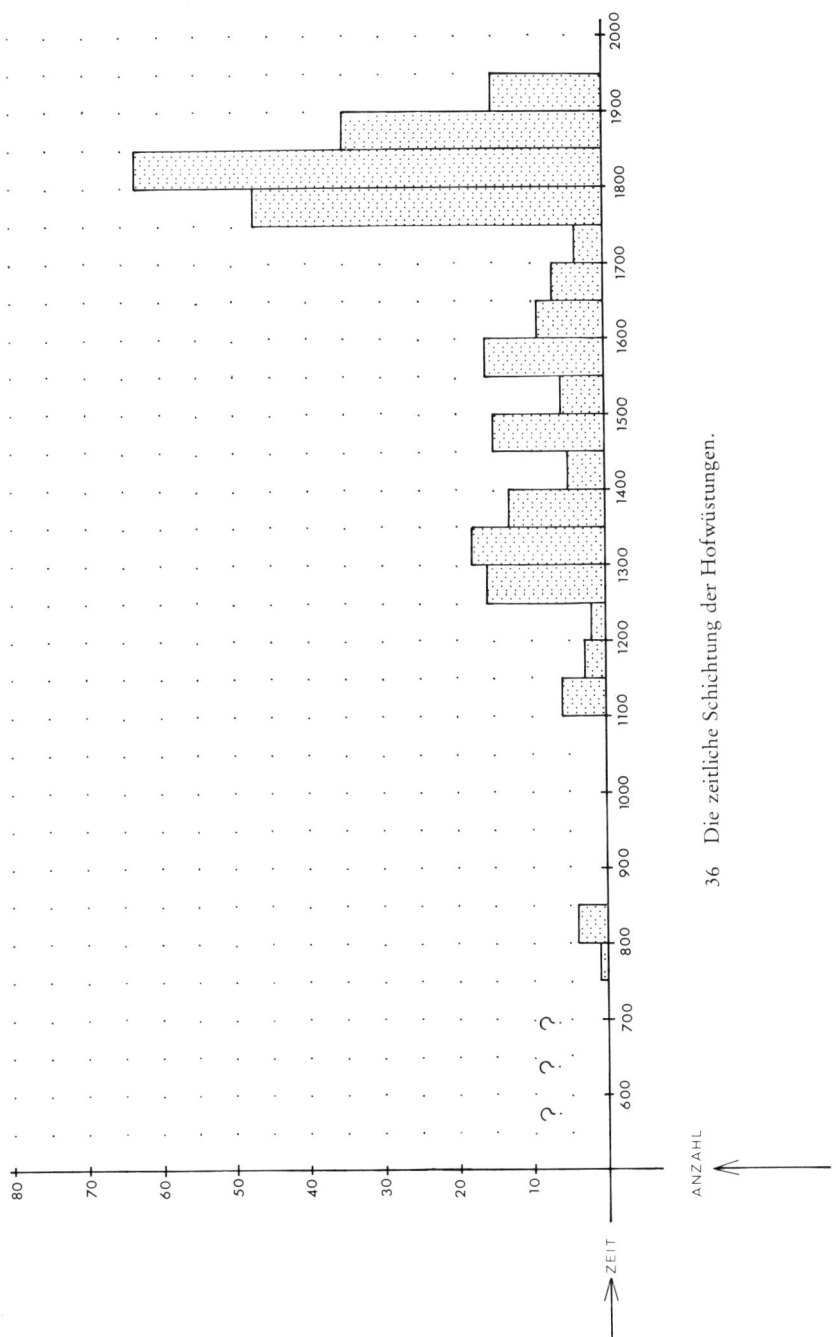

36 Die zeitliche Schichtung der Hofwüstungen.

Im Überblick zeigen die Hofwüstungen ein recht wechselhaftes Bild. Aus dem vielfachen Auf und Ab der Entwicklung lassen sich aber doch ausgesprochene Höhepunkte erkennen und wie folgt bestimmen: die erste Hälfte des 9. Jahrhunderts; die erste Hälfte des 12. Jahrhunderts; die erste Hälfte des 14. Jahrhunderts; die zweite Hälfte des 15. Jahrhunderts; die zweite Hälfte des 16. Jahrhunderts und schließlich die Zeit zwischen etwa 1750 und 1900, die das Maximum der Hofwüstungen während der ersten Hälfte des 19. Jahrhunderts einschließt.

2.8.4 Vergleichende Betrachtung von Dorf- und Hofwüstungen (Abb. 37)

Von den sechs verschiedenen Wüstungsarten, die in dieser Untersuchung parallel zueinander behandelt werden, stehen sich die Dorf- und die Hofwüstungen am nächsten, weil sie beide agrarische, also nicht gewerblich oder industriell spezialisierte Ansiedlungen darstellen, während alle anderen Formen von Wüstungen Sonderfälle der allgemeinen Besiedlung bilden. Wüste Dörfer und Höfe vertreten somit den bäuerlichen Anteil an der Gesamtbesiedlung. Sie lassen sich in ihrer Entwicklung unmittelbar miteinander vergleichen. Deshalb soll zunächst versucht werden, übereinstimmende Züge in der Entwicklung dieser beiden Wüstungsarten zu finden. Eine zeitlich übereinstimmende Wüstungsphase beider darf in der späten Merowingerzeit vermutet werden, ohne daß sie sich gegenwärtig näher präzisieren läßt. Den ersten gut greifbaren gemeinsamen Höhepunkt weisen beide Wüstungsarten in der ersten Hälfte des 12. Jahrhunderts auf. Ein weiterer Höhepunkt ist in der zweiten Hälfte des 16. Jahrhunderts zu erkennen, an dem allerdings die Hofwüstungen in geringerem Umfange als die Dorfwüstungen teilhaben. Allgemein erscheinen Hofwüstungen an den Punkten gleichartiger Tendenzen seltener als Dorfwüstungen.

Gemeinsame Entwicklungen bei den beiden Wüstungsarten sind demnach verhältnismäßig selten festzustellen. Gravierender fallen die Divergenzen der beiderseitigen Entwicklung ins Gewicht: Die Dorfwüstungen erleben ihr Maximum während der zweiten Hälfte des 13. Jahrhunderts; im Gegensatz dazu ist bei den Hofwüstungen in diesem Zeitabschnitt noch kein Höhepunkt vorhanden. Er folgt erst in der ersten Hälfte des 14. Jahrhunderts und bedeutet hier keineswegs das Maximum. Die Dorfwüstungen erreichen einen weiteren Gipfel in der zweiten Hälfte des 14. Jahrhunderts; zur gleichen Zeit zeigen die Hofwüstungen fallende Tendenz, doch fällt bei ihnen ein erneuter Anstieg während der zweiten Hälfte des 15. Jahrhunderts mit einer bescheidenen Zunahme der Dorfwüstungen zusammen. Der um 1750 einsetzende Anstieg bei Dorf- und Hofwüstungen deutet nur scheinbar eine gleichgerichtete Entwicklung an. In Wirklichkeit übertrifft die Rate der Hofwüstungen zwischen 1750 und 1850 die der Dorfwüstungen um ein Mehrfaches. Hier zeigt sich deutlich ein ganz andersartiges Verhalten der Hofwüstungen, die in erster Linie den neuzeitlichen Wüstungsprozeß im Untersuchungsgebiet repräsentieren.

Das Verhältnis von Dorf- und Hofwüstungen wandelt sich also im Laufe der Jahrhunderte mehrfach. Dieser Wandel aber gestattet Einblicke in die Natur der Wüstungsbildung in der Eifel. Zunächst fällt auf, daß im Hochmittelalter der Gipfel der Hofwüstungen um rund 50 Jahre hinter dem der Dorfwüstungen zurückbleibt. Im späten Mittelalter beträgt die Divergenz sogar 100 Jahre. Aber der Umfang dieser Verschiebungen berechtigt noch keineswegs dazu, von unabhängigen Wüstungsperioden bei

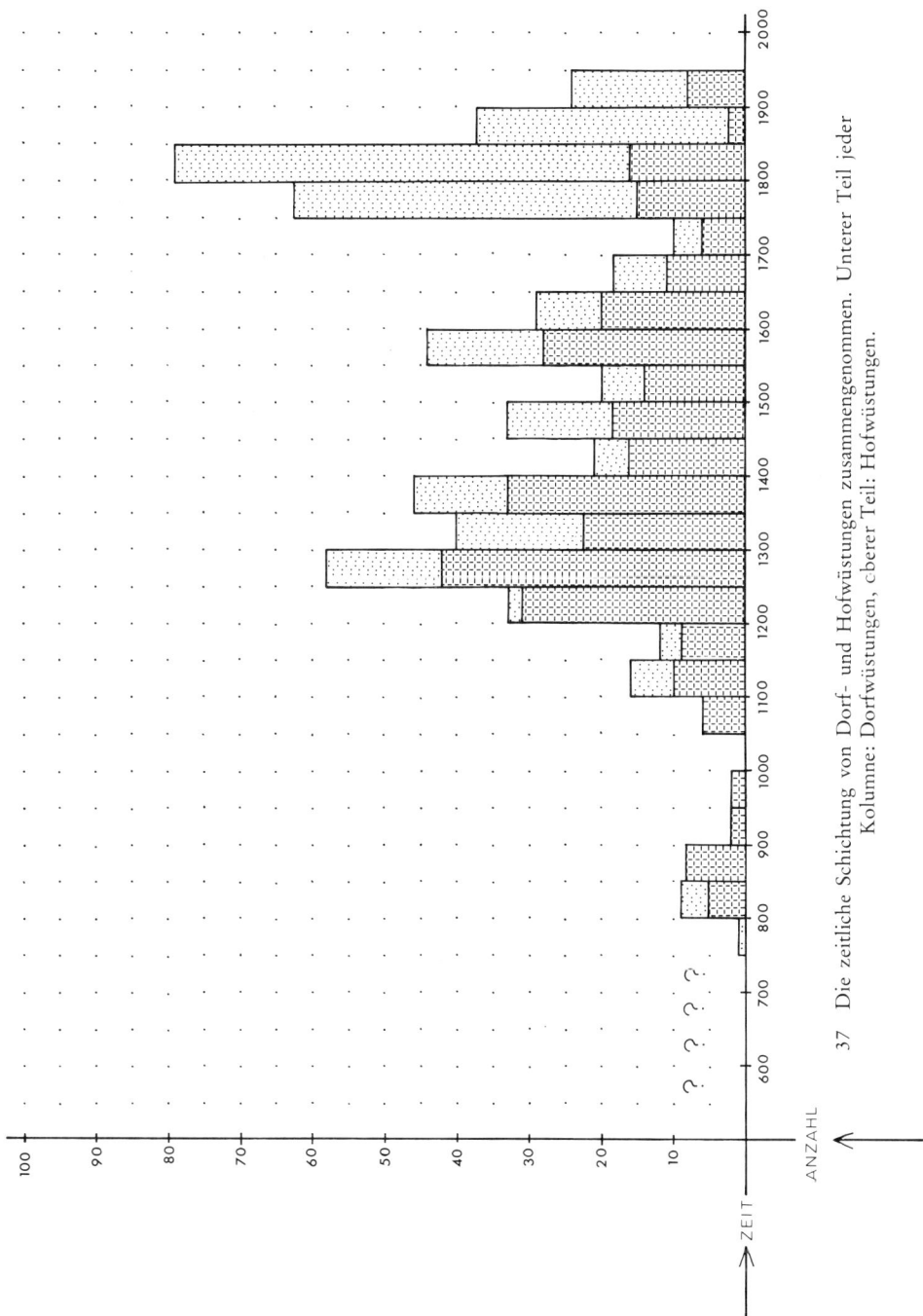

37 Die zeitliche Schichtung von Dorf- und Hofwüstungen zusammengenommen. Unterer Teil jeder Kolumne: Dorfwüstungen, oberer Teil: Hofwüstungen.

Dorf- und Hofwüstungen zu sprechen. Die Verschiebungen umfassen jeweils nur 50 bis 100 Jahre und überschneiden sich außerdem noch teilweise. Deshalb müssen die hoch- und spätmittelalterlichen Gipfel bei Dorf- und Hofwüstungen einander zugeordnet werden, denn sie stehen ja offensichtlich miteinander in Verbindung. Der Wüstungshöhepunkt bei den Dörfern in der zweiten Hälfte des 13. Jahrhunderts entspricht also demjenigen bei den Einzelhöfen in der ersten Hälfte des 14. Jahrhunderts. Weiterhin korrespondiert mit dem Höhepunkt bei den Dörfern in der zweiten Hälfte des 14. Jahrhunderts derjenige der Höfe während der zweiten Hälfte des 15. Jahrhunderts. Das bedeutet: In beiden Fällen verändert der Wüstungsprozeß innerhalb einer Wüstungsperiode sein Gesicht. Er setzt jeweils mit den Dorfwüstungen ein, die zunächst in hoher Zahl entstehen, bald aber zurückgehen. Dann tritt an ihre Stelle eine steigende Tendenz bei den Hofwüstungen, auf die sich, mit einem gewissen zeitlichen Abstand zwar, offensichtlich das Wüstungsgeschehen verlagert. Die Hofwüstungen erweisen sich demnach als Fortsetzung der ihnen zeitlich um einiges vorauslaufenden Bildung von Dorfwüstungen. Es handelt sich aber im ganzen gesehen um die gleiche Wüstungsperiode.

Wenn Dorf- und Hofwüstungen den Ausdruck großer einheitlicher Wüstungsperioden darstellen, wie dies dem Gesagten zufolge sehr wahrscheinlich ist, so verbietet es sich nicht, die Anteile der beiden Wüstungsarten zu addieren und im Zusammenhang zu betrachten. Die Addition der Wüstungszahlen von Dörfern und Höfen enthält Abbildung 37. Sie unterstreicht die bereits in den Einzeldiagrammen für Dörfer und Höfe charakteristischen Höhepunkte der Wüstungsbildung, so daß insgesamt fünf große Wüstungsperioden bei den beiden Wüstungsarten des agrarischen Produktionssektors zu unterscheiden sind:

1. Die frühmittelalterliche Wüstungsbildung des 7./8. Jahrhunderts, die zwar nicht im Diagramm erscheint, die aber auf Grund der Ausgrabungsergebnisse wahrscheinlich gemacht werden kann.
2. Die Wüstungsbildung des 9. Jahrhunderts, deren Existenz zwar unzweifelhaft ist, von der sich aber wegen Quellenmangels nicht sagen läßt, wie stark sie ausgeprägt war.
3. Die Wüstungsperiode des 12./13. Jahrhunderts, die nach einem zwischenzeitlichen Abfall während der ersten Hälfte des 14. Jahrhunderts in den neuen Höhepunkt der zweiten Hälfte des 14. Jahrhunderts übergeht.
4. Die spätmittelalterliche Wüstungsperiode der zweiten Hälfte des 15. Jahrhunderts, die mit derjenigen der zweiten Hälfte des 16. Jahrhunderts zusammenhängt.
5. Die neuzeitliche Wüstungsbildung von der zweiten Hälfte des 18. bis zur ersten Hälfte des 20. Jahrhunderts.

Zwischen dem gemeinsamen Diagramm (Abb. 37) und den Einzeldiagrammen für Dorf- (Abb. 35) und Hofwüstungen (Abb. 36) bestehen in einzelnen Abschnitten gewisse Divergenzen. So fällt der Rückgang der Dorfwüstungen zwischen 1300 und 1350 mit einem Gipfel der Hofwüstungen im gleichen Zeitabschnitt zusammen. Das gemeinsame Diagramm aber zeigt hier eine Abflachung des Rückgangs der Dorfwüstungen. Sie gibt einen deutlichen Hinweis darauf, daß die beiden mittelalterlichen Gipfel in Wahrheit Ausdruck eines einzigen, zwischenzeitlich nur geringfügig rückläufigen Wüstungsprozesses sind. Sehr scharf hebt sich auch der Verlauf des gemeinsamen Diagramms zwischen 1750 und 1950 vom Einzeldiagramm für die Dorfwüstungen ab. Es war bereits davon die Rede, daß am neuzeitlichen Wüstungsmaximum des gemeinsamen Diagramms weniger die Dörfer, sondern in erster Linie die Höfe beteiligt sind.

Schließlich wirft das gemeinsame Diagramm noch ein Licht auf die Verhältnisse des späten 16. sowie der ersten Hälfte des 17. Jahrhunderts. In diesem Abschnitt der religiösen Auseinandersetzungen, die ganz Europa erfaßt hatten, spielten Dorfwüstungen, wie bereits gezeigt wurde, nur eine untergeordnete Rolle. Gleichwohl erscheint im gemeinsamen Diagramm eine erhebliche Wüstungsrate, die vor allem auf den hohen Anteil der Hofwüstungen zurückzuführen ist. Hier zeigt sich ohne Zweifel ein Zusammenhang der Wüstungsbildung mit gleichzeitigen kriegerischen Auseinandersetzungen, der von einigen Autoren bisher immer für unwesentlich angesehen wurde. Nicht weniger als der zeitliche Ablauf im einzelnen interessieren hier die Ergebnisse, die sich für die siedlungsgeschichtliche Gesamtinterpretation der Diagramme abzeichnen. Zunächst ist festzustellen, daß die Siedlungsentwicklung, soweit sie sich in der Bildung von Wüstungen widerspiegelt, als ein außerordentlich dynamischer Vorgang abläuft, der von vielen Höhen und Tiefen begleitet ist. Ordnet man jedem der Zeitabschnitte von 50 Jahren, in die sich die Diagramme gliedern, jeweils ein eigenes Siedlungsbild zu, so muß dieses Siedlungsbild in jedem halben Jahrhundert anders ausgesehen haben. Zu keiner Zeit war der Bestand an Siedlungen konstant. Er änderte sich laufend, und, abgesehen von der Quellenlage, läßt sich dieser Wandel um so genauer und differenzierter erfassen, je enger die zeitlichen Schnitte der Untersuchungen angesetzt werden. Im Rahmen der hier vorgelegten Arbeit wurde ein verhältnismäßig grobmaschiges chronologisches Gliederungsschema gewählt. Aber selbst Abstände von 50 Jahren gestatten es, die Dynamik der Siedlungsentwicklung herauszuarbeiten. Auf eine kurze Formel gebracht lautet das Resultat der chronologischen Differenzierung der Eifelwüstungen: Die Bildung von Wüstungen gab es hier zu jeder Zeit, nur in unterschiedlicher Intensität.

Das zweite wichtige Ergebnis des gemeinsamen Diagramms besteht in der Entdeckung des neuzeitlichen Wüstungsmaximums. Rechnet man allein nach der Zahl der Wohnplätze, also unabhängig von den darin lebenden Bevölkerungsmengen, so übertrifft das neuzeitliche Wüstungsmaximum die Höhepunkte des hohen und späten Mittelalters beträchtlich. Dieser neuzeitliche Verlust an Wohnplätzen erreicht so hohe Werte, daß die Überprüfung einer vielzitierten These angezeigt ist. Im allgemeinen gehen siedlungsgeschichtliche Studien davon aus, daß der neuzeitliche Bestand an Siedlungen direkt auf das am Ausgang des Mittelalters, nach dem Ende der spätmittelalterlichen Wüstungsperiode erreichte Siedlungsbild zurückzuführen sei. Dieses enthalte, so wird angenommen, bereits alle wesentlichen und typischen Elemente des neuzeitlichen Siedlungsbildes. Bezogen auf den Bestand an geschlossenen Dörfern mag dies mehr oder weniger zutreffen. Hinsichtlich der Einzelhöfe aber widerlegt das gemeinsame Diagramm eindeutig diesen Schluß. Hier vollziehen sich die schwerwiegenden Änderungen nicht nur im Mittelalter, sondern vor allem in der Neuzeit. Demnach kann das Siedlungsbild, wie es etwa vor Beginn der industriellen Revolution in älteren Kartenwerken überliefert ist, auf keinen Fall auch nur annähernd das gleiche sein, wie am Ausgang des Mittelalters oder in der frühen Neuzeit. Dem spätmittelalterlich-frühneuzeitlichen Siedlungsbestand wuchsen wichtige neue Komponenten zu. Sie bestehen einerseits in den Neugründungen während des absolutistischen Zeitalters, andererseits aber im Verlust an Wohnplätzen zwischen 1750 und 1950. Beide Faktoren zusammengenommen bestimmen die nachmittelalterliche Siedlungsentwicklung, die ein ganz neues Siedlungsbild hervorgebracht hat.

2.8.5 Korrekturhinweise

Alle Diagramme zur zeitlichen Schichtung der Wüstungsvorgänge in der Eifel enthalten Fehlerquellen, die durch den unterschiedlichen Forschungsstand in den Teilgebieten der Eifel bedingt sind. Sie wirken sich in zweifacher Hinsicht aus: einerseits auf die Anzahl der bekannten Wüstungen, andererseits auf die Genauigkeit in der Bestimmung des Wüstungszeitpunktes. Es erscheint deshalb nützlich, das für alle Kreise gültige gemeinsame Diagramm von Dorf- und Hofwüstungen (Abb. 37) mit einem entsprechenden Diagramm für einen einzigen Kreis mit gutem Forschungsstand zu konfrontieren. Ein solcher gut untersuchter Kreis ist sowohl in Bezug auf die Schriftquellen als auch hinsichtlich der archäologischen Befunde der Kreis Bonn, zu dem noch das Stadtgebiet von Bonn kommt. Sein Diagramm zeigen die Abbildungen 38a und b. Die Anzahl der in diesem Raum nachgewiesenen Wüstungen, die sich in den Amplitudenwerten ausdrückt, braucht hier nicht besprochen zu werden, denn sie ist bereits in dem für alle Kreise gültigen gemeinsamen Diagramm von Dorf- und Hofwüstungen (Abb. 37) enthalten. Wohl aber können von den Verhältnissen im gut untersuchten Kreis Bonn Korrekturhinweise auf die zeitliche Stellung der Wüstungshöhepunkte und -tiefpunkte erwartet werden. Dazu sind die Abbildungen 37 und 38 zu vergleichen. Übereinstimmung weisen beide in der Lage einer Wüstungsperiode im 9. Jahrhundert, im frühzeitigen Einsetzen der Wüstungsbildung bereits vor 1200, hinsichtlich eines Wüstungshöhepunktes in der zweiten Hälfte des 16. Jahrhunderts und in Bezug auf die Wüstungsperiode während der ersten Hälfte des 19. Jahrhunderts auf. Aber es sind auch Abweichungen festzustellen. So fällt auf, daß das mittelalterliche Wüstungsmaximum in dem für den Bonner Raum gültigen Diagramm gegenüber dem für alle Kreise ermittelten Diagramm um etwa 50 Jahre zum späten Mittelalter hin verschoben ist: Es liegt in der ersten Hälfte des 14. Jahrhunderts und nicht mehr in der zweiten Hälfte des 13. Jahrhunderts. Dieser Unterschied betrifft die Genauigkeit in der Bestimmung der Wüstungszeitpunkte. Sie ist im Bonner Gebiet, nicht zuletzt auch wegen der archäologischen Ergebnisse, höher anzusetzen, als in manchen anderen Teilgebieten der Eifel. Es stellt sich deshalb die grundsätzliche Frage, ob nicht auch noch für das 13. und 14. Jahrhundert die Überlieferung an Schriftquellen so lückenhaft beschaffen ist, daß die hier gewählten 50-Jahre-Abstände des Diagramms besser als 100-Jahre-Abschnitte hätten ausgewiesen werden müssen. Das würde bedeuten, daß während des 13. und 14. Jahrhunderts die Mehrzahl der Dorf- und Hofwüstungen noch länger als 50 Jahre nach ihrer Letzterwähnung Bestand gehabt hätte, ohne nochmals in den Schriftquellen aufzutauchen. Diese Frage läßt sich nicht abschließend klären. Die besonderen Verhältnisse im gut untersuchten Bonner Raum mahnen jedoch zur Vorsicht hinsichtlich der zeitlichen Fixierung des mittelalterlichen Wüstungsmaximums in zu eng begrenzten Abständen. Der Vergleich der Abbildungen 37 und 38 verdeutlicht, daß die hohen Wüstungsanteile zwischen 1200 und 1400 eine einzige große Wüstungsperiode repräsentieren, deren Maximum sich gebietsweise, wie im Bonner Raum, verschieben kann. Um seinen Zeitpunkt für das gesamte Untersuchungsgebiet endgültig zu bestimmen,

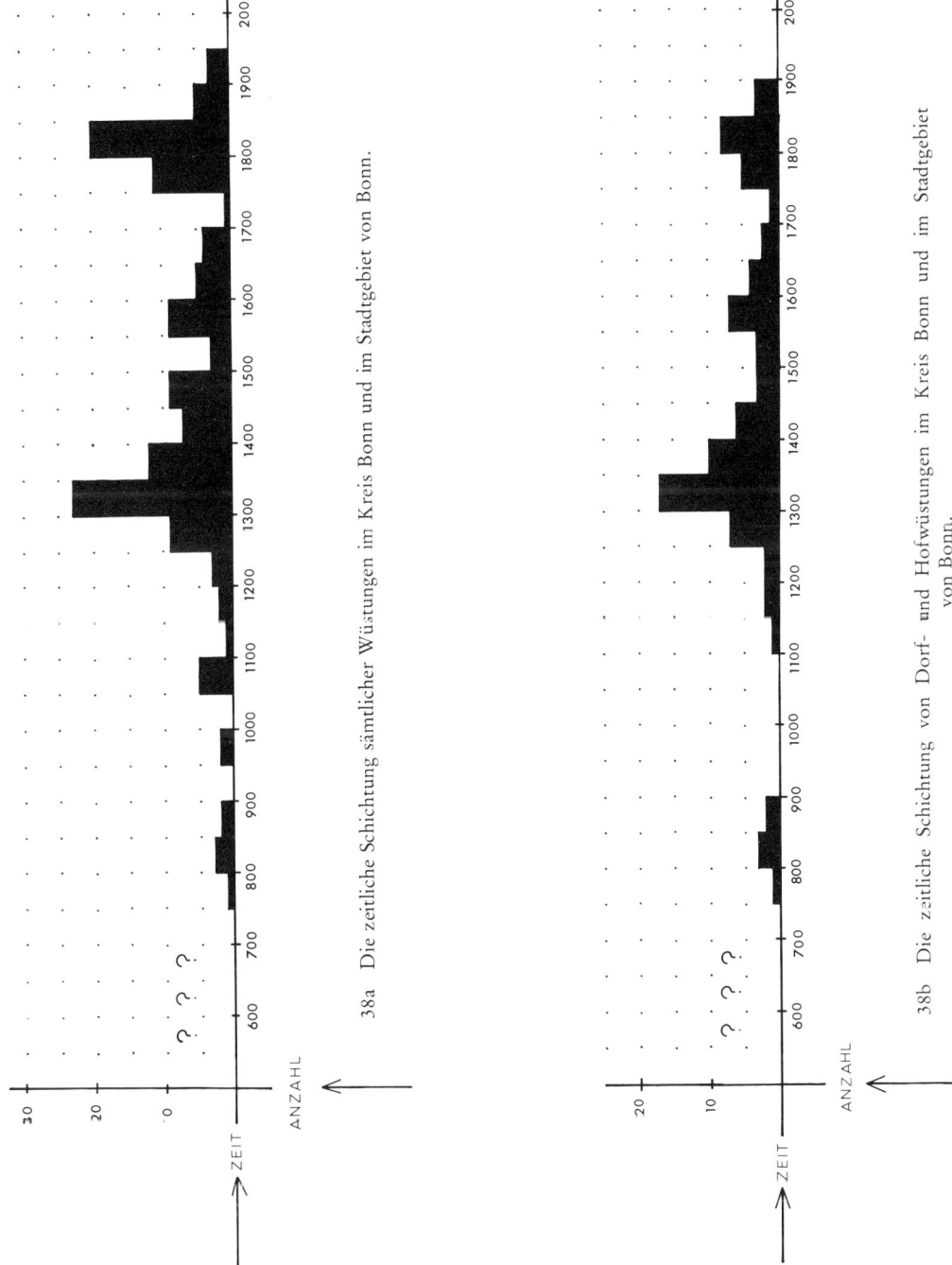

38a Die zeitliche Schichtung sämtlicher Wüstungen im Kreis Bonn und im Stadtgebiet von Bonn.

38b Die zeitliche Schichtung von Dorf- und Hofwüstungen im Kreis Bonn und im Stadtgebiet von Bonn.

bedarf es weiterer Einzeldiagramme für gut erforschte Teilgebiete, die vorerst nicht möglich sind.

Eine andere Abweichung des Bonner Diagramms darf nicht überschätzt werden: die Lage des absoluten Wüstungshöhepunktes in der ersten Hälfte des 14. Jahrhunderts, statt, wie im gemeinsamen Diagramm aller Kreise, in der ersten Hälfte des 19. Jahrhunderts. Dieser Unterschied bedeutet lediglich, daß der Bonner Raum an der Bildung von Hofwüstungen während der ersten Hälfte des 19. Jahrhunderts nicht so stark teilnimmt.

2.8.6 Wüste Mühlen (Abb. 39)

Ein Blick auf das Diagramm in Abbildung 39 lehrt, daß hinsichtlich der wüsten Mühlen kaum gesicherte Aussagen möglich sind. Bedingt durch die gravierenden Mängel der Quellenlage, die im gesamten Mittelalter und selbst noch in der frühen Neuzeit bestehen, können hier nur einige Bemerkungen zur Entwicklung der Mühlenwüstungen während des 18.–20. Jahrhunderts angeführt werden. Ob wüste Mühlen während der zweiten Hälfte des 13. Jahrhunderts, im 15. Jahrhundert und zwischen etwa 1600 und 1750 in größerer Zahl vorhanden waren, läßt sich nach den im Diagramm ausgewiesenen Anteilen nicht beurteilen. Diese dürften in der Tat überlieferungsbedingt sein. Gleichwohl fallen die bescheidenen Anteile an Mühlenwüstungen in den genannten Zeitabschnitten mit Wüstungsperioden der Dorf- und Hofwüstungen zusammen, so daß sie möglicherweise den gleichen Trend, die gleichen Wüstungsperioden wie dort repräsentieren. Über die mittelalterliche Mühlenwirtschaft ist bisher wenig bekannt. In den Urkunden des hohen und späten Mittelalters treten zwar vielfach Mühlen im Zusammenhang mit Burgen, Klöstern, Höfen oder Dörfern auf, doch ist es meist sehr schwierig zu beurteilen, ob und wann sie wüst wurden. Viele Mühlen überlebten den hoch- und spätmittelalterlichen Wüstungsprozeß auch dann, wenn ihnen der wirtschaftliche Bezugspunkt in Form eines Dorfes oder einer Burg durch Wüstwerden längst entzogen war. Mühlen pflegten überdies oft ihre Namen zu wechseln, wenn sie in die Hände eines anderen Besitzers gelangten. Auch mehrere nebeneinander verwendete Namen für Mühlen kommen vor. Im ganzen kennzeichnen also erhebliche Unsicherheiten das Problem der wüsten Mühlen. Erst für die Neuzeit sind sichere Aussagen möglich.

Eine unentbehrliche Quelle zur Frage der Mühlenwirtschaft bildet die Tranchot-Karte, der ein großer Teil der Angaben für das ausgehende 18. und das gesamte 19. Jahrhundert entnommen wurde. Wie bei den Dorfwüstungen und den Hofwüstungen verzeichnet das Diagramm der wüsten Mühlen für das frühe 18. Jahrhundert nur geringe Wüstungsraten. Die zweite Hälfte des 18. Jahrhunderts bringt dann einen begrenzten Anstieg der Mühlenwüstungen, der sich in der ersten Hälfte des 19. Jahrhunderts zu einem überragenden Höhepunkt steigert. Man kann ohne Übertreibung das 19. Jahrhundert als die große Zeit des Mühlensterbens bezeichnen. Die Zahl der wüstgewordenen Mühlen dürfte zu jener Zeit die der noch in Betrieb befindlichen überstiegen haben. Seit aber 1850 sinkt dann die Rate der Mühlenwüstungen rasch ab.

Es ist bezeichnend, daß das Maximum der Mühlenwüstungen in der Neuzeit mit dem der Hofwüstungen zusammenfällt. Betrachtet man die Mühlen als spezialisierte Form

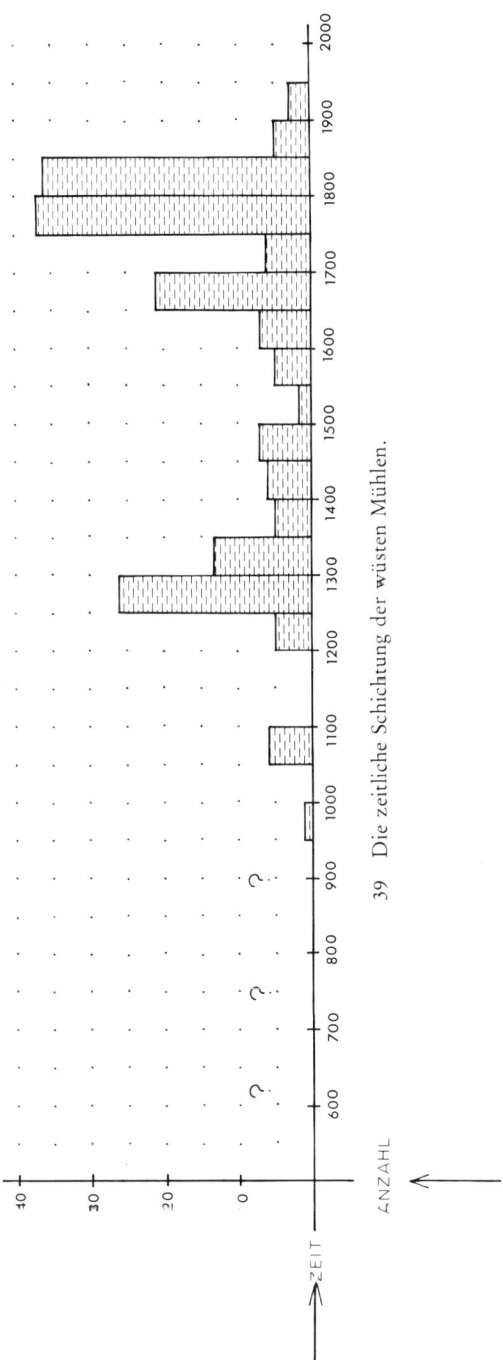

39 Die zeitliche Schichtung der wüsten Mühlen.

des Einzelhofes, so kann dies kaum verwundern. Die Ursachen für die Wüstungsbildung bei den Mühlen sind wahrscheinlich in Wandlungen der Energiewirtschaft zu suchen, die traditionelle Energiequellen wie die Wasserkraft überflüssig machten und andere Energiequellen an ihre Stelle treten ließen.

2.8.7 Wüste Wehranlagen (Abb. 40)

In besonderem Maße spiegelt sich im Schicksal der Wehranlagen das politische Schicksal der Landschaften, zu deren Schutz sie angelegt waren. Burgen bildeten die Zielpunkte militärischer Aktionen. Sie standen im Mittelpunkt des Geschehens, wenn es um den Besitz von Ländereien oder gar eines ganzen Territoriums ging. Im historischen Schicksal der Burgen manifestiert sich in besonderer Weise das Wechselspiel von Krieg und Frieden, von Zerstörung und Wiederaufbau. Wenn überhaupt eine der hier behandelten Wüstungsarten vom Verlauf kriegerischer Ereignisse maßgeblich beeinflußt wurde, so ist es die Gruppe der Wehranlagen. Sie dienen also als Gradmesser für den Anteil von Fehden und Kriegen an den Ursachen für die Wüstungsbildung. Unter dem Sammelbegriff der Wehranlagen verbergen sich verschiedene Formen von Burgen. Er schließt sowohl die frühgeschichtlichen Ringwälle und Abschnittsbefestigungen und die Niederungsburgen vom Motten-Typus, als auch die hoch- und spätmittelalterlichen Dynastenburgen und die Wasserburgen ein. Die meisten von ihnen gingen im Zuge kriegerischer Verwicklungen unter. Andere Ursachen sind nur selten zu erkennen. Das Diagramm in Abbildung 40 veranschaulicht die chronologische Entwicklung der wüsten Wehranlagen. Vom 7.–9. Jahrhundert sind kaum Aussagen möglich, obgleich die Weiterbenutzung der römerzeitlichen Stadtumwehrungen, Kastelle und Festungen mindestens noch bis ins 9. und 10. Jahrhundert hineinreicht. Nach wie vor ist unbewiesen, daß die Franken selbst Befestigungen errichtet haben. Die literarisch belegte Burg des Trierer Bischofs Nicetius[366] ist bis heute nicht mit hinreichender Sicherheit lokalisiert worden. Deshalb läßt sich auch nicht beurteilen, ob es sich dabei um eine in fränkischer Zeit von den Franken neu erbaute Anlage oder aber, was wahrscheinlicher ist, um eine weiterbenutzte römische Wehranlage handelt.

Da im fränkischen Siedlungsbereich das Aussehen von Siedlungen noch weitgehend unbekannt und die Frage, ob sie befestigt waren oder nicht, noch völlig offen ist, lassen sich im Hinblick auf mögliche Dorfbefestigungen, wie sie im hohen und späten Mittelalter anzutreffen sind, keine Angaben machen. Schließlich muß auch das Problem der fränkischen Curtes ganz außer Betracht bleiben, weil es sich – ohnehin räumlich auf die von den Franken eroberten Gebiete begrenzt – zunehmend als eine Fiktion erwiesen hat[367].

In der Eifel und im mittleren Rheintal beginnt das frühgeschichtliche Befestigungswesen mit den Ring- und Abschnittswällen des 10.–12. Jahrhunderts[368]. Obgleich dieser Typus von Wehranlage bereits eine lange Tradition in vorgeschichtlicher Zeit besitzt

---

[366] Zur Burg des Nicetius vgl. K. Böhner, Trierer Land (wie Anm. 300) Bd. 1, 300 ff.
[367] Zum Problem der fränkischen Curtis zuletzt: H. Hinz, Die Stellung der Curtes innerhalb des karolingischen Wehrbaus. Germania 45, 1967, 130–142 mit der älteren Literatur. Dazu ferner: R. v. Uslar, Abschied von der Curtis. In: Siedlung, Burg und Stadt. Studien zu ihren Anfängen. Deutsche Akad. d. Wissensch. zu Berlin, Schriften der Sektion f. Vor- und Frühgesch. Bd. 25 (Berlin 1969) 153–156.
[368] Die wichtigste Literatur zu den Bergischen Ringwällen ist in Anm. 138 zusammengestellt.

Die zeitliche Schichtung der Wüstungen

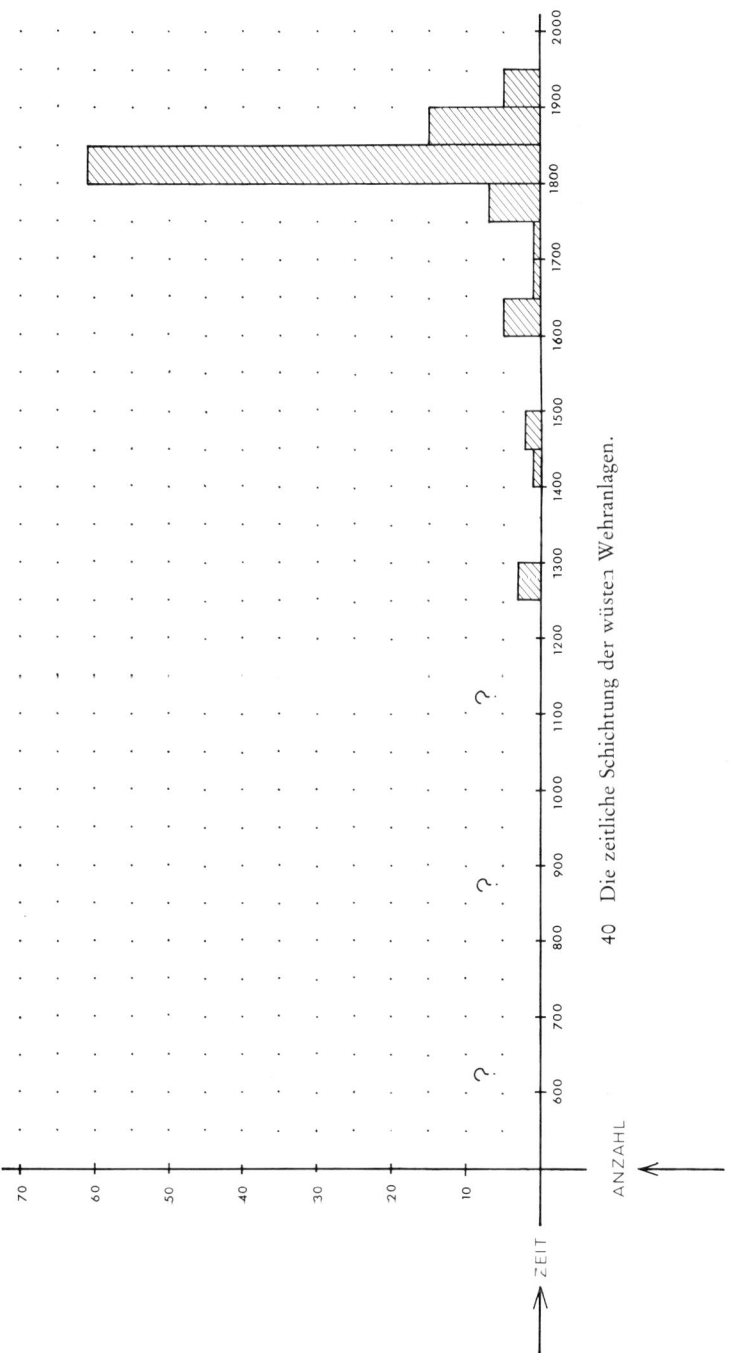

40 Die zeitliche Schichtung der wüsten Wehranlagen.

und selbst die frühmittelalterlichen Vertreter dieser Gruppe in ganz verschiedene Zeitabschnitte des frühen und hohen Mittelalters gehören, ist noch immer die Ansicht zu vernehmen, die Entstehung dieser weiträumigen Burgen lasse sich mit aktuellen politischen Ereignissen wie den Normanneneinfällen oder den Ungarnvorstößen verbinden. Diese für einzelne Fälle möglicherweise zutreffende Interpretation scheint unausrottbar zu sein. Sie will nicht wahrhaben, daß eine solche Wehranlage nicht nur gegen äußere Feinde wie Normannen und Ungarn, sondern ebenso auch gegen den nächstbenachbarten, feindlich gesonnenen Machthaber gerichtet sein konnte, vor dem man sich schützen mußte. Voraussetzung für eine Erklärung der frühgeschichtlichen Ringwälle als Antwort auf äußere Bedrohung wäre doch auch, daß mit Hilfe archäologischer Funde einmal eine solche Anlage präzise in die Zeit der Normanneneinfälle oder der Ungarnstürme datiert würde. Die bisherigen Erfahrungen haben jedoch gezeigt, daß Anlagen vom Ringwall-Typus noch im hohen, gelegentlich sogar im späten Mittelalter benutzt oder gar erbaut worden sind.

Karolingerzeitliche Benutzung läßt sich inzwischen für die Alte Burg im Quecken bei Münstereifel mit Sicherheit nachweisen (EU 71). Dieser frühe Burgentyp findet in den Ringwällen auf dem Pastoratsberg bei Essen-Werden eine Entsprechung. Die Anlage von Münstereifel stellt also keinen Einzelfall dar, sondern fügt sich in eine kleine, aber deutlich ausgeprägte Gruppe gleichzeitiger und mit ähnlichen Funktionen ausgestatteter Burgen im innerfränkischen Siedlungsgebiet ein. Insofern repräsentiert der kaum wahrnehmbare Anteil wüster Wehranlagen in Abbildung 40 nur einen Bruchteil einer zahlenmäßig sicher stärkeren Gruppe früh wüst gewordener Burgen. Seit dem 11. Jahrhundert verlieren die Ringwälle sichtlich an Bedeutung. Viele von ihnen werden aufgegeben. Sie schlagen sich im Diagramm als deutlich wahrnehmbare Wüstungsrate während der zweiten Hälfte des 11. Jahrhunderts nieder. Andere Vertreter dieses Burgentyps werden während des 12. Jahrhunderts, vor allem in staufischer Zeit, umgestaltet und in Stein ausgebaut. Viele dieser weiterbestehenden Wehranlagen können ihre Abkunft von den frühgeschichtlichen Burgen nicht verleugnen, auch wenn sie nach den neuesten Regeln staufischer Befestigungskunst ‚in Stein übersetzt' wurden.

Seit dem 10./11. Jahrhundert lassen sich Burgen eines anderen Typs nachweisen: die in den Flußniederungen angelegten Niederungsburgen oder Motten. Auch ihre Entstehung als Burgentypus verbindet sich in den Augen einiger Autoren eng mit den Normanneneinfällen, obgleich allein aus chronologischen Gründen für die meisten niederrheinischen Motten eine solche Herkunft nicht angenommen werden darf. Nach Ausweis der Funde erlebte dieser Burgentyp während des 11.–13. Jahrhunderts eine ungewöhnliche Blüte. Zeitlich fällt sie zusammen mit der reichen Entfaltung kleinadeliger Herrschaften und Besitzkomplexe, zu deren Sicherung und Verwaltung diese Burgen – neben ihrer Funktion als Herrensitz – bestimmt waren. Einen guten Teil der hohen Wüstungsrate der zweiten Hälfte des 13. Jahrhunderts machen die in dieser Zeit in großer Zahl ausgehenden Burgen vom Typus der Motten aus. Wo sie nicht in neue Formen der Befestigungskunst, etwa in die der spätmittelalterlichen Wasserburg, übergingen, wurden diese älteren Burgen um diese Zeit wüst. Das bezeugen nicht zuletzt die in dieser Zeit abbrechenden archäologischen Funde[369]. Der nicht unbeträcht-

---
[369] Zu den Niederungsburgen vgl. M. Müller-Wille (wie Anm. 328). – W. Janssen, K.-H. Knörzer (wie Anm. 329). – A. Herrnbrodt (wie Anm. 323). – Ferner: M. Müller-Wille, Wehranlagen im nördlichen Rheinland. In: Führer zu vor- und frühgeschichtlichen Denkmälern Bd. 15, hrsg. v. Römisch-Germanischen Zentralmus. Mainz (Mainz 1969) 40 ff.

liche Anteil der wüsten Wehranlagen während der zweiten Hälfte des 13. und der ersten Hälfte des 14. Jahrhunderts beleuchtet die unsicheren politischen Verhältnisse im Reichsgebiet zu dieser Zeit schlaglichtartig. Bis ins 14./15. Jahrhundert hinein nehmen die Niederungsburgen vom Motten-Typus noch einen ganz erheblichen Anteil ein. Nach etwa 1350 erscheinen im Diagramm nur noch geringe Werte bei den wüsten Wehranlagen. Ein Anstieg ist erst ab etwa 1550 zu verzeichnen, der sich zwischen 1650 und 1700 zu einem neuen Höhepunkt entwickelt. Man kann aber nicht davon ausgehen, daß der Dreißigjährige Krieg die Wüstungsrate erkennbar gesteigert habe. Erst die Réunionskriege, die das Rheingebiet ja in besonderem Maße in Mitleidenschaft zogen, führten zu einer erhöhten Rate an wüsten Wehranlagen. Hier schlägt sich einmal mit Sicherheit ein bestimmtes politisch-militärisches Ereignis mit wachsendem Anteil der Wüstungen nieder. Betroffen wurden davon besonders die Höhenburgen und Festungen. Die französischen Truppen zerstörten sie nach der Einnahme oder Eroberung meist so gründlich, daß ein Wiederaufbau nicht mehr lohnte. Andere Anlagen wurden systematisch geschleift, wenn sie den Franzosen in noch verteidigungsfähigem Zustand in die Hände gefallen waren.

Die Reihe der Burgen, die in diesen Kriegen untergingen, ist lang. Zu ihnen gehören solche, die als kaum einnehmbar galten; es finden sich hier auch Anlagen, die durch Jahrhunderte als Sitze bedeutender Fürstengeschlechter gedient hatten; ja selbst königliche Burgen wie die Feste Landskron an der Mündung der Ahr in den Rhein sind hier aufzuführen. Der Untergang dieser Burgen bedeutete zugleich die Ablösung der Burg als Verwaltungsmittelpunkt und adeliger Wohnsitz zugunsten neuer Verwaltungssitze im Tal oder adeliger Residenzen in den Städten. Viele Burgherren kehren nie mehr auf ihre Burgen zurück. Diese Entwicklung, die in ihren Ursprüngen bereits im Spätmittelalter sichtbar wird, vollendete sich im späten 17. Jahrhundert.

Nach einem tiefen Tal in der Zeit von etwa 1700 bis 1750 schnellen die Werte des Diagramms von etwa 1750 an wieder in die Höhe. Das Diagramm der wüsten Wehranlagen entspricht darin der Entwicklung bei den Dorf- und Hofwüstungen. Die erste Hälfte des 18. Jahrhunderts darf demnach als eine verhältnismäßig friedliche Epoche gelten, während der Landwirtschaft und Gewerbe, gestützt durch die Förderungsmaßnahmen der absoluten Fürsten, einen deutlichen Aufschwung nahmen und die Rate der Wüstungen sehr gering war. Zu dieser Zeit hatte man bereits die Schäden, welche die Kriege des 17. Jahrhunderts angerichtet hatten, wieder ausgeglichen. Ein bescheidener wirtschaftlicher Aufschwung bahnte sich selbst in den Territorien der Binneneifel an. Zum Programm fürstlicher Wirtschaftsförderung und -lenkung gehörte damals auch die Neugründung von Höfen sowie die Wiederbesetzung von Wüstungen. Im gewerblichen Bereich wurden zu jener Zeit viele der wüstliegenden Eisenhütten wieder in Betrieb gesetzt. Es wurden aber auch neue Hütten begründet, die bis zum Ende des 19. Jahrhunderts Bestand hatten[370]. Maßnahmen dieser Art wirkten sich in der Praxis in verschiedenen Richtungen aus. Sie brachten eine Intensivierung des Landbaus und der gewerblichen Tätigkeit mit sich. Dadurch konnten zugleich die reichlich zur Verfügung stehenden Arbeitskräfte beschäftigt werden. Die fürstlichen Einkünfte verbesserten sich durch reichere Steuererträge.

---

[370] Vgl. Anhang 3, S. 292, gewerbliche Anlagen im 18./19. Jahrh.

Aber diese friedliche Epoche dauerte nur kurze Zeit an. Politisch war sie vom Ancien Régime geprägt. Mit dem Niedergang dieses Systems wandelten sich auch die Verhältnisse draußen im Lande. Mehrfach wurde die Eifel seit 1789 zum Schauplatz der Auseinandersetzungen zwischen den französischen Heeren und denen der deutschen Staaten. Der französischen Revolution folgten bald das Ende des alten Deutschen Reiches und die Besetzung der Gebiete links des Rheins durch die Franzosen. Im Hinblick auf die noch vorhandenen Burgen bedeuten diese Umwälzungen eine ganz neue Entwicklung. Was an Burgen die Kriegszeiten selbst überlebt hatte, fiel anschließend der französischen Domänenverwaltung zum Opfer. Burgen und Schlösser sowie der mit ihnen verbundene Besitz wurden zerstört, aufgeteilt, verkauft. Daher treten im Diagramm das Ende des 18. und der Beginn des 19. Jahrhunderts als Höhepunkte der Bildung von wüsten Wehranlagen in Erscheinung. Viele Burgen, die die Zeit der französischen Réunionskriege überstanden hatten, verschwanden jetzt für immer. Außer den aktuellen Kriegsereignissen sind vor allem die politischen, wirtschaftlichen und sozialen Veränderungen während der französischen Zeit des Rheinlandes dafür verantwortlich zu machen. In den französisch besetzten linksrheinischen Gebieten war die Rolle der Burg als Verwaltungs- und Herrschaftsmittelpunkt kleiner und kleinster Territorien zu Ende, weil diese Länder selbst als politische Gebilde beseitigt wurden. Die französische Verwaltungsgliederung und nach ihr die preußische knüpften nicht an Burgen, sondern an Städte und bedeutende ländliche Orte an. So kam es, daß etwa seit der Mitte des 19. Jahrhunderts Burgen und Schlösser vor allem zu Objekten der staatlichen Denkmalpflege wurden, die sich bemühte, die wenigen überkommenen Reste zu erhalten und der Nachwelt zu überliefern.

Im Überblick ergeben sich für die wüsten Wehranlagen folgende Wüstungsperioden: wahrscheinlich bereits die zweite Hälfte des 10. Jahrhunderts, wobei quantitative Aussagen wegen des schlechten Quellenstandes nicht möglich sind; die zweite Hälfte des 11. Jahrhunderts; die zweite Hälfte des 13. Jahrhunderts; das 15. Jahrhundert; die zweite Hälfte des 17. Jahrhunderts und schließlich die zweite Hälfte des 18. und die erste Hälfte des 19. Jahrhunderts.

2.8.8 Wüste gewerbliche Anlagen (Abb. 41)

Abbildung 41 zeigt das Diagramm der wüsten gewerblichen Anlagen. Mit Ausfällen und Unsicherheiten muß wegen der schlechten Lage der Schriftquellen und nicht zuletzt auch wegen der Lückenhaftigkeit und Ungleichmäßigkeit der archäologischen Befunde gerechnet werden. Deshalb sind nur allgemeine Bemerkungen über die Entwicklung bei den wüsten gewerblichen Anlagen möglich. Das Diagramm erfaßt unterschiedslos alle Arten gewerblicher Anlagen, also die verschiedenen Zweige der metallgewinnenden und -verarbeitenden Wirtschaft, die Töpferei, die Glasproduktion, die Köhlerei und anderes mehr. Es spiegelt also die Gesamtentwicklung der hier untersuchten gewerblichen Wirtschaftszweige wider und gibt nicht über die Verhältnisse jedes einzelnen Produktionszweiges Auskunft.

Für die Zeit vor dem 12. Jahrhundert gibt es nur spärliche Kenntnisse über die Entwicklung der gewerblichen Produktion im Untersuchungsgebiet. Einige Hinweise deuten auf bereits karolingerzeitliche Eisenproduktion im Gebiet von Schmidtheim (SLE 119) und Biesdorf (BIT 11). Karolingische Töpferei ist unter anderem im Alt-

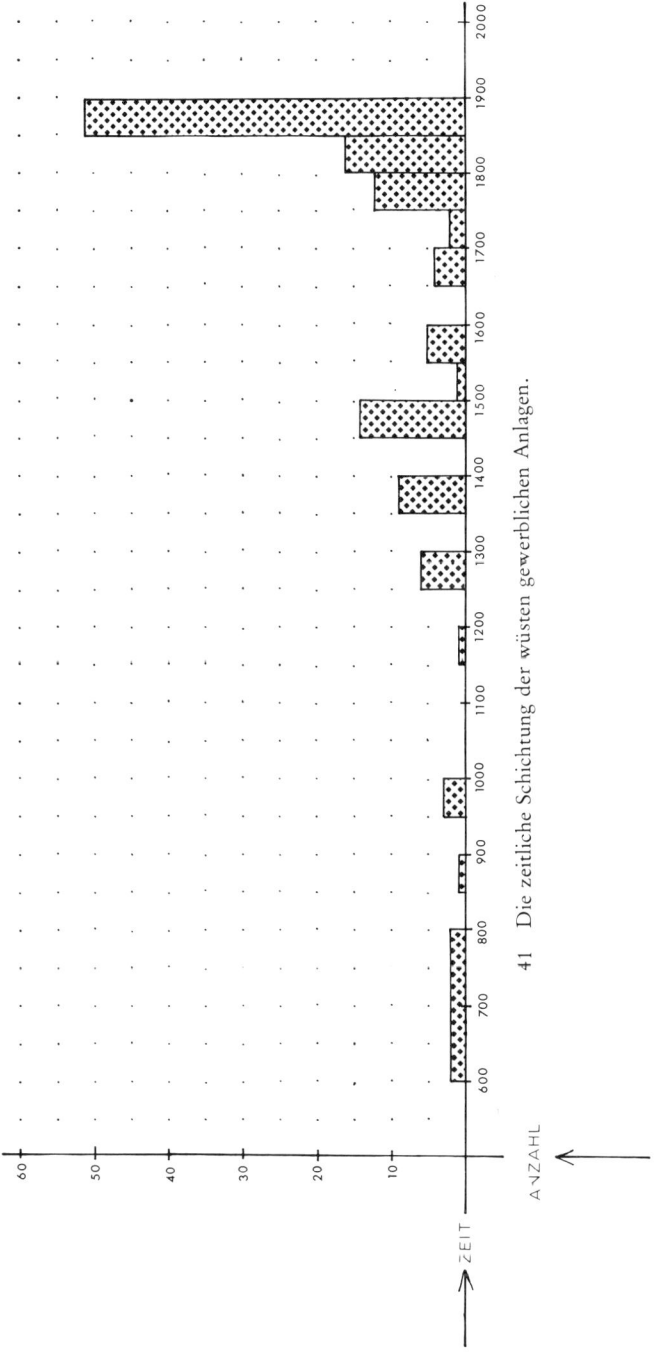

41 Die zeitliche Schichtung der wüsten gewerblichen Anlagen.

bachtal in Trier (TR 84) archäologisch nachgewiesen. Um die gleiche Zeit arbeiten auch die bekannten Töpfereien von Mayen sowie die spätmerowingisch-karolingischen Produktionszentren am rheinischen Vorgebirge zwischen Köln und Bonn (BN 159, 160). Dazu tritt die karolingische Glasproduktion im Gebiet des unteren Kylltales um Kordel (TR 27, 32). Aber überall handelt es sich um recht fragmentarische Kenntnisse, die über die gewerbliche Tätigkeit im frühen Mittelalter vorliegen. Lediglich die Töpferbezirke am Vorgebirge sind besser erforscht, so daß man hier wenigstens das ungewöhnliche, fast industriell anmutende Ausmaß der Produktion kennt. Trotz der verdienstvollen Arbeiten von J. Steinhausen zur Wirtschaftsgeschichte des Trierer Landes[371] ist es auch heute noch nicht möglich, eine vollständige Wirtschaftsgeschichte des frühen Mittelalters für die Eifel zu schreiben.

Im Diagramm schlagen sich die frühen Zentren der Töpferei, der Eisengewinnung und der Glasmacherei als bescheidene Anteile in den Jahrzehnten vor 800, in der zweiten Hälfte des 9. Jahrhunderts sowie in der zweiten Hälfte des 10. Jahrhunderts nieder. Hier ist jeweils nur angezeigt, daß es in diesen Zeitabschnitten überhaupt gewerbliche Wüstungen gegeben hat. Wie häufig sie waren, ist dem Diagramm nicht zu entnehmen.

Erst in der zweiten Hälfte des 13. Jahrhunderts ist überhaupt ein Anteil von einiger Bedeutung festzustellen. Es umfaßt alle verschiedenen Zweige gewerblicher Produktion und ordnet sich dem Höhepunkt der Dorfwüstungen, der Hofwüstungen, der Wehranlagen, also einer allgemeinen Tendenz der Zeit, ein. Die zweite Hälfte des 14. und des 15. Jahrhunderts zeigen jeweils ansteigende Raten bei den wüsten Gewerbeanlagen. Was die tiefen Einschnitte dazwischen aussagen, läßt sich schwer angeben. Sollte hier wirklich die Wüstungsrate wieder auf Null gefallen sein? Wahrscheinlicher sind wohl Lücken der Kenntnis. Recht unregelmäßigen Verlauf, unterbrochen von stark rückläufigen Entwicklungen, zeigt das Diagramm auch zwischen etwa 1500 und 1750. Wer einen Niederschlag des Dreißigjährigen Krieges in erhöhtem Anteil gewerblicher Wüstungen erwartet, sieht sich enttäuscht: Zwischen 1600 und 1650 sind keine Wüstungen dieser Art nachzuweisen. Auch die Verluste infolge der Kriege des späten 17. Jahrhunderts halten sich in engen Grenzen. Die friedliche erste Hälfte des 18. Jahrhunderts, die, wie bereits gezeigt werden konnte, für die Landwirtschaft einen gewissen Aufstieg brachte, hatte auch für die Wüstungen des gewerblichen Bereichs einen deutlichen Rückgang zur Folge. Im übrigen hatten seit dem Ende des Dreißigjährigen Krieges die Fürsten der Eifelterritorien auch die gewerbliche Wirtschaft durch verschiedene Maßnahmen, vor allem durch eigene Investitionen, kräftig gefördert. Im 17. und 18. Jahrhundert entstanden allenthalben in der Eifel neue Eisenhütten und metallverarbeitende Betriebe, die im Verein mit landwirtschaftlicher Produktion die relativ gesunde Wirtschaftsstruktur des Eifelraumes bedingten. Diese staatliche (fürstliche) Wirtschaftsförderung läßt sich besonders gut im Herzogtum Arenberg sowie bei den Grafen von Blankenheim-Manderscheid beobachten[372]. Obgleich gelegentlich auch nicht lebensfähige Betriebe entstanden, die nach kurzer Zeit wieder eingingen, erwies sich bei der Mehrzahl der Gründungen aus dieser Zeit, daß sie durchaus

---

[371] J. Steinhausen (wie Anm. 146).
[372] P. Neu (wie Anm. 135).

lebens- und konkurrenzfähig waren. Die meisten der auf fürstliche Initiative während des 17. und 18. Jahrhunderts zurückgehenden eisenschaffenden Betriebe arbeiteten bis in die zweite Hälfte des 19. Jahrhunderts. Auf diese Weise erklärt sich die geringe Wüstungsrate im entsprechenden Zeitabschnitt.

Ein sprunghafter Anstieg der Wüstungsrate ist seit etwa 1750 zu beobachten. Während der ersten Hälfte des 19. Jahrhunderts hält der Aufwärtstrend an, und in der zweiten Hälfte des 19. Jahrhunderts erreichen die Wüstungen des gewerblichen Bereichs ihr Maximum. Betroffen sind vor allem viele Betriebe der eisenschaffenden Industrie, aber auch andere Gewerbezweige. So verschwindet in dieser Zeit z. B. die in den Wäldern der Eifel heimische Köhlerei bis auf ganz geringe Reste: Die im Niedergang begriffene Eisenindustrie der Eifel verbrauchte immer weniger Holzkohle.

Die Ursachen für den Verfall der Eifeler Eisenproduktion liegen ziemlich klar zu Tage: Dieser Produktionszweig wird in zunehmendem Maße unrentabel, weil die neuen Industrien an Rhein und Ruhr billiger und besser produzieren.

2.8.9 Wüste kirchliche Einrichtungen (Kirchen, Kapellen, Klöster)

Abbildung 42 gibt das zu dieser Wüstungsart gehörende Diagramm wieder. Es zeigt, daß für die Zeit von der Christianisierung der landsässigen Franken bis weit ins 11. Jahrhundert überhaupt keine Aussagen über die Tendenzen dieser Wüstungsart möglich sind. Allgemein wird man für diesen Zeitabschnitt, der ja die Gründung, Festigung und Erweiterung der christlichen Kirche, der Konvente und sonstigen Einrichtungen umfaßt, kaum einen nennenswerten Abgang von kirchlichen Einrichtungen voraussetzen dürfen. Im Gegenteil: Mit wachsendem Einkommen der Kirche wuchsen auch alle ihre Einrichtungen mit. Kirchen wurden erweitert oder neu gebaut. Klöster und Konvente verbesserten fortlaufend ihre bauliche Ausstattung. Die Kirchenschätze wurden ständig durch neue Kostbarkeiten erweitert. In Form von Schenkungen floß kirchlichen Einrichtungen immer neuer Besitz zu. Wüstungen können in dieser Zeit also nach Lage der Dinge nicht erwartet werden. Was zwischen etwa 1100 und 1300 an Wüstungen des kirchlichen Bereichs zu verzeichnen ist, läßt keinerlei Signifikanz für eine durchgehende Wüstungsursache erkennen, ist also mehr dem Zufall zu verdanken. Auch die Reformation bedeutet keinen Anstieg von Wüstungen kirchlicher Einrichtungen; denn die neue Lehre bediente sich allenthalben der Gotteshäuser der alten, ohne sie zu zerstören. Wo dies nicht möglich war, entstanden bald zusätzliche Gotteshäuser für die protestantischen Gläubigen. Während der Gegenreformation kamen viele protestantische Kirchen wieder an den Katholizismus. Aber auch dies brachte kein Ansteigen der Wüstungsrate bei den Kirchen.

Anders erging es vielen Klöstern und Konventen während der Reformation. Sie wurden tatsächlich in gewisser Zahl wüst, entweder partiell, indem lediglich die geistlichen Zwecken dienenden Baulichkeiten aufgegeben wurden, die Wirtschaftsbetriebe aber weiterbestanden, oder aber total. Ein Teil der Klöster und Konvente wurde aber auch in protestantischer Zeit weitergeführt. Einige dienten als fürstliche Domänen, Schulen oder sonstige Bildungseinrichtungen. Entscheidend für die Wüstungsproblematik aber ist die Frage, ob solche Klöster ihre frühere Bedeutung im Besiedlungs- und Wirtschaftsgefüge eines Raumes auch nach den religiösen Umwälzungen des 16./17. Jahrhunderts beibehielten oder nicht. Und hier ist in der Tat festzustellen, daß im Untersuchungsgebiet zahlreiche Klöster, Stifte und Konvente zur Bedeutungslosigkeit herabsanken und weder wirtschaftlich noch als Siedlungsschwerpunkte irgend eine Rolle spielten. Damit verband sich oft auch der Verfall der baulichen Einrichtungen, die, wenn sie schon nicht abgerissen wurden, auch nicht mehr erhalten werden konnten. Die Wiederbesetzung verlassener Klöster während der Gegenreformation verlief zudem nicht in allen Fällen erfolgreich, weil oft die wirtschaftlichen Voraussetzungen für eine Neugründung fehlten.

Einschneidende Veränderungen am kirchlichen Besitzstand bewirkte erst die französische Revolution und die Besetzung der Rheinlande durch Frankreich. In der zweiten Hälfte des 18. Jahrhunderts bereits zeigt das Diagramm einen Anstieg. Das Maximum gewinnt es in den ersten Jahrzehnten nach 1800. In den Jahren 1802 bis 04 erreicht die Säkularisation von Klöstern ihren Höhepunkt. Sie wurden entweder als ganze aufgehoben oder enteignet, abgebrochen, parzelliert oder verkauft. Soweit es sich um wirtschaftlich unbedeutende Anlagen handelte, waren die Folgen für Siedlung und Wirtschaft nicht erheblich. Unter den aufgehobenen Klöstern befanden sich aber auch solche, die nach den damaligen Maßstäben als agrarische Hochleistungsbetriebe zu gelten haben. Die Auflösung dieser großen Wirtschaftsbetriebe und Grangien hatte teilweise verheerende Folgen für die Agrarwirtschaft. Zudem zeigte die französische Fiskalverwaltung kaum Interesse, die den Klöstern angeschlossenen Wirtschaftsbetriebe losgelöst von den Klöstern als solche zu erhalten und weiter zu bewirtschaften.

Im ganzen muß also die Säkularisation kirchlicher Einrichtungen in großem Maßstab als wirtschaftliche Veränderung von großer Tragweite gesehen werden. Nicht zuletzt auch aus diesem Grunde empfiehlt sich eine Berücksichtigung der Klöster innerhalb einer wüstungskundlichen Untersuchung.

2.8.10 Die Gesamtentwicklung der Wüstungstendenz im Laufe der Zeit (Faltplan 2)

Bislang wurde die Entwicklung der Wüstungstendenz in Abhängigkeit vom Zeitfaktor lediglich für jede einzelne Wüstungsart untersucht. Dabei ergaben sich bei allen Wüstungsarten übereinstimmende Züge, aber auch manche besondere Entwicklung. Es deutete sich auch bereits an, daß jede Wüstungsart auf Grund besonderer, teilweise recht spezieller Ursachenbündel entstanden war. Bei den Burgen spielen Kriege als Wüstungsursache eine große Rolle, während sie bei Dorf- und Hofwüstungen nicht stark ins Gewicht fallen. Agrarwirtschaftliche Krisen oder Stadtbildung und Landflucht bilden umgekehrt erstrangige Wüstungsursachen der Dorf- und Hofwüstungen, nicht aber der Wehranlagen. Man könnte meinen, die hier behandelten Wüstungsarten stellten ihren Erscheinungsformen, ihrer zeitlichen Schichtung und ihren Ursachen nach sehr heterogene und schwer vergleichbare Erscheinungen dar. Für sehr spezielle Zusammenhänge mag das zutreffen. Insgesamt aber repräsentieren die hier behandelten verschiedenen Wüstungsarten Elemente eines einzigen großen Wüstungsprozesses, der mit steigender oder fallender Tendenz, mit Höhe- und Tiefpunkten, vom frühen Mittelalter bis in unsere Tage durchläuft. Aus diesem Blickwinkel ist es erlaubt, nach der Gesamttendenz der Wüstungsbildung innerhalb des genannten Zeitabschnitts zu fragen. Diese Gesamttendenz ergibt sich als Summe der Einzeltendenzen, wie sie bei den einzelnen Wüstungsarten zu verzeichnen waren. Für die Her-

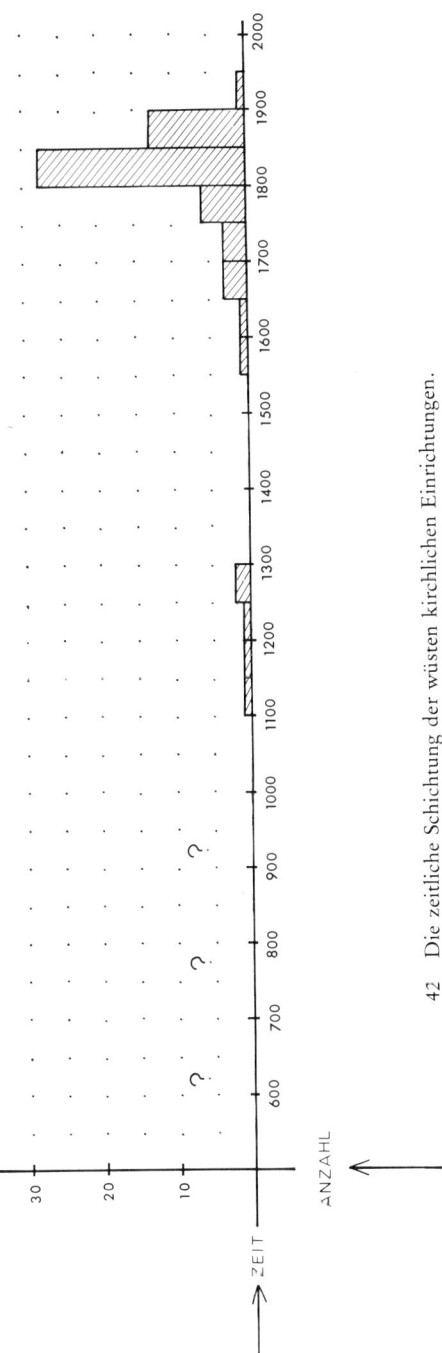

42 Die zeitliche Schichtung der wüsten kirchlichen Einrichtungen.

stellung eines Gesamtdiagramms heißt dies eine Addition der Amplitudenwerte aller Einzeldiagramme für die verschiedenen Wüstungsarten. Das so ermittelte Gesamtdiagramm zeigt Faltplan 2. In ihm vereinigen sich übereinstimmende und gegenläufige Tendenzen der Einzeldiagramme zu einem Schaubild, welches die allgemeine Tendenz zur Wüstungsbildung im Untersuchungsgebiet von etwa 700 bis 1950 wiedergibt.
Bei der Interpretation dieser Gesamtkurve ist in höherem Maße als bei den Einzelkurven in Rechnung zu stellen, daß durch Quellenlage und Forschungsstand bedingte Fehler und Lücken vorhanden sind. Bei Addition der Amplituden der Einzelkurven addieren sich zwangsläufig auch alle Fehler und Lücken der Einzelkurven. Alle Aussagen für Zeitabschnitte vor dem hohen Mittelalter müssen deshalb unter dieser Einschränkung verstanden werden.
Die Merowingerzeit und die frühe Karolingerzeit verlangen auch in der Gesamtkurve ein Fragezeichen. Es stellt nicht die archäologisch, d. h. durch Siedlungsgrabungen, erwiesene Existenz von Wüstungen in Frage, wohl aber jede Angabe über Formen, Umfang und Ursachen dieses frühesten Wüstungsprozesses. Im 9. Jahrhundert zeigen sich dann Wüstungen in durchaus erkennbarem Ausmaß. Einen wesentlichen Anteil an ihnen besitzen, wie schon früher dargestellt, die Dorf- und Hofwüstungen. Nach vorübergehendem Abfall steigt in der zweiten Hälfte des 10. Jahrhunderts die Wüstungsrate wieder. Ohne Wüstungen erscheint auch in der Gesamtkurve die erste Hälfte des 11. Jahrhunderts. Es muß sich um einen Zeitabschnitt handeln, der in Bezug auf das Siedlungsbild eine außergewöhnliche Stabilität besaß.
Typisch für die rheinische Entwicklung ist dann der erste Höhepunkt in der ersten Hälfte des 12. Jahrhunderts, der in der Gesamtkurve noch ausgeprägter auftritt als in den Einzelkurven. Er kennzeichnet den zeitlichen Vorlauf der rheinischen Entwicklung gegenüber anderen Landschaften Mitteleuropas. In der schon häufiger zitierten Wüstungskurve für Mähren[373] entspricht diesem Höhepunkt im Rheinland ein schwacher Anstieg um die Mitte des 12. Jahrhunderts.
Erheblich erhöhte Amplitudenwerte machen die Wüstungshöhepunkte des hohen und späten Mittelalters, der frühen Neuzeit und der Moderne im Gesamtdiagramm aus. Tendenzen der Einzeldiagramme verstärken sich hier so sehr, daß es keine Zweifel mehr an der Existenz und der Chronologie der verschiedenen Wüstungsperioden geben kann. Daß seit etwa 1200 die verbesserte Schriftquellenüberlieferung und im archäologischen Bereich ein guter Forschungsstand in die Höhe der Wüstungsraten mit eingingen, wurde mehrfach betont, sollte aber auch bei der Interpretation des Gesamtdiagramms nicht vergessen werden.
Es hat wenig Sinn, Übereinstimmungen oder Abweichungen des Gesamtdiagramms im Verhältnis zu den Einzeldiagrammen zu erörtern, weil die Entwicklung in den Einzeldiagrammen bereits eingehend dargestellt wurde. Hervorzuheben sind lediglich die auch im Gesamtdiagramm gegebenen Höhe- und Tiefpunkte der Entwicklung. Allgemeine Wüstungsperioden sind demnach in folgenden Zeitabschnitten anzusetzen:
1. In spätmerowingisch-karolingischer Zeit, wie aus archäologischen Untersuchungen nachzuweisen ist.

---

[373] V. Nekuda (wie Anm. 362): Versunkenes Leben.

2. Im 9. Jahrhundert, wie durch die Enddaten ausgegrabener Siedlungen bekannt wurde.
3. In der ersten Hälfte des 12. Jahrhunderts. Auch dieser Höhepunkt ist durch Siedlungsgrabungen, also mit archäologischen Methoden, bereits erkannt worden.
4. In der zweiten Hälfte des 13. Jahrhunderts. Hier liegt das mittelalterliche Wüstungsmaximum, das in anderen Gebieten Mitteleuropas erst ins 14. oder 15. Jahrhundert fällt und das die Besonderheit der rheinischen Entwicklung kennzeichnet.
5. In der zweiten Hälfte des 14. Jahrhunderts.
6. In der zweiten Hälfte des 15. Jahrhunderts.
   Obgleich durch einen scharf ausgeprägten Rückgang der Wüstungsrate in der ersten Hälfte des 15. Jahrhunderts getrennt, repräsentieren die Höhepunkte der zweiten Hälfte des 14. und der zweiten Hälfte des 15. Jahrhunderts zusammen die spätmittelalterliche Wüstungsphase, die überall in Mitteleuropa zu verzeichnen ist und die in den meisten Gebieten auch das Wüstungsmaximum darstellt, was hier im Rheinland nicht der Fall ist. Die Enddaten ausgegrabener Siedlungen bestätigen auch diese spätmittelalterliche Wüstungsphase.
7. In der zweiten Hälfte des 16. Jahrhunderts und im gesamten 17. Jahrhundert mit einem Anstieg zu dessen zweiter Hälfte. In dem Gesamtdiagramm ist diese offensichtlich längere Zeit über anhaltende Wüstungsperiode stärker als in vielen Einzeldiagrammen ausgeprägt. Ganz spurlos gingen die Kriege des 16. und 17. Jahrhunderts also im Hinblick auf die Wüstungsbildung nicht vorüber.
8. In der ersten Hälfte des 19. Jahrhunderts mit entsprechend hohen Werten in den davor und danach liegenden Perioden der zweiten Hälfte des 18. und der zweiten Hälfte des 19. Jahrhunderts. Die rheinische Wüstungsentwicklung erreicht in diesem Zeitabschnitt ihren absoluten Höhepunkt.

Zwischen etwa 700 und 1950 kennzeichnen also acht Höhepunkt oder Wüstungsperioden die Siedlungsentwicklung im Untersuchungsgebiet. Zwischen ihnen liegen mehr oder weniger ausgeprägte Tiefpunkte. Würde man die Resultate des Gesamtdiagramms in Form einer Kurve darstellen, so müßte diese oszillierenden Verlauf aufweisen. Sie würde die wechselhafte und dynamische Siedlungsentwicklung in der Eifel sachgerecht widerspiegeln.

2.9 Wüstungsursachen

2.9.1 Allgemeines

Die Frage nach den Ursachen, die zur Bildung so vieler wüster Ansiedlungen führten, wird im allgemeinen für die wichtigste des gesamten Wüstungsproblems gehalten. W. Abel hob in seiner Untersuchung über die Wüstungen des ausgehenden Mittelalters[374] hervor, daß in den seltensten Fällen eine einzige Wüstungsursache allein zum Wüstwerden einer Siedlung führte und daß meist mehrere gleichzeitig wirkende Ursachen den Untergang von Siedlungen zur Folge hatten. Auch für die Eifel ist eine möglichst große Differenzierung geboten und nach Möglichkeit das Zusammenwirken mehrerer Ursachen herauszuarbeiten.

[374] W. Abel (wie Anm. 350) 86 ff.

Die Ergebnisse dieses Abschnitts stehen wiederum unter der Einschränkung, daß, je nach Quellenlage, nicht bei allen Wüstungen Zeitpunkt und Ursache ihres Wüstwerdens bekannt sind. Die folgenden Erörterungen stützen sich also ausschließlich auf jene Beispiele, bei denen die Überlieferung Hinweise auf die Wüstungsursache enthält oder doch Schlüsse in dieser Richtung wahrscheinlich macht. Abgesehen von zahlreichen Einzelergebnissen, die sich in den vorigen Abschnitten ergaben, erweisen sich vor allem die Diagramme zur zeitlichen Schichtung der Wüstungen als gute Grundlage für die Erforschung der Wüstungsursachen. Außerdem zeigt die gesonderte Kartierung der Dorf- und Hofwüstungen nach den Perioden starker Wüstungsbildung (vgl. Faltplan 1) Zusammenhänge zwischen regionaler Verbreitung der Wüstungen und Wüstungsursachen. Dabei treten im Kartenbild verschiedene Wüstungsursachen in Erscheinung, wie im einzelnen noch zu zeigen ist. Schließlich liefert das im Katalog zusammengestellte Material eine Fülle von Belegen für die verschiedenen Wüstungsursachen.

Im übrigen sind der Darstellung bestimmte, in der Sache begründete Grenzen gesetzt. Als W. Abel die Agrarkrisen des späten Mittelalters als wichtige Wüstungsursache erkannt hatte, untermauerte er seine Ergebnisse durch eine ausführliche Analyse der Agrarwirtschaft des späten Mittelalters. Seine Ergebnisse wird man nicht ungeprüft für die Eifel übernehmen können, und so wäre eigentlich in einer eigenen Untersuchung die Agrargeschichte der Eifel von der Merowingerzeit bis in die Neuzeit darzustellen, damit die tieferen wirtschaftlichen Ursachen der Wüstungsbildung klarer hervortreten. Das kann nur Aufgabe einer neuen, gesonderten Arbeit sein, nicht aber Gegenstand dieser Studien.

In der Eifel spielt die Bevölkerungsballung in den Städten und zentralen ländlichen Orten eine große Rolle. Auch hier wäre es wünschenswert, den Bevölkerungszuzug, den rheinische Landstädte und Großstädte des späten Mittelalters vom Lande erhielten, anhand der städtischen Quellen präziser zu erfassen, sozusagen als Komplement zur Beschreibung des Bevölkerungsabzuges vom flachen Lande. Aber auch diese Frage sollte angesichts des heutigen Forschungsstandes auf dem Gebiet der Bevölkerungsgeschichte nur Gegenstand einer gesonderten Untersuchung sein.

Die Behandlung der einzelnen Wüstungsursachen kann somit – das erfordert die Überschaubarkeit – nur bis zu einem gewissen Punkt weiterverfolgt werden, ohne daß eine spezielle Erforschung jeder einzelnen Wüstungsursache möglich ist.

Zwei Gruppen von Wüstungsursachen lassen sich grundsätzlich unterscheiden: Die eine umfaßt alle jene Gründe, bei denen Wüstungen entstanden, ohne daß ein tatsächlicher Bevölkerungsverlust eingetreten ist. Hierher gehört beispielsweise die Landflucht und, mit ihr verbunden, die Bevölkerungsballung in Städten und zentralen Orten. Zwar zogen die Bewohner ländlicher Siedlungen ab und gaben ihre einstigen Wohnstätten dem Verfall preis, doch finden sie sich anderwärts als Zuwanderer wieder. Die zweite Gruppe faßt alle jene Wüstungsursachen zusammen, die mit einem tatsächlichen Bevölkerungsverlust verbunden waren, so z. B. den zeitweiligen Rückgang der Geburtenrate, Seuchen und Pestzeiten, Bevölkerungsverluste durch Kriege und anderes mehr. Bezogen auf die Agrarwirtschaft, ergeben sich bei den beiden Ursachengruppen verschiedene Auswirkungen: Im ersten Falle blieben im allgemeinen die Wirtschaftsflächen der Menschen, die in die Städte und zentralen Orte abgewandert waren, erhalten. Die verlassenen Gehöfte konnten von dort verbliebenen Menschen

übernommen werden; nicht selten wurden sie aber auch in die nächste Stadtgemarkung oder Dorfgemarkung einbezogen oder gar unter mehreren Nachbargemeinden aufgeteilt. Nur in sehr entlegenen Gebieten brachte der Abzug der Bewohner in die Städte zugleich auch das Ende der Bewirtschaftung von Hof und Ländereien mit sich. Beim effektiven Bevölkerungsverlust hingegen findet keine Fortsetzung der agrarischen Wirtschaftstätigkeit statt, weil niemand da ist, der die verlassenen Höfe und Fluren bewirtschaften könnte. Dies war vor allem in den Pestjahren der zweiten Hälfte des 14. Jahrhunderts der Fall, wie Abel überzeugend nachgewiesen hat[375].
Bevor die verschiedenen Wüstungsursachen, die in der Eifel wirksam geworden sind, behandelt werden, sei noch eine bestimmte Ursache erwähnt, die innerhalb der Eifel wenig Bedeutung erlangte: Naturkatastrophen oder tiefgreifende Änderungen der Siedlungsbedingungen durch Überschwemmungen, Vulkanismus, Veränderung von Flußläufen und ähnliches. Während am Rhein durch Flußlaufverlagerungen etliche temporäre oder auch permanente Wüstungen entstanden (z. B. Urfeld südlich Köln, Qienheim südlich Neuss, Bockum, Nierst, Halen bei Duisburg, Ürdingen und Birten am Niederrhein) entfällt diese Wüstungsursache in der Eifel, weil dort keine größeren Flüsse vorhanden sind. Lediglich von der Burg Nideggen (DN 66) ist bekannt, daß sie 1755/56 einer Naturkatastrophe zum Opfer fiel: Ein Erdbeben zerstörte sie vollständig.

2.9.2 Bevölkerungsverschiebung innerhalb eines Siedlungsgebietes

Am deutlichsten tritt die räumliche Verschiebung größerer Bevölkerungsmengen in der Form des Zuzuges von Landbewohnern in die kleinen und mittleren Städte in Erscheinung. Praktisch alle Städte des Untersuchungsgebietes weisen einen nicht unerheblichen Zuwachs an Bevölkerung auf, der aus den Wüstungen der Umgebung stammt. Besonders prägnante Beispiele für Bevölkerungsballung durch Wüstungsbildung sollen im folgenden herausgestellt werden.
a) Um Euskirchen wurden gegen Ende des 13. Jahrhunderts die Dörfer Disternich (EU 25), Kessenich (EU 26) und Roitzheim (EU 31) aufgegeben. Ihre Bewohner zogen nach Euskirchen, das 1302 Stadtrecht erhielt.
b) Bei Düren wurde im 16. Jahrhundert der Ort Miesheim (DN 26) aufgegeben, weil die Bewohner nach Düren übergesiedelt waren.
c) Um Lechenich gibt es eine ganze Reihe von Wüstungen, die durch Abzug der Bewohner in die 1254 neu angelegte und befestigte Stadt entstanden: Einlo (EU 53), Langenecken (EU 54), Dirnheim (EU 52), Middilnheim (EU 56) und Rothusen am Rot-Bach (EU 57).
d) Bei Münstereifel lagen die wüst gewordenen Ortschaften Werth (EU 85), das nach einer Hochwasserkatastrophe im Jahre 1416 nicht wieder aufgebaut wurde, und Orchheim (EU 82).
e) In der Umgebung von Meckenheim gab es in fränkischer Zeit vier Siedlungskerne, deren jeder einen Reihengräberfriedhof besaß. Gegen Ende des 7. Jahrhunderts müssen diese Siedlungen aufgegeben worden sein, wie das Abbrechen der Bestat-

---

[375] W. Abel (wie Anm. 350) 72–83.

tungen auf den Reihengräberfriedhöfen beweist. Wahrscheinlich handelt es sich bei diesen merowingerzeitlichen Siedlungskernen um Einzelhöfe, deren Bewohner im späten 7. Jahrhundert in den geschlossenen Ort Meckenheim übersiedelten.

f) Bei Rheinbach liegen die Wüstungen Rode (BN 144) und Rheinbachweiler (BN 142). Beide wurden gegen Ende des 14. oder am Anfang des 15. Jahrhunderts durch allmählichen Abzug ihrer Bewohner in die befestigte Stadt Rheinbach wüst. Außerdem wurde ein ursprünglich bei Rheinbach gelegener Hof des Stiftes Münstereifel 1349 innerhalb der Stadtmauern von Rheinbach neu errichtet (BN 140). Die gleiche Tendenz drückt sich in der Aufnahme der Leute des Himmeroder Klosterhofes zu Rheinbachweiler in die Stadt Rheinbach aus, die für 1323 belegt ist (BN 142).

g) Das Eifelstädtchen Gerolstein und sein Nachbarort Steffeln sind von einem ganzen Kranz von Wüstungen umgeben: Brembden (PRÜ 48), Mannerscheid (PRÜ 49), Merscheid (PRÜ 50), Underbechem (PRÜ 51), Walhausen (PRÜ 52) und Sarresdorf (DAU 17).
Im Falle von Sarresdorf läßt sich deutlich beobachten, wie eine durch einen fränkischen Reihengräberfriedhof als merowingerzeitlich ausgewiesene Siedlung in der Nähe einer mit Mauern und besonderem Recht ausgestatteten größeren Siedlung lange Zeit hindurch nur ein kümmerliches Dasein fristet, weil die Bewohner immer wieder von dem siedlungsgünstigeren Nachbarort angezogen werden, dorthin zu übersiedeln.

h) Bei Jünkerath im Kreis Daun liegen die beiden Wüstungen Sängersdorf (DAU 33) und Niederlinzfeld (DAU 34). Beide dürften wegen der Übersiedlung ihrer Bewohner nach Jünkerath wüst geworden sein, auch wenn für Sängersdorf die Volksüberlieferung die Pest für das Wüstwerden verantwortlich macht.

i) In der Umgebung von Ahrweiler findet sich eine Gruppe von Ortschaften, bei denen die Nachbarschaft der Stadt ebenfalls zum Wüstwerden führte: Adenbach (AW 6), Bullishoven (AW 8 und 9), Giesenhoven (AW 11) und Roßbach (AW 24). Von Giesenhoven ist bekannt, daß seine Einwohner nach der Zerstörung ihres Dorfes während des Dreißigjährigen Krieges in die Stadt Ahrweiler umzogen.

j) Im Raum Westum-Löhndorf-Sinzig finden sich mehrere Wüstungen, deren Einwohner nach Osten in die größeren Orte des Rheintales gingen: Dalheim (AW 118), Elinchoven (AW 119), Schopperhof (AW 120) und Krechelheim (AW 176). Als charakteristisch darf gelten, daß der 880 ersterwähnte Ort Krechelheim offenbar nie eine vollgültige und eigenständige Siedlung wurde, da es hier nicht zur Gründung einer Pfarrkirche kam und die Siedlung in kirchlicher Hinsicht immer vom Nachbarort Westum abhängig blieb. Während die genannten Wüstungen vor allem an die Nachbarorte Löhndorf und Westum Bevölkerung abgaben, dürften die Bewohner einiger weiterer Wüstungen in Sinzig Unterschlupf gefunden haben: Ausdorf (AW 160), Fronhofen (AW 161) und Neuhof (AW 162).

k) In der Umgebung von Bitburg sind Wüstungen infolge der durchgehend sehr intensiven Bodennutzung nur schwer zu lokalisieren. Trotzdem muß als gesichert gelten, daß eine ganze Anzahl von Siedlungen wüst wurde, weil die Bewohner in das benachbarte Bitburg übersiedelten, so Even (BIT 45), Rittersheim (BIT 12), Haldenfeld (BIT 92), Hövelscheid (BIT 95), Prattil (BIT 102) und 'Wilre prope oppidum Bydeburg' (BIT 110).

l) Bei Wittlich konnte bisher nur eine einzige Wüstung nachgewiesen werden, deren Bewohner vermutlich in die Stadt umzogen: Otersdorf wenig ostsüdöstlich von Wittlich (WIL 103).
m) Bekannt sind die Siedlungen in und um Trier, die entweder in der Stadt aufgingen und damit ihre Eigenständigkeit als Siedlungskerne aufgaben oder aber, außerhalb der Mauern des mittelalterlichen Trier liegend, ihre Bewohner an die Stadt verloren. Zu ersteren gehören Beheim (TR 78), Castel (TR 81) und Musil (TR 87); die zweite Gruppe machen Matten und der Mattener Hof (TR 77), Bergentheim (TR 79) und Biez (TR 80) aus. In Trier liegen allerdings im Hinblick auf die Wüstungsbildung besondere Verhältnisse vor, von denen bereits die Rede war[376].
n) Nordöstlich vor Zülpich lag die Wüstung Büsheim (EU 112), von der noch heute die volkstümliche Überlieferung berichtet, ihre Einwohner seien in die feste Stadt übergesiedelt. Nicht fern von Zülpich muß die Wüstung Langenacker (EU 124) 'in pago tulpiacensi' gelegen haben, für die ähnliches zutrifft.

Der Einfluß der werdenden Städte der Binneneifel und des nördlichen Eifelvorlandes auf die Bildung von Wüstungen ist also unbestreitbar. Es ergibt sich die Frage, wann er beginnt und für welchen Zeitabschnitt er auf die ländlichen Siedlungsverhältnisse nachhaltig einwirkt.

Eine Zusammenstellung der Wüstungen, die in den Bannkreis benachbarter Städte gerieten, zeigt in dieser Hinsicht ein uneinheitliches Bild. Die Abwanderung von Bewohnern ländlicher Siedlungen in die Städte begann demnach in der zweiten Hälfte des 13. Jahrhunderts, in Einzelfällen auch bereits kurz nach 1200. Ihren Höhepunkt aber erlebte sie im 14. Jahrhundert. Sie nahm in dieser Zeit durchaus die aus anderen deutschen Landschaften geläufigen Züge der Landflucht an. Teilweise reicht diese Landflucht noch bis ins 15. Jahrhundert hinein, in eine Zeit also, in der die sozialen und wirtschaftlichen Verhältnisse auf dem flachen Land sich verschlechtert hatten und die vollentwickelten Städte verstärkte Anreize zum Zuzug boten, weil sie sozialen Aufstieg, wirtschaftlichen Erfolg und persönliche Sicherheit zu bieten versprachen. Zweifellos spielte bei der Landflucht das Sicherheitsbedürfnis der Abwanderer eine erhebliche Rolle, denn das flache Land war im späten Mittelalter ständigen Kriegen und Fehden ausgesetzt. Doch dürfen auch die sozialen und wirtschaftlichen Hintergründe dieser Bevölkerungsverschiebung nicht außer Acht gelassen werden.

Voraussetzung der Abwanderung vom Land in die Stadt war, daß die städtischen Ansiedlungen ihrerseits bereits einen Entwicklungsgrad erreicht hatten, der sie zum erstrebenswerten Ziel ländlicher Zuwanderer werden ließ. Spezielle Untersuchungen von historischer und geographischer Seite haben ergeben, daß im nördlichen Eifelvorland die Ausbildung der rheinischen Landstädte zwischen 1150 und 1350 erfolgte[377]. Am Nordrand der Eifel ist bereits im 13. Jahrhundert der Höhepunkt der Städtegründungen erreicht, wenn auch in der ersten Hälfte des 14. Jahrhunderts noch eine gewisse Anzahl von Städten hinzukommt[378]. Der Bevölkerungszuzug in die Städte kann

---

[376] Vgl. Katalog S. 424 ff.
[377] W. Groteluschen, Die Städte am Nordostrande der Eifel. Eine vergleichend-stadtgeographische Untersuchung. Beiträge zur Landeskde. der Rheinlande, 2. Reihe, Heft 1 (Köln, Bonn 1933) bes. 46 ff. – Speziell zu Rheinbach: K. Flink (wie Anm. 104).
[378] W. Groteluschen (wie Anm. 377) 46.

entweder Voraussetzung und konstitutives Element der Stadtwerdung einer Siedlung selbst sein, wie im Falle von Euskirchen. Auf der anderen Seite war sie sicher auch eine Folge der Stadtbildung, weil auch die schon voll entwickelten Städte über längere Zeit hinweg noch Anziehungskraft auf die Landbewohner der Umgebung ausübten, wie im Fall von Rheinbach. So tauschen Ursache und Wirkung gelegentlich die Plätze: Die Aufgabe ländlicher Siedlungen im Umkreis von Städten war im 13. Jahrhundert bis zu einem gewissen Grade Hintergrund und Voraussetzung für die Entwicklung der Landstädte der Eifel. Am deutlichsten wird dies im Falle von Euskirchen, wo unmittelbar auf den Zusammenschluß mehrerer Dörfer die Stadtwerdung im Jahre 1302 folgt. Die Stadtwerdung von Euskirchen zeigt zugleich, wie die Landgemeinde als die ältere Form genossenschaftlicher Selbstverwaltung in Form von Sondergemeinden noch im städtischen Gemeinwesen weiterlebt[379].

In der Eifel gibt es aber nicht nur die Bevölkerungsverschiebung vom Land zur Stadt. Eine Variante dieses Vorgangs ist das Übersiedeln von einem Dorf in das nächstbenachbarte unter Aufgabe der eigenen Siedlung. Die Zielorte dieser Bevölkerungsballung können entweder zentrale, aber doch ländlich gebliebene Orte[380] oder aber einfach die kräftigeren, lebensfähigeren, d. h. oft widerstandsfähigeren Siedlungen der Nachbarschaft sein. Ballungsvorgänge zwischen Dörfern lassen sich beispielsweise um Neukirchen (Wüstungen BN 111, 112, 115–120), Niederbachem (Wüstungen BN 121–126, 129, 130), Bornheim (BN 45, 46, 49, 51–57, 59, 60), Merten (BN 152, 153, 155, 156), Hilberath (BN 88–90), Spangdahlem (WIL 80, 83, 86, BIT 27) und um Miel (BN 105–109) nachweisen. Eine Überprüfung der Chronologie dieser Wüstungen zeigt, daß sie in größerer Zahl seit etwa 1250 entstanden sind. Nur einzelne von ihnen sind früher anzusetzen. Weiterhin sind das 14., das 16. und in starkem Maße das 17. Jahrhundert an diesen Ballungsvorgängen beteiligt. Die tieferen Ursachen dafür sind nicht zuletzt in Kriegen und Fehden zu suchen, die in den genannten Jahrhunderten besonders zahlreich waren. Unter den verschiedenen Wüstungsarten stehen die Hofwüstungen an der Spitze. Die Gefährdung, der die oft weitab von den geschlossenen Ortschaften liegenden Einzelhöfe ausgesetzt waren, veranlaßte zahlreiche Hofbauern, ihre Anwesen in Kriegszeiten zu verlassen und an sicheren Orten Zuflucht zu suchen. Inwiefern auch Agrarkrisen eine Rolle spielten, läßt sich schwer entscheiden. Bei Ballungsvorgängen zwischen Dörfern und Höfen ist zunächst davon auszugehen, daß die bestehengebliebenen Siedlungen und die ihnen zuzuordnenden Wüstungen ihrer Umgebung den gleichen agrarwirtschaftlichen Bedingungen und Wechselfällen unterlagen, so daß zwischen ihnen kein starkes wirtschaftliches Gefälle bestand, das zum Wüstwerden hätte Anlaß geben könne.

Wenn die Bevölkerung einer Siedlung abzieht und sich andernorts niederläßt, so bedeutet dies nicht nur für die Ortslage selbst, sondern auch für die zugehörige Gemarkung einen tiefen Einschnitt. Dennoch braucht die Gemarkung nicht das gleiche Schicksal zu erleiden wie die Siedlung. Sie muß z. B. nicht zwangsläufig wüst werden,

---

[379] Zur Geschichte der rheinischen Landgemeinde: F. Steinbach, Stadtgemeinde und Landgemeinde. Studien zur Geschichte des Bürgertums I. Rhein. Vjbll. 13, 1948, 11–50. – Edith Ennen, Frühgeschichte der europäischen Stadt (Bonn 1953) 188 ff. – Zu Euskirchen speziell: F. Steinbach (wie Anm. 105).

[380] Zur Frage der zentralen Orte aus methodischen Gründen interessant: K. Fehn, Die zentralörtlichen Funktionen früher Zentren in Altbayern. Raumbindende Umlandbeziehungen im bayerisch-österreichischen Altsiedelland von der Spätlatènezeit bis zum Ende des Hochmittelalters (Wiesbaden 1970). Dort auch umfangreiche weiterführende Literatur.

wenn ihr Siedlungsmittelpunkt verschwindet. Im Untersuchungsgebiet war vielmehr das Gegenteil die Regel: Die Gemarkungen wüstgewordener Siedlungen und die in ihnen gelegenen Fluren wurden ohne Bruch weiterbewirtschaftet. Wäre dies nicht der Fall, dann müßten Gemarkungen wüstgewordener Siedlungen in viel größerer Zahl wiederverwaldet sein, als das nachzuweisen ist. Es müßten sich dann auch fossile Fluren solcher Wüstungsgemarkungen in größerem Umfange erhalten haben. Statt dessen stellen fossile Wüstungsfluren unter Wald in der Eifel und ihren Randgebieten eine Seltenheit dar. Auch die Erhaltung alter Gemarkungsumrisse von Wüstungen, die im Abschnitt 2.5 behandelt wurde, darf nicht etwa als der Regelfall gelten, sondern sie ist viel eher als Ausnahme anzusehen, die nur unter ganz bestimmten historischen Bedingungen eintrat. Gleichwohl lassen sich derartige Beispiele aus dem gesamten deutschen Sprachraum beibringen[381].

Aus dem Gesagten ergibt sich, daß bei Ballungsvorgängen Siedlung und Flur gesondert zu betrachten sind. Aus dem Schicksal der Gemarkung eines wüstgewordenen Ortes – sei diese Gemarkung nun unter den Nachbarorten aufgeteilt oder als ganze einem der Nachbarorte zugeschlagen worden – lassen sich jedenfalls nicht ohne weiteres Rückschlüsse auf die Wüstungsursachen, z. B. auf einen Ballungsvorgang ziehen. Nicht allein die Tatsache der Weiterbewirtschaftung einer solchen Gemarkung, sondern erst der Nachweis der übergesiedelten ehemaligen Einwohner einer Ortswüstung in der benachbarten Siedlung erlaubt es, einen Ballungsvorgang anzunehmen. Eine solche Übersiedlung von Bewohnern in den Nachbarort, dem auch die Gemarkung der Ortswüstung zugeschlagen wurde, läßt sich in einigen Fällen auch für das Untersuchungsgebiet nachweisen, so in Krechelheim (AW 176), Heinzerath (WIL 69), Weinfeld (DAU 72) und Alt-Bettingen (BIT 6). In Bezug auf Givvekoven (BN 105), Wüstweiler (DN 70), Even (BIT 45), Königsfeld (SLE 77) und Swist (EU 109) ist kein Hinweis auf den Verbleib der Bewohner vorhanden, doch deuten ihr sonstiges historisches Geschick sowie die jeweils geschlossen von den Nachbarorten übernommene Gemarkung auf eine Übersiedlung der Bewohner in die gleichen Nachbarorte hin. Allgemeine Entwicklungslinien lassen sich diesen wenigen Beispielen aus dem Untersuchungsgebiet nicht entnehmen.

Im gesamten Rheinland ist hingegen zu beobachten, wie die Gemarkungen wüstgewordener Siedlungen auch dann sofort weiterbewirtschaftet wurden, wenn keine Bevölkerungsballung, sondern totaler Abzug oder Vernichtung der Bevölkerung stattgefunden hatten. Man erinnerte sich in Zeiten der Landverknappung, also in ganz bestimmten agrarwirtschaftlichen Situationen, der verlassenen Fluren von Wüstungen und nahm sie wieder in Nutzung. So bestimmen nicht zuletzt auch allgemeine agrarwirtschaftliche Faktoren die Geschicke der Gemarkungen wüstgewordener Ortschaften.

Es bleibt festzustellen, daß Bevölkerungsballung und -verlagerung auch in der Eifel wie in vielen anderen deutschen Landschaften als Ursache für die Entstehung von Wüstungen in Betracht kommen. Dabei wird nicht verkannt, daß mit diesem Ergebnis im

---

[381] So wurden beispielsweise die Fluren der südharzischen Wüstung Königshagen, Kr. Osterode/Harz, noch lange Zeit nach dem Untergang der Siedlung durch ehemalige Bewohner weiterbewirtschaftet, die im Nachbarort Barbis ansässig geworden waren. Die gesamte Wüstungsflur Königshagen wurde später in die von Barbis einbezogen. Vgl. W. Janssen, Königshagen. Ein archäologisch-historischer Beitrag zur Siedlungsgeschichte des südwestlichen Harzvorlandes (Hildesheim 1965) 143 ff.

Grunde nur die äußere Erscheinungsform eines in Wirklichkeit viel tiefer liegenden und sehr komplizierten Ursachenzusammenhanges umschrieben ist[382]. Sowohl der Bevölkerungsverlust auf dem flachen Land als auch die Umsiedlung von landsässiger Bevölkerung in die Städte sind als komplexe Vorgänge zu charakterisieren, die ihrerseits auf sehr verschiedenartige Ursachen zurückgehen können. W. Abel hat versucht, die hier wirkenden Kräfte sichtbar werden zu lassen[383]. Für die Bevölkerungsballung im Umkreis der Eifelstädte müßten die von Abel herausgearbeiteten Ursachenzusammenhänge in jedem einzelnen Fall gesondert untersucht werden.

2.9.3 Agrarwirtschaftliche Krisen

In seiner Arbeit über die Wüstungen des ausgehenden Mittelalters[384] hat W. Abel es unternommen, die tieferen Ursachen der spätmittelalterlichen Agrardepression aufzuhellen und zu zeigen, wie es zwangsläufig zum Verlust eines erheblichen Teils aller Siedlungen des späten Mittelalters kommen mußte. Nicht immer jedoch stand in der Diskussion um die Wüstungsursachen dieser komplexe Sachverhalt im Mittelpunkt. Ursprünglich dachte man sich die Erklärung für die spätmittelalterlichen Wüstungen viel einfacher: Wüst geworden seien, so wurde angenommen, viele Dörfer und Höfe nur deshalb, weil sie unter extrem ungünstigen Naturbedingungen angelegt und deshalb von Anfang an zum Scheitern verurteilt gewesen seien. Als Fehlsiedlungstheorie ging diese Ansicht in die Diskussion des Wüstungsproblems ein, und es bedurfte erst eingehender Studien, um ihre nur bedingte Gültigkeit zu erweisen[385]. Die Fehlsiedlungstheorie schien zunächst durch die Beobachtung Bestätigung zu finden, daß in vielen Siedlungslandschaften die Rodungsorte der peripheren, waldnahen oder bergigen Lagen den höchsten Anteil an den spätmittelalterlichen Wüstungen stellen[386]. In der gesamten Eifel läßt sich aber kein einziger Fall von ausgesprochener Fehlsiedlung aufspüren. Selbst die mehrfache Verlegung des Zisterzienserklosters Himmerod (TR 39 und WIL 19) kann nicht in diesem Sinne interpretiert werden, denn es handelt sich um die bei Zisterziensern auch sonst häufig zu beobachtende, sorgfältige Auswahl des optimalen Standortes für das Kloster. Sie führte erst beim dritten Anlauf zur Wahl des endgültigen und bestgeeigneten Platzes. Wie in Himmerod, so versuchten die Zisterzienser auch mit der Verlegung des Klosters Heisterbach vom Petersberg ins Tal (1192), unter allen Umständen eine Fehlsiedlung zu vermeiden. Himmerod und Heisterbach entfallen also für die Fehlsiedlungstheorie.

---

[382] W. Abel (wie Anm. 35) 481.
[383] W. Abel (wie Anm. 35) 71 ff. – Dazu auch Edith Ennen (wie Anm. 379) 188 ff.
[384] W. Abel (wie Anm. 35) 87 ff.
[385] W. Abel (wie Anm. 35) 87 ff.
[386] Im Landkreis Göttingen betraf der Siedlungsverlust vor allem die jungen Rodungssiedlungen im Osten und Südosten des Kreises. Vgl. O. Fahlbusch, Der Landkreis Göttingen (Göttingen 1960) Anhang und Karte. – Ähnliche Beobachtungen machte G. Reischel für Sachsen: G. Reischel, Die Wüstungen der Provinz Sachsen und des Freistaates Anhalt. Jahrb. d. Histor. Kommiss. f. d. Prov. Sachsen 2 (Magdeburg 1926) 251. – Auch im südwestlichen Harzvorland stellen die jungen Rodesiedlungen den Hauptanteil bei den Wüstungen. Vgl. Janssen, Königshagen 57 ff., 76 ff. und Karten II–VI. – Entsprechende Befunde liefert das Hildesheimer Land, wo die Altsiedlungen keine, die Rodungssiedlungen fast alle Wüstungen stellen. Vgl. W. Evers, Ortsnamen und Siedlungsgang im mittleren Ostfalen, Berichte zur deutschen Landeskde. 9, 1951. – Man vgl. hierzu auch die in Anm. 160 für den Kreis Osterode am Harz zusammengestellten Zahlen.

Auch andere Ergebnisse dieser Untersuchungen für die Eifel sollten zur Skepsis gegenüber der Fehlsiedlungstheorie mahnen. In der Eifel findet sich, wie oben gezeigt werden konnte, ein großer Teil der Wüstungen auf guten bis besten Böden und Siedlungslagen. Umgekehrt läßt sich keineswegs eine einseitige Häufung der Wüstungen auf minderen Böden oder in schlechten Siedlungslagen erkennen. Schließlich nehmen die Ortsnamentypen der fränkischen und karolingischen Altsiedlungen gegenüber den Rodesiedlungen eindeutig den größeren Anteil an den Wüstungen ein, wie die Ortsnamenstudien ergaben. Es kann demnach in der Eifel der für andere Landschaften festgestellte Sachverhalt nicht bestätigt werden.

Die Diskussion um die Fehlsiedlungstheorie bildet vielmehr nur einen Spezialfall der viel umfassenderen Frage, in welchem Ausmaß überhaupt die natürlichen Siedlungsbedingungen, ihre Gunst und Ungunst, Einfluß auf die Wüstungsbildung besessen haben. A. Becker schrieb den geographisch-physikalischen Bedingungen, unter denen eine Siedlung begründet wurde, fast ausschließliche Bedeutung für ihren Weiterbestand oder für ihr Wüstwerden[387] zu. W. Abel hat diese Auffassung wiederholt korrigiert und sich der Ansicht des Wiener Geographen A. Grund angeschlossen, nach der schlechte Siedlungslagen für sich allein noch keine Wüstungsursache bilden, sondern erst eine agrarwirtschaftliche Krisensituation hinzukommen muß[388]. Erst dann entwickelt sich ein Existenzkampf unter den Siedlungen eines gleichartig strukturierten Raumes, in dessen Verlauf die mit schlechteren Naturbedingungen ausgestatteten Niederlassungen zuerst aufgegeben wurden. Grund prägte für diesen Vorgang den Ausdruck von der 'Zuchtwahl der Ortschaften'.

Die große Zahl der Wüstungen in der Eifel bietet die Möglichkeit, den eventuellen Zusammenhang zwischen Gunst und Ungunst der natürlichen Siedlungsbedingungen einerseits und die Verbreitung der Wüstungen in der Landschaft andererseits, zu untersuchen. Das gemeinsame Diagramm der Dorf- und Hofwüstungen (Abb. 37) zeigt, abgesehen von der Merowingerzeit, drei große Wüstungsperioden: die Zeit von etwa 1200 bis 1500, die noch durch kleinere Gipfel und Täler unterteilt wird; die Zeit zwischen etwa 1550 und 1700 und schließlich den Zeitabschnitt von etwa 1750 bis 1900. Von diesen drei Höhepunkten der Wüstungsbildung möchte man den ersten, den hoch- und spätmittelalterlichen, ohne weiteres mit der auch anderwärts bekannten spätmittelalterlichen Wüstungsbildung gleichsetzen und die dafür ermittelten Ursachenzusammenhänge, wie sie Abel untersucht hat, übernehmen. Um die Verhältnisse in der Eifel zu überprüfen, ist eine getrennte Kartierung der Wüstungen aus den drei genannten Perioden erforderlich. Zur Kartierung können allerdings nur Wüstungen herangezogen werden, die zwei Voraussetzungen erfüllen: Einerseits müssen sie lokalisiert sein; andererseits muß das ungefähre Datum des Wüstwerdens bekannt sein. Da nur ein Teil der im Katalog zusammengefaßten Wüstungen diesen Bedingungen entspricht, erhebt die Kartierung in der Übersichtskarte keinen Anspruch auf Vollständigkeit. Bei der Interpretation des Kartenbildes ist daher auch eine gewisse Zurückhaltung angebracht. Außerdem sollen hier, da es sich letzthin um die Diskussion der Vor-

---

[387] A. Becker (wie Anm. 34) 173, 181.
[388] W. Abel, Geschichte der deutschen Landwirtschaft vom frühen Mittelalter bis zum 19. Jahrhundert. In: Deutsche Agrargeschichte, hrsg. v. G. Franz, Bd. 2. (2. Aufl. Stuttgart 1967) 117. – A. Grund, Veränderungen der Topographie im Wiener Wald und im Wiener Becken. Geogr. Abhandl., hrsg. v. Penck, 13, 1901.

aussetzungen für die Agrarwirtschaft handelt, nur die beiden im engeren Sinne landwirtschaftlichen Wüstungsarten besprochen werden: die Dorf- und die Hofwüstungen.

In der Übersichtskarte (Faltplan 1) sind die drei großen Wüstungsperioden mit verschiedenen Farben angegeben, und zwar wie folgt:

1. Wüstungen, die zwischen etwa 1200 und 1500 entstanden sind, in violetter Farbe;
2. Wüstungen, die zwischen etwa 1550 und 1700 entstanden sind, in grüner Farbe;
3. Wüstungen, die zwischen etwa 1750 und 1950 entstanden sind, in roter Farbe.

Die Wüstungen der Zeit von 1200–1500 treten konzentriert an den Rändern des Kottenforstes auf. Zum Teil liegen sie sogar innerhalb des heutigen Waldgebietes (BN 31, 81, 101) oder aber unmittelbar am Waldrand (BN 64, 83, 118). Soweit es sich um Einzelhöfe handelt, sind es sicher verhältnismäßig junge Rodungssiedlungen, die zwischen 1200 und 1500 wieder wüst wurden. Essinghofen (BN 81) dagegen ist eine Altsiedlung, die mindestens in die karolingische Zeit zurückreicht. Im ganzen kann man aber deutlich erkennen, daß die am oder im Kottenforst liegenden Wüstungen im Verhältnis zu den alten Offenlandschaften peripher gelagert sind. Sie besetzten vor allem mindere Böden, z. B. am westlichen Rand des Forstes die nur mit dünner Humusdecke versehenen Kiesböden der Hochterrasse des Rheins oder im Kottenforst selbst die durch Staunässe auf tonigem Untergrund geminderten Gebiete. Gemessen an den fruchtbaren Lößböden des Meckenheimer Landes und des Rheintales selbst wurden die Siedlungen im und am Kottenforst von Anfang an unter wesentlich schlechteren naturräumlichen Gegebenheiten errichtet. Das berechtigt zwar noch nicht, sie für Fehlsiedlungen im engeren Sinne zu halten, doch leuchtet ihre besondere Anfälligkeit gegenüber wirtschaftlichen Krisen ohne weiteres ein.

Entsprechende Verhältnisse ergeben sich im äußersten Norden und Nordosten der Ahreifel, im Raum Neukirchen-Todenfeld. Im Zuge der archäologischen Landesaufnahme wurden hier zahlreiche mittelalterliche Einzelhöfe festgestellt, die fast alle zwischen dem 13. und 15. Jahrhundert wüst wurden (BN 89, 90, 115–120, 166). Ein Blick auf die Höhenlage dieses Gebietes beleuchtet die schwierigen Siedlungsbedingungen: Während der Raum Rheinbach-Meckenheim Höhenwerte zwischen 145 und 155 m über NN aufweist, steigen die Nordausläufer der Ahreifel bis 388 m über NN an. Dazu kommt, daß die mittelalterlichen Höfe dieses Gebietes nirgends auf Böden mit hinreichender Lößbedeckung zurückgreifen können. Es überwiegen die minderen Gesteinsböden geringer Güteklassen. Hier war es eindeutig die spätmittelalterliche Agrardepression, die Wüstungen hervorbrachte[389]. Daß sich die Hofwüstungen in diesem Gebiet auf engem Raum so stark häufen, ist unter anderem auf eine starke Forschungsintensität zurückzuführen. Weiter südlich, jenseits der nordrhein-westfälischen Landesgrenze, im Kreis Ahrweiler, dürften ähnliche Konzentrationen zu vermuten sein.

Im Kreis Bonn zeigen sich somit zwei Schwerpunkte der spätmittelalterlichen Wüstungsbildung, die jeweils die Randzonen alter Siedlungsräume erfaßten: am und im Kottenforst und in der nordöstlichen Ahreifel. Hier findet eine 'Zuchtwahl der Ort-

---

[389] Zur Frage der Agrardepression: W. Abel (wie Anm. 35) 93 ff. – Ders. (wie Anm. 388) 110 ff.

schaften' beim Wüstwerden in der Form statt, daß auf den minderen Böden der genannten Gebiete zahlreiche Siedlungen der spätmittelalterlichen Agrardepression zum Opfer fallen.

Für die übrige Binneneifel ergeben sich keine ausgesprochenen Konzentrationen von Wüstungen. In lockerer Streuung verteilen sich vor allem die Dorfwüstungen. Die Karte verdeutlicht hier die bereits besprochene hoch- und spätmittelalterliche Wüstungsursache: die Bevölkerungsballung in den aufblühenden Städten. Mindestens eine ausgegangene Siedlung, oft aber mehrere Wüstungen finden sich in der Nachbarschaft der meisten Eifel-Kleinstädte, wie Zülpich, Euskirchen, Lechenich, Rheinbach, Münstereifel, Stadtkyll, Sinzig, Gerolstein, Daun, Bitburg und um die mittelalterliche Großstadt Trier. Zeitlich liegen diese Wüstungen überwiegend am Beginn des kartierten Zeitraumes, also vor allem im 13. und zu Beginn des 14. Jahrhunderts.

Für den Zeitraum von etwa 1550 bis 1700 sind zunächst nur wenige Wüstungen festzustellen (vgl. Übersichtskarte). Das entspricht auch dem Verlauf des gemeinsamen Diagramms für Hof- und Dorfwüstungen in diesem Zeitabschnitt[390]. Sodann ergibt sich eine ziemlich gleichmäßige Streuung der Wüstungen über das gesamte Untersuchungsgebiet. Abgesehen vom Gebiet um Niederbachem (BN) zeigt sich nirgends eine ausgeprägte Ballung von Wüstungen. Dichter besetzt als andere Gebiete sind indessen der Bitburger und der Wittlicher Raum. Bis auf wenige Ausnahmen gibt es hier vor allem Dorfwüstungen.

Die großräumige Verteilung der Wüstungen, wie sie die Übersichtskarte für die Zeit zwischen 1550 und 1700 veranschaulicht, bietet keine Hinweise auf die Wirksamkeit von Agrarkrisen und Agrardepressionen. Eher ließe sich auf ein Anwachsen kriegsbedingter Wüstungen schließen. Darauf wird im nächsten Abschnitt noch einzugehen sein.

Die Übersichtskarte (Faltplan 1) enthält keine Hinweise auf Zusammenhänge zwischen naturräumlichen Bedingungen und Wüstungen. Für die Wüstungen des Zeitabschnittes von etwa 1550 bis 1700 sind offenkundig andere Ursachen als die naturräumlichen Faktoren maßgebend geworden. Im Vergleich zu den Wüstungen von 1200 bis 1500 ist darüber hinaus festzustellen, daß die Verbreitungsgebiete der Zeitabschnitte 1200–1500 und 1550 bis 1700 einander ausschließen. Es gibt mithin kein Fortwirken der spätmittelalterlichen Wüstungsbildung auf der Grundlage schlechter Bodenverhältnisse ins 16. Jahrhundert hinein.

Die Übersichtskarte (Faltplan 1) zeigt die Verbreitung der Wüstungen, die zwischen etwa 1750 und 1950 entstanden. Dieser Zeitabschnitt muß in mindestens zwei Unterabschnitte gegliedert werden: in die Zeit der französischen Revolution und der anschließenden französischen Herrschaft am Rhein einerseits und den Beginn der Industrialisierung in der zweiten Hälfte des 19. Jahrhunderts andererseits. Für die Zeit zwischen 1750 und 1950 bietet das Kartenbild eine sehr große Zahl von Eintragungen, die dem allgemeinen Maximum der Dorf- und Hofwüstungen entspricht[391]. Dabei kommen nur wenige Dorfwüstungen, aber ungewöhnlich viele Hofwüstungen vor. Die hohe Anzahl der Eintragungen geht unter anderem auch darauf zurück, daß für die Zeit zwischen 1750 und 1950 fast alle Wüstungen lokalisiert und zugleich datiert sind.

---

[390] Vgl. Abb. 37, S. 201.
[391] Vgl. Abb. 37, S. 201.

Mit Wüstungen besetzt sind vor allem folgende Gebiete: Die gesamte Ahreifel und die Hohe Eifel im Süden des Kreises Ahrweiler, die Westeifel in den Kreisen Schleiden und Monschau, die Vulkaneifel um Daun sowie die Vordereifel im Raum Cochem. Nach Osten läßt sich daran noch der Raum Mayen anschließen, der, wie H. Müller gezeigt hat, ebenfalls stark mit Wüstungen dieser Zeitstufe besetzt ist[392].

Für die Wüstungsursachen des hier behandelten Zeitabschnitts ergibt sich, daß es in erster Linie nicht die Kriege der französischen Revolutionsepoche waren, die zum Wüstwerden führten. Denn zwischen 1750 und 1950 fehlen Wüstungen in den eigentlichen Vormarschgebieten des Revolutionsheeres. Die ausgegangenen Siedlungen konzentrieren sich vielmehr auf schwer zugängliche Teile der Binneneifel. Wüste Höfe liegen vorwiegend am Rande oder in der Mitte großer Wälder. Besonders in der Ahreifel und in der Hocheifel kennzeichnet bereits die Höhenlage dieser Niederlassungen, daß primär Siedlungen in den weniger günstigen Gegenden betroffen waren. Es weist also vieles darauf hin, daß in der Neuzeit, ähnlich wie im späten Mittelalter, allgemeine wirtschaftliche Ursachen für den Wüstungsprozeß verantwortlich waren. Eine kurze Behandlung der agrarwirtschaftlichen Situation ist deshalb hier nicht zu vermeiden. Die Durchsicht der Literatur ergibt, daß die Agrargeschichte des Rheinlandes im 18. und 19. Jahrhundert noch keine umfassende monographische Behandlung erfahren hat[393]. Das mag daran liegen, daß das Thema sowohl regionale als auch chronologische Differenzierungen erfordert, die allgemeine Urteile erschweren. Im folgenden sollen nur die Verhältnisse der Eifel behandelt werden, wobei eine zeitliche Differenzierung nach den Perioden des Ancien Régime, der französischen Okkupation und der preußischen Zeit vorzunehmen ist.

Das 18. Jahrhundert hatte offensichtlich eine gewisse Erholung für Landwirtschaft und Gewerbe in der Eifel gebracht. Der damit verbundene Anstieg der Bevölkerung, der sich auch im 19. Jahrhundert noch fortsetzte und steigerte[394], bedingte eine erhöhte Nachfrage nach landwirtschaftlichen Erzeugnissen. Obgleich die Agrartechnik sich im Verlauf des 18. Jahrhunderts nicht änderte, vermochte die rheinische Landwirtschaft den gestiegenen Bedarf durch Intensivierung des Anbaus auf verhältnismäßig kleinen Besitztümern zu produzieren. Insgesamt ist in dieser Zeit eine gewisse Erweiterung der Anbauflächen, z. T. durch Neurodungen oder durch Aufteilung großer Güter, zu beobachten. Dazu trat die fürstliche Förderung der Landwirtschaft, wie sie beispielsweise im Gebiet des Herzogtums Arenberg nachzuweisen ist. Zumindest im frühen 18. Jahrhundert kam es zur Neuanlage von Höfen auf ehemaligen großen fürstlichen Gütern, wie auf Schloß Gehn bei Kommern[395], in neukultivierten Heide- oder Ödländereien oder auf aufgeteilten Gemeinheiten. Allerdings schritt die Teilung von Allmenden und anderem Gemeindebesitz nur langsam vorwärts, da die Realgemeinden als Körperschaft der daran Nutzungsberechtigten bis zur endgültigen Regelung in der Gemeinheitsteilungsordnung von 1851 erbitterten Widerstand leisteten. Als stabi-

---

[392] H. Müller (wie Anm. 7) 149.
[393] G. Droege, Zur Lage der rheinischen Landwirtschaft in der ersten Hälfte des 19. Jahrhunderts. In: Landschaft und Geschichte, Festschr. f. F. Petri (Bonn 1970) 143–156. Dort äußert sich Droege einleitend auch zum Forschungsstand.
[394] G. Droege (wie Anm. 393) 148 mit Anm. 25.
[395] H. Neu, Das herzoglich-arenbergische Schloß Gehn bei Kommern. Ein Beitrag zur Kunst- und Wirtschaftsgeschichte des Rheinlandes. In: Wissenschaftliches Archiv 'Urkunde – Bild – Chronik' (Bonn 1953).

lisierender Faktor wirkte sich in den Eifelgegenden mit Eisenindustrie die Tatsache aus, daß viele Arbeiter der eisenschaffenden Industrie nebenbei noch eine kleine Landwirtschaft betrieben, die den Eigenbedarf an Lebensmitteln deckte. Auch diese Nebenerwerbs-Landwirtschaft wurde von den Fürsten gefördert[396]. In diese bescheidene Blüte der Landwirtschaft in der Eifel während des Ancien Régime, die sich auch in anderen Teilen Deutschlands abzeichnet[397], greift die französische Revolution mit ihren grundlegenden Änderungen auch im agrarwirtschaftlichen Bereich ein. Sie bringt die völlige Umwälzung aller Verhältnisse mit sich. Nachdem weite Teile der rheinischen Bauernschaft bereits im 13. oder 14. Jahrhundert die persönliche Freiheit errungen hatten, brachte die französische Gesetzgebung mit der Aufhebung der Feudalverfassung die Ablösung aller grundherrlichen Lasten und Zinse. Sie wurde seit 1798 links des Rheins überall wirksam und verursachte in der Eifel einen tiefen Bruch mit allen früheren Verhältnissen[398]. Der Wandel setzte neue Energien im Bereich der landwirtschaftlichen Produktion frei, denn die Bauern konnten nun auf eigene Rechnung wirtschaften und versuchen, durch erhöhte Produktion die nach wie vor starke Nachfrage an landwirtschaftlichen Erzeugnissen zu befriedigen. Tatsächlich kam es zu Beginn des 19. Jahrhunderts zu einer Steigerung der landwirtschaftlichen Produktion.

Im letzten Jahrzehnt des 18. und zu Beginn des 19. Jahrhunderts fällt darüber hinaus auf, daß innerhalb der Landwirtschaft ein starker Besitzwechsel zu verzeichnen ist. Die von der französischen Verwaltung betriebene Auflösung großer kirchlicher Besitzkomplexe und vor allem auch die Aufteilung der großen Fronhöfe bewirkten ein Absinken der Boden- und der Pachtpreise, so daß Land um geringes Geld erhältlich war[399]. Diese Marktlage begünstigte ohne Zweifel die Entstehung neuer, jedoch kleiner landwirtschaftlicher Betriebe, die eine relativ intensive Agrarwirtschaft betrieben. Solange die Preise für Agrarprodukte noch verhältnismäßig hoch blieben – und das war vor Aufhebung der Kontinentalsperre der Fall – trugen die genannten Faktoren zu einer positiven Entwicklung der Landwirtschaft bei.

Für die Eifel gilt das für das gesamte Rheinland Gesagte jedoch nur sehr eingeschränkt; denn hier kamen bereits, wie die hohe Wüstungsrate zwischen 1750 und 1800 zeigt, noch während des Ancien Régime und in der französischen Zeit schwere Krisen zum Tragen. Da Einzeluntersuchungen zu diesem Problem noch fehlen, können nur allgemeine Hinweise auf die Ursachen geboten werden. Hier wirkten sich vor allem der starke Bevölkerungsanstieg, die Zersplitterung des bäuerlichen Besitzes infolge der Realteilung und schließlich die geringe Ertragsfähigkeit im Bereich der Gebirgsböden negativ aus. Diese Faktoren zusammengenommen, die weder durch fürstliche Förderungsmaßnahmen während des Ancien Régime noch durch die französische Gesetzgebung beseitigt werden konnten, müssen als Ursachen des Wüstungsprozesses in der Eifel seit etwa 1750 angesehen werden. Daß diese Entwicklung sich während der ersten Hälfte des 19. Jahrhunderts noch steigert und bis in dessen zweite Hälfte hineinreicht, hängt mit der weiteren Entwicklung der rheinischen Agrarwirtschaft seit 1805 zusammen.

---

[396] H. Neu, Aus der Geschichte der Eisenindustrie im oberen Ahrtal. Heimatkal. 1954 des Eifelgrenzkreises Schleiden, 50–56.
[397] W. Abel (wie Anm. 388) 274 ff.
[398] G. Droege (wie Anm. 393) 148 mit Anm. 23.
[399] G. Droege (wie Anm. 393) 155.

Hatten während und unmittelbar nach der französischen Revolution politische und soziale Umwälzungen die Landwirtschaft stark beeinträchtigt, so zog nach dem Ende der französischen und bei Beginn der preußischen Herrschaft über die Rheinlande eine neue Gefahr herauf: Nach einem Höchststand der Preise für landwirtschaftliche Erzeugnisse um etwa 1805 stürzten die Preise danach in bodenlose Tiefen. Durch eine Reihe von guten Ernten hatten sich Produktionsüberschüsse gebildet, die nicht abgesetzt werden konnten. Dazu kamen noch Getreideimporte aus Frankreich und den östlichen Provinzen Preußens, welche die rheinische Absatzlage weiter verschärften[400]. Der Preisverfall für Agrarprodukte, den W. Abel auch in größerem geographischen Rahmen feststellen konnte[401], bedrohte die Existenz zahlreicher Höfe im Rheinland. Unter diesen Bedingungen lag es für viele Eifelbauern nahe, ihren unwirtschaftlichen Hof abzustoßen und in die aufblühenden Industriegebiete an Rhein, Ruhr und Wupper abzuwandern. Ein guter Teil der frühen Industriearbeiterschaft stammt in der Tat aus der Eifel. Bergisches Land und Sauerland steuerten unter ähnlichen Voraussetzungen ihren Teil dazu bei.

Nur am Rande sei in diesem Zusammenhang erwähnt, daß auch die Auswanderung nach Amerika eine Möglichkeit war, der gegebenen wirtschaftlichen Krise auszuweichen und eine neue Existenz aufzubauen. So wanderten die Bauern von Schutzalf bei Gillenfeld geschlossen in die USA aus (DAU 23). 1852 verließen die Bewohner von Allscheid, Gemarkung Steiningen, ihr Dorf mit dem gleichen Ziel (DAU 76). Noch im Urkataster von 1823 erscheint Lochert als selbständiger Ortsteil von Herschbroich, bis die Bewohner nach einem Brand geschlossen in die USA auswanderten (AW 95)[402]. Die Eifel nimmt also an einem umfangreichen Auswanderungsprozeß teil, der das gesamte Rheinische Schiefergebirge um die Mitte des 19. Jahrhunderts erfaßt hatte[403].

Während der zweiten Hälfte des 19. Jahrhunderts verstärkte sich der Abzug ländlicher Bevölkerung ins Industrierevier an Rhein und Ruhr noch erheblich. Im Jahre 1871 wohnten im Gebiet des Deutschen Reiches 36 % der Bevölkerung in den Städten. Bereits 1910 hatte sich dieser Wert auf 60 % erhöht. Im Regierungsbezirk Düsseldorf nahm die Bevölkerung zwischen 1816 und 1861 von 591 098 auf 1 115 365 Einwohner zu. 1816 lebten dort 33 % der Bevölkerung in der Stadt und 67 % auf dem Lande. 1861 hingegen wohnten schon 51 %, also mehr als die Hälfte der Gesamtbevölkerung, in der Stadt, während auf dem Lande nur noch 49 % ansässig waren[404].

Die Verbreitung der Eifelwüstungen zwischen 1750 und 1950 läßt klar erkennen, aus welchen Teilen der Eifel die industriellen Arbeitskräfte kamen: Nicht aus der Westeifel, jedoch zum größten Teil aus der Ahreifel, aus der Hohen Eifel und aus der moselnahen Voreifel. In den genannten Gebieten verschärften zwei Faktoren die Bevölkerungsabwanderung: der Niedergang der einheimischen Eisenindustrie und der Rückgang des Weinbaus als einer gewinnbringenden Spezialkultur.

---

[400] G. Droege (wie Anm. 393) 154.
[401] W. Abel (wie Anm. 388) 338 ff.
[402] K. A. Seel, Bonner Jahrb. 162, 1962, 462 f. mit Anm. 24 und 25.
[403] G. W. Diemer, Liste der Auswanderer aus dem Kreis Simmern (Hunsrück) im 18. bis 20. Jahrh. (Mskr. maschinenschriftl. 1956). – A. Herzog, Naheländische Auswanderungsschichten aus dem 18. Jahrhundert. Naheland-Kalender 1957, 87–92. – W.-H. Struck, Zur Geschichte der nassauischen Auswanderung nach Texas 1844–1847. Nassauische Annalen 82, 1971, 376–386.
[404] G. Droege (wie Anm. 393) 151 mit Anm. 42 und 43.

Über die Gründe für den Niedergang der Eifeler Eisenindustrie ist viel geschrieben worden[405], so daß sich hier längere Ausführungen erübrigen. Das Eifeler Eisen erlag dem Preisdruck der viel rentabler arbeitenden Hütten an der Ruhr. Für die Eifelbevölkerung bedeutete das den Fortfall eines Erwerbszweiges, der in vielen Fällen eine enge Verbindung mit der landwirtschaftlichen Produktion eingegangen war. Denn viele in der Eisenindustrie beschäftigte Menschen waren zugleich Inhaber eines kleinen Hofes oder Kottens, der allein zur Deckung des Lebensbedarfes nicht hinreichte, der aber zusammen mit der Beschäftigung im Eisengewerbe oder in seiner Zubringerindustrie gehalten werden konnte.

Formen und Ausmaße des neuzeitlichen Weinbaus lassen sich unter anderem gut aus den Tranchot-Müfflingschen Karten vom Beginn des 19. Jahrhunderts ablesen. Sie zeigen, daß am gesamten Nordrand der Eifel, im oberen Ahrtal, im Vorgebirge und im Rheintal bis fast nach Köln Wein angebaut worden war. Aufgelassene terrassierte Weinberge selbst in ungünstigen Lagen künden noch von diesem Wirtschaftszweig, dessen Niedergang einer ganzen Schicht bäuerlicher Bevölkerung die Lebensgrundlage entzog.

Schließlich muß noch auf eine weitere Neuerung des 19. Jahrhunderts hingewiesen werden, die die gesamte Landwirtschaft auf eine neue Grundlage stellte: Um 1840 gelang Justus Liebig die chemische Herstellung von künstlichem Dünger. Seine Verwendung in der Landwirtschaft ließ die Erträge schon in wenigen Jahren um ein Mehrfaches ansteigen. Noch während der ersten Hälfte des 19. Jahrhunderts stockte deshalb die Ausweitung der Anbauflächen, wie sie um die Wende vom 18. zum 19. Jahrhundert zu beobachten war. Die notwendige Menge an Nahrungsmitteln konnte durch Kunstdüngereinsatz auf den bisher bewirtschafteten Flächen produziert werden. Zur gleichen Zeit schritt in der Eifel die Aufforstung einstigen Ödlandes, aber auch wüstgewordener Hofländereien fort.

Die wirtschaftlichen Voraussetzungen, die hinter der neuzeitlichen Wüstungsbildung in der Eifel sichtbar werden, konnten hier nur eine allgemeine Behandlung erfahren. Doch allein schon die zeitliche Koinzidenz der Wüstungsbildung mit den erwähnten allgemeinen wirtschaftlichen Entwicklungen macht die Zusammenhänge deutlich. Soziale, politische und wirtschaftliche Umwälzungen vollzogen sich in der Landwirtschaft der Eifel zur gleichen Zeit, in der an Rhein und Ruhr gewerbliche und industrielle Produktionen in bis dahin noch nicht gekanntem Ausmaß Arbeitskräfte banden. Insofern erscheint auf der Übersichtskarte für die Zeit von 1750 bis 1950 ein nega-

---

[405] Im Katalog findet sich bei den Eisenbergbaubezirken in den Kreisen MON, SLE, DN, BIT, TR, WIL einschlägige Literatur. Es wird weiterhin auf die teilweise ausführlichen Literaturverzeichnisse in den KDM für die betroffenen Kreise verwiesen. Aus der Fülle der älteren Literatur können hier nur ganz wenige Titel genannt werden: E. Virmond, Geschichte der Eifeler Eisenindustrie (Schleiden 1896). – J. Hashagen, Zur Geschichte der Eisenindustrie vornehmlich in der nordwestlichen Eifel. In: Eifel-Festschrift 1913. – H. Wemmer, Erzlagerstätten der Eifel (Iserlohn 1909). – J. Steinhausen, Alte Eisenschmelzen in der Südeifel. Trierer Zeitschr. 1, 1926, 49–63. – F. Schuldt, Klösterliche Eisenhütten in der Eifel. Eifelkalender 1938. – A. Voigt, Die Erzprovinz um das Hohe Venn. Eifel-Jahrb. 1961. – W. Günther, Zur Geschichte der Eisenindustrie in der Nordeifel. Rhein. Vjbll. 30, 1965, 309–333 mit Quellen und viel Literatur. – Nicola Reinartz, Steinfeld, das 'Bergmannskloster' der Eifel und die wallonische Einwanderung. Heimatkal. f. d. Eifelgrenzkreis Schleiden 1956. – Dies., Zwei Eifeler Bergweistümer des Jülicher Wildbanns Kall und der Grafschaft Schleiden. AHVN 151/152, 1952. – Für die römische Zeit: H. v. Petrikovits, Bergbau und Hüttenwesen in der römischen Rheinzone. Zeitschr. f. Erzbergbau 11, 1958, 594 ff.

tives Abbild der Bevölkerungsentwicklung in den Städten. Die Karte ist zugleich Zeugnis für eine neuzeitliche, durch Agrarkrisen bedingte enorme Wüstungsbildung, die bisher in anderen Teilen Deutschlands kaum zur Kenntnis genommen wurde.

2.9.4 Krieg und Kriegsfolgen

Überprüft man die Diagramme zur Periodisierung der Wüstungen auf die Frage, ob Kriege und ihre Folgen Wüstungen verursachen konnten, so tritt von selbst jene Wüstungsart in den Vordergrund, die am ehesten kriegerischem Zugriff ausgesetzt und der Zerstörung preisgegeben war: die wüsten Wehranlagen (Abb. 40). Das Diagramm läßt bei dieser Wüstungsart einige charakteristische Besonderheiten erkennen, die angeben, wann Kriege in besonderem Maße zum Siedlungsverlust geführt haben könnten. Fehden und Kriege als Wüstungsursachen hat auch W. Abel nicht ganz ausgeschlossen[406], doch gilt es hier, den Versuch zu unternehmen, ihre Beteiligung auch quantitativ zu erfassen.

Zwischen 1250 und 1350 müssen zahlreiche Wehranlagen wüst geworden sein. Die Ursachen dafür lassen sich nur teilweise erkennen. Kriege scheinen, soweit die Quellenbelege diesen Schluß überhaupt zulassen, nur in geringem Maße Bedeutung zu haben. Vielmehr bahnt sich vom 13. zum 14. Jahrhundert ein grundsätzlicher Wandel in der Funktion der Burgen an. Das 11./12. Jahrhundert war von frühen Adelsburgen gekennzeichnet, die oft Mittelpunkt kleiner Adelsherrschaften waren, ihrem Besitzer in erster Linie als befestigte Dauerwohnung dienten und als Stammsitze diesen Familien zugleich den Namen gaben. Mit dem Zurücktreten dieser Adelsschicht während des späten 12. und 13. Jahrhunderts und der Ausbildung der Territorialstaaten am Rhein wandelte sich auch die Funktion der Burgen. Entweder wurden sie von den Territorialherren aus Adelsbesitz übernommen, so etwa 1246 mit der Hochstadenschen Erbschaft durch den Erzbischof von Köln, oder aber die Territorialherren gingen selbst zum Burgenbau über, mit dem sie ganz bestimmte politische Ziele verfolgten. Seit dem späten 13. Jahrhundert wurde die Burg im Rheinland zunehmend zu einem der Herrschaftsinstrumente in der Hand der Territorialherren. Nicht jede der älteren Burgen aber entsprach nach Lage und Ausstattung diesen neuen Anforderungen, die die sich festigende Territorialherrschaft des 13./14. Jahrhunderts stellte. Die älteren Anlagen wurden nicht übernommen und ausgebaut, sondern wüst.

Dazu kommt noch etwas anderes. Das späte 13. und das 14. Jahrhundert bildeten auch einen Umbruch in der Wehrtechnik, der sich am deutlichsten an den fortifikatorischen Neuerungen ablesen läßt, die die neubegründeten landesherrlichen Burgen des 14. Jahrhunderts aufweisen. In dem genannten Zeitraum wurden z. B. die bis dahin weithin üblichen Burgen vom Motten-Typus wehrtechnisch unmodern, sofern sie sich nicht den veränderten Gegebenheiten weittragender Waffen, besonders auch der Feuerwaffen, durch den Ausbau in Stein anpaßten. Zahlreiche dieser Anlagen wurden damals aufgegeben oder nach kriegerischer Einnahme nicht wieder aufgebaut. Beispielsweise wurde die Motte Lechenich (EU 48) nicht mehr benötigt, nachdem innerhalb der 1254 durch den Landesherren neu begründeten Stadt eine moderne Burg an ihre Stelle getreten war. Die Motte verfiel. In Adendorf verlor die Motte ihre militärische

---

[406] W. Abel (wie Anm. 35) 86 f.

Bedeutung, nachdem im 14. Jahrhundert in ihrer Nähe eine Wasserburg erbaut worden war, aus der die Wasserburg des 16. Jahrhunderts in Renaissance-Bauweise hervorgegangen ist (BN 1). Die Motte Husterknupp im Kreis Grevenbroich reicht mit ihrer jüngsten Periode III D in die Zeit von 1192 bis 1244, innerhalb derer die Zerstörung erfolgt sein muß[407]. Aber auch hier übernimmt eine nahegelegene jüngere Burg, die 1246 an den Erzbischof von Köln gelangte Burg Hochstaden, die Funktionen der älteren Anlage. Andere Motten wurden, vielleicht unter speziellen strategischen oder politischen Bedingungen, noch bis ins 15. Jahrhundert hinein benutzt, z. B. die Motte bei Pesch, Kreis Schleiden (SLE 109) oder die Motte 'Aldeburg' bei Dalheim-Rödgen, Kreis Erkelenz. Wieder andere hingegen wurden von ihren Besitzern durch Übersetzung der Befestigungssysteme in Stein der veränderten militärischen Lage angepaßt, wie die Hardtburg bei Stotzheim, Kreis Euskirchen (EU 105). Es war also keineswegs immer nötig, unter Platzwechsel eine neue Burg nach neuestem, militärischem Erfordernis anzulegen, wenn sich die bisherige Burg durch Aus- und Umbau der neuen Situation anpassen ließ.

Einen analogen Vorgang des Zusammenbruches eines ganzen Befestigungstypus hat es während des 11. Jahrhunderts gegeben, ohne daß es möglich wäre, die sozialen und militärischen Hintergründe dieses Vorganges zu klären. Im Laufe des 11. Jahrhunderts wurden nämlich die meisten frühmittelalterlichen Ringwälle und verwandte Burgen, wie die Abschnittswälle, aufgegeben. Diese meist großräumigen, zur Aufnahme größerer Menschenmengen bestimmten Burgen waren in der Regel nur mit Gräben und Wällen, gelegentlich auch einmal mit Mauern und Türmen bewehrt. In Einzelfällen scheinen archäologisch nachgewiesene Brandschichten darauf hinzudeuten, daß kriegerische Ereignisse zum Ende solcher Burgen führten, z. B. bei der Rennenburg, Gemarkung Winterscheid, Siegkreis[408] oder auf der Eifgenburg bei Burscheid, Rhein-Wupper-Kreis[409]. Grundsätzlich aber ist davon auszugehen, daß die Ringwälle und Abschnittsbefestigungen deshalb aufgegeben wurden, weil die Gefahr, auf die sie eine Antwort darstellen, aufgehört hatte und weil die Verteidigungsformen, die solche Ringwälle erforderten, nicht mehr praktiziert wurden. Konkret bedeutet das den Fortfall der Invasionen der Ungarn, Normannen und Westfranken. Das Aufhören äußerer Bedrohungen erlaubte im Landesinnern zugleich einen ungestörten und intensivierten Fortgang des Landausbaus, in dessen Wirkungsfeldern im Rheingebiet sich die Ringwälle ja vorzugsweise finden. Nicht zuletzt brachten auch die Fortschritte der Friedenssicherung durch die Landfriedensgesetzgebung das Ende dieses Burgentyps. Nur wenige dieser Ringwälle lebten, freilich mit moderneren Ausbauten versehen, noch bis ins 12. Jahrhundert fort, so etwa die Burg auf dem Wein-Berg bei Kerpen, Kreis Daun (DAU 43) oder aber der Ringwall bei Preist, Kreis Bitburg (BIT 63). Im ganzen aber spielt der Krieg eine entscheidende Rolle beim Untergang dieses frühmittelalterlichen Burgentyps.

Eine Prüfung des Diagramms für die Wehranlagen ergibt zwei weitere Höhepunkte: die Zeit von 1650 bis etwa 1700 und dann den Zeitabschnitt zwischen 1750 und 1825. Diese Höhepunkte bezeichnen Perioden, in denen Kriege sich entscheidend auf den Bestand an Wehranlagen, aber gelegentlich auch auf die Zivilsiedlungen, auswirkten.

---

[407] A. Herrnbrodt (wie Anm. 323) 110 ff.
[408] A. Herrnbrodt, Bonner Jahrb. 160, 1960, 362 ff.
[409] W. Janssen, Eifgenburg bei Burscheid (wie Anm. 138).

Es handelt sich einerseits um die französischen Réunionskriege und ihre Folgen, andererseits um die napoleonischen Kriege im Gefolge der französischen Revolution. Dem durch die Réunionskriege bedingten Höhepunkte geht ein gewisser Anstieg der Kurve zwischen 1550 und 1650 voran, der wahrscheinlich auf die Religionskriege des späten 16. Jahrhunderts und den Dreißigjährigen Krieg zurückgehen mag. Quantitativ erreicht die kriegerische Vernichtung von Wehranlagen hier aber nicht annähernd die Werte der beiden nachfolgenden Kriegszeiten. Daß die Zerstörung von Burgen ein systematisch vorbedachtes und geplantes Mittel zur Feindbekämpfung war, hat für die Réunionskriege F. Textor nachgewiesen[410]. Dabei charakterisierte er als das Neuartige die Konsequenz dieser Art von Kriegsführung, die sowohl die militärischen Anlagen selbst, also die Burgen, als auch die zivilen Niederlassungen betraf. Im Unterschied zu vielen Dörfern und Einzelhöfen blieb die Mehrzahl der Burgen nach den Réunionskriegen für immer zerstört liegen, entweder, weil für ihren Wiederaufbau die Mittel fehlten, oder aber weil sich eine Wiederherstellung aus militärisch-politischen Gründen nicht mehr lohnte, ja schließlich, weil Frankreich den Wiederaufbau zu unterbinden wußte.

Es fällt auf, daß sich wüste Wehranlagen im Bitburger Gutland und in der Wittlicher Senke häufen. Das hängt möglicherweise mit den Routen des französischen Vormarsches um 1680 zusammen: Er bediente sich nicht des Moseltales, sondern führte durch die fruchtbaren Ebenen des Bitburger Landes und der Wittlicher Senke, von wo aus sich der Anschluß an das Maifeld und die Pellenz und damit an den Mittelrhein gewinnen ließ.

Nicht nur die Verluste an Burgen waren beträchtlich. Auch zahllose Dörfer und Einzelhöfe fielen den Réunionskriegen zum Opfer. Einen guten Gradmesser der allgemeinen Bedrohung durch Kriege entdeckte K. A. Seel, als er die Münzschatzfunde aus dem Eifelraum für die Zeit von 1350 bis 1850 in 50-Jahres-Intervallen zusammenstellte[411]. Hohe Zahlen ließen sich für die Zeit zwischen 1350 und 1450 ermitteln. Aber sie werden durch die Münzschatzfunde zwischen 1600 und 1700 noch erheblich übertroffen. So spiegelt die Münzschatz-Statistik mit aller wünschenswerten Klarheit die Gefährdung durch Krieg wider, der sich besonders die Zivilbevölkerung im 17. Jahrhundert ausgesetzt sah.

Die Frage, die sich auf Grund der Entwicklung der Wehranlagen und der Münzschatzfunde stellt, lautet also: Inwiefern wurden der Krieg oder seine Folgen auch im Bereich ziviler Siedlungsformen zur Wüstungsursache? Zu ihrer Beantwortung sind wiederum die Diagramme zur Periodisierung der Wüstungen heranzuziehen. Es ist zu überprüfen, ob sich hier ein analoger Kurvenverlauf zu den Wehranlagen feststellen läßt. Bei den Dorfwüstungen mag ein Teil des Maximums im 13. und 14. Jahrhundert auch auf das Konto kriegerischer Verwicklungen gehen, und sei es auch nur in der Form, daß die mauerumwehrten Städte den Bewohnern kriegszerstörter Dörfer der näheren Umgebung Schutz und dauernden Aufenthalt gewährten. Die Landflucht und der Zuzug von Landbewohnern in die Städte haben sicher vielfach die Furcht vor dem Kriege als Beweggrund gehabt. Im einzelnen ist dieser tiefere Ursachenzusammenhang jedoch

---

[410] F. Textor, Entfestigungen und Zerstörungen im Rheingebiet während des 17. Jahrhunderts als Mittel der französischen Rheinpolitik. Rhein. Archiv 31 (Bonn 1937).
[411] K. A. Seel (wie Anm. 402) 458 ff.

schwer durch entsprechende Quellenzeugnisse zu belegen, weil ja auch soziale und wirtschaftliche Gründe beim Synoikismus wirksam werden. Der tatsächliche Anteil des Krieges ist deshalb kaum klar zu bemessen.

Zwischen 1650 und 1700 zeigt die Kurve der Dorfwüstungen stark fallende Tendenz, und zwar im Gegensatz zu der der Wehranlagen. Hier kann keine Entsprechung zur Kurve der Wehranlagen festgestellt werden. Der vorangehende Höhepunkt bei den Dorfwüstungen liegt um 1600, also zu einer Zeit, in der keine aktuellen Kriegsereignisse vorliegen. Anders hingegen verhält es sich für die Zeit zwischen 1750 und 1800. Hier entspricht die Kurve der Dorfwüstungen dem Höhepunkt der wüsten Wehranlagen.

Nicht anders liegen die Verhältnisse bei den Hofwüstungen. Auch hier deckt sich ein Höhepunkt um 1600 in keiner Weise mit dem der Wehranlagen zwischen 1650 und 1700. Eine Entsprechung besteht aber wiederum zwischen 1750 und 1815. In dieser Zeit werden ungewöhnlich viele Höfe durch Kriegsereignisse im Gefolge der französischen Revolution wüst.

Hinsichtlich der Réunionskriege müssen die Ergebnisse der Diagramme für Dorf- und Hofwüstungen verwundern. Denn nicht nur die Zerstörung militärischer Anlagen, sondern auch die Verwüstung ganzer Landstriche, das Abbrennen von Dörfern und Städten gehörte, wie Textor überzeugend dargestellt hat, zum militärischen Programm der französischen Generale, unter denen sich in dieser Hinsicht besonders Melac hervorgetan hat. Ende 1689 und zu Beginn 1690 brannten französische Truppen zahlreiche Dörfer im Dürener Land, im Gebiet von Bonn und Altenahr nieder[412]. Hier wiederholen sich Grundzüge der französischen Kriegführung, die wenig früher in der Pfalz praktiziert worden waren: Es entstanden regelrechte Wüstungsgürtel, die nach der Taktik der verbrannten Erde dem Feind jegliches Verweilen in diesen Gebieten unmöglich machen sollten. Angesichts dieser Ereignisse müßten die Kurven für Dorf- und Hofwüstungen hier eigentlich einen Höhepunkt aufweisen. Das ist indessen nicht der Fall. Und so bleibt nur die Erklärung, daß diese Ereignisse nur wenige permanente Dorf- und Hofwüstungen zur Folge hatten. In den Listen der zerstörten Dörfer tauchen tatsächlich viele heute noch bestehende Orte auf, die nach der Zerstörung nur für einige Zeit wüst liegenblieben, dann aber neu entstanden. Gering ist dagegen die Zahl der permanenten Totalwüstungen. Beispiele wie Miesheim bei Düren (DN 26) oder Ringsheim (EU 104) sind selten. So schrecklich die Ereignisse dieser Zeit auch gewesen sein mögen: der von Textor beschriebene Wüstungsgürtel in Pfalz, Hunsrück, Eifel und nördlicher Voreifel[413] blieb nicht dauerhaft bestehen. Übereinstimmend zeigen die Diagramme nach Ende des Dreißigjährigen Krieges seit etwa 1650 eine gewisse Erholung der ländlichen Siedlungen an, die gelegentlich sogar zu bescheidenem Prosperieren der Agrarwirtschaft führte.

Anders verläuft die Entwicklung im Anschluß an die französische Revolution während der französischen Besetzung der Gebiete links des Rheines. Aus den Tranchot-Karten treten uns massenhaft Siedlungen, vor allem Einzelhöfe entgegen, die als

---

[412] F. Textor (wie Anm. 410) 256 ff. mit Anm. 11.
[413] F. Textor (wie Anm. 410) Karte VIII.

'ruiné' oder als 'detruite' bezeichnet werden[414]. Andere Höfe wurden von der französischen Domänenverwaltung aufgeteilt und verkauft, besonders, wenn es sich um ehemaliges geistliches Eigentum handelte[415]. Es mag Aufgabe einer speziellen Untersuchung sein, herauszuarbeiten, wieviele Höfe und Dörfer durch direkte Kriegsereignisse zugrunde gingen und wieviele danach im Zuge der französischen Domänenverwaltung zerschlagen wurden.

Außer diesen bedeutenden Kriegsereignissen der frühen Neuzeit gibt es natürlich auch Wüstungen, die auf frühere Kriege zurückgeführt werden, ohne daß im einzelnen Fall der Beweis auf Grund archivalischer Zeugnisse erbracht wäre. So fiel der Pollerhof bei Euskirchen (EU 30) angeblich dem Dreißigjährigen Krieg zum Opfer. Die Godesburg in Bad Godesberg (BN 19) und die Wüstung Swist bei Weilerswist (EU 109) gingen im Truchseßischen Krieg 1583 unter. Die Tomburg und mit ihr die zugehörige Burgsiedlung wurden 1473 durch den Herzog von Jülich eingenommen und für immer zerstört (BN 177 u. 178). Den Hof Mertzbach vernichteten 1651 lothringische Truppen (DAU 55). Giesenhofen bei Ahrweiler wurde mehrfach während des Dreißigjährigen Krieges heimgesucht (AW 12), nicht anders die Burg Bodendorf (AW 63); gleiches soll auch bei der Siedlung Einzfeld der Fall gewesen sein (AW 137). Im Jahre 1635 verbrannten Burg und Dorf Züsch im Trierischen. Die Burg blieb wüst (TR 114). Der Hof Lutzenthal erlitt 1632 durch schwedische Truppen das gleiche Schicksal und wurde nicht wieder errichtet (COC 115). Um die gleiche Zeit verbrennen schwedische Truppen den Auenhof bei Niederbachem (BN 122). Die Reihe dieser Beispiele ließe sich noch verlängern.

Es fällt auf, daß die Reformation und die mit ihr verbundenen kriegerischen Verwicklungen in der Eifel so gut wie gar nicht zur Bildung permanenter Wüstungen führten. Wohl wurden Klöster und Konvente zeitweise verlassen, später aber meist wiederbesetzt. So flohen beispielsweise die Zisterzienserinnen von Oberwinter 1570/71 nach Heisterbach (AW 136). Daß sie später nicht wieder zurückkehrten, ist ein Sonderfall im Vergleich zu vielen anderen Klöstern, die nur vorübergehend verlassen, im Zuge der Gegenreformation aber bald wiederbesetzt wurden. Folgen der Reformation zeigten sich vielmehr im Bereich der gewerblichen Wirtschaft. So ist aus dem Gebiet von Monschau und Schleiden, wo die Dynasten zur Reformation übergetreten waren, bekannt, daß der Aufstieg der dortigen Eisenindustrie im 16. und 17. Jahrhundert wesentlich mit der Tätigkeit von Reitmeistern verbunden war, die der neuen Lehre anhingen. So mußte beispielsweise der reformierte Reitmeister Daniel Noitmann, der die Hütte Pleushammer zwischen 1649 und 1694 leitete (SLE 37), wegen seines Glaubens fliehen.

Wie in der Reformationszeit so wirkten sich Kriege und Fehden auch während des Dreißigjährigen Krieges besonders auf die gewerbliche Wirtschaft aus. Von den 'septem officinae minerae ferrariae' (SLE 63, 64, 65, 106, 107, 117), die um 1580 in der Eifelkarte des Sebastian Münster erscheinen, arbeiteten 1650 nur noch zwei. Die übrigen waren in Kriegsereignissen zum Erliegen gekommen. Diese Ereignisse schlagen sich auch im Diagramm zur Periodisierung der wüsten gewerblichen Anlagen nieder (Abb.

---

[414] Zu verweisen ist auf die Katalognummern SLE 22, 26, 77, 94, 95, 111, 128, 138; EU 83; AW 11, 151.
[415] Zu verweisen ist auf die Katalognummern EU 22; BN 107, 132; DAU 84 sowie auf die in Anhang 1 jeweils unter VI. zusammengestellten wüsten kirchlichen Einrichtungen.

41). Es steigt seit etwa 1500 stufenförmig bis um 1600 an. In der ersten Hälfte geht es auf Null zurück. Erst während der zweiten Hälfte des 17. Jahrhunderts ist ein neuer Anstieg der Wüstungsrate zu verzeichnen.

So sind denn Krieg und Kriegsfolgen nicht grundsätzlich von der Liste der Wüstungsursachen in der Eifel zu streichen. Doch sollte die Intensität dieser Wüstungsursache nicht überschätzt werden, da sie einerseits zusätzlich zu bereits vorhandenen Wüstungstendenzen auftritt und andererseits weniger permanente als vielmehr temporäre Wüstungen bei Dörfern und Höfen hinterlassen hat. Dieses Ergebnis stimmt mit Beobachtungen von W. Abel überein[416] und bestätigt sich auch an entsprechenden Resultaten für den Hunsrück[417]. Daß andererseits Kriege links des Rheins in höherem Maße als primäre Wüstungsursachen in Betracht zu ziehen sind als in solchen Landschaften, die auf Grund ihrer geographischen Lage nicht so stark den Wechselfällen des deutsch-französischen Verhältnisses unterworfen waren, hob bereits K. A. Seel hervor[418].

2.9.5 Epidemische Seuchen

Ähnlich dem Krieg wurden epidemische Seuchen, allen voran die Pest, von der älteren Forschung als Wüstungsursache betont. Die Pest soll während ihres verschiedenen periodischen Auftretens geradezu zur Entvölkerung ganzer Landstriche geführt haben. In keiner bevölkerungsgeschichtlichen Studie zum späten Mittelalter oder zur Neuzeit fehlt diese Seuche als Hauptursache für einen geradezu katastrophalen Bevölkerungsverlust. Dem Grauen, das die Krankheit bei den Zeitgenossen hervorrief, vermag sich, so hat man gelegentlich den Eindruck, mancher moderne Historiker kaum zu entziehen. So findet die Neigung, die Verlustziffern gelegentlich stark zu überschätzen, vielleicht auch eine psychologische Erklärung.

Andererseits gelang der englischen Forschung der Nachweis, daß auf den Britischen Inseln tatsächlich eine ungeheure Anzahl von Wüstungen auf die Pestzüge zurückzuführen ist[419]. Für das Rheingebiet muß demgegenüber festgestellt werden, daß verläßliche Verlustziffern für das flache Land nicht vor dem 17. Jahrhundert vorliegen. Die Pestzüge des 14. und 15. Jahrhunderts hingegen lassen sich in ihrer Wirkung auf die Bildung von Wüstungen wegen des Fehlens gesicherter Zahlenangaben kaum abschätzen. Die Quellen berichten zwar über Bevölkerungsverluste in den Städten, doch kann man diese Angaben kaum auf ländliche Bezirke übertragen[420]. Die Rheinlande wurden praktisch von allen großen Pestzügen seit der Mitte des 14. Jahrhunderts erfaßt. Es

---

[416] W. Abel (wie Anm. 35) 86 f.
[417] B. Schemann (wie Anm. 1) 123 ff.
[418] K. A. Seel (wie Anm. 402) 458 ff.
[419] Vgl. M. Beresford, The Lost Villages of England (London 1954). – M. Postan, The Fifteenth Century. In: The Economic History Review 9, 1939, 160 ff. – M. Beresford, Villages desertés: bilan de la recherche anglaise. In: Villages Desertés (Paris 1965) 535 ff. mit viel weiterer Literatur. – Für die Niederlande: H. v. Werveke, De Zwarte Dood in de Zuidelijke Nederlanden (1349–1351). In: Mededelingen van de Kon. Vlaamse Academie v. Wetenschappen, Klasse d. Letteren, Jg. 12, Nr. 3 (Brüssel 1950).
[420] Man vergleiche die von W. Abel (wie Anm. 35) 75 ff. für zahlreiche europäische Städte zusammengestellten Zahlenangaben über Pestverluste. Auch hier fehlen Angaben für ländliche Gebiete. – Ferner: G. Sticker, Abhandlungen aus der Seuchengeschichte und Seuchenlehre (1908). – E. Keyser, Die Ausbreitung der Pest in den deutschen Städten. In: Festschrift für H. Mortensen (Bremen 1954).

beginnt mit dem ersten großen Wüten der Seuche 1340/41; 1356, 1365, 1369/70 und 1380/81 wiederholen sich die Epidemien. Nach einer vorübergehenden Pause von einigen Jahrzehnten brach die Pest um 1450 erneut aus. Offenbar wurde der mittlere und niedere Rhein aber diesmal nicht so stark betroffen.

Zieht man die Diagramme für die Dorf- und Hofwüstungen zu Rate (Abb. 35 und 36), so fällt bei den Dorfwüstungen der doppelte Gipfel zwischen 1200 und 1400 auf. Seit dem Ende des 13. Jahrhunderts ist die Bildung von Dorfwüstungen rückläufig, aber das Diagramm sinkt gegen das 14. Jahrhundert nicht kontinuierlich ab, sondern verzeichnet seit der ersten Hälfte des 14. Jahrhunderts einen neuen Aufstieg, der um 1370/80 in einem neuen Gipfel kulminiert. Hier scheint sich tatsächlich ein Zusammenhang mit der in dieser Zeit wütenden Pestepidemie anzudeuten. Um 1350, also zur Zeit des ersten Auftretens der Pest im Rheingebiet, zeigt das Diagramm bereits stark ansteigende Tendenz, und mit der Wiederkehr der Seuche erreicht es einen Höhepunkt. Mit dem Abklingen der Pestepidemie gegen Ende des 14. Jahrhunderts beginnt auch die Zahl der Dorfwüstungen wieder zu fallen.

Bei den Hofwüstungen ist das Bild weniger klar, denn diese haben bereits in der ersten Hälfte des 14. Jahrhunderts ihren wichtigsten Höhepunkt erreicht, und zur Pestzeit zeigt das Diagramm fallende Tendenz, allerdings nicht einen steilen Abfall, sondern eher ein sich verzögerndes Abgleiten, wobei der Tiefpunkt erst in der ersten Hälfte des 15. Jahrhunderts erreicht wird. Möglicherweise wirkt sich die Pest hier noch geringfügig aus. Im ganzen aber ist festzustellen, daß die Höfe kaum, die Dörfer in etwas höherem Maße zur Zeit der großen Pest während der zweiten Hälfte des 14. Jahrhunderts wüst werden. Man könnte hier vermuten, die teils abgelegenen Einzelhöfe seien wegen ihrer geographischen Isolierung von der Pest nicht so stark betroffen worden wie geschlossene Siedlungen. Belege für diese Annahme aus den Quellen gibt es bisher nicht, so daß die Frage letztlich offen bleiben muß.

Beim Zusammenstellen des Kataloges fiel auf, daß es für das Wüten der Pest in den Urkunden nur sehr wenige Hinweise gibt. Sie hat sich in bemerkenswert geringem Maße in den Schriftquellen niedergeschlagen, soweit es sich um die edierten Bestände handelt. Trotzdem hat sich die Kunde von den Schrecken der Krankheit im Bewußtsein der Menschen erhalten: in Form der Pestsagen, die in der Eifel an vielen Orten bis heute lebendig geblieben sind und die sich oft mit einer Wüstung verbinden. M. Zender hat diese Sagengruppe in seinem Buch über die Sagen der Westeifel behandelt[421]. Die Volkskunde entwickelte seit langem Methoden, um aus sagenhafter Überlieferung den ursprünglichen wahren Kern der Begebenheiten herauszukristallisieren. Dabei wurde erkannt, daß zahlreiche Pestsagen eben nicht nur nachträgliche Interpretation der Wüstungsbildung darstellen, sondern im Kern tatsächliche Ereignisse beschreiben. So ist sicher, daß viele heute noch bestehende Orte zeitweise infolge des Wütens der Pest total wüst gelegen haben, beispielsweise Meckel, Kreis Bitburg[422], Holsthum, Kreis Bitburg[423], Vianden/Luxemburg[424], Berscheid, Kreis Prüm[425] oder Nie-

---

[421] M. Zender, Sagen und Geschichten aus der Westeifel. (2. Aufl. Bonn 1966).
[422] M. Zender (wie Anm. 421) Nr. 104.
[423] M. Zender (wie Anm. 421) Nr. 105.
[424] M. Zender (wie Anm. 421) Nr. 117.
[425] M. Zender (wie Anm. 421) Nr. 121.

derprüm, Kreis Prüm[426]. Andere Siedlungen erholten sich nie wieder von der Seuche und blieben für immer wüst, beispielsweise Platten (PRÜ 16), Marspelt (PRÜ 58), Alt-Alsdorf (BIT 2), Gersdorf (BIT 52), Hartzdorff (WIL 59), Ankast (WIL 73) und Silzwilre (WIL 78). Zu diesen Beispielen ist auch Even (BIT 45) zu zählen, dessen Kirche St. Clemens noch lange nach dem Wüstwerden der Siedlung um die Mitte des 15. Jahrhunderts als Wallfahrtskirche zur Abwehr der Pest diente. Ob auch Sängersdorf bei Jünkerath (DAU 33) zur Gruppe der durch Pest ausgegangenen Siedlungen gehört, ist fraglich. Der Ort bestand noch 1689 und könnte auch im Verlauf der französischen Kriege untergegangen sein. Im allgemeinen beziehen sich die volkstümlichen und sagenhaften Überlieferungen über die Pest auf deren letztes Auftreten im 17. Jahrhundert. Nachrichten dieser Art, die das ausgehende Mittelalter betreffen, sind sehr selten. Von dem Steinfeldischen Hof Königsfeld ist z. B. bekannt, daß er um 1369 wegen des Wütens der Pest unbewirtschaftet war (SLE 77). Für diese Zeit ist er also als temporäre Wüstung anzusehen. Aus der Volksüberlieferung ist für die früheren Pestzüge kaum etwas zu gewinnen. Trotz allem bleibt doch die Tatsache bestehen, daß die Pest auch in der Eifel eine der erkennbaren Wüstungsursachen bildet. In welchem Umfange sie allein für den Abgang von Siedlungen verantwortlich zu machen ist oder wann sie mit anderen Ursachen zusammen den Untergang von Dörfern und Höfen bewirkte, läßt sich gegenwärtig noch nicht abschätzen. An ihrer Mitwirkung im Wüstungsprozeß ist aber nicht zu zweifeln. Darin entspricht die Eifel auch dem südlich angrenzenden Hunsrück[427].

Der durch Pest verursachte Bevölkerungsrückgang darf andererseits nicht überbewertet werden. W. Abel hat darauf verwiesen, daß selbst beim Vorliegen konkreter Zahlen über die Opfer für eine Stadt oder eine Landschaft die Folgen der Seuche für die allgemeine Bevölkerungsentwicklung nicht an diesen absoluten Verlustziffern, sondern am Verhältnis von Todesrate und Geburtenziffer bemessen werden muß. Es muß speziellen Untersuchungen überlassen bleiben, die Entwicklung der Geburtenrate in den ländlichen Gebieten der Eifel zu erforschen und sie auf die Frage nach dem allgemeinen Verlauf der Bevölkerungsentwicklung im Rahmen der Wüstungsbildung anzuwenden.

2.9.6 Säkularisation

Als Ergebnis der Eingliederung des linken Rheinufers in den französischen Staat müßte die Säkularisation geistlicher Güter eigentlich unter den Wüstungsursachen erscheinen, die als Kriegsfolgen im weiteren Sinne zu bezeichnen sind. Der Umfang dieser Besitzverschiebung ist jedoch so bedeutend, daß sie ohne weiteres eine Wüstungsursache sui generis darstellt. Zunächst betraf sie selbstverständlich die Klöster und sonstigen geistlichen Einrichtungen selbst. Um zu quantitativ gesicherten Angaben über Umfang und Folgen der Säkularisation zu gelangen, wäre wiederum eine eigene Untersuchung zu diesem Thema vonnöten. Hier sind nur einige Anmerkungen dazu möglich.

---

[426] M. Zender (wie Anm. 421) Nr. 120.
[427] B. Schemann (wie Anm. 1) 121 ff.

Im gesamten Gebiet der Eifel spielt die Säkularisation in mehrfacher Hinsicht eine große Rolle. Zunächst einmal wurden die geistlichen Institute selbst aufgehoben, ihre Liegenschaften verkauft und die Gebäude entweder abgerissen und anderen, oft gewerblichen Zwecken zugeteilt oder aber einfach dem allmählichen Verfall preisgegeben. Im Hinblick auf die Entwicklung der Kulturlandschaft ergaben sich auf dem flachen Land viel stärkere Folgen als dies bei den städtischen Klöstern der Fall war. Denn mit dem Verschwinden der Klöster verlor das umliegende Land einen kulturellen und zugleich wirtschaftlichen Schwerpunkt, der die Siedlungsentwicklung oft über Jahrhunderte bestimmt hatte.

Teilweise nahmen die Klöster durch Rodung und Neugründung von Siedlungen selbst auf den Siedlungsprozeß Einfluß. Aber auch wo sie in den umliegenden Dörfern Streubesitz und einzelne Rechte innehatten, waren sie mit der ländlichen Wirtschaftsstruktur aufs engste verbunden, die sie nicht zuletzt auch durch die Abgabenregelungen zu steuern vermochten. Die vielfältigen Wechselbeziehungen zwischen klösterlicher und bäuerlicher Agrarwirtschaft wurden 1801/02 mit einem Schlage beseitigt, ohne daß auch nur ähnliche Strukturen an ihre Stelle getreten wären. Gravierend wirkte sich die Aufhebung vieler wichtiger Klöster auch im Bonner Raum aus. 1802 wurde das Kloster Marienforst säkularisiert und teilweise abgerissen (BN 22). Von dem gleichfalls 1802 säkularisierten Kloster Mariastern in Essig sind nur noch geringe Bauteste vorhanden (BN 69). Kloster Schillingskapellen erlitt das gleiche Schicksal, doch blieben die Ländereien infolge geschlossenen Aufkaufs durch einen neuen Besitzer in einer Hand (BN 82). Rheinbach verlor 1802 durch Säkularisation sein Franziskanerkloster (BN 139). Kloster Reichenstein (MON 6), Kloster Schwarzenbroich (DN 60), Kloster Frauenthal (EU 55), das Franziskanerkloster zu Adenau (AW 2), Kloster Marienthal (AW 75), Kloster Rosenthal (COC 10) und viele andere gehören in die Reihe der ländlichen Klöster, die durch die Säkularisation zerschlagen wurden. Himmerod wurde nach der Säkularisation teilweise abgebrochen und erst in der Moderne wieder hergestellt (WIL 40). Mit dem Kloster verloren aber auch die zugehörigen Grangien Rodenerden (WIL 22) und Neuenhof (WIL 29) ihren wirtschaftlichen Bezugspunkt. Dorf und Hof Wachenforth wurden nach der Säkularisation der Abtei Prüm wüst. Mit der Aufgabe der geistlichen Einrichtungen selbst wurde auch ihr Besitz zerschlagen. Insofern bildet die Säkularisation einen der wichtigen Faktoren für die Wüstungsbildung zu Beginn des 19. Jahrhunderts, der sich auch klar in der Kurve der wüsten Kirchen, Kapellen und Klöster abzeichnet.

Nach dem Ende der napoleonischen Herrschaft schließlich wurde kaum eines dieser Klöster restauriert. Im allgemeinen war der ehemalige Klosterbesitz inzwischen auch soweit zerstreut, daß schon aus diesem Grunde eine Restaurierung im alten Umfange aussichtslos gewesen wäre. An einer Vermehrung der Anbauflächen war man nach 1815 zunächst ohnehin nicht interessiert, zumal auch die Kulturflächen der zahlreichen wüst gewordenen Einzelhöfe zur Verfügung standen. Insofern dürfte ein nicht unerheblicher Teil der ehemaligen klösterlichen Ländereien auch anderen als agrarischen Wirtschaftszwecken zugeführt worden sein. Einschneidende Veränderungen des Wald-Feld-Verhältnisses, wie sie ein Vergleich mit der Tranchot-Karte erweist, gehen nicht zuletzt auch auf die Folgen der Säkularisation zurück.

2.9.7 Wirtschaftskrisen im gewerblichen Bereich

Analog zu den großen agrarwirtschaftlichen Krisenerscheinungen, die das Wüstwerden von Dörfern und Höfen bewirkten, gab es im Bereich der verschiedenen gewerblichen Wirtschaftszweige Krisen, die zur Beendigung der Produktion führten. Für das 19. Jahrhundert ist dieser Prozeß im Bereich der eisenschaffenden Industrie der Eifel infolge guter Quellenlage im einzelnen zu erkennen. Das hohe und späte Mittelalter sind infolge des Quellenmangels schlecht beleuchtet, doch ist auch hier in vielen Fällen ein plötzliches Ende von gewerblichen Produktionsstätten festzustellen, das nur aus den wechselhaften Verhältnissen der jeweiligen wirtschaftlichen Situation zu erklären ist. Die Entwicklung der gewerblichen Wirtschaft vom Ende der Merowingerzeit bis weit ins 12. Jahrhundert liegt fast völlig im Dunkeln. Wo es in diesem Zeitabschnitt zur Bildung von Wüstungen kommt, wie dies das Diagramm auf Abbildung 41 zeigt, können über die Wüstungsursachen nur Vermutungen geäußert werden. Die wenigen Quellenzeugnisse, die es überhaupt gibt, bilden vereinzelte helle Punkte innerhalb einer Entwicklung, deren Verlauf im einzelnen unbekannt ist.

Seit der Karolingerzeit aber ist es möglich, wenigstens punktweise die Wirtschaftsentwicklung auf Grund von Bodenfunden zu kennzeichnen. Demnach war einer der wichtigsten nichtagrarischen Bereiche das Töpfergewerbe, das im Rheinland, wahrscheinlich auf Grund westeuropäischer Antriebe, einen starken Aufschwung genommen hatte. Dabei ist in erster Linie an die Töpferzentren des Vorgebirges zwischen Köln und Bonn, die Betriebe von Mayen sowie die im Altbachtal bei Trier zu denken, die seit dem 7., vor allem aber auch im 8. und 9. Jahrhundert in einem Umfang produzierten, der längst nicht mehr zur Deckung des eigenen oder des lokalen Bedarfs bestimmt war, sondern der eine Überschußproduktion darstellte. Die vielfältige Verflechtung der rheinischen Produktionsstätten mit weit entfernten Handelsniederlassungen wie Dorestad, Birka und Haithabu bezeugen, daß Keramik in der Tat Gegenstand eines karolingerzeitlichen Fernhandels gewesen ist. Daß diese Großproduktion sich im Rahmen des karolingerzeitlichen Sozialgefüges abspielte und der Grundherr als Unternehmer aufgetreten sein muß, wurde an anderer Stelle erwähnt[428]. Es darf als gesichert gelten, daß die langlebigsten Erzeugnisse der Vorgebirgstöpfereien, die sogenannten Reliefbandamphoren, mindestens noch bis ins 10. Jahrhundert hinein hergestellt wurden. Bis in diese Zeit also reicht kontinuierlich die karolingische Töpfertradition des Vorgebirges.

Sowohl das Ende der Töpferzentren in Badorf und Walberberg im 10. Jahrhundert als auch das Auslaufen der Töpfereien von Brühl-Pingsdorf im 13. Jahrhundert lassen sich, was die tieferen Ursachen angeht, noch nicht erklären. Daß aber marktwirtschaftliche Gesichtspunkte dafür geltend zu machen sind, steht außer Zweifel.

Im 14. und 15. Jahrhundert entstanden im Rheinland zahlreiche neue Töpferzentren, die hochqualifizierte Steinzeugware produzierten, z. B. in Siegburg, Langerwehe, Frechen, Adendorf und auf dem Westerwald. Auffälligerweise mündet die Badorf-Pingsdorf-Brühler Produktion nicht direkt in die Steinzeugherstellung ein. Hier werden lediglich die Vorstufen der Steinzeuge in Gestalt der hartgebrannten, sogenannten

---

[428] Vgl. oben S. 65 ff.

geriesten Ware erreicht, ohne daß die Brühler Töpfer den Anschluß an die Steinzeugtechnik finden. Statt dessen gehen alle fortschrittlichen Entwicklungen im Töpferhandwerk von Zentren außerhalb des Vorgebirges aus. Unverkennbar ist dabei der konservative Zug, der den Vorgebirgstöpfereien eigen ist. Sie verharrten z. B. mindestens drei Jahrhunderte bei der Technik der hellgrundigen, rotbemalten Keramik, ohne neue Formen und Techniken aufzugreifen oder zu entwickeln. In Siegburg hingegen bildete die rotbemalte Ware nur eine kurze anfängliche Phase der Entwicklung, auf die bald ganz neue und andersartige Formen folgten. So kam mit Sicherheit für die Vorgebirgstöpfer der Tag, an dem ihre Erzeugnisse nicht mehr den Anforderungen des Marktes entsprachen, der sich längst an den hochwertigen Steinzeugen orientiert hatte. Sie unterlagen allmählich der Konkurrenz anderer rheinischer Töpferzentren, die die in- und ausländischen Märkte längst mit ihren qualitätvollen Waren überschwemmt hatten. Dem Konkurrenzdruck im Rheingebiet entsprach im Ausland das Auftreten belgischer, niederländischer, französischer und englischer Töpfererzeugnisse, gegen die sich nur die besten rheinischen Produkte, nicht aber die 'unmoderne' Vorgebirgsware, durchzusetzen vermochten.

Diese Schlüsse, die aus dem Blickwinkel der Herstellung entwickelt wurden, könnten wahrscheinlich auch anhand von Spezialuntersuchungen über das Preis- und Lohngefüge im spätmittelalterlichen Töpferhandwerk überprüft werden. Dabei müßten auch ungedruckte spätmittelalterliche Quellen, z. B. über den Handel der Kölner Kaufleute mit Keramik, ausgewertet werden. Denn es darf als sicher gelten, daß in den meisten Fällen nicht die Hersteller von Keramik für den Vertrieb sorgten, sondern daß auf dieses Handelsgut spezialisierte Kaufleute die Verteiler waren[429]. Wie heute, bestimmte schon im Mittelalter der Markt Umfang und Art der Produktion. Um diesen Wirkungszusammenhang zu klären, wäre schließlich auch notwendig, das Aufkommen der außerdeutschen, besonders der niederländischen, französischen, englischen und osteuropäischen Töpferzentren, in die Überlegungen einzubeziehen. Denn die ausländische Konkurrenz dürfte den rheinischen Töpferzentren nicht unerheblichen Abbruch auf den Märkten getan haben. Das Funktionieren des eingespielten Verteilersystems wurde später auch durch den Rückgang der Hanse beeinflußt. Der Verlust bedeutender Märkte in Nordeuropa und in Osteuropa war die Folge, die sich, wie für viele andere Warengattungen, auch auf den Keramikexport stark auswirkte. Wie die Anteile kontinentalen und englischen Keramikexports im Laufe der Zeit schwankten, läßt sich gut an dem Material beobachten, das aus geschlossenen stratigraphisch gesicherten Zusammenhängen in der Altstadt von Bergen/Norwegen gefunden wurde[430]. Nachdem zunächst bis etwa 1200 kontinentale Keramik, darunter an erster Stelle rheinische Ware dominierte, stieg der Anteil der englischen Ware bis etwa 1400 stark an. Erst nach 1400 kam es zu verstärkten hansischen Exporten in den Norden, so daß nun auch wieder rheinische Keramik in größeren Mengen anzutreffen ist[431]. Es bleibt zu

---

[429] Vgl. dazu W. Janssen, Mittelalterliche deutsche Keramik in Norwegen und ihre Bedeutung für die Handelsgeschichte. In: Studien zur europäischen Vor- und Frühgeschichte, Festschr. f. H. Jankuhn (Neumünster 1968) 200–208. – Zur englischen Produktion von Keramik und zum Handel vgl. Jean Le Patourel, Documentary evidence and the medieval pottery industrie. Medieval Archaeology 12, 1968, 101–126.

[430] A. E. Herteig, The excavation of 'Bryggen', the old Hanseatic wharf in Bergen. Medieval Archaeology 3, 1959, 183.

[431] W. Janssen (wie Anm. 429) 207.

hoffen, daß die Bearbeitung der Funde aus dem systematisch untersuchten Scherbenhügel von Siegburg auf dem Wege quantitativer Analysen auch Angaben über die jeweilige Produktionsmenge des Siegburger Töpferbezirks bringen wird[432]. Neben den marktwirtschaftlichen Bedingungen war das Töpferhandwerk im Mittelalter im besonderen Maße auch an die Verhältnisse gebunden, die sich aus der sozialen Lage der Töpfer ergaben. Das läßt sich gut an der Entstehung der Adendorfer Töpferei beobachten, die durch vom Westerwald abgewanderte Töpfer begründet wurde (BN 5). Die zuwandernden Töpfer sahen sich seit dem 15. Jahrhundert auf dem Westerwald schweren wirtschaftlichen Krisen ausgesetzt, die noch durch persönliche Unfreiheit verschärft wurden. Da die zuständige Landesherrschaft diese Verhältnisse nicht zu bessern verstand, entschlossen sich viele Töpfer, ihr Glück außerhalb ihrer Heimat zu suchen. Im Gebiet von Adendorf fanden sie gute Arbeitsbedingungen vor und siedelten sich hier an.

Ein anderer Zweig gewerblicher Produktion, der seit vorgeschichtlicher Zeit in Eifel und Hunsrück blühte, muß als wichtigster nichtagrarischer Erwerbszweig gelten: die Eisengewinnung. Über diesen Wirtschaftsbereich ist inzwischen eine umfangreiche Literatur entstanden, so daß es sich hier erübrigt, die Geschichte der Eifeler Eisenindustrie auch nur skizzenhaft zu beschreiben[433]. Im Schicksal der Eifeler Eisenindustrie wirkten sich in erster Linie wirtschaftliche Faktoren aus, die über Prosperität oder Untergang entschieden. In den Schriftquellen läßt sich dieser Produktionszweig deutlicher etwa seit dem 14. Jahrhundert verfolgen. Für die davorliegende Zeit sind vornehmlich Bodenfunde heranzuziehen, die in letzter Zeit um so zahlreicher gewonnen wurden, je mehr Grabungen an mittelalterlichen Objekten durchgeführt wurden. Zu erinnern wäre in diesem Zusammenhang an den mittelalterlichen Verhüttungsbezirk von Wildenrath, Kreis Erkelenz, wo ein ganzer Bezirk am Schaag-Bach mit Betrieben der Töpferei und der Eisenverhüttung besetzt war[434]. In der Eifel selbst sind vor allem aus dem Speicherer Wald neben den dortigen spätmittelalterlichen Töpfereien Eisenwerkstätten bekanntgeworden, die nicht bis in die Neuzeit fortdauerten[435]. Im Bereich der eisenschaffenden und -verarbeitenden Betriebe ist bereits eine Wüstungsphase zwischen etwa 1450 und 1600 zu beobachten, die sicher mit den Wirtschaftskrisen im Gefolge der Kriege zusammenhängt. Nach der Kriegsperiode war es relativ leicht möglich, kriegszerstörte bäuerliche Betriebe im allgemeinen kurzfristig wiederzubesetzen. Gewerbliche Anlagen hingegen erforderten zur Wiedererrichtung eines einmal aufgegebenen Betriebes hohe Investitionen, die vor allem zum Aufbau der Betriebsanlagen, der Öfen und der Förderanlagen verwendet wurden. Sie zu erstellen, kostete neben den finanziellen Mitteln auch beträchtliche Zeit, so daß diese Gruppe von Ansiedlungen ganz besonders stark kriegsempfindlich gewesen sein dürfte. In nicht geringem Maße trug außer den Kriegen sicher die Konkurrenz bei, die sich die verschiedenen eisenschaffenden Betriebe der Eifel untereinander machten. Nicht selten kam es zwischen den Eifelterritorien zu regelrechten Wirtschaftskriegen, die auf die Lähmung der fremden Eisenindustrie abzielten. 1783/85 erließ z. B. der

---

[432] Vorbericht über die noch unveröffentlichten Grabungen am Scherbenhügel in Siegburg vgl. oben Anm. 265.
[433] Vgl. oben Anm. 405.
[434] W. Haberey, Bonner Jahrb. 155/156, 1955/56, 533–536.
[435] S. Loeschcke, Die Tonindustrie von Speicher. Trierische Heimatbll. 1922.

Herzog von Arenberg ein totales Exportverbot für Eisenerze aus seinem Lommersdorfer und Freilinger Revier mit dem Ziel, die Manderscheidische Eisenindustrie in Jünkerath zu schädigen (vgl. SLE 96; DAU 35). Er nahm dabei in Kauf, daß die Lommersdorfer und Freilinger Bergleute arbeitslos wurden und – ohne bleibenden Erfolg – als Bauern angesetzt werden mußten.

In welcher Weise wirtschaftliche Bedingungen zum Untergang der Eifeler Eisenindustrie führten, läßt sich am besten an den Verhältnissen des 19. Jahrhunderts studieren. Für diese Zeit liegen viele Quellen vor, die auch die Gründe für die Aufgabe zahlreicher Gruben, Hütten und Hämmer sichtbar machen. Im Bestand an Wüstungen ist diese Zeit folgerichtig auch sehr stark vertreten. Allenthalben finden sich untergegangene Hammerwerke, Pingenfelder, die nicht mehr ausgebeutet werden, oder aber Hüttenwerke. So wird 1870 das Hüttenwerk Gemünd wegen Unrentabilität aufgegeben (SLE 48), die Kupferwalzmühle Gemünd wird Mitte des 19. Jahrhunderts aus dem gleichen Grunde wüst (SLE 50), die Eisenhütte Kirschseiffen, seit 1438 bezeugt, verschwindet um 1860 (SLE 64), die Snorgenshütte (Eisen) wird um 1850 wüst (SLE 63), die Eisenhütte Blumenthal um 1870 stillgelegt (SLE 65), desgleichen das Eisenwerk Bruch (SLE 66). Die alte Eisenhütte Keldenich stellt die Produktion 1853 wegen zu starker anderweitiger Konkurrenz ein (SLE 81); um die gleiche Zeit hört die Fertigung in der Kronenburgerhütte auf (SLE 88). Die Eisentagebaue von Lommersdorf waren bis nach der Mitte des 19. Jahrhunderts noch in Betrieb und wurden dann stillgelegt (SLE 92). Erst die Knappheit an Erz während des Ersten Weltkrieges erzwang hier vorübergehend neue Schürfungen. Im letzten Viertel des 19. Jahrhunderts wurden die Eisenhütte bei Oberhausen (SLE 107), die von Wiesgen (SLE 108), Gangfurth (SLE 117), Olef (SLE 118) und die Steinfelder Hütte (SLE 126) aufgegeben. Große Köhlereien, die einst nur für die Eisenproduktion Holzkohle geliefert hatten, wurden bei Mahlberg wüst (EU 66). Während des 19. Jahrhunderts wurden Eisenschächte bei Waldorf, Kreis Bonn, wüst (BN 50). Ihre Abraumhalden sind noch heute auf der Hochfläche des Vorgebirges sichtbar. Im Herzogtum Arenberg versuchte man, leider vergeblich, arbeitslose Eisenwerker auf Höfen anzusiedeln, die aber auch bald wieder verlassen wurden (AW 81, 83, 184). Auch die Standortverlagerung von Hüttenwerken geht letzthin auf marktwirtschaftliche Gründe zurück, so etwa im Falle der Altschmiede bei Weilerbach (BIT 15). In Quint an der Mosel wurde nach Ende der französischen Revolutionskriege die Eisenhütte der dortigen Gewerkschaft Quint 1822 wieder aufgebaut. Sie arbeitete bis 1887, dann wurde der letzte Hochofen ausgeblasen (TR 7). Mit der Hütte gingen die Bergwerke ein (TR 8 und 61). Die Hütte zu Eisenschmitt wurde erst im 19. Jahrhundert wüst (WIL 24). In der Hütte Weilerbach (BIT 16) wurde 1882 der letzte Ofen ausgeblasen. Das Eisenhüttenwerk zu Ahrhütte wurde Ende des 19. Jahrhunderts aufgegeben. Die Reihe der Beispiele ließe sich beträchtlich verlängern. Parallele Entwicklungen vollzogen sich zur gleichen Zeit im Bergischen Land, im Sauerland und im Hunsrück.

Der wirtschaftliche Hintergrund läßt sich mit wenigen Worten allgemein umreißen: Zur gleichen Zeit begann an Rhein und Ruhr die moderne Industrialisierung, die in neuen Großverfahren Metalle, besonders aber das Eisen, zu so niedrigen Preisen erreichbar machte, daß die Kleinbetriebe in Eifel und Hunsrück dem Preisdruck nicht mehr gewachsen waren. Wie aus dem bäuerlichen Bereich wanderten auch aus dem Eifeler Eisengewerbe zahlreiche Eisenwerker in das neue Industrierevier ab. Es ist daher

kein Zufall, daß manche Inhaber großer Industriebetriebe an Rhein und Ruhr Namen tragen, die ursprünglich in der Eifel beheimatet sind. Die Eifeler Eisenindustrie unterlag also einem wirtschaftlichen Konkurrenzkampf, dem sie wegen der ungünstigen Standort-, Wirtschafts- und Verkehrsbedingungen nicht gewachsen war. Man kann demnach wohl weniger von einer allgemeinen Krise der eisenschaffenden und -verarbeitenden Industrie sprechen; denn im neuen Industrierevier an der Ruhr blühte sie ja. Vielmehr muß der Krisenbegriff hier im Sinne eines scharfen Konkurrenzkampfes geographisch auf Eifel und ähnlich strukturierte Gebiete eingeschränkt werden.
Für die gewerblichen Wüstungen ist somit folgendes Ergebnis festzuhalten: Trotz gelegentlicher Kriegseinflüsse auf die verschiedenen Arten gewerblicher Produktion bildet der Wirkungsmechanismus von Arbeitslöhnen, Preisen der Produkte und Absatz den wichtigsten Grund für das Wüstwerden dieser Betriebe. Das gilt für die Neuzeit ebenso wie für das Mittelalter, wenngleich die Quellen hier nicht so klaren Einblick gewähren. Wie im einzelnen die Entwicklung des Preis-Lohn-Gefüges oder der Beziehung von Produktion und Absatz in den verschiedenen Zeitabschnitten verlaufen ist, müssen Einzelstudien der hier besonders angesprochenen Wirtschaftshistoriker zu klären versuchen.

2.9.8 Offene Fragen

Wer im Kapitel über die Wüstungsursachen den Nachweis einzelner klarer Ursachen für die Wüstungsbildung erwartet hatte, sieht sich schon zu Beginn seiner Studien recht verwickelten Zusammenhängen gegenüber. Die Eifel zeigt ähnliche Verhältnisse wie andere deutsche Landschaften, in denen auch nicht eine oder ganz wenige Ursachen allein für den Siedlungsverlust verantwortlich gemacht werden können. Eine Untersuchung, die, wie diese, von einer sehr breiten Materialbasis ausgeht, sollte trotz aller Schwierigkeiten und bei aller Verschiedenheit der Einzelfälle versuchen, das Gemeinsame, generell Gültige herauszuarbeiten. Gleichzeitig wird aber hier so viel Material vorgelegt, daß Einzelstudien zu den verschiedenen Wüstungsursachen anhand von Einzelfällen im Sinne einer Weiterführung und Vertiefung des hier Bemerkten wünschenswert bleiben. Von der archäologischen Seite sollten sie besonders die früheste nachrömische Wüstungsperiode, die späte Merowingerzeit, umfassen. Hier liegen die Wüstungsursachen noch völlig im Dunkeln. Es mag aber bereits als Fortschritt gewertet werden, daß das Phänomen an sich, also die spätmerowingerzeitliche Wüstungsbildung, erkannt wurde. Im Abschnitt 2.7 wurden die möglicherweise wirkenden Wüstungsursachen teilweise schon beschrieben. Vorerst bleiben sie aber im Dunkeln, weil der Mangel an Schriftquellen einen Einblick in die Verwaltungsstruktur des flachen Landes zur Merowingerzeit weithin noch verwehrt. Wenn das Wüstwerden von Dörfern und Einzelhöfen im 7. und 8. Jahrhundert mit einer 'Straffung der kirchlichen Organisation' und mit 'politischer Neuorganisation zu Beginn der Karolingerzeit' erklärt wird, so handelt es sich bei diesen Formulierungen im Grunde nur um allgemeine Umschreibungen für einen Vorgang, der zwar in seinen Auswirkungen bekannt, seinen Ursachen nach aber im einzelnen noch weithin unbekannt ist. Für die Ursachenfrage wird auch von archäologischer Seite nicht viel Hilfe zu erwarten sein, denn der Archäologe kann auf Grund des von ihm ausgegrabenen Materials zwar Beginn und Ende einer Siedlung bestimmen, über die Gründe für die Aufgabe einer Siedlung vermag er aber selten Aufschluß zu geben, es sei denn, die archäologischen Befunde deuten etwa auf eine kriegerische Verwüstung hin.

Im übrigen ist es für den merowingerzeitlichen Wüstungsprozeß sehr fraglich, ob er überhaupt mit einem Bevölkerungsverlust verbunden war. Übereinstimmend zeigen die fränkischen Reihengräberfriedhöfe im 7. Jahrhundert einen starken Bevölkerungsanstieg, dem die Bildung von Wüstungen diametral widerspricht, wenn man sie auf einen Bevölkerungsverlust zurückführt. Alle Anzeichen sprechen für eine Verschiebung der Bevölkerung innerhalb der damals erschlossenen Siedlungsräume.

Einen gewissen Anstieg zeigt das Diagramm der Dorfwüstungen auch im 9. Jahrhundert, wobei der Höhepunkt kurz nach der Mitte dieses Jahrhunderts liegt. Aber auch hier bleiben die eigentlichen Ursachen im Dunkeln. Auf jeden Fall machen sich einige Autoren die Sache zu leicht, wenn sie auf die Wikingerzüge dieser Zeit verweisen. Im Rheinland fehlen bisher eindeutige archäologische Hinweise für die Bildung von Wüstungen während der Wikingerzeit. Wohl ist bekannt, daß Klöster, Städte und Dörfer von den Eindringlingen abgebrannt werden. In städtischen Fundschichten mögen die entsprechenden Zerstörungen auch archäologisch greifbar werden, aber allgemeine Bedeutung als Wüstungsursache erlangen die Wikingereinfälle deshalb noch nicht. Als andere Erklärungen bieten sich an: die allgemeinen politischen Verhältnisse der späten Karolingerzeit und mögliche Wandlungen des sozialen Gefüges auf dem flachen Land, die mit dem Verfall der Villikationsverfassung verbunden sein könnten. Auch hier wären weitere Untersuchungen erforderlich, um die anstehenden Fragen einer Klärung näher zu bringen.

Spezielle Studien wären auch zu einer Reihe anderer Fragen im Bereich der Wüstungsursachen notwendig. So ist die Untersuchung der Bevölkerungsentwicklung, soweit sie für die Bildung von Wüstungen eine Rolle zu spielen scheint, der entsprechenden Fachforschung aufgegeben. Die Ermittlung einigermaßen verbindlicher Bevölkerungszahlen ist selbst bei den Städten mit so großer Unsicherheit verbunden, daß man für die ländliche Besiedlung erst recht viel bescheidenere Ansprüche stellen muß. Andererseits ist eine ungefähre Gegenkontrolle über die ländliche Zuwanderung in den Städten nur anhand städtischer Quellengruppen möglich. Im Rheinland ist in besonders hohem Maße die Bildung von Familiennamen nach dem Herkunftsort zu beobachten. Wenn sie an ihrem Beginn im späten Mittelalter einmal quantitativ erfaßt werden könnte, so wäre damit ein wichtiger Hinweis auf die Herkunft von wesentlichen Teilen der städtischen Bevölkerung gewonnen.

Einzelstudien bleibt auch die Erforschung der agrarwirtschaftlichen Situation in den verschiedenen Epochen vorbehalten, in denen sich tiefgreifende Folgen für den Bestand ländlicher Siedlungen daraus ergaben. Preis- und Lohnangaben dürften auch in diesem Bereich primär anhand städtischer Quellen zu gewinnen sein, wie die Untersuchungen von Abel gezeigt haben. Da aber das umliegende Land besonders im Rheinland als Hersteller agrarischer und handwerklicher Produkte zur Versorgung der Städte in Betracht kommt, läßt sich die wirtschaftliche Entwicklung auf dem Lande auch von den Verhältnissen in der Stadt aus beobachten.

Die großen Pestzüge bilden als Wüstungsursachen im Grunde nur einen Sonderfall der epidemischen Seuchen überhaupt, die sich ohne Zweifel stark auf den Verlust an Siedlungen auswirkten. Medizingeschichtliche Studien und Arbeiten zur Frage der Abfall-

beseitigung liegen bisher nur für einzelne Städte vor. Eine Übertragung der an städtischen Verhältnissen gewonnenen Resultate auf ländliche Ansiedlungen verbietet sich jedoch insofern, als die Städte dank ihrer Selbstverwaltungsorganisation, die alle Bürger umfaßte, gegenüber dem Land einen erheblichen Vorsprung in dieser Hinsicht gehabt haben müssen. Die Erforschung der hygienischen Zustände aber könnte besonders für Krankheiten, deren Erreger durch Ungeziefer übertragen wird, von großer Bedeutung sein.
So bleiben denn eine Reihe von speziellen Fragen von dieser Arbeit unbeantwortet, weil sie eher der jeweiligen Fachforschung zu überlassen, als hier im Zuge allgemeiner Erörterungen zu klären sind.

3. Fossile Fluren der Eifel

3.1 Allgemeines

Seit 1961 werden vom Rheinischen Landesmuseum Bonn fossile Fluren der Eifel systematisch aufgenommen. Problemstellung und Methoden dieser Arbeit sind bereits in der Einleitung dieser 'Studien' dargelegt worden, so daß sich Wiederholungen an dieser Stelle erübrigen[436]. Lediglich der Inventarisierungscharakter dieses Arbeitsprogramms sei nochmals hervorgehoben. Fossile Fluren stellen im Sinne der praktischen Bodendenkmalpflege Bodendenkmäler dar, die nach Möglichkeit erhalten werden sollen. Wo aber die moderne Flurbereinigung diese Relikte älterer Agrarlandschaften austilgt, muß wenigstens ihre Dokumentation sichergestellt werden, bevor sie vernichtet sind. Da im Bereich der rheinischen Lößplatten jahrhundertelange intensive Agrarwirtschaft alle älteren Flurrelikte ohnehin beseitigte, engt sich der geographische Rahmen dieser Arbeiten von selbst auf Reliktgebiete wie die Eifel oder den unteren Niederrhein ein.

Nachdem in Schleswig-Holstein und anderen festländischen Nordseegebieten[437] eisenzeitliche, im Raum Mayen und im Saarland[438] römerzeitliche, in den hessischen Mittelgebirgen[439] und im südlichen Niedersachsen[440] mittelalterliche fossile Fluren in größerer Zahl nachgewiesen wurden, durfte erwartet werden, daß auch die Inventarisation fossiler Fluren in der Eifel ältere Relikte aus einer der genannten Perioden zutage fördern werde. Daß diese Hoffnungen nicht unbegründet waren, zeigt das im Katalog unter den Nummern A 1 bis A 28 zusammengetragene Material. Es stammt aus-

---

[436] Vgl. oben S. 20 ff.
[437] Aus der Fülle der Literatur sei nur auf einige wenige Titel hingewiesen: H. Jankuhn (wie Anm. 43). – G. Hatt, Oltidsagre (Kopenhagen 1949). – K. A. Seel, Zellenfluren – vorgeschichtliche Fluranlagen im nordöstlichen Vogelsberg, ihre Zeitstellung und Bebauungstechnik. ZAA 1962. – M. Müller-Wille (wie Anm. 46) mit weiterer Literatur.
[438] K. A. Seel (wie Anm. 3). – M. Born, Römerzeitliche Flurrelikte im Saarkohlenwald. 19. Ber. d. staatl. Denkmalpfl. im Saarland, 1972, 73–88.
[439] H. Pohlendt, Die Flurwüstungen als kulturlandschaftliches Problem am Beispiel von Flurwüstungen des norddeutschen Flachlandes. Gottinger Geogr. Abhandl. 1, 1948, 82–91. – H. Mortensen, K. Scharlau, Der siedlungskundliche Wert der Kartierung von Wüstungsfluren. Nachr. d. Akad. d. Wissensch. zu Göttingen, Phil.-Hist. Kl. 1949. – H. Mortensen, Neue Beobachtungen über Wüstungsbandfluren und ihre Bedeutung für die mittelalterliche deutsche Kulturlandschaft. Ber. z. deutschen Landeskde. 10, 1951, 341 ff. – A. Rusche, Die Wüstungsfluren des Reinhardtswaldes und anderer deutscher Kulturlandschaften. Diss. Gött. (Masch.-schr.) 1953. – H. Jäger, Zur Entwicklung der Kulturlandschaft im Kreis Hofgeismar. Göttinger Geogr. Abhandl. 8, 1951. – Ders., Methoden und Ergebnisse siedlungskundlicher Forschung. Zeitschr. f. Agrargesch. u. Agrarsoziologie 1, 1953. – M. Born, Frühgeschichtliche Flurrelikte in den deutschen Mittelgebirgen. Geografiska Annaler 43, 1961. – Ders., Langstreifenfluren in Nordhessen? ZAA 1967. (Eine kritische Auseinandersetzung mit der Kartierung von Langstreifenfluren durch Mortensen und Scharlau).
[440] W. Janssen, Königshagen (wie Anm. 381).

schließlich aus Geländebegehungen, in deren Verlauf Kartierungen auf der Deutschen Grundkarte 1 : 5 000 durchgeführt wurden. Nur in geringem Umfang und ohne Systematik wurden auch die Möglichkeiten der Luftbildphotographie genutzt. Ausgrabungen fanden bisher in keinem der kartierten Flurkomplexe statt. Die kulturgeschichtliche Einordnung der fossilen Fluren erfolgte auf Grund des jeweiligen Siedlungszusammenhanges, wie er sich auf Grund der bekannten oder neuentdeckten Bodenfunde und der Schriftquellen für vorgeschichtliche, römische oder frühmittelalterliche Zeit wahrscheinlich machen ließ.

Über die engeren Belange der Flurforschung hinausgehend wurde der Versuch unternommen, aus der Aufnahme fossiler Fluren zu Schlüssen auf das Aussehen der Kultur- und Siedlungslandschaft in den genannten Perioden zu gelangen. Die Untersuchungen haben aber ergeben, daß einem solchen Beginnen enge Grenzen gesetzt sind. Die unzureichende Kenntnis der archäologischen Fundplätze vergangener Epochen einerseits und die agrarische oder forstliche Nutzung alter Kulturflächen andererseits, denen ältere Siedlungsspuren und Relikte der Agrarwirtschaft zum Opfer gefallen sind, verhindern es, die Kulturlandschaft früherer Perioden innerhalb größerer geographischer Gebiete zu rekonstruieren. Relikte älterer Agrar- oder Kulturlandschaften treten immer nur fragmentarisch in Erscheinung, je nachdem, wie ihre zufällige Erhaltung im Gelände es will. Zusammenhänge lassen sich also in dieser Hinsicht bestenfalls für Räume von der Größenordnung mittelalterlicher Gemarkungen erkennen, innerhalb deren Grenzen sowohl alle archäologischen Fundplätze als auch alle agrarischen Reliktformen überschaubar sind. Aber selbst in diesen Fällen stellt sich das Problem der Überlagerung von Relikten aus verschiedenen Kulturepochen, das sich nicht allgemein, sondern nur von Fall zu Fall nach den jeweiligen Verhältnissen der einzelnen Gemarkungen lösen läßt. Im Zentrum der Untersuchungen in der Nordeifel stehen die Gemarkungen Marmagen, Nettersheim, Blankenheim, Blankenheimerdorf, Schmidtheim, Wahlen, Arloff und Rheinbach (Katalognummern A 1 bis A 15). Hier fanden die umfangreichsten Geländearbeiten statt. Hier wurde das archäologische Material eingehend aufgearbeitet. Dazu kommen Beobachtungen an vereinzelten Komplexen fossiler Fluren in anderen Gemarkungen der Eifel, des Hunsrücks und des Saarlandes (Katalognummern A 16 bis A 28). Sie ergänzen die Resultate aus den intensiv untersuchten Gebieten.

Einem kritischen Beobachter kann nicht entgehen, daß die hier vorzutragenden Ergebnisse fragmentarisch sind und erst den Anfang einer Untersuchung darstellen, die sich nicht in kurzer Zeit und auf einen Hieb abschließen läßt. Deshalb sollen die Forschungen zu den fossilen Fluren auch weitergeführt werden, wobei Luftbildforschung und Ausgrabungen zwangsläufig größeren Raum bekommen müssen. Auch mag vermißt werden, daß hier keine allgemeingültigen Grundlinien über Aussehen und Verbreitung der fossilen Fluren in den einzelnen vor- und frühgeschichtlichen Epochen gezeichnet werden. Nach den gegebenen methodischen und sachlichen Schwierigkeiten kann das noch nicht erwartet werden. Denn allgemeine Zusammenhänge können sich immer erst dann ergeben, wenn genügend Einzelbefunde allgemeine Schlüsse rechtfertigen und absichern. Hier geht es noch immer um die Erarbeitung der Einzelbefunde. Die Frage, inwiefern sie für größere geographische Gebiete oder für ganze kulturgeschichtliche Perioden repräsentativ sein können, stellt sich vorerst nicht.

Überblickt man die bisherigen Forschungen zur Frage vor- und frühgeschichtlicher

sowie mittelalterlicher fossiler Fluren, so fällt auf, daß sie überwiegend in Gebieten durchgeführt wurden, die keine römerzeitliche Besiedlung erlebt haben und in denen zwischen der germanischen Besiedlung der römischen Kaiserzeit und dem frühen Mittelalter ein mehr oder minder scharf ausgeprägter Siedlungsabbruch zu verzeichnen ist. Unbeschadet der Tatsache, daß kaiserzeitliche Siedlungsplätze in Einzelfällen auch einmal ins 5. oder 6. Jahrhundert oder gar ins frühe Mittelalter durchlaufen, ist doch im großen und ganzen davon auszugehen, daß die frühmittelalterlichen Siedler des 7. und 8. Jahrhunderts rechts des Rheins weite Gebiete von Grund auf neu erschlossen, in denen seit mehreren Jahrhunderten niemand gewohnt und gewirtschaftet hatte. Ihre Siedlungen und Fluren legten sie in Räumen an, in denen nur geringe oder überhaupt keine Reliktformen der lange Zeit zurückliegenden kaiserzeitlichen Siedlungsschicht vorhanden waren. Um so deutlicher treten die früh- und hochmittelalterlichen Flurrelikte heute noch im Gelände hervor. Um so früher fielen sie auch der wissenschaftlichen Forschung auf. Dies gilt nicht nur für den Mittelgebirgsraum zwischen Rhein und Elbe, sondern in modifizierter Form auch für die Nordseeküstengebiete. Dort trugen besondere Umstände zur Erhaltung der vorgeschichtlichen und mittelalterlichen Fluren bei, wobei jedoch auch an der Nordseeküste der Bruch zwischen kaiserzeitlicher und frühmittelalterlicher Besiedlung deutlich hervortritt. Vorgeschichtliche Flurrelikte vermochten sich zu erhalten, wo die frühmittelalterlichen Siedler andere Gebiete in Nutzung nahmen oder wo spätere Siedlungsschichten die eisenzeitlichen Fluren überdeckten wie in den Wurten. Mittelalterliche Fluren bewahrten vor allem dort ihre alten Formen, wo die Nordsee von einstigem Kulturland Besitz ergriff, z. B. in der Zuidersee, im Dollart, in den Marschen. Auch im Nordseeküstengebiet konnte die Forschung also von verhältnismäßig scharf getrennten, räumlich und chronologisch geschiedenen Perioden, wie Kaiserzeit und frühes Mittelalter sie darstellen, ihren Ausgang nehmen.
Ganz andere und sicher schwierigere Verhältnisse liegen links des Rheins vor. Zwischen die eisenzeitliche Besiedlung der letzten vorchristlichen Jahrhunderte und die frühmittelalterliche Landnahme des 6./7. Jahrhunderts schiebt sich hier die römische Epoche. Sie umfaßt eine fast 500 Jahre andauernde Erschließung des linksrheinischen Deutschlands durch Siedlung und Ackerbau, wie sie in dieser Intensität vorher noch nicht dagewesen war. Weder die vorausgegangene vorchristliche Eisenzeit noch die nachfolgende Merowingerzeit formten die Siedlungs- und Agrarlandschaft links des Rheins so stark und dauerhaft, wie die römische Epoche das tat. Für die Aufnahme fossiler Fluren ergeben sich daraus zwei Konsequenzen. Die römische Agrarlandschaft überlagerte die der vorchristlichen Eisenzeit und beseitigte wahrscheinlich die von dieser hinterlassenen Flurrelikte. Es bedurfte also nicht erst der neuzeitlichen Agrarwirtschaft, um eventuelle vorgeschichtliche Flurrelikte zu zerstören. Die römerzeitliche Besiedlung setzte bereits ein ganz neues System der Agrarwirtschaft an die Stelle des bis dahin üblichen. Deshalb ist kaum zu erwarten, daß sich vorgeschichtliche Flurrelikte in größerem Umfang als heute noch obertägig sichtbare Bodendenkmäler erhalten haben. Ihre Spuren mögen in Gebieten mit dichter eisenzeitlicher Besiedlung bestenfalls mit Hilfe der Luftbildprospektion nachzuweisen sein. Trotz intensiver Befliegung des eisenzeitlichen Siedlungszentrums in der Pellenz bei Mayen wurden jedoch bis jetzt keine vorgeschichtlichen Flurrelikte einwandfrei identifiziert.
Die zweite Auswirkung der römerzeitlichen Besiedlung betrifft die frühmittelalterli-

che Agrarlandschaft. Daß römische Flurformen und agrimetrische Systeme bis ins frühe Mittelalter fortwirkten, erscheint angesichts der Intensität der römerzeitlichen Landerschließung so gut wie sicher. Gleichwohl entziehen sich derartige Phänomene beharrlich dem Zugriff der archäologischen Wissenschaft. Wahrscheinlich wird sie sich damit begnügen müssen, nur Teilgebiete der einstigen römischen Agrarlandschaft zu erfassen, jene Räume nämlich, in denen mit der Erhaltung von Relikten römerzeitlicher Fluren bis in die moderne Zeit gerechnet werden darf. Vergeblich war bislang die Suche nach den römischen Vermessungssystemen der Limitation und der Centuriation im Bereich der rheinischen Lößplatten. Späterer Ackerbau vieler Jahrhunderte hat sie vernichtet. Lediglich in den Bergregionen der Eifel können sich Reste der römischen Flureinteilung erhalten haben, und zwar dann nicht jene Fluren, die sich in das Gitter der Limitation einfügen, sondern diejenigen, die, erzwungen durch das Geländerelief, aus diesem System herausfallen. Insofern erfaßt die Kartierung fossiler Fluren der Eifel grundsätzlich nicht die typischen Formen der römischen Limitation, sondern Sonderfälle, die die regelmäßigen Gitter römischer Landvermessung durchbrachen, wie die isohypsenparallelen Terrassenäcker.

Diese Ausgangslage, der sich die Erforschung fossiler Fluren im Rheinland gegenübersieht, sollte bei der Beurteilung der folgenden Ergebnisse nicht außer Acht gelassen werden. Sie bedingt zugleich auch ein bestimmtes methodisches Vorgehen bei der kulturgeschichtlichen Einordnung der Fluren: Sie müssen innerhalb sehr eng begrenzter Siedlungsräume jeweils den archäologisch oder historisch nachweisbaren Siedlungsplätzen der verschiedenen Epochen zugeordnet werden, und zwar entweder positiv durch den Nachweis der Zusammengehörigkeit von Siedlung und fossiler Flur (Koordination) oder negativ in Form des Nachweises, daß fossile Flur und nächstbenachbarte Siedlung auf keinen Fall miteinander verbunden sind (Dislozierung). Beiden Methoden kommt auch in der Eifel der Umstand entgegen, daß die Standorte von vorgeschichtlichen, römerzeitlichen und frühmittelalterlichen Siedlungen sich häufig nicht decken. Die Erfahrung bestätigt vielmehr, daß sowohl innerhalb einer Gemarkung als auch innerhalb größerer Gebiete jede Epoche eine andere Platzwahl für die Siedlungen trifft. Neuere Untersuchungen von H. Hinz für den Kreis Bergheim/Erft bestätigen ältere Ergebnisse, die H. Stoll bezüglich der Platzwahl römischer und merowingerzeitlicher Siedlungen erarbeitete[441]. In beiden Fällen zeigte sich, daß sich römerzeitliche und merowingerzeitliche Siedlungen auf dem Lande räumlich ausschließen. Diese Diskongruenz der Siedlungsplätze kann auch für die Lage der Fluren nicht ohne Folgen sein. Geht man davon aus, daß zu jeder Zeit die Fluren in größtmöglicher Nähe zu den Siedlungen angelegt wurden, so decken sich auch die Gebiete mit intensivster Agrarnutzung in den verschiedenen Perioden nicht völlig. Für die Flurforschung ergibt sich daraus die Chance, in Gebieten ohne Überschneidung mehrerer Perioden der Agrarnutzung Flurrelikte einer einzigen Periode in ihrer ursprünglichen Form nachzuweisen.

Im Zuge der praktischen Arbeit im Gelände wurden auch zahlreiche andere Elemente von Kulturlandschaften älterer Epochen entdeckt, z. B. Hohlwege, Erzgruben und Pingen (Tagebaue), Meilerplätze, Dämme, Teiche, Gräben, Wälle und anderes mehr. Auch sie fanden in den Karten Aufnahme, obgleich sie sich vielfach nicht mit Sicher-

---

[441] H. Stoll (wie Anm. 50). – H. Hinz (wie Anm. 245) 69 f.

heit einer bestimmten Kulturepoche zuordnen ließen. Wo dergleichen Überreste unter Wald zutage traten, erlaubten sie Rückschlüsse auf Wandlungen des Wald-Offenland-Verhältnisses in historischen Zeitabschnitten.

Der größere Teil der Blätter der Deutschen Grundkarte 1 : 5 000 für das Untersuchungsgebiet ist noch nicht fertiggestellt. Zwar sind die Grundrisse meist vorhanden, doch fehlt häufig die vollständig ausgeführte Topographie. Deshalb war es nötig, bei der Kartierung der Relikte auch die Topographische Karte 1 : 25 000 heranzuziehen. Sie enthält zudem auch – schematisch eingetragen – Hinweise auf die Vorkommen terrassierter fossiler Fluren. Beide Kartenwerke aber geben fossile Fluren in Terrassenform nicht vollständig, wie sie sich im Gelände abzeichnen, an. Weder die Zahl der Terrassen noch ihre Länge und ihr Verhältnis zur Topographie stimmen immer mit der Wirklichkeit überein. Eine Neukartierung der Relikte auf Grund des Geländebefundes war aus diesem Grunde unvermeidlich. Ihre Ergebnisse sind auf den Tafeln im Katalogband vorgelegt. Die Geländeaufnahme schloß auch stark verschliffene Terrassen, die entweder nur als flache Bodenwellen oder anhand von Bewuchsmerkmalen identifiziert wurden, ein. Eine besondere Signatur kennzeichnet diese schlecht erhaltenen Relikte in den Karten.

Übereinstimmend zeigen die aufgenommenen Karten die starke Abhängigkeit der Verbreitung fossiler Fluren vom Geländerelief. Wölbäcker kommen überwiegend in flachem Gelände vor. Terrassen aber beschränken sich fast ausschließlich auf bewegtes Geländerelief. Sie konzentrieren sich vor allem auf die steilen Talhänge der Eifelflüsse und -bäche. Wo sie nicht auf besondere Kulturen, wie den Weinbau oder den Obstbau, zurückgehen, sind sie Zeugen eines Mangels an anbauwürdigen Flächen in Siedlungsnähe, der zur Anlage und ständigen Unterhaltung künstlicher Feldgrenzen zwang. Die teilweise aufwendig hergerichteten terrassierten Fluren finden sich vorzugsweise in den fruchtbaren Kalkmulden der Eifel. Sie dokumentieren in diesen Gebieten das Bestreben, die begrenzten guten Ackerlagen optimal auszunutzen. Die an ackerfähigen Böden armen unterdevonischen Teile der Eifel lassen meist auch fossile Fluren vermissen. Als Heide- und Ödland oder unter Wald gelegen, boten diese Gebiete dem Landbau keine Anreize. Nur in den Grenzgebieten von Kalkmulden und Unterdevon verschiebt sich im Laufe der Zeit die Feld-Wald-Grenze um einiges.

3.2 Vorgeschichtliche Flurrelikte im Rheinland?

Wie der Hunsrück so gehört auch die Eifel während der vorchristlichen Eisenzeit zum Verbreitungsgebiet der Hunsrück-Eifel-Kultur[442]. Sie gliedert sich in einen um 600 v. Chr. einsetzenden älteren und einen um 450 v. Chr. beginnenden jüngeren Abschnitt. Letzterer umfaßt die archäologische Hinterlassenschaft der keltischen Latène-Kultur, an die sich seit etwa 100 v. Chr. bis zur Ankunft der Römer am Rhein die Spätlatène-

---

[442] H. Baldes, G. Behrens, Birkenfeld. Katalog west- und süddeutscher Altertumssammlungen 3 (Frankfurt/Main 1914). – W. Dehn, Kreuznach, Teile 1 und 2. Katalog west- und süddeutscher Altertumssammlungen 7 (Berlin 1941). – K. Tackenberg, Fundkarten zur Vorgeschichte der Rheinprovinz. Beihefte der Bonner Jahrb. 2 (Bonn 1954) Karte 21. – Durch Neufunde wird dies Kartenbild allerdings inzwischen in vielen Punkten verändert. – H.-E. Joachim, Die Hunsrück-Eifel-Kultur am Mittelrhein. Beihefte der Bonner Jahrb. 29 (Köln, Graz 1968).

Zeit anschließt. Allen erwähnten eisenzeitlichen Kulturen ist gemeinsam, daß ihr archäologisches Material fast vorwiegend Gräberfeldern entstammt. Siedlungsfunde sind selten. Im Gelände bezeugen vor allem zwei Arten von Bodendenkmälern die Anwesenheit eisenzeitlicher Siedler: die großen Grabhügelfelder der älteren Eisenzeit, die auf den Höhen von Hunsrück und Eifel in großer Zahl anzutreffen sind, und weiterhin die Ringwälle und Abschnittsbefestigungen aus dem gleichen Zeitabschnitt. Diese Denkmäler boten sich in erster Linie als Untersuchungsobjekte an; denn die zugehörigen Siedlungen und somit auch eventuell vorhandene Fluren müssen in nicht allzu großer Entfernung um die Gräberfelder herum angenommen werden. Die Geländebegehung mußte sich deshalb zwangsläufig auf die Umgebung großer geschlossener Komplexe von Grabanlagen konzentrieren, wo Relikte einer alten Kulturlandschaft noch eher zu erwarten waren, als im Umkreis der vielleicht von den Siedlungen weit entfernten Ringwälle. Deshalb wurden folgende Gebiete intensiv begangen:

a) Ein großes Hügelgräberfeld 2 km nordöstlich von Dommershausen/Hunsrück, Kreis St. Goar, gelegen im Forstbezirk Wittig auf dem Bey-Berg (TK 5810 Dommershausen: r 26 01 500 – 900; h 55 58 100–800). Hier sind mindestens noch zehn gut erhaltene Hügel sowie zwei ebenfalls gut sichtbare Grabgärtchen vorhanden. Begangen wurde die weitere Umgebung des Hügelgräberfeldes, soweit sie unter Wald liegt. Der gesamte zwischen Bay-Bach und Evershauser Bach liegende Forst wurde abgegangen. Es handelt sich um ein schwach nach Nordosten abfallendes weites Gelände in durchschnittlich 325 m Höhe über NN, das sich durchaus für vorgeschichtliche Beackerung geeignet hätte. Der dort vorhandene Buchen- und Fichtenhochwald erlaubte ausgezeichnete Beobachtungen etwaiger Geländeunebenheiten. Es wurden aber keinerlei Reste fossiler Fluren festgestellt. Das Gelände ist völlig eben, und die Grabhügel und Grabgärtchen sind schon weithin im Wald sichtbar. Wahrscheinlich lag die zu den Hügeln gehörende Siedlung im heutigen Offenland, so daß auch etwaige fossile Fluren überwiegend dort zu suchen sind. Andererseits darf aber auch angenommen werden, daß an irgendeiner Stelle einmal fossile Fluren bis in den heutigen Wald hineingereicht haben, so daß sie dort erhalten sein müßten. Die Begehung erbrachte jedoch keinen diesbezüglichen Hinweis.

b) Hügelgräberfeld östlich der Straße Dommershausen–Beltheim in dem Abschnitt, wo die Straße den Forst durchläuft, Gemarkungen Dorweiler und Sabershausen, beide Kreis Simmern (TK 5810 Dommershausen: r 26 02 200 – 700; h 55 55 100–900). Hier sind noch mindestens vier Hügel gut erhalten. Die Begehung des Forstes zwischen der genannten Straße und dem nach Osten nächstfolgenden tiefeingeschnittenen Bachlauf ergab keine Hinweise auf fossile Fluren der vorgeschichtlichen Zeit; wohl aber fanden sich an zwei Stellen mittelalterliche Wölbäkker sowie ein Zug mittelalterlicher Hohlwege, die am Südrande des Forstes östlich parallel zur Straße verliefen (A 25 u. A 26).

c) Hügelgräberfeld südlich von Treis/Mosel, Kreis Cochem, auf dem Höhenzug Beurenkern, zwischen Flaum-Bach und Dünn-Bach (TK 5809 Treis: r 25 92 300; h 55 57 250). Unter Buchenhochwald sind hier noch mindestens acht Grabhügel sowie ein Grabgärtchen gut erhalten. Abgesehen von den steilen Hängen gegen die Bachtäler in den Flanken, bildet der nach Norden gerichtete Bergsporn eine ziemlich ebene Hochfläche. Auf ihrer Nordspitze liegt ein vorgeschichtlicher Ringwall

(TK 5809 Treis: r 25 92 300; h 55 58 700). Daß die zu den Hügelgräbern gehörende Siedlung in den tiefeingeschnittenen Bachtälern selbst gelegen habe, erscheint angesichts ihrer Entfernung vom Gräberbezirk und des geringen dort vorhandenen Siedlungsraumes ganz ausgeschlossen. Sie müßte also auf der Hochfläche selbst gesucht werden, wo auch die Grabhügel zu finden sind. Die Begehung des gesamten, nur mit zwei neuzeitlichen Einzelhöfen besetzten, aber sonst bewaldeten Gebietes ergab nicht die geringsten Hinweise auf vorgeschichtliche fossile Fluren.

d) Hügelgräberfeld im Testerwald nordöstlich von Valwig/Mosel, Kreis Cochem (TK 5809 Treis: r 25 88 500; h 55 58 000). In Buchenhochwald sind hier noch mindestens fünf Grabhügel gut erhalten. In ihrer weiteren Umgebung, auch auf den naheliegenden beackerten Flächen, waren keine Spuren fossiler Fluren nachzuweisen.

e) Hügelgräberfeld im Dickebüsch, südwestlich von Gillenfeld, Kreis Daun (TK 5807 Gillenfeld: r 25 62 700 – 64 500; h 55 53 000 – 54 400). Die Grabhügel finden sich vor allem am Nordrand (Jagen 11) und im östlichen Teil (Jagen 4,5 und 8) des Dickebüschs. Unter Buchen- und Fichtenhochwald sind sie auf einem relativ ebenen, allmählich nach Osten zum flachmuldigen, versumpften Tal des Alf-Baches abfallenden Gelände gut sichtbar. Eventuelle Unebenheiten des Geländes würden sofort bemerkt werden. Es wurde nicht nur das Waldgebiet selbst, sondern auch das beackerte Gelände östlich davon bis zum Alf-Bach intensiv begangen. Aber es fanden sich keinerlei Hinweise auf fossile Fluren der vorgeschichtlichen Zeit.

f) Hallstattzeitliches Hügelgräberfeld im Weyerer Wald, rund 2,1 km westsüdwestlich von Weyer, Kreis Schleiden (TK 5405 Mechernich: r 25 43 800 – 44 700; h 55 99 000 – 56 00 000). Unter Fichten- und Buchenhochwald, aber auch im südlich angrenzenden Offenland liegen heute noch mindestens fünfzehn Grabhügel, von denen einige inzwischen untersucht wurden[443]. Auch in diesem Gebiet fanden sich bei der intensiven Begehung keine Hinweise auf fossile vorgeschichtliche Fluren. Hingegen war mehrfach zu beobachten, daß Grabhügel in beackertem Gelände durch die Raine langstreifiger Terrassenäcker randlich geschnitten wurden. Die Terrassenbildungen müssen also in jedem Falle jünger als die Grabhügel sein.

Außer den genannten Komplexen wurden noch weitere zehn Hügelgräberfelder auf fossile Fluren begangen, bei denen die Suche durchweg ohne Ergebnis blieb.

Angesichts dieser negativen Ausbeute der Geländeuntersuchungen im Bereich vorgeschichtlicher Hügelgräberfelder vornehmlich der Hunsrück-Eifel-Kultur ist die Auffindung spätlatènezeitlicher oder frührömischer Feldrelikte bei Landscheid (A 23) etwas ganz Besonderes. Und dennoch sprechen alle Kennzeichen für eine Deutung der dortigen langen Wälle als alte Flureinteilungen. Sie wurden aber auch nicht im Zusammenhang mit einem vorgeschichtlichen Hügelgräberfeld gefunden, sondern sie liegen in unmittelbarer Nachbarschaft eines spätlatènezeitlichen Ringwalles, der Burscheider Mauer, und einer inzwischen ausgegrabenen, offensichtlich noch stark keltisch geprägten Ansiedlung aus frührömischer Zeit. Das nächste vorgeschichtliche Hügelgräberfeld, auf dem vielleicht auch Bestattungen dieser Zeitstufe vorkommen könnten, liegt jenseits eines tief eingeschnittenen Bachlaufes, rund 2 km weiter nach Nordwe-

---

[443] Grabung des Rhein. Landesmus. Bonn durch W. Piepers. Noch unveröffentlicht.

sten und östlich von Gransdorf[444]. Es muß also gelegentlich auch mit größeren Abständen zwischen vorgeschichtlicher Siedlung und zugehörigem Hügelgräberfeld gerechnet werden.

Für die weitgehende Ergebnislosigkeit der Suche nach vorgeschichtlichen fossilen Fluren kommen mehrere Erklärungen in Betracht. Sie kann z. B. auf die hier angewendeten Beobachtungsmethoden zurückgehen. Vielleicht ist die Zahl der bisher begangenen Grabhügelfelder oder aber die Größe der in ihrer Umgebung abgesuchten Flächen noch zu gering, so daß das Problem der vorgeschichtlichen Fluren aus diesem Grunde noch nicht gelöst werden konnte. Weiterhin brauchen die einstigen Fluren dem erdgebundenen Betrachter nicht unbedingt sichtbar geblieben zu sein. Die Arbeit von M. Müller-Wille macht deutlich, wie verschliffen eisenzeitliche Ackerwälle sein können[445]. Im Gegensatz dazu stehen andererseits die als meterhohe Wälle erhaltenen eisenzeitlichen Fluren im Gehege Ausselbeck, Gemarkung Ülsby, Kreis Schleswig, die H. Jankuhn kartiert und ausgegraben hat[446]. Daß Relikte derartiger Fluren, auch wenn sie sehr unscheinbar erhalten waren, der Nachsuche durch im Gelände geschulte Bearbeiter entgangen sein sollten, ist also wenig wahrscheinlich. Die Genauigkeit erdgebundener Beobachtungen wird sich im übrigen in Zukunft mit Hilfe der Luftbildforschung kontrollieren lassen.

Die Gründe für den negativen Befund sollten also weniger in Unzulänglichkeiten der Beobachtungsmethoden als vielmehr im Bereich der eisenzeitlichen Wirtschaft selbst gesucht werden. Hier stellt sich die Frage, welche Wirtschaftszweige die Grundlage für den Lebensunterhalt der zahlenmäßig recht beträchtlichen Bevölkerung der vorchristlichen Eisenzeit in Hunsrück und Eifel bildeten. Diese wirtschaftlichen Grundlagen müssen nicht notwendig im Bereich der Landwirtschaft gelegen haben, die – heutige klimatische Bedingungen vorausgesetzt – auf den Berghöhen des Schiefergebirges ohnehin großen Schwierigkeiten ausgesetzt war. J. Driehaus behandelte diese Problematik, als er nach den wirtschaftlichen Grundlagen für die Ausstattung der sogenannten Fürstengräber der Frühlatène-Kultur fragte[447]. Er glaubte, in den reichen Grabausstattungen Hinweise auf eine Schicht fürstlicher Persönlichkeiten zu finden, die sich nicht auf agrarwirtschaftlicher Basis herausbildete, sondern die der Gewinnung und Verarbeitung von Eisenerzen aus den Lagerstätten von Hunsrück und Eifel ihren Reichtum verdankte. Aber dieser These ist inzwischen mit guten Gründen widersprochen worden. Diesbezügliche Einwände von O. Kleemann[448a] gehen vor allem von der Tatsache aus, daß direkte archäologische Nachweise für die Existenz einer ausgedehnten älter-eisenzeitlichen Eisengewinnung und -verhüttung in dem fraglichen Gebiet noch fehlen. Solange also keine stichhaltigen archäologischen Nachweise für ein Schwergewicht gewerblicher Betätigung der älter-eisenzeitlichen Bevölkerung vorliegen, entfällt diese Erklärungsmöglichkeit für das Fehlen fossiler Fluren.

---

[444] Grabung des Rhein. Landesmus. Trier 1969. Inzwischen veröffentlicht: R. Schindler, Das Wagengrab von Gransdorf. In: Trierer Zeitschr. 33, 1970, 19–34.

[445] Der Katalog der Arbeit von M. Müller-Wille (wie Anm. 46) weist bei jedem behandelten Vorkommen eisenzeitlicher Fluren den Erhaltungszustand der Flurrelikte besonders aus. – Vgl. auch Ders., Die landwirtschaftliche Grundlage der Villae rusticae. In: Römisches Leben auf germanischem Boden. Germania Romana Heft 7, hrsg. v. H. Hinz (Heidelberg 1970) 26 ff.

[446] H. Jankuhn (wie Anm. 43).

[447] J. Driehaus (wie Anm. 99).

[448a] O. Kleemann (wie Anm. 99). – R. Schindler (wie Anm. 99).

Aber auch dann, wenn die Landwirtschaft die vorherrschende Erwerbsquelle der älteren Eisenzeit in Hunsrück und Eifel darstellte, brauchen nicht notwendigerweise fossile Fluren erhalten geblieben zu sein. Es wäre daran zu denken, daß in Teilgebieten mit minderen Bodenqualitäten nicht der Ackerbau, sondern die Weidewirtschaft dominierte. Sie erfordert große Weideareale, die in ausreichender Menge zur Verfügung standen, und zwar in Form der Waldweide ebenso wie in Form von Grasland. In beiden Fällen kam es nicht zur Ausbildung fester, obertägig sichtbarer Feldgrenzen, die heute als fossile Fluren wiederzuerkennen wären. Bei der Nutzung von Mischwäldern als Waldweide kommt überdies nicht nur dem Rind, sondern in ganz besonderem Maße auch dem Schwein Bedeutung zu[448b]. Es dürfte innerhalb des Wirtschaftsgefüges der vorchristlichen Eisenzeit auf dem Hunsrück und in der Eifel einen wichtigen Platz eingenommen haben. Sicher muß in diesem Punkt auch regional differenziert werden, denn es darf wohl kaum unterstellt werden, daß die günstigen Böden der Pellenz oder des Bitburger Raumes in der älteren Eisenzeit nicht ackerbaulich genutzt wurden. Aber selbst innerhalb der anzunehmenden eisenzeitlichen Ackerbaugebiete braucht es nicht unbedingt zur Ausbildung fester Feld- oder Besitzgrenzen gekommen zu sein. Beim Feldbau auf ständig wechselnden Flächen, wobei auch größere Brachländereien angefallen sein mögen, ist die Einrichtung fester Feld- und Besitzgrenzen gar nicht zu erwarten. Man könnte sich also Systeme der Agrarnutzung vorstellen, denen die Ausweisung individueller Besitz- oder Bewirtschaftungsgrenzen völlig fremd war, insbesondere, wenn man nicht nur einen häufigen Wechsel der Anbauflächen, sondern zusätzlich auch noch die Verlegung der Siedlungsplätze wegen der Erschöpfung der Ackerflächen in Erwägung zieht. Auf die inzwischen auch experimentell nachgewiesene Tatsache einer schnellen Erschöpfung selbst bester Böden bei fehlender dauerhafter Düngung haben in jüngster Zeit Vertreter der Paläobotanik und der Bodenkunde hingewiesen[448c]. In vor- und frühgeschichtlichen Kulturen ohne systematische Düngung der Äcker muß von einer Bodenerschöpfung innerhalb weniger Jahre ausgegangen werden. Das Fehlen fester Feldumgrenzungen im Bereich der Hunsrück-Eifel-Kultur hängt also möglicherweise auch mit einem auf diese Weise erzwungenen schnellen Wechsel der Anbauflächen zusammen.

Leider sind die Probleme der bäuerlichen und der gewerblichen Wirtschaft für das Gebiet der Hunsrück-Eifel-Kultur noch zu wenig erforscht, als daß beim gegenwärtigen Forschungsstand das Fehlen fossiler Fluren in diesem Bereich befriedigend zu erklären wäre. Deshalb muß es vorerst bei der Feststellung dieser Tatsache bleiben, bis entweder erneute intensive Suche, und zwar dann auch mit den Augen der Luftbildkamera, das Ergebnis der erdgebundenen Beobachtungen widerlegt, oder aber neue archäologische Forschungen bessere Erklärungen für die bisherigen Beobachtungen zu bieten imstande sind.

[448b] M. Teichert, Zur Bedeutung der Schweinehaltung in ur- und frühgeschichtlicher Zeit. Ethnographisch-archäologische Zeitschr. 10, 1969, 543–546.

[448c] K.-H. Knörzer, Subfossile Pflanzenreste aus der bandkeramischen Siedlung Langweiler 3 und 6, Kreis Jülich, und ein urnenfelderzeitlicher Getreidefund innerhalb dieser Siedlung. Bonner Jahrb. 172, 1972, 402 zur Überbeanspruchung von Ackerflächen bei mangelnder Düngung. – Mit ähnlichen Problemen beschäftigte sich B. Meyer in einem am 17. 4. 1973 bei einer Tagung der Altertumskommission der Göttinger Akademie der Wissenschaften in Reinhausen gehaltenen Vortrag zum Thema: Der Boden als Siedlungsfaktor in historischer Betrachtung.

3.3 Römerzeitliche Fluren

Es ist bereits erwähnt worden, daß im Rheinland bisher keine Spuren römischer Akkerfluren im Rahmen der Limitation nachgewiesen werden konnten, obgleich es an Versuchen, diesen Nachweis zu führen, nicht gefehlt hat. Selbst der archäologischen Luftbildprospektion blieben Erfolge auf diesem Felde bisher versagt. Die Gründe für das Fehlen von Limitationen lassen sich nur vermuten. Entweder hat es sie in den germanischen Provinzen des römischen Reiches überhaupt nicht gegeben, was wegen der positiven Befunde aus anderen Provinzen unwahrscheinlich ist; oder aber es ist anzunehmen, daß der jahrhundertelange intensive Ackerbau in nachrömischer Zeit alle Reste der römischen Landvermessung und Flureinteilung im Bereich der rheinischen Lößgebiete ausgelöscht hat.

In einem Reliktgebiet wie der Eifel durfte daher ausschließlich mit solchen römischen Fluren gerechnet werden, die aus dem Limitationssystem herausfallen, weil sie sich dem Geländerelief anpassen mußten. Diese 'un-centuriated systems', wie J. Bradford sie nennt[448d], stehen deshalb im Mittelpunkt der Forschungen zu römischen Fluren in der Eifel. 'Un-centuriated systems' kommen im Untersuchungsgebiet in zwei Formen vor: als langstreifige, isohypsenparallele Terrassenäcker und als von Wällen und Gräben begrenzte, großflächige, verschieden geformte Flurstücke, die in manchem den 'celtic fields' ähneln.

Da die Befunde der Geländearbeit und der Kartierungen im Katalog ausführlich beschrieben sind, genügt es hier, die verschiedenen für römisch gehaltenen Flurkomplexe in stark geraffter Form vorzustellen. Die in Klammern beigefügten Verweise mögen die Orientierung im Katalog und im Tafelteil erleichtern.

3.3.1 Marmagen, Weilertal (A 1; Tafel 68)

An den Hängen des Weilertales im äußersten Norden der Gemarkung Marmagen erstrecken sich zahlreiche langstreifige Terrassen in isohypsenparalleler Führung. Im Verhältnis zu den benachbarten frühmittelalterlichen Dörfern bedecken sie ein entlegenes Gebiet, in dem bisher keine mittelalterlichen Siedlungsspuren entdeckt wurden. Statt dessen befindet sich auf dem Talgrund des Weilertales ein ausgedehnter römischer Siedlungsbezirk, von dem sich wahrscheinlich auch die zahlreichen Flurnamen mit dem Bestandteil -weiler herleiten. Er allein kommt unter Abwägung aller anderen Möglichkeiten als Bezugspunkt für das fossile Terrassensystem in Betracht. Die Zusammenstellung der bisher aus Marmagen bekannten archäologischen Funde zeigt darüber hinaus, daß in allen Teilen der Gemarkung römisches Fundgut vom 1. bis zum 4. Jahrhundert vertreten ist. Daraus ergibt sich, daß die Kultur- und Siedlungslandschaft im Raum Marmagen in hohem Maße durch die römische Zeit geprägt war. In diese Richtung führt nicht zuletzt auch die Beibehaltung des in spätantiker Zeit mehrfach belegten gallo-römischen Ortsnamens MARCOMAGUS im Mittelalter. Nicht

---

[448d] J. Bradford, Ancient Landscapes. Studies in field archaeology (London 1957) 146 ff.

zufällig fehlen in Marmagen alle Anzeichen für ein fränkisches Gräberfeld; denn der Ort ist gallo-römischen Ursprungs. Entweder blieb er von spätrömischer Zeit bis ins frühe Mittelalter durchgehend besiedelt oder aber er wurde im Mittelalter unter Wiederbelebung des alten Namens neu begründet. In beiden Fällen muß angenommen werden, daß die antike Kulturlandschaft in hohem Maße auch im Mittelalter fortbestand. Diese stark von der römischen Tradition bestimmte Entwicklung der Kulturlandschaft im Raum Marmagen einerseits und die topographische Zuordnung von fossiler Flur und römischem Siedlungsbezirk andererseits stellen klare Hinweise darauf dar, daß die fossilen Terrassenäcker im Weilertal römerzeitlichen Ursprungs sind, doch wird die Weiterbenutzung dieser ausgeprägten Flurformen während des gesamten Mittelalters bis in die frühe Neuzeit nicht ausgeschlossen.

Im Gegensatz zu Nettersheim kennzeichnet in Marmagen eine Platzkonstanz die Siedlungsentwicklung von der Spätantike zum frühen Mittelalter. Sie dürfte noch zusätzlich dazu beigetragen haben, daß die römerzeitliche Formung der Kulturlandschaft in den peripheren Zonen der mittelalterlichen Gemarkung erhalten blieb.

3.3.2 Nettersheim, Weller-Berg (A 4; Tafel 70)

Am östlichen Steilhang des Urfttales, südlich von Nettersheim, gibt es ein langstreifiges, stark dem Geländerelief angepaßtes System fossiler Terrassenäcker mit sehr hohen, teilweise künstlich versteiften Rainen. Der ganze Flurkomplex liegt relativ fern vom heutigen Ort Nettersheim, einer merowingerzeitlichen Gründung, und zwar in einem Gebiet, das in römischer Zeit durch zwei Siedlungsschwerpunkte geprägt wurde: durch eine Beneficiarierstation im Urfttal selbst und durch den Zivilvicus Nettersheim auf dem gegenüberliegenden Görresberg. Diese beiden römischen Niederlassungen waren groß genug, um das gesamte Urfttal im Abschnitt südlich von Nettersheim kulturlandschaftlich zu formen. Es ist auch charakteristisch, daß der merowingerzeitliche Ort Nettersheim nicht in diesem römischen Siedlungsbezirk begründet wurde, sondern auf die nächstgünstige, weiter nördlich im Urfttal gelegene Siedlungslage auswich. Mit hoher Wahrscheinlichkeit ist deshalb der Ursprung der fossilen Terrassenäcker am Weller-Berg in römischer Zeit zu suchen.

3.3.3 Nettersheim, Görresburg (A 5; Tafel 70)

Im Mündungsgebiet des Schleif-Baches in die Urft erhebt sich ein nach Osten und Norden steil abfallender Berg, der heute den Namen Görresburg trägt. Seinen östlichen Hang bedecken großflächig Baureste des römischen Zivilvicus Nettersheim, dessen Kultzentrum ein von H. Lehner untersuchtes Matronenheiligtum auf der Kuppe des Berges war. Der nach Norden gewendete Hang der Görresburg zeigt zahlreiche langstreifige, isohypsenparallele Terrassenäcker, die mit Gebüsch bewachsen sind. Sie würden keine besondere Aufmerksamkeit erregen, wären sie nicht durch einen Hohlweg unterbrochen, der in römischer Zeit den Nordhang hinauf zum Heiligtum führte. Die Terrassen nehmen auf die Führung dieses römischen Weges Rücksicht, indem sie gegen die geböschten Ränder des Weges rundlich einschwingen. Es liegt nahe, aus diesem Befund auf eine gleichzeitige, d. h. römerzeitliche, Benutzung von Hohlweg und Terrassenflur zu schließen.

Nettersheim zeigt im Vergleich zu Marmagen eine völlig andersartige Siedlungsentwicklung. War für Marmagen die Platzkonstanz des Siedlungsmittelpunktes von römischer zu frühmittelalterlicher Zeit typisch, so kennzeichnet in Nettersheim eine Siedlungsverlagerung den Übergang von der Spätantike zum frühen Mittelalter. Das starke römische Siedlungszentrum im Urfttal südlich Nettersheim fand, obgleich bis in spätantike Zeit bewohnt, im frühen Mittelalter keine Fortsetzung. Mit voller Absicht wählten die fränkischen Siedler nicht den Platz, sondern eine neue Siedlungslage weiter nördlich des römischen Siedlungsbezirks: die Stelle des heutigen Nettersheim. Das Dorf entstand im Urfttal selbst. Das Gräberfeld legten sie auf dem Hang unmittelbar westlich der Urft, aber in der Nähe der Siedlung, an. Auf diese Weise zeigen Dorf und Gräberfeld das klassische Lageverhältnis, wie es auch im Moselland häufig zu beobachten ist.

Die Siedlungsverlagerung im frühen Mittelalter bedeutete zugleich auch eine Verschiebung des Schwerpunktes der landwirtschaftlichen Nutzflächen gegenüber der römischen Zeit. Als ursprüngliche Flur von Nettersheim sind die ortsnahen Lagen an den Hängen des Urfttales und auf der Höhe westlich des Flusses anzusprechen. Der römische Siedlungsbezirk und die zu ihm gehörigen Fluren verfielen im Laufe der Zeit. Erst später, als Nettersheim wuchs, mögen manche der römerzeitlichen Terrassenfluren wieder in Nutzung genommen worden sein. So begünstigte die frühmittelalterliche Siedlungsverlagerung zweifellos die Erhaltung römerzeitlicher Fluren in Form der fossilen Terrassenäcker, die in unmittelbarem Zusammenhang mit den römischen Siedlungsresten vorgefunden wurden.

3.3.4 Arloff, Zwergberg (A 13; Tafel 13 und 73)

An den nach Südwesten und Südosten gewendeten Hängen des Zwergberges bei Arloff ziehen sich zahlreiche langstreifige, fossile Terrassenäcker entlang, die seit langem nicht mehr bewirtschaftet werden und die mit Gebüsch und Wald bestanden sind. Im Verhältnis zu den Ortschaften Kirspenich und Arloff liegen diese fossilen Fluren siedlungsfern. Unmittelbar unterhalb der terrassierten Flur, die teilweise durch spätmittelalterlich-frühneuzeitliche Eisenerz-Tagebaue geschnitten wird, wurde mit Hilfe von Luftbildern eine römische Villa rustica erkannt, von der inzwischen auch Siedlungsfunde geborgen wurden. Danach hat der Hof im 2. und 3. Jahrhundert n. Chr. Bestand gehabt. Wegen der räumlichen Nähe sind die fossilen Fluren am ehesten diesem römischen Gutsbezirk zuzuordnen.

Auch sonst wurden in der näheren Umgebung der fossilen Terrassenflur mehrere römische Fundplätze entdeckt. Es kann also kein Zweifel daran bestehen, daß sie sich innerhalb alten römischen Kulturlandes erstreckt. Dennoch ist die Zuweisung zur römischen Periode nicht die einzige Interpretationsmöglichkeit. Es kann nämlich nicht ausgeschlossen werden, daß sich in diesem Gebiet spätmittelalterlich-frühneuzeitliche und römerzeitliche Flurrelikte überlagern. Nur 500 m nordöstlich der terrassierten Fluren lag der Arndorfer oder Ohndorfer Hof (EU 4), der Ende des 18. Jahrhunderts wüst wurde. Seine Fluren können die der römischen Zeit überlagert oder ausgelöscht haben. Aber auch die Weiterbenutzung fossiler römischer Fluren durch den mittelalterlichen Hof ist grundsätzlich nicht auszuschließen.

Die enge Durchdringung römerzeitlicher, mittelalterlicher und neuzeitlicher Elemente der Kulturlandschaft kennzeichnet allgemein die Sötenicher Kalkmulde, zu deren nordöstlichem Teil das hier behandelte Gebiet um Iversheim-Kirspenich-Arloff gehört. Dies bezieht sich nicht nur auf die Relikte älteren Ackerbaus, sondern auch auf verschiedene Zweige der gewerblichen Produktion. Eine von der 30., in Castra Vetera stationierten Legion betriebene römische Kalkfabrik wurde in den vergangenen Jahren in Iversheim ausgegraben[449]. Aber die Kalkgewinnung dauerte in diesem Raum bis in die Neuzeit: Am Zwergberg bei Arloff sind heute noch neuzeitliche Kalköfen sichtbar, und auch das Mittelalter hat sehr wahrscheinlich in diesem Raum Kalk gewonnen. Ähnliches dürfte für die im gleichen Gebiet nachweisbare Eisengewinnung gelten. Auf dem Zwergberg finden sich ihre Spuren in Form von ausgedehnten Pingenfeldern, die teilweise die terrassierten Fluren schneiden. Gelegentlich verdecken auch Halden aus taubem Gestein die Raine der Terrassen. Die Eisengewinnung muß also jünger als die Bewirtschaftung der Terrassenäcker sein, doch konnten ihre verschiedenen Perioden noch nicht anhand archäologischer Funde differenziert werden. Grundsätzlich ist auch römerzeitlicher Abbau von Eisenerzen in diesem Gebiet möglich. Die aufwendig ausgestatteten Gräber römischer Siedler, die auf dem Gelände der Arloffer Tonwerke ausgegraben wurden[450], repräsentieren eine Schicht wohlhabender Leute, die weniger in der Landwirtschaft, als vielmehr in der gewerblichen Wirtschaft tätig war. Obgleich vom Geländebefund her, insbesondere wegen der räumlichen Nähe des römischen Gutshofes, die beschriebenen fossilen Terrassen am Zwergberg am ehesten für römisch zu halten sind, bedarf diese These der Überprüfung durch Grabungen. Nur auf diese Weise ist ihre endgültige Einordnung zu einer der sich in diesem Raum überlagernden Kulturperioden möglich. Insofern liegen hier in Arloff ungünstigere Voraussetzungen vor, als sie beispielsweise in Marmagen und Nettersheim gegeben waren.

3.3.5 Nöthen, Quartbachtal (A 17), römisch?

Zwischen den Ortschaften Gilsdorf und Pesch erstrecken sich an dem nach Osten gewendeten Hang des Quartbachtals langstreifige, isohypsenparallele Terrassen von fast 400 m Länge. Sie zeichnen sich durch ungewöhnlich steile, teilweise mit Steinen versteifte Raine aus. Die Datierung dieser fossilen, mit Wald und Gebüsch bewachsenen Flur ist schwierig. Außer der Zuordnung zu der merowingerzeitlichen Gründung Gilsdorf ist römische Entstehung zu erwägen; denn das Quartbachtal weist zahlreiche römische Siedlungsplätze auf, unter denen vor allem ein Siedlungsplatz des 2. Jahrhunderts n. Chr. am südlichen Ende des Terrassenkomplexes als Bezugspunkt für die fossile Flur in Betracht kommt. Wahrscheinlich ergibt sich für Ausgrabungen am Südende der Terrassen auch ein stratigraphischer Befund, der über das Verhältnis von römischer Siedlung und fossiler Flur Auskunft gibt.

---

[449] W. Sölter, Römische Kalkbrenner im Rheinland. Kunst und Altertum am Rhein. Führer des Rhein. Landesmus. Bonn Nr. 31 (Düsseldorf 1970).
[450] H. v. Petrikovits, Nordeifel (wie Anm. 47).

3.3.6 Bettingen, Wüstung Alt-Bettingen (A 22), teilweise römisch?

Im Gebiet von Bettingen bedecken zahlreiche langstreifige, fossile Terrassen beide Hänge des Prümtales. Die westlich des Flusses liegenden Terrassen müssen entweder der Wüstung Alt-Bettingen (BIT 6) oder dem heute noch bestehenden Ort Bettingen (BIT 8) zugeordnet werden. In einem weit nach Osten ausgreifenden Talbogen der Prüm hingegen lassen sich einige dieser langstreifigen, fossilen Terrassenäcker auch mit römischer Besiedlung in Verbindung bringen. Es ist zwar nicht möglich, die Entstehung dieser Terrassen auf Grund formaler Merkmale zu bestimmen, doch gibt allein die räumliche Nähe zu den römerzeitlichen Siedlungsplätzen zu denken. Einige der Terrassen könnten in der Tat römischen Ursprungs sein.

3.3.7 Landscheid, Staatsforst Wittlich (A 23)

In mehreren Distrikten des Staatsforstes Wittlich entdeckte R. Schindler zahlreiche, von Wällen umgebene große Flächen, die als fossile Fluren zu interpretieren waren[451]. Sie standen in enger Verbindung mit Bauresten der frührömischen Zeit, die im Zusammenhang mit den Begrenzungswällen archäologisch untersucht wurden. Die von den Wällen eingeschlossenen Areale entsprechen formal dem Typus der 'celtic fields'. Es ist jedoch nicht mit letzter Sicherheit zu entscheiden, ob die Areale als Ackerland oder als Weideland gedient haben. Bodenkundliche Untersuchungen[452] deuten auf letzteres hin. Dabei bleibt jedoch die Frage offen, weshalb man eine so aufwendige Abgrenzung der Weideflächen vornahm, die sich mit anderen Mitteln billiger, leichter und variabler hätte erzielen lassen. Die hier festgestellten Flurrelikte stellen die bisher einzigen dieser Art im Untersuchungsgebiet dar. Durch Grabungsbefunde sind sie hinsichtlich ihrer Zeitstellung am besten untersucht.

Aus der Fülle des im Gelände aufgenommenen Materials an fossilen Fluren schälen sich sechs Komplexe heraus, für die mit einiger Wahrscheinlichkeit römerzeitlicher Ursprung geltend gemacht werden kann. Man sollte annehmen, diese für römisch gehaltenen Fluren wiesen wenigstens einige gemeinsame Kennzeichen auf, die es erlauben, sie von den terrassierten Fluren des Mittelalters zweifelsfrei zu unterscheiden. Diese Erwartungen müssen enttäuscht werden. Die formalen Eigenschaften der für römisch gehaltenen Fluren sind uneinheitlich. Es ist unmöglich, bestimmte Formen als typisch römisch zu erweisen. Weder die Länge der Terrassen noch ihre Breite noch die Höhe der Raine bewegen sich in einheitlichen Größenordnungen, die als speziell römisch gelten dürften. Es kommen sowohl langstreifige Terrassen von mehr als 1900 m Länge (Marmagen, A 1) vor als auch relativ kurze Terrassen von nur 400 m Länge (Arloff, A 13). Sehr breiten Ackerflächen, die bis 12 m Breite messen können (Marmagen, A 1), stehen ausgesprochen schmale terrassierte Äcker gegenüber (Arloff, A 13), die lediglich 4–5 m Breite haben. Auch die Rainhöhen bieten keine Hinweise auf Entstehungszeit oder Benutzungsdauer einer terrassierten fossilen Flur. Sie betra-

---

[451] R. Schindler, Eine gallo-römische Wüstung und Feldflur in Landscheid, Kr. Wittlich. Bonner Jahrb. 169, 1969, 281–289.

[452] Gustl Strunk-Lichtenberg, Bodenkundliche Untersuchungen in den römischen Altfluren von Landscheid. Trierer Zeitschr. 36, 1973, 77–80.

gen in Marmagen (A 1) vorwiegend 2 m, in Arloff (A 13) aber nur zwischen 1 m und
0,50 m. Beide Flurkomplexe aber können mit einiger Wahrscheinlichkeit als römerzeitlich entstanden angesehen werden. Die Uneinheitlichkeit der formalen Kriterien
von fossilen Fluren, die für römisch gehalten werden, ließe sich leicht durch weitere
Beispiele belegen. Es genügt jedoch an dieser Stelle darauf hinzuweisen, daß offensichtlich eine Altersbestimmung terrassierter Fluren allein auf Grund der äußeren Formen und Kriterien unmöglich ist. Zu verschiedenartig sind die Bedingungen von Bodengüte, Geländerelief und Siedlungsnähe, als daß sich – selbst für römische Zeit – allgemeine Zuweisungskriterien entwickeln ließen. In den Geländebeobachtungen finden sie keine Stütze, und auch aus grundsätzlichen Erwägungen ist es unwahrscheinlich, daß die römische Agrarwirtschaft standardisierte Formen von Terrassenäckern
entwickelt haben sollte. Da der terrassierte Acker ohnehin schon aus dem vorgegebenen regelmäßigen System der Limitation herausfiel, weil das Geländerelief dessen
strenge Durchführung nicht gestattete, muß er geradezu als ideale Möglichkeit zur
Anpassung der Flurform an wechselnde Bedingungen des Geländes aufgefaßt werden.
Mit einer einheitlichen Ausformung dieses Typus kann deshalb nicht gerechnet werden.

Unberührt von diesen Überlegungen bleibt die Beobachtung, daß die im Weilertal
festgestellten, höchstwahrscheinlich römischen, langstreifigen Terrassenfluren ein
Optimum an Geländeanpassung und vorgeplanter Effektivität erkennen lassen. Bemerkenswert ist die Nähe dieser Fluren zur Siedlung. Ihre ungewöhnliche Länge zeigt
deutlich das Bestreben, häufiges Wenden beim Pflügen zu vermeiden. Die Ackerbreite
auf den Terrassen bleibt auf ganzer Länge jeweils die gleiche. Die Raine weisen einheitliche Neigungswinkel bei jeder Terrasse auf. Schließlich fällt die vorzügliche Ausnutzung des Geländereliefs durch die gut angepaßten Terrassenäcker auf. Von der Talseite
her, also vom römischen Siedlungsbezirk aus, waren sie durch ein kleines Quertal
leicht zu befahren. Alle diese Merkmale sind ohne Zweifel als Ausdruck überlegter
Planung und großer agrarwirtschaftlicher Erfahrungen aufzufassen, wie sie in römischer Zeit allgemein verbreitet waren. Da die genannten Eigenschaften in der geschilderten Kombination vorerst nur an diesem einen Fundort auftreten, verbietet sich vorerst, sie einzeln oder alle zusammen als typische Merkmale von fossilen Terrassen römischer Herkunft zu interpretieren.

Alle hier behandelten fossilen Flurkomplexe stellen jeweils nur einen Ausschnitt aus
einer mit Sicherheit größer anzusetzenden Gesamtflur der zugehörigen römischen
Siedlungsbezirke dar. Sie gestatten deshalb zwar Rückschlüsse auf Formen und Größen einzelner Ackerstücke. Sie beleuchten einen bestimmten Typus von Bewirtschaftungseinheiten. Darüber hinausgehende Schlüsse auf Umfang, Lage und Gliederung
der Gesamtflur römischer Landgüter sind nicht möglich. Wenn H. Hinz die durchschnittliche Größe römischer Landgüter im Raum Bergheim mit etwa 400 Morgen angibt[453], so bezieht sich dieser Wert auf die günstigen Verhältnisse der Agrarwirtschaft
im Bereich der Lößflächen der Kölner Bucht. Diese aber sind nicht auf die Eifel übertragbar, so daß analoge Berechnungen dort zu anderen Resultaten führen müßten. Die
fossilen Flurrelikte der Eifel eignen sich für solche Berechnungen nicht, weil selbstverständlich nicht alle römerzeitlichen Terrassen erhalten zu sein brauchen. Ein anderer
Teil der römerzeitlichen Fluren, sofern er in ebenem Gelände oder auf Hochflächen

[453] H. Hinz (wie Anm. 245) 57.

lag, dürfte außerdem andere Formen besessen haben, die nicht mehr erhalten sind. Die hier behandelten fossilen Fluren, die römischer Zeit zugewiesen werden, fügen sich in die Reihe ähnlicher Befunde aus Gebieten nordwärts der Alpen ein. Nachdem H. v. Petrikovits im Gebiet von Berg vor Nideggen terrassierte Fluren vorgefunden hatte, für die er römische Entstehung nicht ausschloß[454], und nachdem auch K. A. Seel terrassierte Fluren im Mayener Stadtwald als Relikte der römischen Agrarlandschaft erkannt hatte[455], machte jüngst M. Born auf terrassierte Fluren im Saarkohlenwald aufmerksam, deren enge Bezüge zu römischen Siedlungsplätzen eine Entstehung in römischer Zeit sehr wahrscheinlich machen[456]. Im Gebiet von Hasborn/Saarland werden serienmäßig angeordnete, hangparallele Terrassenäcker ebenfalls für römisch gehalten[457]. Unweit eines gallo-römischen Gutshofes bei Horath, Kreis Bernkastel, der, abgesehen von einer kurzen Unterbrechung um die Mitte des 3. Jahrhunderts, vom 1. bis zum 5. Jahrhundert bestanden hat, wurde auf einem Terrassenacker ein römischer Münzschatz aus dem Ende des 3. Jahrhunderts geborgen. Er legt den Schluß auf römische Entstehung der Ackerterrasse nahe[458]. Hinweise auf weitere saarländische Terrassen- und Ackerwall-Komplexe stellt R. Schindler in seiner Arbeit über den Befund von Landscheid zusammen[459]. In der Gemarkung Hüchelhoven, Kreis Bergheim/Erft, beobachtete H. Hinz an verschiedenen Stellen Terrassenäcker. Eines dieser Vorkommen, östlich von Fliesteden, könnte römischen Ursprungs sein[460]. Ackerwälle und Terrassenäcker wurden in den Vogesen auf Arealen festgestellt, die in römischer Zeit ackerbaulich bewirtschaftet worden waren[461].

Unübersehbar ist heute noch die Zahl terrassierter Fluren aus antiken Kulturperioden, die in den Mittelmeerländern nachzuweisen ist. J. Bradford stellt auf Grund seiner dort gemachten Beobachtungen lapidar fest[462]: 'Every mediterranean country can show abandoned ancient cultivation-terraces'. Bradford zögert auch nicht, von ihm beobachtete terrassierte fossile Fluren griechischer oder römischer Besiedlung der Antike zuzuweisen. Südlich von Athen beobachtete er am Fuße des Hymettos hangparallel verlaufende Terrassen von 200–500 yards Länge, die er fünf nahe benachbarten Siedlungen der klassischen Zeit zuordnete[463]. Zu diesem Schluß kam er, weil die terrassierten Fluren keinerlei Bezug zur heutigen Flureinteilung aufweisen. Diese wiederum kann überhaupt erst seit dem 19. Jahrhundert vorhanden sein, weil das beobachtete Gebiet bis zu diesem Zeitpunkt nur als Weide, nicht aber als Ackerland genutzt

---

[454] H. v. Petrikovits, Nordeifel (wie Anm. 47).
[455] K. A. Seel (wie Anm. 3).
[456] M. Born (wie Anm. 438).
[457] R. Schindler in: Führer zu vor- und frühgeschichtlichen Denkmälern, hrsg. v. Römisch-Germanischen Zentralmus. Mainz, Bd. 5: Saarland (Mainz 1966) 65. – Ders., Bonner Jahrb. 169, 1969, 288.
[458] H. Cüppers, Ein gallo-römischer Bauernhof bei Horath, Kr. Bernkastel. Trierer Zeitschr. 30, 1967, 114 ff. – Der Münzschatz selbst ist noch nicht veröffentlicht.
[459] R. Schindler (wie Anm. 457).
[460] H. Hinz (wie Anm. 245) 271.
[461] C. E. Stevens, Revue Archéologique 9, 1937, 26–37. – A. Grenier, Manuel d'Archéologie 2, 2 (Paris 1934) 742 ff.
[462] J. Bradford (wie Anm. 448d) 29 ff.
[463] J. Bradford (wie Anm. 448d) 29 ff.

wurde. Es handelt sich also im echten Sinne um ein kulturlandschaftliches Reliktgebiet, in dem die antiken Flursysteme sich bis heute erhalten konnten.

Bei Glyphada zeigt sich besonders deutlich, wie die alten fossilen Fluren von modernen Feldgrenzen überschnitten werden[464]. Begehungen im Gelände förderten auf einer dieser Terrassen Scherben des 5./4. Jahrhunderts v. Chr. zutage[465]. Der Beginn der Terrassenbildung geht hier übrigens auf das Zusammenlesen und reihenförmige Anhäufen von Feldsteinen bei der Beackerung zurück[466]. Die modernen Siedler aber kannten die Bedeutung dieser alten Flurformen nicht mehr, denn sie bauten ihre Feldbegrenzungen, gelegentlich auch ihre Höfe über die fossilen Terrassen, ohne diese wieder aufzugreifen[467].

Bradford machte bereits darauf aufmerksam, daß im Mittelmeergebiet keineswegs immer nur Wein und Oliven auf den terrassierten Fluren angebaut wurden, sondern ebenso auch Getreide. Er deutet sie mit Recht als Ausdruck einer starken Landverknappung, die sich besonders auf den Inseln der Ägäis auswirkte und zur Anlage terrassierter Äcker zwang, mit denen anderweitig nicht nutzbare steile Hänge kultiviert werden konnten[468]. Auch in der Eifel muß sich zeitweise eine Verknappung ackerfähigen Landes bemerkbar gemacht haben, die ihrerseits eine Funktion der Besiedlungsdichte darstellt. Insofern wäre es erforderlich, nicht nur die insgesamt in einem Gebiet vorhandenen Siedlungen der römischen Zeit in Betracht zu ziehen, sondern auch ihre jeweilige Zeitstellung, um den Veränderungen der Siedlungsdichte auf die Spur zu kommen.

Für Bradford gibt es jedenfalls keinen Zweifel, daß die am Hymettos beobachteten terrassierten Fluren Siedlungen der klassischen Zeit zuzuordnen sind, und zwar um so weniger, als die nächsten mittelalterlichen Wüstungen sowie das Kloster Kaisariani viel zu weit entfernt sind, als daß sie diese Gegend noch bewirtschaftet haben könnten. Die Einordnungen der fossilen Fluren erfolgt hier also nach dem auch in der Eifel angewandten Prinzip des Ausschlusses (Dislozierung) anderer, nichtantiker Besiedlungsschichten.

Römerzeitliche Fluren, auch terrassierte, finden sich im Mittelmeerraum in so großer Zahl, daß es hier unmöglich ist, sie alle einzeln aufzuführen. Nur auf einige wichtige Vorkommen sei hingewiesen. So entdeckte Bradford bei Salona in Dalmatien am Fuße der Berge vier bis fünf breite, parallel zueinander verlaufende Terrassen, nach seiner Meinung 'probably utilised and improved by ancient cultivators'[469]. Sie passen sich aber nicht der im gleichen Gebiet vorhandenen Centuriation an, sondern verlaufen isohypsenparallel. Auch in Nordsyrien sind römerzeitliche terrassierte Fluren nachweisbar[470]. Nordtunesien ist, obgleich klassisches Gebiet besterhaltener Centuriation, auch ein Land, in dem römerzeitliche terrassierte Fluren festgestellt wurden, so um Zaghouan und Bou Arada[471]. Vom Flachland aus dringt hier die Centuriation ge-

---

[464] J. Bradford (wie Anm. 448d) Tafel 10 a.
[465] J. Bradford (wie Anm. 448d) Tafel 10 b.
[466] J. Bradford (wie Anm. 448d) Tafel 10 c.
[467] J. Bradford (wie Anm. 448d) Tafel 10 d.
[468] J. Bradford (wie Anm. 448d) Tafel 8 und S. 33.
[469] J. Bradford (wie Anm. 448d) 187.
[470] A. Poidebard, Le Limes de Chalcis (1945) Tafel 36, 90, 92.
[471] J. Bradford (wie Anm. 448d) 199 f.

gen die Berge des Djebel Mansour und des Djebel Fkirene vor. Sie bezieht die peripheren Bereiche dieser morphologisch stark bewegten Gebiete mit ein. In der Kleingliederung aber wird, bei weiterbestehender Centuriation, eine andere Form der Äcker sichtbar: der isohypsenparallele, terrassierte Acker, der ganze Hänge zu einer Ackerflur in Stufenform macht. Auf den entsprechenden Blättern des Atlas von Piganiol sind die Abweichungen, die die terrassierten Fluren vom normalen System der Centuriation machen, deutlich erkennbar[472]. Noch klarer wird die Durchbrechung der Centuriation in der agrarischen Kleingliederung südlich des Oued Medjerda, in den Bergen zwischen Thibar und Testour[473] oder nordwestlich von Bou Arada, im Gebiet des Djebel Rihane[474], wo immer wieder geländebezogene Formen neben dem ordentlichen Centuriationsschema auftreten.

Die Fülle ähnlicher Befunde aus den verschiedensten Teilen des römischen Reiches zeigt übereinstimmend, daß der langstreifige, isohypsenparallele Terrassenacker bereits in der römischen Antike eine verbreitete Flurform war, die überall dort in Erscheinung trat, wo die Geländeverhältnisse die Aufgabe der regelmäßigen Centuriations- und Limitationssysteme und die Verwendung geländeangepaßter Flurformen, sogenannter 'uncenturiated systems', erzwangen. Dies gilt offenkundig auch für weite Teile der Eifel, in deren Bereich ein guter Teil der terrassierten Fluren auf die römische Zeit zurückgehen dürfte. So deutet vieles darauf hin, daß der für die mittelalterliche Agrarwirtschaft so wichtige Terrassenacker letzthin eine römische Entdeckung oder doch zumindest eine von der römischen Zivilisation vermittelte Flurform darstellt. Ihre Übernahme durch die frühmittelalterlichen Siedler muß sich in jenen Gebieten vollzogen haben, in welchen die germanischen Siedler mit der römischen Agrarwirtschaft in enge Berührung gekommen waren: auf ehemaligem römischen Reichsboden links des Rheins. Von der Weiterbenutzung bereits vorhandener römerzeitlicher Terrassenäcker führte der Weg dann über die Neuanlage solcher Fluren nach römischem Vorbild bis hin zur Vermittlung dieses Flurtyps an die Siedler rechts des Rheins, die nie selbst von der römischen Zivilisation erreicht worden waren.

3.4 Fossile Fluren des Mittelalters und der frühen Neuzeit

Die Erforschung der mittelalterlichen Fluren des Rheinlandes steht auch heute noch, wie bereits früher ausgeführt, im Anfangsstadium. Die verschiedenen daran zu beteiligenden Disziplinen widmeten sich eigenartigerweise diesem Problem kaum. Arbeiten wie die von H. Zschocke über die Waldhufensiedlungen am linken deutschen Niederrhein[475] oder die von G. Wiegelmann über natürliche Gunst und Ungunst im Wandel rheinischer Agrarlandschaften[476] bilden noch immer Einzelfälle, wie denn überhaupt

---

[472] A. Piganiol, Atlas des centuriations romaines de Tunisie (Paris 1954), Blatt XLI Djebel Mansour, Blatt XLII Djebel Fkirene.
[473] A. Piganiol (wie Anm. 472) Blatt XXVI Oued Zagra.
[474] A. Piganiol (wie Anm. 472) Blatt XXXIV Bou Arada.
[475] Herlig Zschocke, Die Waldhufensiedlungen am linken deutschen Niederrhein. Kölner Geogr. Arbeiten Heft 16 (Wiesbaden 1963).
[476] G. Wiegelmann, Natürliche Gunst und Ungunst im Wandel rheinischer Agrarlandschaften. Kölner Geographische Arbeiten Heft 12 (Köln 1958).

die Erforschung der rheinischen Agrargeschichte heute hinter dem früheren hohen Stand zurückzubleiben scheint, der durch Namen wie K. Lamprecht, H. Aubin und F. Steinbach gekennzeichnet ist.
Sicherlich luden die schwierigen Verhältnisse in den fruchtbaren, ackerbaulich intensiv genutzten Lößplatten der Kölner Bucht und ihrer Nachbargebiete wenig zu solchen Studien ein, entzog doch die dort fast totale Auslöschung der Reliktformen älteren Ackerbaus von vornherein allen Beobachtungen im Gelände die Grundlage. Auf die Einbeziehung von Ergebnissen einer historisch-geographischen Landesaufnahme hätten agrargeschichtliche Studien also weitgehend verzichten und sich statt dessen allein auf älteres Kartenmaterial und die erhaltenen Schriftquellen stützen müssen. Aber es gibt im Rheinland ja noch Räume, die bessere Voraussetzungen bieten. Niederrhein, Eifel, Hunsrück, Westerwald und Bergisches Land vermochten in großem Umfang Relikte älterer Formen der Kultur- und Agrarlandschaft zu bewahren. Hier sind auch Forschungen im Gelände möglich. Doch die in diesen Gebieten vorhandenen Ansatzpunkte für agrargeschichtliche Forschungen wurden kaum aufgegriffen.
Deshalb sieht sich das Studium der mittelalterlichen und frühneuzeitlichen Flurformen des Rheingebietes noch ziemlich am Anfang seiner Bemühungen. Das Ziel muß in erster Linie darin bestehen, mittelalterliche und frühneuzeitliche fossile Fluren im Gelände aufzufinden, zu kartieren, zu beschreiben und in Verbindung mit den zugehörigen Siedlungen zu interpretieren. Dabei werden selbst solche fossilen Fluren nicht ausgeschlossen, die zu heute noch bestehenden Siedlungen gehören, die zugleich aber einen wesentlichen Bestandteil der mittelalterlichen Wirtschaftsflächen darstellen.
In der Eifel sind zwei Formen fossiler Fluren des Mittelalters oder der frühen Neuzeit zu unterscheiden: die Wölbäcker (Katalognummern A 14, A 15, A 21, A 24–A 26) und die Terrassenäcker (A 3, A 6–A 12, A 16, A 18–A 20, A 22, A 27, A 28).

3.4.1 Die Wölbäcker

In den ersten Jahren der Geländearbeit fiel zunächst auf, daß im Bereich der heutigen Offenlandschaften keine Spuren dieser in anderen Gebieten häufigen Flurform nachweisbar waren[477]. Während sich beispielsweise im Münsterland weite Gebiete, die heute als Weideland genutzt werden, durch die erhaltenen Wölbäcker als einstiges Ackerland zu erkennen geben, während im südlichen Niedersachsen komplette Wüstungsfluren, bestehend aus Wölbäckern, unter Wald erhalten sind[478] und während Wölbäcker im Oldenburgischen im Zusammenhang mit mittelalterlicher Besiedlung ausgegraben wurden[479], fehlten in der Eifel und ihrem nördlichen Vorland zunächst alle Spuren dieses Flurtyps. Sobald aber die größeren Waldgebiete in die Begehung mit

---

[477] Zum formalen Erscheinungsbild des Wölbackers vgl. H. Jäger, Historische Geographie im Felde. In: Methodisches Handbuch für Heimatforschung in Niedersachsen, hrsg. v. H. Jäger (Hildesheim 1965) 418 ff.
[478] Historisch-Landeskundliche Exkursionskarte von Niedersachsen (wie Anm. 72) Blatt Duderstadt (Göttingen 1964); dort besonders die Wüstungen Jakobshagen im NO und Moseborn im NW des Blattes.
[479] D. Zoller, Neue Ausgrabungen und Forschungen (wie Anm. 235) 131 ff.

einbezogen wurden, wandelte sich das Bild. Mehrfach fanden sich fossile Fluren unter Wald, die anzeigen, daß die Feld-Wald-Grenze im Laufe der Zeit erheblichen Änderungen unterworfen war.

So entdeckte man im Rheinbacher Stadtwald an zwei Stellen Wölbäcker, wo heute alter Hochwald der zweiten Generation steht. Das eine Vorkommen südlich der Stadt, im Jagen 12 des Stadtwaldes (A 14; Tafel 50), liegt nur rund 1000 m vor der mittelalterlichen Stadtmauer Rheinbachs und dürfte entweder der mittelalterlichen Flur von Rheinbach selbst oder aber der noch näher liegenden Wüstung Rheinbachweiler (BN 142) zuzuordnen sein. Formal entsprechen diese Wölbäcker den Formen, die im Münsterland und im südlichen Niedersachsen vorkommen. Im Vergleich zu dem zweiten Komplex im Jagen 19 des Rheinbacher Stadtwaldes sind die Wölbäcker an dieser Stelle kräftiger ausgeprägt und in der Anordnung nicht so systematisch und gleichmäßig ausgebildet wie jene. Deshalb könnte man die Fluren im Jagen 12 wohl als die älteren ansehen. Infolge des parallelen Verlaufs zu einem mittelalterlichen Hohlweg, auf den die Äcker Rücksicht nehmen, ist an mittelalterlicher Herkunft dieser fossilen Fluren kaum zu zweifeln. Wie ein Querschnitt durch mehrere dieser Wölbäcker ergab, sind sie nur relativ kurze Zeit bewirtschaftet worden; denn sie enthielten nur eine sehr dünne Humusdecke. Allerdings mag ein Teil des Humus wegen der schwachen Hanglage der Fluren auch abgeschwemmt sein. Denn anders als die Wölbäcker des Jagens 19 verlaufen die sieben Wölbäcker des Jagens 12 rechtwinklig zu den Isohypsen, also den Hang hinauf. Diesem Umstand sind wohl auch die verhältnismäßig tief eingeschnittenen Gräbchen zwischen den einzelnen Wölbäckern zu verdanken. Die Wölbäcker südlich von Rheinbach nehmen sich wie eine kleine Insel bewirtschafteten Landes in einem großen unbewirtschafteten Gelände aus. Sie setzen sich nicht kontinuierlich nach Osten bis zur Wüstung Rheinbachweiler (BN 142) fort. Im Mittelalter hat man also nicht etwa die Grenze des Rheinbacher Stadtwaldes als ganze verändert, sondern man legte innerhalb des Waldes kleine Rodungen von begrenzter Ausdehnung an, die beackert wurden. Die dabei gerodete Gesamtfläche kann natürlich größer als die heute mit Wölbäckern bedeckte Fläche sein, weil auch noch Weideland auf den gerodeten Stücken gelegen haben kann, das sich heute aber nicht mehr an Oberflächenformen nachweisen läßt.

Formal und auch seiner Größe nach unterscheidet sich das zweite Vorkommen von Wölbäckern im Rheinbacher Stadtwald, Jagen 19 (A 15; Tafel 75), von dem in Jagen 12. Statt der verhältnismäßig geringen Zahl von nur sieben Wölbäckern reihen sich hier 55 sehr gleichmäßig gestaltete Wölbäcker isohypsenparallel aneinander und bedecken eine Fläche von insgesamt mehr als einem Hektar. Die Aufwölbungen dieser Äcker sind schwächer ausgeprägt, als bei dem Komplex im Jagen 12, desgleichen auch die Gräbchen zwischen den einzelnen Äckern. Während bei den Äckern im Jagen 12 die Breite jeden Ackers variierte, entsprechen im Jagen 19 alle Wölbäcker der einheitlich durchgehaltenen Breite von vier Metern. Die Geländeausnutzung durch diese Fluren ist überlegt und vorausgeplant. Sie reichen im Westen bis hart an den oberen Rand eines tief eingeschnittenen Bachtales und stoßen im Osten an einen mittelalterlichen Hohlweg von Rheinbach nach Loch an. Im ganzen machen die Wölbäcker des Jagens 19 einen regelmäßigen Eindruck. Aus diesem Grunde dürften sie wohl dem späten Mittelalter angehören. Daß Wölbäcker andererseits bis weit in die Neuzeit hinein eine allgemein übliche Form der Bewirtschaftung waren, ist auch in anderen Landschaften

Deutschlands erkannt worden[480]. Diese fossile Flur gehört entweder zur Wirtschaftsfläche des benachbarten Gutes Waldau, oder aber sie wurde von Rheinbach selbst aus bewirtschaftet. Auch hier heben sich die fossilen Fluren wie eine kleine Insel aus der sonst offensichtlich ackerbaulich nicht genutzten Umgebung heraus. Auch hier handelt es sich um eine räumlich begrenzte Rodung in den Rheinbacher Stadtwald hinein, die konsequenterweise den Flurnamen 'Auf dem Rott' führt. Diese kartierten fossilen Fluren stellen nur Ausschnitte von Wüstungsfluren oder aber von Fluren heute noch bestehender Dörfer dar. Insofern kann über die Bedeutung der kartierten Wölbäcker im Rheinbacher Stadtwald im Rahmen der jeweiligen Gesamtflur nichts ausgesagt werden. Jeder der Wölbäcker war jedoch nicht eine Besitzeinheit, sondern lediglich eine Bewirtschaftungseinheit. Darin gleicht dieser Flurtyp den Terrassenäckern.
Nach den Befunden im Rheinbacher Stadtwald muß es für die Ebenen der Kölner, Dürener und Jülicher Lößplatten als gesichert gelten, daß der schmale, langstreifige Wölbacker auch im Rheinland eine verbreitete Bewirtschaftungseinheit des Mittelalters und der frühen Neuzeit war. Daß er bisher nicht als solche erkannt, kartiert und beschrieben wurde, liegt oft nur an der Vernichtung älterer Flurrelikte durch den intensiven modernen Ackerbau.
Die Erwartung, eine systematisch betriebene Suche nach Wölbäckern werde nun auch in anderen Teilen des Untersuchungsgebietes solche fossilen Fluren in großer Zahl zutage fördern, erfüllte sich nicht. Nach Abschluß der Arbeiten läßt sich ohne Übertreibung sagen, daß mittelalterliche Wölbäcker in allen Teilen der Eifel eine Seltenheit sind[481]. Abgesehen von zwei kleinen Wölbäckerkomplexen bei Dorweiler (A 25) und Mannebach (A 26) wurden auch auf dem Hunsrück keine weiteren fossilen Fluren dieser Art entdeckt. In der Eifel ist noch ein Komplex von fünf schwach ausgebildeten Wölbäckern unter Wiesen im Bereich der Wüstung Even (BIT 45) zu erwähnen. Es ist sicher, daß es sich bei diesen wenigen Wölbäckern (A 21; Tafel 35) um den letzten Rest der Wüstungsflur von Even handelt, die zufällig erhalten blieben, während das übrige bewirtschaftete Areal von Even heute in Form großer, ungegliederter Flächen vornehmlich als Rübenanbaugebiet genutzt wird. Einige wenige mittelalterliche Wölbäcker mit Lesesteinhaufen wurden auch im Flurbezirk 'Bennfeld' bei Nettersheim, Kreis Schleiden, unter altem Hochwald entdeckt (A 6; Tafel 55). Sie bilden wahrscheinlich Bestandteile der mittelalterlichen Flur von Nettersheim, zu der auch nahegelegene Terrassenäcker gehören.
Damit sind bereits die Kenntnisse über die mittelalterlichen Wölbäcker der Eifel erschöpft. Den vereinzelten Befunden aus Eifel und Hunsrück ist noch ein weiterer aus dem Saarland an die Seite zu stellen, der zeigt, daß diese mittelalterliche Bewirtschaftungsform bis in den äußersten Südwesten des Rheinischen Schiefergebirges verbreitet war. Bei Wallerfangen fanden sich frühneuzeitliche, sehr gleichmäßig gestaltete Wölbäcker im Innern des hallstattzeitlichen Abschnittswalles auf dem Limberg (A 24). Sie liegen seit rund 150 Jahren unter Wald und wurden vor dieser Zeit von einem zu Füßen des Bergspornes liegenden Hof aus bewirtschaftet.

---

[480] Hier wäre z. B. wieder an die von H. Jäger kartierte Wüstungsflur von Leisenberg bei Göttingen zu denken, die die gesamte Wirtschaftsfläche des einstigen Dorfes darstellt; vgl. H. Jäger, Leisenberg (wie Anm. 48).

[481] B. Schemann fand bei der Erforschung der Wüstungen des vorderen Hunsrücks so gut wie keine fossilen Wüstungsfluren. Wölbäcker sind hier gar nicht, Terrassenäcker nur vereinzelt vorhanden. Vgl. B. Schemann (wie Anm. 1) 94 ff.

3.4.2 Die Terrassenäcker

Während der fossile mittelalterliche Wölbacker in der Eifel und den angrenzenden Gebieten nur eine Ausnahmeerscheinung war, bot sich im Bereich der Terrassenäcker eine Fülle von Befunden an, so daß eine Auswahl weniger Beispiele unerläßlich war. Die Untersuchungen konzentrierten sich dabei auf jene Terrassenäcker, die dem Anbau von Getreide dienten. Die terrassierten Weinberge werden nur am Rande behandelt, weil sie einer besonderen Erforschung bedürfen.

Auch im Mittelalter drückt sich in der Anlage von terrassierten Äckern ein gewisser Mangel an äckerfähigem Land aus. Die in der Eifel zur Verfügung stehenden guten und besten Ackerlagen waren räumlich begrenzt und reichten bei fortschreitender Besiedlungsdichte nicht mehr aus. Terrassenäcker entstanden aber – das muß ausdrücklich betont werden – keineswegs nur bei Rodungssiedlungen der späten Landnahmephasen. Sie gehören vielmehr schon zu den fränkischen Altsiedlungen. Da keiner dieser Terrassenäcker fest datiert ist, bleibt die Frage offen, ob sie vielleicht im Zuge eines innerörtlichen Landausbaus der spätfränkischen oder karolingischen Zeit entstanden, als die Zahl der Höfe in den altfränkischen Siedlungen anwuchs und neues Ackerland erschlossen werden mußte.

In Verbindung mit Siedlungen der fränkischen Zeit kommen terrassierte Äcker in der gesamten Eifel vor. Ein wesentlicher Teil der Flur von Dahlem, Kreis Schleiden, bestand einst aus Terrassenäckern, die heute entweder als Wiesen genutzt werden oder brach liegen (A 27; Tafel 65). Zum fränkischen Dorf Nettersheim, Kreis Schleiden, gehören ausgedehnte Areale mit Terrassenäckern (A 6, A 7). Dem mittelalterlichen Dorf Marmagen sind nördlich, westlich und südlich des Ortes liegende Hänge mit Terrassenäckern zuzuweisen (A 2, A 3).

Auf den Hochflächen bei Blankenheimerdorf, Blankenheim und Schmidtheim spielen Terrassenäcker, wie die Kartierungen ergeben haben, die wichtigste Rolle bei der Gliederung der agrarischen Wirtschaftsflächen (A 8–A 11). Leider lassen sich die Terrassen bei Blankenheim (A 11) nicht datieren, so daß offen bleibt, ob es sich um römische oder mittelalterliche Flurrelikte handelt.

Besonders gut erhalten sind Terrassen im Tal des Fisch-Baches südlich von Wahlen. Sie liegen entweder unter Wald oder aber in Wiesengelände. Sie werden auf jeden Fall nicht mehr in ihrer ursprünglichen Form genutzt (A 12; Tafel 66;72). Drei- oder Vierfelderwirtschaft ist anhand von längslaufenden Unterterrassen auf jedem großen Terrassenacker klar nachzuweisen. Trägt man die fossilen Terrassen in das Urkataster von Wahlen ein, so zeigt sich, daß jeder der kräftig ausgebildeten Terrassenäcker einer frühneuzeitlichen Besitzeinheit entspricht.

An der Ahr, am Rhein und an der Mosel gehört selbstverständlich der größte Teil der terrassierten Äcker dem historischen Weinbau an. Die Anbauflächen wurden auch schon in mittelalterlicher Zeit, je nach Marktlage im Weinbau, verkleinert oder vergrößert. Dementsprechend kam es immer wieder zu temporärem Wüstliegen zahlreicher terrassierter Weinberge. Im ganzen gesehen verminderten sich die Weinbauflächen vom 19. zum 20. Jahrhundert jedoch erheblich, wie ein Blick auf die Tranchot-Karte beweist. In diesem historischen Kartenwerk sind an Rhein, Ahr und Mosel noch riesige Flächen als Weinbaugebiete angegeben, die heute für den Weinbau keinerlei Bedeutung mehr besitzen. Neuerdings gehen Bestrebungen des Natur- und Landschaftsschutzes dahin, einen Teil älterer Weinberge als Zeugnisse historischen Weinbaus unter Schutz zu stellen.

Nicht alle Terrassenäcker in den Tälern von Nims, Kyll, Prüm und Lieser waren Weinberge. Einige Gemarkungen, die in diesen Flußtälern liegen, bestehen zu mehr als 90% aus terrassierten Fluren, so daß zwangsläufig auch andere Feldfrüchte sowie Obst auf diesen Fluren kultiviert worden sein müssen. In großer Zahl treten derartige Terrassenäcker im Gebiet von Schönecken-Wetteldorf, Seffern, Bickendorf und um Rittersdorf, also im Nimstal, auf. Ausgedehnte Terrassenkomplexe gliedern vor allem bei Wilsecker, Erdorf und Hüttingen die Hänge des Kylltales. Bei Kyllburg mögen sie neuzeitlichem Obstbau entstammen.

In Verbindung mit Wüstungen sind terrassierte Fluren vielerorts anzutreffen. So bestand die einstige Flur der Wüstung Gersdorf (BIT 52) zu einem erheblichen Teil aus terrassierten Äckern. Mehrere im 19. Jahrhundert entstandene Hofwüstungen bei Blankenheimerdorf (SLE 10, 11, 15, 17) zeigen fast ausschließlich diesen Flurtyp, ebenso die Wüstungen Kurtenbach (A 18), Almersbach (A 19), Pleitsdorf (A 20) und Alt-Bettingen (BIT 6; A 22).

Einzelproblemen der Interpretation von hier aufgenommenen terrassierten Fluren kann nicht nachgegangen werden. Sie finden im Zuge der Beschreibungen der Fluren im Katalog Berücksichtigung. Zum Abschluß seien nur noch einige allgemeine Bemerkungen vorgetragen. Ob im Zusammenhang mit wüstgewordenen Siedlungen oder mit noch bestehenden ländlichen Orten – stets ist der Terrassenacker die häufigste, in der Morphologie des Untersuchungsgebietes sichtbare Ackerform. Seine ungewöhnliche Lebenskraft trug dazu bei, daß er bis in die moderne Zeit hinein als Bewirtschaftungs- oder Besitzeinheit gebräuchlich blieb. Der in einzelnen Fällen durchgeführte Vergleich der Geländebefunde mit der Besitzstruktur, wie sie ältere Katasterkarten enthalten, zeigte, daß in einigen Gebieten die Raine zugleich Besitz- und Eigentumsgrenzen darstellten, daß sie aber anderwärts lediglich Bewirtschaftungseinheiten abgrenzten. In diesem Punkt dürfen von einer noch ausstehenden umfassenden Verwendung älterer Kartenwerke weiterführende Resultate erwartet werden. Denn erfahrungsgemäß lassen sich allgemeine Fragestellungen, wie etwa die nach Form, Größe und innerer Gliederung ganzer Dorf- und Hoffluren, nach der Struktur des Landbesitzes, nach den Auswirkungen des jeweiligen Erbrechtes oder nach den rechtlichen Grundlagen der Bewirtschaftung von Fluren (Gewanneinteilung, Mehrfelderwirtschaft, Flurzwang) und ähnlichem nicht allein von den in der Eifel stets fragmentarischen Geländebefunden her lösen. Es kann nach dem Abschluß der teilweise recht umfassenden Geländearbeiten heute als ziemlich sicher gelten, daß es in der gesamten Eifel nicht eine einzige komplett erhaltene wüste Dorfflur gibt, die ihrem Erhaltungsgrad nach einer Wüstung wie etwa Leisenberg im südniedersächsischen Bergland[482] oder einer der vielen gut erhaltenen englischen Wüstungen[483] entspricht. Bei allen hier vorgeführten Komplexen von fossilen Fluren handelt es sich um Fragmente der jeweiligen Gesamtfluren. Ihre richtige Interpretation im Rahmen allgemeiner Fragestellungen kann nur gelingen, wenn dafür zusätzlich die verschiedenen historischen Quellen-

---

[482] H. Jäger, Leisenberg (wie Anm. 48).
[483] Vgl. M. Beresford, J. G. Hurst, Deserted Medieval Villages (London 1971) bes. 56 ff. – Besprochen v. W. Janssen, Zeitschr. f. Archäol. d. Mittelalters 2, 1974, 209–214.

gruppen wie Urkunden, Archivalien oder alte Karten herangezogen werden. Um aber den notwendigen Vergleich von Geländebefund und Archivmaterial überhaupt erst zu ermöglichen, mußten die noch vorhandenen, aber unmittelbarer Gefährdung ausgesetzten Relikte historischer Kulturlandschaften dokumentiert werden. Umfang und Zeitpunkt der modernen Zerstörungen älterer Relikte zwangen dazu, die Arbeiten im Gelände vorrangig und mit besonderer Energie zu betreiben. Jüngste Entwicklungen geben der getroffenen Wahl recht: Ein Teil der in dieser Untersuchung dokumentierten Fluren ist inzwischen bereits beseitigt worden.

Der Straßenbau, die Errichtung von Industrie- und Wohnbauten, neue Methoden der Agrarwirtschaft und nicht zuletzt die Flurbereinigung bringen auch auf dem Lande eine Umgestaltung vieler traditioneller Verhältnisse mit sich. Ihnen fallen in großem Maßstab selbst in entlegenen ländlichen Gebieten die Relikte historischer Kulturlandschaften zum Opfer. Aus dem Untergang älterer Formen entsteht unversehens das Gesicht der modernen Kulturlandschaft, deren Berechtigung sich aus politischen, wirtschaftlichen, sozialen und kulturellen Erfordernissen einer neuen Epoche herleitet. Damit sie Gestalt gewinnen können, ist der Untergang des Alten, Überkommenen unvermeidlich, wenngleich manchmal bedauerlich. Aber gerade deshalb sollte das historisch Gewachsene, das lange Zeit über Bewährte nicht untergehen, ohne wenigstens dokumentiert zu werden.

ANHÄNGE

ANHANG 1

Aufgliederung der Wüstungen nach Wüstungsarten

Im folgenden werden die im Untersuchungsgebiet festgestellten Wüstungen nach Wüstungsarten aufgeschlüsselt. Die im Katalog verzeichneten Wüstungen lassen sich in sechs Gruppen aufgliedern:

      I. Dorfwüstungen
     II. Hofwüstungen
    III. Wüste Mühlen
    IV. Wüste Wehranlagen
     V. Wüste gewerbliche Anlagen
   VI. Wüste kirchliche Einrichtungen.

Dazu kommen als Gruppe VII diejenigen Wüstungen, die nach den Kategorien I–VI nicht klassifizierbar sind. Diese Zusammenstellung nach Wüstungsarten dient als Grundlage für die mengenmäßigen Untersuchungen zur Wüstungsfrage, wie sie in den Abschnitten 2.1, 2.2, 2.3 und 2.8 durchgeführt wurden. Mit Hilfe der Katalognummern läßt sich anhand des Katalogs leicht nachprüfen, welche Wüstungen den jeweiligen Gruppen zugewiesen wurden und aus welchen Gründen dies erfolgte.

Anhang 1, Blatt 1

	Kreis Monschau	Kreis Düren	Kreis Schleiden	Kreis Euskirchen	Kreis Bonn	Kreis Prüm
I. Dorfwüstungen	MON 20, 21, 22, 25, 30	DN 1, 5, 12, 13, 17, 26, 27, 29, 31, 34, 43, 44, 46, 47, 49, 65, 85, 86, 100, 101, 102	SLE 6, 8, 13, 16, 18, 27, 29, 31, 38, 39, 40, 41, 52, 54, 59, 77, 78, 86, 91, 112, 114, 129, 132	EU 3, 8, 10, 25, 26, 31, 50, 51, 52, 53, 54, 56, 57, 58, 65, 76, 77, 78, 82, 85, 99, 104, 108, 109, 112, 113, 116, 117, 118, 119, 120, 121, 126, 128, 129	BN 3, 7, 16, 17, 21, 24, 31, 35, 36, 37, 39, 45, 49, 53, 56, 57, 60, 67, 72, 78, 81, 86, 87, 91, 93, 96, 97, 101, 102, 105, 107, 110, 121, 125, 133, 134, 135, 136, 138, 142, 152, 153, 154, 156, 157, 163, 168, 176, 178, 179, 180, 181, 182, 183, 187, 188	PRÜ 1, 9, 10, 15, 16, 18, 22, 24, 26, 28, 30, 32, 33, 35, 37, 38, 39, 42, 47, 48, 49, 50, 51, 52, 55, 58, 61, 62, 63, 64, 65, 66, 68, 69, 73, 74
II. Hofwüstungen	MON 5, 8, 9, 10, 11, 12, 23, 28, 31, 42	DN 10, 14, 18, 22, 37, 38, 41, 56, 63, 67, 70, 87, 90, 91, 92, 93, 103	SLE 7, 10, 11, 15, 17, 22, 23, 30, 32, 33, 34, 53, 55, 57, 62, 70, 71, 72, 74, 93, 94, 99, 102, 115, 116, 120, 121, 123, 124, 128, 136, 137, 138	EU 2, 4, 6, 12, 14, 15, 16, 22, 23, 30, 32, 34, 35, 36, 37, 38, 41, 42, 43, 45, 62, 63, 64, 67, 68, 72, 73, 74, 75, 77, 83, 84, 92, 95, 96, 97, 111, 120, 123	BN 2, 4, 6, 8, 10, 11, 12, 14, 15, 23, 27, 29, 30, 38, 40, 41, 51, 52, 59, 64, 70, 71, 83, 88, 89, 90, 98, 99, 111, 112, 115, 116, 117, 118, 119, 120, 122, 126, 127, 132, 137, 140, 144, 145, 149, 150, 151, 162, 166, 169, 173, 184, 186	PRÜ 8, 13, 17, 20, 21, 27, 36, 44, 45, 46, 53, 54, 70, 72
III. Wüste Mühlen	MON 7, 13, 16, 17, 18, 19, 26, 27, 29, 33, 39	DN 28, 55, 62, 69, 94, 95, 96, 97, 98, 99	SLE 26, 36, 95, 110, 111, 125	EU 11, 19, 20, 27, 28, 29, 79, 80, 81, 102, 103, 115	BN 74, 108, 109, 114, 143, 170	PRÜ 2
IV. Wüste Wehranlagen	MON 15	DN 3, 8, 16, 20, 21, 23, 24, 35, 36, 40, 42, 45, 48, 51, 57, 64, 66, 71, 72, 73, 75, 76, 77, 78, 79, 80, 84, 89	SLE 3, 4, 9, 19, 24, 44, 45, 46, 56, 58, 60, 61, 68, 80, 85, 87, 90, 104, 105, 109, 113, 122, 127, 131, 134	EU 7, 13, 18, 21, 24, 33, 39, 40, 44, 46, 47, 48, 49, 71, 98, 105, 106, 107, 110	BN 1, 9, 13, 18, 19, 32, 33, 44, 47, 48, 61, 65, 66, 68, 73, 76, 77, 79, 80, 84, 85, 92, 100, 104, 106, 147, 158, 161, 167, 171, 174, 177	PRÜ 12, 29, 31, 34, 40, 41, 67
V. Wüste gewerbliche Anlagen	MON 2, 3, 24, 32, 34, 40	DN 4, 9, 11, 52, 53, 54, 59, 61, 81, 82, 83, 88	SLE 2, 14, 21, 25, 28, 37, 42, 43, 47, 48, 49, 50, 51, 63, 64, 65, 66, 67, 69, 75, 76, 79, 81, 82, 83, 84, 88, 92, 96, 101, 103, 106, 107, 108, 117, 118, 119, 126, 135, 139	EU 5, 17, 59, 66, 86, 87, 88, 89, 90, 93	BN 5, 34, 50, 58, 94, 95, 103, 113, 159, 160, 172	PRÜ 4, 6, 7
VI. Wüste kirchliche Einrichtungen	MON 4, 6, 14	DN 7, 15, 25, 30, 32, 33, 50, 60, 68, 74	SLE 89, 133	EU 55, 69, 70, 101, 117	BN 20, 22, 43, 69, 75, 82, 139, 141, 148	PRÜ 43
VII. Nicht klassifizierbar	MON 1, 35, 36, 37, 38, 41	DN 2, 6, 19, 58	SLE 1, 5, 12, 20, 35, 73, 97, 98, 100, 130	EU 1, 9, 60, 61, 91, 94, 100, 124, 125	BN 25, 26, 28, 42, 46, 54, 55, 62, 63, 123, 124, 128, 129, 130, 131, 146, 155, 164, 165, 175, 185	PRÜ 3, 5, 11, 14, 19, 23, 25, 56, 57, 59, 60, 71, 75

Anhang 1, Blatt 2

	Kreis Daun	Kreis Ahrweiler	Kreis Bitburg	Kreis Wittlich	Kreis Cochem	Kreis Trier
I. Dorfwüstungen	DAU 2, 4, 6, 14, 15, 17, 20, 21, 22, 23, 26, 33, 34, 36, 37, 40, 44, 45, 47, 50, 54, 56, 57, 60, 61, 65, 66, 68, 72, 73, 76, 86, 87, 90, 91, 98, 100, 102, 103, 104, 105, 106, 107, 108, 109, 110, 111	AW 5, 6, 12, 13, 22, 24, 25, 32, 37, 40, 42, 43, 55, 62, 64, 73, 81, 87, 88, 95, 99, 110, 118, 119, 129, 137, 145, 157, 158, 160, 161, 176, 177, 179, 181, 183, 185, 186, 187, 188, 191, 193, 194, 195, 196, 197, 198, 201, 202, 203, 204, 206, 207, 208, 209, 210, 211	BIT 1, 2, 3, 5, 6, 10, 18, 19, 20, 21, 25, 27, 28, 29, 30, 36, 39, 43, 45, 46, 49, 52, 53, 54, 58, 59, 65, 66, 67, 69, 71, 76, 77, 78, 82, 83, 84, 85, 87, 88, 89, 90, 91, 92, 93, 94, 95, 96, 99, 102, 103, 104, 105, 106, 108, 109, 110, 111, 112	WIL 5, 7, 22, 23, 27, 30, 35, 36, 37, 48, 49, 51, 56, 59, 62, 65, 69, 71, 73, 76, 78, 80, 83, 86, 91, 97, 101, 103, 106, 107, 108, 109, 110, 111, 114, 115, 116, 117, 118, 119, 121, 123, 125, 128	COC 12, 15, 18, 34, 41, 42, 43, 51, 52, 69, 72, 86, 87, 88, 90, 95, 117, 119, 120, 123, 124, 126, 127, 128, 129	TR 3, 4, 9, 16, 20, 21, 23, 39, 42, 44, 46, 48, 49, 53, 55, 57, 58, 71, 73, 76, 77, 79, 80, 81, 83, 85, 87, 88, 89, 90, 91, 92, 93, 94, 100, 103, 104, 108, 116, 121, 128, 131, 132
II. Hofwüstungen	DAU 1, 9, 25, 27, 29, 48, 55, 63, 67, 69, 70, 74, 75, 80, 81, 84, 92, 93, 95, 96, 99	AW 3, 4, 10, 11, 14, 15, 30, 31, 39, 41, 46, 48, 49, 52, 53, 54, 56, 57, 58, 68, 69, 72, 76, 83, 85, 89, 93, 96, 97, 100, 103, 105, 111, 113, 114, 115, 116, 120, 126, 128, 134, 140, 141, 142, 143, 147, 151, 153, 154, 156, 162, 164, 165, 166, 167, 168, 169, 171, 172, 173, 174, 182, 184, 189, 190, 192, 205	BIT 24, 26, 32, 72, 98, 100, 101, 113	WIL 1, 2, 3, 4, 6, 8, 9, 10, 14, 15, 16, 29, 33, 38, 39, 46, 61, 79, 82, 84, 87, 88, 92, 100, 104, 105, 112, 113, 129	COC 6, 7, 8, 16, 17, 19, 24, 28, 31, 32, 46, 57, 58, 59, 61, 66, 74, 75, 81, 82, 83, 84, 89, 94, 95, 97, 99, 104, 106, 108, 110, 115, 125	TR 13, 14, 22, 25, 26, 40, 43, 47, 86, 96, 118
III. Wüste Mühlen	DAU 8, 11, 18, 30, 77, 94, 101	AW 17, 44, 50, 60, 82, 90, 94, 106, 109, 125, 146, 170, 175, 178	BIT 9, 23, 34, 55	WIL 32, 63, 75, 96	COC 1, 2, 5, 25, 26, 27, 29, 35, 36, 37, 40, 45, 53, 55, 56, 63, 64, 70, 73, 76, 77, 78, 100, 107, 111, 112, 113, 114, 118	TR 11, 12, 75, 95, 98, 127
IV. Wüste Wehranlagen	DAU 5, 7, 10, 12, 16, 31, 32, 35, 41, 42, 43, 49, 58, 59, 62, 64, 67, 71, 78, 82, 83, 88	AW 1, 7, 16, 18, 19, 20, 23, 27, 29, 34, 36, 45, 47, 51, 63, 66, 67, 92, 98, 107, 112, 117, 121, 122, 123, 124, 127, 132, 133, 138, 139, 148, 150, 159	BIT 4, 7, 13, 22, 44, 56, 57, 63, 64, 69, 74	WIL 18, 20, 21, 26, 31, 41, 42, 45, 50, 53, 54, 60, 66, 68, 74, 77, 81, 85, 89, 93, 94, 95, 120, 126, 127	COC 9, 11, 22, 23, 30, 38, 39, 44, 54, 62, 68, 71, 85, 92, 93, 101, 102, 116	TR 2, 10, 19, 34, 35, 36, 37, 38, 41, 50, 52, 68, 69, 74, 84, 102, 106, 107, 114
V. Wüste gewerbliche Anlagen	DAU 19, 46, 53	AW 28, 79, 86	BIT 11, 14, 15, 16, 17, 37, 38, 40, 42, 47, 48, 61, 73	WIL 17, 24, 25, 47, 55, 57, 67, 102	COC 3, 67	TR 1, 6, 7, 8, 17, 24, 27, 28, 29, 30, 31, 32, 33, 51, 56, 59, 60, 61, 62, 63, 64, 65, 66, 109, 110, 111, 112, 113
VI. Wüste kirchliche Einrichtungen	DAU 3, 13, 39, 79, 89	AW 2, 21, 26, 70, 71, 75, 91, 135, 136, 149, 163	BIT 62	WIL 19, 40, 43, 44, 52, 64, 98, 99	COC 10, 14, 33, 48, 49, 50, 60, 65, 91, 98, 109	TR 45, 54, 67, 99, 101
VII. Nicht klassifizierbar	DAU 24, 28, 38, 51, 52, 85, 97	AW 8, 9, 33, 35, 38, 59, 61, 65, 74, 77, 78, 80, 84, 101, 102, 104, 108, 130, 131, 144, 152, 155, 180, 199, 200	BIT 8, 12, 31, 33, 35, 41, 50, 51, 60, 68, 70, 75, 80, 81, 86, 97, 107	WIL 11, 12, 13, 28, 34, 58, 70, 72, 90, 122, 124	COC 4, 13, 20, 21, 47, 79, 80, 103, 105, 121, 122	TR 5, 15, 18, 70, 72, 78, 79, 82, 97, 105, 115, 117, 119, 120, 122, 123, 124, 125, 126, 129, 130, 133

ANHANG 2

Die Dorfwüstungen nach Ortsnamentypen

1. Dorfwüstungen mit Namen auf -ich

SLE	29	Givernich	TR	16	Alt-Grewenich
SLE	132	Kettenich	TR	20	Grenderich
EU	25	Disternich	TR	44	Födelich
EU	26	Kessenich	TR	55	Kevenich
AW	208	Vischenich	TR	104	Zenzig
BIT	89	Crispiniacum			

2. Dorfwüstungen mit Namen auf -ingen

DAU	100	Gundelingen	BIT	71	Petingen
AW	158	Wissinge	BIT	83	Balkesingen
BIT	6	Alt-Bettingen	BIT	93	Haldingen
BIT	28	Badelingen	WIL	83	Dundingen
BIT	46	Nüdingen	WIL	86	Reiflingen

3. Dorfwüstungen mit Namen auf -heim

DN	1	Niederheim	EU	10	Mertheim
DN	5	Kuffheim	EU	31	Rüdesheim
DN	12	Bubenheim	EU	50	Burgheim
DN	13	Geylesheim	EU	52	Dirnheim
DN	26	Meysheym	EU	56	Middilnheim
DN	34	Ollesheim (partiell)	EU	65	Heigem
DN	44	Hüppelheim	EU	76	Dallheim
DN	49	Beynheim	EU	82	Orchheim
DN	65	Pissenheim	EU	104	Ringsheim
DN	85	Kettenheim (partiell)	EU	112	Büsheim
DN	86	Erinchheim	EU	119	Crisheim
DN	101	Gödersheim	EU	128	Uckersheim
DN	102	Orisheim	BN	7	Bachem
SLE	6	Waltum	BN	16	Dornheim
SLE	41	Ochheim	BN	35	Gensem
SLE	129	Niederheim	BN	37	Mülheim

BN	39	Stockheim	AW	185	Cranheim
BN	56	Overbornheim	AW	187	Egilheim
BN	72	Bohnem	AW	209	Windesheim
BN	96	Hochem	BIT	1	Betzem
BN	121	Alkersheim	BIT	3	Nanzenheim
BN	125	Göllesheim	BIT	27	Bergheim
BN	138	Silheym	BIT	66	Burgem
BN	179	Eggirichesheim	BIT	85	Bloheim
BN	180	Gilenheim	BIT	109	Waleheim
BN	182	Heicheim	WIL	48	Grindelem
BN	187	Wardenheim	WIL	71	Kahlem
PRÜ	51	Underbechem	WIL	91	Mehlem
DAU	4	Lochem	COC	41	Hasem
DAU	14	Bodem	COC	42	Maxem
DAU	26	Lohrem	COC	43	Moldem
DAU	104	Liudesheim	COC	51	Berzem
DAU	106	Oyrgim	COC	69	Kaltem
AW	5	Kugenheim	COC	127	Rumpenheim
AW	64	Hillesheim	TR	3	Brezem
AW	118	Dalheim	TR	48	Linktem
AW	176	Krechelheim	TR	79	Bergentheim
			TR	103	Assem

4. Dorfwüstungen mit Namen auf -dorf

DN	17	Hazedorp	BN	60	Vrimmersdorf
DN	31	Hammersdorf	BN	87	Uedorf
SLE	16	Ohdorf	BN	93	Honestorp
SLE	27	Ohndorf	BN	134	Eesdorf
SLE	86	Blumersdorf	BN	136	Waldorf
SLE	91	Ehdorf	BN	157	Reindorf
SLE	112	Angersdorf	BN	168	Eystorp
SLE	114	Elldorf	BN	176	Klein-Altendorf
EU	108	Dollendorf			(partiell)
EU	117	Budenthorp	BN	181	Graversdorp
EU	120	Erlesdorf	BN	183	Lustorp
EU	121	Gotesdorpht	PRÜ	42	Mahrdorf
EU	126	Richendorf	PRÜ	61	Eckelindorf
BN	17	Elsdorf	PRÜ	64	Gundensdorpht
BN	24	Retersdorf	PRÜ	65	Gudestorf
BN	31	Wattendorf	PRÜ	66	Herlestorf
BN	36	Rülsdorf	PRÜ	69	Melendorf
BN	53	Hordorf	DAU	6	Ritzdorf

DAU	15	Bondorf	BIT	52	Gersdorf
DAU	17	Sarresdorf	BIT	67	Ferndorf
DAU	33	Sängersdorf	BIT	77	Gowerstorf
DAU	44	Stellsdorf	BIT	84	Bissendorf
DAU	68	Friedorf	BIT	94	Helsdorf
DAU	86	Orendorf	BIT	99	Merrinstorp
DAU	91	Jehndorf	WIL	30	Brunistorf
DAU	103	Hunresdorf	WIL	35	Gelsdorf
DAU	105	Namersdorf	WIL	36	Gindorf
AW	37	Vindistorp	WIL	51	Urindorf
AW	73	Emerichdorf	WIL	59	Hartzdorff
AW	88	Birmersdorf	WIL	80	Aldendorf
AW	160	Ausdorf	WIL	101	Hundorf
AW	201	Noilstorf	WIL	103	Otersdorf
AW	202	Nuendorp	WIL	106	Dudendorf
AW	204	Rockendorf	WIL	117	Nofestorf
AW	206	Sunderdorp	COC	72	Windorf
AW	207	Ungendorf	COC	128	Steindorf
BIT	2	Alt-Alsdorf	TR	46	Henschdorf
BIT	18	Oppilendorf	TR	121	Hittendorf

5. Dorfwüstungen mit Namen auf -weiler

DN	29	Auweiler	DAU	108	Sadewilre
DN	43	Bauweiler (partiell)	BIT	110	Weiler
DN	46	Bauweiler	WIL	23	Weiler
DN	47	Scheidweiler	WIL	56	Kyllweiler (partiell)
EU	78	Landweiler	WIL	78	Silzwilre
BN	142	Rheinbachweiler	COC	124	Michwilre
DAU	56	Hengstweiler	TR	9	Paswilre
DAU	65	Walsweiler			

6. Dorfwüstungen mit Namen auf -hoven

EU	51	Benghoven	BN	91	Rellekoven
BN	3	Emelinchoeuen	BN	110	Müttinghoven
BN	21	Gwinckehoven	BN	105	Givvekoven
BN	67	Medinghoven	BN	133	Olshoven
BN	81	Essinghofen	BN	188	Weylhoven

AW	12	Gerintzhofen	AW	161	Fronhofen
AW	13	Giesenhoven	AW	194	Halmhova
AW	32	Benthencoven	AW	196	Horinghoven
AW	119	Elinchoven	AW	210	Vudlinghoven

7. Dorfwüstungen mit Namen auf -hausen

EU	3	Ockershausen	BIT	29	Udershausen
EU	57	Rothusen	BIT	106	Urhausen
PRÜ	52	Walhausen	WIL	27	Metzenhausen
PRÜ	63	Grinthusen	WIL	65	Wenzelhausen
DAU	2	Bruchhausen	COC	15	Keckhausen
DAU	22	Herschhausen	COC	87	Grenzhausen (partiell)
DAU	66	Abtshausen	COC	88	Honshausen (partiell)
DAU	73	Reichelhausen	COC	96	Holzhausen
AW	22	Lankshausen	COC	117	Petershausen (partiell)
AW	25	Turchhausen	TR	100	Eltershausen
AW	62	Wischhausen			

8. Dorfwüstungen mit Namen auf -rode/-rath

MON	25	Rösrodt	AW	99	Gisenroth
SLE	8	Hülchrath	AW	177	Blicherath
SLE	13	Lutzerath	AW	181	Bisenrode
SLE	78	Müncherath	AW	198	Mardenrode
EU	116	Alrat	BIT	36	Rode
EU	127	Roetlin	BIT	58	Greverath
PRÜ	9	Eichelrath	BIT	90	Efgenrod
PRÜ	15	Reuersrode	WIL	37	Rocherath
PRÜ	35	Hoverode	WIL	69	Heinzerath
PRÜ	62	Eckileivesrod	WIL	97	Rode
DAU	21	Etzerath	WIL	111	Hirzenrod
DAU	45	Schnellersroth	WIL	121	Ricenroth
DAU	54	Hilgerath	TR	21	Nivenderoth
DAU	57	Oberroth	TR	42	Meierroth
AW	95	Lochert			

9. Dorfwüstungen mit Namen auf -scheid(t)

MON	20	Lauscheid	AW	81	Breischeit
MON	30	Dierscheid	AW	110	Kranscheid
PRÜ	10	Wulscheid	AW	179	Kirmutscheid
PRÜ	24	Huscheid	AW	193	Guderscheid
PRÜ	30	Hascheid	BIT	43	Burscheid
PRÜ	32	Ellscheid	BIT	54	Pierscheid
PRÜ	49	Mannerscheid	BIT	88	Contscheid
PRÜ	50	Merscheid	BIT	95	Hövelscheid
DAU	36	Alscheid	WIL	62	Mulscheid
DAU	76	Allscheid	WIL	110	Hillscheid
DAU	90	Hillscheid	WIL	123	Sellscheid
AW	42	Berscheit	TR	58	Wiltscheid
AW	43	Delscheid	TR	71	Curtscheid

10. Dorfwüstungen mit Namen auf -berg

MON	22	Medersberg	AW	195	Hertesberch
DN	100	Hemgenberg	BIT	112	Wizenberg
BN	57	Rankenberg	TR	116	Buchberg
DAU	98	Cunisberch	TR	132	Wellerberg
AW	186	Donnersberg			

11. Dorfwüstungen mit Namen auf -bach

PRÜ	33	Rosenbach	BIT	39	Kirszenbach
DAU	109	Schmittbach	BIT	49	Frombach
AW	6	Adenbach	BIT	96	Lambach
AW	24	Rossbach	WIL	107	Eschbach
AW	129	Almersbach	WIL	115	Losbach
AW	145	Ellenbach	WIL	116	Merzbach
AW	191	Gilsbach	COC	52	Engelsbach
AW	197	Hulsbach	TR	39	Winterbach
BIT	21	Fleisbach	TR	128	Nelsbach

12. Dorfwüstungen mit Namen auf -feld

DN	27	Velden	AW	137	Einzvelt
SLE	77	Königsfeld	AW	183	Burgfeld
PRÜ	55	Langenfeld	BIT	53	Rockenfeld
PRÜ	68	Ludesvelt	BIT	92	Haldenfeld
PRÜ	74	Folkesfeld	BIT	105	Suauelt
DAU	20	Ersfeld	WIL	109	Haldenfeld
DAU	34	Niederlinzfeld	DAU	72	Weinfeld

13. Dorfwüstungen mit Namen auf -hagen

DAU	25	Heiger	DAU	60	Hagen
DAU	47	Hohn	COC	119	Adenhagen

14. Sonstige Namen von Dorfwüstungen und Name unbekannt

MON	21	Breuershof	BN	156	Merten (partiell)
SLE	18	St. Petersholz	BN	163	Name unbekannt
SLE	31	Harth	BN	178	Burgsiedlung an der Tomburg
SLE	38	Wollseifen			
SLE	39	Name unbekannt	PRÜ	1	Bohler
SLE	40	Name unbekannt	PRÜ	16	Platten
SLE	52	Ambroch	PRÜ	18	Hausenstatt
SLE	54	Villa Hagestolde	PRÜ	22	Name unbekannt
SLE	59	Weidenauel	PRÜ	26	Rapellepesch
EU	8	Lützelbillig	PRÜ	28	Reifler
EU	53	Einlo	PRÜ	37	Dreeselt
EU	54	Langenecken	PRÜ	38	Hanserpesch
EU	58	Bergmannsruh	PRÜ	39	Romersbrett
EU	77	Hurpich	PRÜ	47	Staudenhof
EU	85	Werth	PRÜ	48	Brembden
EU	99	Dedendreis	PRÜ	58	Maspelt
EU	109	Swist	PRÜ	73	Stenrich
EU	129	Wolmar	DAU	23	Schutzalf
BN	86	Muitgen	DAU	37	Herschelt
BN	97	Name unbekannt	DAU	40	Name unbekannt
BN	101	Name unbekannt	DAU	50	Name unbekannt
BN	135	Name unbekannt	DAU	61	Hundswinkel

DAU	87	Dal		WIL	114	Lontzen
DAU	107	Ponpenges		WIL	118	Palush
DAU	110	Schurle		WIL	119	Pavenbure
DAU	111	Worst		WIL	125	Versence
AW	40	Bure		WIL	128	Wisbach-Heltre
AW	55	Vellen		COC	12	Cales
AW	157	Mühlenwirft		COC	18	Vielen
AW	188	Enzen		COC	34	Lehmen
AW	203	Oppinga		COC	86	Burgsiedlung Pyrmont
AW	211	Züsch		COC	90	Schock
BIT	5	Beifels		COC	120	Bile
BIT	10	Name unbekannt		COC	123	Messeren
BIT	19	Morthaus		COC	126	Rauer
BIT	20	Laufenwehr		COC	129	Wille
BIT	25	Alt-Kammerforst		TR	4	Lovania
BIT	30	Wachenforth		TR	23	Wüstenbrühl
BIT	45	Even		TR	49	Name unbekannt
BIT	59	Name unbekannt		TR	53	Besch
BIT	65	Prümzurley		TR	57	Niederkell
BIT	69	Pfalzkyll		TR	73	Mühlchen
BIT	76	Effzich		TR	76	Sernau
BIT	78	Niederstelle		TR	77	Matten
BIT	82	Althasa		TR	80	Biez
BIT	87	Bumey		TR	81	Castel
BIT	91	Flumga		TR	83	Siedlung im Altbachtal
BIT	102	Prattil		TR	85	Überbrücken
BIT	103	Schwey		TR	87	Musil
BIT	104	Svauen		TR	88	St. Irminen
BIT	108	Vitecke		TR	89	St. Maximin
BIT	111	Widey		TR	90	St. Paulin
WIL	5	Mellich		TR	91	St. Maria ad Martyres
WIL	7	Lichtach		TR	92	St. Symphorian
WIL	22	Rodenerden		TR	93	St. Martin
WIL	49	Wesele		TR	94	St. Eucharius-Matthias
WIL	73	Ankast		TR	108	Niederkirch
WIL	76	Staden		TR	131	Tortadomus
WIL	108	Eharts				

ANHANG 3

Chronologie der Ortswüstungen

1. Dorfwüstungen

vor 800	800 bis 850	850 bis 900	900 bis 950	950 bis 1000	1000 bis 1050	1050 bis 1100	1100 bis 1150
?	BN 179 PRÜ 39 AW 185 BIT 82 BIT 85	EU 124 BN 180 BN 186 AW 194 AW 200 AW 204 TR 49 TR 83	DAU 65 DAU 107	AW 24 AW 203	—	SLE 40 BIT 91 WIL 49 WIL 124 COC 61 COC 124	EU 117 EU 120 BN 21 DAU 104 AW 99 AW 181 AW 198 BIT 109 COC 129 TR 103

1150 bis 1200	1200 bis 1250		1250 bis 1300		1300 bis 1350
EU 125 EU 126 BN 105 DAU 108 AW 206 BIT 90 COC 18 COC 118 TR 49	DN 17 SLE 16 EU 3 EU 99 EU 121 BN 38 BN 45 PRÜ 18 PRÜ 35 PRÜ 64 DAU 98 DAU 103 DAU 105 DAU 111 AW 40 AW 145	AW 177 AW 188 AW 193 AW 195 AW 202 AW 209 BIT 3 BIT 45 BIT 52 BIT 104 BIT 108 BIT 112 WIL 107 WIL 115 WIL 125	EU 51 EU 52 EU 53 EU 56 EU 57 BN 31 BN 81 BN 93 PRÜ 51 PRÜ 65 PRÜ 66 PRÜ 68 DAU 109 DAU 110 AW 5 AW 42 AW 43 AW 73 AW 118 AW 119 AW 187	AW 191 AW 197 AW 201 AW 210 BIT 103 WIL 16 WIL 30 WIL 36 WIL 71 WIL 117 WIL 118 WIL 119 WIL 123 WIL 128 COC 120 COC 123 COC 127 COC 128 TR 21 TR 55 TR 128	EU 25 EU 26 EU 31 EU 54 BN 53 BN 101 BN 163 BN 182 BN 184 PRÜ 15 AW 208 BIT 53 BIT 76 BIT 84 BIT 102 WIL 62 WIL 111 WIL 121 COC 90 TR 71 TR 116 TR 121

Anhang 3

1350 bis 1400		1400 bis 1450	1450 bis 1500	1500 bis 1550	1550 bis 1600	
DN 44	DAU 106	DN 86	DN 13	DN 1	DN 26	AW 25
SLE 29	AW 37	DN 102	DN 31	DN 5	EU 109	AW 171
EU 82	AW 110	SLE 54	DN 47	SLE 98	BN 24	AW 179
EU 112	AW 160	EU 85	DN 49	BN 181	BN 36	BIT 6
BN 7	AW 176	BN 3	DN 101	BN 185	BN 39	BIT 30
BN 16	BIT 27	BN 97	BN 187	PRÜ 48	BN 86	BIT 39
BN 67	BIT 28	BN 142	PRÜ 22	DAU 34	BN 96	BIT 71
BN 72	BIT 36	BN 168	PRÜ 63	AW 6	BN 133	BIT 89
BN 183	BIT 46	BN 178	DAU 66	WIL 97	PRÜ 1	BIT 95
BN 188	BIT 83	PRÜ 16	BIT 5	COC 12	PRÜ 9	WIL 65
PRÜ 55	BIT 87	AW 22	BIT 25	TR 42	PRÜ 10	WIL 76
PRÜ 61	BIT 88	AW 32	BIT 49	TR 108	PRÜ 30	WIL 86
DAU 17	BIT 110	BIT 5	BIT 93	TR 131	DAU 72	TR 44
DAU 60	BIT 111	BIT 92	WIL 23	TR 132	DAU 100	TR 53
DAU 61	WIL 51	BIT 105	WIL 35			
DAU 86	WIL 80	WIL 109	WIL 37			
DAU 91			WIL 103			
			TR 23			

1600 bis 1650	1650 bis 1700	1700 bis 1750	1750 bis 1800	1800 bis 1850	1850 bis 1900	1900 bis 1950
DN 29	MON 30	MON 20	SLE 13	DN 100	SLE 78	MON 21
BN 21	SLE 27	MON 22	SLE 18	SLE 73	DAU 76	SLE 31
BN 125	SLE 112	BN 110	EU 65	PRÜ 58		SLE 38
BN 135	EU 77	AW 207	BN 35	DAU 23		SLE 59
DAU 40	EU 113	WIL 22	PRÜ 24	DAU 56		EU 58
AW 12	EU 129	TR 20	PRÜ 53	DAU 57		PRÜ 47
AW 13	BN 37		DAU 25	DAU 90		COC 34
AW 137	DAU 33		DAU 67	AW 95		COC 117
AW 186	WIL 69		WIL 75	AW 157		
BIT 2	TR 39		WIL 108	BIT 20		
BIT 25	TR 104		COC 15	BIT 21		
WIL 59			COC 126	BIT 43		
WIL 73			TR 76	BIT 54		
WIL 78			TR 89	BIT 65		
WIL 110			TR 100	BIT 81		
COC 86				TR 73		
COC 96						
TR 57						
TR 58						
TR 77						

2. Hofwüstungen

vor 800	800 bis 850	850 bis 1100	1100 bis 1150	1150 bis 1200	1200 bis 1250	1250 bis 1300
PRÜ 36	DN 103(?) BN 102(?) BN 164 DAU 48	—	EU 72 EU 73 EU 74 EU 75 AW 182 BIT 26	SLE 116 EU 118 BN 29	AW 39 AW 154	SLE 62 BN 89 BN 90 BN 99 BN 145 PRÜ 13 PRÜ 70 DAU 81 AW 10 AW 14 AW 162 AW 192 BIT 100 WIL 1 COC 84 COC 125

1300 bis 1350	1350 bis 1400	1400 bis 1450	1450 bis 1500	1500 bis 1550	1550 bis 1600	1600 bis 1650
MON 12 BN 2 BN 12 BN 70 BN 71 BN 83 BN 98 BN 115 BN 116 BN 117 BN 119 BN 120 BN 140 PRÜ 20 PRÜ 44 PRÜ 45 PRÜ 72 BIT 98	SLE 77 EU 36 EU 115 BN 6 BN 64 BN 118 BN 166 AW 147 WIL 87 WIL 100 COC 82 TR 47 TR 96	SLE 102 EU 37 EU 38 BN 144 WIL 82	DN 6 DN 10 BN 10 BN 162 DAU 27 DAU 99 AW 22 AW 54 BIT 10 BIT 72 WIL 33 WIL 38 WIL 39 COC 81 TR 86	MON 42 DN 70 BN 61 WIL 15 WIL 92 TR 44	DN 18 EU 96 EU 97 BN 173 DAU 1 AW 111 AW 116 AW 156 AW 189 WIL 4 WIL 14	MON 41 EU 23 EU 30 BN 126 PRÜ 27 DAU 95 AW 205 WIL 5 COC 115

1650 bis 1700	1700 bis 1750	1750 bis 1800		1800 bis 1850		
MON 8	DN 14	SLE 22	BN 111	DN 22	BN 14	WIL 9
MON 28	DN 37	SLE 28	BN 112	DN 39	BN 15	WIL 10
DN 38	EU 2	SLE 53	PRÜ 54	DN 56	BN 30	WIL 29
BN 122	AW 114	SLE 77	DAU 63	DN 63	BN 59	COC 6
PRÜ 21		SLE 93	DAU 69	DN 87	BN 107	COC 7
DAU 55		SLE 94	DAU 70	DN 90	BN 132	COC 31
TR 19		SLE 99	DAU 84	DN 91	BN 150	COC 46
		SLE 124	AW 11	DN 92	DAU 13	COC 57
		SLE 128	AW 15	DN 93	DAU 74	COC 58
		SLE 138	AW 30	SLE 17	DAU 96	COC 59
		EU 4	AW 57	SLE 23	AW 4	COC 66
		EU 6	AW 76	SLE 74	AW 41	COC 83
		EU 12	AW 81	SLE 97	AW 46	COC 94
		EU 16	AW 115	SLE 120	AW 48	COC 95
		EU 34	AW 140	SLE 136	AW 85	COC 97
		EU 41	AW 141	SLE 137	AW 89	COC 99
		EU 42	AW 151	EU 15	AW 120	COC 104
		EU 65	AW 184	EU 32	AW 128	COC 108
		EU 83	WIL 2	EU 67	AW 134	COC 110
		EU 84	WIL 6	EU 111	AW 153	TR 13
		EU 92	WIL 8	BN 4	WIL 3	TR 25
		EU 95	WIL 46			
		BN 8	COC 32			
		BN 88				

1850 bis 1900			1900 bis 1950	
MON 5	EU 63	AW 103	MON 23	COC 8
MON 10	EU 68	AW 190	MON 31	COC 74
DN 41	BN 23	WIL 79	SLE 30	COC 75
SLE 10	BN 149	COC 16	SLE 32	
SLE 11	BN 169	COC 17	SLE 33	
SLE 15	PRÜ 46	COC 19	SLE 34	
SLE 57	AW 49	COC 28	SLE 55	
sle 70	AW 87	COC 89	SLE 121	
SLE 72	AW 93	TR 14	SLE 123	
EU 22	AW 96	TR 22	EU 43	
EU 45	AW 97	TR 43	AW 83	
EU 62	AW 100		BIT 24	

3. Wehranlagen

vor 1000	1000 bis 1050	1050 bis 1100	1100 bis 1200	1200 bis 1250	1250 bis 1300	
EU 71	—	BN 9 BN 18 BN 147 BN 158 BN 174 TR 36	—	MON 6 AW 23 BIT 63 WIL 20 TR 68	DN 8 DN 24 DN 35 DN 40 DN 42 DN 51 DN 71 DN 73 DN 76 DN 77 DN 78 DN 79 DN 89	SLE 3 SLE 68 SLE 90 SLE 122 EU 48 BN 161 PRÜ 31 AW 19 AW 124 AW 133 BIT 22 WIL 94 TR 50

1300 bis 1350	1350 bis 1400	1400 bis 1450	1450 bis 1500	1500 bis 1550	1550 bis 1600	1600 bis 1650
EU 44 EU 107 BN 1 BN 77 BN 79 BN 104 BN 106 BN 167 DAU 10 DAU 67 AW 45 WIL 95 WIL 120	DN 72 DN 80 EU 7 BN 151 AW 34	SLE 109 EU 71 DAU 71 DAU 78 AW 1 TR 74	BN 92 BN 177 PRÜ 34 AW 122 BIT 74 WIL 42 WIL 127	SLE 9 EU 33	MON 15 BN 19 BN 48 DAU 92 TR 40	AW 63 AW 159 BIT 4 WIL 93 COC 68 COC 71 TR 114

Anhang 3

1650 bis 1700	1700 bis 1750	1750 bis 1800		1800 bis 1850		1850 bis 1900	1900 bis 1950
DN 36	SLE 131	DN 16	BN 84	DN 21	BN 153	EU 46	BN 33
DN 48	DAU 32	DN 57	PRÜ 29	DN 23	PRÜ 12	AW 51	BN 73
DN 66	AW 18	DN 64	PRÜ 41	DN 45	PRÜ 40	AW 67	COC 44
SLE 56	AW 123	DN 75	DAU 7	DN 84	DAU 82	AW 148	
EU 49	WIL 60	DN 87	DAU 49	SLE 24	AW 16	WIL 26	
BN 171	WIL 77	SLE 4	DAU 58	SLE 44	AW 29		
DAU 12		SLE 19	DAU 62	SLE 45	AW 66		
DAU 16		SLE 46	DAU 83	SLE 60	AW 107		
DAU 31		SLE 85	DAU 88	SLE 80	AW 112		
DAU 42		SLE 87	AW 20	SLE 134	AW 127		
AW 121		SLE 104	AW 47	EU 18	AW 138		
BIT 56		SLE 127	AW 56	EU 21	BIT 69		
BIT 64		EU 24	AW 132	EU 110	WIL 21		
WIL 18		EU 47	BIT 7	BN 13	WIL 66		
WIL 66		EU 105	BIT 79	BN 47	COC 54		
COC 22		BN 32	WIL 53	BN 100	COC 66		
COC 23		BN 66	WIL 54	BN 127	COC 85		
COC 30		BN 68	COC 116	BN 150	TR 106		
COC 101		BN 76					
COC 102							
TR 37							

4. Mühlen

1250 bis 1300	1300 bis 1400	1400 bis 1450	1450 bis 1500	1500 bis 1600	1600 bis 1650	1650 bis 1700	1700 bis 1750
EU 114 BIT 9 TR 95	—	BN 143	DAU 101 TR 98	—	MON 16 MON 18 DN 62 DAU 94 COC 114	EU 11	MON 19

1750 bis 1800	1800 bis 1850			1850 bis 1900	1900 bis 1950
MON 33	MON 7	EU 103	COC 36	MON 29	MON 26
DN 28	MON 13	BN 108	COC 37	SLE 26	MON 27
SLE 36	MON 39	BN 109	COC 53	PRÜ 2	BN 74
SLE 95	DN 55	DAU 8	COC 55	DAU 9	AW 94
SLE 110	DN 69	DAU 11	COC 56	DAU 77	COC 76
SLE 111	DN 94	DAU 18	COC 63	AW 50	
TR 75	DN 95	DAU 30	COC 64	AW 90	
	DN 96	AW 17	COC 70	AW 110	
	DN 97	AW 44	COC 73	AW 170	
	DN 98	AW 82	COC 77	WIL 32	
	DN 99	AW 106	COC 78	COC 2	
	SLE 125	AW 125	COC 100	COC 5	
	EU 19	AW 146	COC 107	COC 35	
	EU 20	AW 175	COC 111	COC 40	
	EU 27	WIL 63	COC 112	TR 12	
	EU 28	WIL 96	COC 113		
	EU 29	COC 1	COC 118		
	EU 79	COC 25	TR 6		
	EU 80	COC 26	TR 11		
	EU 81	COC 27			
	EU 102	COC 29			

5. Gewerbliche Anlagen

	600 bis 800	850 bis 900	950 bis 1000	1150 bis 1200	1250 bis 1300	1350 bis 1400
Metallgewinnung und -verarbeitung	SLE 119 (?)	BIT 11			WIL 102	TR 51 TR 60 TR 62 TR 63 TR 64 TR 66
Töpferei	TR 84		BN 159 BN 160		EU 59 EU 93 BN 172	BN 103
Glas			TR 32	TR 27	TR 28 TR 29	TR 30 TR 31
Köhlerei						

	1450 bis 1500		1500 bis 1550	1550 bis 1600	1650 bis 1700	1700 bis 1750
Metallgewinnung und -verarbeitung	MON 32 SLE 47 BN 50 BN 58	BIT 47 BIT 48 BIT 61	DN 59	MON 2 PRÜ 6 BIT 14 BIT 15	SLE 84 SLE 101 BIT 40	SLE 37 WIL 67
Töpferei	DN 52 DN 61 BN 94 BN 95	BIT 17 BIT 25 BIT 73		WIL 17		
Glas					TR 17	
Köhlerei						

	1750 bis 1800	1800 bis 1850	1850 bis 1900		
Metallgewinnung und -verarbeitung	MON 24 SLE 28 SLE 49 SLE 51 SLE 67 SLE 75 SLE 76 SLE 139 PRÜ 4 AW 28 WIL 57 TR 8	MON 40 DN 11 DN 81 DN 82 DN 83 DN 88 SLE 63 SLE 66 SLE 88 SLE 103 SLE 126 SLE 135 PRÜ 7 WIL 24 TR 109 TR 110	MON 2 MON 3 MON 34 DN 54 SLE 2 SLE 14 SLE 21 SLE 25 SLE 42 SLE 43 SLE 48 SLE 50 SLE 64 SLE 65 SLE 69 SLE 78	SLE 79 SLE 81 SLE 82 SLE 83 SLE 92 SLE 96 SLE 106 SLE 107 SLE 108 SLE 117 SLE 118 EU 5 EU 17 EU 86 EU 87 EU 88	EU 89 EU 90 BN 113 DAU 19 DAU 35 DAU 53 AW 79 AW 86 BIT 16 BIT 37 BIT 42 WIL 25 WIL 55 TR 7 TR 61 TR 111
Töpferei			BN 5		
Glas					
Köhlerei			EU 66		
Kalkproduktion			BIT 38 (ca. 1950)		

6. Kirchen, Kapellen, Klöster, Siechenhäuser

1100 bis 1150	1150 bis 1200	1200 bis 1250	1250 bis 1300	1550 bis 1600	1600 bis 1650	1650 bis 1700	1700 bis 1750
WIL 19	COC 33	BN 20	TR 99 TR 101	AW 136	BN 148	DN 25 BN 43 AW 135	EU 101 COC 48 COC 65

1750 bis 1800	1800 bis 1850		1850 bis 1900	1900 bis 1950
DN 7	MON 4	AW 163	DN 15	COC 60
SLE 133	MON 6	BIT 23	DN 30	
BN 141	DN 60	WIL 40	DN 32	
AW 26	DN 68	WIL 43	DN 33	
WIL 52	DN 74	WIL 44	SLE 89	
COC 49	EU 55	WIL 64	EU 69	
	BN 22	WIL 98	EU 70	
	BN 69	WIL 99	AW 21	
	BN 82	COC 10	AW 70	
	BN 139	COC 14	AW 91	
	DAU 79	COC 91	BIT 62	
	DAU 89	COC 98	COC 50	
	AW 2	COC 109	TR 54	
	AW 75	TR 45		

Abkürzungen und Siglen

A	Altfelder, Kennzeichnung von Katalognummern für fossile Fluren
ahd.	althochdeutsch
AW	Kreis Ahrweiler
B	Bischof
BIT	Kreis Bitburg
BN	Kreis Bonn, Stadt Bonn
Br.	Breite
COC	Kreis Cochem
DAU	Kreis Daun
DN	Kreis Düren
EB	Erzbischof
EU	Kreis Euskirchen
FN	Flurname
Fdst.	Fundstelle
Gem.	Gemarkung
GW	Grundwort (bei Ortsnamen)
H.	Höhe
h	Hochwert bei Koordinatenangaben
HStA Düss.	Hauptstaatsarchiv Düsseldorf
Hz.	Herzog
Inv.-Nr.	Inventar-Nummer
Kat. Nr.	Katalog-Nummer
KDM	P. Clemen, Die Kunstdenkmäler der Rheinprovinz
Kg.	König
L.	Länge
LV	Liber Valoris
M.	Maßstab
MA	Mittelalter
ma.	mittelalterlich
mhd.	mittelhochdeutsch
MON	Kreis Monschau
MY	Kreis Mayen
N	Norden, nördlich
NN	Normal-Null bei Höhenangaben
NO	Nordosten, nordöstlich usw.
NRW	Nordrhein-Westfalen
O	Osten, östlich
OA	Ortsakten des Rheinischen Landesmuseums Bonn
ON	Ortsname
OSO	Ostsüdosten, ostsüdöstlich
PN	Personenname
PRÜ	Kreis Prüm

r	Rechtswert bei Koordinatenangaben
RGZM	Römisch-Germanisches Zentralmuseum Mainz
RLMB	Rheinisches Landesmuseum Bonn
RLMT	Rheinisches Landesmuseum Trier
S	Süden, südlich
SLE	Kreis Schleiden
SO	Südosten, südöstlich usw.
SSW	Südsüdwesten, südsüdwestlich usw.
StA Kobl.	Staatsarchiv Koblenz
TK	Topographische Karte, wenn nicht anders vermerkt im M. 1 : 25 000 (Meßtischblätter)
TP	Trigonometrischer Punkt
TR	Kreis Trier, Stadt Trier
UB	Urkundenbuch
W	Westen, westlich
WIL	Kreis Wittlich
WN	Waldname
WND	Kreis St. Wendel

Legende für die Karten, Tafeln und Faltpläne

●	Dorfwüstung
◗	Partielle Dorfwüstung
◐	Zusammenwachsen mehrerer Dörfer
⊕	Namenswechsel
▲	Hofwüstung
	Wasserburg und befestigte Höfe, wüst
	Höhenburg, wüst
☼	Burghügel (Motte)
	Ringwall, frühgeschichtlicher
♦	Mühlenwüstung
✚	Wüste Kirche, Kapelle, wüstes Kloster
	Alter Bergbau
	Wüste Metallhütten
	Metallverarbeitende Industrie, wüst
	Töpferei, wüst
	Schanze, Viehpferch
	Wüstung, nur als Fundstelle von Siedlungsresten bekannt
▽	Flurname, der auf Wüstung deutet
	Befestigter Hof (Hofesfeste), partiell wüst
▲	Wirtschaftshof, partiell wüst
△	Kohlenmeiler
▬	Fränkisches Gräberfeld
	Schloßanlage
†	Vor Ortsnamen bedeutet Wüstung
	Meilerplatz
	Hohlweg
	Terrassenacker, vorhanden
	Terrassenacker, erschlossen
	Vorgeschichtliche Besiedelung
≡	Römische Besiedlung
	Mittelalterliche Besiedlung
▲	Lesesteinhaufen am Ende von fossilen Fluren

Bildnachweis

I. Textband:

K. Grewe, Ing. Grad. am Rheinischen Landesmuseum Bonn: Topographische Aufnahmen Tafel 43–50, 75.
Landesvermessungsamt Nordrhein-Westfalen: Amtliche Karten als Vorlagen für Faltplan 1 und Umschlag- und Titelbild.
Dr. I. Scollar, Luftbildarchiv des Rheinischen Landesmuseums Bonn: Tafel 7, 8, 10–12, 14–20, 29–31, 33, 34, 38–42.
Dr. I. Scollar, Labor für Feldarchäologie am Rheinischen Landesmuseum Bonn: Tafel 53, 55, 81.
P. A. Tholen: Tafel 13.
Verfasser: Abb. 8, 10, 16–42, Faltplan 2, Tafel 1–6, 9, 21, 22,2, 23–28, 32, 35–37. Topographische Aufnahmen Tafel 51, 64, 67–74, 76–80.
F. Zack, Zeichenbüro des Rheinischen Landesmuseums Bonn, nach Vorlagen des Verfassers: Abb. 1–7, 9, 11–15, Tafel 52, 54, 56–63.
N. Zerlett, Bornheim: Tafel 22,1.

II. Katalog:

Landesvermessungsamt Nordrhein-Westfalen: Amtliche Karten als Vorlagen für Abb. 2–9, 30 und Umschlag- und Titelbild.
Landesvermessungsamt Rheinland-Pfalz: Amtliche Karten als Vorlagen für Abb. 10–29.
Verfasser: Abb. 31–38.
F. Zack, Zeichenbüro des Rheinischen Landesmuseums Bonn, nach Vorlage des Verfassers: Abb. 1.

Literaturverzeichnis

A. Verzeichnis der benutzten Quellen

H. Cardauns, Rheinische Urkunden des 10.–12. Jahrh. Annalen des Historischen Vereins f. d. Niederrhein 26/27, 1874, 332–371.

A. Fahne, Geschichte der Grafen, jetzigen Fürsten zu Salm-Reifferscheid, Urkundenbuch (Köln 1858).

Fischer, Urkunden zum Geschlechtsregister der uralten reichsständigen Häuser Isenburg, Wied und Runkel (Mannheim 1775).

H. Frick, Quellen zur Geschichte von Bad Neuenahr, der Grafschaft Neuenahr und der Geschlechter Ahr, Neuenahr und Saffenberg (Bad Neuenahr 1933).

H. Frick, Th. Zimmer, Quellen zur Geschichte der Herrschaft Landskron an der Ahr, Bd. 1: Regesten 1206–1499; Bd. 2: Rechnungen, Inventare, Güter und Zinsverzeichnisse 1242–1500 (Bonn 1966). Publikationen der Gesellsch. f. Rheinische Geschichtskunde Bd. 56.

W. Günther, Codex Diplomaticus Rheno-Mosellanus. Urkundensammlung zur Geschichte der Rhein- und Mosellande, der Nahe- und Ahrgegend und des Hunsrückens, des Maifeldes und der Eifel, 5 Bde. (Coblenz 1822/26).

J. W. Heydinger, Archidiakonatus tituli S. Agathes in Longuiono (Trier 1884).

J. N. v. Hontheim, Historia Trevirensis Diplomatica (Augsburg 1750 ff.).

L. Korth, Das Gräfl. v. Mirbach'sche Archiv zu Harff. Regesten, Urkunden und Akten zur Geschichte rheinischer und niederländischer Gebiete . . ., 2 Bde. (Köln 1892/94 = Annalen des Historischen Vereins f. d. Niederrhein 55–57).

K. Lamprecht, Deutsches Wirtschaftsleben im Mittelalter, 3 Bde. (Leipzig 1885–1886).

W. Levison, Die Bonner Urkunden des frühen Mittelalters. Bonner Jahrb. 136/137, 1932, 217 ff.

Monumenta Germaniae Historica, besonders Diplomata, Scriptores und Constitutiones, Einzelverzeichnis s. unter B.

W. Oediger, Der Liber Valoris (Bonn 1967).

J. F. Schannat, G. Bärsch, Eiflia Illustrata oder geographische und historische Beschreibung der Eifel, 3 Bde. (1824).

Wald- und Siedlungskarte der Rheinprovinz 1801–1820, ältere Ausg. im M. 1 : 50 000; bearb. v. E. Kuphal. Publikationen der Gesellschaft für Rheinische Geschichtskunde 2. Abteil. Bd. 12 (Köln 1930). – Dies., neue Ausgabe im M. 1 : 25 000. Publikationen der Gesellschaft für Rheinische Geschichtskunde 2. Abteil. Bd. 12, hrsg. v. Landesvermessungsamt Nordrhein-Westfalen (1966 ff.).

Regesten der Erzbischöfe zu Trier von Hetti bis Johann II. (814–1503), hrsg. v. A. Goerz, 2 Bde. (Trier 1859–61).

Regesten der Erzbischöfe von Köln im Mittelalter, 5 Bde., Bd. 1 bearb. v. F. W. Oediger (1956); Bde. 2 und 3 bearb. v. R. Knipping (1901–1915); Bd. 4 bearb. v. W. Kisky (1915); Bd. 5 bearb. v. Wilhelm Janssen (1973).

Mittelrheinische Regesten oder chronologische Zusammenstellung des Quellen-Materials für die Geschichte der Territorien der beiden Regierungsbezirke Coblenz und Trier in kurzen Auszügen (bis 1300) 4 Bde., bearb. v. A. Goerz (Coblenz 1876–1886).

J. Strange, Caesarii Heisterbachensis Monachi Ordinis Cisterciensis Dialogus Miraculorum, 2 Bde. (Köln–Bonn–Brüssel 1851).

Urkundenbuch des Stiftes St. Gereon zu Köln, bearb. v. P. Joerres (Bonn 1893).

Urkundenbuch für die Geschichte des Niederrheins, des Erzstifts Cöln, der Fürstentümer Jülich, Berg und Geldern, Moers, Cleve und Mark und der Reichsstifte Elten, Essen und Werden, hrsg. v. Th. J. Lacomblet, 4 Bde. (Düsseldorf 1840–1858).

Urkundenbuch zur Geschichte der jetzt die preußischen Regierungsbezirke Coblenz und Trier bildenden mittelrheinischen Territorien, bearb. v. H. B e y e r , L. E l t e s t e r und A. G o e r z , 3 Bde. (Coblenz 1860–1874).

Urkundenbuch der Abtei Heisterbach (Bonn 1908), bearb. v. F. S c h m i t z .

Urkunden- und Quellenbuch zur Geschichte der altluxemburgischen Territorien bis zur burgundischen Zeit, bearb. v. C. W a m p a c h , 10 Bde. (Luxemburg 1935–1955).

Urkunden und Quellen zur Geschichte von Stadt und Abtei Siegburg, Bd. 1: 1065–1399, bearb. v. E. W i s p l i n g h o f f (Siegburg 1964).

B. V e r z e i c h n i s d e r a b g e k ü r z t z i t i e r t e n Q u e l l e n u n d L i t e r a t u r

AHVN: Annalen des Historischen Vereins für den Niederrhein, insbesondere für die alte Erzdiözese Köln (1855 ff.).

A u b i n , Landeshoheit: H. A u b i n , Die Entstehung der Landeshoheit nach niederrheinischen Quellen. Studien über Grafschaft, Immunität und Vogtei (1. Aufl. Bonn 1920).

B e c k e r , Dekanat Blankenheim: J. B e c k e r , Geschichte der Pfarreien des Dekanates Blankenheim. Geschichte der Pfarreien der Erzdiözese IV (Köln 1893).

B i n t e r i m u . M o o r e n , Erzdiözese Köln: A. J. B i n t e r i m , H. M o o r e n , Die alte und neue Erzdiözese Köln, in Dekanate eingeteilt, oder des Erzbistums Köln mit Stiften, Dekanaten, Pfarreien und Collatoren, wie es war, 4 Bde. (1. Aufl. Mainz 1828–1830); 2 Bde. (2. Aufl. Düsseldorf 1892–1893).

Das Bitburger Land: Das Bitburger Land, Landschaft, Geschichte und Kultur des Kreises Bitburg, bearb. v. J. H a i n z (Bitburg 1967).

B l u m , Kreis Wittlich: Der Kreis Wittlich, Altes und Neues von Eifel und Mosel, hrsg. v. Kreisausschuß des Kreises Wittlich, bearb. v. B l u m (Düsseldorf 1927).

B ö h m e r , Reg. Imp.: J. F. B ö h m e r , Regesta Imperii IV: Ältere Staufer, 3. Abteilung: Die Regesten des Kaiserreiches unter Heinrich VI. Nach J. F. Böhmer neu bearb. v. G. B a a k e n (Köln–Wien 1972).

J. F. B ö h m e r , Regesta Imperii I: Die Regesten des Kaiserreiches unter den Karolingern 751–918.

B ö h n e r , Trierer Land: K. B ö h n e r , Die fränkischen Altertümer des Trierer Landes. Germanische Denkmäler der Völkerwanderungszeit, Serie B, Text- und Tafelband (Berlin 1958).

Bonner Jahrb.: Jahrbücher des Vereins von Altertumsfreunden im Rheinlande 1, 1842 usw., seit 96, 1895 Bonner Jahrbücher, hrsg. vom Verein von Altertumsfreunden im Rheinlande und dem Rheinischen Landesmuseum Bonn.

B o r n h e i m g e n . S c h i l l i n g , Rhein. Höhenburgen: W. B o r n h e i m g e n . S c h i l l i n g , Rheinische Höhenburgen, 3 Bde. (Neuss 1964).

BROB: Berichten van de rijksdienst voor het oudheidkundig bodemonderzoek, hrsg. v. Rijksdienst voor het oudheidkundig bodemonderzoek (Amersfoort/Niederlande).

B r ü c k m a n n , Untergegangene Siedlungen: B l u m , Der Kreis Wittlich.

C a r d a u n s : H. C a r d a u n s , Rheinische Urkunden des 10.–12. Jahrh. Annalen des Historischen Vereins f. d. Niederrhein 26/27, 1874, 332–371.

C l e m e n , KDM: P. C l e m e n , Die Kunstdenkmäler der Rheinprovinz (Düsseldorf 1891 ff.).

C l o o t , Unterherrschaft Gladbach: J. C l o o t , Die Unterherrschaft Gladbach (Düren 1833).

D i e t z , Bonn: J. D i e t z , Heimatbuch des Landkreises Bonn, Bd. 1 (Bonn 1958).

D i t t m a i e r , Rhein. Flurnamen: H. D i t t m a i e r , Rheinische Flurnamen (Bonn 1963).

Die Eifel: Die Eifel. Mitteilungsblatt des Eifelvereins.

Eifelkalender: Der Eifelkalender, hrsg. v. Eifelverein. 1 ff., 1926 ff.

Ennen-Flink, Städteatlas: Edith Ennen (Hrsg.), K. Flink (Bearb.), Rheinischer Städteatlas. Veröffentl. d. Instituts für geschichtliche Landeskunde der Rheinlande (Bonn 1972 ff.).

Eremit: Der Eremit am Hohen Venn. Mitteilungen des Geschichtsvereins des Kreises Monschau.

Ewig, Trier im Merowingerreich: E. Ewig, Trier im Merowingerreich, Civitas, Stadt, Bistum. Trierer Zeitschr. 21, 1952, 5–367.

Fabricius, Erläuterungen: W. Fabricius, Erläuterungen zum Geschichtlichen Atlas der Rheinprovinz. Publikationen der Gesellschaft f. Rheinische Geschichtskunde XII, bes. Bände II (Bonn 1898), III (Bonn 1901), V 1 (Bonn 1913) und V 2 (Bonn 1913).

Fabricius, Mayengau: W. Fabricius, Die Herrschaften des Mayengaus I (Bonn–Leipzig 1923).

Fahne, Salm: A. Fahne, Geschichte der Grafen, jetzigen Fürsten zu Salm-Reifferscheid, Urkundenbuch (Köln 1858).

Fischer: Fischer, Urkunden zum Geschlechtsregister der uralten reichsständigen Häuser Isenburg, Wied und Runkel (Mannheim 1775).

Flink, Rheinbach: K. Flink, Geschichte der Burg, der Stadt und des Amtes Rheinbach von den Anfängen bis zum Ausgang des 18. Jahrh. Rheinisches Archiv Bd. 59 (Bonn 1965).

Flink, Trier: K. Flink, Bemerkungen zur Topographie der Stadt Trier im Mittelalter. In: Landschaft und Geschichte, Festschr. f. F. Petri (Bonn 1970) 222–236.

Forst, Erläuterungen: s. H. Forst, Fürstentum Prüm.

Forst, Fürstentum Prüm: H. Forst, Das Fürstentum Prüm. Erläuterungen zum Geschichtlichen Atlas der Rheinprovinz, Bd. 4 (Bonn 1903).

Frick, Quellen: H. Frick, Quellen zur Geschichte von Bad Neuenahr, der Grafschaft Neuenahr und der Geschlechter Ahr, Neuenahr und Saffenberg (Bad Neuenahr 1933).

Frick–Zimmer, Landskron: H. Frick †, Th. Zimmer, Quellen zur Geschichte der Herrschaft Landskron an der Ahr. Bd. 1: Regesten 1206–1499; Bd. 2: Rechnungen, Inventare, Güter und Zinsverzeichnisse 1242–1500 (Bonn 1966). Publikationen der Gesellschaft für Rheinische Geschichtskunde Bd. 56.

Goerz, Reg. EB v. Trier: A. Goerz, Regesten der Erzbischöfe zu Trier (814–1503), 2 Bde. (Trier 1859–61).

Grimm, Weisthümer: J. Grimm, Weisthümer, 7 Bde. (Göttingen 1840–1878).

Günther, CDRM: W. Günther, Codex Diplomaticus Rheno-Mosellanus. Urkundensammlung zur Geschichte der Rhein- und Mosellande, der Nahe- und Ahrgegend und des Hunsrückens, des Maifeldes und der Eifel, 5 Bde. (Coblenz 1822/26).

Guthausen, ON Schleiden: K. Guthausen, Die Siedlungsnamen des Kreises Schleiden. Unter Mitwirkung von R. Bergmann u. H. Dittmaier. Rheinisches Archiv 63 (Bonn 1967).

Gysseling, Toponymisch Woordenboek: M. Gysseling, Toponymisch Woordenboek van Belgie, Nederland, Luxemburg, Noord-Frankrijk en West-Duitsland (vóor 1226), 2 Bde. (1960).

Hagen, Römerstraßen: J. Hagen, Römerstraßen der Rheinprovinz. Erläuterungen zum Geschichtlichen Atlas der Rheinprovinz Bd. 8 (2. Aufl. Bonn 1931).

Heusgen, Dekanate: P. Heusgen, Die Pfarreien der Dekanate Meckenheim und Rheinbach (Köln 1926).

Heydinger: J. W. Heydinger, Archidiakonatus tituli S. Agathes in Longuiono (Trier 1884).

Heyen, Pfalzel: F.-J. Heyen, Untersuchungen zur Geschichte des Benediktinerinnenklosters Pfalzel bei Trier (ca. 700–1016). Veröff. d. Max-Planck-Instituts f. Geschichte 15 (Göttingen 1966).

Histor. Stätten: Handbuch der Historischen Stätten Deutschlands, Bd. 3: Nordrhein-Westfalen (2. Aufl. Stuttgart 1970). Bd. 5: Rheinland-Pfalz u. Saarland (2. Aufl. Stuttgart 1965).

Höroldt, St. Cassius: D. Höroldt, Das Stift St. Cassius zu Bonn von den Anfängen der Kirche bis zum Jahre 1580. Bonner Geschichtsblätter 11, 1957.

Hontheim: J. N. v. Hontheim, Historia Trevirensis Diplomatica (Augsburg 1750 ff.).

Inv. Westf.: Inventare der nichtstaatlichen Archive der Provinz Westfalen. Veröffentlichungen der Historischen Kommission der Provinz Westfalen (Münster/Westf. 1902 ff.).

Jaffé, Reg. Pontif.: Regesta Pontificum Romanorum, hrsg. v. Ph. Jaffé, 2 Bde. (Leipzig 1885 und 1888).

Joerres, UB St. Gereon: P. Joerres, Urkundenbuch des Stiftes St. Gereon zu Köln (1893).

Jungandreas, Histor. Lexikon: W. Jungandreas, Historisches Lexikon der Siedlungs- und Flurnamen des Mosellandes. Schriftenreihe zur Trierischen Landesgeschichte und Volkskunde Bd. 8, hrsg. v. R. Laufner (Trier 1962).

Karte Lotter: Synopsis Circuli Rhenani Inferioris sive Electorum Rheni exhibens Archi-Episcopatum Moguntinum, Coloniensem, Trevirensem et Palatinatum Rheni, Comitatus Beilstein, Newenaer, Isenburg, Infer. et Reifferscheid ob oculos posita a Tobiae Conradi Lotter, Geogr. Aug. Vindel. Mitte 18. Jahrh.

Karte Danckers: Archiepiscopatus ac Electoratus Trevirensis et Eyfalia Tractus Novissima et Accuratissima Tabula. Exacte divisa in ejusdem Praefecturas cum adjacentibus regionibus per Theodorum Danckers cum Privilegio. Um 1680.

Karte Stockard/Gallibert: Karte des Herzogtums Arenberg, gelegen im Oberrheinischen Kreis, anstoßend im Osten an die vom Kurfürstentum Köln abhängige Grafschaft Nurenbourg, im Süden an die Grafschaft Girolstein durch das Dorf Ardorff, die Grafschaft Kerpen und die Herrschaft Dollendorf, im Westen an die Grafschaft Blankenheim und nach Norden an das Land Jülich, abgezeichnet nach einer Original-Karte, angefertigt im Jahre 1715 durch Herrn Stockard. Die Nachzeichnung erfolgte durch den Geometer Gallibert im Jahre 1776.

Kessel, Groß-St. Martin: J. H. Kessel, Antiquitates Monasterii S. Martini Maioris Coloniensis (Köln 1862).

Knipping, Reg.: R. Knipping, Die Regesten der Erzbischöfe von Köln im Mittelalter, 5 Bde. (Bonn 1901–1973). – S. unter Oediger, Reg.

Kyll, Rhein. Vjbll. 26, 1961: N. Kyll, Siedlung, Christianisierung und kirchliche Organisation der Westeifel. Rheinische Vierteljahrsblätter 26, 1961, 159–241.

Kyll, Volksglaube: N. Kyll, Trierer Volksglaube und römerzeitliche Überreste. Trierer Zeitschr. 32, 1969.

Lac. UB: Th. J. Lacomblet, Urkundenbuch für die Geschichte des Niederrheins, 4 Bde. (Düsseldorf 1840–1858).

Lac. Arch.: Th. J. Lacomblet, Archiv für die Geschichte des Niederrheins, fortgesetzt v. W. Harlep (Düsseldorf–Elberfeld–Köln 1831–1869).

Lamprecht, DWL: K. Lamprecht, Deutsches Wirtschaftsleben im Mittelalter, 3 Bde. (Leipzig 1885–1886).

Lehner, Steindenkmäler: H. Lehner, Die antiken Steindenkmäler des Provinzialmuseums in Bonn (Bonn 1918).

Levison, Bonner Urk.: W. Levison, Die Bonner Urkunden des frühen Mittelalters. Bonner Jahrb. 136/137, 1932, 217 ff.

MGH: Monumenta Germaniae Historica, Abteilungen:
 DD: Diplomata,
 SS: Scriptores,
 Const.: Constitutiones.

Königsurkunden:

Die Urkunden Pippins, Karlmanns und Karls des Großen, bearb. v. E. Mühlbacher, MGH DD Karolinor. I (2. Aufl. Berlin 1956).

Die Urkunden Lothars I. und Lothars II., bearb. v. Th. Schieffer, MGH DD Karolinor. III (Berlin–Zürich 1966).

Die Urkunden Ludwigs des Deutschen, Karlmanns u. Ludwigs des Jüngeren, bearb. v. P. K e h r , MGH DD regum Germaniae ex stirpe Karolinorum I (2. Aufl. Berlin 1956).

Die Urkunden Arnolfs, bearb. v. P. K e h r , MHG DD regum ex stirpe Karolinorum III (2. Aufl. Berlin 1955).

Die Urkunden Konrads I., Heinrichs I. und Ottos I., bearb. v. T h. S i c k e l , MGH DD regum et imperatorum Germaniae I (2. Aufl. Berlin 1956).

Die Urkunden Ottos II., bearb. v. T h. S i c k e l , MGH DD regum et imperatorum Germaniae II 1 (2. Aufl. Berlin 1956).

Die Urkunden Ottos III., MGH DD regum et imperatorum Germaniae II 2 (2. Aufl. Berlin 1957).

Die Urkunden Heinrichs II. und Arduins, hrsg. v. H. B r e s s l a u , MGH DD regum et imperatorum Germaniae III (2. Aufl. Berlin 1957).

Die Urkunden Konrads II., hrsg. v. H. B r e s s l a u , MGH DD regum et imperatorum Germaniae IV (2. Aufl. Berlin 1957).

Die Urkunden Heinrichs III., hrsg. v. H. B r e s s l a u † u. P. K e h r , MGH DD regum et imperatorum Germaniae V (2. Aufl. Berlin 1957).

Die Urkunden Heinrichs IV., bearb. v. D. v. G l a d i s s , MGH DD regum et imperatorum Germaniae VI (Weimar 1959).

Die Urkunden Lothars III. und der Kaiserin Richeza, hrsg. v. E. v. O t t e n t h a l u. H. H i r s c h , MGH DD regum et imperatorum Germaniae VIII (2. Aufl. Berlin 1957).

Die Urkunden Konrads III. und seines Sohnes Heinrich, bearb. v. F r i e d r i c h H a u s m a n n , MGH DD regum et imperatorum Germaniae IX (Wien–Köln–Graz 1969).

Gesta Treverorum, hrsg. v. G. W a i t z , MGH SS VIII (1848) 111–260.
MRR: A. G o e r z (Hrsg.), Mittelrheinische Regesten . . . (bis 1300) 4 Bde. (Coblenz 1876–1886).
MRUB: H. B e y e r , L. E l t e s t e r , A. G o e r z , Urkundenbuch zur Geschichte der jetzt die preußischen Regierungsbezirke Coblenz und Trier bildenden mittelrheinischen Territorien, 3 Bde. (Coblenz 1860–1874).
MStAK: Mitteilungen aus dem Stadtarchiv Köln, Hefte 1–42 (Köln 1882–1932).
M ü l l e r , ON Trier: M. M ü l l e r , Die Ortsnamen im Regierungsbezirk Trier. In: Jahresbericht der Gesellschaft für nützliche Forschungen in Trier, 1900/1905, 40–75 und Trierer Jahresberichte II, 1909, 25–87.
M ü l l e r - W i l l e , Burghügel: M. M ü l l e r - W i l l e , Mittelalterliche Burghügel ('Motten') im nördlichen Rheinland. Beihefte der Bonner Jahrb. Bd. 16 (Köln, Graz 1966).
M ü r k e n s , ON Euskirchen: G. M ü r k e n s , Die Ortsnamen des Kreises Euskirchen (Euskirchen 1958).
N e u , Wüstungen: H. N e u , Wüstungen im oberen Ahrtal. In: Zwischen Eifel und Ville 9, 1955.
N e u , Alte Karten: H. N e u , Das Herzogtum Arenberg und die Grafschaft Schleiden im Spiegel alter Karten. Heimatkal. Kr. Schleiden 1967, 97–103.
N e u , Manderscheid: P. N e u , Geschichte und Struktur der Eifelterritorien des Hauses Manderscheid vornehmlich im 15. und 16. Jahrh. Rheinisches Archiv 80 (Bonn 1972).
O e d i g e r , LV: F. W. O e d i g e r , Der Liber Valoris (Bonn 1967).
O e d i g e r , Reg.: F. W. O e d i g e r (Bearb.), Die Regesten der Erzbischöfe von Köln im Mittelalter. Bd. 1: 313–1099 (Bonn 1956) und folgende. – S. unter Knipping, Reg.
O s t , Alterthümer Kr. Daun: J. O s t , Die Alterthümer in dem Kreis Daun und den angrenzenden Theilen der Kreise Adenau, Cochem, Wittlich und Prüm mit historischen Nachrichten, Zeichnungen und Karte. Handschrift im Rheinischen Landesmuseum Trier (1854).

Pauly, Ebtm. Trier: F. Pauly, Siedlung und Pfarrorganisation im alten Erzbistum Trier, geordnet nach den verschiedenen Landkapiteln (Bonn 1957) und (Trier 1961 ff.).

Potthast, Reg. Pontif.: Regesta Pontificum Romanorum, hrsg. v. A. Potthast, 2 Bde. (Berlin 1874 und 1875).

Redlich, Jülich-Bergische Kirchenpolitik: O. Redlich, Jülich-Bergische Kirchenpolitik am Ausgange des Mittelalters und in der Reformationszeit, 2 Bde. Publikationen der Gesellschaft für Rheinische Geschichtskunde 28 (Bonn 1907–1915).

RE: Realenzyklopädie des klassischen Altertums, hrsg. v. Pauly und Wissowa.

Restorff, Beschreibung: F. v. Restorff, Topographisch-statistische Beschreibung der Königlich-Preussischen Rheinprovinz (Berlin, Stettin 1830).

Rhein. Geschichtsbll.: Rheinische Geschichtsblätter. Zeitschr. f. Geschichte, Sprache und Altertümer des Mittel- und Niederrheins (1894 ff.).

Rheinische Vjbll.: Rheinische Vierteljahrsblätter. Mitteilungen des Instituts für Geschichtliche Landeskunde der Univ. Bonn, seit 1, 1931 (Bonn).

Schannat-Bärsch, Eifl. Ill.: J. F. Schannat, G. Bärsch, Eiflia Illustrata oder geographische und historische Beschreibung der Eifel, 3 Bde. (1824).

Schaus: E. Schaus, Stadtrechtsorte und Flecken im Regierungsbezirk Trier und im Landkreis Birkenfeld, bearb. v. R. Laufner und K. Becker (Trier 1958).

Schmitz, UB Heisterbach: F. Schmitz, Urkundenbuch der Abtei Heisterbach (1908).

Schneider, Himmerod: A. Schneider, Die Cistercienserabtei Himmerod im Spätmittelalter (Speyer 1954).

Schorn, Eifl. Sacra: C. Schorn, Eiflia Sacra oder Geschichte der Klöster und geistlichen Stiftungen der Eifel, 2 Bde. (Bonn 1888–1889).

Steinhausen, Eisenschmelzen: J. Steinhausen, Alte Eisenschmelzen in der Südeifel. Trierer Zeitschr. 1, 1926, 49–63.

Steinhausen, Glashütten: J. Steinhausen, Frühmittelalterliche Glashütten im Trierer Land. Trierer Zeitschr. 14, 1939, 29–57.

Steinhausen, Ortskunde: J. Steinhausen, Ortskunde Trier–Mettendorf. Publikationen der Gesellschaft für Rheinische Geschichtskunde 13 (Bonn 1932).

Steinhausen, Siedlungskunde: J. Steinhausen, Archäologische Siedlungskunde des Trierer Landes (Trier 1936).

Stramberg, Rhein. Ant.: Ch. v. Stramberg, Denkwürdiger und nützlicher Rheinischer Antiquarius (Coblenz 1866/67).

Strange, Beiträge: J. Strange, Beiträge zur Genealogie der adeligen Geschlechter (1864–1877).

Textor, Entfestigungen: F. Textor, Entfestigungen und Zerstörungen im Rheingebiet während des 17. Jahrh. als Mittel der französischen Rheinpolitik. Rheinisches Archiv 31 (Bonn 1937).

Tille-Krudewig: A. Tille, J. Krudewig, Übersicht über den Inhalt der kleineren Archive der Rheinprovinz (Bonn 1899 ff.).

Tranchot-K. ÄA: Wald- und Siedlungskarte der Rheinprovinz 1801–1820, ältere Ausgabe im M. 1 : 50 000, bearb. v. E. Kuphal. Publikationen der Gesellschaft für Rheinische Geschichtskunde 12, 2. Abteil. (Köln 1930).

Tranchot K. NA: Wald- und Siedlungskarte der Rheinprovinz 1801–1820, neue Ausgabe im M. 1 : 25 000. Publikationen der Gesellschaft für Rheinische Geschichtskunde 12, 2. Abteil., hrsg. v. Landesvermessungsamt Nordrhein-Westfalen (1966 ff.).

Trierer Jahresber.: Jahresbericht der Gesellschaft für nützliche Forschungen zu Trier, seit 1, 1858 bis 13, 1922 (Trier).

Trierer Zeitschr.: Trierer Zeitschrift. Vierteljahreshefte für Geschichte und Kunst des Trierer Landes und seiner Nachbargebiete, seit 1, 1926 (Trier), hrsg. v. d. Gesellschaft für nützliche Forschungen und vom Rhein. Landesmuseum Trier.

Trier. Archiv: Trierisches Archiv, hrsg. v. Keuffer, Kentenich, Lager, Reimer (Trier 1898–1917) mit Ergänzungsheften 1–17.

Trier. Chronik: Trierische Chronik, hrsg. v. Kentenich u. Lager (Trier 1905–1921).

UB St. Gereon: Joerres, UB St. Gereon (s. dort).

Verkooren, Inv. du Luxemb. = A. Verkooren, Inventaire des Chartes et Cartulaires du Luxembourg, 5 Bde. (Brüssel 1914–1922).

Wampach, Echternach: C. Wampach, Geschichte der Grundherrschaft Echternach, I 1 (Luxemburg 1929). I 2 Urkundenteil (Luxemburg 1930).

Wampach, UB Luxemb.: C. Wampach, Urkunden- und Quellenbuch zur Geschichte der altluxemburgischen Territorien bis zur burgundischen Zeit, 10 Bde. (Luxembourg 1935–1955).

Welters, Wasserburg: H. Welters, Die Wasserburg im Siedlungsbild der oberen Erftlandschaft (Bonn 1940).

Westdt. Zeitschr.: Westdeutsche Zeitschrift für Geschichte und Kunst (1882 ff.).

Wisplinghoff, UB Siegburg: E. Wisplinghoff, Urkunden und Quellen zur Geschichte von Stadt und Abtei Siegburg, Bd. 1: 1065–1399 (Siegburg 1964).

Wisplinghoff, St. Maximin: E. Wisplinghoff, Untersuchungen zur frühen Geschichte der Abtei S. Maximin bei Trier von den Anfängen bis etwa 1150 (Mainz 1970).

ZAGV: Zeitschrift des Aachener Geschichtsvereins (Aachen 1879 ff.).

Zender, Westeifel: M. Zender, Sagen und Geschichten aus der Westeifel (2. Aufl. Bonn 1966).

REGISTER

Ortsregister

Die römische Ziffer I bezieht sich auf den Textband, II auf den Katalogband.
Kursiv gesetzt: Wüstungen

A

Aachen, Kreis I 42
Aachen–Frankfurter Heerstraße I 54
Abenden DN II 15
Abschnittswall Hardtberg BN 174 II 145, 183
Abtshausen DAU 66 I 280; II 232 f.
Abuchescheit, Bifang EU 60 II 106 f.
Achermer Mühle SLE I 177 f.; II 60
Adenau AW II 249 f.
Adenbach AW 6 I 222, 281; II 250 f.
Adendorf BN I 49, 234 f., 243; II 126–128
Adenhagen COC 119 I 282; II 400
Adolffsburg s. *Auelsburg* EU 24
Adorf s. *Adorfer Hof* AW 87
Adorfer Hof AW 87 II 270
Aflen COC II 371 f.
Afler Mühle COC 1 II 371
Ahekapelle SLE 40 I Tafel 6. 69; II 60, 459, 463
Ahrdorf SLE I 54; II 50
Ahreifel I 5, 45, 70, 228, 230, 232
Ahrenhof EU 23 II 95 f.
Ahrgebirge I 54
Ahrhütte SLE 43 II 224, 268
Ahrweiler (AW), Kreis I 6, 53 ff., 70, 81 f., 84, 86, 90, 96, 143, 222, 228, 230
Ahrweiler, Stadt I 238; II 250–254
Aldeburg b. Dalheim-Rödgen I 235
Aldeburg b. Walberberg BN 158 II 178, 513
Aldendorf WIL 80 I 279; II 362
Alendorf DAU I 52
Alfenroth AW 180 II 297
Alfter BN I 132; II 128 f.
Alkerscheit s. *Alkersheim* BN 121
Alkersheim BN 121 I 277; II 165, 166
Allscheid DAU 76 I 232, 281; II 238, 240
Almersbach AW 129 I 281. Tafel 24; II 281 f.
Alrat EU 116 I 280; II 124
Alscheid DAU 36 I 281; II 224
Alsdorf BIT II 302
Alt-Alsdorf BIT 2 I 241, 279; II 302
Altbachtal TR 83 I 61, 212 f., 243, 283; II 428
Alt-Bettingen BIT 6 I 91, 119 ff., 127, 225, 264, 273, 277; Tafel 25. 26. 36. 37; II 304–306, 308; Abb. 19
Alt-Dune DAU 71 II 234, 236, 241; Abb. 16
Alt-Hinzenhagen, Kr. Güstrow I 13
Alte Burg AW 27 II 257
Alteburg AW 56 II 264
Alte Burg AW 98 II 272
Alte Burg d. Herren v. Roisdorf s. *Stevenshof* BN 59
Alte Burg BN 65 II 144 f.
Alteburg DAU 71 II 234, 236, 241; Abb. 16
Alte Burg Dalbenden SLE 80 II 71
Alte Burg Densborn PRÜ 12 II 192
Alte Burg b. Kerpen DAU 41 I 70; II 225

Alte Burg b. Münstereifel EU 71 I 210; Tafel 45; II 110 f.
Alte Burg b. Nettersheim SLE 105 II 79
Alte Burg b. Walberberg BN 147 II 176
Alte Eisenhütte SLE 81 II 71
Alte Kirche Antweiler AW 26 II 257
Alte Kirche PRÜ 43 II 204
Alte Kirche WIL 52 II 351
Alte Mauer AW 7 II 251
Altenahr AW I 54, 237; II 254–257
Altenberg, Siegerland, Nordrhein-Westfalen I 13
Altenburg SLE 9 I Tafel 1. 48. 62. 71; II 52 f., 84
Altenburger Mühle AW 17 II 254
Altendorf BN I 154, 159; II 130
Altenhimmerod WIL 19 I 57, 72, 226; II 342 f.
Altenhofen WIL 61 II 354
Alter Hof EU 41 II 102, 153; Abb. 8
Altes Werk Dalbenden SLE 79 II 71
Alt-Grewenich TR 16 I 277; II 406
Althasa BIT 82 I 283; II 331
Alt-Kammerforst BIT 25 I 283; II 311 f.
Alt-Lechenich EU 48 I 188
Altrich WIL II 336
Altscheit PRÜ 5 II 190
Altschmiede s. *Eisenhütte Altschmiede* BIT 15
Altzen SLE 98 II 77
Alzena TR 115 II 437
Ambroch SLE 52 I 282; II 63
Angeln, Landschaft in Schleswig-Holstein I 20
Angersdorf SLE 112 I 278; II 81
Ankast WIL 73 I 241, 283; II 360
Antoniushof EU 12 II 92 f.
Antoniuskapelle SLE 89 II 73, 74
Antoniuskapelle SLE 133 II 87
Antweiler AW II 257
Antweiler EU II 89
Anzelt PRÜ 53 II 207
Apostelhof BN 190 II 516
Ardennen I 4, 42
Are, Burg AW 18 II 254 f.
Aremberg AW II 257 f.
Arenberg, Schloß AW 29 II 257 f.
Arenrath, befestigter Hof WIL 2 II 336 f.; Abb. 22
Arloff EU I 252, 262 ff., II 89–91
Arndorfer Hof EU 4 I 262; Tafel 73; II 89 f.
Arnoldsweiler DN II 15
Arnolfesberc s. *Spiegelberg* DAU 88
Assem TR 103 I 278; II 434
Assum, Niedersachsen I 13
Astarnascheit, Bifang EU 61 II 107
Asterhof AW 96 II 272
Athen I 266
Atzenfelder Hof BN 111 II 162 f.
Auderath COC II 372
Auderather Mühle COC 2 II 371, 397
Auderathmühle s. *Ulmener Mühle* COC 105

Auel DAU   II 213
Auelsburg EU 24   II 96
Auenhof BN 122   I 238; II 166
Auerburg WIL 81   II 362
Auerhof BN 14   II 130
Auf den Häuserchen AW 131   II 282 f.
Augenbroich EU 22   II 95, 100
Ausdorf AW 160   I 222, 279; II 291
Auw PRÜ   I 51; II 189
Auweiler DN 29   I 279; II 24 f.

B

Bachem BN 7   I 277; II 128 f.
Backerath BIT 31   II 314
Badelingen BIT 28   I 91, 277; II 312 f.
Badem BIT   I 56; II 302 f.
Badewald   I 162
Bad Godesberg BN   I 182, 188, 238; II 130–135, 511 f.
Bad Münstereifel EU   I 47 f., 210, 221, 229; II 110–113
Bad Neuenahr AW   I 54; II 258–260
Badorf s. Brühl-Badorf
Bärhorst b. Nauen   I 12
Bätzerath s. *Bätzert* AW 102
Bätzert AW 102   II 273
Baldenshart PRÜ 11   II 192
Baldersheim   I 12
Balduinshof s. *Paulushof* MON 23
Balkan   I 24
Balkesingin BIT 83   I 91, 277; II 331
Ball, Rittersitz BN 84   II 151
Balwilre EU 100   II 116
Bamden DAU 1   II 213
Bandhammer Hellenthal SLE 67   II 66
Bargene BN 45   II 140
Barweiler AW   II 260 f.
Bauler AW   II 261
Baulichof BN 173   II 183
Baumühle COC 114   II 399
Bausendorf WIL   II 337 f.
Baustert BIT   I 122 f.
Bauweiler DN 43   I 185, 279; II 29 f., 31 f.
Bauweiler DN 46   I 279; II 30, 32, 41; Abb. 3
Bechlinghoven BN   I 181
Bedburg, Kr. Bergheim/Erft   I 48 f.
Bedhard, Wald   I 56, 119
Befestigter Hof BN 150   II 176 f.
Befestigter Hof DN 22   II 22
Befestigter Hof DN 63   II 36
Befestigter Hof EU 111   II 122
Befestigter Hof SLE 23   II 56
Befestigung auf Gut Hospelt EU 91   II 114
Beheim TR 78   I 61, 223; II 425
Beierhof BN 175   II 183
Beifels BIT   II 303 f.
Beifels, Burg BIT 4   II 303
Beifels, Dorf BIT 5   I 283; II 303 f.
Beinhausen DAU   II 213

Bellscheid PRÜ   II 189
Beltheim, Kr. St. Goar   I 256
Belzem BN 123   II 166
Belzheim s. *Belzem* BN 123
Bengel WIL   II 338 f.
Bengen AW   II 261 f.
Benghoven EU 51   I 279; II 105
Benningen TR 25   II 408 f.; Abb. 28
Benthem s. *Beynheim* DN 49
Benthencoven AW 32   I 280; II 259
Berdeshem s. *Betzem* BIT 1
Berg AW   II 262–264
Berg SLE   I 177 f., 188; II 50 f.
Berg vor Nideggen DN   I 266
Berg-Thuir DN   I 44; II 16 f.
Bergen, Norwegen   I 244
Bergentheim TR 79   I 61, 223, 278; II 426, 428
Bergheim BIT 27   I 278; II 312
Bergheim/Erft, Kreis   I 137, 254, 265
Berghoven DN 90   II 45
Bergisches Land   I 4 f., 95, 97 f., 143, 230, 269
Bergmannsruh EU 58   I 282; II 106
Bergrath EU   I 47
Bergstein DN   II 18
Berinstein, Burg DN 8   II 18
Berk SLE   II 51
Berkum BN   II 135
Berliner Hof AW 76   II 267
Berndorf DAU   II 213
Berscheid PRÜ 23   I 240; II 197
Berscheit AW 42   I 281; II 261
Berslingen, Kt. Schaffhausen, Schweiz   I 13
Berthaschacht PRÜ 7   II 191
Bertzborch s. *Birtzberg* BN 46
Berzbuir-Kufferath DN   II 19
Berzem COC 51   I 278; II 383
Besch, Burg TR 52   II 418
Besch, Dorf TR 53   I 283; II 418
Bescheid TR   I 134
Besingen PRÜ 44   II 205
Bettenfeld WIL   I 57; II 339–341; Abb. 23
Bettingen BIT   II 304–309
Bettingen BIT 8   I 119 ff., 127, 264; II 304–308; Abb. 19
Bettingen PRÜ 14   II 192; Abb. 11
Bettingen, Burg BIT 7   II 306 f.
Betzem BIT 1   I 278; II 302
Beudisshem s. *Büsheim* EU 112
Beuel AW 33   II 259
Beuel BN   I 181, 188; II 136
Beueler Hof AW   I 115
Beynheim DN 49   I 277; II 33
Bickendorf   I 273
Bickenraet MON 12   II 7
Biederburg WIL 68   II 357
Biersdorf BIT   I 173
Bierther Hof SLE 10   I Tafel 3. 79; II 52 f., 510 Abb. 5
Biesdorf BIT   I 184, 212; II 308 f.
Biez TR 80   I 61, 223, 283; II 426 f.
Bifang Abuchescheit s. *Abuchescheit* EU 60

Bifang Astarnascheit s. *Astarnascheit* EU 61
Bile COC 120   I 283; II 400
Billig EU   II 91 f.
Bingen   I 101
Binghof AW 58   II 264
Binnesburg s. *Burghügel Kasselsburg* AW 124
Binnesburg, Burghügel DN 79   II 42, 509 f.
Binningen COC   I 58; II 372 f.
Binsfeld DN   II 19
Binsfeld WIL   I 72, 176, 185 f.; II 341
Binzerath DAU 75   II 238
Birgel DAU   II 214
Birgel DN   II 19 f.
Birka, Schweden   I 243
Birkesdorf DN   II 20
Birmersdorf AW 88   II 270
Birmingen BIT   I 122 f.
Birresborn PRÜ   II 190
Birresdorf AW   II 264
Birschinger Hof COC 8   II 372 f.
Birten, Kr. Moers   I 221
Birtzberg BN 46   II 140
Bisenrode AW 181   I 280; II 297
Bissendorf BIT 84   I 279; II 331
Bitburg (BIT), Kreis   I 6, 43, 55 ff., 71, 81 f., 84, 86, 90, 96; II 309
Bitburg, Stadt   I 56, 130, 222, 229
Bitburger Gutland   I 5, 71, 97, 116, 236
Bitburger Land   I 51, 55 ff., 172, 259
Blankenheim SLE   I 45 f., 53, 252, 272; II 51, 515
Blankenheimerdorf SLE   I 252, 272 f.; II 52–55, 510, 515 f.; Abb. 5
Blaslo PRÜ 59   II 210
Blauley DN 91   II 45
Bleialf PRÜ   II 190
Bleibergbaugebiet EU 88   II 114
Bleibergbaugebiet Mechernich SLE 101   II 78
Bleibergwerk EU 86   II 113
Bleibergwerke an Tanzberg und Hochkaulen SLE 84   II 72
Bleibuir SLE   I 44; II 56
Bleigrube Berthaschacht PRÜ 7   II 191
Bleigruben SLE 69   II 67
Bleigruben Brandscheid PRÜ 6   II 190
Blei- und Zinkgrube Klappertzhardt EU 87   II 113 f.
Bleihütte Glücksthal EU 89   II 114
Bleihütten Bleialf PRÜ 4   II 190
Bleischmelzer Mühle TR 6   II 403 f.
Blicherath AW 177   I 280; II 296
Blindert AW   II 264 f.
Bloheim BIT 85   I 278; II 331 f.
Blumersdorf SLE 86   I 278; II 72
Bockum, Stadtteil von Krefeld   I 221
Bodem DAU 14   I 278; II 216
Bodendorf AW   I 54; II 265
Bodendorf, Burg AW 63   II 265
Bodenheim EU   I 179
Bodrolich-Mühle COC 76   II 389; Abb. 27
Böheim s. *Beheim* TR 78
Böhme, Niedersachsen   I 12

Bohler PRÜ 1   I 282; II 189
Bohndorf BN 124   II 166 f.
Bohnem BN 72   I 278; II 147
Bollendorf BIT   II 309–311
Bollendorf, Burg BIT 13   II 309
Bolzenhof BIT 32   II 314 f.
Bondorf DAU 15   I 279; II 217
Bonerath TR   I 134; II 402
Bongarten DN 87   II 44
Bonn (BN), Kreis   I 6, 48 ff., 68 f., 81 f., 84, 86, 90, 96, 137, 143, 204 ff., 228 f.
Bonn, Stadt   I 6, 48 f., 132, 214, 237; II 136–140, 512
Bopinga s. *Oppinga* AW 203
Bornheim BN   I 128, 224; II 140–143, 512 f., 516 f.
Borr EU   I 129
Borscheid WIL 11   II 339; Abb. 23
Bou Arada, Tunesien   I 267 f.
Bouderath EU   I 47
Bouoynsgut WIL 82   II 362
Boverath DAU   II 214
Boxberg DAU   II 214 f.
Bradscheid PRÜ 13   II 192; Abb. 10
Brandinberg BIT 86   II 332
Brandscheid PRÜ   II 190
Brauweiler, Kloster   II 384 f.
Brebières, fränk. Siedlung, Frankreich   I 13, 86
Brecht BIT   I 119, 173, 184
Bredenuelt PRÜ 60   II 210
Breidscheid, Burg AW 1   II 249
Breisach-Hochstetten, Baden-Württemberg   I 13
Breischeit s. *Breitscheider Höfe* AW 81
Breischerhof COC 75   II 389
Breitscheider Höfe AW 81   I 281; II 268 f., 513
Breizter Hof AW 103   II 273
Brembden PRÜ 48   I 282; II 205 f.
Breme s. *Brembden* PRÜ 48
Brementhal SLE 53   II 63
Bremerhof EU 67   II 109
Bremm COC   II 373 f.
Breuershof MON 21   I 282; II 9
Brezem TR 3   I 278; II 403
Brockscheid DAU   II 215
Brohl AW   II 265 f.
Brohl COC   II 374
Brohleck AW 66   II 265 f.
Broicher Hof BN 8   II 129
Browelsmühle COC 40   II 380
Bruch WIL   II 341 f.
Bruch, Wasserburg WIL 18   II 341 f.
Bruchhausen DAU   I 280; II 213
Bruderhof WIL 100   II 366
Brücken TR 84   I 61; II 428 f.
Brückerhof DAU 70   II 234
Brühl, Kr. Köln   I 150, 243 f.
Brühl-Badorf, Kr. Köln   I 68, 144, 146 f., 150, 156 f., 243
Brühl-Eckdorf, Kr. Köln   I 68, 144, 147, 150, 156, 162, 164; Tafel 81
Brühlgut WIL 33   II 346
Brühl-Kierberg, Kr. Köln   I 150

Brühl-Pingsdorf, Kr. Köln I 68, 243
Brungserath AW 77   II 268
Brunistorf WIL 30   I 279; II 346
Brunshausen, Niedersachsen   I 13
Brunssum, Niederlande   I 150
Brücchene AW 182   II 297
Bruttig COC   II 374 f.
Bubenheim DN 12   I 185 f., 277; II 19
Buchberg TR 116   I 281; II 437
Buche AW 39   II 260
Buchet PRÜ   II 191
Budenrather Hof AW 30   II 258
Budenthorp EU 117   I 278; II 124
Büchel COC   II 375 f.
Büchelsburg s. *Untere Burg* Vettweiß DN 84
Büderich, Kreis Grevenbroich   I 13, 179
Büdesheim PRÜ   I 51
Büdlich TR   II 402
Bürvenich DN   I 177 f., 188; II 20 f.
Büsheim EU 112   I 223, 277; II 123, 511
Bütscheider Hof AW 140   II 286, 293, 514
Büttelhof DAU 9   II 214 f.; Abb. 15
Büttelhof WIL 105   II 367
Buir SLE 20   II 56
Bullincsheim AW 9   II 251
Bullingshoven AW 8   II 251
Bullishoven AW 8 und AW 9   I 222
Bumey BIT 87   I 283; II 332
Bure AW 40   I 283; II 260
Burg AW 148   II 288
Burg BN 13   II 130
Burg COC 44   II 381
Burg DAU 62   II 231
Burg SLE 61   II 65
Burg TR 41   II 415
Burg TR 68   II 421
Burg WIL 74   II 360 f.
Burg Bodendorf AW 63   I 238
Burg Daun DAU 12   II 215 f., 517
Burg Gerolstein DAU 113   II 518
Burg Kerpen DAU 42   I 70
Burg b. Landscheid WIL   II 342 f.
Burg b. Sievernich DN 75   II 39 f.
Burg auf dem Wein-Berg DAU 43   I 235
Burganlage BIT 44   II 317
Burganlage DAU 43   I 70; II 226
Burganlage SLE 45   II 62
Burganlage SLE 90   II 73 f.
Burganlage WIL 20   II 343
Burganlage WIL 45   II 349
Burg-Berg COC 9   II 373
Burg-Berg COC 11   II 373
Burgberg bei Kordel TR 34   II 412
Burgdorf, Niedersachsen   I 13
Burgem BIT 66   I 174, 278; II 327
Burgfeld AW 183   I 183; II 297
Burgfey, Burg und Hof SLE 102   II 78
Burggraben s. *Burg-Berg* COC 11
Burghaus DAU 49   II 228
Burghaus DAU 59   II 230
Burgheim EU 50   I 277; II 105

Burgheim, Kr. Neuburg/Donau   I 13
Burghügel AW 45   II 261 f.
Burghügel DN 19   II 21
Burghügel DN 23   II 22
Burghügel DN 24   II 22 f.
Burghügel DN 35   II 26, 509
Burghügel DN 42   II 29
Burghügel DN 51   II 33
Burghügel DN 71   II 38
Burghügel DN 72   II 39
Burghügel DN 73   II 39
Burghügel DN 76   II 40, 41; Abb. 3
Burghügel DN 77   II 40, 41; Abb. 3
Burghügel DN 89   II 45, 510
Burghügel EU 7   II 91
Burghügel EU 44   II 102
Burghügel PRÜ 31   II 201
Burghügel SLE 3   II 50
Burghügel SLE 68   II 67
Burghügel SLE 109   II 80
Burghügel Adendorf BN 1   I Tafel 22; II 126, 180
Burghügel Alte Burg EU 48   II 104
Burghügel Binnesburg DN 79   II 42, 509 f.
Burghügel Büderich   I 179
Burghügel Dünstekoven BN 79   I Tafel 14; II 149
Burghügel Eitgenbach AW 47   II 262
Burghügel Fließenhof BN 104   I Tafel 15; II 158, 159; Abb. 9
Burghügel Frangenheim DN 35   I 179; II 26, 509
Burghügel Ginnick DN 40   I 179; II 28
Burghügel Groß-Vernich EU 107   I 179; II 120 f.
Burghügel Husterknupp   I 235
Burghügel auf Hof Hocherbach DN 80   II 42
Burghügel Gut Hohn BN 106   II 159 Abb. 9, 160 f.; Tafel 26,2
Burghügel Kasselsburg AW 124   II 280
Burghügel Kolbenrath DAU 67   II 233, 238
Burghügel Lechenich EU 48   I 234
Burghügel Orenhofen TR 50   I 73
Burghügel Pesch SLE 109   I 235
Burghügel Rösberg BN 161   II 180
Burghügel Roter Turm AW 16   II 254
Burghügel Schmidtheim s. *Zehnbachhaus* SLE 122
Burghügel Stockheim DN 78   I 179; II 42
Burghügel Villip BN 167   II 181
Burghügel Zehnbachhaus SLE 122   I Tafel 49. 71; II 52, 83 f., 511; Abb. 5
Burgknopp TR 50   II 417
Burgköpfchen WIL 41   II 348
Burgkopf TR 2   II 402
Burgsiedlung Tomburg BN 178   I 138 ff., 282; Tafel 56. 67; II 186
Burgwüstung DAU 5   II 214
Burilsdorf COC 121   II 400
Burscheid s. *Hürscheid* AW 101
Burscheid BIT 43   I 281; II 317
Burscheid, Rhein-Wupper-Kreis   I 235
Burscheid WIL 50   II 350 f.
Burscheider Mauer WIL 50   I 257; II 350 f., 502 f.
Burz DAU 97   II 246
Buschdorf BN   II 144

Buschdorf, Burg BN 61   II 144
Buschmühle TR 12   II 405
Buschoven BN   II 144
Buschoven, kurfürstl. Jagdschloß BN 63   II 144
Butenhart EU 118   II 124, 258
Butscheid s. *Bütscheider Hof* AW 140
Butscheid AW 171   II 293, 514
Butzweiler TR   I 73, 103, 186
Buweiler-Rathen TR   II 403

C

Cales COC 12   I 283; II 373
Candide AW 184   II 297 f.
Cardenburg AW 92   II 271
Cassel BN 49   II 142
Castel TR 81   I 61, 223, 283; II 427
Castellaun, Burg TR 69   II 421
Celdenich AW 152   II 289
Celderun TR 70   II 421
Chausseehaus COC 19   II 375
Chrachilenheim s. *Krechelheim* AW 176
Civitas Treverorum   I 60
Clusen-Hof DAU 93   II 245
Cochem (COC), Kreis   I 6, 58, 72, 81 f., 84, 86, 90, 96
Cochem, Stadt   I 230; II 376–379
Cochem, Burg COC 22   II 376
Colinshof TR 40   II 415
Condorcet, Frankreich   I 13
Contscheid BIT 88   I 281; II 332
Coralsteins Mühle COC 55   II 383 f.
Cottemerhof COC 7   II 372
Cottenborn COC 6   II 372, 401
Cranheim AW 185   I 278; II 298
Cregellinheym s. *Krechelheim* AW 176
Crisheim EU 119   I 277; II 124
Crispiniacum BIT 89   I 277; II 316, 332
Cröverhof TR 13   II 405
Cugenheym s. *Kugenheim* AW 5
Cumbe BN 2   II 127
Cunisberch DAU 98   I 281; II 246
Curtile Epponis EU 72   II 111
Curtile Nantwardi EU 73   II 111
Curtile presbiteri UUezelonis EU 75   II 111
Curtscheid TR 71   I 281; II 422
Cypho TR 117   II 437

D

Dackscheid PRÜ   II 191
Dahlem BIT   II 311
Dahlem BIT 33   II 311, 315
Dahlem SLE   I 45 f., 272
Dal DAU 87   I 283; II 243
Dalbenden, Alte Burg SLE 80   II 71
Dalbenger Hof MON 42   II 14
Dalheim AW 118   I 222, 278; II 278
Dalheim EU 76   I 277; II 111

Dalheim-Rödgen, Kr. Erkelenz   I 235
Dankerath AW   II 266
Daun, Burg DAU 12   II 215 f., 517
Daun (DAU), Kreis   I 6, 52 f., 69 f., 81 f., 84, 86, 90, 96
Daun, Stadt   I 229 f.; II 215 f., 517
Deberghes-Mühle MON 13   II 7
Dedenbach AW 70   II 266 f.
Dedendreis EU 99   I 282; II 116
Dehmhof EU 34   II 100
Delscheit AW 43   I 281; II 261
Demerath DAU   II 216
Densborn PRÜ   II 192 f.; Abb. 10
Derichsweiler DN   II 21
Dernau AW   II 267
Dersdorf, Burg BN 47   I Tafel 22; II 141
Detzem TR   II 403
Deutgen-Mühle DN 28   II 24
Deutschordenshof, Kleiner BN 132   II 169
Deutzer Fronhof AW 153   II 289
Dierfelder Mühle WIL 96   II 365
Dierscheid MON 30   I 43, 281, II 11
Diesburg BIT 22   II 311
Dietkirchen, Kloster BN 43   II 139 f.
Dietkirchen, Siedlung BN 42   II 138 f.
Dirmerzheim EU   II 92
Dirnheim EU 52   I 221, 277; II 105
Disternich DN   II 21 f.
Disternich EU 25   I 129, 221, 277; II 95, 96 f.
Ditscheid SLE 5   II 51
Djebel Fkirene, Tunesien   I 268
Djebel Mansour, Tunesien   I 268
Djebel Rihane, Tunesien   I 268
Dockweiler DAU   I 53; II 216
Dodenburg WIL   II 343 f.
Dollart   I 253
Dollendorf EU 108   I 278; II 121
Dollendorf SLE   I 45, 52; II 56 f.
Dollendorf, Burg SLE 24   II 56 f.
Dom-Esch EU   II 92
Dommershausen, Kr. St. Goar   I 256
Domsteinbrücke BN 34   II 135
Donnersberg s. *Dunrisberg* AW 186
Dorestad, Niederlande   I 243
Dorf WIL   II 344
Dorne, Burg BN 48   II 141
Dornheim BN 16   I 277; II 131
Dorsel AW   I 54; II 267 f., 513
Dorweiler, Kr. Simmern   I 256, 271
Dover EU 115   II 123
Drachenfelser Ländchen   I 49
Dracy, Frankreich   I 13
Dränkert BN 149   II 176
Dreeselt PRÜ 37   I 282; II 203
Dreiborn SLE   II 58
Dreimühlen DAU 82   II 241 f.
Dreis DAU   I 53
Dreisbachsmühle AW 82   II 269
Druiesberg DAU 74   II 238
Drove DN   I 44; II 22
Dudeldorf BIT   I 56, 174 f.; II 311 f.

Dudendorf WIL 106   I 279; II 367
Düngenheim COC   I 58; II 378
Dünstekoven BN   I 187
Düren (DN), Kreis   I 6, 42, 43 f., 64, 81 f., 84, 86, 90, 96
Düren, Stadt   I 221, 237; II 22–24
Dürenbach PRÜ 20   II 196
Dürnfelder Mühle s. *Dierfelder Mühle* WIL 96
Duisburg   I 150
Duisdorf BN   I 132; II 144 f.
Duisdorf, Burg BN 66   II 145
Dundingen WIL 83   I 174 f., 188, 277; II 362, 363
Dunkelsburg DN 57   II 34 f.
Dunrisberg AW 186   I 281; II 298
Duvelshof AW 10   II 251

E

Ebeno s. *Even* BIT 45
Ebernacher Hof COC 24   II 377
Ecebach WIL 107   I 281; II 367
Echette s. *Erscheid* AW 212
Echternach, Kloster   I 177 f.
Echternacherbrück BIT   I 56; II 312 f.
Echtz-Konzendorf DN   II 24 f.
Ecka, Burg AW 19   II 255
Eckdorf s. Brühl-Eckdorf
Eckelindorf PRÜ 61   I 278; II 210
Eckileivesrod PRÜ 62   I 280; II 210
Ediger COC   II 378 f.
Eesdorf BN 134   I 278; II 132, 170, 182
Effelsberg EU   I 133; II 92–94
Effelsberg, Burg EU 13   II 93
Effertzburg EU 40   II 101
Effzich BIT 76   I 283; II 330
Efgenrod BIT 90   I 280; II 332
Eggirihesheim BN 179   I 278; II 186
Egilheim AW 187   I 278; II 298
Eharts WIL 108   I 283; II 367
Ehdorf SLE 91   I 278; II 74
Ehrang TR   II 403 f.
Eichelhütte WIL 55   II 345, 352 f.
Eichelrath PRÜ 9   I 280; II 191
Eichenbach AW   II 268 f., 513 f.
Eicherath AW 104   II 273
Eicherhof BIT 24   II 311
Eicherscheid EU   I 47, 135
Eicherscheid MON   II 5
Eicks SLE   I 44, 177 f.
Eifgenburg   I 235
Eigelbach PRÜ 27   II 198
Eilich EU 113   II 123
Einclo s. *Einlo* EU 53
Einlo EU 53   I 221, 282; II 105
Einruhr SLE   II 58
Einsiedelei COC 33   II 378 f.
Einzvelt AW 137   I 238, 282; II 284 f.
Eisen WND   I 60
Eisenau, Schneidemühle SLE 51   II 63

Eisenau, Eisenhütte SLE 75   II 68
Eisenerz-Tagebaue BIT 14   II 309
Eisenerz-Tagebaue DN 4   I Tafel 38–42; II 16
Eisenerz-Tagebaue SLE 14   I Tafel 2. 3; II 54
Eisenerz-Tagebaue SLE 25   II 57
Eisenerz-Tagebaue SLE 92   I 246; II 74
Eisenerz-Tagebaue SLE 96   II 60 f., 75 f.
Eisengruben DN 11   II 19
Eisengruben DN 81   II 43
Eisengruben DN 83   II 43
Eisengruben DN 88   II 44
Eisengruben 'Mehringer Berg' TR 8   I 73; II 404
Eisenhammer Nonnweiler TR 113   II 436
Eisenhammer Züsch TR 109   II 435 f.
Eisenhütte AW 28   I 246; II 257, 268
Eisenhütte BIT 40   II 316
Eisenhütte DAU 53   II 229
Eisenhütte TR 110   II 436
Eisenhütte WIL 24   II 344 f.
Eisenhütte WIL 67   II 357
Eisenhüttenwerk Ahrhütte SLE 43   II 61, 75, 268, 510
Eisenhütte Alte Schmidt WIL 57   I 72; II 353
Eisenhütte Altschmiede BIT 15   I 246; II 309
Eisenhütte Blumenthal SLE 65   I 246; II 66
Eisenhütte Eicherscheid MON 2   II 5
Eisenhütte Eisenau SLE 75   II 68
Eisenhütte Eisenschmitt WIL 24   I 72, 246
Eisenhütte Eiserfey SLE 135   II 87
Eisenhütte Gangfurth SLE 117   I 246; II 82
Eisenhütte Jünkerath DAU 35   II 224
Eisenhütte am Kallbach SLE 76   II 68, 70
Eisenhütte Keldenich SLE 81   I 246
Eisenhütte Kirschseiffen SLE 64   I 246; II 66
Eisenhütte Kronenburgerhütte SLE 88   II 73
Eisenhütte Laschmitt WIL 25   I 72
Eisenhütte Limberg SLE 139   II 88
Eisenhütte Mauel SLE 47   II 62
Eisenhütte Müllershammer SLE 106   II 79
Eisenhütte Oberhausen SLE 107   I 246; II 79 f.
Eisenhütte Olef SLE 118   I 246
Eisenhütte Quint TR 7   I 73, 246; II 268
Eisenhütte Rosauel SLE 83   II 71
Eisenhütte Schmidt MON 32   II 12
Eisenhütte Schmidtheim SLE 119   II 83
Eisenhütte Weilerbach BIT 16   I 246; II 310
Eisenhütte Wiesgen SLE 108   I 246; II 80
Eisenhütten im Speicherer Wald BIT 73   I 72; II 329
Eisenhüttensiedlung BIT 47   II 321
Eisenhüttensiedlung BIT 48   II 321
Eisenreckhammer Freudenthal SLE 49   II 63
Eisenschächte BN 50   I 246; II 142
Eisenschmelze BIT 11   II 308 f.
Eisenschmelze DN 9   II 18 f.
Eisenschmelze TR 59   I 73; II 419 f.
Eisenschmelze TR 60   I 73; II 420
Eisenschmelze TR 61   I 73; II 420
Eisenschmelze TR 63   I 73
Eisenschmelze TR 64   I 73
Eisenschmelze TR 65   I 73

Eisenschmelze TR 112   II 436
Eisenschmelzen BIT 61   II 325
Eisenschmelzen TR 51   II 418
Eisenschmelze 'Bei dem Achenbäumchen' TR 62   I 73; II 420
Eisenschmelze 'Hinter der First' TR 63   II 420
Eisenschmelze 'Hüstchen' TR 64   II 420
Eisenschmelze Orenhofen TR 51   I 73
Eisenschmelze Rodt TR 65   II 420
Eisenschmitt WIL   I 246; II 344–346
Eisen-Schneidmühle DN 82   II 43
Eisenwerk Bruch SLE 66   I 246; II 66
Eisenwerk Gemünd SLE 48   II 62
Eisenwerk Olef SLE 118   II 82
Eisenwerk Rothammer DN 54   II 34
Eiserfey SLE   I 46
Eisscheitt MON 1   II 5
Eitgenbach AW 47   I 70; II 262
Eitzenrath WIL 34   II 347
Eketorp, Öland, Schweden   I 12
Elderhof s. *Pollerhof* EU 30
Eldern, Burg BN 80   II 149 f.
Elinchoven AW 119   I 222, 280; II 278
Elisenhof, Niedersachsen   I 13
Elldorf SLE 114   I 278; II 81
Ellenbach AW 145   I 281; II 287
Eller COC   II 379 f.
Ellscheid PRÜ 32   I 281; II 201, 204
Elsdorf BN 17   I 278; II 131 f.
Elsig EU   II 94
Elsig, Burg EU 18   II 94
Elten, Kr. Rees   I 144
Eltershausen TR 100   I 280; II 432; Abb. 29
Embken DN   II 25
Emelinchoeuen BN 3   I 279; II 127
Emerichdorf AW 73   I 279; II 267
Emma-Carolina s. *Kupfer- und Bleihütte Emma-Carolina* BN 113
Emmen, Niedersachsen   I 13
Emsen, Thüringen   I 13
Endenpoel DN 39   II 28
Engelgau SLE   I 110; II 60
Engelhäuser Hof AW 114   II 276
Engelsbach COC 52   I 281; II 383
Engesterath WIL 3   II 337; Abb. 22
England   I 11, 20, 39, 103, 160
Entelnburg AW 20   II 255
Enterder Hof AW 11   II 251 f.
Entersburg WIL 42   II 349
Entlneberg s. *Entelnburg* AW 20
Enzen AW 188   I 283; II 298
Enzen BIT   II 313
Enzen COC 47   II 382
Enzen EU   II 95
Enzen, Alte Burg EU 21   II 95
Eppenberg COC   II 380
Eppeldorf b. Diekirch/Luxemburg   II 310
Erdorf BIT   I 117, 273
Eremitage DAU 79   II 240 f.
Eremitage MON 14   II 8
Erinchheim DN 86   I 277; II 44

Erlenhof TR 118   II 437
Erlesdorf EU 120   I 278; II 124
Erp EU   I 114, 129
Erscheid AW 212   II 518
Erscheid AW 189   II 298
Ersdorf BN   II 146
Ersdorf, Burg BN 68   II 146
Ersfeld DAU 20   I 282; II 219; Abb. 14
Erste Mühle DN 55   II 34
Ertzbach COC 3   II 371
Ervenrod WIL 90   II 364
Erzberg TR 66   I 73; II 421
Esbach s. *Ecebach* WIL 107
Esch DAU   II 217
Esch WIL   II 346
Esch, Burg WIL 77   II 361
Eschauel MON 31   II 11 f.
Eschbach s. *Ecebach* WIL 107
Eschweiler AW 78   II 268
Eschweiler EU   II 94
Eschweilerer Mühle EU 19   II 94
Eschweiler über Feld DN   II 26
Essen-Hinsel   I 12
Essen-Werden   I 210
Essig BN   I 242; II 146 f.
Essinghofen BN 81   I 228, 279; II 150 f.
Etscheider Hof AW 141   II 286
Etzerath DAU 21   I 280; II 219; Abb. 14
Etzingen WIL 58   II 353
Eulenhof WIL 6   II 337
Eulgenbachshof AW 190   II 298
Euskirchen (EU), Kreis   I 6, 46 ff., 65, 68, 81 f., 84, 86, 90, 96
Euskirchen, Stadt   I 47 f., 180, 188, 221, 224, 229, 238; II 95–100
Even BIT 45   I 116 ff., 126, 222, 225, 241, 283; Tafel 26. 35; II 317–320, 498; Abb. 20
Eylach s. *Eilich* EU 113
Eylich s. *Eilich* EU 113
Eystorp BN 168   I 278; II 132, 182
Eystorp BN 168 s. auch *Eesdorf* BN 134
Ezert s. *Etzerath* DAU 21
Ezinge, Prov. Groningen, Niederlande   I 12

F

Falcopetra s. *Falkenstein* BIT 79
Falkenstein BIT 79   II 330 f.
Farschweiler TR   I 134
Fedderson Wierde, Niedersachsen   I 12
Fell TR   II 405
Fell, Burg TR 10   II 405
Ferndorf BIT 67   I 173 f., 188, 279; II 327
Ferschweiler Plateau BIT   I 56
Festes Haus Mauel s. *Kronenburg* SLE 46
Finkenhof BN 137   II 170
Fischbacher Hof DN 10   II 19
Fischerhof COC 94   II 390, 394; Abb. 27
Fischerhütte MON 5   II 6
Flamersheim EU   II 100 f.

Flamersheimer Wald EU I 47; II 101
Fleisbach BIT 21 I 281; II 311
Flemingo s. *Flumga* BIT 91
Fleringen PRÜ I 51; II 192
Flerzheim BN I 151 f., 159; II 147
Fließem BIT I 116 f., 130; II 314
Fließenhof s. *Burghügel Fließenhof* BN 104
Fliesteden, Kr. Bergheim/Erft I 266
Floisdorf SLE I 44, 177 f.; II 60
Flumga BIT 91 I 283; II 332 f.
Flußbach WIL II 346
Födelich TR 44 I 176 f., 188, 277; II 415 f.
Föhren TR II 405
Försterhof AW 142 II 287
Folkesfeld PRÜ 74 I 282; II 212
Forellenhof WIL 46 II 350
Frangenheim DN I 26; II 509
Franken AW I 5; II 269 f.
Franziskanerkloster Adenau AW 2 I 242; II 249
Franziskanerkloster Rheinbach BN 139 I 242; II 171
Frauenthal, Kloster EU 55 I 242; II 105
Frechen, Kr. Köln I 243
Freilingen SLE I 45, 52, 54, 246; II 60 f., 510
Freilingen, Burg SLE 44 II 61
Frenkingen BIT 8 I 121 ff.; II 307 f.
Freudenkoppe, Burg DAU 58 II 230 f., 236
Freudenstein DAU 10 II 215
Friedorf DAU 68 I 279; II 233
Friesdorf BN I 182 f., 188
Friesheim EU I 48, 114, 129; II 101
Fritzdorf BN I 49; II 147–149
Fritzdorf, Burg BN 73 II 147
Fritzenhof SLE 11 I Tafel 79; II 53; Abb. 5
Froitzheim DN I 44, 64, 179; II 26–28, 509
Frombach BIT 49 I 281; II 321
Frongau SLE I 52
Fronhof zu Bornheim BN 191 II 516
Fronhofen AW 161 I 222, 280; II 291
Fuchshoven AW I 54

G

Gabrielshof DN 56 II 34
Ganzhauser Hof BN 112 II 163, 164
Gassel BIT 35 II 315
Gatzenhof BN 118 I Tafel 62; II 164
Gauriago BIT 51 I 174; II 321
Gefell DAU II 217
Gehn, Schloß EU I 230
Gehndorf s. *Jehndorf* DAU 91
Geichlingen BIT II 314
Geisenburg s. *Freudenstein* DAU 10
Geisenbrunner Mühle DAU 77 II 240
Geisenhofstatt WIL 129 II 370
Geiserath PRÜ 54 II 207
Geiserichs Hof AW 164 II 291
Geishausen SLE 7 I Tafel 79; II 51; Abb. 5
Geislar BN I 181
Geislingen a. d. Steige, Kr. Göppingen I 13

Geldern, Kreis I 137
Gelsdorf WIL 35 I 174, 188, 279; II 347
Gemünd SLE II 62 f.
Gensem BN 35 I 180 f., 188, 277; II 136
Georgienweiler COC 20 II 375
Gepeendall, Hof SLE 140 II 515
Gerens Roder Hof COC 95 II 394 f.; Abb. 27
Gerhardstein s. *Burg Gerolstein* DAU 113
Gerintzhofen AW 12 I 280; II 252, 253
Gerlingsheim BIT 60 II 325
Germania Libera I 10 f., 26
Germania Romana I 26
Geroldeshofen s. *Gerintzhofen* AW 12
Gerolskapelle AW 21 II 255 f.
Gerolstein DAU I 52, 170 f., 188, 222, 229; II 217–219, 518
Gerolstein, Burg DAU 16 II 217, 518
Gersdorf BIT 52 I 173 f., 188, 241, 273, 279; II 321–324, 327; Abb. 21
Gessifelhof WIL 84 II 363
Gewerkschaft Quint TR 7 II 404
Gey DN I 44; II 28
Geylesheim DN 13 I 277; II 19
Gielde, Niedersachsen I 12, 125
Gielsdorf BN I 132
Gierenzheim s. *Gerintzhofen* AW 12
Giesenhoven AW 13 I 222, 238, 280; II 252, 253
Giesselbach SLE 70 II 67
Giffekoven s. *Givvekoven* BN 105
Gilenheim BN 180 I 278; II 186
Gilgenbach AW II 270
Gillenfeld DAU I 232, 257; II 219 f.; Abb. 14
Gilsbach AW 191 I 281; II 298
Gilsdorf SLE I 263
Gilzem TR II 406
Gimmingen AW II 270
Gindorf WIL 36 I 279; II 347
Ginhoven BN 51 II 142
Ginnezwilre DN 2 II 15
Ginnick DN II 28 f.
Gipperath WIL II 346
Gipperather Mühle WIL 32 II 346
Girishelten TR 119 II 437
Girshofen s. *Giesenhoven* AW 13
Girzenberg SLE 123 II 84
Gisenroth AW 99 I 280; II 272
Gissenhoven s. *Giesenhoven* AW 13
Givernich SLE 29 I 277; II 58
Givvekoven BN 105 I 37, 94, 126 f., 143 ff., 152, 158 f., 162 ff., 186 f., 225, 279; Tafel 52. 53. 63. 76; II 133, 159 f.; Abb. 9
Glaadter Burg s. *Jünkerath, Schloß* DAU 32
Gladbach DN II 29
Glasbach, Thüringen I 13
Glases-Mühle COC 73 II 389
Glashütte 'Auf der Hochmark' TR 31 I 73; II 410 f.
Glashütte 'Brühler Wald' TR 17 I 73; II 406
Glashütte 'Glasborn' TR 24 I 73; II 408
Glashütte 'Glasheld' TR 29 I 73; II 410
Glashütte 'Glashuf' TR 56 II 419

Ortsregister

Glashütte 'Heidenberg' TR 30   I 73; II 410
Glashütte 'In der Reibach' TR 28   I 73; II 410
Glashütte 'Kernisch-Loch' TR 27   I 73; II 410
Glasley TR 1   I 73; II 402
Glasofen TR 32   I 73; II 411
Glasroder Hof SLE 94   II 74 f.
Glücksthal s. *Bleihütte Glücksthal* EU 89
Glyphada, Griechenland   I 267
Godesburg BN 19   I 238; II 132
Gödersheim DN 101   I 178, 188, 277; II 47 f.; Abb. 4
Göllesheim BN 125   I 278; II 167
Gönnersdorf DAU 52
Görresburg, FN in Nettersheim   I 261 f.
Goldene Meile   I 54
Golzheim DN   II 29 ff.; Abb. 2
Gommerstedt, Thüringen   I 13
Gotesdorpht EU 121   I 278; II 124
Gowerstorf BIT 77   I 279; II 330
Gracht, Burg BN 92   II 154
Grania TR 120   II 437
Gransdorf WIL   I 258; II 346–348
Grau-Rheindorf BN   I 128
Graversdorp BN 181   I 278; II 186
Greimersburg COC   II 380 f.
Grenderich TR 20   I 277; II 407
Grenzhausen COC 87   I 280; II 392
Gressenich DN   I 44
Grevelo AW 192   II 298 f.
Grevenbroich, Kreis   I 137, 235
Greverath BIT 58   I 56, 280; II 325
Grewenich TR   I 176; II 406
Griechenland   I 24
Grimburg, Burg TR 19   II 406 f.
Grindelem WIL 48   I 278; II 350
Grinthusen PRÜ 63   I 280; II 210
Grippekoven BN 52   II 142
Gristeder Esch, Niedersachsen   I 12, 125
Groß-Brembach, Thüringen   I 13
Großjena, Thüringen   I 12
Großlangscheid AW 84   II 269
Großlittgen WIL   II 348
Groß-Vernich EU   I 179
Grünenthal MON 3   II 5
Grünewald   I 57
Grumershof EU 122   II 124
Grummendahler Hof s. *Krummendahler Hof* AW 134
Guckelberg DAU 99   II 246 f.
Guderscheid AW 193   I 281; II 299
Gudestorf PRÜ 65   I 278; II 211
Gürzenich DN   II 30, 32
Guiernich s. *Givernich* SLE 29
Gumprechtsdorf, Thüringen   I 13
Gundelingen DAU 100   I 91, 277; II 247
Gundensdorpht PRÜ 64   I 278; II 211
Gusterath TR   II 407
Gute Hoffnung, Bleibergwerk SLE 21   II 56
Gut Glück SLE 30   II 58
Gut Hospelt EU   II 114
Gut Unterdickt EU   II 102
Gwinckehoven BN 21   I 279; II 132 f.

H

Habscheid PRÜ   II 194
Hadem TR 15   II 406
Häuschen AW 15   II 254
Hagane AW 108   II 274
Hagen DAU 60   I 282; II 231
Hagenmühle BIT 9   II 308
Hahn EU 14   II 93
Hahnenhof EU 95   II 115
Hahnenstein EU 36   II 101
Habscheiderhof s. *Antoniushof* EU 12
Haithabu, Schleswig-Holstein   I 243
Halbacherhof AW 93   II 271
Haldenfeld BIT 92   I 222, 282; II 333
Haldenfeld WIL 109   I 282; II 367 f.
Haldern, fränk. Siedlung, Nordrhein-Westfalen   I 13, 92, 137
Haldingen BIT 93   I 91, 277; II 333
Halen, Wüstung bei Duisburg   I 221
Hallenburg DN 20   II 21
Hallerburg MON 15   II 8
Hallschlag PRÜ   II 194, 196
Halmhova AW 194   I 280; II 299
Halsdorf BIT   I 122 f.
Hambacher Forst   I 106
Hamburg-Farmsen   I 12
Hamich s. *Burghügel* DN 89
Hammersdorf DN 31   I 278; II 25
Hammersmühle COC 118   II 400; Abb. 26
Hanserpesch PRÜ 38   I 282; II 203
Hardt, Hof SLE 141   II 515
Hardtburg EU 105   I 235; Tafel 10. 11. 43; II 118 - 120, 180
Hardterhäuschen s. *Kapelle* b. Kelz DN 50
Harscheid AW   I 133
Hartelstein, Schloß PRÜ 41   II 204
Harterscheid, Wald AW   I 115
Harth SLE 31   I 282; II 58
Hartzdorff WIL 59   I 241, 279; II 353 f.
Harzheim SLE   I 110
Hasborn, Saarland   I 266
Hascheid PRÜ 30   I 281; II 200 f.
Hasem COC 41   I 278; II 380
Hassleben b. Erfurt/Thüringen   I 12
Haus Derkum EU 62   II 107
Haus Meer, Kloster   I 179
Haus Rath SLE 104   II 78 f.
Haus Velbrück EU   II 109
Hausenstatt PRÜ 18   I 282; II 194, 196
Haustenhof s. *Kleine Burg* EU 45
Hazedorph DN 17   I 278; II 20
Heckenbach AW   II 270 f.
Heckhuscheid PRÜ   I 51
Heicheim BN 182   I 278; II 186
Heidenhof BN 64   I Tafel 30; II 144
Heidenhof BN 132   II 169
Heigem EU 65   I 277; II 108
Heiger DAU 25   I 282; II 220, 247
Heilzinroth TR 72   II 422
Heimbach SLE   II 63–65
Heimbach, Burg SLE 56   II 64

Heimersheim AW I 54; II 271
Heimerzheim BN I 49; II 149–151
Heinzerath WIL 69 I 123 ff., 127, 225, 280; Tafel 27; II 258; Abb. 25
Heiore DAU 102 II 247
Heisdorf PRÜ II 196
Heisterbach, Kloster I 226, 238
Heistern DN I 44
Heisterscheid PRÜ 19 II 196
Heldt MON 35 II 12
Helenenberg, Minoritenkloster AW 163 II 291
Hellenthal SLE II 65 f.
Helsdorf BIT 94 I 279; II 333
Hemessen AW 35 II 259, 300
Hemessen, Burg AW 36 II 259
Hemgenberg DN 100 I 281; II 48
Hengsberger Hof AW 115 II 276
Hengstweiler DAU 56 I 279; II 229
Henschdorf TR 46 I 279; II 416
Heppingen AW I 54
Herforst BIT I 56, 71 f.; II 311 f., 341
Hergarten SLE I 44
Herlestorf PRÜ 66 I 278; II 211
Hermesdorf BIT I 119, 173
Hermeskeil TR II 407 f.
Hermsheim, Kr. Mannheim I 13
Herschbach AW II 271
Herschbroich AW I 232; II 271 f.
Herschelt DAU 37 I 282; II 224
Herschhausen DAU 22 I 280; II 219; Abb. 14
Hersel BN I 128; II 151 f.
Hertesberch AW 195 I 281; II 299
Herzogsfreude, Schloß BN 146 II 175 f.
Hessekoven s. *Essinghofen* BN 81
Hessen I 3, 5, 11, 26, 93, 95, 251
Hessens, Niedersachsen I 13
Hessinghofen s. *Essinghofen* BN 81
Heuchhausen EU 2 II 89
Heyer s. *Heiger* DAU 25
Heyroth DAU II 220
Hilberath BN I 154 ff., 224; II 152–154
Hilgerath DAU 54 I 280; II 229; Abb. 15
Hilgerather Hof AW 57 II 264
Hillesheim AW 64 I 278; II 265
Hillesheim DAU I 53; II 220 f.
Hillscheid DAU 90 I 281; II 244
Hillscheid WIL 110 I 281; II 368
Himmerod, Kloster s. *Altenhimmerod* WIL 19
Himmerod, Kloster WIL 40 II 339–341, 343, 348
Himmerod, Kloster s. *Winterbach* TR 39
Himmeroder Hof zu Rheinbach BN 142 I 222
Hinkelsburg WIL 85 II 363
Hintershof SLE 71 II 67
Hinterweiler DAU II 221
Hinzenburg TR I 134
Hirzenrod WIL 111 I 280; II 368
Hittendorf TR 121 I 279; II 437
Hochbach SLE 32 II 58
Hochburg TR 36 II 413
Hochem BN 96 I 278; II 155
Hochheim s. *Hochem* BN 96

Hochmark TR I 73
Hochpochten-Wald I 58
Hochstaden, Burg I 235
Höfen MON I 135
Hölzchenshöfe AW 143 II 287
Hönningen AW I 54
Hörscheid DAU II 221
Hörschhausen DAU II 221
Hövelscheid BIT 95 I 222, 281; II 333
Hof AW 31 II 258
Hof AW 41 II 260 f.
Hof AW 46 II 262
Hof AW 48 II 262
Hof AW 68 II 266
Hof AW 156 II 289
Hof BN 10 II 129
Hof BN 71 I 151
Hof BN 89 I 154
Hof BN 90 I 154
Hof BN 99 I 155
Hof BN 101 I 156
Hof BN 115 I 152
Hof BN 116 I 152
Hof BN 117 I 152
Hof BN 118 I 153
Hof BN 119 I 153
Hof BN 120 I 153
Hof BN 166 I 155
Hof COC 32 II 378
Hof DN 6 II 17
Hof DN 18 II 21
Hof EU 15 II 93
Hof MON 11 II 7
Hof TR 96 II 431
Hof am Lauf-Bach SLE 99 II 77; Abb. 5
Hof bei Gut Unterdick EU 43 II 102
Hohe Acht I 54
Hohe Eifel I 54
Hohenfels DAU I 53; II 221 f.
Hohenleimbach MY, früher *Wüstenleimbach* MY I 17
Hohenrode am Harz, Thüringen I 13
Hohe Schanze b. Alfeld, Niedersachsen I 13
Hohes Venn I 41, 42 f., 62, 135
Hohn DAU 47 I 282; II 227 f.
Hohn BN 106 I 47, 186 f.; Tafel 26; II 159 ff.; Abb. 9
Holis Mühle EU 20 II 94
Hollerath SLE II 67 f.
Holsthum BIT I 240; II 315
Holzerath TR I 134; II 408
Holzfolderhof BN 126 II 167
Holzhausen COC 96 I 280; Tafel 28; II 395; Abb. 27
Holzheim SLE II 68
Holzmühlen DAU 101 II 247
Holzweiler AW II 272
Hommerdingen BIT II 315
Honberg TR 122 II 437
Honerath SLE 1 II 50
Honestorp BN 93 I 278; II 154 f.

Honshausen COC 88   I 280; II 392
Hontheim WIL   II 349
Hoppenburg BN 171   II 182
Hopscheid WIL 112   II 368
Horath, Kr. Bernkastel   I 266
Horchheim s. *Orchheim* EU 82
Hordorf BN 53   I 278; II 142
Horinghoven AW 196   I 280; II 299
Hosele TR 123   II 437
Hougueshaus EU 1   II 89
Hound Tor, England   I 13
Houverath EU   I 133; II 102
Hoven AW 154   II 289
Hoverode PRÜ 35   I 280; II 202
Hubertushütte TR 111   II 436
Hüchelhoven, Kr. Bergheim/Erft   I 266
Hülchrath SLE 8   I 280; II 51; Abb. 5
Hümmel AW   II 273
Hüngersdorf SLE   I 46
Hüppelheim DN 44   I 277; II 30
Hürscheid AW 101   II 273
Hueten-Mühle DN 96   II 46
Hüttenhof SLE 120   I Tafel 71; II 83; Abb. 5
Hüttenwerk Gemünd SLE 48   I 246
Hütterscheid BIT   II 314 f.
Hüttingen   I 273
Hulsbach AW 197   I 281; II 299
Hummenhof SLE 93   II 73 f.
Hundorf WIL 101   I 279; II 366
Hundswinkel DAU 61   I 282; II 230 f.
Hunneschans, Niederlande   I 13
Hunresdorf DAU 103   I 279; II 247
Hunsrück   I 58, 93, 237 ff., 245 ff., 259, 269 ff.
Huppesbroicher Mühle MON 33   II 12
Hurpich EU 77   I 282; II 111
Huscheid PRÜ 24   I 281; II 197 f.
Husen, Burg BN 151   II 177
Husterknupp, Kr. Grevenbroich   I 179
Hustert SLE 12   II 53; Abb. 5
Hymettos, Berg bei Athen   I 266 f.

I

Ickerath AW 59   II 264
Idenheim BIT   I 186
Imgenbroich MON   I 41, 135, II 5 f.
Impekoven BN   I 132; II 154
In den Eldern, Wehranlage DN 3   II 15
Ingendorf BIT   II 315 f.
Ippendorf BN   I 132
Irrel BIT   II 316
Irsch BIT   I 116 ff., 126
Isidorshof BN 41   II 137 f.
Italien   I 24
Iversheim EU   I 263

J

Jägerhof COC 97   II 395; Abb. 27
Jakobwüllesheim DN   I 185; II 32
Jammelshofen AW   II 273
Jammelshofener Mühle AW 106   II 273
Jehndorf DAU 91   I 279; II 245
Jenetraver-Mühle COC 77   II 389 f.; Abb. 27
Josephs-Mühle COC 25   II 377
Jucheshof COC 108   II 398
Jüngersdorf DN   II 32
Jünkerath DAU   I 52, 222, 241, 246; II 222–224
Jünkerath, Schloß DAU 32   II 222
Junckerenheyden EU 37   II 101
Junker Emonts Hof DN 38   II 27 f.

K

Kahlem WIL 71   I 278; II 360
Kaifenheim COC   I 58
Kaisariani, Kloster b. Athen   I 267
Kalenborn COC   II 381
Kalenborn DAU   II 224 f.
Kalkbrennereien BIT 42   II 317
Kalkbrennereien EU 5   II 90
Kalkofen BIT 38   II 316
Kalkofen WIL 102   II 366
Kall SLE   II 68, 70
Kallmuth SLE   I 45 f., 102, 107 ff., 126; II 69 f.; Abb. 6
Kaltem COC 69   I 278; II 388
Kaltenborn AW   II 274
Kaltenborn, Burg AW 107   II 274
Kalterherberg MON   I 41, 135; II 6
Kammerforst, Hof BIT   II 311 f.
Kammerhof DAU 63   II 231
Kanabude   I 13
Kapelle AW 70   II 266
Kapelle AW 91   II 270 f.
Kapelle AW 149   II 288
Kapelle COC 98   II 395; Abb. 27
Kapelle WIL 64   II 356
Kapelle TR 54   II 419
Kapelle TR 67   II 421
Kapelle b. Embken DN 32   II 25
Kapelle b. Kelz DN 50   II 33
Kapelle 1 b. Hontheim WIL 43   II 349
Kapelle 2 b. Hontheim WIL 44   II 349
Kapelle zu Preist BIT 62   II 326
Kapelle b. Willwerscheid WIL 98   II 366
Kapelle b. Willwerscheid WIL 99   II 366
Kapellenhof s. *Gabrielshof* DN 56
Kaperich COC   II 381 f.
Karden COC   II 382
Karl WIL   II 349 f.
Karlhütte WIL 47   II 350
Kaschenbach BIT   II 316
Kasel TR   II 408–410 Abb. 28
Kasselburg DAU 64   II 231 f.
Kassenberg MON 41   II 13

Kastel, Burg PRÜ 67   II 210
Katzenburg BN 44   II 140
Katzwinkel DAU   II 225
Kauerhof COC 74   II 389
Kaulen-Mühle COC 64   II 385
Kazzenmühle TR 11   II 405
Keckhausen COC 15   I 280; II 374
Kelchhof I COC 99   II 382, 395 f.; Abb. 27
Kelchhof II COC 46   II 381 f., 395 f.; Abb. 27
Keldenich SLE   II 70–72
Kell MY   I 126
Kelz DN   II 33
Kempen-Krefeld, Kreis   I 137
Kemplon, Burg COC 23   II 376
Kennfus COC   II 383
Kermeter   I 42 f., 45
Kernis AW 155   II 289
Kerpen DAU   I 53, 186, 235; II 225–227
Kerpen, Burg DAU 42   II 225 f.
Kersch TR   I 168, 184
Kerschenbach PRÜ   II 196
Kesselhof COC 16   II 374
Kesseling AW   II 274 f.
Kesselstadt, Wasserschloß WIL 21   II 343
Kessenich, Stadtteil v. Bonn   II 97
Kessenich EU 26   I 221, 277; II 97 f.
Kettenheim DN 85   I 186, 277; II 43 f.
Kettenich SLE 132   I 277; II 86
Kevenich TR 55   I 277; II 419
Kinheim WIL   I 131; II 350
Kirche zu Arnsberg DAU 89   II 244
Kirche zu Birgel AW 135   II 284
Kirche zu Bonsdorf DN 74   II 39
Kirchhausen   I 13
Kirchheim, Bayern   I 13
Kirchheim EU   II 102
Kirchsahr AW   ·II 275; Abb. 17
Kirchweiler DAU   II 227
Kirmutscheid AW 179   I 281; II 297
Kirspenich EU   I 262 f.
Kirszenbach BIT 39   I 281; II 316, 332
Klappertzhardt EU 87   II 113 f.
Klasroder Hof s. *Glasroder Hof* SLE 94
Klause TR 101   II 432
Klause der Zisterzienserinnen AW 136   I 238; II 284
Kleehof s. *Tomberger Hof* BN 189
Klee-Mühle COC 26   II 377
Klein-Altendorf BN 176   I 278; II 183 f.
Klein-Büddenstedt, Niedersachsen   I 12 f.
Kleinbüllesheim EU   II 102 f.
Kleine Burg EU 45   II 103
Kleiner Deutschordenshof s. *Heidenhof* BN 132
Kleinlangscheid s. *Großlangscheid* AW 84
Klein-Villiper Hof BN 4   I Tafel 47; II 127 f.
Kliestow b. Frankfurt/Oder   I 12
Klochterhof s. *Villa Crucht* BN 15
Kloster AW 71   II 266 f.
Kloster DAU 3   II 213
Kloster EU 123   II 125
Kloster Frauenthal EU 55   II 105

Klosterhof AW 3   II 249
Klotten COC   II 383–385
Klotten, Burg COC 54   II 383
Knappsmühle BIT 23   II 311
Knipphof EU 63   I Tafel 7; II 108
Kobscheid PRÜ   II 197 f.
Köhlereien EU 66   I 246; II 108 f.
Köln   I 214, 233
Kölner Bucht   I 4, 5, 47, 265, 269
Kölnische Höfe COC   II 382
Kölnischer Hof I COC 99   II 395 f.; Abb. 27
Königsfeld AW   II 275
Königsfeld, Burg AW 112   II 275
Königsfeld SLE 77   I 107 ff., 126 f., 225, 282; II 69 f., 312; Abb. 6
Königshagen, Niedersachsen   I 13
Körperich BIT   II 316
Köttenich DN 67   II 37
Köttingen s. *Kettenich* SLE 132
Kohlhöfchen AW 4   II 249 f.
Koisdorf AW   II 276
Kolbenrath DAU 67   II 233
Kolvenhorn COC 122   II 401
Kommern EU   I 230
Kondelwald   I 57, 71, 123
Konert BIT 81   II 331
Konouvky, ČSSR   I 13
Konzen MON   I 41 f., 135; II 6 f.
Kopp PRÜ   II 198
Kordel TR   I 73, 214; II 410–414
Kornelimünster, Kloster   I 42
Korpeslei TR 35   II 412
Koßdorf AW 130   II 282
Kotten AW 69   II 266
Kottenforst   I 4, 48 ff., 156, 228
Kottenheim, fränk. Siedlung, Rheinland-Pfalz   I 13, 92
Kraderbacher Hof EU 16   II 93
Krählingen AW   I 115
Kranscheid AW 110   I 281; II 274 f.
Krascheid s. *Kranscheid* AW 110
Krechelheim AW 176   I 114 ff., 127, 222, 225, 278; Tafel 62; II 278, 294–296; Abb. 18
Krefeld-Gellep   I 23
Krekelerkirch SLE 130   II 86
Kreuzberg AW   II 276
Kreuzerhof COC 89   II 392 f.
Krickelsmühle s. *Wenauer Mühle III* DN 99
Kröv   I 131
Kronenburg SLE   II 72 f.
Kronenburg SLE 46   II 62
Kronenburg SLE 87   II 72 f.
Kronenburgerhütte SLE 88   I 246; II 73
Kruchem BN 152   II 177 f.
Kruchten BIT   I 184
Krummenauel SLE 33   II 58
Krummendahler Hof AW 134   II 284
Krummes Fenn, Berlin-West   I 13
Kuchenheim EU   II 103
Küdinghoven BN   I 181
Kühlseggen, Burg EU   I 112

Künsbeck, Niedersachsen I 13
Kufferath DN I 44
Kuffheim DN 5 I 277; II 16 f.
Kugenheim AW 5 I 278; II 250
Kuhpescher Hof DN 41 II 28 f.
Kunzer Hof SLE 74 II 68
Kupferbergwerk EU 90 II 114
Kupferbergwerke 'Pützlöcher' TR 33 I 73; II 411, 413
Kupferhütte DN 59 II 35
Kupfer- u. Bleihütte Emma-Carolina BN 113 II 163
Kupferwalzmühle SLE 50 I 246; II 63
Kurfürsten-Mühle EU 102 II 117
Kurtenbach I 273
Kyllburg BIT I 273; II 317
Kyll-Wald I 51
Kyllweiler WIL 56 I 279; II 353

L

Laacher See I 6, 54
Lahr COC II 385
Lahrer Mühle COC 63 II 385; Abb. 26
Lambach BIT 96 I 281; II 333
Lamersdorf DN II 33
Lammersdorf MON I 41 f.; II 7
Lampernisse, Belgien I 13
Landscheid WIL I 264 ff.; II 350 f., 502 f.
Landskron, Festung AW 121 I 211; II 279
Landwehr WIL 31 II 346
Landweiler EU 78 I 279; II 111
Langenacker EU 124 I 223; II 125
Langenborn TR 86 II 429
Langenbruchs Hof EU 92 II 114
Langenecken EU 54 I 221, 282; II 105, 125
Langenfeld PRÜ 55 I 282; II 207 f.; Abb. 13
Langerwehe DN I 64, 243; II 33 f.
Langhardt AW 89 II 270
Langscheid DAU 81 II 241
Langscheid WIL 113 II 368
Langsur TR I 176
Lankshausen AW 22 I 280; II 256
Lannesdorf BN I 182
Lantershofen AW II 276, 278
Lascheider Hof TR 22 II 407 f.
Laschmitt WIL 25 II 345, 352 f.
Laubach COC II 385 f.
Laufenberg, Burg DN 18 II 32
Laufenwehr BIT 20 I 283; II 310
Lauscheit MON 20 I 281; II 9
Lauterbach MON 8 II 6 f.
Lautershausen, Siechenhaus DAU 13 II 216
Layerhof EU 42 II 102
Lechenich EU I 47 f., 129, 188, 221, 229, 234; II 104–106
Lechenich, Burg EU 49 II 104 f.
Lehmen COC 34 I 283; II 379
Lehnen-Mühle COC 78 II 390
Leiderath s. *Leidert* WIL 4

Leidert WIL 4 II 337; Abb. 22
Leihköppchen BIT 74 II 329
Leimbach AW II 278
Leineberglang I 23
Leisenberg, Niedersachsen I 273
Lengsdorf BN I 132; II 154 f.
Leprosenhaus s. *Siechenhaus* DN 25
Letter, Niedersachsen I 12
Leudersdorf DAU II 227 f.
Liblar EU I 150; II 106
Lichtach WIL 7 I 283; II 337 f.
Lieg COC II 388
Lielwine COC 79 II 390
Lierfeld PRÜ II 199
Liersberg TR I 176
Ließem BIT I 173; II 317
Ließem BN II 155
Limberg, Abschnittswall b. Wallerfangen I 271
Limperich BN I 181
Lindweiler BN 131 II 169
Lingscheider Mühle EU 103 II 117
Linheit TR 105 II 435
Linktem TR 48 I 278; II 416
Linzerath DAU 52 II 229
Linzfeld s. *Niederlinzfeld* DAU 34
Lissendorf DAU I 52; II 228
Liudesheim DAU 104 I 278; II 247
Lochem DAU 4 I 278; II 213
Lochert AW 95 I 232, 280; II 271
Löhndorf AW I 115, 222; II 278 f.
Lölgenshof BN 193 II 517
Löwenburg s. *Burg Gerolstein* DAU 113
Lohmühle MON 19 II 8
Lohrem DAU 26 I 278; II 220 f.
Lohrsdorf AW II 279
Lohrsdorfer Burg AW 122 II 279
Lommersdorf SLE I 45, 52, 246; II 73–76
Lommersum EU I 114, 179; II 106–108
Londorf BN 153 I 177, 512 f.
Lonesbach WIL 16 II 341, 370
Longuich TR II 415
Lontzen WIL 114 I 283; II 368 f.
Lorbach SLE I 108 ff., 126; II 77
Lorscheid TR I 134; II 415
Losbach WIL 115 I 281; II 369
Losheim, Kr. Merzig Wadern I 168
Lotharhof MON 8 II 6 f.
Lovania TR 4 I 283; II 403
Lovena s. *Lovania* TR 4
Luciakapelle s. *Alte Kirche* WIL 52
Ludendorf BN I 155 f.; II 156 f.
Ludendorf, Burg BN 100 II 156 f.
Ludesvelt PRÜ 68 I 282; II 210
Lüddershof EU 68 II 109
Lüftelberg BN I 156, 159; II 157
Lützelbillig EU 8 I 282; II 91
Lützermiel BN 107 I 186 f.; II 159 ff.; Abb. 9
Lüxem WIL II 351
Lüxheim DN II 34 f.
Luntuche COC 13 II 374
Lustorp BN 183 I 278; II 186

Lutzenthal COC 115   I 238; II 399
Lutzerath COC   II 388
Lutzerath SLE 13   I 280; II 53 f.; Abb. 5
Luviler BIT 97   II 333
Luxemburg, Großherzogtum   I 97
Luynrich BN 154   II 177, 512 f.

M

Maarhöff AW 126   II 280 f.
Machconvillare   I 118
Mähren   I 194 ff., 218
Magininga villa DAU 48   II 228
Magininga villa DN 103   II 49
Mahlberg EU   I 133; II 108 f.
Mahldorf BIT 68   I 174; II 327
Mahlmühle, neue MON 16   II 8
Mahlmühle, alte MON 17   II 8
Mahrdorf PRÜ 42   I 278; II 204
Maifeld   I 236
Mainouuis BIT 41   II 317
Mais TR 124   II 437
Maishof AW 174   II 293
Malberg BIT   II 317
Malbergweich BIT   I 130
Maleits-Mühle DN 95   II 46
Mandelmühle AW 146   II 287
Manderfeld, Belgien   I 51
Manderscheid WIL   I 246; II 351–353
Manderscheid, Niederburg WIL 53   II 351 f.
Manderscheid, Oberburg WIL 54   II 352
Manderscheider Hof SLE 15   I Tafel 79; II 54, 510; Abb. 5
Manganbergwerk AW 86   II 270
Mannebach, Kr. Simmern   I 271
Mannerscheid PRÜ 49   I 222, 281; II 206
Manwerc COC 80   II 390
Marcomagus s. Marmagen
Mardenrode AW 198   I 280; II 299
Maren AW 74   II 267
Mariagrube, Bergwerk MON 34   II 12
Maria-Martental, Hof u. Mühle COC 66   II 386
Maria-Martental, Kloster COC 65   II 385 f.
Mariastern, Kloster BN 69   I 242; II 146
Mariawald, Kloster   I 42
Mariaweiler-Hoven DN   II 35
Marienforst, Kloster BN 22   I 242; II 133
Marientnal, Kloster AW 75   I 242; II 267
Marmagen SLE   I 252, 260 ff., 272; II 77; Abb. 5
Marschallsrath s. *Haus Rath* SLE 104
Marsdorf BN 155   II 177
Marspelt s. *Maspelt* PRÜ 58
Masburg COC   II 388
Masholder BIT   II 317
Masmühle s. *Untere Follmühle* EU 80
Maspelt PRÜ 58   I 241, 282; II 208, 210
Maßholderhof AW 83   II 269, 513 f.
Mathulfovillare   I 117 f.
Matten TR 77   I 223, 283; II 423 f.
Mattenhof s. *Matten* TR 77

Mattener Hof TR 77 s. *Matten*
Matzen BIT   I 116 ff., 126, 130; II 317–320, 498; Abb. 20
Mauweiler s. *Auweiler* DN 29
Maxem COC 42   I 278; II 381
Mayen (MY), Kreis   I 6, 55
Mayen, Stadt   I 147, 214, 243, 251 ff.
Mayener Stadtwald   I 266
Mayschier TR 125   II 438
Mayschoß AW   I 54; II 279 f.
Mechernich SLE   I 45 f.; II 78 f.
Meckel BIT   I 240
Meckenheim BN   I 49 f., 54, 146 ff., 157, 183 f., 188, 221 f., 228; II 106, 157 f.
Medenhof BIT 26   II 312
Medersberg MON 22   I 281; II 9
Medinghoven BN 67   I 279; II 145
Meerfeld WIL   II 353
Meersbuden s. *Büsheim* EU 112
Mehlem BN   I 182
Mehlem WIL 91   I 278; II 364
Mehring TR   I 168; II 415
Mehringer Berg, Eisengruben TR 8   II 404
Meierrot TR 42   I 280; II 415
Meisburg DAU   II 228
Meisenhoven DN 92   II 45
Meis-Mühle COC 100   II 396
Melendorf PRÜ 69   I 278; II 211
Mellich WIL 5   I 283; II 337; Abb. 22
Mentelhoven BIT 98   II 333, 334
Merdingen, Kr. Freiburg i. Br., Baden-Württemberg   I 13, 166
Merhauser Hof BN 38   II 137, 512
Merode DN   II 35, 509
Merrinstorph BIT 99   I 279; II 333
Merscheid PRÜ 50   I 222, 281; II 206
Merten BN 156   I 224, 282; II 177 f.
Mertheim EU 10   I 277; II 92
Mertzbach DAU 55   I 238; II 229
Merzbach WIL 116   I 281; II 369
Merzbacher Mühle BN 114   II 163
Merzenich DN   I 102; II 36
Mesenich TR   I 176 f., 188; II 415 f.
Messeren COC 123   I 283; II 401
Messerich BIT   II 320
Messier s. *Mayschier* TR 125
Mettendorf BIT   I 123
Metternich EU   II 109
Metzdorf TR   I 176
Metzenhausen, Burg WIL 26   II 345
Metzenhausen, Dorf WIL 27   I 280; II 345
Metzigeroder Hof SLE 72   II 68
Meulenwald   I 71
Meuspath AW   II 280
Meysheym DN 26   I 185 f., 221, 237, 277; II 23 f.
Michaelskapelle BN 20   II 132
Michwilre COC 124   I 279; II 401
Middilnheim EU 56   I 221, 227; II 105 f.
Miel BN   I 143 ff., 186 f., 224; II 158–162
Mielenburg AW 139   II 286
Miesem s. *Meysheym* DN 26

Miesheim s. *Meysheym* DN 26
Mimmich COC 125   II 401
Minden TR   II 416
Minderlittgen WIL   I 72; II 353
Minderroth WIL 28   II 345
Minoritenkloster s. *Helenenberg, Minoritenkloster* AW 163
Minvegen AW 151   II 288
Mirbach DAU   II 228
Mirbachsgut DAU 27   II 221
Mönchhof WIL 92   II 364
Mönchshof EU 35   II 101
Mörsdorf COC   II 388 f.
Mötsch BIT   I 321
Moldem COC 43   I 278; II 381
Moley s. *Muley* WIL 75
Mollern TR 126   II 438
Molun s. *Muley* WIL 75
Mombach PRÜ 8   II 191
Monschau (MON), Kreis   I 6 ff., 41 ff., 63, 81 f., 84, 86, 90, 96, 230
Monschau, Stadt   I 41, 135, 238
Monschauer Land   I 5
Montaigut, Frankreich   I 13
Morenhoven BN   I 187; II 162
Moritzweiler s. *Morschweiler* COC 21
Morken, Kr. Bergheim/Erft   I 179
Morsauel SLE 55   II 64
Morschweiler COC 21   II 375 f.
Morthaus BIT 19   I 283; II 310
Moselkern COC   II 389
Mozenborn DN 14   II 19 f.
Mstenice, ČSSR   I 13
Müddersheim DN   II 36
Müden COC   II 389
Müggenhausen EU   II 109
Mühlchen TR 73   I 283; II 422
Mühle AW 44   II 261
Mühle AW 60   II 265
Mühle AW 94   II 271
Mühle BN 108   II 159 ff.; Abb. 9
Mühle COC 27   II 377
Mühle COC 45   II 381
Mühle COC 53   II 383
Mühle COC 56   II 384
Mühle DAU 30   II 221
Mühle DAU 91   II 215
Mühle EU 11   II 92
Mühle 1 EU 27   II 98
Mühle 2 EU 28   II 98
Mühle EU 114   II 123
Mühle SLE 95   II 75
Mühle SLE 111   II 80
Mühle TR 75   II 422 f.
Mühle am Derenbach AW 178   II 296
Mühle am Eschbach BIT 34   II 315
Mühle des Obersten Kettler MON 18   II 8
Mühlen beim Laufenbacherhof AW 213   II 519
Mühlen am Ohrbach BN 109   II 162
Mühle Rheinbachweiler BN 143   I Tafel 78; II 174
Mühle Sarresdorf DAU 18   II 218

Mühle am Vellerhof SLE 26   II 57
Mühlen b. Geisenburg DAU 11   II 215, 240
Mühlenwirft AW 157   II 290
Mühlsteinbrüche DAU 46   II 227
Mühltal, Bayern   I 13
Müldorf, Ortsteil von Beuel bei Bonn   I 181
Mülheim BN 37   I 277; II 136 f., 512
Müllenbach COC   II 389 f.
Müllenborn DAU   II 229
Münchrath SLE 78   I 280; II 70 f.
Münstereifel EU s. Bad Münstereifel
Münstereifeler Stiftshof Rheinbach BN 140   II 171
Mürlenbach PRÜ   II 199 f.
Mürlenbach, Burg PRÜ 29   II 199 f.
Müsauelsberg SLE 34   II 58
Müsch AW   II 280
Müscher Mühle AW 125   II 280
Müttinghoven BN 110   I 279; II 162
Mützenich MON   I 41; II 9
Muffendorf, Ortsteil von Bonn   I 182
Muffendorf, Burg BN 32   II 135
Muitgen BN 86   I 282; II 152
Muldenau DN   II 36
Mulere TR 127   II 438
Muley WIL 75   II 361
Mulscheid WIL 62   I 281; II 354–356; Abb. 24
Musil TR 87   I 61, 223, 283; II 429
Mutscheid EU   II 113–115
Mytesacks Gut SLE 142   II 515

N

Naberenheyden EU 38   II 101
Namersdorf DAU 105   I 279; II 247
Name unbekannt AW 53   II 263
Name unbekannt AW 54   II 264
Name unbekannt AW 165   II 292
Name unbekannt AW 172   II 293
Name unbekannt AW 173   II 293
Name unbekannt BIT 10   I 283; II 308
Name unbekannt BIT 59   I 283; II 325
Name unbekannt BIT 75   II 329 f.
Name unbekannt BN 6   II 128
Name unbekannt BN 11   II 129
Name unbekannt BN 12   I 154; II 130
Name unbekannt, Hof? BN 70   II 146 f., 156
Name unbekannt, Hof? BN 71   I Tafel 62; II 147
Name unbekannt BN 78   II 149
Name unbekannt, Hofwüstung BN 83   II 151
Name unbekannt, Hofwüstung BN 89   I Tafel 62; II 152
Name unbekannt, Hofwüstung? BN 90   I Tafel 62; II 152
Name unbekannt BN 97   I 155, 282; Tafel 62; II 147, 156
Name unbekannt, Hofwüstung BN 98   II 156
Name unbekannt, Hofwüstung BN 99   I Tafel 62; II 156
Name unbekannt, Dorfwüstung? BN 101   I 282, Tafel 62; II 157

Name unbekannt BN 102   I 146 ff., 157, 184, 188; Tafel 58; II 157
Name unbekannt, Hofwüstung? BN 115   I Tafel 62; II 163
Name unbekannt, Hofwüstung? BN 116   I Tafel 62; II 163
Name unbekannt, Hofwüstung? BN 117   I Tafel 62; II 163 f.
Name unbekannt, Hofwüstung? BN 119   I Tafel 62; II 164
Name unbekannt, Hofwüstung? BN 120   I Tafel 62; II 164
Name unbekannt BN 135   I 282; II 170
Name unbekannt BN 145   II 175
Name unbekannt, Hofwüstung? BN 162   I Tafel 61; II 180
Name unbekannt BN 163   I 156, 282; Tafel 61; II 180
Name unbekannt, Hofwüstung? BN 164   II 181
Name unbekannt, Hofwüstung? BN 166   I Tafel 62; II 181
Name unbekannt, Burg COC 39   II 380
Name unbekannt COC 61   II 385
Name unbekannt COC 83   II 390
Name unbekannt, Hof COC 106   II 397
Name unbekannt DAU 24   II 220
Name unbekannt DAU 40   I 282; II 225
Name unbekannt DAU 50   I 282; II 228
Name unbekannt EU 9   II 92
Name unbekannt PRÜ 22   I 282; II 197
Name unbekannt PRÜ 56   II 208
Name unbekannt PRÜ 57   II 208
Name unbekannt SLE 39   I 282; II 59
Name unbekannt SLE 40   I 282; Tafel 6. 69; II 60, 459, 463
Name unbekannt SLE 136   II 87
Name unbekannt SLE 137   II 88
Name unbekannt WIL 88   II 363 f.
Name unbekannt, Burg? WIL 89   II 364
Name unbekannt WIL 104   II 367
Name unbekannt, karolingische Siedlung TR 49   I 283; II 417
Nantersburg s. *Entersburg* WIL 42
Nanzem BIT 3   I 278; II 302 f.
Nanzenheim s. *Nanzem* BIT 3
Napoleonischer Hochofen MON 40   II 13
Nattenheim BIT   I 116, 130, 173 f.; II 321–324; Abb. 21
Naurath/Eifel TR   II 416
Neichen DAU   II 229; Abb. 15
Neidenbach BIT   I 117; II 324
Neidhof COC 57   II 384
Nelsbach TR 128   I 281; II 438
Nemmenich EU   I 129
Nenterode s. *Enterder Hof* AW 11
Nentert s. *Enterder Hof* AW 11
Neroburg s. *Breidscheid, Burg* AW 1
Neroth DAU   II 229 f.
Nerrisheim s. *Erinchheim* DN 86
Nesselburg BN 127   II 167 f.
Nettersheim SLE   I 45, 110, 252, 261 ff.; II 79
Netteshoven BN 54   II 142 f.
Neublankenheim DAU 83   II 242
Neudhof s. *Neidhof* COC 57
Neue Eisenhütte SLE 82   II 71
Neuenahr, Burg AW 34   II 259
Neuenhof BN 169   II 182
Neuenhof WIL 8   II 338
Neuenhof WIL 29   I 57, 242; II 345 f.
Neuenstein, Burg PRÜ 34   II 202
Neuerburg BIT   I 56; II 324
Neuerburg, Burg BIT 56   I 56; II 324
Neuerburg, Burg WIL 60   II 354
Neuerburg WIL   II 353 f.
Neuheim, Gut EU   I 112 f.
Neuhof AW 162   I 222; II 278, 291
Neuhof s. *Neuenhof* WIL 29
Neuhütten, Kr. St. Wendel   I 60
Neukirchen BN   I 49, 149, 152 f., 157, 159, 224, 228; II 162–164
Neukirchen DAU   II 230 f.
Neukirchen EU   II 109
Neumühle TR 95   II 431
Neumünster-Grotenkamp, Schleswig-Holstein   I 13
Neuss   I 221
Neuwied-Gladbach, fränk. Siedlung, Rheinland-Pfalz   I 13, 85 f., 92, 137, 166
Nideggen DN   I 44; II 36 f.
Nideggen, Burg DN 66   I 22, 64, 221; II 36 f.
Niederbachem BN   I 49, 224, 229, 238; II 164–169
Niederbenningen TR 26   II 409 f.
Niederberg EU   II 115
Niederbettingen DAU   II 231
Niederburg Manderscheid WIL 53   I 72
Niederdürenbach AW   II 280 f.
Niederehe DAU   II 231
Niederheim DN 1   I 277; II 15
Niederheim SLE 129   I 277; II 85
Niederhof PRÜ 45   II 205
Niederhohne, Niedersachsen   I 12
Niederholtdorf BN   I 181
Niederkail WIL   II 354
Niederkaltenborn AW 199   II 299
Niederkastenholz EU   II 115
Niederkell TR 57   II 419
Niederkirch TR 108   I 283; II 435
Niederlinzfeld DAU 34   I 222, 282; II 205, 223 f.
Niedermanderscheid, Burg s. *Manderscheid, Niederburg* WIL 53
Niederöfflingen WIL   II 354–356; Abb. 24
Niederöfflinger Mühle WIL 63   II 355, 356; Abb. 24
Niederprüm PRÜ   I 240 f.
Niederrheingebiet   I 1 ff., 5, 21, 102, 251
Niederrollesbroich MON 38   II 13
Niedersachsen   I 5, 23, 93, 95, 251, 269 f.
Niederscheidweiler WIL   II 356
Niederstelle BIT 78   I 283; II 330
Niederungsburg Büderich s. *Burghügel Büderich*
Niederweis BIT   II 324 f.
Niederweis, Burg BIT 57   II 324 f.

Niederzier DN   I 17, 105 ff., 127; II 37 f.
Niederzierer Mühle DN 69   II 37
Niederzissen AW   II 281 f.
Niersbach WIL   II 356 f.
Nierst, Kr. Kempen-Krefeld   I 221
Nildorf s. *Elldorf* SLE 114
Nittel, Kr. Saarburg   I 168
Nivenderoth TR 21   I 280; II 407
Niwenbrat AW 200   II 300
Nörvenich DN   II 38
Nöthen SLE   I 263
Nofestorf WIL 117   I 279; II 369
Nohn AW   II 282 f.
Noilstorf AW 201   I 279; II 300
Nonnenhöfchen PRÜ 21   II 196 f.
Nordafrika   I 24
Nordrhein-Westfalen   I 6
Noytingen s. *Nüdingen* BIT 46
Nüdingen BIT 46   I 91, 277; II 320
Nuenburg TR 38   II 413 f.
Nuendorp AW 202   I 279; II 300
Nürburg AW 132   II 283
Nusbaum BIT   I 170, 172
Nutzenbach s. *Eitgenbach* AW 47

O

Oberbenningen s. *Benningen* TR 25
Oberbettingen DAU   I 52
Oberbillig TR   I 13, 92; II 416 f.
Oberbreisig AW   II 283
Oberbreisig, Burg AW 133   II 283
Oberburg Manderscheid WIL 54   I 72
Oberdrees BN   II 169
Oberdürenbach AW   II 284
Obere Burg EU 46   II 103
Obere Follmühle EU 79   II 111 f.
Obere Hütte Ahrhütte s. *Eisenhüttenwerk Ahrhütte* SLE 43
Oberelvenich EU   II 115 f.
Oberes Gäu, Baden-Württemberg   I 23, 102
Obergartzem EU   I 48; II 116
Obergeckler BIT   II 325
Oberhasborn PRÜ 25   II 198
Oberhausen SLE   II 79 f.
Oberholtdorf BN   I 181
Oberkail WIL   II 357
Oberkail, Burg WIL 66   II 357
Oberlascheid PRÜ   I 51; II 200 f.
Oberlauch PRÜ   II 201
Oberleuken, Kr. Saarburg   I 168
Oberliblar EU   II 106
Obermaubach-Schlagstein DN   II 39
Obermehlen PRÜ   II 201
Oberöfflingen WIL   II 357
Oberpreth SLE 73   II 68
Oberrollesbroich MON 37   II 13
Oberroth DAU 57   I 280; II 227, 230
Oberswist, Hof s. Swisterhof EU
Ober-Üttfeld PRÜ   II 194

Oberweiler DAU 28   II 221
Oberweis BIT   I 56, 119, 122 f.
Oberwinter AW   II 284 f.
Oberzeller Mühle COC 35   II 379
Obliers AW   II 285
Ochheim SLE 41   I 177 f., 188, 277; II 60
Ockershausen EU 3   I 280; II 89
Odoorn, Niederlande   I 12
Oedekoven BN   I 132
Oedingen AW   II 286
Ölmühle AW 109   II 274
Ölmühle COC 107   II 397
Ölmühle PRÜ 2   II 189
Ölmühle Watzel AW 90   II 270
Ösling, Wald   I 97
Oeten TR 129   II 438
Officina s. *Effzich* BIT 76
Ohdorf SLE 16   I 278; II 54
Ohlenhard AW   II 286 f., 514
Ohndorf SLE 27   I 278; II 57
Ohndorfer Hof s. *Arndorfer Hof* EU 4
Olbrück, Burg AW 127   II 281, 284
Oldenburg i. O.   I 269
Oldendorp, Niedersachsen   I 13
Oldron BIT 100   II 333 f.
Olkenbach WIL   I 123 ff., 127; II 358 f.; Abb. 25
Ollesheim DN 34   I 277; II 26
Ollheim BN   II 169
Olligsmühle EU 29   II 98
Olsdorf BIT   II 325
Olshoven BN 133   I 279; II 169
Olzheim PRÜ   II 201 f.
Onsdorf s. *Honestorp* BN 93
Oppilendorf BIT 18   I 279; II 310
Oppinga AW 203   I 283; II 300
Orchem s. *Urschheim* BN 129
Orchheim EU 82   I 221, 277; II 112
Ordorf BIT   I 175
Orendorf DAU 86   I 279; II 243
Orenhofen TR   I 73, 184; II 404, 417 f.
Orisheim DN 102   I 277; II 49
Ormont PRÜ   II 202
Orsdorf s. *Ausdorf* AW 160
Osann WIL   II 360
Osburg TR   I 134
Osburger Hochwald   I 59, 134
Osterfingen, Kt. Schaffhausen, Schweiz   I 13
Ostermoor b. Brunsbüttelkoog, Schleswig-Holstein   I 12
Otersdorf WIL 103   I 225, 279; II 366 f.
Otzenhausen, Ringwall   I 60, 73
Otzeroth COC 103   II 397; Abb. 27
Oued Medjerda, Tunesien   I 268
Ouishovin EU 125   II 125
Overbornheim BN 56   I 278; II 143
Oyrgim DAU 106   I 278; II 248

P

Paffenholz BN 88   II 152, 153; Abb. 8

Paffrath, Stadtteil v. Bergisch-Gladbach I 150; II 106
Palush WIL 118   I 283; II 369
Pappelmühle BIT 55   II 324
Pastoratsberg in Essen-Werden   I 210
Paswilre TR 9   I 279; II 404
Paulushof MON 23   II 9, 13
Pavenbure WIL 119   I 283; II 369
Pech BN   II 170
Pellenz   I 5, 236, 253, 259
Pelm DAU   I 53; II 231 f.
Pelzem s. Belzem BN 123
Penthouen s. Benghoven EU 51
Peppenhoven, Rittersitz BN 33   II 135
Pesch SLE   I 263; II 50
Pescher Mühle SLE 110   II 80
Petershausen COC 117   I 280; II 399 f.; Abb. 26
Petingen BIT 71   I 91, 171 f., 188, 277; II 328
Pfaffenholz AW 15   II 254
Pfaffenschlag, ČSSR   I 13
Pfalz   I 237
Pfalzkyll, Burg BIT 69   I 283; II 328
Pfannenschopp AW 113   II 276
Pfeffingen BIT   I 119, 122
Pickließem BIT   I 175
Pier DN   II 39
Pierscheid BIT 54   I 281; II 324
Piesperhof BIT 101   II 334
Pingsdorf s. Brühl-Pingsdorf
Pingsheim EU   II 116
Pipinsburg b. Sievern, Kr. Cuxhaven   I 13
Pissenheim DN 65   I 277; II 36
Pitscheid AW   II 287
Pitscheider Mühle AW 175   II 293 f.
Pittemühle DAU 8   II 214
Pitzburg WIL 120   II 369
Plackenhof BN 23   II 133
Platten PRÜ 16   I 241, 282; II 194
Pleidenhöfchen COC 81   II 390
Plein WIL   II 360 f.
Pleitsdorf MY   I 126
Pletschmühle SLE 36   II 59
Pleushammer SLE 37   I 238; II 10, 59
Pleushütte MON 24   II 10
Plittersdorf BN   I 182
Pochmühlen SLE 103   II 78
Pollerhof EU 30   I 238; II 98
Pommern COC   II 390 f.
Pomster AW   II 287 f.
Ponpenges DAU 107   I 283; II 248
Prattil BIT 102   I 222, 283; II 334
Preist BIT   I 56; II 325 f.
Propstei d. Klosters Brauweiler COC 60   II 384 f.
Prüm, Abtei   I 51, 69, 102
Prüm (PRÜ), Kreis   I 6, 43, 51 f., 69, 81 f., 84, 86, 90, 96
Prüm, Stadt   II 202 f.
Prümer Hof TR 14   II 405
Prümzurlay BIT   II 326 f.
Prümzurlay, Burg BIT 64   II 326
Prümzurlay, Burgsiedlung BIT 65   I 283; II 326 f.

Pützchen BN   I 181
Pützfeld AW   II 288
Pützfeld-Hof COC 104   II 397
Pütz-Hof s. Unterster Kempener Hof DN 37
Pyrmont, Burg COC 85   II 391
Pyrmont, Burgsiedlung COC 86   I 283; II 391 f.

Q

Queckenberg BN   I 49; II 170 f.
Queckenburg s. *Alte Burg b. Münstereifel* EU 71
Quienheim, Wüstung südlich Neuss   I 221
Quint, Eisenhütte TR 7   I 246; II 268
Quint, Eisenhütte s. Gewerkschaft Quint TR 7
Quintburg s. Burg TR 68

R

Raindorf s. Rheindorf BN 157
Ralingen TR   II 418 f.
Ramersdorf BN   I 181
Ramstein, Burg TR 37   I 73; II 413
Rand, Lincolnshire, England   I 160
Rankenberg BN 57   I 281; II 143
Rappellepesch PRÜ 26   I 282; II 198
Ratersdorf s. Retersdorf BN 24
Rauer COC 126   I 283; II 401
Recherhof SLE 121   I Tafel 71; II 83; Abb. 5
Reckofen BN 58   II 143
Regimentshaus BN 128   II 168
Reichelhausen DAU 73   I 280; II 237 f.; Abb. 14
Reichenstein MON 6   I 42, 242; II 6
Reichensteiner Mühle MON 7   II 6
Reiferscheid WIL 12   II 339; Abb. 23
Reifferscheid AW   II 288
Reifferscheid, Burg AW 150   II 288
Reifferscheid, Burg SLE 60   II 65
Reifler PRÜ 28   I 282; II 199; Abb. 12
Reiflingen WIL 86   I 91, 174 f., 188, 277; II 363
Reil WIL   I 131; II 361
Reindorf BN 157   I 278; II 178
Reitersdorf s. Retersdorf BN 24
Rellekoven BN 91   I 279; II 154
Remagen AW   II 289
Rengen DAU   II 232 f.
Rengershausen DN 58   II 35
Rennenburg b. Winterscheid, Siegkreis   I 235
Rentschardhof COC 82   II 390
Retersdorf BN 24   I 278; II 133 f., 511 f.
Reuersrode PRÜ 15   I 280; II 192; Abb. 11
Reytpach, Hof SLE 116   I 46; II 82
Rheinbach BN   I 49, 141 ff., 222, 228 f., 242, 252, 270 f.; II 171–175
Rheinbacher Stadtwald   I 270 f.
Rheinbachweiler BN 142   I 37, 140 ff., 158 f., 161 ff., 270, 279; Tafel 16–18. 54. 55. 57. 78; II 172–174, 218
Rheinisches Schiefergebirge   I 1, 21, 102, 232, 271

Rheinland-Pfalz   I 6
Ricenroth WIL 121   I 280; II 369
Richendorf EU 126   I 278; II 125
Richwinstein s. *Reichenstein* MON 6
Rifenesburch AW 23   II 256
Rimbuchofen BN 184   II 187
Rimelberg DN 53   II 34
Ringen AW   II 289
Ringsheim EU 104   I 237, 277; Tafel 8. 9; II 117 ff., Abb. 7
Ringwall BN 9   II 129
Ringwall BN 18   I Tafel 46; II 132
Ringwall Aldeburg zu Walberberg BN 158   II 178, 513
Ringwall bei Preist BIT 63   I 235; II 326
Ripsdorf SLE   I 46, 52; II 81
Ripsdorf Burg SLE 113   II 81
Rittersdorf BIT   I 56, 116, 122 f., 130, 168, 172 ff., 188, 273; II 327
Rittersheim BIT 12   I 222; II 309
Ritzdorf DAU 6   I 278; II 214
Robeshof DAU 84   II 242
Robishof DAU 95   II 245
Rocherath WIL 37   I 280; II 347
Rochuskapelle MON 4   II 6
Rockendorf AW 204   I 279; II 300
Rockenfeld BIT 53   I 282; II 324
Rodder AW   II 290
Rodderhof s. *Rode* BN 144
Rodderhof AW 128   II 281
Rode BIT 36   I 280; II 315 f.
Rode BN 144   I 142 ff., 158 f., 161, 222; Tafel 19. 57. 77; II 174 f.
Rode WIL 97   I 280; II 365 f.
Rodenbusch WIL 14   I 57; II 339–341; Abb. 23
Rodenerden WIL 22   I 242, 283; II 343 f.
Roderath EU   I 47
Rodt BIT 50   I 321
Röhl BIT   II 328
Röhl BIT 70   II 328
Röngershof AW 166   II 292
Roes COC   II 391 f.
Rösrodt MON 25   I 280; II 10
Roetgen MON   I 41
Roetlin EU 127   I 280; II 125
Röttgen BN   I 49, 132; II 175 f.
Rövenich EU   II 116 f.
Rofinberg SLE 62   II 65
Rohren MON   I 135
Roide s. *Rode* BN 144
Roisdorf BN   I 128
Roitzheim s. *Rüdesheim* EU 31
Rolandseck, Burg AW 159   II 290 f.
Rolandswerth AW   II 290 f., 514
Rolingen AW 65   II 265
Rollesbroich s. *Niederrollesbroich* MON 38
Romatsried   I 13
Romersbrett PRÜ 39   I 282; II 203
Rommelsheim DN   I 185 f.
Roncks Mühle COC 36   II 379
Rosenbach PRÜ 33   I 281, II 201 f.

Rosenthal, Kloster COC 10   I 242; II 373
Rosinberch s. *Rofinberg* SLE 62
Roßbach AW 24   I 222, 281; II 256
Roth AW 100   II 272
Roth PRÜ   I 51; II 203
Rotherhof SLE 22   II 56
Rothusen EU 57   I 221, 280; II 106
Rott MON   I 41
Rudelberg AW 85   II 269 f.
Rüblinghoven, Kr. Grevenbroich   I Tafel 29
Rüdesheim EU 31   I 180, 188, 221, 227; II 99 f.
Rüngsdorf BN 25   I 182; II 134
Rülsdorf BN 36   I 278; II 136
Rüsselhof EU 64   II 108
Rumpenheim COC 127   I 278; II 401
Rundenhof SLE 138   II 88
Runkelshof DAU 29   II 221
Ruosembach PRÜ 33   II 201 f.
Rupenrode WIL 122   II 369
Rupperath EU   I 133
Rurberg MON   II 9–11
Ruwer TR   II 419
Ryckeych PRÜ 70   II 211

S

Saalweidenhof s. *Dränkert* BN 149
Saarkohlenwald   I 266
Saarland   I 24, 251 f.
Sabershausen, Kr. Simmern   I 256
Sackeslar DAU 78   II 240
Sadewilre DAU 108   I 279; II 248
Sängersdorf DAU 33   I 222, 279; II 222
Saffenberg, Burg AW 123   II 279 f.
Salm DAU   II 233
Salmwald   I 57
Salona, Dalmatien   I 267
S a n k t –
St. Antonius-Kapelle Embken DN 33   II 25
St. Brigida, Kapelle DAU 39   II 225
St. Eucharius-Matthias TR 94   I 61, 283; II 431
St. Gertrud Trier   II 431
St. Irminen-Oeren TR 88   I 61, 283; II 429 f.
St. Jean-le-Froid, Frankreich   I 13
St. Jodokus Walberberg BN 148   II 176
St. Johannis Baptistae Trier   II 431
St. Katharina COC 91   II 393
St. Laurentius Neukirchen EU 70   II 109
St. Maria COC 50   II 382
St. Maria ad Martyres TR 91   I 61, 283; II 431
St. Martin TR 93   I 61, 283; II 431
St. Martin COC 109   II 398
St. Martin Meckenheim   I 184
St. Martin Rheinbach BN 141   II 171 f.
St. Maternus s. *Gerolskapelle* AW 21
St. Maximin Bitburg BIT   I 117
St. Maximin, Kapelle COC 48   II 382
St. Maximin TR 89   I 61, 283; II 430
St. Medard Trier   II 431
St. Michael, Kapelle COC 49   II 382
St. Niclasbrug SLE 35   II 58 f.

St. Nikolaus' Gut WIL 38   II 347
St. Pankratius Konzendorf DN 30   II 25
St. Paulin TR 90   I 61, 283; II 430
St. Peter Birkesdorf DN 15   II 20
St. Petersholz SLE 18   I 282; II 55; Abb. 5
St. Remigius zu Mesenich TR 45   I 176; II 416
St. Remigius Trier   II 431
St. Rochus Müggenhausen EU 69   II 109
St. Symphorian TR 92   I 61, 283; II 431
St. Vincentius DAU 79   II 240 f.
St. Walburga Trier   II 430
Sankweiher DAU 80   II 236, 241
Sannsweiler DAU 85   II 242
Saraingas TR 130   II 438
Sarmersbach DAU   II 234
Sarresdorf DAU 17   I 53, 170 f., 188, 222, 279; II 217 f.
Sauerland   I 230
Sauscheid TR 18   II 406
Saxler s. *Sackeslar* DAU 78
Saxler DAU   II 234, 240
Seacourt, England   I 13
Sechtem BN   I 50, 128, 147, 150, 156 f., 159; II 176–181, 513
Seckerath DAU 51   II 228
Seffern   I 273
Sefferweich BIT   I 130
Sehlem WIL   II 361
Sehler Hof COC 28   II 377
Seinsfeld WIL   II 362
Sellerich PRÜ   II 204
Sellingerhof AW 111   II 275; Abb. 17
Sellscheid WIL 123   I 281; II 369
Semerhof AW 167   II 292
Sengersdorf s. *Sängersdorf* DAU 33
Sernau TR 76   I 283; II 423
Siechenhaus BN 75   II 148
Siechenhaus DN 7   II 17
Siechenhaus DN 25   II 23, 148
Siechenhaus Lautershausen s. *Lautershausen* DAU 13
Siechenhäuser EU 101   II 116 f., 123, 148
Siedlungsreste, spätmerowingische BN 102   I Tafel 58; II 157
Siegburg   I 148 f., 243 f.; II 106
Sierscheid AW   I 133
Sievernich DN   I 129; II 39 f.
Silheym BN 138   I 278; II 171
Silzwilre WIL 78   I 279; II 362
Simmerath MON   I 41, 135; II 12 f.
Sinzenich EU   I 102
Sinzig AW   I 54, 222, 229; II 278, 291
Sirzenich TR   I 168
Sistig SLE   II 82
Snorgenshütte SLE 63   I 246; II 65 f.
Sötenich SLE   II 84
Soller DN   I 44, 64, 185 f.; II 40 f.
Sommerau TR   II 422 f.
Sommerau, Burg TR 74   II 422 f.
Sommersberger Hof BN 76   II 148
Somoterhof COC 58   II 384

Sonnenborn AW 205   II 300
South Middleton, Northumberland/England   I 160
Soynich s. *Sunningh* EU 97
Spangdahlem WIL   I 56, 174 f., 188, 224; II 311 f.
Specht TR 47   II 416
Speicher BIT   I 56, 71 f.; II 311 f., 329 f., 341
Speicherer Wald BIT   I 56, 245; II 329 f.
Spichenhof EU 32   II 95, 100
Spiegelberg DAU 88   II 243 f.
Spiesenhof s. *Burghügel Fließenhof* BN 104
Springhof AW 49   II 262 f.
Springer Mühle AW 50   II 263
Suauelt BIT 105   I 282; II 334
Such PRÜ 72   II 212
Sunderdorp AW 206   I 279; II 300
Sunningh EU 97   II 115 f.
Svauen BIT 104   I 283; II 334
Swist EU 109   I 111 ff., 127, 187, 225, 238, 282; Tafel 12. 13; II 121 f.
Swisterhof EU   I 112 f.

Sch

Schaagbach b. Wildenrath   I 245
Schäferei SLE 144   II 516
Schäferei WIL 9   II 338
Schäferei WIL 10   II 339
Schäferei WIL 87   II 363
Schäfereihof AW 169   II 292
Schafstall COC 17   II 375
Schalkenmehren DAU   II 234, 236, 237; Abb. 16
Schankweiler BIT   I 170 ff., 188; II 328
Schanze EU 106   II 120
Schanze DAU 31   II 221 f.
Schanzen COC 38   II 380
Schanzen COC 68   II 386
Schanzen COC 71   II 388
Scharfbillig BIT   II 328 f.
Scharfenberg PRÜ 71   II 211
Schauerbach-Hammer DAU 19   II 219
Scheffenborn MON 36   I 43; II 12
Scheid DAU 69   II 234; Abb. 15
Scheid WIL 72   II 360
Scheidweiler DN 47   I 185, 279; II 32, 41; Abb. 3
Scheiffartsburg EU 110   II 122
Schenkernburg DN 21   II 21 f.
Scheuerheck EU   I 133
Schevenhütte DN   I 44
Schieferbrüche Laubach COC 67   II 386
Schillingen TR   II 419
Schillingskapellen, Kloster BN 82   I 186, 242; II 151
Schilsbacher Mühle MON 26   II 10
Schindelscheid DAU 38   II 225
Schinvelt, Niederlande   I 150
Schirmhof AW 72   II 267
Schleiden (SLE), Kreis   I 6, 42, 44 ff., 64 f., 81 f., 84, 86, 90, 96, 230
Schleiden, Stadt   I 238; II 82

Schleidener Land I 5
Schleidweiler-Rodt TR I 73; II 404, 419–422
Schleswig-Holstein I 20, 37, 251
Schloßberg, Wasserburg DN 16 II 20
Schmelz, WND I 60
Schmidt MON I 43; II 11 f.
Schmidtheim SLE I 45 f., 212, 252, 272; II 83 f., 511
Schmittbach DAU 109 I 281; II 248
Schmöllen, Wüstung im Stadtgebiet von Brandenburg/Havel I 13
Schnee-Eifel I 51, 62
Schneidemühle BIT 37 II 316
Schneidemühle Eisenau SLE 51 II 63
Schnellersroth DAU 45 I 280; II 227, 230
Schneppenerhof SLE 17 I Tafel 1. 79; II 55; Abb. 5
Schock COC 90 I 283; II 393
Schönau EU I 47 f.; II 117
Schöndorf TR I 134
Schönecken PRÜ I 273; II 203 f.
Schönecken, Burg PRÜ 40 II 203 f.
Schollmühle MON 39 II 13
Schopperhof AW 120 I 222; II 279
Schüppenhof s. *Schopperhof* AW 120
Schürenderhof SLE 124 II 84
Schulenrode, Thüringen I 13
Schumachershof MON 9 II 7
Schurle DAU 110 I 283; II 248
Schutzalf DAU 23 I 232, 282; II 220
Schwabmünchen, Bayern I 13
Schwarzenbroich, Kloster DN 60 I 242; II 35
Schwarzrheindorf b. Bonn I 180 f., 188
Schwarzwälder Hochwald I 59
Schweich TR II 334, 404, 421 f.
Schweinheim EU II 117 f.
Schweinheim BN 26 II 134
Schwerfen EU I 48
Schwey BIT 103 I 283; II 334
Schwickerather Hof WIL 79 II 362
Schwirzheim PRÜ I 186; II 204
Schwöpenburg, Hof AW 168 II 292

St

Staden WIL 76 I 283; II 361
Stadtkyll PRÜ I 229; II 205
Staffel AW II 291 f.
Stahl BIT II 330
Stahlhof SLE 28 II 57
Stahlhütte AW 79 II 268, 513
Stahlhütte SLE 2 II 50
Stal ruinée EU 83 II 112 f.
Stamberg s. *Stamburg* EU 33
Stamburg EU 33 II 100
Stappelhof EU 96 II 115
Staudenhof PRÜ 47 I 282; II 205
Steckenborn MON I 41, 43; II 12
Steffeln PRÜ I 222; II 205–207
Steffenshof AW 97 II 272

Steinbach, Hof SLE 57 II 64
Steinbesch s. *Besch* TR 52
Steinborn DAU II 238
Steindorf COC 128 I 279; II 401
Steinenhaus BN 27 II 134
Steinfeld, Kloster SLE I 47, 106 f., 109
Steinfelder Hof AW 14 II 253 f.
Steinfelder Hütte SLE 126 I 246; II 85
Steinheim BN 28 II 134
Steiningen DAU I 232; II 238, 240
Stellerburg, Kr. Norderdithmarschen I 13
Stellsdorf DAU 44 I 279; II 227
Stenrich PRÜ 73 I 282; II 212
Stephanshof s. *Stevenshof* BN 59
Stevenshof BN 59 II 143
Stickerssen Gut SLE 143 II 515 f.
Stillshof COC 59 II 384
Stiftshof, Münstereifeler zu Rheinbach BN 140 II 171
Stockem BIT I 122
Stockheim BN 39 II 137
Stockheim DN I 44, 278; II 42
Stöcken BIT 80 II 331
Stöckhof EU 6 II 90 f.
Stöttinghausen b. Bremen I 13
Stolzenburg SLE 85 II 72
Stotzheim EU I 235; II 118–120
Straß DN I 44; II 42 f., 509 f.
Strauch MON II 13
Strohn DAU II 237 f.
Stuben, Kloster COC 14 II 374
Stubener Mühle COC 37 II 380

T

Takenhof SLE 115 II 81
Tarforst TR II 423 f.
Tempelherren-Kloster EU 94 II 115
Testerhof COC 110 II 398
Testerwald I 257
Testour, Tunesien I 268
Tettscheid DAU II 240
Thetford, England I 12
Thibar, Tunesien I 268
Thonsberg SLE 58 II 64 f.
Thumer Kapelle DN 68 II 37
Todenfeld BN I 155, 159, 228; II 181
Töpferei BIT 17 II 310
Töpferei BN 5 II 128
Töpferei BN 103 I Tafel 58–60; II 157 f.
Töpferei DN 52 II 33 f.
Töpferei DN 61 II 35, 509
Töpferei WIL 17 I 72; II 341
Töpfereibezirk Adendorf BN 5 I 245
Töpfereibezirk Langerwehe DN 52 I 64
Töpfereibezirk Lengsdorf BN 94 I 68; II 155
Töpfereibezirk Lengsdorf BN 95 I 68; II 155
Töpfereibezirk Liblar EU 59 I 150; II 106
Töpfereibezirk Meckenheim BN 103 I 68, 142, 148 ff.

Töpfereibezirk Mutscheid EU 93   I 150; II 114 f.
Töpfereibezirk Sechtem BN 159   I 68, 156 f.; Tafel 60. 61; II 178
Töpfereibezirk im Speicherer Wald BIT 73   II 329, 341
Töpfereibezirk Walberberg BN 160   I 68, 144 ff.; II 179 f.
Töpfereibezirk Witterschlick BN 172   I 68; II 182 f.
Törngen BN 62   II 144
Tofting, Niedersachsen   I 12
Tomberg bei Wormersdorf BN   I 138 ff.
Tomberg b. Vernich EU 107 s. *Burghügel Vernich* EU 107   II 184
Tomberger Hof BN 189   II 516
Tomburg BN 177   I 138 ff., 157, 159, 238; Tafel 20. 21. 44. 67. 74; II 184–186
Tondorf SLE   I 52, 110
Tongruben WIL 17   II 341
Tonnenberg BN 165   II 181
Tormens BN 185   I 140; II 187
Tornow, Kr. Calau/Lausitz   I 12
Tortadomus TR 131   I 283; II 438
Traben COC   I 131
Trauden-Mühle DN 97   II 46
Trautzberg s. *Druiesberg* DAU 74
Treis COC   I 256; II 392–394
Treis, Burg COC 93   II 394
Trerbach AW 147   II 287 f.
Trier (TR), Kreis   I 6, 58 ff., 72 f., 81 f., 84, 86, 90, 96
Trier, Stadt   I 6, 58, 60, 223, 229; II 424–432
Trierer Land   I 5, 23, 31, 39, 58 ff., 167, 170 ff., 214, 515
Trierweiler TR   II 432; Abb. 29
Tritmunda WIL 124   II 370
Tuensberg s. *Tonsberg* SLE 58
Tunesien   I 267 f.
Tungenburg AW 51   II 263
Turchhausen AW 25   I 280; II 257
Turmhof DAU 92   II 245
Turmhof Friesdorf BN 29   II 134
Turmhof Plittersdorf BN 30   II 134
Tutehoven BN 186   II 187

U

Uckersheim EU 128   I 277; II 125
Udelfangen TR   I 184; II 432
Udershausen BIT 29   I 280; II 313, 334
Udler DAU   II 240 f.
Überbrücken TR 85   I 283; II 429
Uedelhoven SLE   II 84
Uedelhovener Mühle SLE 125   II 84
Üdersdorf DAU   II 241
Üdingen DN   II 43
Üdorf BN 87   I 128, 278; II 152
Ülsby, Kr. Schleswig   I 258
Ürdingen, Stadtteil von Krefeld   I 221
Ürzig WIL   I 131; II 364 f.

Ürzig, Burg WIL 93   II 364
Üxheim-Ahütte DAU   II 241 f.
Ulmener Maare   I 58
Ulmener Mühle COC 105   II 397
Ulmen-Meiserich COC   II 394–397; Abb. 27
Ulmen, Niederburg COC 101   II 396; Abb. 27
Ulmen, Oberburg COC 102   II 396; Abb. 27 f.
Underbechem PRÜ 51   I 222, 278; II 206
Ungendorf AW 207   I 279; II 300
Unkelbach AW   II 292
Unkenstein s. *Ankast* WIL 73
Untere Burg AW 67   II 266
Untere Burg Vettweiß DN 84   II 43
Untere Follmühle EU 80   II 112
Untere Hütte s. *Eisenhütte* AW 28
Untere Mühle I COC 112   II 398
Untere Mühle II COC 113   II 398
Unterer Hof AW 52   II 263
Unterer Hof DAU 93   II 245
Untermaubach DN   II 43
Unterregenbach, Baden-Württemberg   I 13
Unterste Burg EU 47   II 103
Unterster Kempener Hof DN 37   II 27
Urfeld, Burg BN 85   I 128, 221; II 151
Urft SLE   II 85
Urhausen BIT 106   I 280; II 313, 334
Urindorf WIL 51   I 279; II 351
Urlay, Burg WIL 94   II 364 f.
Urmersbach COC   II 397
Urschheim BN 129   II 168
Urschmitter Mühle COC 70   II 383, 388
Utzerath DAU   II 242
Uuinardi curtis s. *Winardshof* PRÜ 36

V

Vallhagar, Gotland, Schweden   I 12
Valwig COC   I 257; II 398
Veckerich TR 5   II 403
Veitsheim DN 77   I 185 f.
Velden DN 27   I 282; II 24
Vellen AW 55   I 283; II 264
Vernich EU   II 120 f.
Versence WIL 125   I 283; II 370
Vettelhoven AW   II 292
Vettweiß DN   II 43 f.
Vetus castrum TR 82   II 427 f.
Vevere WIL 1   II 336
Vexain BIT 107   II 334
Vianden, Luxemburg   I 240
Vicus Icorigium s. Jünkerath DAU
Vicus Nettersheim   I 261
Vielen COC 18   I 283; II 375
Vierscheid TR 97   II 431
Vilich, Ortsteil von Beuel b. Bonn   I 181
Villa Compendium s. Konzen
Villa Crucht BN 15   I 182 f., 188; II 130 f.
Villa Echternach   I 118
Villa Hagestolde SLE 54   I 282; II 63, 274
Ville s. Vorgebirge

Villip BN   I 49; II 181 f.
Vindistorp AW 37   I 279; II 260
Vischel AW   II 301
Vischenich AW 208   I 277; II 301
Vitecke BIT 108   I 283; II 334
Vitry-en-Artois, Frankreich   I 13
Vlatten SLE   I 44; II 85
Volleistgut COC 84   II 391
Vorgebirge   I 48 ff., 68, 152, 243
Vossenack MON   II 13
Vrimmersdorf BN 60   I 278; II 143
Vudlinghoven AW 210   I 280; II 301
Vulkaneifel   I 5, 52 f., 57 f.
Vussem-Bergheim SLE   II 85

W

Wachenforth BIT 30   I 242, 283; II 314
Wadenheim AW 38   II 260
Wälle und Geschützstellungen SLE 19   II 55
Wagen-Mühle s. *Auderather Mühle* COC 2
Wahlen SLE   I 252, 272; II 86
Wahlerath AW 144   II 287
Walberberg BN   I 50, 150, 156 f., 164, 243; II 176
Walborn COC 4   II 371
Waldau, Gut b. Rheinbach   I 271
Waldgut WIL 39   II 348
Waldhof-Falkenstein BIT   II 330 f.
Waldorf BN 136   I 68, 278; II 170
Waldpeschen PRÜ 17   II 194
Waleheim BIT 109   I 278; II 334 f.
Walhausen PRÜ 52   I 222, 280; II 207
Walkemühle EU 81   II 112
Wallenborn DAU   II 242
Wallendorf BIT   I 56, 168, 184
Wallenthal SLE   II 86
Wallerfangen, Saarland   I 271
Wallersheim PRÜ   I 51; II 207
Wallscheid WIL   II 365
Walsdorf DAU   II 243 f.
Walsweiler DAU 65   I 279; II 232
Waltersburg DAU 96   II 245 f.
Waltroff WIL 70   II 358
Waltrop, Nordrhein-Westfalen   I 12
Waltum SLE 6   I 277; II 51
Wardenheim BN 187   I 278; II 187
Warendorf, Nordrhein-Westfalen   I 13
Warte AW 117   II 278
Wartenberg WIL 126   II 370
Wartenstein WIL 127   II 370
Wartturm Oberkirch TR 107   II 435
Wascheid PRÜ   II 207 f.; Abb. 13
Wasserburg DAU 7   II 214
Wasserburg DN 36   II 27
Wasserburg DN 64   II 36
Wasserburg Gürzenich DN 45   II 30, 32
Wattendorf BN 31   I 278; II 134 f.
Wawern PRÜ   II 208
Waxweiler PRÜ   II 208
Wehnsberger Hof EU 84   II 113

Wehranlage COC 62   II 385
Wehranlage EU 98   II 116
Wehranlage 'Am Tümpel' BN 192   II 516 f.
Wehranlage, Wasserburg? SLE 4   II 50 f.
Weidenauel SLE 59   I 282; II 10, 65
Weidenbach DAU   II 244
Weidenbach AW   II 292 f., 514
Weidenbacher Mühle AW 170   II 292
Weidenbacher Mühle MON 27   II 10
Weiherburg COC 116   II 399
Weiler AW 80   II 268
Weiler BIT 110   I 279; II 335
Weiler SLE 100   I Tafel 68; II 77
Weiler, Teil von Weilerswist EU   I 112 ff.
Weiler-in-der-Ebene EU   I 129
Weiler WIL 23   I 279; II 344
Weilerbach s. *Eisenhütte Weilerbach* BIT 16
Weilerswist EU   I 111 ff., 127, 238; II 121 f.
Weilert PRÜ 3   II 190
Weilertal, FN in Marmagen   I 260
Weinfeld DAU 72   I 126 f., 225, 282; Tafel 23. 24; II 236 f.; Abb. 16
Weisweiler DN   II 44
Welcherath AW 61   II 265
Weller-Berg, FN in Nettersheim   I 261
Wellerberg TR 132   I 281; II 438
Wellerscheid WIL 13   II 339; Abb. 23
Wellscheid TR   I 134
Welschbillig TR   II 434
Welschbillig, Burg TR 102   II 434
Welt, Niedersachsen   I 13
Wenau DN   I 44; II 45 f., 510
Wenauer Mühle I DN 94   II 46
Wenauer Mühle II DN 98   II 46
Wenauer Mühle III DN 99   II 46
Wengerohr WIL   II 97 f.
Wennehof WIL 15   II 341
Wensberg, Burg AW 138   II 285
Wensburg s. *Wensberg, Burg* AW 138
Wenzelhausen WIL 65   I 280; II 356 f.; Abb. 22
Werede PRÜ 75   II 212
Wermsdorfer Forst, Sachsen   I 13
Wershofen AW   II 293, 518 f.
Werth EU 85   I 221, 282; II 113
Wesele WIL 49   I 283; II 350
Wesseling, Kr. Köln   I 128
Westerwald   I 4 f., 95, 243, 245, 269
Westick b. Kamen, Nordrhein-Westfalen   I 12
West Stow, Sussex, England   I 12
Westum AW   II 278, 294–296; Abb. 18
West-Welpington, England   I 13
Wetteldorf   I 273
Wettlingen BIT   I 119, 122
Weyer SLE   I 45 f., 108 ff., 126, 257; II 87 f.
Weyer, Burg SLE 134   II 87
Weyerer Wald   I 110
Weylhoven BN 188   I 279; II 188
Wharram Percy, Yorkshire, England   I 13
Wichelshof BN 40   II 137
Wichterich EU   I 114, 129; II 121
Widdig BN   I 128

Widemhof BIT 72   II 328 f.
Widemshof PRÜ 46   II 205
Widenhofen BIT 113   II 335
Widey BIT 111   I 283; II 332, 335
Widumhof AW 105   II 273, 329, 335
Wiebeler DN 93   II 45
Wiersdorf BIT   I 173
Wiesbaum DAU   II 245
Wijster, Prov. Drenthe, Niederlande   I 12
Wildburg COC 92   II 393 f.
Wildenburg SLE 131   II 86
Wildenrath, Kr. Erkelenz   I 150, 245; II 106
Wilderhof MON 28   II 10 f.
Wilhelmsburg s. *Schenkernburg* DN 21
Wille COC 129   I 283; II 401
Willwerscheid WIL   II 366
Wilre prope oppidum Bydeburg BIT 110   I 222
Wilsecker BIT   I 273; II 331
Wiltscheidt TR 58   I 281; II 419
Wimbach AW   II 296
Winardi curtis s. *Winardshof* PRÜ 36
Winardshof PRÜ 36   II 202 f.
Wincheringen, Kr. Saarburg   I 168
Winden DN   II 48
Windesheim AW 209   I 278; II 301
Windmühle DN 62   II 36
Windmühle Fritzdorf BN 74   II 147 f.
Windmühle Villip BN 170   II 182
Windorf COC 72   I 279; II 388 f.
Winkel DAU   II 245 f.
Winkelmühle TR 98   II 432
Winneburg COC 30   II 377 f.
Winneburger Hof COC 31   II 378
Winterbach TR 39   I 281; II 342, 414
Winterscheid PRÜ   I 51
Winterscheid, Siegkreis   I 235
Wintersdorf TR   II 434
Wirft AW   II 296 f.
Wirfus COC   II 398
Wirfuser Mühle COC 111   II 398
Wisbach-Heltre WIL 128   I 283; II 370
Wischeid PRÜ   II 208, 210
Wischhausen AW 62   I 280; II 265
Wisele s. *Wesele* WIL 49
Wissinge s. *Witgen* AW 158
Wissmannsdorf BIT   I 173; II 331
Witgen AW 158   I 277; II 290, 514
Witterschlick BN   I 50; II 182 f.
Wittislingen, Kr. Dillingen/Donau   I 13
Wittlich (WIL), Kreis   I 6, 56 f., 71 f., 81 f., 84, 86, 90, 96
Wittlich, Stadt   I 223; II 366 f.
Wittlicher Senke   I 5, 57, 123, 236
Wizemberg BIT 112   I 281; II 335
Wölbitz, Kr. Querfurt   I 13
Woffelsbacher Mühle MON 29   II 11
Wolfs-Mühle COC 29   II 377
Wollersheim DN   I 178, 188; II 47 f.; Abb. 4
Wollmerath COC   II 399
Wollmühle s. *Walkemühle* EU 81
Wollseifen SLE 38   I 282; II 59

Wolmar EU 129   I 282; II 125
Wormersdorf BN   I 138; II 183–186
Worms   I 101
Wormspiz TR 133   II 438
Worst DAU 111   I 283; II 248
Wülfingen, Kr. Öhringen, Baden-Württemberg   I 13
Württemberg   I 194 f.
Wüste b. Koblenz   I 17
Wüstedelle s. *Wüstenbrühl* TR 23
Wüste Erzgruben SLE 42   II 60 f.
Wüstegasse in Köln   I 17
Wüstenbrühl TR 23   I 17, 283; II 408
Wüstenhof BN 130   II 168 f.
Wüstenleimbach MY s. *Hohenleimbach* MY
Wüstkirche TR 99   I 17; II 432
Wüstweiler DN 70   I 17, 105 ff., 127, 225; II 37 f., 312
Wulscheit PRÜ 10   I 280; II 191
Wymarsburg EU 39   II 101

X

Xanter Hof s. *Berliner Hof* AW 76

Z

Zaghouan, Tunesien   I 267
Zehnbachhaus, Burghügel SLE 122   I Tafel 49. 71; II 52, 83 f., 511; Abb. 5
Zellerhof TR 43   II 415
Zemmer TR   I 73; II 404
Zentius-Kirche DAU 79   II 240 f.
Zenzig TR 104   I 277; II 432, 434
Zettingen COC   I 58
Zewen-Oberkirch TR   II 435
Zewener Turm TR 106   II 435
Zilshausen COC   II 399 f.; Abb. 26
Zimmern, Kr. Sinsheim, Baden-Württemberg   I 13
Zingsheim SLE   I 45, 110, 186; II 88
Zingsheimer Hof BN 77   II 149
Zinkgrube EU 17   II 93 f.
Zirwes-Mühle COC 5   II 372
Zitterwald   I 45
Zollhaus SLE 97   II 76
Zülpich EU   I 102, 129 f., 223, 229; II 122 f., 511
Züsch AW 211   I 283; II 301
Züsch TR   II 435 f.
Züsch, Burg TR 114   I 238; II 436
Zuidersee, Niederlande   I 253
Zuosse s. *Züsch* AW 211
Zur Leyen, Burg WIL 95   II 365
Zweibrücken AW 116   II 276, 278
Zweifall MON   I 41
Zwergberg, FN in Arloff   I 262 f.
Zwist s. *Swist* EU 109

TAFELN

Tafel 1

1 Die Reste der Höhenburg Altenburg (SLE 9), Gemarkung Blankenheimerdorf; aufgenommen von Süden.

2 Die Hofstelle des wüstgewordenen Schneppenerhofes (SLE 17), Gemarkung Blankenheimerdorf; aufgenommen von Westen.

Tafel 2

1 Fossile Eisenerz-Tagebaue westlich des Staatsforstes Olbrück (SLE 14),
Gemarkung Blankenheimerdorf, Kreis Schleiden.

2 Fossile Eisenerz-Tagebaue westlich des Staatsforstes Olbrück (SLE 14),
Gemarkung Blankenheimerdorf, Kreis Schleiden.

Tafel 3

1 Fossile Eisenerz-Tagebaue nordwestlich des Staatsforstes Olbrück (SLE 14), Gemarkung Blankenheimerdorf, Kreis Schleiden.

2 Reste des wüstgewordenen Bierther Hofes (SLE 10), Gemarkung Blankenheimerdorf. Vom Hof sind noch Fundamentmauern, in seiner Umgebung degenerierte Obstbäume erhalten; aufgenommen von Nordosten.

Tafel 4

1 Fossile Terrassenäcker am Westhang des Weller-Berges bei Nettersheim (A 4); aufgenommen von Westen.

2 Fossile Terrassenäcker am Westhang des Weller-Berges bei Nettersheim (A 4); aufgenommen von Westen.

Tafel 5

1 Fossile Terrassenäcker am Nordhang der Görresburg bei Nettersheim (A 5),
   unterhalb des römischen Vicus Nettersheim; aufgenommen von Norden.

2 Fossile Terrassenäcker am Nordhang der Görresburg bei Nettersheim (A 5),
   unterhalb des römischen Vicus Nettersheim; aufgenommen von Nordwesten.

Tafel 6

1   Die Ahekapelle, Gemarkung Engelgau (SLE 40); aufgenommen von Südosten.
    Die Kapelle war der Mittelpunkt einer frühmittelalterlichen Siedlung.

2   Terrassierte, modern überpflügte fossile Flur nahe der Ahekapelle,
    Gemarkung Engelgau (SLE 40).

Tafel 7

Die ehemalige Wasserburg Derkum (EU 62) und, rechts im Winkel der abknickenden Straße, das Gelände des ehemaligen Knipphofes (EU 63). – Luftbild des Rheinischen Landesmuseums Bonn, freigegeben durch Reg.-Präs. Düsseldorf Nr. 16 C 3.

Tafel 8

Die Dorfwüstung Ringsheim, Gemarkung Schweinheim, von Südwesten (EU 104). Im oberen Drittel des Bildes geringe Spuren der ehemaligen Siedlung Ringsheim. – Luftbild des Rheinischen Landesmuseums Bonn, freigegeben durch Reg.-Präs. Düsseldorf Nr. 16 D 6.

Tafel 9

1 Die ehemalige Pfarrkirche des wüstgewordenen Dorfes Ringsheim (EU 104), Gemarkung Schweinheim; aufgenommen von Süden.

2 Schloß Ringsheim, Westfassade. Restsiedlung des wüstgewordenen Dorfes Ringsheim (EU 104), Gemarkung Schweinheim.

Die Hardtburg bei Stotzheim (EU 105) von Nordwesten. – Luftbild des Rheinischen Landesmuseums Bonn, freigegeben durch Reg.-Präs. Düsseldorf Nr. 16 C 7.

Tafel 11

1 Die Hardtburg bei Stotzheim (EU 105), Blick von Nordwesten durch das gotische Tor der Vorburg auf die Hauptburg (vgl. auch Tafel 43).

2 Die Hardtburg bei Stotzheim (EU 105), Blick von Süden auf den Hauptburghügel mit Donjon und doppelter Umfassungsmauer (vgl. auch Tafel 43).

Tafel 12

1 Die Wüstung Swist bei Weilerswist (EU 109), Blick auf das ehemalige Ortszentrum mit dem Rest der einstigen Pfarrkirche von Nordosten.

2 Die Wüstung Swist bei Weilerswist (EU 109), romanischer Kirchturm der einstigen Pfarrkirche von Süden.

Tafel 13

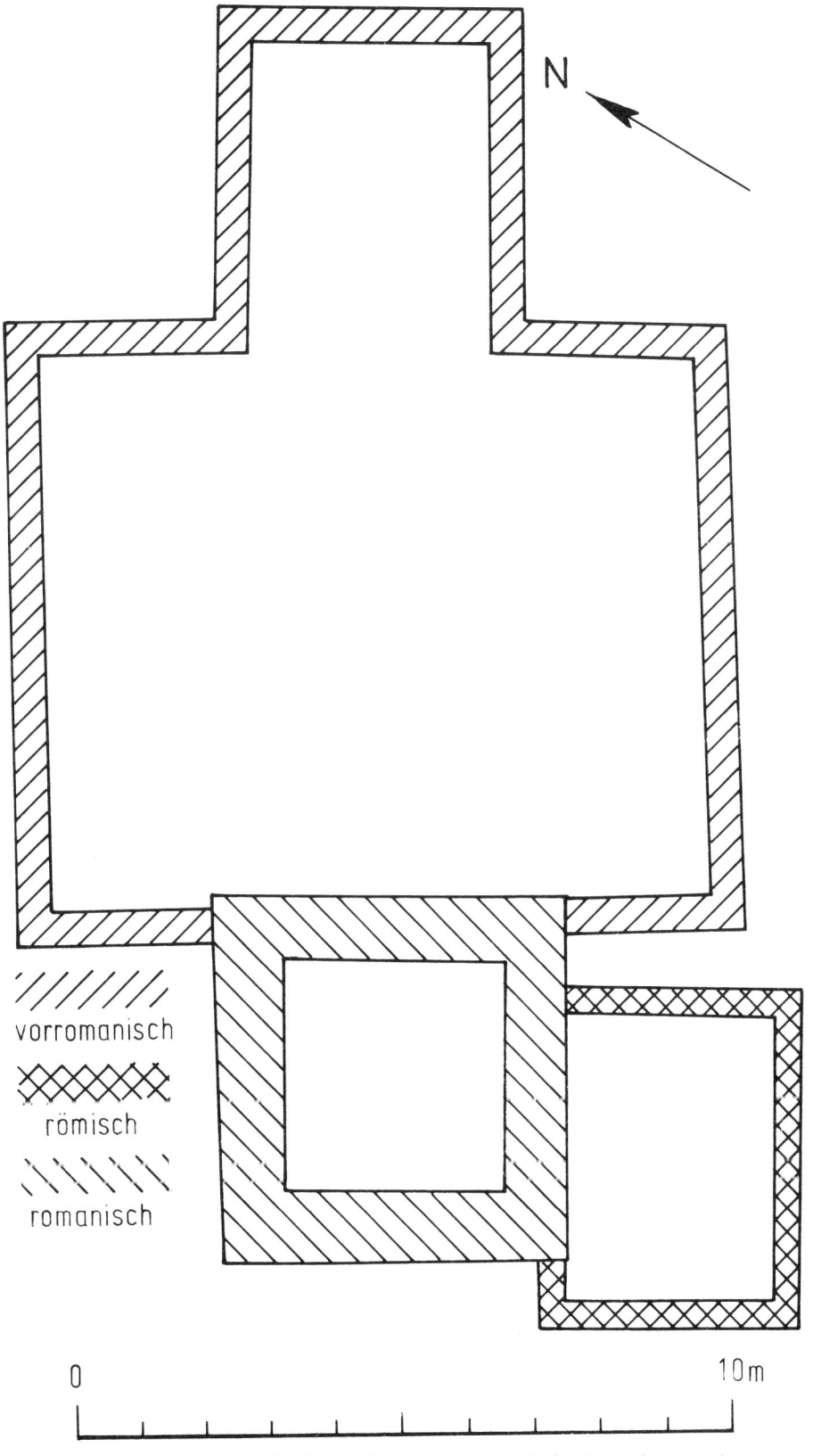

Grundriß der ehemaligen Pfarrkirche von Swist (EU 109), nach den Ausgrabungsergebnissen von P. A. Tholen (Westdeutscher Beobachter Köln, Nr. 288 vom 12. 11. 1933).

Tafel 14

Die Niederungsburg Dünstekoven (BN 79) von Westsüdwesten. – Luftbild des Rheinischen Landesmuseums Bonn, freigegeben durch Reg.-Präs. Düsseldorf Nr. 16/419.

Tafel 15

Die Niederungsburg Fließenhof in Miel (BN 104) von Nordosten. – Luftbild des Rheinischen Landesmuseums Bonn, freigegeben durch Reg.-Präs. Düsseldorf Nr. 16 C 27.

Tafel 16

Das Gelände der Dorfwüstung Rheinbachweiler (BN 142) bei Rheinbach von Nordosten. – Luftbild des Rheinischen Landesmuseums Bonn, freigegeben durch Reg.-Präs. Düsseldorf Nr. 16/145.

Tafel 17

Das Gelände der Dorfwüstung Rheinbachweiler (BN 142) bei Rheinbach von Südwesten. – Luftbild des Rheinischen Landesmuseums Bonn, freigegeben durch Reg.-Präs. Düsseldorf Nr. 16/147.

Tafel 18

Das Gelände der Dorfwüstung Rheinbachweiler (BN 142) bei Rheinbach von Südwesten. – Luftbild des Rheinischen Landesmuseums Bonn, freigegeben durch Reg.-Präs. Düsseldorf Nr. 16/149.

Tafel 19

Das Gelände des wüstgewordenen Rodderhofes (BN 144) bei Rheinbach; aufgenommen von Südwesten. – Luftbild des Rheinischen Landesmuseums Bonn, freigegeben durch Reg.-Präs. Düsseldorf Nr. 16/152.

Tafel 20

Die Tomburg bei Rheinbach (BN 177) von Westen. – Luftbild des Rheinischen Landesmuseums Bonn, freigegeben durch Reg.-Präs. Düsseldorf Nr. 16 C 66 (vgl. auch Tafel 44 und 74).

Tafel 21

1 Die Tomburg bei Rheinbach (BN 177). Ruine des Bergfriedes von Osten.

2 Die Tomburg bei Rheinbach (BN 177). Übersichtsphoto von den Ausgrabungen 1968: Im Gelände östlich des Bergfrieds wurden hoch- und spätmittelalterliche Bauten aufgedeckt.

Tafel 22

1 Die Ruinen der Burg Dersdorf (BN 47) nach einem Photo von N. Zerlett, Bornheim.

2 Die Niederungsburg Adendorf (BN 1) von Süden. Sichtbar ist heute nur noch der Burghügel selbst.

Tafel 23

1 Die Wüstung Weinfeld (DAU 72), Gemarkung Schalkenmehren. Hauspodest im Bereich der Wüstung, wo das Pfarrhaus gestanden haben soll; aufgenommen von Westen.

2 Die Wüstung Weinfeld (DAU 72), Gemarkung Schalkenmehren. Die Pfarrkirche von Westen.

Tafel 24

1   Das Weinfelder Maar mit der ehemaligen Pfarrkirche von Weinfeld (DAU 72); aufgenommen von Süden.

2   Die Wüstung Almersbach (AW 129) von Nordosten.

Tafel 25

1 Die Burgruine Alt-Bettingen (BIT 6) von Ostsüdosten.

2 Der ehemalige Donjon der Burg Alt-Bettingen (BIT 6) von Südosten.

Tafel 26

1   Die Ortsstelle des ehemaligen Dorfes Even (BIT 45), Gemarkung Matzen; aufgenommen von Osten.

2   Der Burghügel Gut Hohn (BN 106), Gemarkung Miel; aufgenommen von Westen.

Tafel 27

1 Die Pfarrkirche der Wüstung Heinzerath (WIL 69), Gemarkung Olkenbach;
aufgenommen von Südosten.

2 Ehemalige Hofstelle mit Brunnen (Gebüsch) von Heinzerath (WIL 69). Das im Wiesengelände
schwach als Terrasse angedeutete Podest bezeichnet den Standort des Hofes.
Er lag nördlich der ehemaligen Pfarrkirche von Heinzerath.

Tafel 28

1 Die Stelle des wüstgewordenen Hofes Holzhausen (COC 95), Gemarkung Ulmen-Meiserich; aufgenommen von Nordosten.

2 Schwach terrassierte ehemalige Äcker der Wüstung Holzhausen (COC 95) im Ostteil der 'Holzhauser Flur'.

Tafel 29

Das Gelände der Wüstung Rüblinghoven, Gemarkung Neukirchen, Kreis Grevenbroich. Von dem bereits in karolingischer Zeit bestehenden Ort ist im Luftbild nur noch die im hohen Mittelalter errichtete zweiteilige Wasserburg sichtbar geblieben. – Luftbild des Rheinischen Landesmuseums Bonn, freigegeben durch Reg.-Präs. Düsseldorf Nr. 16/25/3262.

Tafel 30

Der ehemalige Heidenhof (BN 64) von Südwesten. – Luftbild des Rheinischen Landesmuseums Bonn, freigegeben durch Reg.-Präs. Düsseldorf Nr 16/403

Tafel 31

Der römische Gutshof von Arloff, Kreis Euskirchen, mit daran anschließenden terrassierten Fluren (A 13); aufgenommen von Südwesten (vgl. Tafel 73). – Luftbild des Rheinischen Landesmuseums Bonn, freigegeben durch Reg.-Präs. Düsseldorf Nr. 16/28/3616.

Tafel 32

1 Fossile langstreifige, terrassierte Äcker der Wüstung Kurtenbach (A 18), Gemarkung Spessart, Kreis Mayen; aufgenommen von Westen.

2 Das Gelände der Wüstung Kurtenbach (A 18), Gemarkung Spessart, Kreis Mayen; aufgenommen von Süden.

Tafel 33

Langstreifige, schwach terrassierte Fluren in der Nähe der Wüstung Pleitsdorf, Gemarkung Kell, Kreis Mayen (A 20); aufgenommen von Südosten. – Luftbild des Rheinischen Landesmuseums Bonn, freigegeben durch Reg.-Präs. Düsseldorf Nr. 16/20/1051.

Tafel 34

Langstreifige, schwach terrassierte Fluren in der Nähe der Wüstung Pleitsdorf, Gemarkung Kell, Kreis Mayen (A 20). Relikte der Wüstung deuten sich in Getreidefeldern als Bewuchsmerkmale an. – Luftbild des Rheinischen Landesmuseums Bonn, freigegeben durch Reg.-Präs. Düsseldorf Nr. 16/20/1048.

Tafel 35

1 Terrassierte Fluren der Wüstung Pleitsdorf (A 20); aufgenommen von Süden.

2 Wiesengelände mit ehemaligen Wölbäckern, die zur Wüstung Even (BIT 45; A 21) gehören. Die flachen Aufwölbungen und die zwischen den Äckern verlaufenden flachen Gräbchen heben sich im Hintergrund des Bildes am Waldrand deutlich ab.

Tafel 36

Fossile Fluren mit Steinversteifungen in den Terrassen am Westhang des Prümtales in der Nähe der Wüstung Alt-Bettingen (BIT 6; A 22).

Tafel 37

Fossile, langstreifige, terrassierte und mit Steinen versteifte Fluren am Westhang des Prümtales in der Nähe der Wüstung Alt-Bettingen (BIT 6; A 22); aufgenommen von Südosten.

Tafel 38

Terrassierte fossile Fluren im römischen Erzbergbaugebiet Badewald (A 31), Gemarkung Hausen, Kreis Schleiden, und Gemarkung Wollersheim, Kreis Düren. – Luftbild des Rheinischen Landesmuseums Bonn, freigegeben durch Reg.-Präs. Düsseldorf Nr. 16 C 134.

Tafel 39

Terrassierte fossile Fluren im römischen Erzbergbaugebiet Badewald (A 31), Gemarkung Hausen, Kreis Schleiden, und Gemarkung Wollersheim, Kreis Düren. – Luftbild des Rheinischen Landesmuseums Bonn, freigegeben durch Reg.-Präs. Düsseldorf Nr. 16 C 135.

Tafel 40

Gruben und Pingen, Relikte obertägigen Eisenbergbaus im Gebiet des Badewaldes (A 31), Gemarkung Berg, Kreis Düren. – Luftbild des Rheinischen Landesmuseums Bonn, freigegeben durch Reg.-Präs. Düsseldorf Nr. 16 C 122.

Tafel 41

Gruben und Pingen, Relikte obertägigen Eisenbergbaus im Gebiet des Badewaldes (A 31), Gemarkung Berg, Kreis Düren. – Luftbild des Rheinischen Landesmuseums Bonn, freigegeben durch Reg.-Präs. Düsseldorf Nr. 16 C 131.

Tafel 42

Terrassierte fossile Fluren im Gebiet des Badewaldes, Gemarkung Hausen, Kreis Schleiden (A 31). – Luftbild des Rheinischen Landesmuseums Bonn, freigegeben durch Reg.-Präs. Düsseldorf Nr. So – 2051.

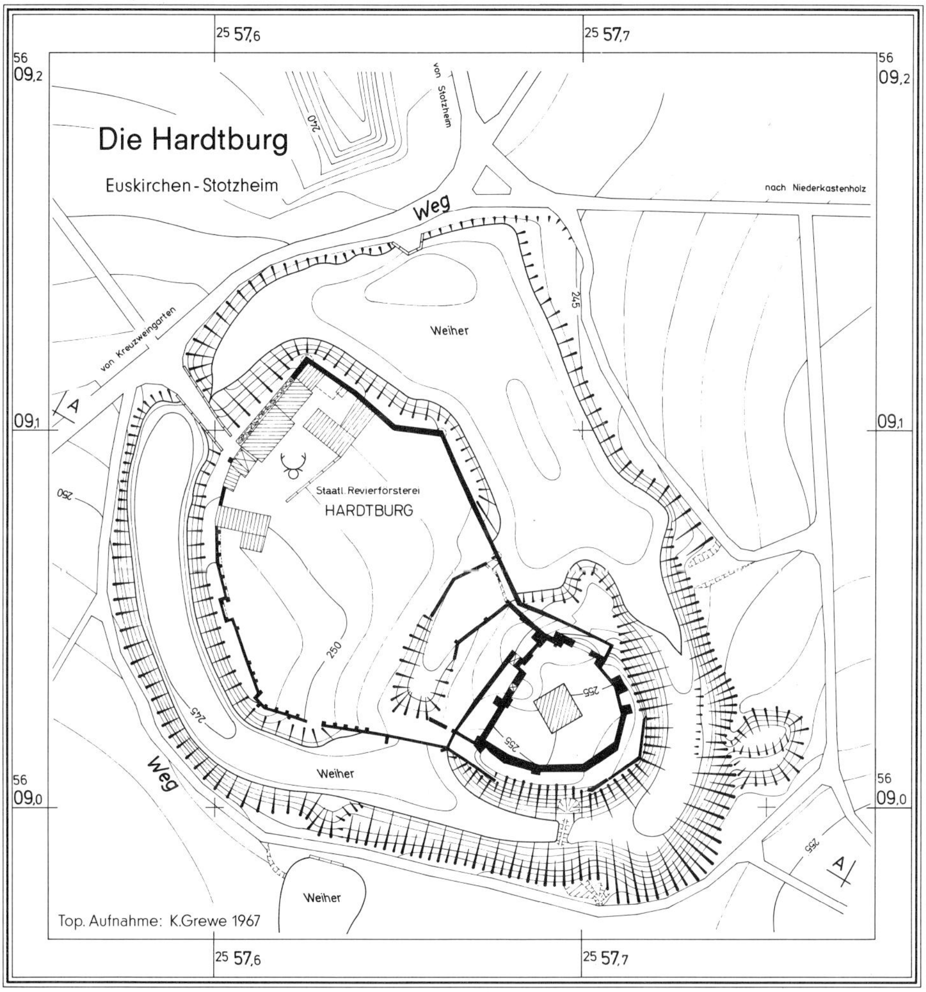

Tafel 43

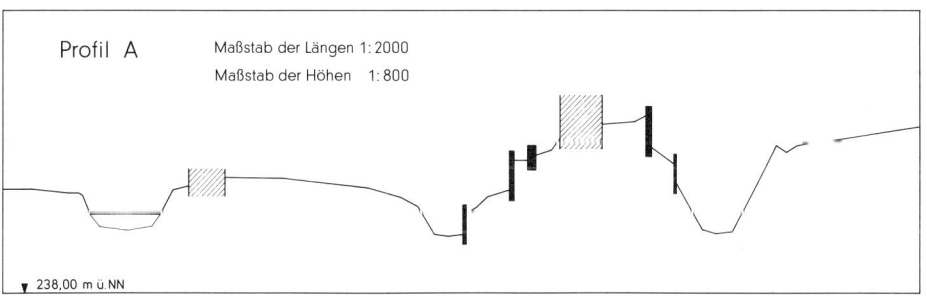

Die Hardtburg bei Stotzheim (EU 105), Kreis Euskirchen. Topographische Aufnahme durch das Rheinische Landesmuseum Bonn 1967 (vgl. auch Tafel 11).

Tafel 44

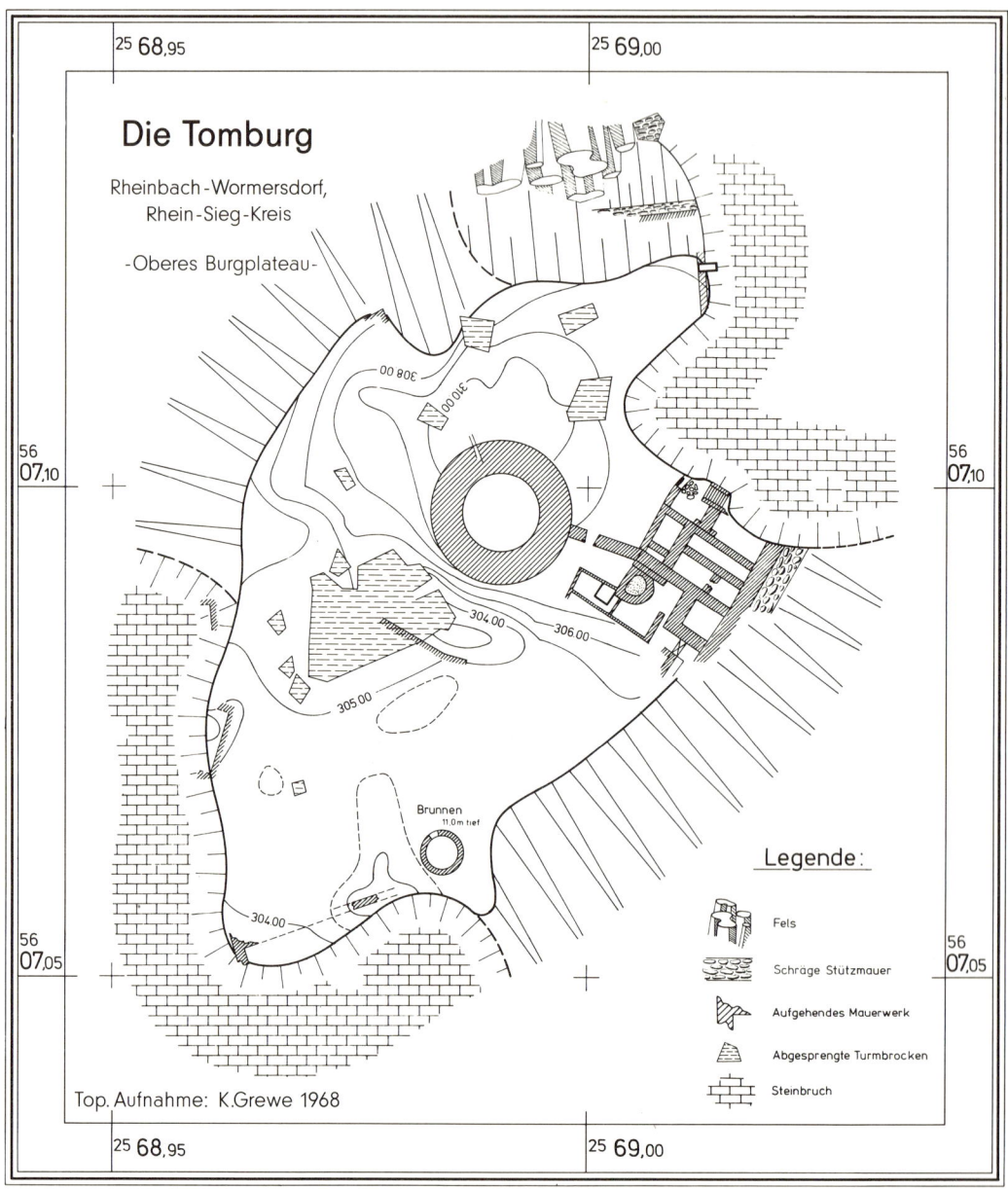

Die Tomburg bei Rheinbach (BN 177), Kreis Bonn. Topographische Aufnahme des oberen Burgplateaus mit den Grabungsbefunden von 1968 (vgl. auch Tafel 20, 21 und 74).

Die Alte Burg im Quecken bei Münstereifel (EU 71), Kreis Euskirchen. Topographische Aufnahme der Anlage durch das Rheinische Landesmuseum Bonn 1973. ▶

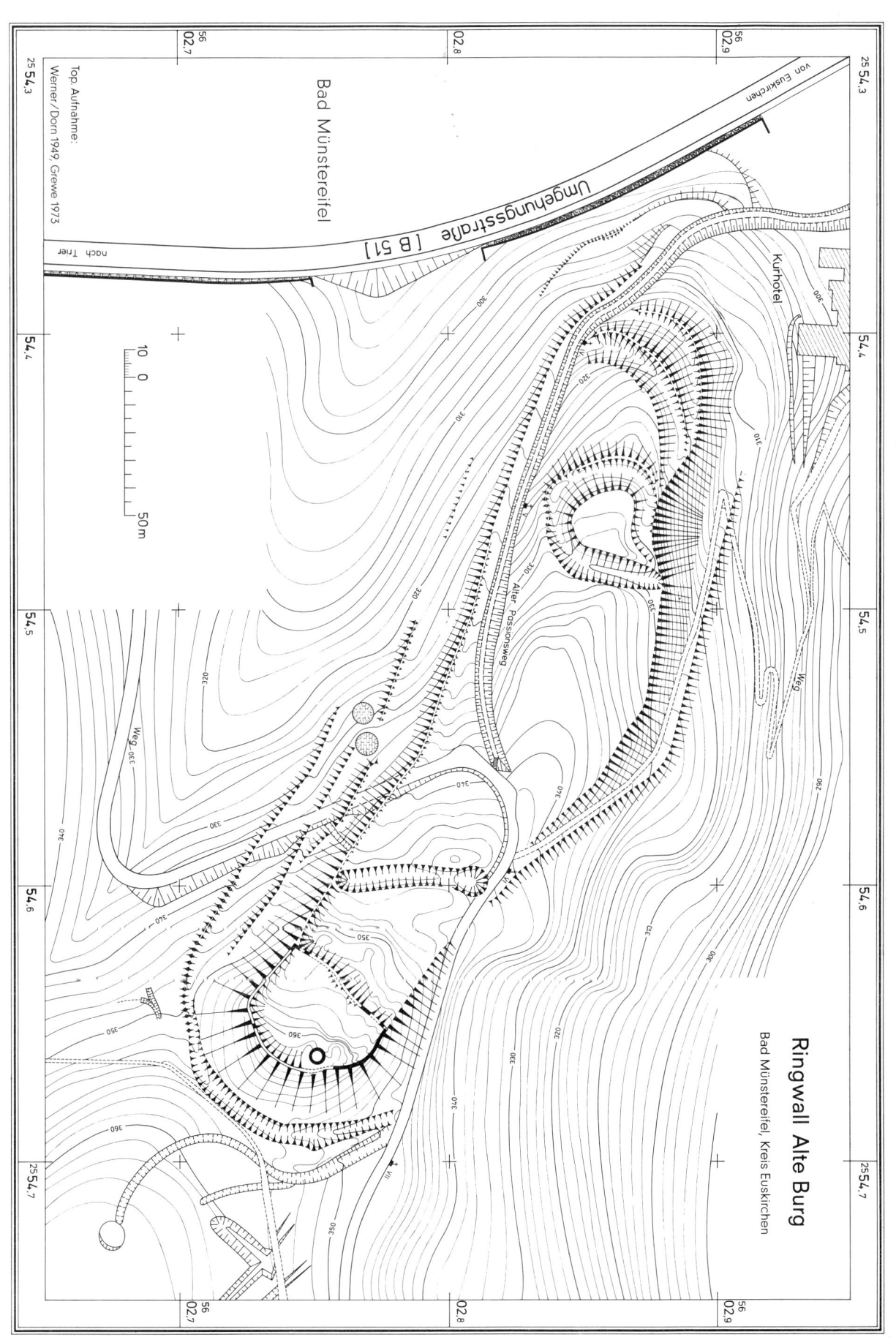

Ringwall Alte Burg
Bad Münstereifel, Kreis Euskirchen

Top. Aufnahme:
Werner/Dorn 1949, Grewe 1973

Tafel 46

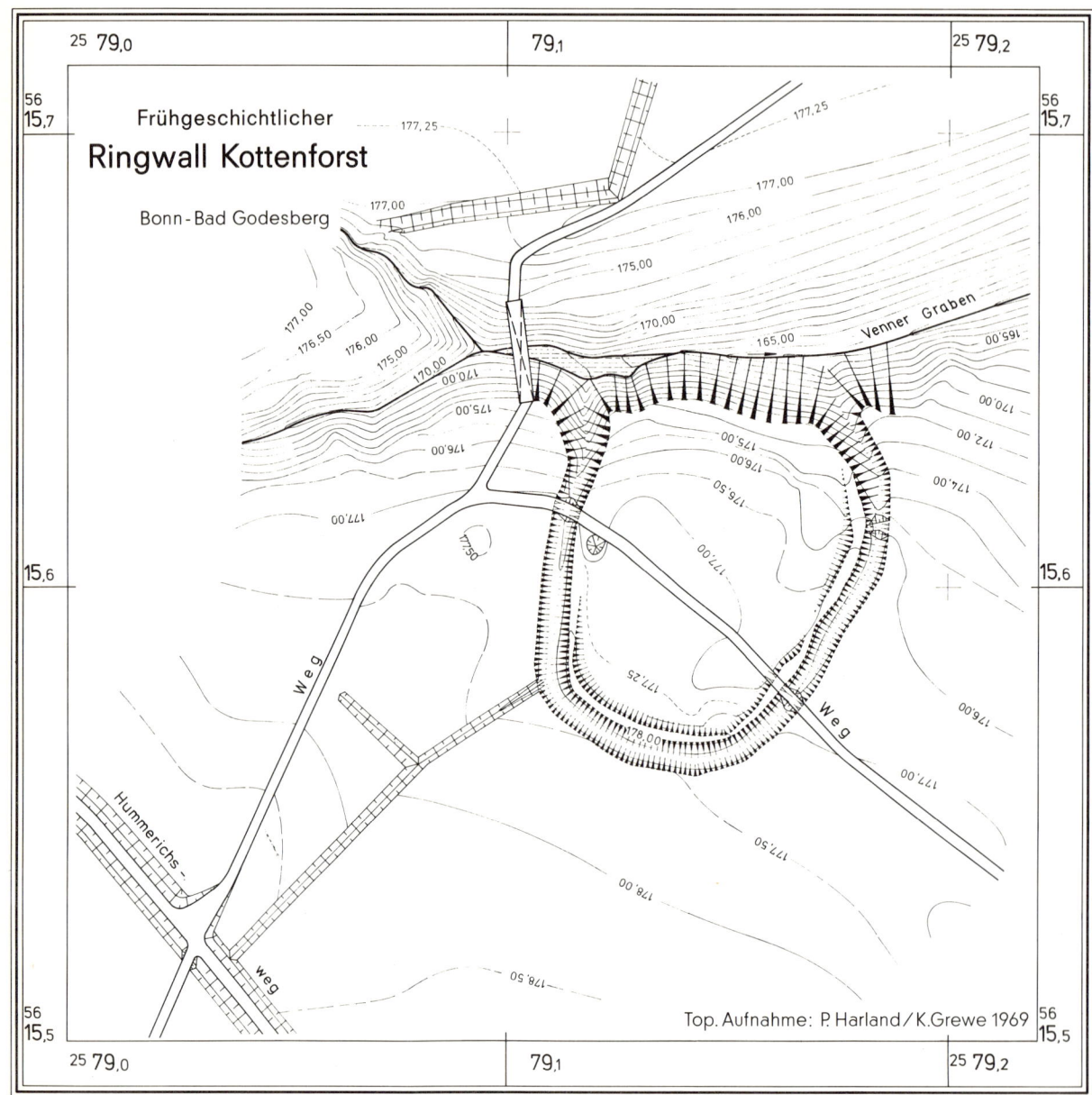

Der frühgeschichtliche Ringwall im Kottenforst (BN 18) bei Bad Godesberg. Topographische Aufnahme durch das Rheinische Landesmuseum Bonn 1969.

Tafel 47

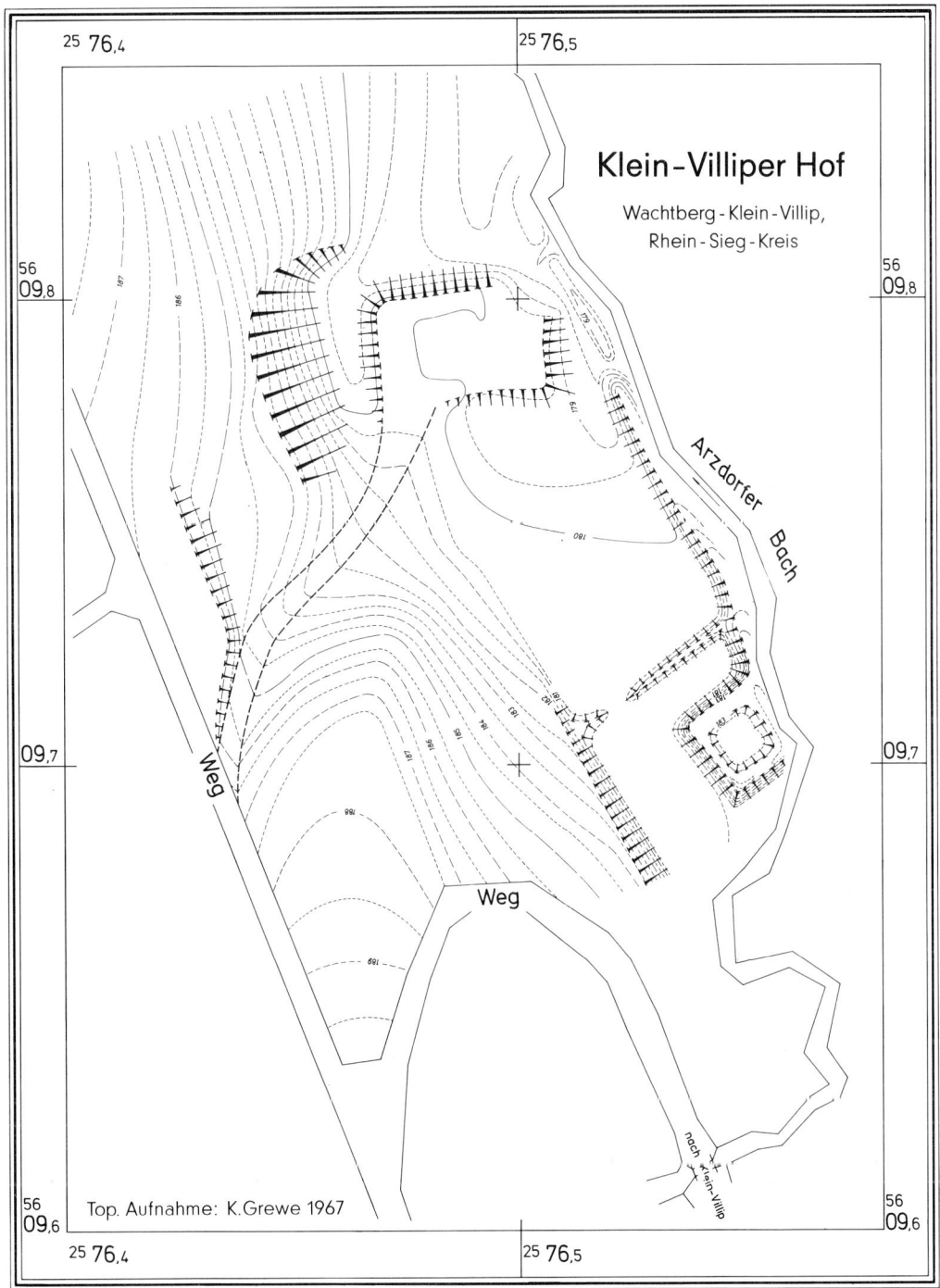

Die Überreste der Wüstung Klein-Villiper Hof (BN 4), Gemarkung Adendorf. Topographische Aufnahme durch das Rheinische Landesmuseum Bonn 1967.

Tafel 48

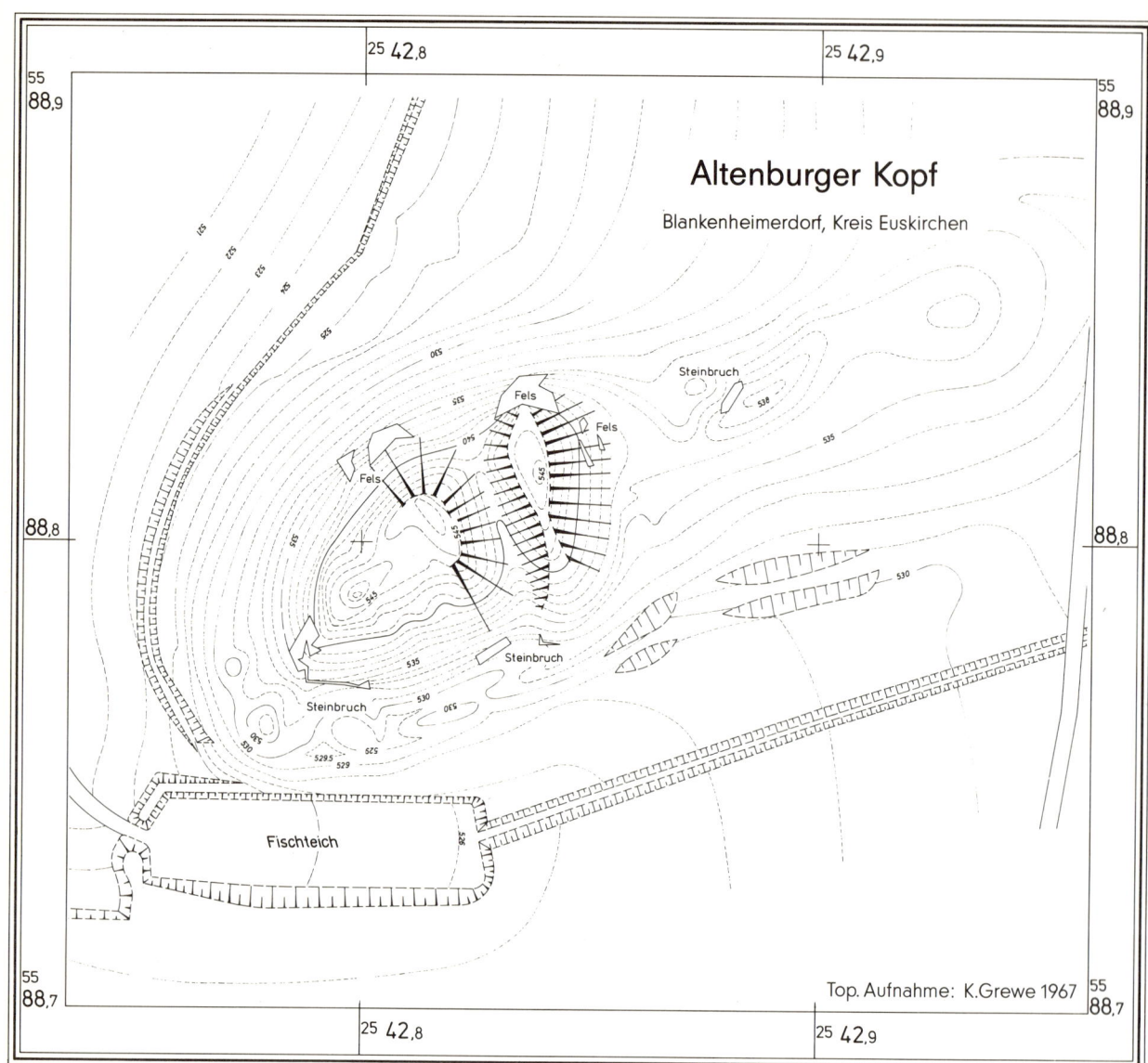

Die Reste der Altenburg (SLE 9), Gemarkung Blankenheimerdorf (vgl. Tafel 1 oben). Topographische Aufnahme durch das Rheinische Landesmuseum Bonn 1967.

Die Niederungsburg (Motte) Zehnbachhaus (SLE 122), Gemarkung Schmidtheim. Topographische Aufnahme durch das Rheinische Landesmuseum Bonn 1967. ▶

Tafel 49

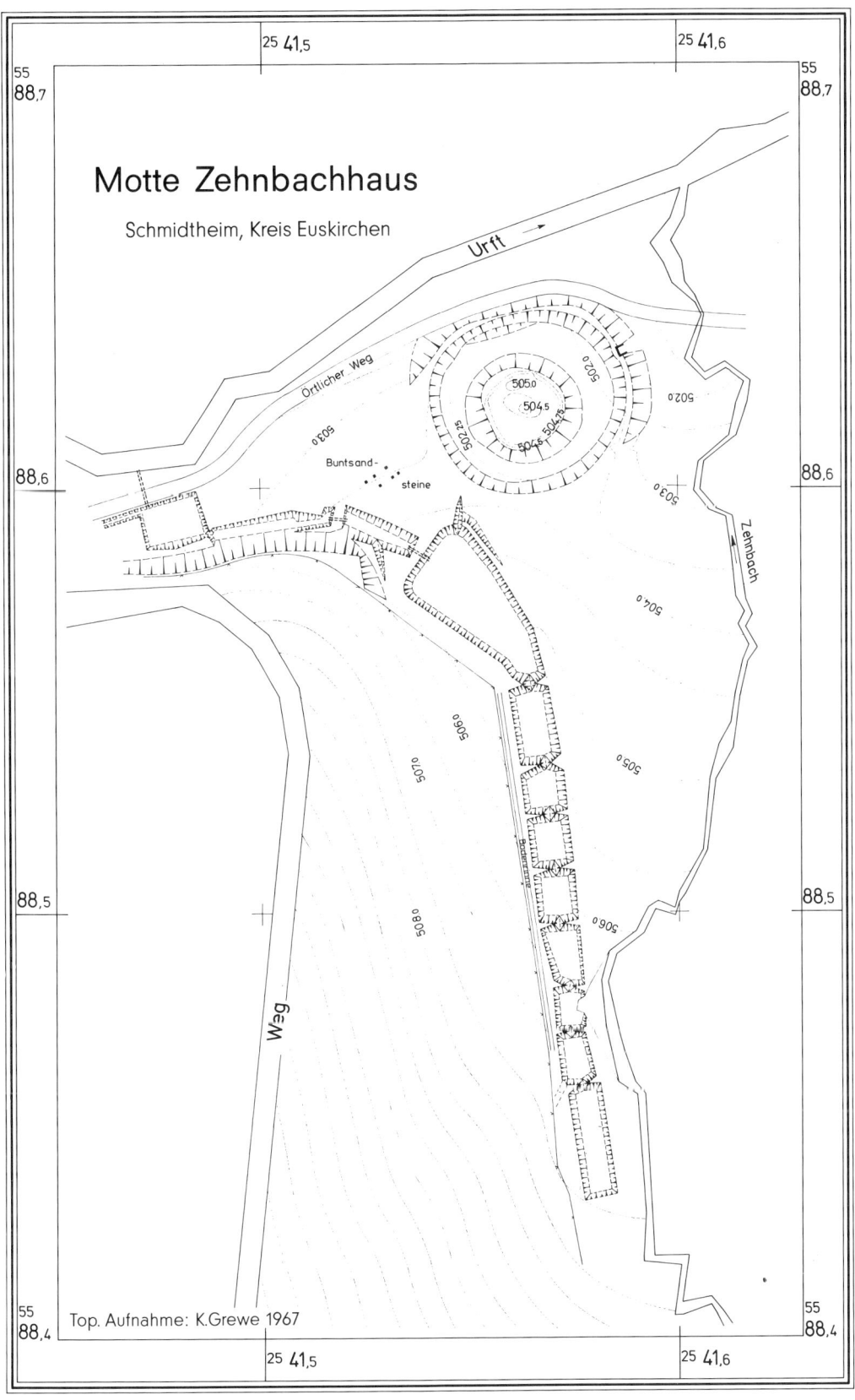

Tafel 50

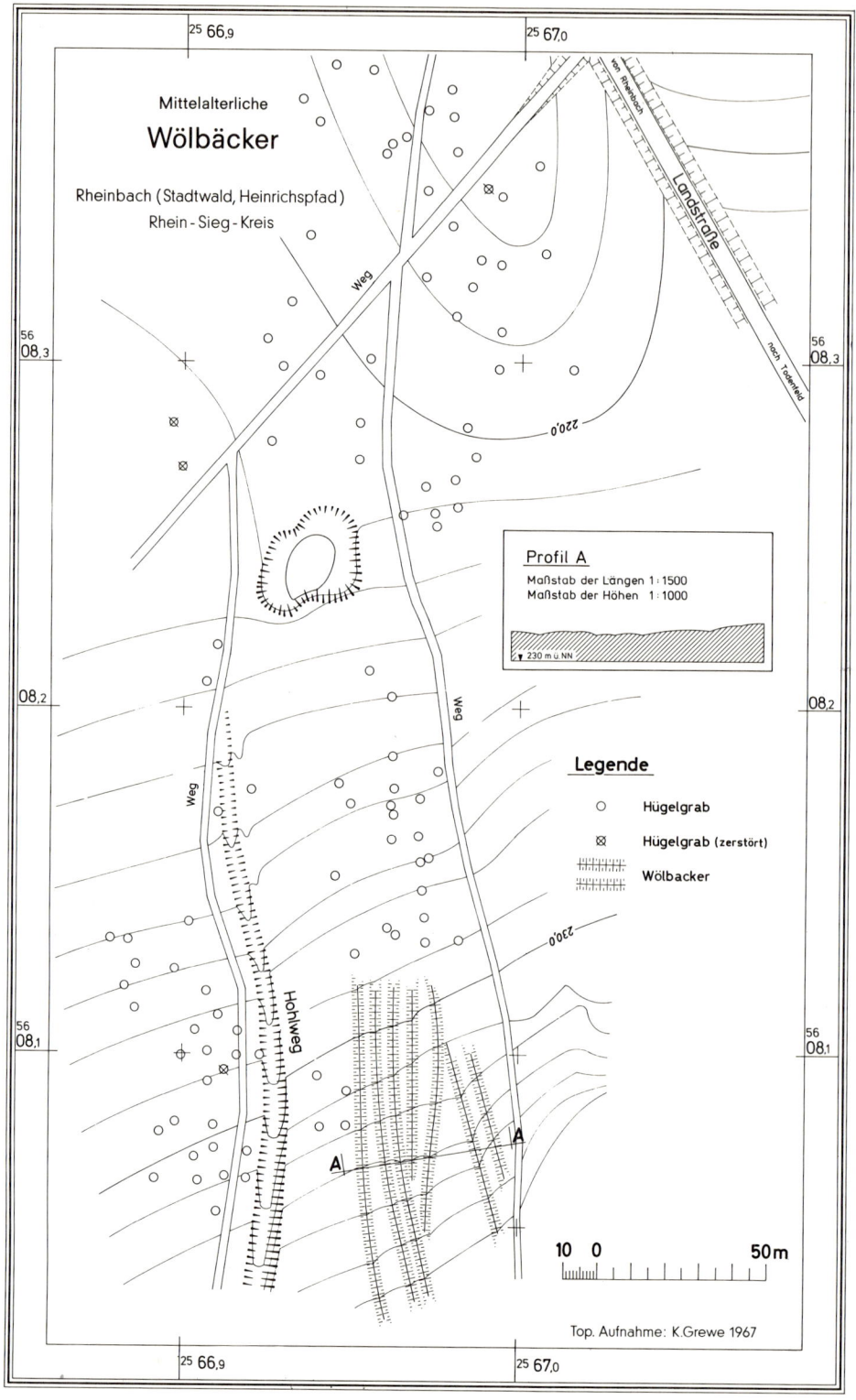

Tafel 51

Fossile terrassierte Fluren und Eisengruben im Flurbezirk Rotbusch, Gemarkung Marmagen (A 2), Kreis Schleiden.

◀ Mittelalterliche Wölbäcker im Jagen 12 des Rheinbacher Stadtwaldes (A 14).
Topographische Aufnahme durch das Rheinische Landesmuseum Bonn 1967.

Tafel 52

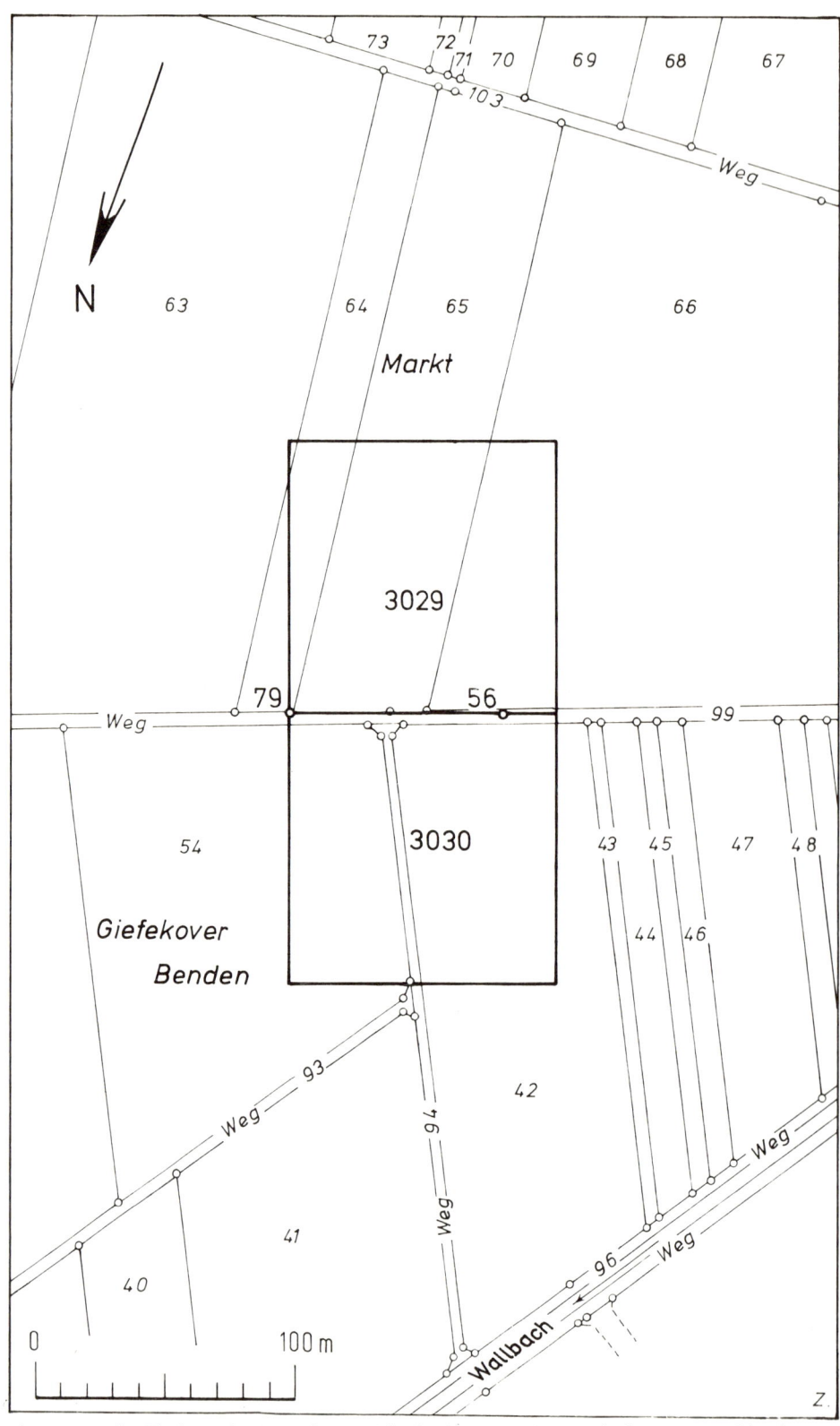

Auszug aus der Flurkarte der Gemarkung Miel mit Eintragung jenes Teils der Wüstung Givvekoven (BN 105), der durch den Protonen-Resonanzmagnetometer untersucht wurde.
Zur Lage des Ausschnittes vgl. Tafel 76.

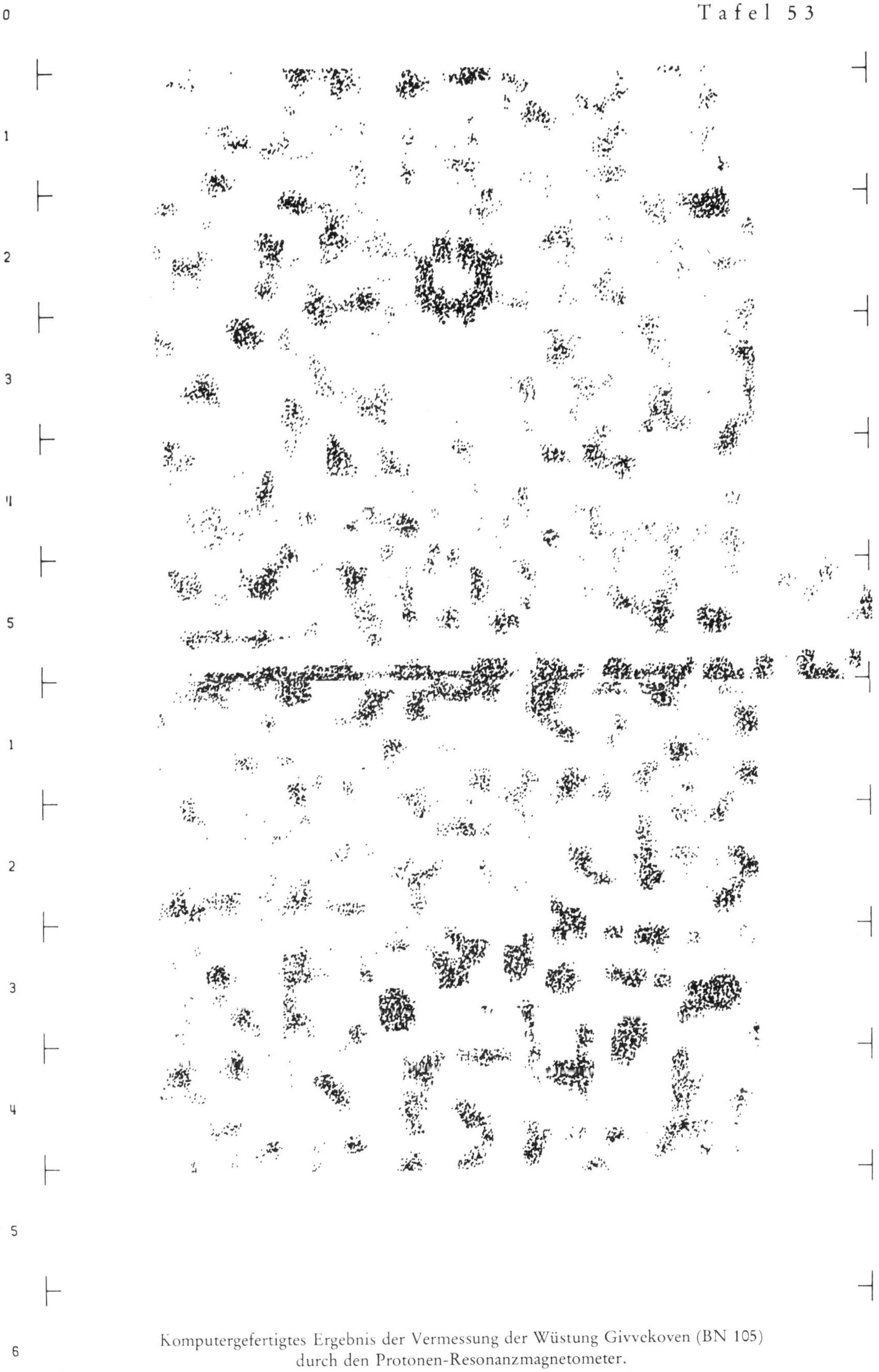

Tafel 53

Komputergefertigtes Ergebnis der Vermessung der Wüstung Givvekoven (BN 105) durch den Protonen-Resonanzmagnetometer.

Tafel 54

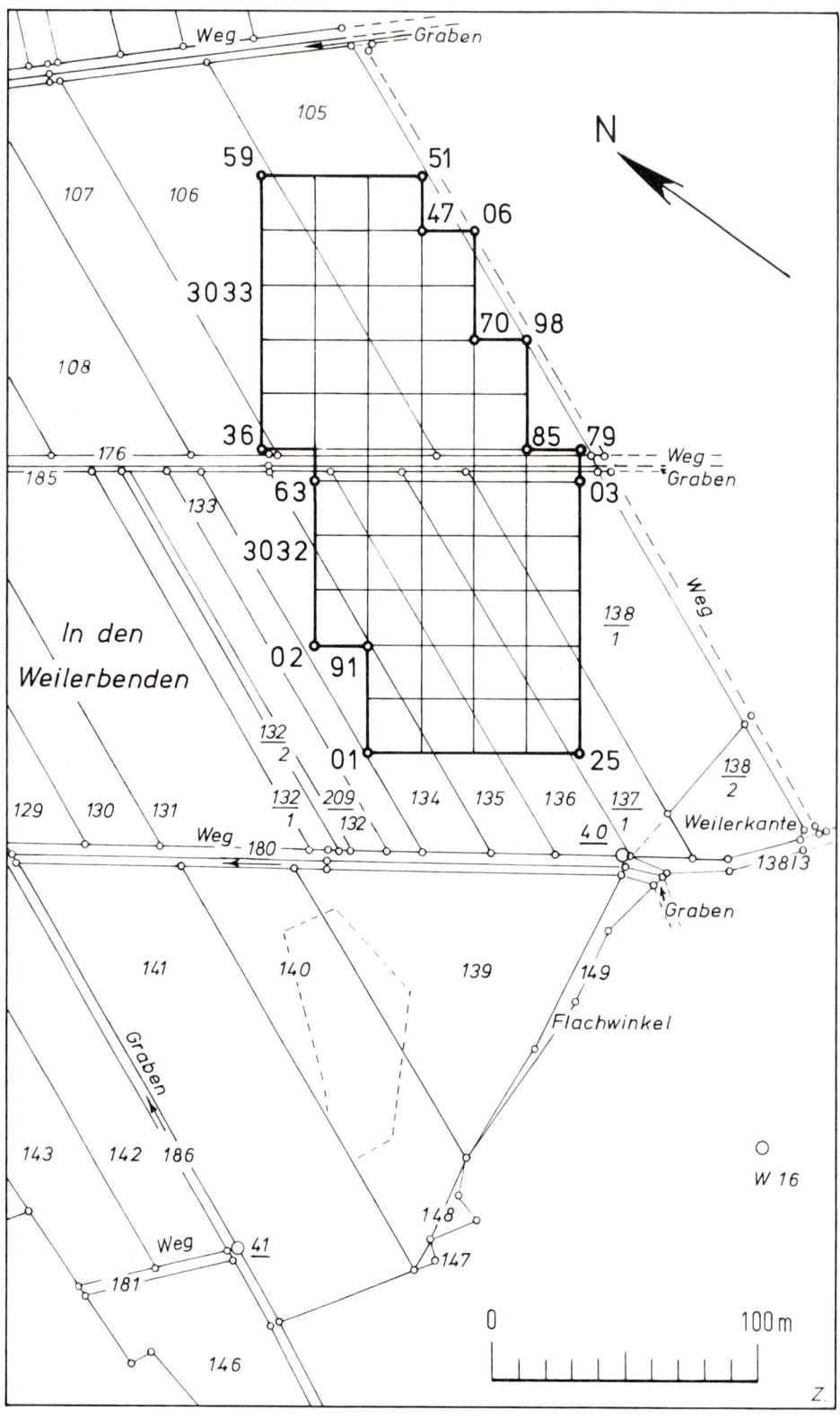

Auszug aus der Flurkarte der Gemarkung Rheinbach mit Eintragung jenes Teils der Wüstung Rheinbachweiler (BN 142), der durch den Protonen-Resonanzmagnetometer untersucht wurde.
Zur Lage des Ausschnittes vgl. Tafel 78.

Tafel 55

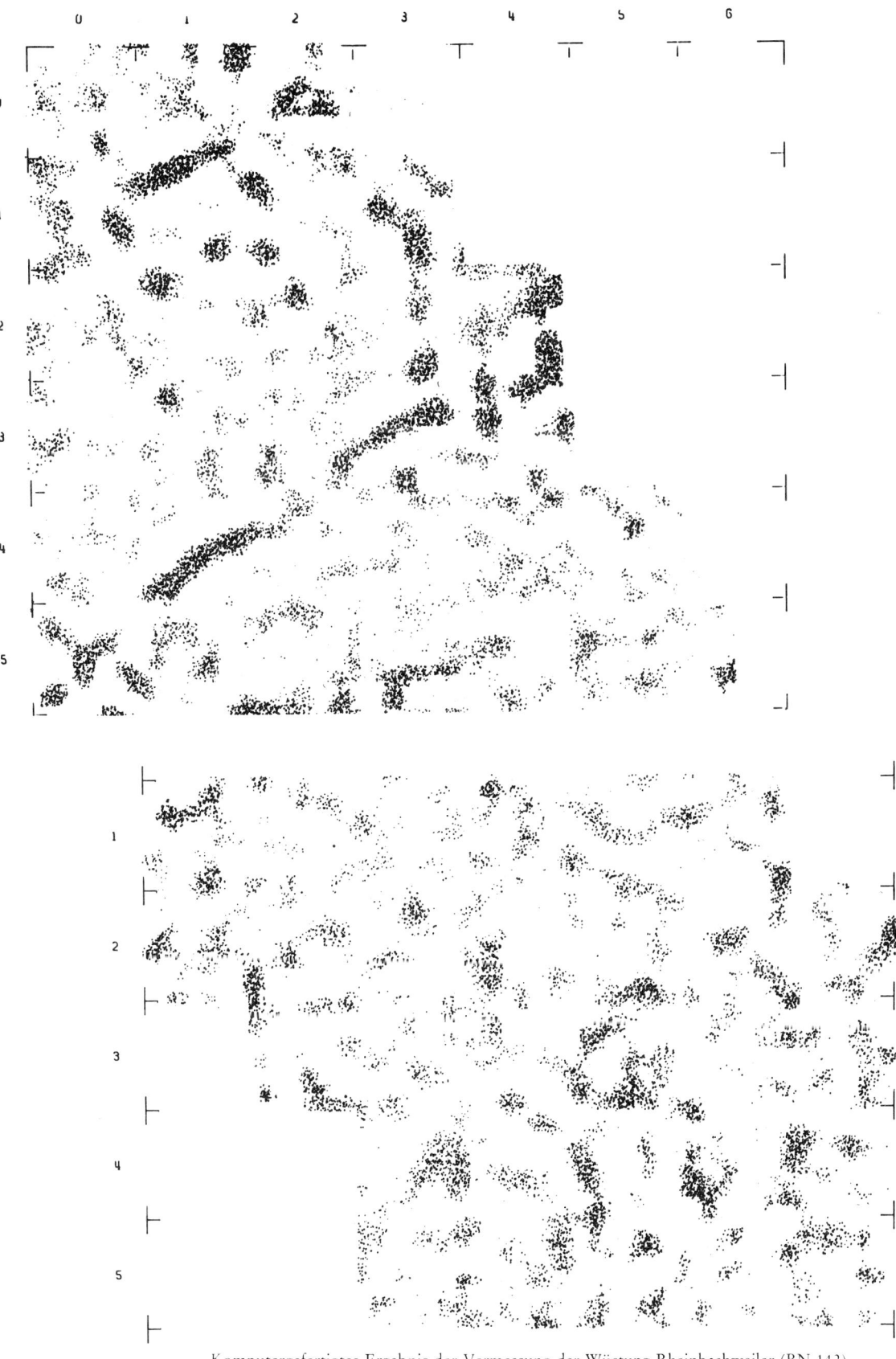

Komputergefertigtes Ergebnis der Vermessung der Wüstung Rheinbachweiler (BN 142) durch den Protonen-Resonanzmagnetometer.

Tafel 56

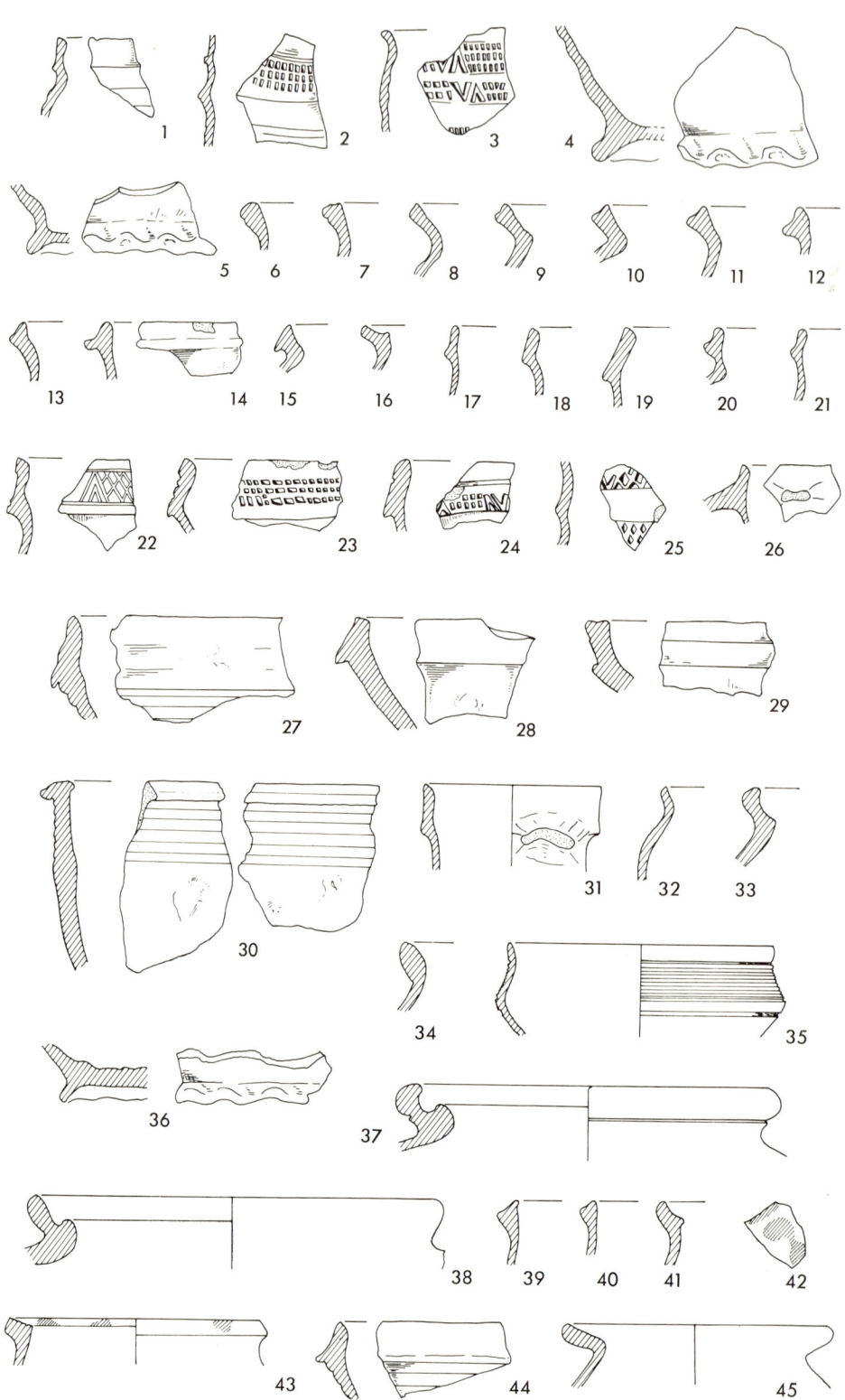

Römische und mittelalterliche Keramik von der Burgsiedlung Tomburg (BN 178).
1–5   Fundstelle 1 auf Tafel 67.   30–36   Fundstelle 6 auf Tafel 67.
6–29 Fundstelle 3 auf Tafel 67.   37–45   Fundstelle 4 auf Tafel 67.

M. 1 : 3

Tafel 57

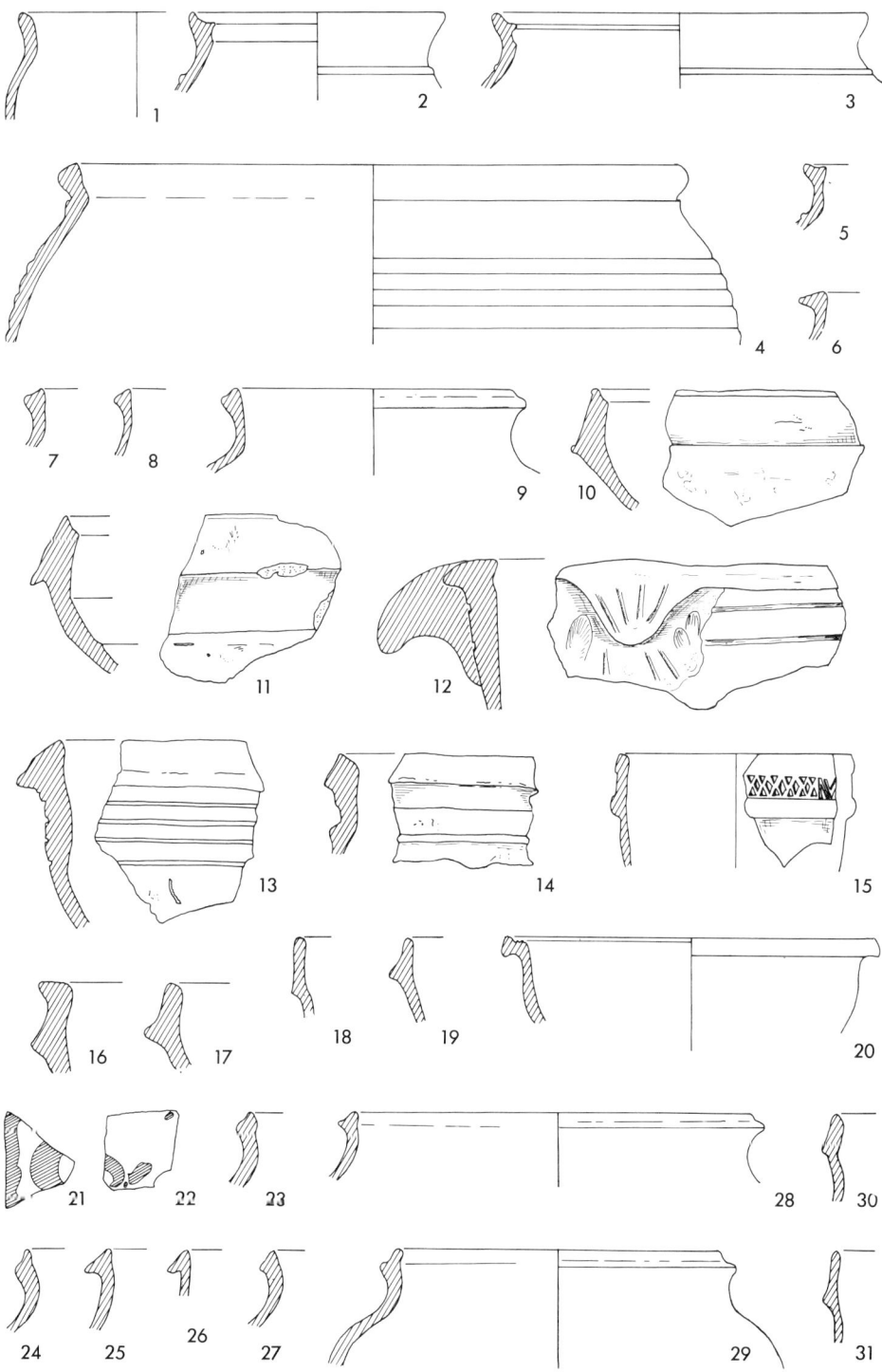

1–19 Mittelalterliche Keramik von der Wüstung Rheinbachweiler, Gemarkung Rheinbach (BN 142).
20–31 Mittelalterliche Keramik von der Wüstung Rode, Gemarkung Rheinbach (BN 144).
M. 1 : 3

Tafel 58

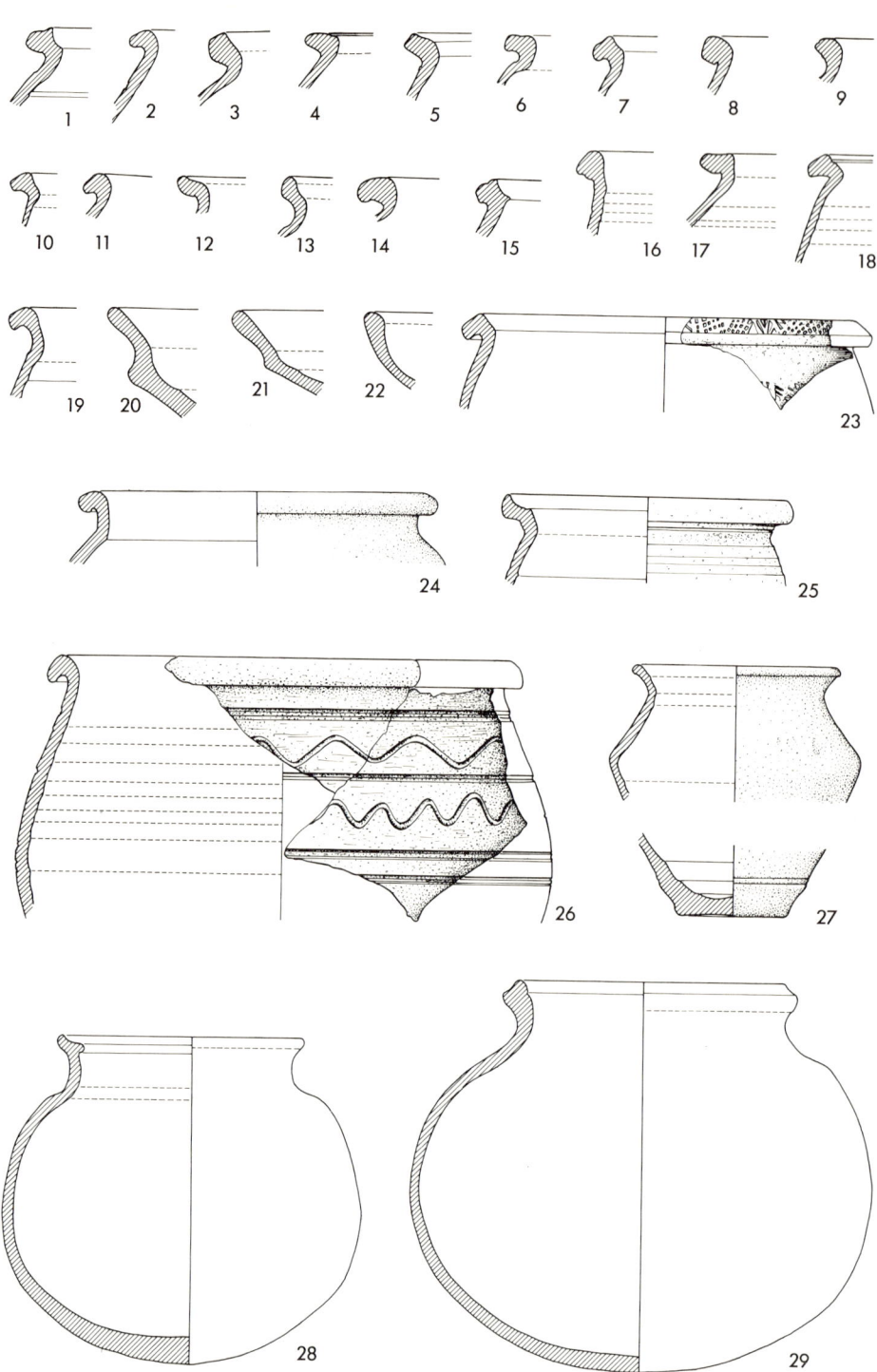

1–27   Keramik von der spätfränkischen Siedlung Meckenheim (BN 102).
28, 29 Keramik vom hochmittelalterlichen Töpferbezirk Meckenheim (BN 103).
M. 1 : 3

Tafel 59

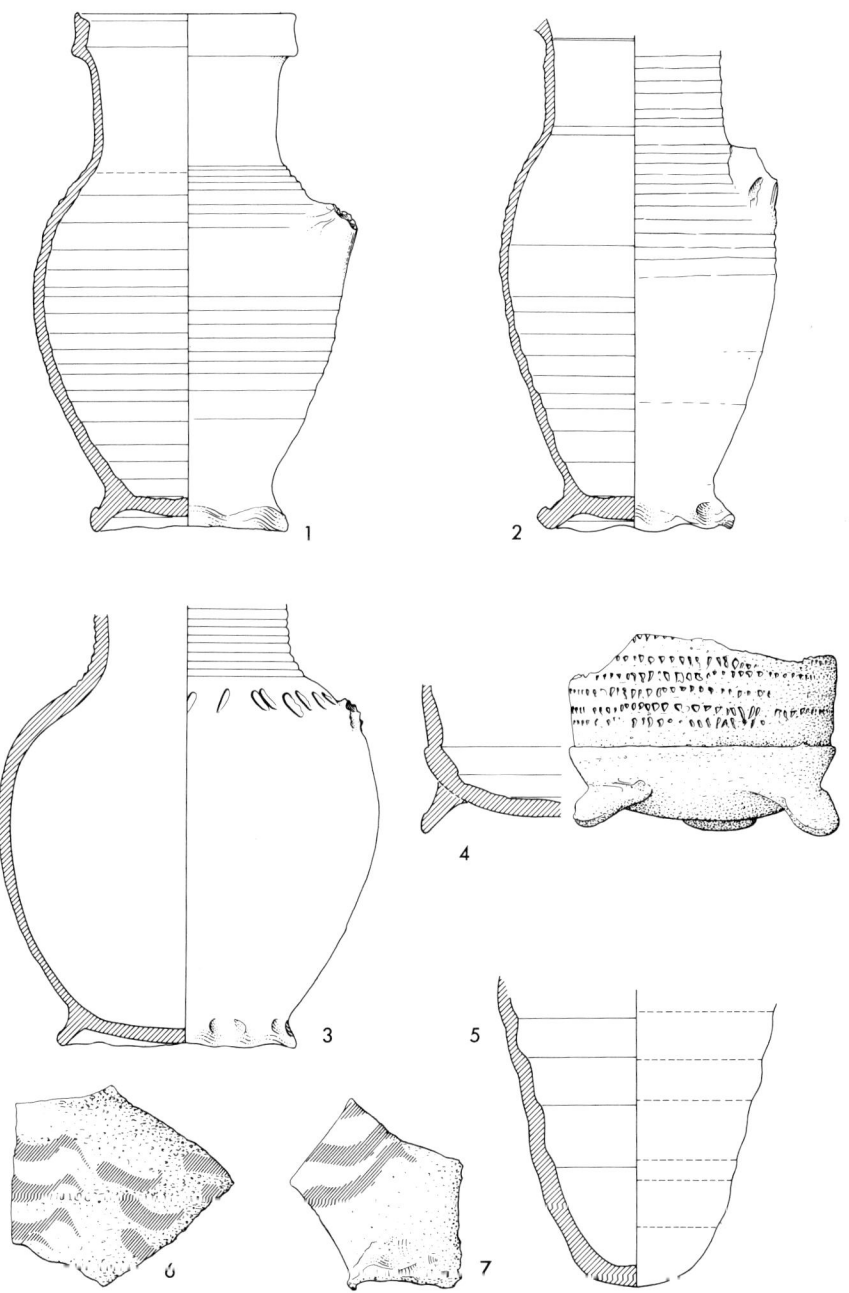

Keramik vom hochmittelalterlichen Töpferbezirk Meckenheim (BN 103).
M. 1 : 3

Tafel 60

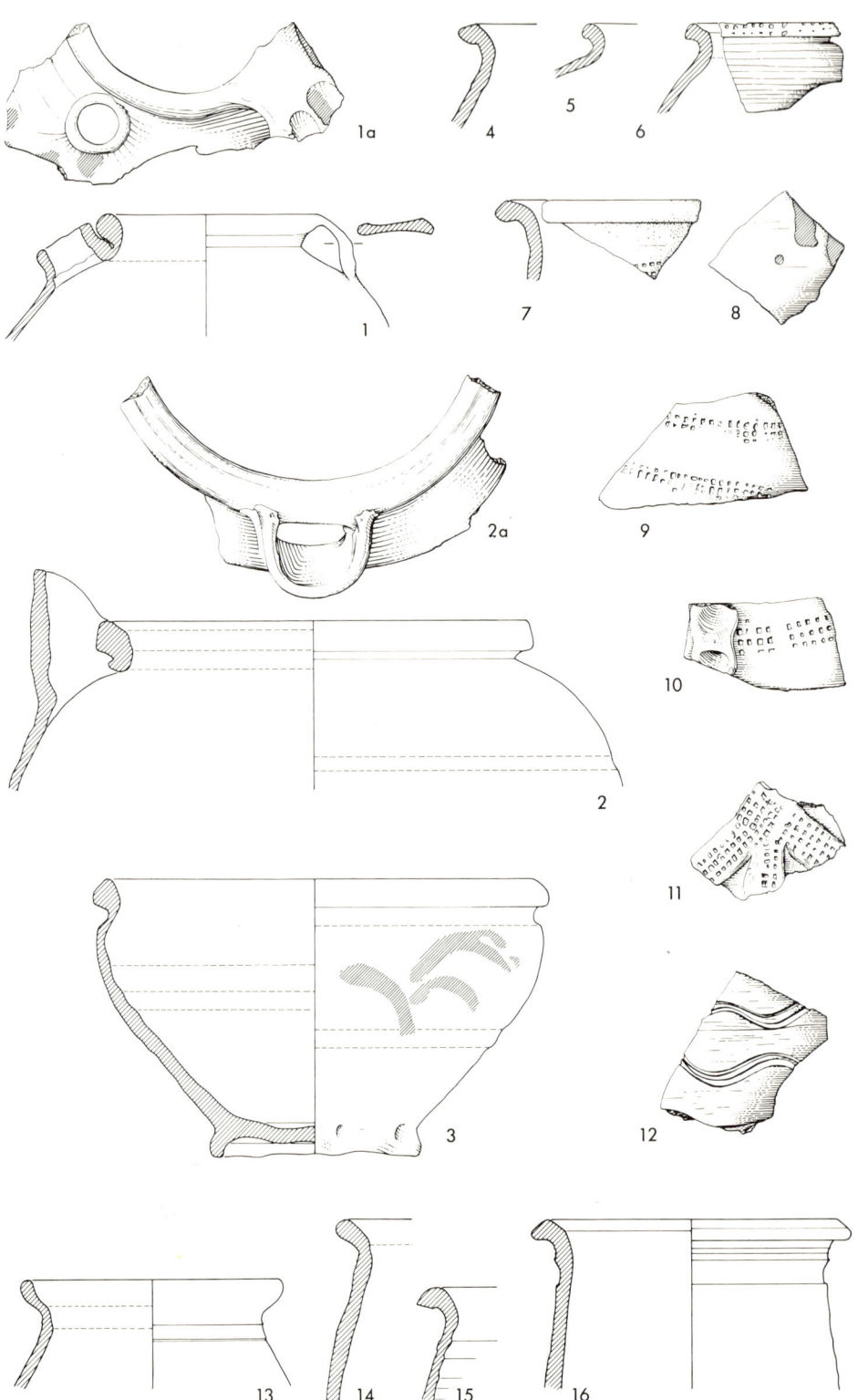

1–3 Keramik vom hochmittelalterlichen Töpferbezirk Meckenheim (BN 103).
4–16 Keramik vom karolingischen Töpferbezirk Sechtem (BN 159).
M. 1 : 3

Tafel 61

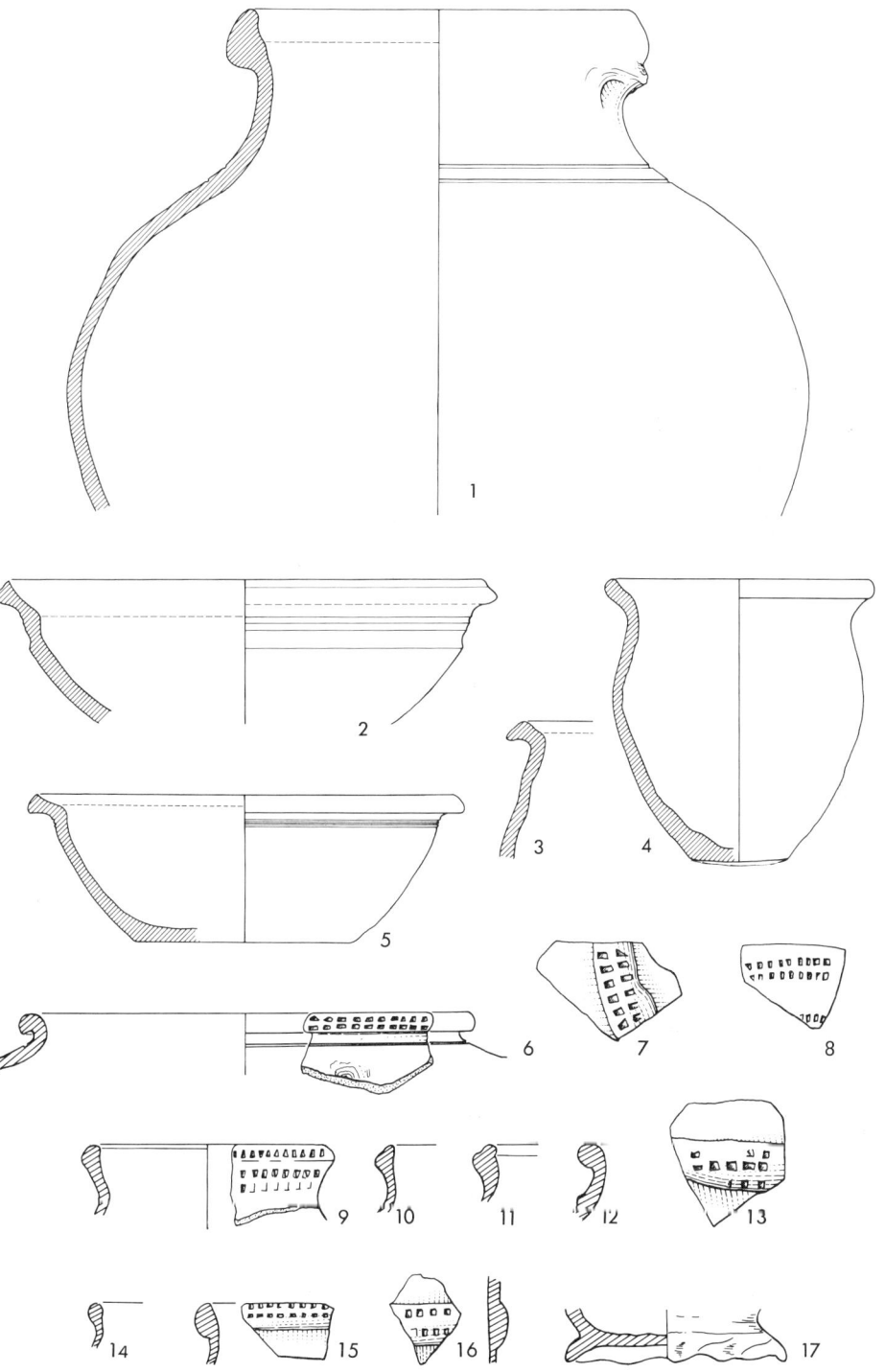

1–5 Keramik vom karolingischen Töpferbezirk Sechtem (BN 159).
6–11 Keramik von der Hofwüstung BN 162 in Sechtem.
12–17 Keramik von der Hofwüstung BN 163 in Sechtem.
M. 1 : 3

Tafel 62

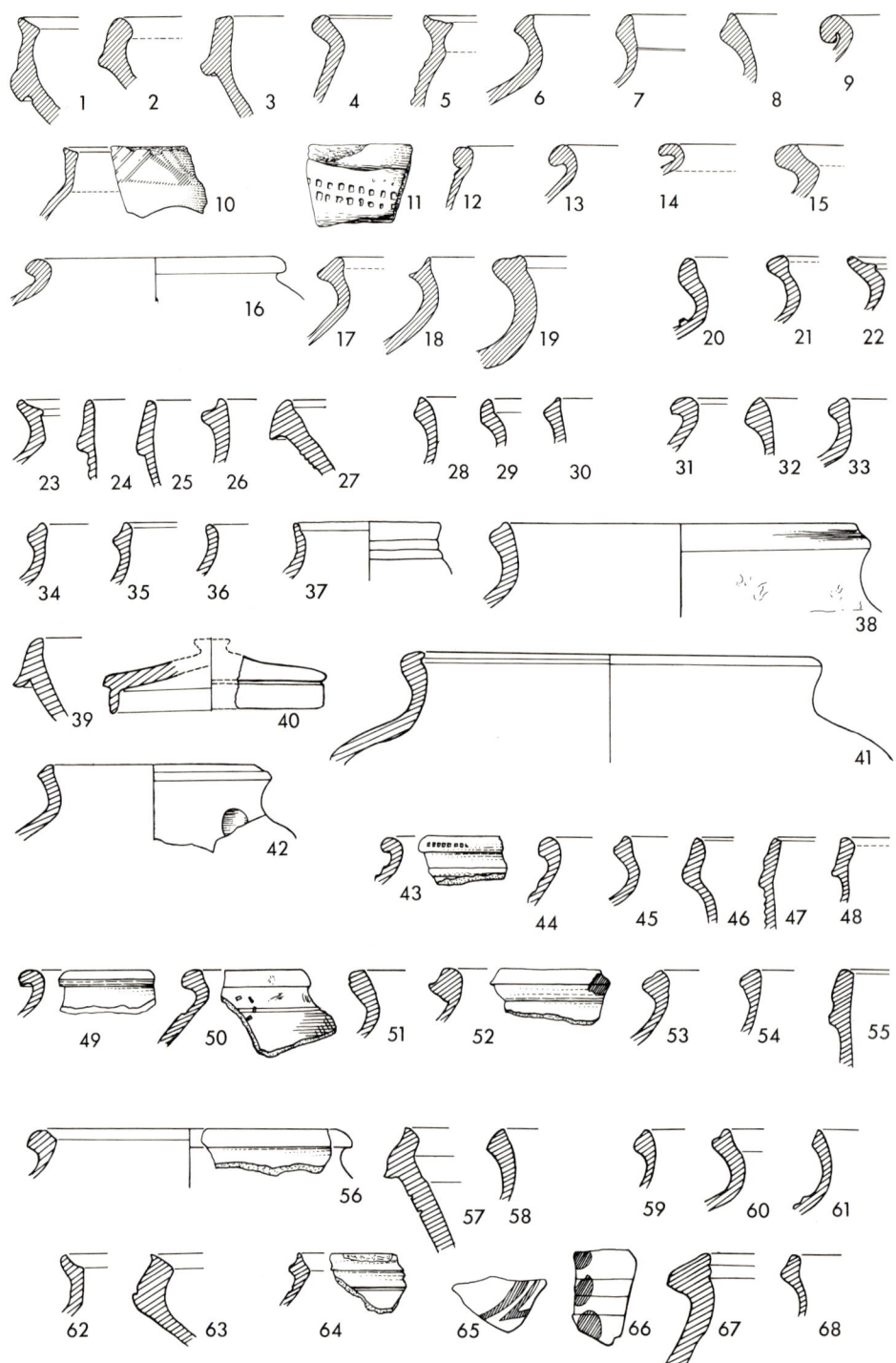

Tafel 63

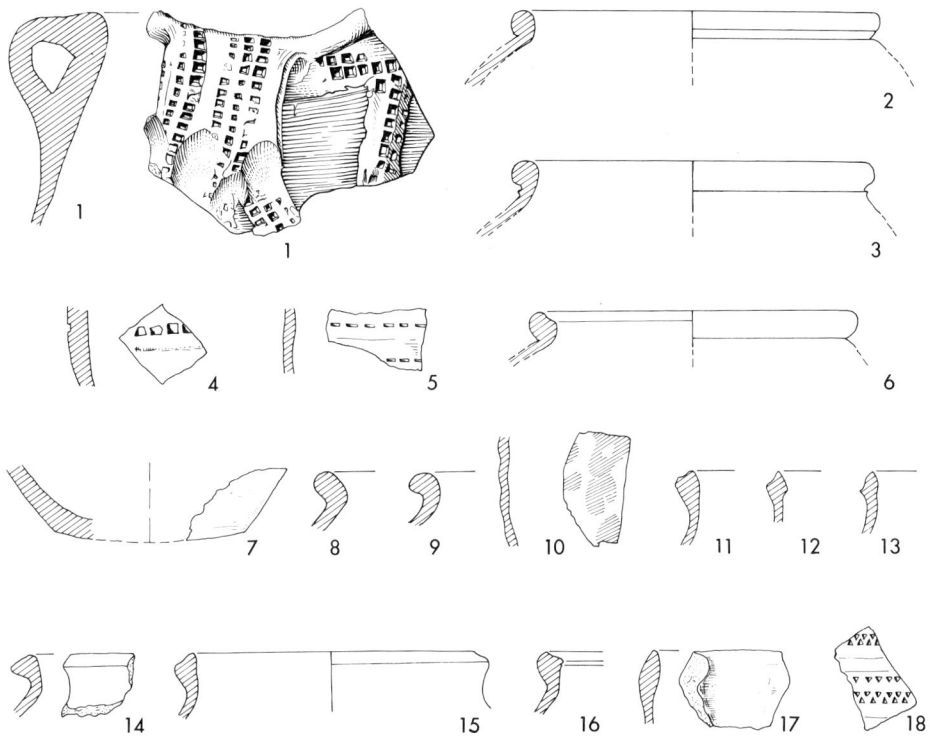

Karolingische und hochmittelalterliche Keramik von der Wüstung Givvekoven, Gemarkung Miel (BN 105).
M. 1 : 3

◀ Keramik von Wüstungen der Nordeifel
1–10 Hofwüstungen bei Neukirchen (BN 115–120)
11–19 Hofwüstung bei Flerzheim (BN 71)
20–27 Hofwüstung bei Hilberath (BN 90)
28–30 Hofwüstung bei Hilberath (BN 89)
31–40 Hofwüstung bei Altendorf (BN 12)
41–42 Altenburg bei Blankenheimerdorf (SLE 9)
43–48 Hofwüstung bei Todenfeld (BN 166)
49–55 Wüstung bei Ludendorf (BN 97)
56–58 Wüstung bei Ludendorf (BN 99)
59–63 Wüstung bei Lüftelberg (BN 101)
64–68 Dorfwüstung Krechelheim bei Westum (AW 176).
M. 1 : 3

Tafel 64

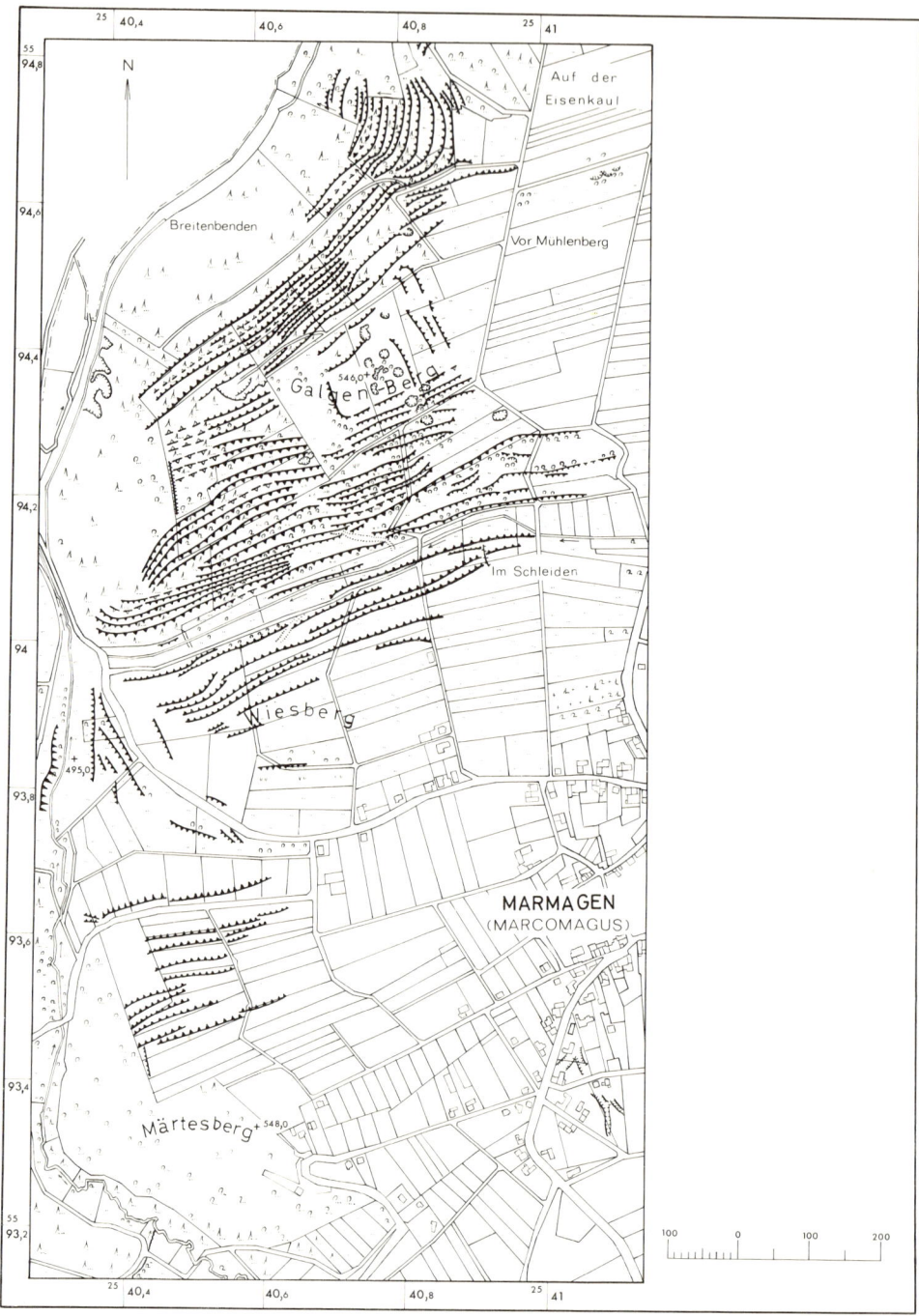

Fossile terrassierte Fluren und Eisengruben in den Flurbezirken Galgen-, Wies- und Märtesberg, Gemarkung Marmagen (SLE 3), Kreis Schleiden.

Terrassierte Fluren in der Umgebung von Dahlem, Kreis Schleiden (A 27). Ausschnitt aus der Tranchot-Karte, Neue Ausgabe Blatt 128 Dahlem. ▶

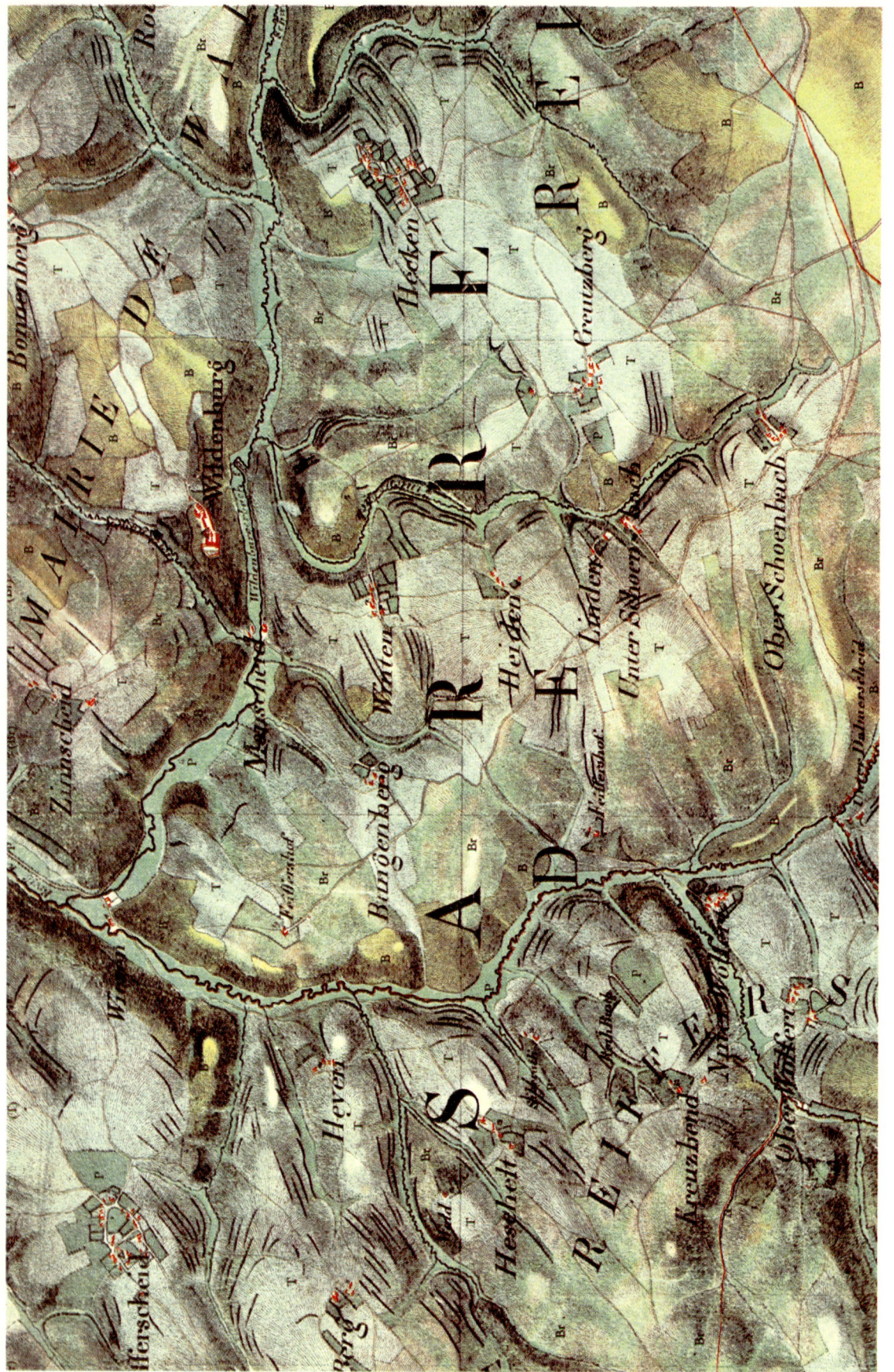

Terrassierte Fluren im Rodungsgebiet der nordwestlichen Eifel bei Wildenburg (A 12). Ausschnitt aus der Tranchot-Karte, Neue Ausgabe Blatt 128 Dahlem.

Tafel 67

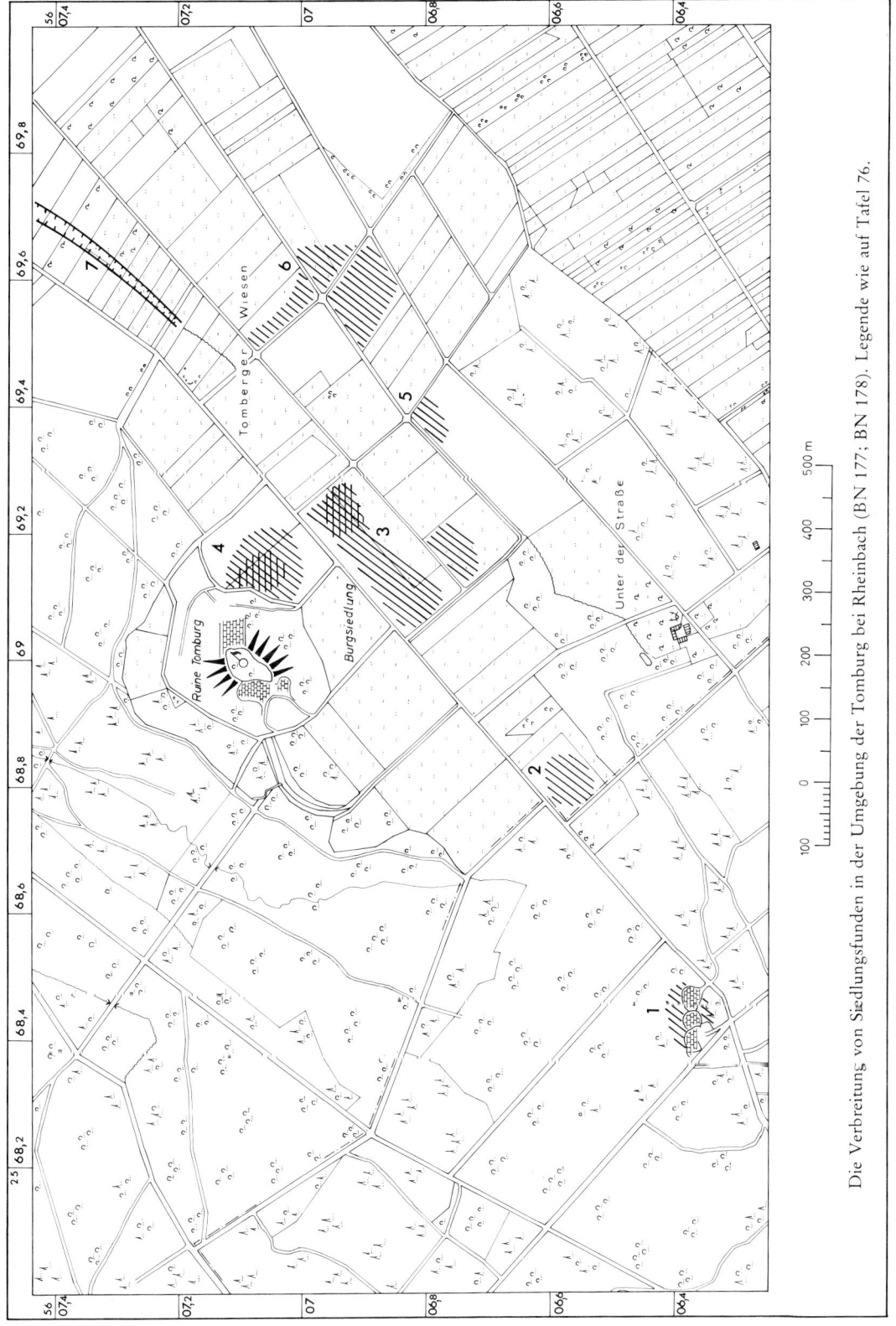

Die Verbreitung von Siedlungsfunden in der Umgebung der Tomburg bei Rheinbach (BN 177; BN 178). Legende wie auf Tafel 76.

Tafel 68

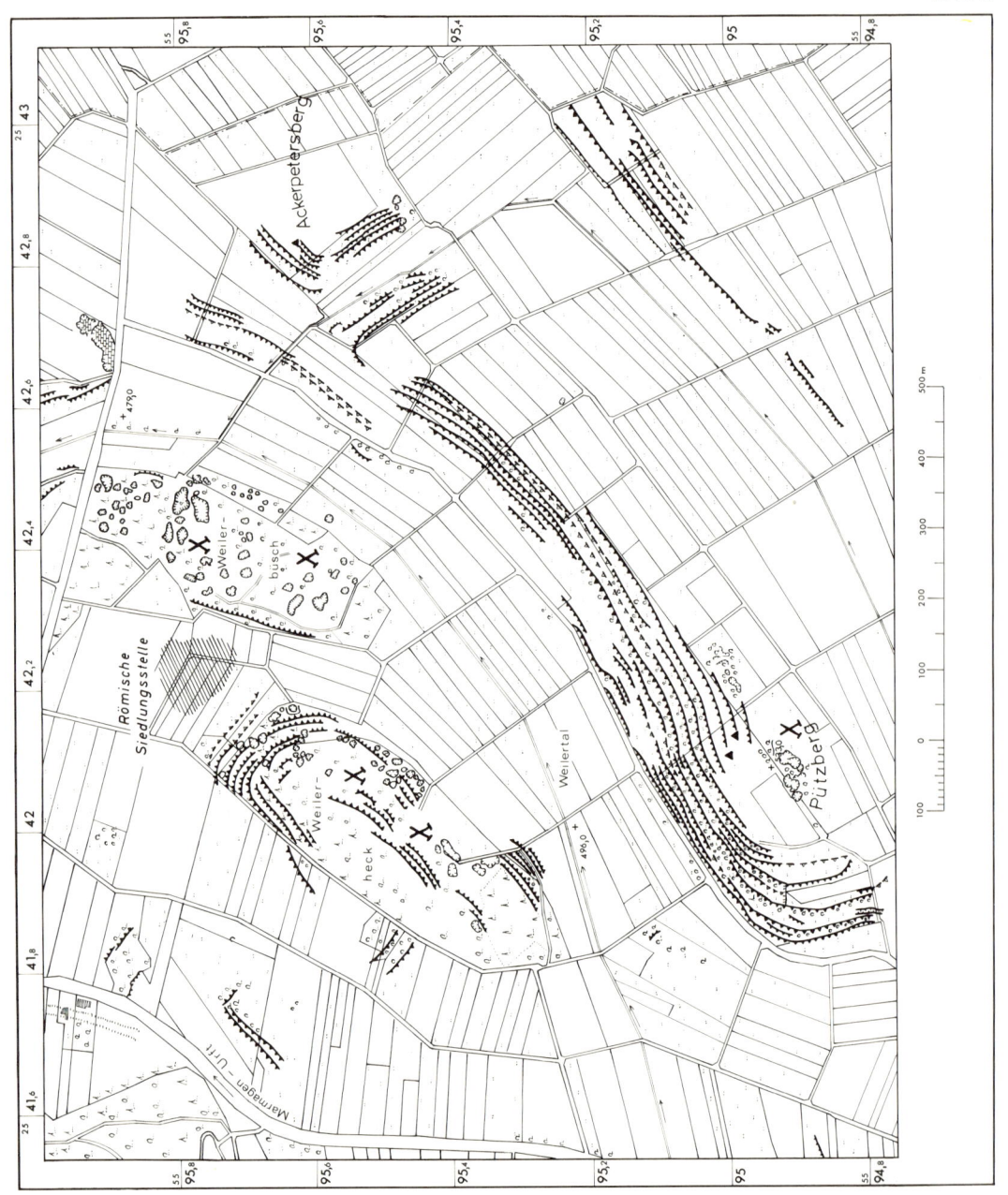

Fossile terrassierte Fluren und Eisengruben im Weilertal bei Marmagen (A 1), Kreis Schleiden.

Tafel 69

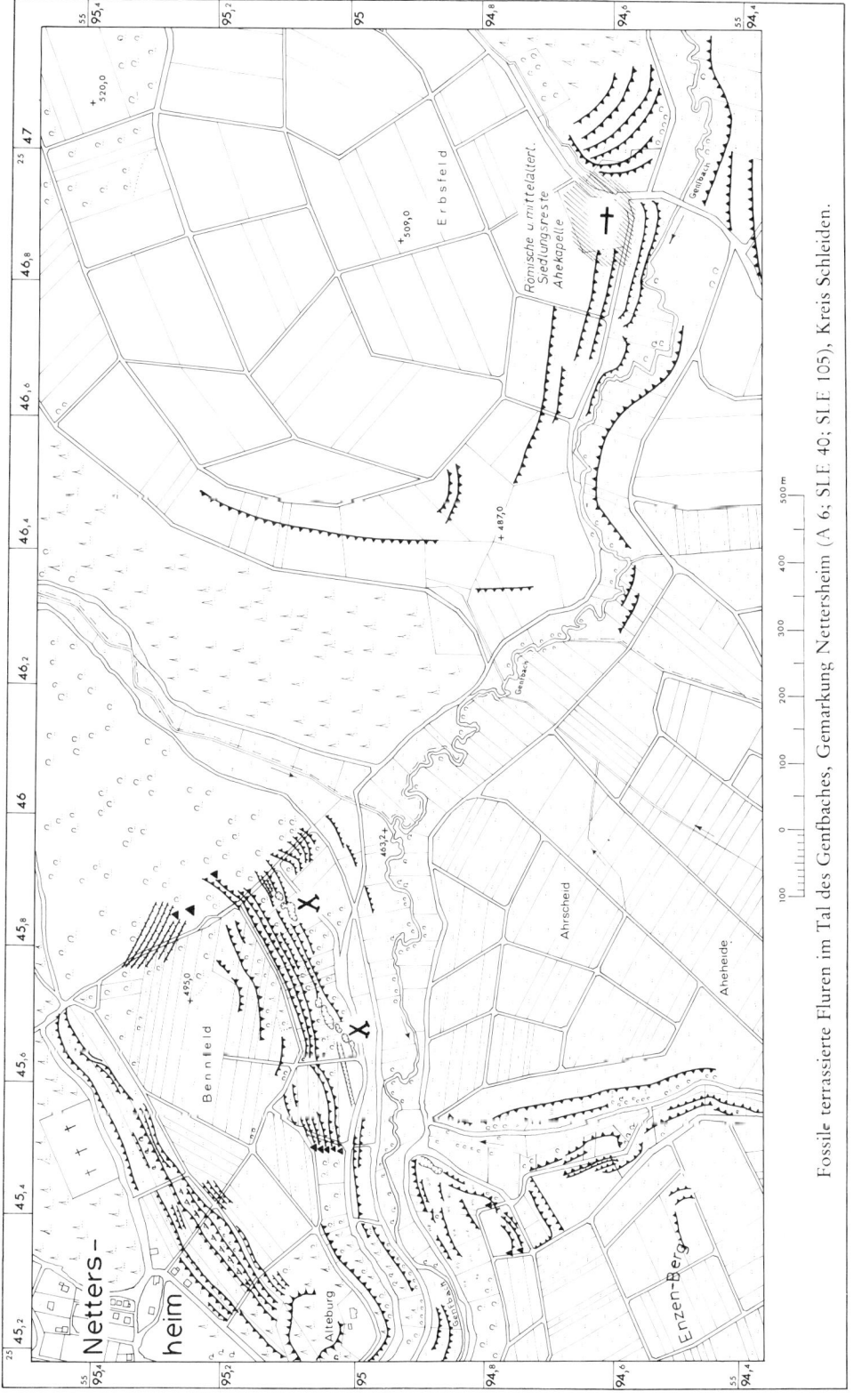

Fossile terrassierte Fluren im Tal des Genfbaches, Gemarkung Nettersheim (A 6; Sl E 40; Sl E 105), Kreis Schleiden.

Tafel 70

Fossile terrassierte Fluren an den Hängen des Urfttales und im Gebiet der Görresburg südlich von Nettersheim (A 4, A 5), Kreis Schleiden

Tafel 71

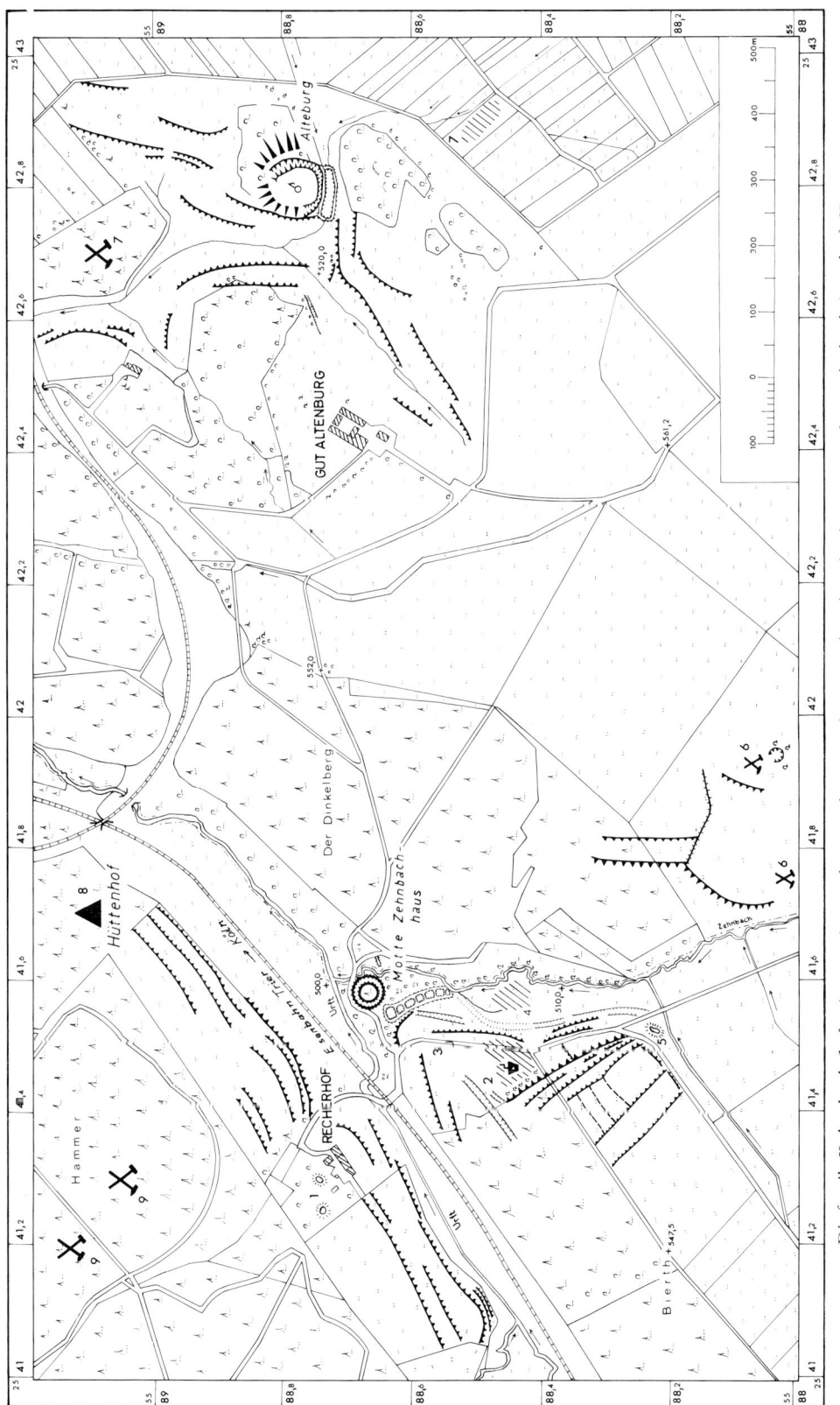

Die fossile Kulturlandschaft mit terrassierten Fluren und Eisengruben im Gebiet der Altenburg, Gemarkung Blankenheimerdorf (SLE 9), und der Niederungsburg Zehnbachhaus, Gemarkung Schmidtheim (SLE 120–122).

Tafel 72

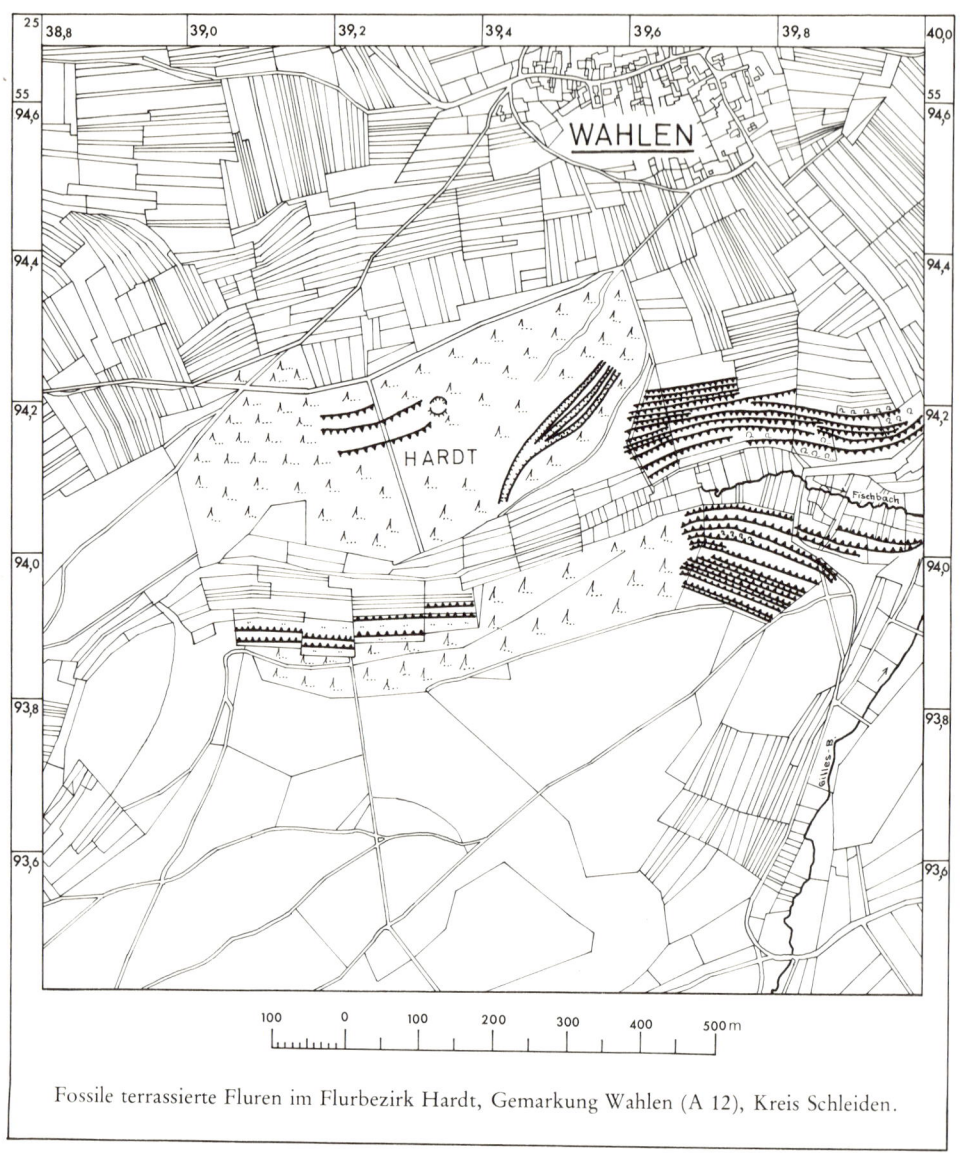

Fossile terrassierte Fluren im Flurbezirk Hardt, Gemarkung Wahlen (A 12), Kreis Schleiden.

Tafel 73

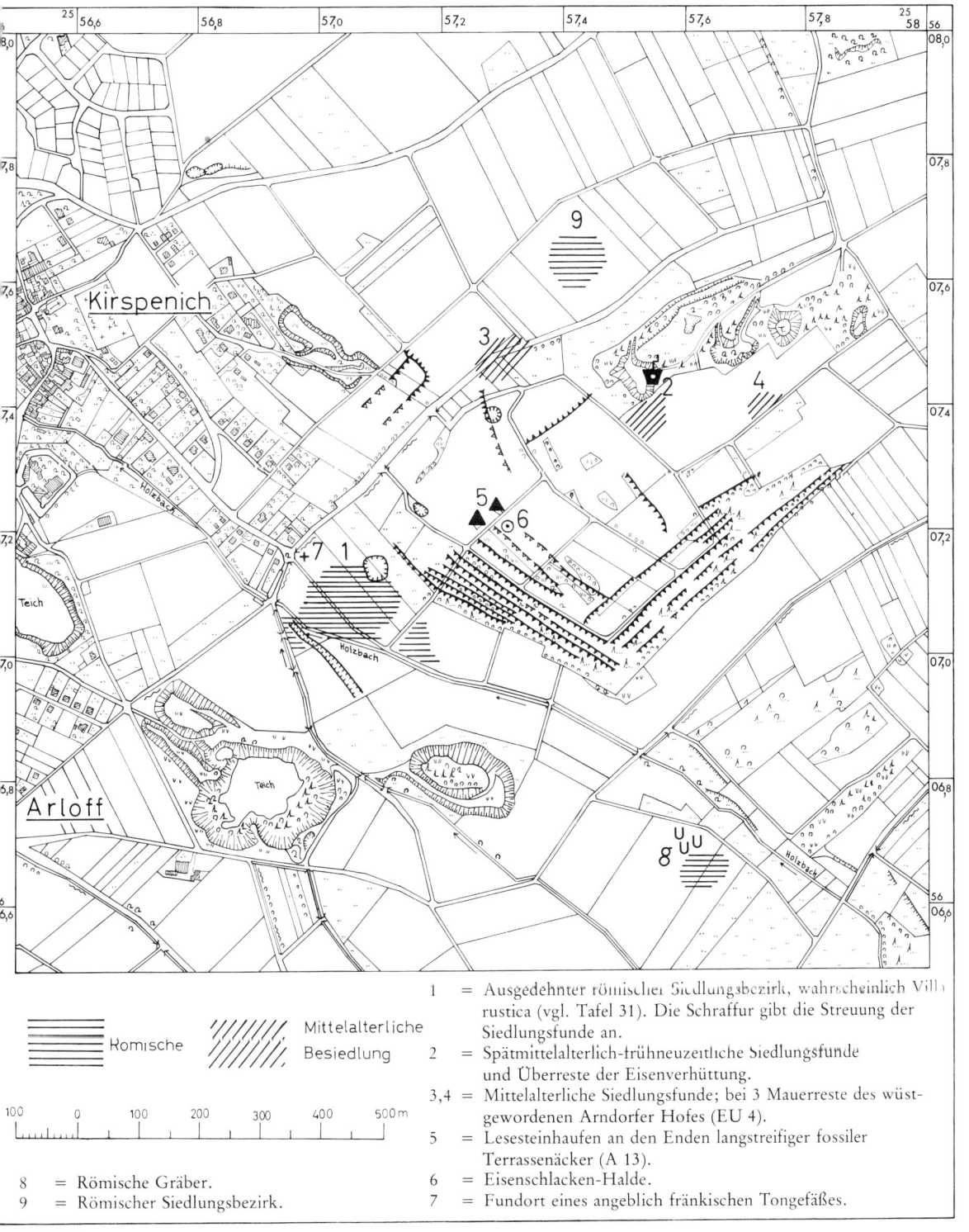

1 = Ausgedehnter römischer Siedlungsbezirk, wahrscheinlich Villa rustica (vgl. Tafel 31). Die Schraffur gibt die Streuung der Siedlungsfunde an.
2 = Spätmittelalterlich-frühneuzeitliche Siedlungsfunde und Überreste der Eisenverhüttung.
3,4 = Mittelalterliche Siedlungsfunde; bei 3 Mauerreste des wüstgewordenen Arndorfer Hofes (EU 4).
5 = Lesesteinhaufen an den Enden langstreifiger fossiler Terrassenäcker (A 13).
6 = Eisenschlacken-Halde.
7 = Fundort eines angeblich fränkischen Tongefäßes.
8 = Römische Gräber.
9 = Römischer Siedlungsbezirk.

Römische / Mittelalterliche Besiedlung

Die fossile Kulturlandschaft mit terrassierten Fluren und Eisengruben östlich von Arloff und Kirspenich, Kreis Euskirchen.

Tafel 74

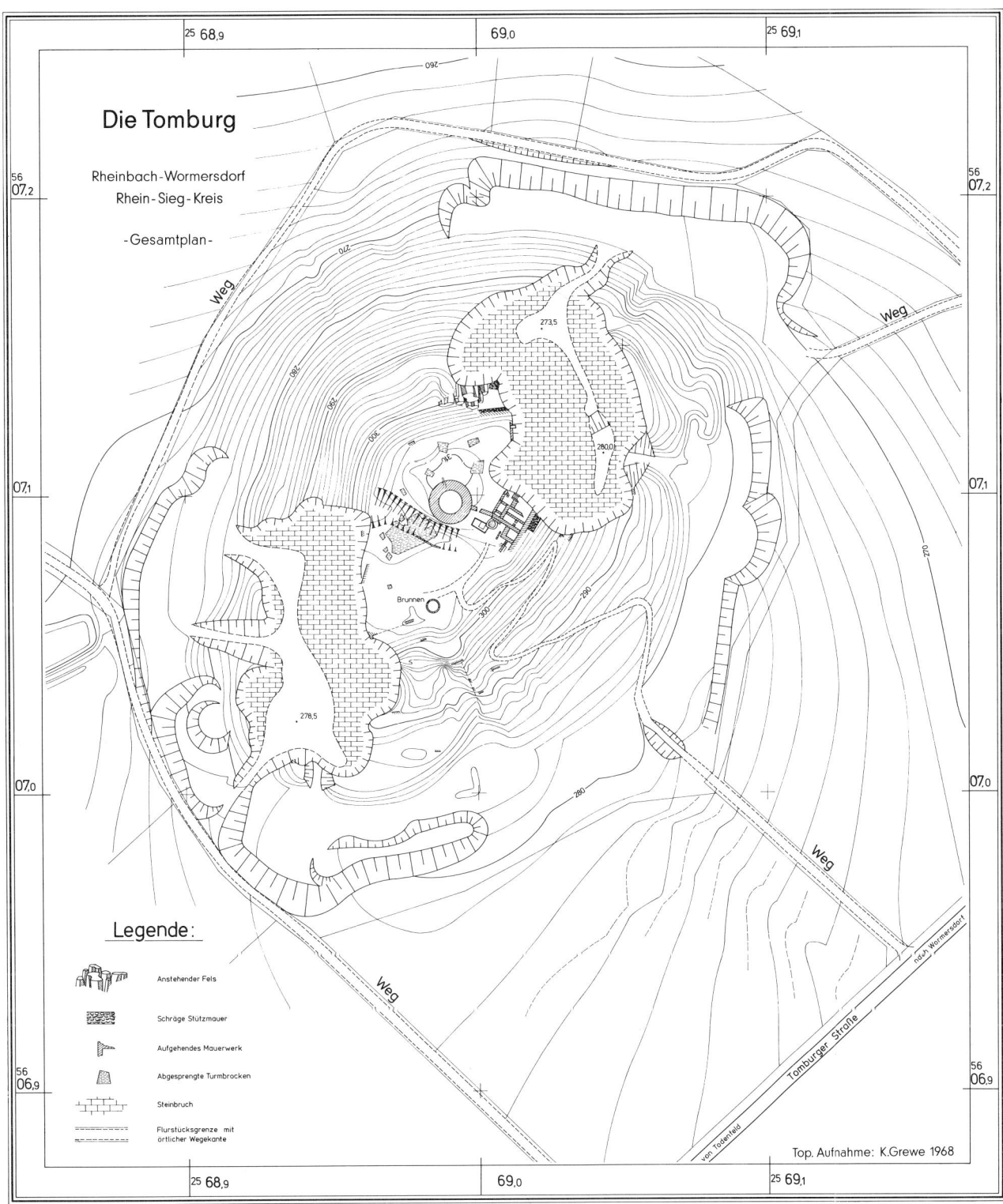

Die Tomburg bei Rheinbach (BN 177), Kreis Bonn. Topographische Aufnahme des gesamten Burgberges durch das Rheinische Landesmuseum Bonn 1968 (vgl. auch Tafel 20, 21 und 44).

Tafel 75

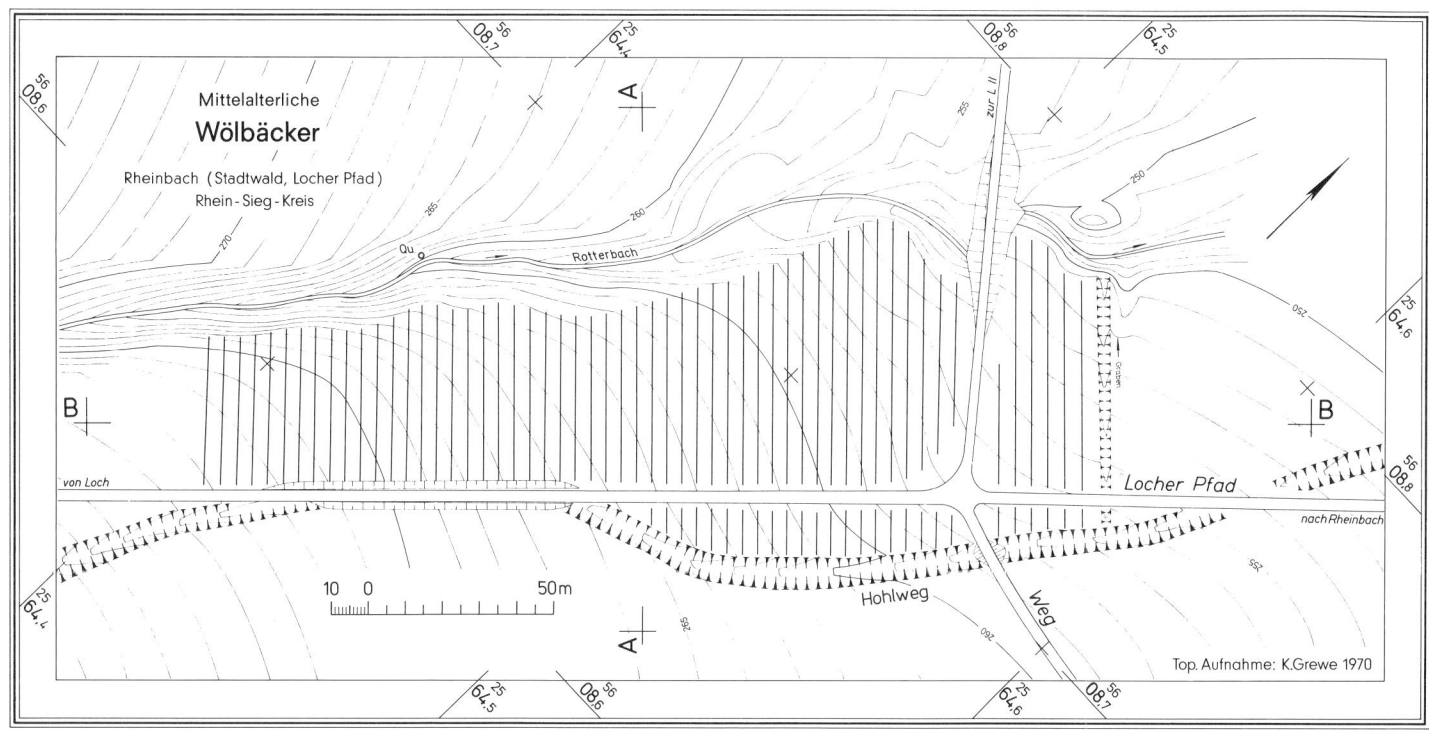

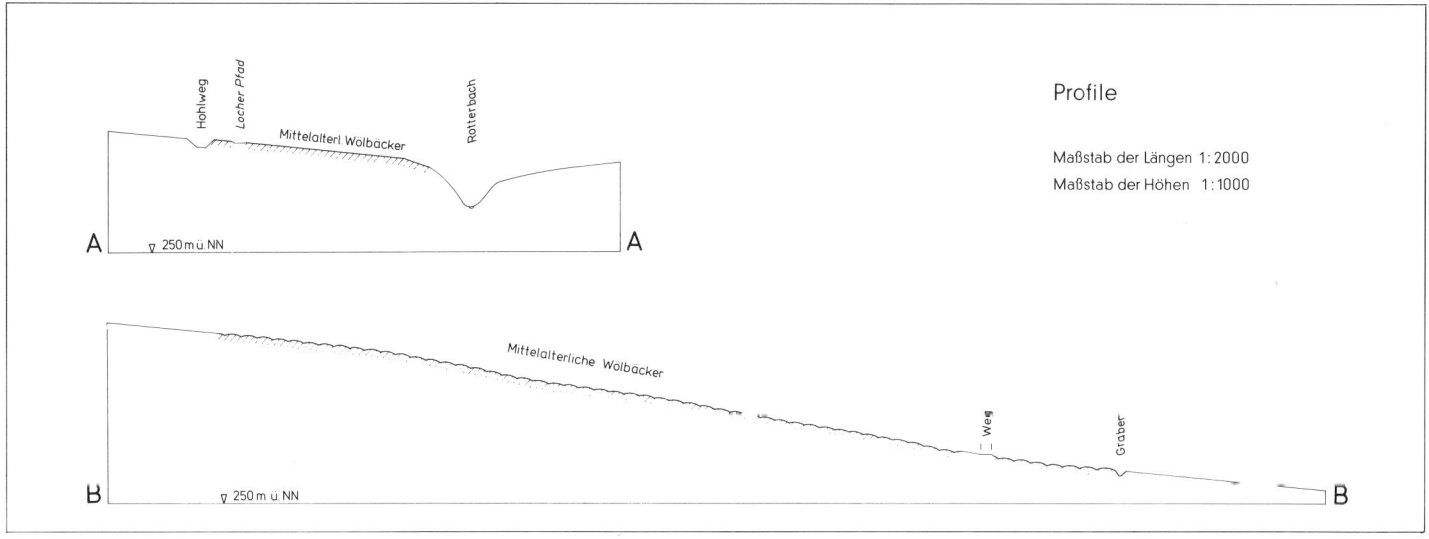

Mittelalterliche Wölbäcker im Jagen 19 des Rheinbacher Stadtwaldes (A 15). Topographische Aufnahme durch das Rheinische Landesmuseum Bonn 1970.

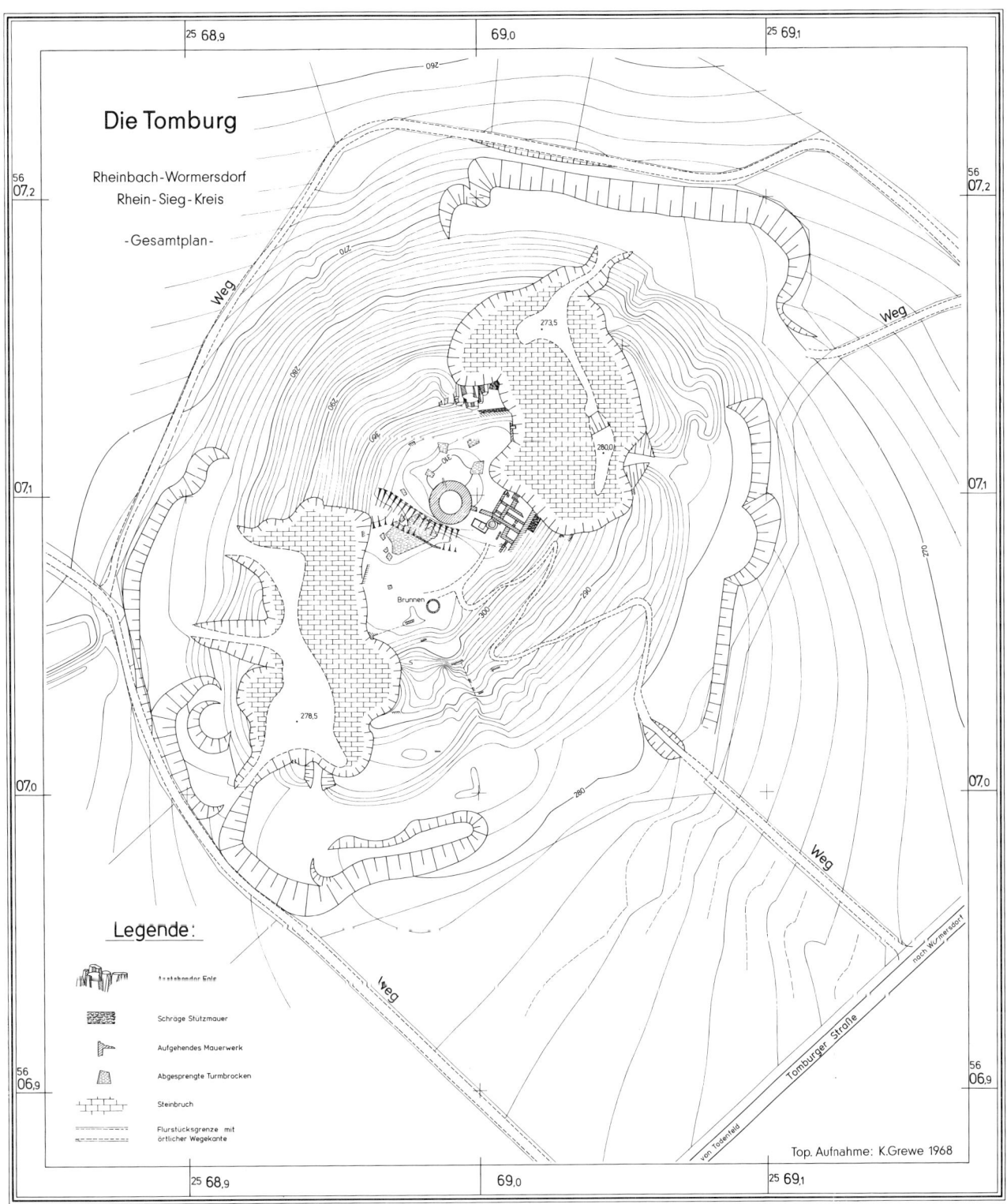

Die Tomburg bei Rheinbach (BN 177), Kreis Bonn. Topographische Aufnahme des gesamten Burgberges durch das Rheinische Landesmuseum Bonn 1968 (vgl. auch Tafel 20, 21 und 44).

Tafel 75

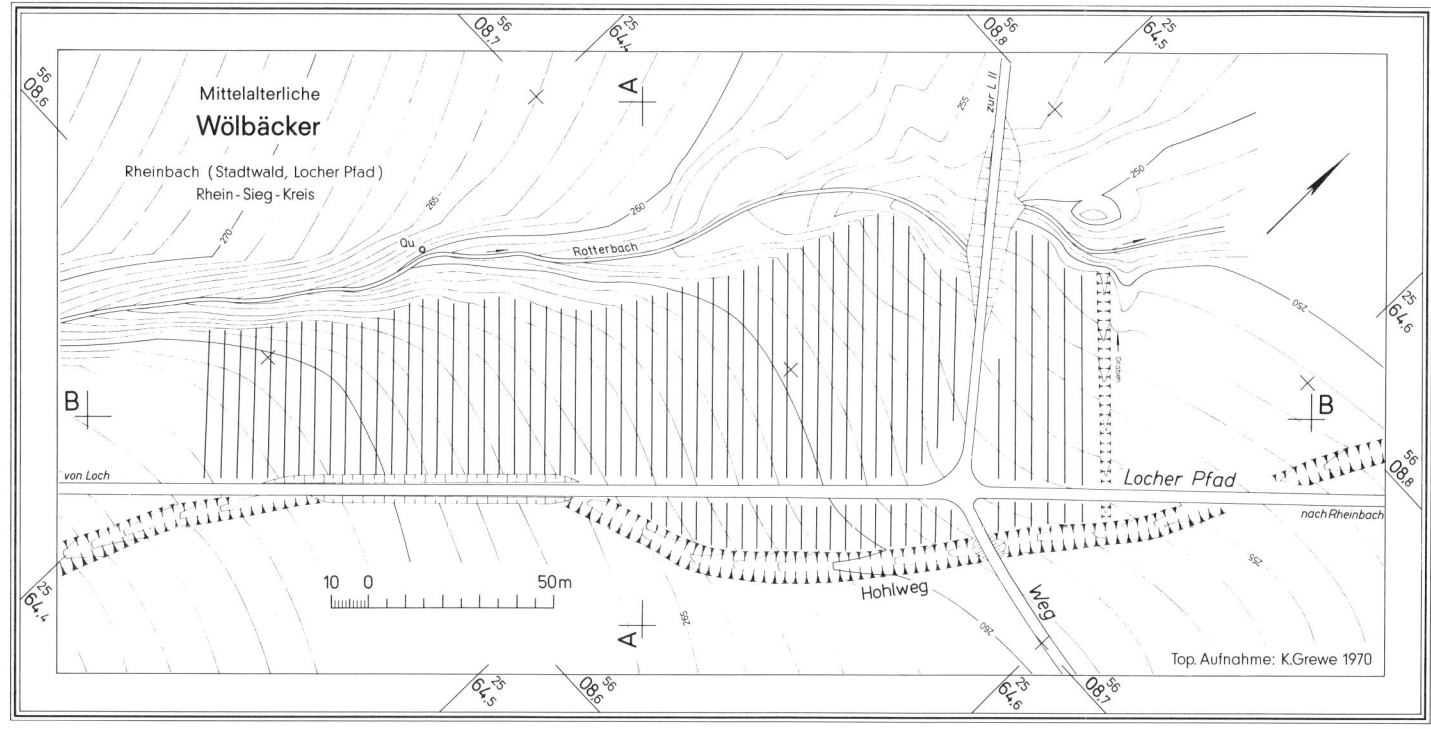

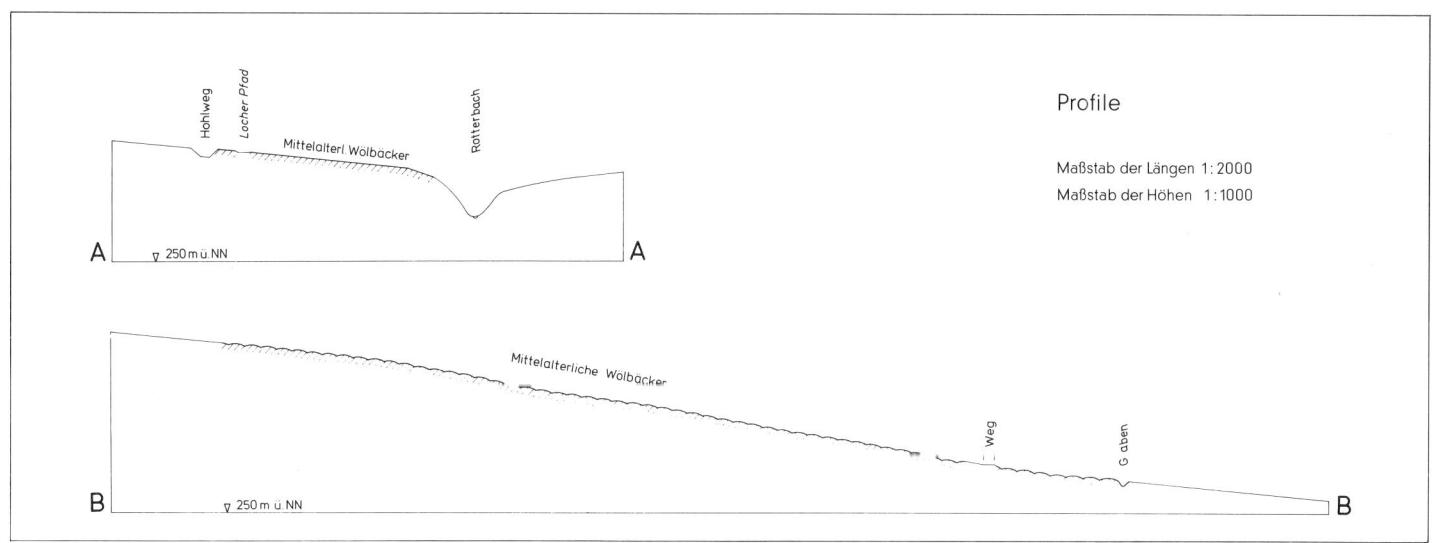

Mittelalterliche Wölbäcker im Jagen 19 des Rheinbacher Stadtwaldes (A 15). Topographische Aufnahme durch das Rheinische Landesmuseum Bonn 1970.

Vorgeschichtliche, römerzeitliche und mittelalterliche Funde im Gebiet der Wüstung Rode (BN 144), Gemarkung Rheinbach, Kreis Bonn.

Tafel 76

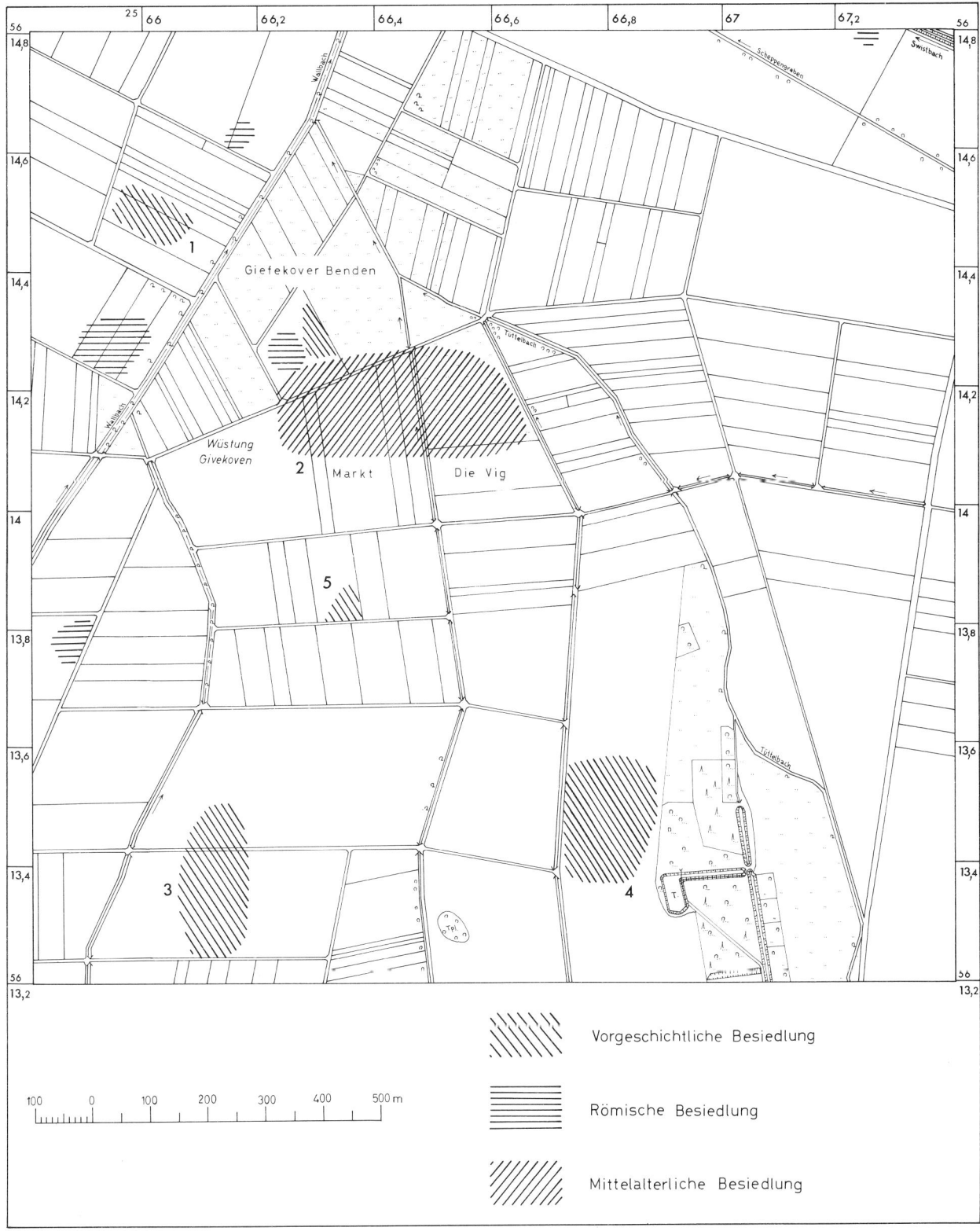

Vorgeschichtliche, römerzeitliche und mittelalterliche Funde im Gebiet der Wüstung Givvekoven (BN 105), Gemarkung Miel, Kreis Bonn.

Tafel 78

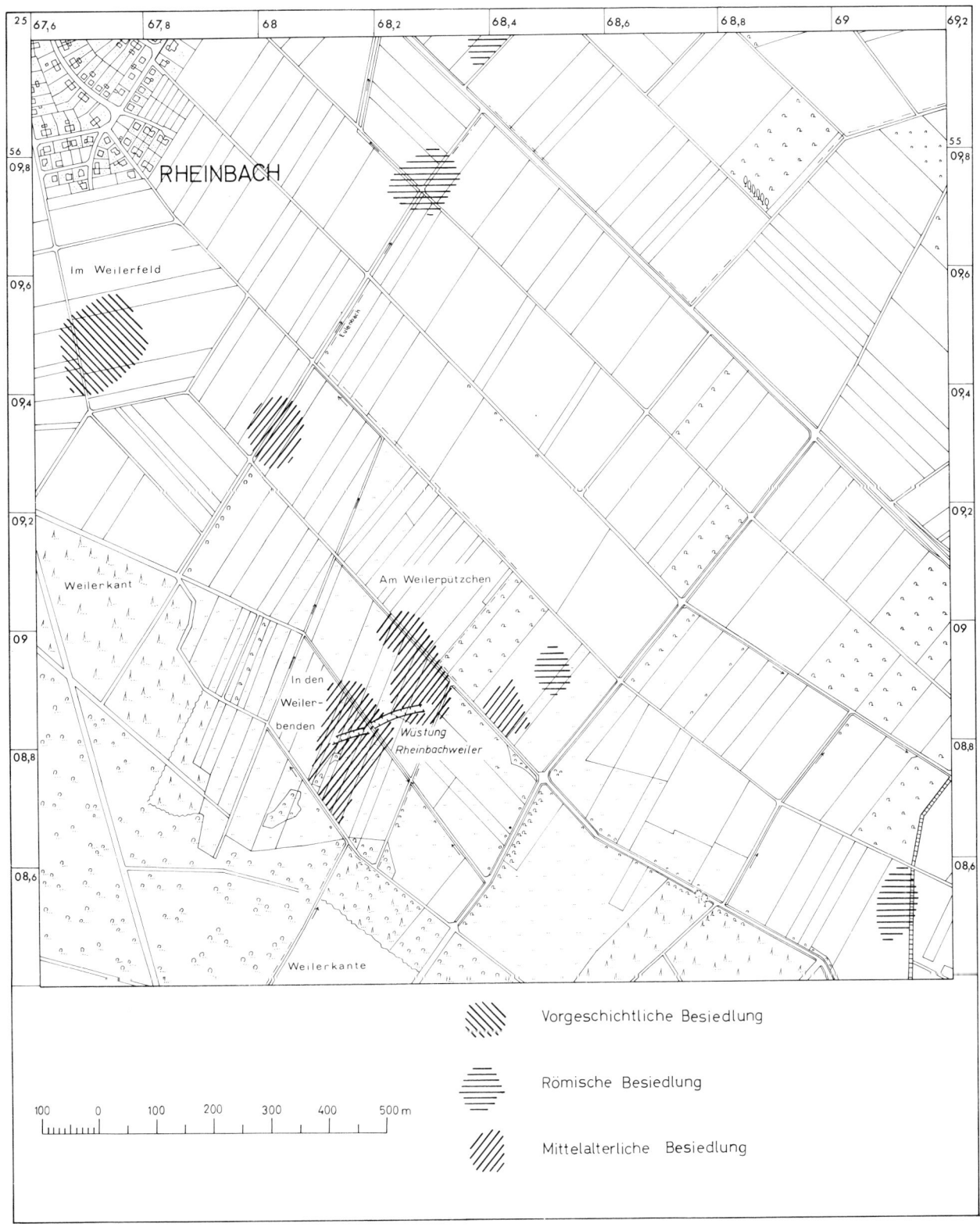

Vorgeschichtliche, römerzeitliche und mittelalterliche Funde im Gebiet der Wüstung Rheinbachweiler (BN 142), Gemarkung Rheinbach, Kreis Bonn.

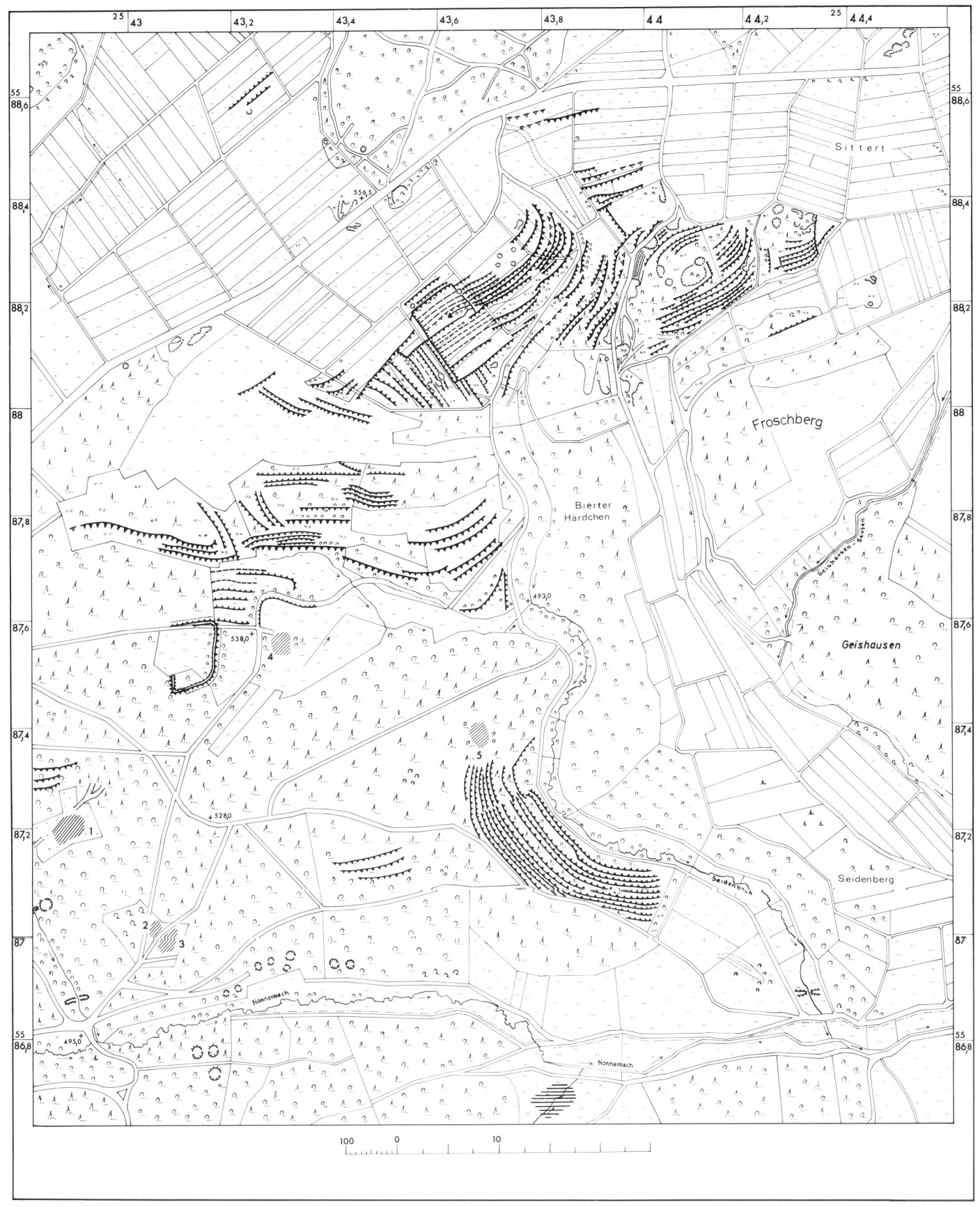

Tafel 79

Fossile terrassierte Fluren in den Flurbezirken Sittert und Froschberg der Gemarkung Blankenheimerdorf (A 8; A 9; SLE 10, 11, 15, 17), Kreis Schleiden.

Tafel 80

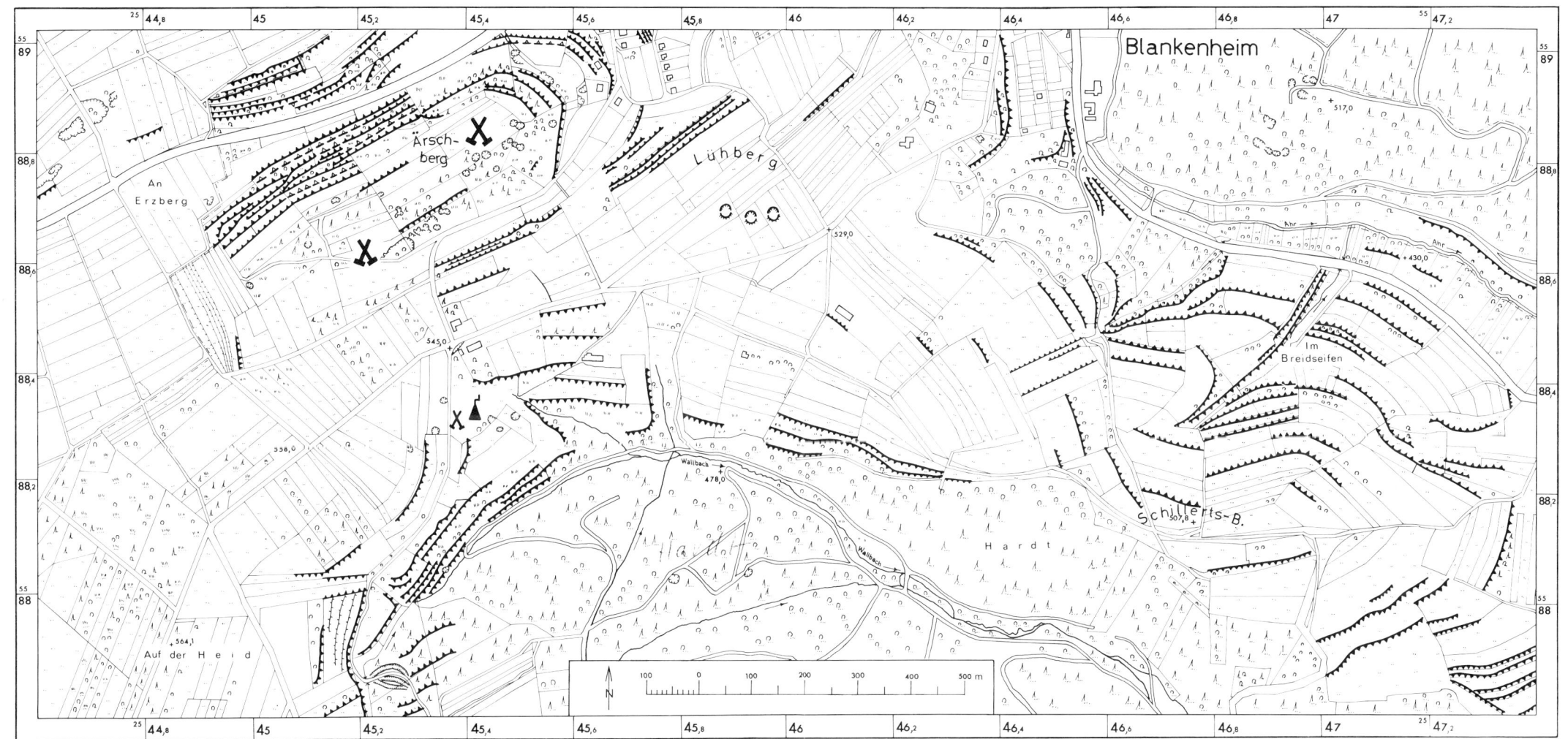

Fossile terrassierte Fluren und Eisengruben in den Flurbezirken Hardt, Lühberg und Ärschberg der Gemarkung Blankenheim (A 11), Kreis Schleiden.

2 10 20 10 1 3048

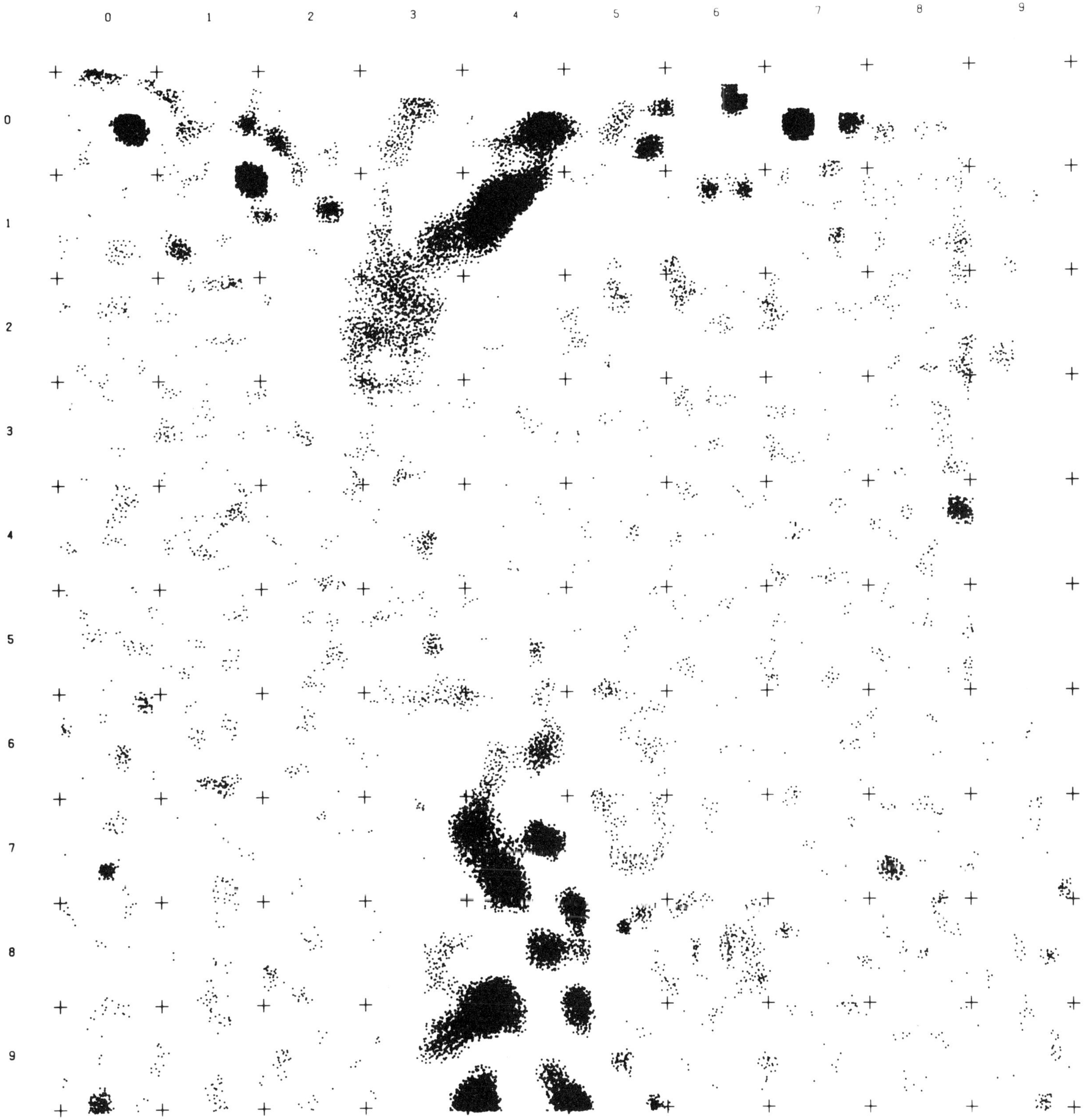

Komputergefertigtes Ergebnis der Vermessung des karolingischen und hochmittelalterlichen Töpferbezirks von Sechtem-Walberberg und Brühl-Eckdorf (BN 160) durch den Protonen-Resonanzmagnetometer.

0 -999 100 -1 0 100 4 3 1 10 10 0 16 0 0 2